WIENER BAUTEN
DER
JAHRHUNDERTWENDE

FRANCO BORSI • EZIO GODOLI

WIENER BAUTEN DER JAHRHUNDERTWENDE

DIE ARCHITEKTUR DER HABSBURGISCHEN METROPOLE ZWISCHEN HISTORISMUS UND MODERNE

Nikol Verlagsgesellschaft mbH
Hamburg

Wiener Bauten der Jahrhundertwende
Franco Borsi, Ezio Godoli

Sonderausgabe für Nikol Verlagsgesellschaft mbH, Hamburg
Mit freundlicher Genehmigung des Originalverlages

Umschlaggestaltung: Callena Creativ GmbH, Hamburg
Einleitung übertragen von G. Schreiber
Layout: François Loze
Lektorat: N. Mühlendahl
Druck: Grafos S.A., Barcelona
Printed in Spain

ISBN 3-930656-66-3

INHALTSVERZEICHNIS

FRANCO BORSI

EZIO GODOLI

EZIO GODOLI

EINLEITUNG

Europa um das Jahr 1900 – zu einem Zeitpunkt, als sich eine neue Ausdrucksform herausbildete, bei der das dem Begriff Kunst beigegebene Wort „nouveau" als das Antriebselement einer Einigkeit verheißenden Kraft erschien, befand sich Europa in Wahrheit in einem Zustand tiefer Zerrissenheit. Er war auf den überhandnehmenden Nationalismus, die Gegensätze der einzelnen europäischen Mächte sowie die Uneinheitlichkeit in bezug auf Lebensniveau, Geschmack und Machtstellung innerhalb des europäischen Bürgertums zurückzuführen. Das gerade angebrochene Jahrhundert hob in Paris mit der Eröffnung des Palais des Illusions den Vorhang zu einem Schauspiel der Selbstdarstellung, und auf Jahre hinaus sollte diese Stadt anerkannter dynamischer Mittelpunkt des Art Nouveau bleiben. Hier war das Leben und Treiben auf den Boulevards theatralische Aktion und neugewonnene Natur zugleich, nachdem die Impressionisten den Bereich des Malerisch-Malenswerten auf die dem Wechsel des Lichts der Jahres- und Tageszeiten kaum unterworfene Wirklichkeit des Großstadtgewimmels ausgedehnt hatten. Der Weg, den die Avantgarde von Paris aus nahm, ließ das 20. Jahrhundert als von der Geschichte dazu ausersehen erscheinen, die natürliche Heimat der Intelligentsia zu werden. Über den Optimismus, die Verve und den *élan vital* Bergsons – Gedanken, die von Paris aus (und von Brüssel, was angesichts des selbstbewußten Auftretens der neuen Klasse der Kolonisatoren und aufgrund der festen Zugehörigkeit zum französischen Kulturkreis keinen Unterschied macht) ihren Siegeszug in ganz Europa antraten – sind genug der Worte gemacht worden, so daß daraus bereits ein ähnlicher Gemeinplatz wurde wie aus der als musikalisches Motto jener Zeit allerorten verwendeten Cancan-Musik.

Erst in jüngerer Zeit erfolgte dagegen die Anerkennung der Rolle Wiens, die zwar parallel dazu zu sehen ist, aber unter entgegengesetztem Vorzeichen stand. In der Tat hat während der sich zugegebenermaßen weit länger als vorgesehen hinziehenden Vorbereitung dieses Buches die Bibliographie zu dem Thema „Finis Austriae" sprunghaft zugenommen und umfaßt nun Werke höchst unterschiedlicher Schattierungen und wissenschaftlicher Standorte: Sie reichen von unvorbelasteter Synthese und erwarteter Neubewertung bis zu handfestem und ergebnisreichem Quellenstudium. Unter zusätzlicher Nutzung der vorhandenen Übersetzungen und der Möglichkeiten des Erfahrungsaustauschs ist es nunmehr möglich, sich ein abgerundetes Bild zu verschaffen. Wien ist hier also gemeint als Gegenpol zu Paris, und zwar zu dem Paris, dessen Quintessenz der Ausstellungspavillon der Champagnerfirma Moët & Chandon von Franz Jourdain versinnbildlichte. Bei Carl E. Schorske, dessen Essaysammlung *Wien. Geist und Gesellschaft im Fin-de-Siècle* nach wie vor zum Aufschlußreichsten zählt, was zu dem Thema veröffentlicht wurde, heißt es: „Am Ende des Jahrhunderts hatte sich die Funktion der Kunst für die Wiener Mittelschicht gewandelt. Dabei spielte die Politik eine ausschlaggebende Rolle. Während die Wiener Bürger den Kunsttempel anfangs als eine Möglichkeit zur Anpassung an die Aristokratie unterstützten, empfanden sie ihn schließlich als einen Ausweg, einen Zufluchtsort aus der unerfreulichen Welt einer immer bedrohlicher werdenden politischen Realität. 1899 charakterisierte Karl Kraus das steigende Interesse an der Literatur und ihrer Vermarktung als ein politisches Produkt, ein Produkt ‚(der) letzten Jahre, die den Wirkungskreis des Wiener Liberalismus auf ein Premierenparkett beschränkten'. Hofmannsthal sah die vermehrte Hingabe an die Kunst im Zusammenhang mit einer inneren Unruhe, die aus dem staatsbürgerlichen Versagen entstand. ‚Wir sollen von einer Welt Abschied nehmen, ehe sie zusammenbricht', schrieb er 1905."[1]

Wien als Gegenpol zu Paris: Hier vertraute man auf die reinigende Kraft des Neuen, um der Kunst wieder Vitalität zu verleihen – dort ging man daran, sie durch Analyse und Sezieren ihrer Formensprache von innen heraus zu verjüngen.

Das neugeweckte und nunmehr geradezu überschwengliche Interesse für Wien fällt somit zeitlich zusammen mit dem Zuspruch, dessen sich die Studien über Stil und Sprache im allgemeinen erfreuen; es tritt auf mit der geradezu entschuldigenden Gebärde, mit der man heute nach der Erfahrung mit Jalta die Vernichtung der Donaumonarchie als Schaffung eines großen Vakuums interpretiert, in dem inzwischen ein Imperialismus ganz anderen Kalibers seinen Einzug gehalten hat. Wehmütig blickt man auf das Wien Musils zurück, der es als eine große Hauptstadt beschreibt, die jedoch kleiner sei als andere Hauptstädte; von dem er berichtet, daß es eine Stadt der Freisinnigen sei, die zwar von einer konstitutionellen Monarchie regiert werde, in der man das Parlament jedoch vorzugsweise geschlossen halte. Zudem – so sagt er – sei es die Garnison einer militärischen Großmacht, die jedoch etwas weniger stark ist als die übrigen Großmächte. Stück um Stück entsteht so erneut die Vorstellung von einem Wien, in dem alles und jedes das Siegel des Genialen trug. In der Erinnerung lebt jenes Wien wieder auf, dessen Träume Professor Freud erforschte, wo Weininger Unvergeßliches und Beunruhigendes über das Wesen des Menschen zu Papier brachte, wo Wittgenstein sich der gewissermaßen auf ihr Skelett reduzierten Sprache widmete, wobei er eine Mathematik und Naturwissenschaften entlehnte Methode auf die Philologie übertrug. Es war das Wien der Zeit, als Gustav Mahler Leiter der kaiserlich und königlichen Staatsoper war und Arnold Schönberg eine den allgegenwärtigen Straußwalzern entgegengesetzte Tonsprache entwickelte; als Klimt Gemälde für alle bedeutenden Bauten der Stadt schuf, angefangen vom Burgtheater bis hin zur Universität, und gleichzeitig die Secession leitete, jene avantgardistische Bewegung, die – kaum aus der Taufe gehoben – Österreich bereits offiziell auf internationalen Begegnungen repräsentierte. Diese seltsame Vermählung von Avantgarde und höchster Amtlichkeit war jedoch Argan zufolge „im Grunde eine schmerzvolle Loslösung von der Impressionistennachfolge, welche die Bestimmung der Malerei darin sah, als direkter Draht zwischen Wahrnehmung und Vernunft zu fungieren und zu bewirken, daß aus klarerer Erkenntnis eine aufgeklärtere Moral entstünde“.[2] An dieser Stelle muß man es dabei bewenden lassen, von Josef Roth, Hofmannsthal, Schnitzler und auch Musil lediglich die Namen zu nennen und auch von den Kritikern neben dem scharfzüngigen, feinnervigen und unerbittlichen Karl Kraus nur den für die bildende Kunst sprechenden Hermann Bahr und die für ihre Auseinandersetzung mit Architektur und dekorativer Kunst bekannte Bertha Zuckerkandl zu erwähnen.

Selbstverständlich hat auch die Architektur mit Männern wie Wagner, Olbrich, Loos und Hoffmann Anteil an diesem geistigen Aufbruch, dessen man sich heute mit soviel Nostalgie allmählich entsinnt und der ein Kaleidoskop so weitreichender Erfahrungen von derartig intensiver Dichte ergibt, daß alle diese Namen seinen tatsächlichen Wirkungsradius nur ahnen lassen. Diese Architekten haben es fertiggebracht, ihr Werk zum Sinnbild des Wiener Kulturlebens zu erheben – und dies auf gesicherter Grundlage und beileibe nicht nur als allgemeine „Widerspiegelung“, um den von Lukács geprägten Begriff zu verwenden. Wagner schlägt eine Brücke zwischen Wiener Historismus und Secession, Olbrich bildet mit seiner ein neues Byzanz verheißenden Sinnlichkeit das Pendant zu Klimt, und Loos erinnert mit seiner *vis polemica* an Kraus und in dem essentiellen Charakter seiner Sprache an Wittgenstein. Der Berührungspunkt mit Loos wird an dem Haus sichtbar, das Wittgenstein für seine Schwester sozusagen in Loosscher Manier entwarf – es entstand aber in Wahrheit aus dem Bedürfnis, mit der tiefgründenden Beziehung zwischen Sprache, Bild, Maß, Zahl und Proportion zu experimentieren. Hoffmann schließlich setzt seine Lebensfreude, seine optimistische Einstellung zum Projektieren nicht nur der latenten, als Gefühl kaum faßbaren Lebensangst des Jahrhundertbeginns entgegen, sondern versteht es auch, sich auf diese Weise in dem Drama des Finis Austriae, der

Dialektik zwischen Sozialismus und Nationalsozialismus in der Zeit zwischen den Kriegen und bis in die erste Stunde der Neutralität Österreichs und des Neohistorismus nach dem Zweiten Weltkrieg, zu behaupten. Wie bereits zu anderen Zeiten der Geschichte – an den Fürstenhöfen der Gotik, im Florenz der Medici, im Rom der Barockzeit oder im Venedig des 18. Jahrhunderts –, so trat auch in Wien jener magische Augenblick ein, der bewirkt, daß die Kunst einer Kultur dann die kostbarsten Blüten treibt, wenn der Zerfall der politischen Macht und die Auflösung der gesellschaftlichen Ordnung unmittelbar bevorstehen.

Über diese grundsätzliche, recht allgemeine Erkenntnis hinaus muß man sich vor Augen führen, was die einzigartige Stellung der Wiener Architektur in der Zeit um 1900 im besonderen begründet hat. Zunächst ist dazu der weitverbreitete Ruhm der Metropole zu nennen, der nach 1850 mit der großangelegten Neuordnung der Ringstraße geradezu mythologische Gestalt annahm. Die Wiener Altstadt – die Innere Stadt – mit ihren Barockpalais, dem Stephansdom und der Hofburg trägt das Machtsiegel von Kirche, Adel und Kaisertum. Die Stadterweiterung, die auf den geschleiften Befestigungsanlagen entsteht, wird zum Sitz der Institutionen – des Parlaments an der Spitze –, der Künste und der Wissenschaft. Hier entstehen die Neue Universität, das Rathaus, die großbürgerlichen Stadthäuser, und jeder einzelne Bau entspricht in Anlehnung an einen festen, hierarchisch gegliederten Kodex einer eigenen Ausdrucksweise und einem eigenen Architekturstil. Die Generation von Baumeistern wie Hansen, Semper, Hasenauer oder Schmidt versteht es, mit den Ausdrucksmitteln der historisierenden Stile einen ganzen Komplex auf reiner Vernunft gegründeter, im übrigen dem triumphierenden Bürgertum des Eklektizismus überall in Europa gemeinsamer Wertvorstellungen in Stein sichtbar zu machen. Doch auch hier – und darüber wäre noch einiges zu schreiben – verfolgt Wien eine eigene Entwicklung und setzt sich vom optimistischen Hedonismus des Stils der Zeit Napoleons III. ebenso ab wie von der aggressiven Strenge Deutschlands, der inkohärenten Großspurigkeit des geeinten Italien und dem bewährten, ganz auf die Wiederbelebung der Gotik ausgerichteten Empirismus Englands mit seinem traditionsverhafteten strengen viktorianischen Geschmack. Wien befleißigt sich einer ihm eigentümlichen philologischen Akribie – und dies mit großer Konsequenz. Es entwickelt eine Vorliebe für Renaissance und Klassizismus – einzig das Rathaus ist, der Tradition der mittelalterlichen Stadt folgend, in gotischem Stil gehalten – und verleiht mit seiner leicht insistierenden und betulichen Liebenswürdigkeit dem allgegenwärtigen Formalismus einen eigenartigen rationalen Einschlag. Wir haben es hier mit eben jener Rationalität zu tun, die bereits am Biedermeier das Besondere war und die sich in den Möbeln und sonstigen Dekorationsentwürfen von Loos oder Hoffmann wiederfindet. Über dieser gewaltigen Unternehmung schwebt der Genius loci, der ihr ihre charakteristische Einheitlichkeit gibt, die in den übrigen Hauptstädten Europas ihresgleichen sucht: Zwischen die von der Adelstradition geprägte Altstadt und die entstehenden Vorstädte der im Aufbruch befindlichen neuen Klasse schiebt sich auf sozusagen herrenloses Terrain eine formal in keiner Weise festgelegte Neubauzone – fast vergleichbar dem Liberalismus, der sich mit seinem Vertrauen in eine Welt des Friedens und der Gesetzlichkeit zeitlich zwischen die alte, auf Thron und Altar gegründete Ordnung und die wehenden roten Fahnen des Sozialismus zwängte.

Wenn Camillo Sitte und Otto Wagner gegen die Ringstraße zu Felde ziehen, dann hat der eine dabei die Vergangenheit, der andere dagegen die Zukunft im Auge. Sitte ist gegen das enge Schachbrettmuster der modernen Stadt, gegen die verfremdende Monumentalität und gegen den übertriebenen Kult, den man im europäischen Städtebau mit den Monumentalachsen treibt, und macht sich für das mittelalterliche Modell der freien organischen Entfaltung der Städte stark. Wagner bekämpft dagegen den Historismus und tritt für eine neue Form des Rationalismus ein, dessen Angelpunkt entsprechend seiner Forderung das moderne Leben zu sein hat. Wagners Anfänge liegen in untertäniger Befolgung des eklektischen Formalismus, aus dem er sich zum Vater einer neuen, versachlichten Formensprache wandelt – von da ist es nur noch ein Schritt, ihm die Rolle eines Bahnbrechers der zeitgenössischen Architektur, insbesondere der Moderne, zuzuerkennen. Er resümiert mit dem Bau zweier Häuser, die entsprechend einer in der Kunstbewegung um 1900 verbreiteten Übung beide Programmcharakter tragen, seinen inzwischen gereiften Standpunkt: Das eine Haus ist rein formal derart anspruchsvoll, daß man darin das Palais eines Prinzen vermutet; das zweite ist rechteckig und streng und somit der bürgerlichen Modulararchitektur zuzuordnen. So erfährt der Typ des Kaufhauses, der Bank, des Mietshauses und des Einfamilienhauses englischer Provenienz in Wien eine Mutation und erhält dadurch eine besondere, wienerische Note. Das Krankenhaus wird zum privilegierten Zielpunkt dieses neuen Rationalismus, und die Kirche Am Steinhof – es handelt sich um die Kapelle einer psychiatrischen Klinik – wird als Schauplatz des Zusammentreffens von Rationalismus und Alienation und der zwischen beiden vermittelnden Kunst zu einem Symbol.

Die Wiener Architektur der Zeit um 1900 ist nicht wie in Belgien und Frankreich eine rein formale Neuprojektion von Typologien der Vergangenheit, sondern sie beruht auf einer Neuformulierung aller Komponenten der bürgerlichen Architektur, wobei der Bezug zum menschlichen Wohnen als Gegenpol zu den stereotypen Lösungen der Ringstraße im Vordergrund steht. Die Anerkennung dieses Charakteristikums bedeutet jedoch noch keine Vorabentscheidung für den Rationalismus, keine eingleisige Interpretation der Wiener Architektur der Zeit um 1900 unter dem alleinigen Vorzeichen der sich ankündigenden Moderne. Zwar lassen sich in einigen Fällen und in bestimmten Kreisen Hinweise auf das sich ankündigende neue Bauen erkennen – die Beziehungen zwischen Hoffmann und seinen Auftraggebern mögen ein schlüssiger Hinweis auf das Vorhandensein einer intellektuellen Elite sein –, doch ist das Verhältnis zum Ornament nicht weniger bedeutsam. Das Dekorative erfährt in der Tat eine Erneuerung von Grund auf, zu der auch ein ausgeprägter Charakter und eine unverwechselbare Formensprache treten. Abgesehen von Olbrich – vor allem in der ersten Periode –, der als einziger teilhat an der Formenwelt des europäischen Art Nouveau, führt das Dekorativelement der Wiener Architektur um 1900 absolut ein Eigenleben. Wien setzt an die Stelle der naturalistisch geprägten Wellenlinie mit Vorliebe geometrische Formen, den Purismus des Dreiecks und des Quadrats – was wiederum die gelegentlichen Berührungen mit Mackintosh, dessen Präsenz in Wien und auch den Radikalismus eines Loos erklärt. Doch ist, wie Argan zutreffend bemerkt, das Ornament im Jahre 1908, als Loos seinen berühmt gewordenen Ausspruch „Ornament ist Verbrechen" in die Welt schreit, bereits zum Strukturelement avanciert. Die neuen Baumaterialien Eisen und Zement hatten ihren Anteil an dieser Entwicklung: Gaudí und Horta hatten die Neuerungen nach allen Richtungen hin erprobt, Riegl hatte in theoretischen Schriften Prophezeiungen geäußert, und der Messias Klimt war auf den Wassern gewandelt, als er das Wunder der Vereinigung von abstraktem Ornament und realistischer Malerei vollbrachte. In der Sinnlichkeit eines Klimt koexistieren Elemente des Jugendstils und byzantinischer Abstraktion. Die dem Pflanzenreich entlehnte Wellenlinie – Hortas *tige* –, der Hedonismus der den Rhythmus tragenden Kurvenlinie – Paul Valéry formuliert diese Beziehung in seiner Schrift *L'âme et la danse* – werden bei Hoffmann durch das Quadrat als Symbol des Gleichgewichts ersetzt. Das Nebeneinander und die Vereinigung aus der Natur geschöpfter Anregungen (insbesondere Blumenmotive) mit geometrischer Abstraktion beschäftigen nicht nur ihn, sondern auch Koloman Moser und alle Künstler der Secession immer aufs neue; dies wird zum Leitmotiv der Produktion der Wiener Werkstätte.

Auf breiter Ebene – die puritanischen Loosianer ebenso wie die großzügigeren Kunstgewerbler – setzt man sich in Wien mit dem Verhältnis von Stil und Dekoration, von reiner und angewandter Kunst auseinander; dabei entwickelt man jedoch keinen missionarischen Eifer wie der leicht antiquierte Morris und die *Arts and Crafts*-Bewegung, sondern definiert in harmonischer Gelassenheit das Ornament als eine geistige Kategorie, die für das Leben unverzichtbar ist, sofern der Bezug zu diesem gewahrt bleibt. Dem freisinnigen Bürgertum ist es um die Werte der Persönlichkeit zu tun; die Kunst dient ihm dabei auf allen Ebenen zu nichts anderem als deren Verwirklichung und der geistigen Bereicherung. Darauf fußt die enge Allianz, welche die Künstler im Wien jener Zeit mit den Auftraggebern eingehen. Es kommt häufig zu sich überkreuzenden Aufträgen, und die Künstler schließen sich zu „Kolonien" zusammen, doch ohne den Rahmen eines traditionellen Mäzenatentums wie in Darmstadt, sondern spontan, wie eine geistige Strömung entsteht; vorbildlich ist in dieser Beziehung das Villenviertel Hohe Warte.

Wien um 1900 gleicht einer Werkstatt zur Erforschung der Form, in der ein jeder friedlich seine ihm zugeteilte Aufgabe erfüllt: Die Kunsthistoriker – allen voran Riegl – widmen sich der Denkarbeit, und die Künstler experimentieren mit der Form. „Die Universität Wien, an der ich studierte", berichtet Schlosser, „war die letzte Hochburg des Herbartianismus"[3]; diese Lehrmeinung stellte die äußerliche Abfolge des ästhetischen Phänomens und die graduell unterschiedliche Intensität der Wirkung der formalen Strukturen auf den Betrachter in den Vordergrund. „Der Raum", heißt es bei Cassirer, „soll nur ein Symbol für metaphysische Relationen bedeuten"[4]; womit ausgesagt wird, daß der Raum nicht mit dem geometrischen Ort der physischen Formen und der empirischen Bewegungen verwechselt werden darf. Hier wird die Hypothese einer „Ordnung der Symbole untereinander" aufgestellt: Der Raum ist nichts als eine Metapher, in der ontologische Relationen zusammengefaßt sind, er ist ein Bereich der Fiktionen, in dem sich Gedankengebilde wie die elementaren geometrischen Strukturen bewegen. Die psychologischen Reaktionen sind meßbar und können wissenschaftlich gegeneinander abgewogen werden. Hier ist unbedingt daran zu erinnern, daß im Wien der Jahrhundertwende die Gestalttheorie als psychologisches Regulativ zur Form entwickelt wurde, während die Richtung Hildebrandt-Worringer-Riegl weiterhin den Grundsatz der Abstrahierung voranstellt. Worringer zitiert übrigens genau jenen Passus aus Hildebrandt, der sich wie eine exakte Definition der Hoffmannschen Quadrate ausnimmt: „Solange eine plastische Figur sich in erster Linie als ein Kubisches geltend macht, ist sie noch im Anfangsstadium der Gestaltung; erst wenn sie als ein Flaches wirkt, obschon sie kubisch ist, gewinnt sie eine künstlerische Form."[5] Wir sind hier jedenfalls weit entfernt von einem Kausalzusammenhang, von der technikbedingten Form des Kunstwerks; diese Auffassung entspricht dem deutschen Rationalismus Semperscher Prägung und findet ihren Nährboden im Positivismus und der Physiologie des Sehsinnes.

Der Standpunkt der Wiener Kunsthistorikerschule war das genaue Ergebnis der Reflexion über die damals so genannten „technischen Künste", mit denen sich jeder auseinandersetzte, angefangen von Wickhoff, dem Verfechter der positivistischen antiphilosophischen Empirik, bis hin zu Riegl, der das idealistische Prinzip vertrat und den Begriff des „künstlerischen Geistes" – einer Vorstufe der späteren, sehr erfolgreichen Begriffsbestimmung des Kunstwollens – von dem Konzept des nationalen Ethos herleitete.

Riegl vertiefte als erster die Polemik gegen Semper, der einer der wichtigsten Gestalter der Ringstraße war. Man zögerte nicht, Darwinismus und materialistische Kunstauffassung gleichzusetzen: Zwischen beiden Auffassungen besteht insofern ein Kausalzusammenhang, als der Gedanke vom materialistischen Ursprung der Kunst nichts anderes ist als die Übertragung der Darwinschen Theorie auf das Geistesleben.

In seinen *Stilfragen* verfolgt Riegl die Absicht, sich von der Theorie freizumachen, wonach das Kunstwerk lediglich ein durch die drei grundlegenden Faktoren Funktion, Material und Technik determiniertes Produkt sei. Riegl erklärt, sein größter Ehrgeiz liege darin, im ersten Kapitel über den geometrischen Stil deutlich gemacht zu haben, daß „nicht bloß kein zwingender Anlaß vorliegt, der uns nöthigen würde, a priori die ältesten geometrischen Verzierungen in einer bestimmten Technik, insbesondere der textilen Künste, ausgeführt zu vermuten, sondern daß die ältesten, wirklich historischen Kunstdenkmäler den bezüglichen Annahmen viel eher widersprechen“.[6]

Folgende These ist im Grunde sein eigentliches Anliegen: „Was insbesondere den geometrischen Stil anbelangt, so erschien es als das Dringendste, einmal die damit verknüpften falschen Vorstellungen hinwegzuräumen, das Vorurtheil von der angeblichen Geschichtslosigkeit dieses Stils und seiner unmittelbar technisch-materiellen Abkunft zu brechen. Der Umstand, daß die mathematischen Gesetze von Symmetrie und Rhythmus, als deren Illustrationen die einfachen Motive des geometrischen Stils gelten können, auf dem ganzen Erdball mit geringen Ausnahmen die gleichen sein müssen, während die organischen Wesen und die Werke von Menschenhand dem von ihnen inspirierten Künstler mannigfache Abwechslung gestatten, erschwert die Untersuchung über geometrische Stilgebiete nach historischem Gesichtspunkte allerdings ganz ungemein.“[7]

Hierin ist die entscheidendste These Riegls enthalten, die in gewisser Hinsicht die Erklärung zu dem von Hoffmann und den anderen eingesetzten doppelten Stilregister der geometrischen Abstraktion und der naturalistischen Stilisierung anhand zweier Grundkonzeptionen bietet. Erstens: Das zweidimensionale Ornament ist eine übergeordnete Gattung. Geht man von der Unterscheidung der dekorativen Künste in plastische und zweidimensionale Künste aus, so muß man feststellen, daß letztere die jüngeren und von größerer Verfeinerung, die plastischen Künste dagegen die älteren sind. Zweitens: Beruhen die Werke geometrischen Stils auch nicht auf einem in der Wirklichkeit existierenden Vorbild, „so stellte man sich damit dennoch nicht außerhalb der Natur. Dieselben Gesetze von Symmetrie und Rhythmus sind es doch, nach denen die Natur in der Bildung ihrer Wesen verfährt (Mensch, Thier, Pflanze, Krystall), und es bedarf keineswegs tieferer Einsicht, um zu bemerken, wie die planimetrischen Grundformen und Configurationen den Naturwesen latent anhaften. Der eingangs aufgestellte Satz von den körperlichen Naturerscheinungen besteht also auch für die Formen des geometrischen Stils zu recht.“[8]

Der immanente künstlerische Impuls, der eingebungs- und nicht technikbedingte Anstoß bewirkt den Rest: „Wir sagen lieber gleich, daß jenes Etwas im Menschen, das uns am Formschönen Gefallen finden läßt, und das die Anhänger der technisch-materiellen Descendenztheorie der Künste ebensowenig wie wir zu definiren im Stande sind, – daß jenes Etwas die geometrischen Liniencombinationen frei und selbständig erschaffen hat, ohne erst ein materielles Zwischenglied einzuschieben.“[9]

Bei derart umfangreicher kritischer und philosophischer Auseinandersetzung mit der Kunst bleibt den Architekten nur wenig Raum für eigene theoretische Äußerungen. Es nimmt deshalb nicht wunder, daß in dieser Hinsicht nur recht wenig zustande kam. Otto Wagner bietet in seiner Veröffentlichung *Moderne Architektur* kaum mehr als den Text seiner eigenen Vorlesungen, und Hoffmann schreibt lediglich eine wehmütig gestimmte Autobiographie über jene „Welt von gestern“, zu der sich Stefan Zweig in so unvergeßlicher Weise geäußert hat. Hier wird eine Welt heraufbeschworen, in der sichere Verhältnisse, Vertrauen in das Sparen und in die Solidität der Währung den Glauben an den Sinn der öffentlichen Einrichtungen und die Möglichkeit der Erfüllung eines Lehrauftrags sowie eine ganze Reihe weiterer Wertvorstellungen zuließen, die Ausdruck eines selbstsicheren und von der Richtigkeit seines Tuns überzeugten Bürgertums waren. Diese Welt sollte wenige Jahre später im Ersten Weltkrieg in Scherben fallen. In Hoffmanns Erinnerungen dominiert im Grunde die Sehnsucht nach seinem Pirnitz und dem weitab von den Widersprüchen und Spannungen Wiens an der Peripherie des Reiches gelegenen Mähren. Olbrich begnügt sich mit der Veröffentlichung seiner *Ideen*, die nicht mehr sind als ein Überblick über Entwürfe, welche ihn als einen der führenden Vertreter des Jugendstils ausweisen. Er widmet das Werk dem Großherzog Ernst von Hessen, der zum Mäzen des Darmstädter Jugendstils wurde. Hessen ist eines jener deutschen Fürstentümer, in denen die geistige Elite Deutschlands – ähnlich wie im Weimar der Goethezeit – Zuflucht sucht, und zwar fern von Berlin, wo der Hohenzoller Wilhelm II. bei Betreten der Cassirerschen Galerie, in der eine Van-de-Velde-Ausstellung stattfand, auf dem Absatz kehrtmachte, ungehalten mit dem Reitstock seinen Stiefelschaft bearbeitete und mit dieser Geste den internationalen Art nouveau als Stilrichtung verdammte. Er befand sie als erotisch, dekadent, hedonistisch und bürgerlich – kurz, sie hatte nichts mit den Idealen eines die Vorherrschaft über die Welt anstrebenden obersten Kriegsherrn gemein.

Die Architekten verfassen keine Schriften, sondern planen und entwerfen, und zwar in einem Umfang, über den sich trotz zahlreicher, auch in jüngster Zeit entstandener Studien über Männer wie Plečnik, Fabiani und andere nur schwerlich genaue Angaben machen lassen. Auch dieses Buch trägt zu den vielen Versuchen der Vergangenheit und Gegenwart bei, das Schaffen und Wirken der Wagnerschule voll zu würdigen, aus welcher sich der Architektennachwuchs für Budapest, Prag, Triest und so manche andere Stadt der Monarchie rekrutierte. Der Fall der Hoffmannschule ist noch weit schwieriger gelagert, da ihre Konturen äußert verschwommen sind, und zwar wegen ihres Einflusses auf die dekorativen Künste und der kaum noch überprüfbaren Nachahmung einiger ihrer architektonischen Lösungsmodelle. Einzig Loos bezieht polemisch Stellung und bringt entscheidende Momente der eigenen Erfahrung zu Papier – doch seine Zeitschrift *Das Andere* gedeiht nicht über die zweite Nummer hinaus. Das Mittel, mit dem sich der Architekt ausdrückt, ist die Zeichnung: In diesem Medium artikulieren sich seine Projekte, auf diesem Wege gelangen sie an die Öffentlichkeit – das Zeichnen dient also nicht nur der Formsuche während des schöpferischen Entwurfvorgangs. Die Zeichnung ist bekanntlich entweder Experiment oder eine berufsspezifische von der Akademie geforderte konventionelle Form der Darstellung. In keiner Stilepoche seit dem Barock hat es Entwurfzeichnungen gegeben, in denen wie in den Arbeiten der Wiener Architekten der Jahrhundertwende sowohl eine bedeutende, persönlichkeitsgebundene Differenzierung als auch ein allen gemeinsamer Glaube an die Aussagekraft des Entwurfs erkennbar wird – der Architektenentwurf wird hier zum Ausdruck eines echten Kunstwollens. Im Klassizismus und in der Gegenwart dominiert nahezu durchgehend eine Konvention der Darstellung, die sich von dem ersten Einfall und den hingeworfenen Skizzen weit entfernt. Auch im Art Nouveau ist es für einen Mann wie Horta – dessen Zeichnungen weitgehend abhanden gekommen sind – ein Problem, den schöpferischen Einfall exakt in einen lesbaren Entwurf umzusetzen; Hankar, dessen beständige Sorge um die Durchführbarkeit und die Bauproblematik verratende Zeichnungen erhalten geblieben sind, geht es nicht anders. Die Zeichnungen von Guimard zeigen ein von Bildhauerei und Malerei beeinflußtes Vorgehen; er bringt seinen Stil sogar in Form von Ansichtskarten unter das Volk.

Der Erfolg der Ausstellung *Wiener Architektur 1860-1930 in Zeichnungen* (Katalog von Karl E. Mang) ist denn auch auf den Glauben an die zeichnerische Lösung von Projekten zurückzuführen, der die Wiener Architekten der Jahrhundertwende besonders auszeichnet. In diesem Zusammenhang ist es für uns aufschlußreich, alle eklektizistischen Wiener Bauten des jungen Wagner, alle abgelehnten Entwürfe der großen Wettbewerbe und schließlich die linearen und modularen, jedoch nicht minder farbkräftigen Zeichnungen des späteren Wagner aus der Zeit nach dem Projekt Neustiftgasse 40 an unserem geistigen Auge vorüberziehen zu lassen. Desgleichen sollte man sich hier der subtilen, rastlosen Formsuche Olbrichs und seiner unwiderstehlichen aquarellierten Entwürfe für Einfamilienhäuser erinnern. Hoffmann löst seinerseits in einer ins Uferlose gehenden Produktion die secessionistische Grundlage und den figurativen Einschlag immer mehr auf und gelangt zu einer Art zweiter, erworbener Naivität, die das Ergebnis eines allmählichen formalen Klärungsprozesses ist und sich in einer Poetik des Wesentlichen niederschlägt, wodurch Architektur und dekorative Kunst in einen Zustand märchenhafter Unschuld zurückversetzt werden. So geschieht es, daß durch die Zeichnungen der Architekten im Wien der Zeit um 1900 der aktuellen Architektur gewissermaßen narzißtische Eigenschaften verliehen werden, die dazu angetan sind, in einer neuen Weise die Verbindung zwischen Formbeherrschung und Formvermittlung aufzulösen.

Für die Wiener endet ebenso wie für den europäischen Art Nouveau die projektierbare Welt dort, wo auch die Welt des Realen endet – kein Gegenstand und kein Gerät für den menschlichen Gebrauch bleiben dabei unbeachtet. Die Wiener tragen auf ihre Weise zu dieser narzißtisch-selbstsicheren Einstellung bei, ganz so, als ob die Architektur ohne die übrige Welt auskommen könne und weder auf den wirtschaftlichen Aspekt noch auf die technische Ausführung der Bauten oder gar das Verständnis und Einverständnis der Auftraggeber Rücksicht zu nehmen brauche – als könne sie losgelöst von allem der reinen Selbstverwirklichung leben, zu deren Vollkommenheit es nicht des Zutuns der anderen bedürfe. Es ist kein Zufall, daß auf dem Einband des 1895 veröffentlichten Erfolgsromans *Der Garten der Erkenntnis* von Andrian das Motto „Ego Narcissus" erscheint: Den Narziß der antiken Mythologie hätte bei der Erkenntnis seiner selbst unweigerlich der Tod ereilt – den Narziß der Moderne beschäftigt in erster Linie die Frage, ob und wie die innere von der äußeren Welt, der Schein von der Wirklichkeit unterschieden werden kann. Die Architektur versucht mit ihren Mitteln, hierauf eine Antwort zu geben, und bei diesem Unterfangen muß sie alle erforschbaren Bereiche des Ego ausloten – deshalb können ihre Polemik gegen die eigene Zeit und ihre Entschlossenheit, korrigierend einzugreifen, eine gewisse Grenze nicht überschreiten. Die Rückkehr zu den Werten der Ethik kann deshalb nicht mit Unerbittlichkeit vorangetrieben werden, sondern muß eher mit Verlockungen aufwarten. Aus dieser Sicht muß Loos unbequemer erscheinen als Kraus. Symbolcharakter gewinnt in diesem Zusammenhang die gemütliche Kaffeehausplauderei, beispielsweise in einem jener Altwiener Kaffeehäuser, in dem der betagte Kämpfer Hoffmann mit großer Regelmäßigkeit Zeugnis davon ablegt, kein Verächter edler Weine, köstlicher Mehlspeisen und schöner Frauen zu sein. „Für Politik interessiert er sich überhaupt nicht", weiß eine Schülerin über ihn zu berichten. Diese Abwendung von der Politik schafft die Voraussetzung für seine lange schöpferische Tätigkeit und auch für die lange Pause in seinen Berufserfolgen. Der Erfolg kehrt schlagartig wieder, als er sein dreißigjähriges Schweigen bricht und mit mehreren Entwürfen gleichzeitig wieder an die Öffentlichkeit tritt. Er ist erfüllt von der Gestalttheorie und weiß mit feinem Gespür das schwer nachzuvollziehende Gefühl des „guten Österreichertums" zu deuten, von dem Witt-

I. O. WAGNER, KIRCHE AM STEINHOF, WIEN XIV, BAUMGARTNER HÖHE, 1902-1907.

genstein im Zusammenhang mit der Musik redete und von dem er behauptete, daß dessen Wahrheit nie auf der Seite des Wahrscheinlichen liege.

Die Architekturentwicklung im Wien der Jahrhundertwende erschöpft sich nicht in dem kurzen Ablauf von Geburt, Entfaltung und frühem Ende des internationalen Jugendstils, der wieder in jenen Historismus eintaucht, aus dem er vor dem Ersten Weltkrieg hervorgegangen war. Sie hat eine eigene Lebensdauer, geradeso wie sie eine eigene Formensprache und eigene Beziehungen zu allen späteren Entwicklungen vom Expressionismus bis zur Moderne hat. In der Dogmatik der Moderne hatte sich eine voreingenommene, eingleisige Interpretation der Wiener Architektur durchgesetzt, bei der es eigentlich nur um Daten ging und bei der sich das Wagnerverständnis eher auf seine in *Moderne Architektur* veröffentlichten Thesen als auf eine Analyse seiner baulichen Leistungen stützte. Hoffmann wurde vornehmlich nach dem Palais Stoclet und kaum nach seinem fein empfundenen mediterranen Klassizismus beurteilt. Die Wende in der Bewertung der Wiener Architektur trat erst ein, als sich Risse in dieser Dogmatik zeigten. Heute findet die großartige Bewegung der Wiener Architektur der Zeit um 1900 in all ihrer Vielfalt Anerkennung – sie gleicht in ihrer Komplexität einem Mosaik, dessen verlockendes Gold sich zu dem Vernunft ausstrahlenden und zugleich geheimnisträchtig unentwirrbaren Kaleidoskop eines neuen Byzanz fügt.

Anmerkungen zur Einleitung

1 C.E. Schorske: Wien. Geist und Gesellschaft im Fin de Siècle, Frankfurt 1982, S. 8.

2 G.C. Argan: Utili veleni per Vienna in: *L'Espresso*, 14. August 1983.

3 J. v. Schlosser: „Stilgeschichte" und „Sprachgeschichte" der bildenden Kunst, München 1935, S. 4.

4 Cassirer, in: Storia della filosofia moderna, Turin 1955, S.498.

5 W. Worringer: Abstraktion und Einfühlung, München 1959, S. 130. (Erstauflage: München 1908)

6 A. Riegl: Stilfragen. Grundlegungen zu einer Geschichte der Ornamentik, Berlin 1923, S. VIII.

7 Riegl, S. X.

8 Riegl, S. 3.

9 Riegl, S. 32.

4711

KAPITEL I OTTO WAGNER

Von den Wegbereitern der modernen Baukunst der Jahrhundertwende, den großen Architekten, die ihre Länder unverwechselbar geprägt haben und einig im Denken der Avantgarde waren – Wright, Gaudí, Horta und Perret –, unterscheidet sich Otto Wagner durch zwei Besonderheiten. Die eine ist seine Hinwendung zum Städtebau, zur Utopie der Großstadt, welche die Grundlage seiner Stadtgestaltung bildet, die beispielhaft ist, da die anderen Architekten zu sehr städtebaulichen Mustern verhaftet oder, wie Wright, ausgesprochen stadtfeindlich eingestellt waren. Die zweite ist sein Glaube an den erzieherischen Auftrag, die Weitergabe der persönlichen Erfahrungen. Wright betrachtete die Lehrtätigkeit als eine Art selbstgewählter ästhetischer Aufgabe, die irgendwo zwischen Patriarchentum und selbstenfaltetem Kulturbetrieb angesiedelt war. In der Wagnerschule hingegen wird jeder Teil der Entwürfe des Meisters mit den Schülern experimentell überprüft, damit diese daraus einen Nutzen für ihre spätere Tätigkeit ziehen und spüren, daß sie an einem großen schöpferischen Abenteuer teilhaben. Daher kommt Otto Wagner eine Bedeutung zu, die ihn zum Interpreten Wiens zur Zeit der letzten heroischen Kraftanstrengung des Kaiserreichs macht. Sein unerschütterliches Selbstvertrauen läßt ihn vor keiner noch so großen Aufgabe zurückschrecken, läßt ihn beredte Töne und herausfordernde Monumentalität nicht scheuen. „Wahrscheinlich wird es eines Tages irgendein braver Kunstgelehrter unternehmen", schreibt Alfred Roller über die Wagnerschule, „die Geschichte der Moderne in Wien zu schreiben. Er wird damit ein böses Stück Arbeit haben, denn die Dokumente, die ihm unsere Zeit in Schrift und That hinterläßt, sind voller Widersprüche. Die Zeiten großer politischer oder wirtschaftlicher Umwälzungen sind schlechte Zeiten für die Ausbreitung der Kunst."[1]

II. O. WAGNER, SCHÜTZENHAUS AM DONAUKANAL, WIEN II, OBERE DONAUSTRASSE, 56, 1904-1908.

Trotz der hohen Wertschätzung, die Wagners Persönlichkeit, seinen Schriften und seinem Werk zuteil wird, trotz des umfangreichen, nach und nach in neueren Ausstellungen, Monographien und Übersetzungen zusammengetragenen Materials, das durch den Umfang der Arbeiten Wagners und seiner Schüler fast unüberschaubar ist, entzieht sich dieses Werk in Wahrheit einer genaueren Betrachtung und der Bestimmung seiner Formensprache. Alle Zuordnungen sind möglich, und naheliegende Begriffe wie Historismus, Eklektizismus und Überwindung seiner formalistischen Züge zugunsten einer Ästhetik der Sachlichkeit, kurz alle Verallgemeinerungen über die Verbindung von Historismus und Jugendstil, diesem wichtigen und heiklen Bindeglied europäischer Kunst, machen es sicher nicht leichter, jene Atmosphäre zu erfassen, die Wagner zum wahren Interpreten des habsburgischen Wien in seinen letzten glanzvollen Jahren macht. „Man entfaltete Luxus; aber beileibe nicht so überfeinert wie die Franzosen. Man trieb Sport; aber nicht so närrisch wie die Angelsachsen. Man gab Unsummen für das Heer aus; aber doch gerade nur so viel, daß man sicher die zweitschwächste der Großmächte blieb. Auch die Hauptstadt war um einiges kleiner als alle anderen größten Städte der Welt, aber doch um ein Erkleckliches größer, als es bloß Großstädte sind. Und verwaltet wurde dieses Land in einer aufgeklärten, wenig fühlbaren, alle Spitzen vorsichtig beschneidenden Weise von der besten Bürokratie Europas, der man nur einen Fehler nachsagen konnte: sie empfand Genie und geniale Unternehmungssucht an Privatpersonen, die nicht durch hohe Geburt oder einen Staatsauftrag dazu privilegiert waren, als vorlautes Benehmen und Anmaßung."[2]

Dieser allgemein verbreiteten Stimmung ist es zuzuschreiben, daß Wagners berufliche Erfolge sich nur zögernd einstellen; zwar gewinnt er Preise und Anerkennung, man traut ihm aber noch nicht genug zu, um ihn seine Projekte ausführen zu lassen.

Die Entwürfe aus den Jahren 1860 bis 1873, vor allem für Mietshäuser, die teilweise unter Mitar-

1

HUT-FISCHER
TABAK
ZEISS
OPTIKER

2

GRAZER WECHSELSEITIGE VERSICHERUNG
GRAZER WECHSELSEITIGE SEIT 1828
BABCOCK

3

4

5

5. O. WAGNER - O. THIENEMANN, GRABENHOF, WIEN I, GRABEN 14-15, 1873-74.

1. O. WAGNER, MIETSHAUS, WIEN I, UNIVERSITÄTSSTRASSE 12, 1888.

2. O. WAGNER, MIETSHAUS, WIEN I, LOBKOWITZPLATZ 1, 1884.

3. O. WAGNER, MIETSHAUS, WIEN I, STADIONGASSE, 1880-81.

4. O. WAGNER, MIETSHAUS, WIEN I, SCHOTTENRING 23, 1877.

beit anderer entstehen, haben etwas Routinehaftes an sich. In diese Zeit fällt ein Praktikum bei Ludwig von Förster, dem Planer und geistigen Vater der Ringstraße und der *Allgemeinen Bauzeitung*, der in offiziellen Architektenkreisen einflußreichsten Fachzeitschrift. Wagners Historismus findet seinen Nährboden in einem Wien, das die europäische Maßlosigkeit durch die Beständigkeit seiner Formen und die Kühle seiner Pastellfarben zügelt, in dem „stets aktuellen Versuch, die teutonische Schwere zu vermeiden, die im Barock von den Italienern geschaffen wurde“.[3] Dies ist eine gute Grundlage für seine Glaubwürdigkeit und eine wichtige Voraussetzung für die Entfaltung seiner Persönlichkeit und seiner Formensprache. Entscheidenden Einfluß auf diese Entwicklung haben die großen Wettbewerbsentwürfe, der Justizpalast an der Ringstraße, das Berliner Reichstagsgebäude, das Hamburger Rathaus, das Mietshaus der Assicurazioni Generali in der Freisingergasse, die Budapester Synagoge und schließlich das „Artibus"-Projekt, das für seine utopischen Tendenzen und seine zeichnerische Formensprache beispielhaft ist. Es handelt sich um eine realistische Utopie, die nur dem Umfang, nicht aber dem Wesen nach ambitiös ist. Für diese besondere Gestaltung architektonischer Elemente in Garten und umbautem Raum, die Teil einer Wirklichkeit ist, die nur Platz läßt für das Erhabene, Monumentale, Geordnete, fehlte es im Bayern Ludwigs I. und im Wien Johann Lukas von Hildebrandts nicht an Beispielen.

Frei von der Unruhe der großen Franzosen, der widersinnigen, metaphysischen Strenge des deutschen Nachbarn, der englischen Experimentierlust, den monumentalen Anwandlungen der Italiener, vor allem der in Rußland tätigen, zeigt Wagner die Idee einer totalen Architektur oder einer Baukunst auf, die, wie Musils Wien, alles, jedoch von jedem etwas weniger umfaßt, wie halb erleuchtete Kronleuchter oder die gedämpfte Musik eines Orchesters.

Die zeichnerische Wiedergabe seiner Entwürfe ist äußerst genau, eine Vogelperspektive, die nichts Übertriebenes oder Dramatisches an sich hat. Das Auge gleitet über einen sich verlierenden Horizont, einen sanft spiegelnden See, während die ziemlich lockere Schraffierung, ohne die Wirkung eines Piranesi zu erreichen, dem Halbdunkel die Ruhe eines großen Barockdrucks verleiht.

Diese Arbeitsweise findet sich in einem der Frühwerke, der ersten Villa Wagner, die einen nahezu fürstlichen Eindruck vermittelt. Es heißt, sie sei ursprünglich für den Kronprinzen Rudolf bestimmt gewesen, was dem Hause möglicherweise die edle klassizistische Anlage, den ionischen Portikus und die beiden Pergolen eingebracht hat, von denen die linke – mit den kostbaren, von Adolf Böhm entworfenen Glasfenstern – später zum Atelier ausgebaut wurde.

6

7

6. O. WAGNER, LÄNDERBANK, WIEN I, HOHENSTAUFENGASSE 3, 1882-1884.

7. O. WAGNER, JOHANNES-KAPELLE, WIEN IX, WÄHRINGER GÜRTEL, 1895.

8-9. O. WAGNER, ANKERHAUS, WIEN I, GRABEN-SPIEGELGASSE 2, 1895. DAS PHOTOATELIER IM DACHGESCHOSS UND GESAMTANSICHT VOM GRABEN.

Die strenge, fast biedermeierliche Interpretation der Säulenordnung, die geometrische Klarheit der Gesimsgliederung und der horizontal kaum angedeuteten Rustika, die warmen, fast porzellanhaften Blautöne, das Stuckdekor, in dem Blumen, Blätter und Draperien realistisch wiedergegeben sind, die nicht ganz echte, im Dekorativen nicht allzu strenge Renaissance- und Manierismustradition, ohne den Einfluß von Semper und Riegl, verleihen diesem Bauwerk eine überwältigende Sicherheit, die danach strebt, eine große repräsentative Wirkung mit den Bedürfnissen des täglichen Lebens in Einklang zu bringen, und verschaffen seinem Architekten jenen Ruf, der durch das Palais am Rennweg bestätigt und bekräftigt wird. Auch hier erweist sich Wagners Analyse der traditionellen Formensprache als besonders subtil und scharfsinnig: von den Helldunkelvariationen der horizontalen Rustika im Erdgeschoß, dem kaum angedeuteten Bossenwerk in der Säulenordnung der Pilaster im Obergeschoß und der prägnanten Gliederung, die im wesentlichen jegliche Einfassung der Fenster vermeidet, bis hin zu den Rundfenstern unterhalb des Kranzgesimses. Das Ornament hat eine vermittelnde und bereichernde Funktion. Auch hier bevorzugt Wagner die Form realistischer Frische, die Erneuerung der kodifizierten Formeln durch Skulpturengruppen, Fackeln, Blumenkaskaden und Girlanden, deren Wirkung durch die Kunstschmiedearbeiten verstärkt wird, die meisterlich den Louis-XV-Stil aufgreifen.

Obwohl es auf den ersten Blick nicht so aussieht, durchläuft die Formensprache des Historismus eine Krise und wird in zwei einander fast widersprechenden Tonlagen wieder aufgegriffen: in der strengen Geometrie der architektonischen Formen und im bezaubernd frischen Realismus des Dekors. Dieser ist eine aus dem Formenschatz der Neorenaissance und der Neogotik abgeleitete bewußte *Captatio benevolentiae,* mit der Wagner die Wirklichkeit bewältigt. Er kann aufgrund seiner privilegierten Position als Architekt und Bauherr in einer Person ganz unbefangen experimentieren und scheint dem zwiespältigen Arnheim Musils zu entsprechen: „Wenn er in einem seiner Direktionsbüros saß und eine Absatzrechnung prüfte, würde er sich geschämt haben, anders zu denken als kaufmännisch und technisch; sobald aber nicht mehr das Geld der Firma auf dem Spiel stand, würde er sich geschämt haben, nicht umgekehrt zu denken und die Forderung aufzustellen, daß der Mensch eines anderen Aufstiegs fähig

8

9

gemacht werden müsse, als auf dem Irrweg der Regelmäßigkeit, Vorschrift, Maßeinheit und dergleichen, dessen Ergebnisse so völlig uninnerlich und im Grunde unwesentlich sind."[4] Auf die lähmenden Zweifel Arnheims: „...die (...) Stimme (...) des Rechnens und Scharrens, die sich der großen Lebensgestaltung, dem Geheimnis des Gefühls heute allenthalben entgegenstellt,"[5] geht Wagner mit den Worten ein, mit denen sein autobiographisches Schlüsselwerk *Moderne Architektur* beginnt: „Als die Krone des modernen Menschen in seiner glücklichen Vereinigung von Idealismus und Realismus wurde der Architekt gepriesen." Diese Überzeugung und dieses Selbstvertrauen kennen nur eine Einschränkung, die Wagner selbst unmittelbar danach erwähnt: „Leider empfindet nur er selbst, während die Welt wenig teilnehmend abseits steht, das Wahre dieses Ausdrucks."[6]

Die Einkünfte aus seiner unternehmerischen Tätigkeit erlauben es Wagner, im Alter von 50 Jahren, dieser Gleichgültigkeit eine doppelte Herausforderung in Form einer fürstlichen Villa und eines Stadtpalais entgegenzusetzen, eines „Atelierhauses", dem die strenge Symmetrie des Grundrisses, die zwei Meter breite Prunktreppe, die schlichte und solide Erscheinungsform, der die strenge Anordnung der Innenräume exakt entspricht, eine große Würde verleihen.

Es sind die Jahre der großen internationalen Wettbewerbe für das Berliner Reichstagsgebäude, das Budapester Parlament und die Amsterdamer Börse; dazu kommen nicht minder ehrgeizige Projekte wie der Berliner Dom (1891), die Pfarrkirche in Esseg und andere Großbauten. Wagner bewegt sich in der internationalen Arena, gewinnt Preise und Anerkennung, findet aber keine endgültige Bestätigung. Bestimmen Neuerungen oder Stiltraditionen seine Arbeit? Moderne Vorstellungen äußern sich in seinem Glauben an den Stahl als Baumaterial, in den verglasten Flächen oder im Versuch, die Ingenieurtechnik den Erfordernissen der Baukunst endgültig unterzuordnen – zwei Bereiche, welche die Franzosen weiterhin unterscheiden, da sie der Ansicht sind, daß die Ecole des Beaux Arts und die Ecole Polytechnique unterschiedliche Einrichtungen sind, unterschiedliche

10

11

10. O. WAGNER, MIETSHAUS, WIEN I, BELLARIASTRASSE 4, 1869.

11. O. WAGNER, PALAIS WAGNER, WIEN III, RENNWEG 3, 1890-91.

Wissenschaften pflegen und unterschiedliche Ausbildungen vermitteln. Oder ist Wagners Werk vom Märchenhaften, Spielerischen, jenem Wiener Barock bestimmt, der ihn Obelisken und Statuen, Fahnen und Skulpturengruppen in solcher Vielfalt zusammenstellen läßt, daß sie, wegen der Feierlichkeit, welche die Meister des internationalen Eklektizismus auszeichnete, leicht übersteigert erscheinen? Die Donaukanalbauten, technische Denkmäler, sind die entscheidende Wende und beenden die Jahre der großen Architekturträume. Sie leiten die Zeit des Realismus ein. Nach Wagners Meinung üben die Bauwerke einen unwiderstehlichen Reiz auf die Menschen aus, „die sie ja förmlich zur Beschauung zwingen. Es muß daher die Architektur als der mächtigste Ausdruck der Kunst bezeichnet werden“[7]. Hier findet die Aussöhnung der beiden Wissenschaften statt, die zwingende Logik der Ingenieurkonstruktion und das architektonische Kunstwollen gelangen zu einem ausgewogenen Miteinander. „Der nicht auf die werdende Kunstform, sondern nur auf die statische Berechnung und auf den Kostenpunkt Rücksicht nehmende Ingenieur spricht daher eine für die Menschheit unsympathische Sprache, während andererseits die Ausdrucksweise des Architekten, wenn er bei der Schaffung der Kunstform nicht von der Konstruktion ausgeht, unverständlich bleibt.“[8]

Wie Wagner die dicht strukturierte Wehrbrücke zugunsten der prunkvollen, mit Löwen und Laternen verzierten Brückenköpfe zurücktreten läßt und wie er die Anspielung auf die Kurve der Schleuse unterhalb der mit Löwen gekrönten Stemmpfeiler in den Widerlagervoluten wiederholt, bezeugt in Wirklichkeit, daß das Kunstwollen in seiner Architektur die Oberhand über die Sachlichkeit gewonnen hat. Die Sachlichkeit der Wehrwiderlager versinkt im Wasser, das Kunstwollen erhebt sich in den Aufgängen und im herrschaftlichen Verwaltungsgebäude mit seiner horizontalen Rustika und dem ausgeprägten Dekor unterhalb des Dachüberstands. Das ganze Werk verrät jenen Willen zur epischen Gestaltung der Stadt im Einklang mit den Wünschen der Kaiserstadt, dem Schlüssel zu Wagners Erfolg, und seine Identifizierung mit dem Geiste jener Stadt, für die er arbeitet und für die er seine Utopie der Großstadt

12-13. O. WAGNER, ERSTE VILLA WAGNER, WIEN XIV, HÜTTELBERGSTRASSE 26, 1886-1888. EINGANGSPORTIKUS – PERGOLA, 1900 ZUM ATELIER AUSGEBAUT.

14

15

16

17

18

19

20

21

ersinnt. „Das Außerachtlassen solcher künstlerischen Anforderungen, das überall so stark vortretende Utilitätsprinzip, die Abneigung gegen monumentale Bauausführungen, der nie behobene Geldmangel für Kunstbestrebungen geben auch hier dem Architekten manche harte Nuß zu knacken. Diese und ähnliche Umstände haben eine Art Scheinarchitektur hervorgerufen, welche mit einer Lüge die Blößen zu decken sucht." Und noch deutlicher: „Auch hier ist es dringend erforderlich, daß bei derartigen Herstellungen Kunst und Künstler ein gewichtiges Wort mitsprechen, damit der bisher ganz vernachlässigte Brückenanblick nach der Brückenachse eine Durchbildung erhalte und dadurch die ästhetisch notwendige Schauvorbereitung dem sich Nähernden geboten werde. Die künstlerische Durchbildung von Brücken wird daher in den meisten Fällen stark betonte Brückenköpfe und ein reicher ausgestattetes Brückengeländer zu zeigen haben."[9]

„Einfache Formeln" – wie Samonà leicht enttäuscht über die „rührende Naivität"[10] in der Einleitung zur italienischen Übersetzung von Wagners *Moderner Architektur* bemerkt –, die jedoch als das verstanden werden sollten, was sie waren: autobiographische Überlegungen, Notizen eines durch und durch aktiven Mannes in den entscheidenden Jahren seines Lebens, der 1894 mit einem Anflug von „kakanischer" Selbstgefälligkeit schreibt: „Berufen, an der ersten Kunstschule des Reiches das Lehramt auszuüben, fühle ich die Pflicht, solche Thesen zu fixieren, zu beweisen und zu verteidigen, um dadurch den Lehrzweck zu fördern", und gleich darauf hinzufügt: „Dies und der Wunsch, das Peinliche allzu häufiger Wiederholung beim Unterrichte wenigstens teilweise einzuschränken, waren die erste Veranlassung, diese Zeilen zu veröffentlichen."[11]

Es hieße Wagner einen schlechten Dienst erweisen, wollte man seine Schriften von seinem Schaffen trennen, wollte man einen Zeit und Raum sowie seine geschichtliche Rolle berücksichtigenden Korpus seiner Theorien erstellen, ihn einfachen, eindeutigen Glaubensbekenntnissen gegenüberstellen, unmißverständlichen Äußerungen, Konzepten, die er eher beschwört, als daß er sie zu erklären vermag. So verhält es sich mit der Phänomenologie der Großstadt, von der er eine poetische Vorstellung, eine Vogelperspektive wie in seinen glanzvollen Entwürfen zu geben vermag. Es gelingt ihm jedoch nicht, die vielschichtigen kulturellen, sozialen und ideologischen Hintergründe zu erfassen, auf denen Aufstieg und Niedergang der europäischen Stadt des 19. Jahrhunderts beruhen. Wichtig ist, daß Wagner mit der Gestaltung des Donaukanals und der Stadtbahn zum Baumeister eines modernen Wien wird, das nicht nur aus Barockpalästen oder „Villenfriedhöfen" in den Außenbezirken besteht. Vielmehr gestaltet er es nach seiner Idealvorstellung von der Moderne, die er selbst als „das Modernste des Modernen" definiert. Die Idee der Großstadt kommt für Wagner dem „Geheimnis des Ganzen" der Musilschen Gestalt Arnheim gleich. „Auf geheimnisvolle Weise geht im Leben das Ganze vor den Einzelheiten. Mögen also immerhin kleine Leute aus ihren Tugenden und Fehlern bestehn, so verleiht der große Mensch seinen Eigenschaften erst ihren Rang; und wenn es das Geheimnis seines Erfolges ist, daß dieser aus keinem seiner Verdienste und keiner seiner Eigenschaften recht verstanden sein kann, so ist eben dieses Vorhandensein einer Kraft, die mehr ist als jede ihrer Äußerungen, das Geheimnis, auf dem alles Große im Leben ruht."[12] Mit dieser Definition des Ganzen, die seinem innersten Wesen ebenso entspricht wie dem der Großstadt, mit der er sich auseinandersetzt, übertrifft Wagner sich selbst bei der Stadtbahn und macht sie zum bedeutendsten Bauwerk der modernen Stadt. Die Wiener Stadtbahn sollte nicht nur eine Frage von Haltestellen oder Erkennungszeichen sein wie bei Hector Guimard in

18-21. O. WAGNER, WEHR- UND SCHLEUSENANLAGE NUSSDORF. PYLONEN, BRONZELÖWEN VON RUDOLF WEYR AUSGEFÜHRT – DAS WEHR, BLICK KANALAUFWÄRTS – PORTALAUFSATZ – DAS VERWALTUNGSGEBÄUDE, BLICK KANALABWÄRTS.

14-15. O. WAGNER, ERSTE VILLA WAGNER, STRASSENFRONT UND ATELIER MIT FENSTER „HERBSTLANDSCHAFT IM WIENERWALD" VON ADOLF BÖHM.

16-17. O. WAGNER, WEHR- UND SCHLEUSENANLAGE NUSSDORF, WIEN XIX, BEIM NUSSDORFER PLATZ, 1894-1898. OBEN GESAMTANSICHT MIT VERWALTUNGSGEBÄUDE. WEHR 1971-1975 UMGEBAUT. UNTEN DIE BRÜCKE NACH DEN UMBAUTEN.

Paris oder, wie heute üblich, einfach eine Frage der Gestaltung; Wagner wollte vielmehr ein modernes Forum aus ihr machen. Unzählige Episoden reichen vom verspielten Neobarock des Hofpavillons bei Schloß Schönbrunn und der Gartenarchitektur der Haltestelle Karlsplatz über die großartigen Brücken der Gürtellinie über die Zeile oder die Döblinger Hauptstraße bis zu den sachlichen Formen der Haltestellen Josefstädter- und Alserstraße sowie der Läden und Geschäfte, die sich in die erhöhten Arkaden der Stadtbahn einfügen. Die Anlehnung an historische Werte, die offenen Plätze – wie die neuen Märkte an der Linken Wienzeile –, der Sinn für das Praktische in Verbindung mit einer Rationalität, die das städtische Milieu zur Geltung bringen will – all das sind die Teile des Ganzen, aus denen sich die prunkvolle Wiener Stadtbahn zusammensetzt. Sie hat viele Merkmale: verkehrstechnische, nationale, staatliche, demokratische, topographische und spielerische „und vielleicht auch noch einen privaten Charakter" – wie Musil den Einwohner Kakaniens beschreibt –, „er vereinigt sie in sich, aber sie lösen ihn auf, und er ist eigentlich nichts als eine kleine, von diesen vielen Rinnsalen ausgewaschene Mulde, in die sie hineinsickern und aus der sie wieder austreten, um mit anderen Bächlein eine andre Mulde zu füllen."[13]

Doch in dieser glücklichsten und harmonischsten Periode Wagners löst sich im gleichzeitigen Nebeneinander so vieler Merkmale sein Werk nicht auf, sondern fügt sich zu einem harmonischen Ganzen zusammen. Keines der Details – Balustraden, Vordächer, Verblendungen, Ecken, Verbindungen, Ornamente, Bedachungen – entzieht sich dieser Harmonie oder der Logik des Ganzen. Aber in diesem Wagner den Verfechter der herkömmlichen Beziehung zwischen Form und Funktion zu sehen, heißt noch lange nicht, die Kraft und Leidenschaft von Wagners Formensprache zu erfassen. Diese zielt darauf ab, aus dem Donaukanal und der Stadtbahn die beiden Arte-

22

22-23. O. WAGNER, STADTBAHN-HALTESTELLE, WIEN IV, KARLSPLATZ, 1898-99. AUFNAHME NACH DER RESTAURIERUNG UND ZUSTAND 1968.

24-25. O. WAGNER, STADTBAHN-HALTESTELLE, WIEN IX, ROSSAUER LÄNDE, 1900. STIEGENABGANG ZUM TREIDELWEG UND VORDERANSICHT.

26-28. O. WAGNER, STADTBAHN-HALTESTELLE, WIEN I, STADTPARK, JOHANNESGASSE, 1899-1900. VORDERANSICHT – KAPITELL EINES PFEILERS – BASIS UND SOCKEL.

rien moderner Architektur in der modernsten Stadt Europas nach dem Vorbild des „fortgeschrittensten Staates Kakanien" zu schaffen, ohne daß Europa sich dessen schon gewahr gewesen wäre. „Haben welterschütternde Ereignisse ein Staatswesen durchtobt, so stand die Kunst still, sind Völker durch ihre Kraft zu Macht und Ansehen und endlich zum Frieden gelangt, so trieb die Kunst stets neue Blüten. Große soziale Umwälzungen haben immer neue Stile geboren. Stets war also die Kunst und ihr sogenannter Stil der ganz apodiktische Ausdruck des Schönheitsideals einer bestimmten Zeitperiode."[14]

„Apodiktisch" ist das Schlüsselwort, das sich dem anderen beunruhigenden Adjektiv „modern" zugesellt. Die übliche Auslegung von modern ist jedoch: Anfang, Beginn einer Phänomenologie der Ästhetik. Das apodiktisch Moderne Wagners dagegen zieht einen endgültigen Schlußstrich, ist Ausdruck der gesteigerten Selbstsicherheit einer Epoche und eines

23

24

25

26

27

28

29

Reiches. „Ich muß den Ästheten eine niederschmetternde Mitteilung machen: Alt-Wien war einmal neu",[15] schreibt Karl Kraus. Die Renovierungsarbeiten an den Stadtbahnhaltestellen zollen dem Genie Wagners eine späte Anerkennung. Wagner hat eine Stadt mit seinem Werk umfangen und in die Kunst der Variation eingebettet. Während bei Ledoux die Variation eine rein formale, abstrakte Tätigkeit, eine Übung der *architecture parlante*, bleibt, während Guimard seine Phantasie, die einen mächtigen Verbündeten in der Serienfertigung findet, walten läßt, dient Wagner die Kunst der Variation zur Stadtgestaltung. Mit dem Bau der Hauptverkehrsader interpretiert er die Stadt und verbindet die geschichtliche Dynamik mit der Dynamik des Verkehrsmittels. Für ihn ist die Technik nicht wie für Kraus „ein Dienstbote, der nebenan so geräuschvoll Ordnung macht, daß die Herrschaft nicht Musik machen kann".[16]

Diese Ausgewogenheit und Sicherheit gestatten es Wagner, die Typologie des Geschäftshauses mit dem Warenhaus Neumann und dem Ankerhaus am Graben um ein episches Beispiel eines großen Warenhauses zu erweitern: mit festem Grundriß, der sich streng an die Grundstücksform hält, sicher in der Konstruktion, rational in der Rhythmik der Öffnungen, aber heiter und ansprechend im Dekor, der im Ankerhaus noch vervollkommnet wird durch die strenge Vertikalität der Pilaster mit einfacher Säulenordnung und den märchenhaft anmutenden Glasaufbau, der fast eine Verwirklichung jenes „Glasbarocks" ist, der schon im Artibus-Projekt erkennbar ist. Diese Lösung zeigt weder den Zauber des französischen „Bonheur des Dames" noch die herausfordernde deutsche Solidität, sondern spiegelt das Selbstbewußtsein einer Welt wider, die Kunst braucht, um den Alltag bewältigen und die Würde des Stadtkerns

29. O. WAGNER, STADTBAHN-HALTESTELLE UND BRÜCKE, WIEN, WÄHRINGERSTRASSE, 1896-97. ZEITGENÖSSISCHE POSTKARTE.

III. O. WAGNER, STADTBAHN-HALTESTELLE, WIEN IV, KARLSPLATZ, 1898-99.

KARLSPLATZ
CAFE

30

wahren zu können. Es ist übrigens Karl Kraus, der aufs neue den Vorwurf erhebt: „Die Kunst ist dem Philister der Aufputz für des Tages Müh' und Plage. Er schnappt nach den Ornamenten, wie der Hund nach der Wurst. Der Philister lebt in einer Gegenwart, die mit Sehenswürdigkeiten ausgestattet ist, der Künstler strebt in eine Vergangenheit, eingerichtet mit allem Komfort der Neuzeit.“[17]

Eine unterschwellige Krise bringt das politische Selbstverständnis des vom Mythos des Rationalismus und von der Auseinandersetzung zwischen Zionismus und Antisemitismus erschütterten Reiches ins Wanken. Eine tiefgreifende und damit auch belebende, schöpferische Krise erfaßt jedoch die Wiener Intelligenz, deckt die Probleme der Entfremdung und des Unterbewußtseins auf, der unerforschten und grundlegenden Beziehung zwischen den Geschlechtern, der gedankenbildenden Logik. Die neue Ästhetik entnimmt ihre Grundlagen dem Alltag, verhindert das

30. O. WAGNER, STADTBAHN-HALTESTELLE, WIEN, WÄHRINGERSTRASSE.

31. O. WAGNER, STADTBAHN-HOFPAVILLON, WIEN XIII, SCHLOSSSTRASSE, 1898.

32. O. WAGNER, STADTBAHN-PAVILLON. GELÄNDER.

33. O. WAGNER, STADTBAHN-HOFPAVILLON. ÜBERDACHUNG DER AUFFAHRT.

IV. O. WAGNER, PALAIS WAGNER, WIEN III, RENNWEG 3, 1890-91.

V. O. WAGNER, ANKERHAUS, WIEN I, GRABEN 14-15, 1895. DAS PHOTOATELIER IM DACHGESCHOSS.

31

32

33

OPA VERLAG
CAFE NORMA
CAFE

34

„Schnappen nach der Wurst". „Das war die bittere Medizin, die sich unter dem Zuckerguß des hedonistischen Ästhetizismus und der Sachertorte verbarg."[18]

Im Jahre 1897 tritt Gustav Klimt mit 19 Studenten aus der Akademie aus und gründet die Wiener Secession. „Der Zeit ihre Kunst, der Kunst ihre Freiheit", lautet die Devise der Bewegung, in der mehr der Wunsch nach Liberalisierung zum Ausdruck kommt als eine programmatische Richtung. Aber das Wiener Bürgertum macht aus den Secessionisten keine Opfer, keine Ausgestoßenen. Musils Kakanien „war nach seiner Verfassung liberal, aber es wurde klerikal regiert. Es wurde klerikal regiert, aber man lebte freisinnig. Vor dem Gesetz waren alle Bürger gleich, aber nicht alle waren eben Bürger. Man hatte ein Parlament, welches so gewaltigen Gebrauch von

35 

34-35. O. WAGNER, MIETSHAUS, WIEN IV, LINKE WIENZEILE 38, 1898-99; ECKLÖSUNG UND STUCKVERZIERUNG. VERGOLDETE MEDAILLONS VON KOLOMAN MOSER.

VI. O. WAGNER, MIETSHAUS, WIEN IV, LINKE WIENZEILE 38, 1898-99. STIEGENHAUSSPINDEL.

VII. O. WAGNER, MIETSHAUS, WIEN IV, LINKE WIENZEILE 38, 1898-99. STIEGENHAUSSPINDEL.

seiner Freiheit machte, daß man es gewöhnlich geschlossen hielt; aber man hatte auch einen Notstandsparagraphen, mit dessen Hilfe man ohne das Parlament auskam, und jedesmal wenn alles sich schon über den Absolutismus freute, ordnete die Krone an, daß nun doch wieder parlamentarisch regiert werden müsse.«[19]

Vorsicht! Aufzug!

Drei Jahre nach ihrer Gründung ist die Secession Österreichs offizieller Vertreter auf der Pariser Weltausstellung von 1900. Klimts geschmeidige Sinnlichkeit legt geheime Gefühle frei, bekräftigt behutsam die Verbindung zwischen Ästhetik und Erotik. Seine geometrischen Gold- und Silbermosaiken zeigen die feinen Nuancen von Ikonen, spiegeln in Wien ein neues Byzanz wider. Die von Wagner postulierte freie Renaissance wird sogar noch freier. Der würdige Professor der Wiener Akademie der Bildenden Künste tritt 1899 der Secession bei und erwirbt als Bauherr, Unternehmer und Architekt in einer Person mit den an die Häuser der Linken Wienzeile angrenzenden Grundstücken eine noch größere Freiheit und Unbefangenheit. „Es geht heute ein nicht hoch genug anzuschlagender jugendfrischer Zug durch die modernen Kunstbestrebungen und Publikationen; was die große Zahl ausgezeichneter deutscher, englischer und französischer Kunstzeitschriften zeigt, in welchen fast alles künstlerisch Neuentstandene reproduziert erscheint", bemerkt Wagner in *Moderne Architektur*; es weht ein Wind, der vergoldete Palmetten und Blattwerk in den geometrischen Vorsprüngen und den Geländern des Eckhauses bewegt oder sich im Nachbarhaus mit einer graphischen Freiheit, die der Zeitschrift *Ver Sacrum* würdig ist, gar einer ganzen Fassade bemächtigt. Hier genügen die klassischen Farben Weiß, Gold und Grün nicht mehr, auch die Farben Rosa und Blau sind in der für das rauhe Wiener Klima erstaunlich widerstandsfähigen Majolika zu finden. Die außergewöhnliche Beständigkeit im Geschmack und die Zeitlosigkeit seines Werkes machen Wagner, nachdem er die Krise seines ornamentalen Vokabulars überwunden hat, zu einem der bedeutendsten Protagonisten des Wien der Jahrhundertwende. „Aber in diesem ersten Moment, in dem die Mauer des Hauses sich in eine glatte Oberfläche auflöst", bemerkt Adriana Giusti Baculo, „wird die dritte Dekoration (die des Reliefs) durch eine psychologische und emotionale Dimension ersetzt: Nun treten Linien und Farben an die Stelle der räumlichen Realität. Der Vergleich zwischen dem Haus am Rennweg und dem Majolikahaus spricht für sich selbst: Aus dem Barock, aus dem Rokoko, aus der weiteren Kultur der Renaissance schöpft Wagner das Schema seiner Bauten mit vielen kompositorischen und ornamentalen Anregungen. Offenkundig ist, daß eine aufmerksame Neuinterpretation Wagners die Eingliederung der tektonischen in die bildliche und ornamentale Form fördert, sowohl in den helleren, abgeklärten, schlichten letzten Werken als auch in der üppigen Architektur des Majolikahauses; sowohl im ersten Häuserblock, den Wagner in Zusammenarbeit mit Olbrich schuf, dem Architekten, der für die baulichen Möglichkeiten der Dekoration sicher am empfänglichsten war, als auch im zweiten, bei dem Kolo Moser, einer der bedeutendsten Vertreter des secessionistischen Geschmacks, mitarbeitete."[20]

Hier beginnt die reifste Periode der Formensprache Wagners, die in einer Reihe von Entwürfen zum Ausdruck kommt: für den Neubau der Akademie der Bildenden Künste (1898 bis 1910), den Ausbau der Hofburg, den Umbau der Kapuzinerkirche und die Pfarrkirche in Währing (1898), die Moderne Galerie (1900), das Kleintheater (1902), den Friedenspalast im Haag (1906), den Palast der Wiener Gesellschaft (1906), das House of Glory (1908), das Kriegsministerium (1907/08), das Technische Museum für Industrie und Gewerbe (1909), das Handelsministerium (1908), das Kaiser-Franz-Joseph-Stadtmuseum (1900 bis 1912) und zahlreiche andere Monumentalbauten. In dieser Reihe nicht ausgeführter Projekte wird die etwas simple Summe des Erfahrungsschatzes zweier Kulturen – der zeremoniellen Förmlichkeit des frühen Wagner und des formellen Rituals des kaiserlichen Wien – überwunden und eine freiere, vielseitigere Ausdrucksweise eingeleitet, die ungebundene geometrische Valenzen und kühne räumliche Neuerungen erprobt. Sie bewegt sich zwischen den beiden Polen, die seine jungen Schüler Olbrich und Hoffmann verkörpen, zwischen fließenden Kurven und geometrischer Aufteilung in Quadrate, faßt die allegorischen, phantastischen und innovierenden Linien der Secession zusammen und verleiht dem irrationalen Formalismus eine solide Struktur, strenge Symmetrie und eine kraftvolle Neuinterpretation des Konzepts der Akademie.

Die bemerkenswerte Ornamentik Wagners wird durch phallische Symbole angereichert, setzt dunkle erotische Vorstellungen frei, erstarrt dann jedoch in festgefügten geometrischen Abstraktionen. Die Auseinandersetzung mit der Geschichte wird intensiver, ja fast zum offenen Kampf. In den Projekten für den Karlsplatz mißt sich Wagner ohne Hemmungen, ganz offen, als Ebenbürtiger an Fischer von Erlach. Das Thema der Kuppel wird erforscht, die äußere Kuppelschale tritt gesondert auf und wird, im Anklang an

37-39. O. WAGNER, MAJOLIKAHAUS, WIEN IV, LINKE WIENZEILE 40, 1898-99. FASSADE – GELÄNDER UND STÜTZEN DES BALKONS IM ERSTEN STOCK.

VIII. O. WAGNER, MAJOLIKAHAUS, WIEN IV, LINKE WIENZEILE 40, 1898-99. DETAIL DER FASSADE.

36

36. O. WAGNER, MIETSHAUS, WIEN IV, LINKE WIENZEILE 38. STIEGENHAUS- SPINDEL.

37

GOLDSCHMIED
AFA
ARBEITSGEMEINSCHAFT
FACHAUSSTELLUNGEN
FLIESEN
MFORT BAD

38

39

40

40. O. WAGNER, MIETSHAUS, WIEN IV, KÖSTLERGASSE 3, 1898-99.

die Olbrichsche Kuppel des Secessionsgebäudes, zu einem ausschließlich visuellen Element aus Schmiedeeisen. Der inneren Kugelschale kommt dagegen eine mehr an das Gebäude gebundene statische Funktion zu. Dieses Thema taucht immer wieder in Wagners Entwürfen auf, von der Kaiser-Franz-Joseph-Stadtbrücke bis hin zu den Entwürfen für die Akademie der Bildenden Künste sowie für die später realisierte Kirche am Steinhof. Ebenso tritt die gedrehte Säule, ein beliebtes Element bei Bernini und später bei Fischer von Erlach, als bezeichnende visuelle Konstante in allen Entwürfen Wagners auf, wenn auch in abgewandelter und außerordentlich stilisierter Form, insbesondere im House of Glory. Bemerkenswert und einer eingehenderen Analyse würdig ist jedoch die zwar nicht eigenhändige, aber gewiß authentische Handschrift seiner Entwürfe, die gleichzeitig mit einer Bereicherung und Freiheit der Formensprache an Ausdruckskraft gewinnt.

Während das etwas schattenhafte, durch Tinte in der Wirkung verstärkte Artibus-Projekt noch eine epische Vision der Stadt in der Art Piranesis oder zumindest Meryons war, gehören einige Entwürfe Wagners aus dieser Zeit sicherlich zu den schönsten und konsequentesten Wiedergaben architektonischer Graphik aller Zeiten. Er selbst erstellt über die zeichnerische Aufgabe des Entwerfers eine eingehende Analyse: „Um beim Alpha des architektonischen Zeichnens zu beginnen, muß vorerst betont werden, daß jede sogenannte flotte Manier ganz verwerflich ist und daß es immer Aufgabe des Baukünstlers bleiben muß, seine Gedanken möglichst klar, scharf, rein, zielbewußt und überzeugungsvoll zu Papier zu bringen. Jede architektonische Zeichnung hat den Geschmack des Künstlers zu dokumentieren, und es darf nie vergessen werden, daß Künftiges, nicht Bestehendes dargestellt werden soll. Die Sucht, ein möglichst täuschendes Zukunftsbild zu bieten, ist schon deshalb als Fehler zu bezeichnen, weil sie eine Lüge involviert. Alle reizenden Zufälligkeiten und Stimmungen, der Natur abgelauscht, durch ein gutes Aquarell fixiert und auf ein nicht bestehendes Objekt übertragen, sind absichtliche Täuschungen, also schon daher zu verwerfen. Näher liegend, richtiger und daher natürlicher ist es, durch eine, sagen wir, individuelle und impressionistische Darstellung das Werk, Interesse erweckend und mit Gedanken erfüllt, dem Beschauer vor das Auge zu führen. Der Künstler hat dabei Gelegenheit, Phantasie, Geschmack, Wollen und Können zu zeigen, den Beschauer anzuregen und zu fesseln, zu fesseln, ohne von der Wahrheit abzuweichen.“[21]

Wird im Entwurf für die Akademie der Bildenden Künste von 1898 eine gewissermaßen überholte Übereinstimmung mit dem Jugendstil betont, so kommt in der herrlichen Perspektive der Zentralkuppel der Akademie ebenso wie in der Kapuzinerkirche eine verklärte Vision zum Ausdruck, fast in Negativform, mit dem schwarzen Himmel und der Reinheit einer Architektur, in der alles im Detail steckt: Mauergefüge, geometrische Ordnung, dekorative Elemente. Die elegante Einbeziehung der Passanten vermittelt den Projekten jenes Gefühl städtischer Lebenskraft, die für Wagner Zweck und Wesen der Architektur bildet, einer Architektur, die dem Leben im Wien seiner Zeit gewidmet ist.

Die großen Vogelperspektiven gehören zu den bedeutendsten Darstellungen der Stadt des 19. Jahrhunderts, wo jede Parzelle, jeder Häuserblock, abgeschlossen in der Nüchternheit seiner Fassaden, plastisch gegliedert in Baukörper, leere Höfe und freie Flächen, in einem gestalterischen Dialog mit seiner Umgebung steht und das einheitliche Geflecht einer Stadt bildet, in der es keinen Raum für die Annäherung, das Spontane oder den Zufall gibt, sondern wo es der Architektur möglich ist, jeden Punkt und jeden Aspekt zu besetzen.

Wagner ist überzeugt und zufrieden: „Unsere moderne Epoche ist für große Effekte, welche in den Forderungen der bisher unerreichten Ansammlung von Menschen in Großstädten ihre Ursache haben, recht empfänglich, und dies motiviert einen gewissen großen Zug, der oft das modern Geschaffene durchzieht. Mit großer Befriedigung mag daher hier konstatiert werden, daß unsere modernste Kunst in Anordnung von Gesamtanlagen, Plätzen und Straßen, in Dispositionen von Monumenten, Herstellung von Avenüen etc., ganz abgesehen von den großen baulichen Schöpfungen, welche der ungeheure Fortschritt der Ingenieurwissenschaften ermöglichte, Dinge geschaffen hat, denen weder die Renaissance noch die Antike Ähnliches an die Seite zu stellen vermag.“[22]

Im übrigen hat Wagner Vorbehalte gegenüber Parks und Gärten, die seiner Ansicht nach von „ästhetischen und praktischen Bedürfnissen“ geprägt sind. Er wendet sich gegen die Überbetonung hygienischer Erfordernisse und den englischen Naturalismus und erhebt sogar Einwände gegen die aus *Cottages* bestehenden Villenanlagen. Er behauptet nicht ohne Grund, daß „die Spekulation durch maßlose Anhäufung *einer* Type dieser Bauweise den ästhetischen Todesstoß versetzt. Der Volksmund hat sein gerech-

41

42

43

44

tes, aber vernichtendes Urteil darüber auch schon gefällt und sie als Villenfriedhof bezeichnet."[23] Diese Auffassung gehört zu seiner Mythologie von der zu einem einheitlichen Gefüge geformten Großstadt.

Um 1910 beginnt dann die dritte Periode der Wagnerschen Stilentwicklung, die sich durch Linearität, geometrische Gestaltung und betonte Rationalität auszeichnet. Die Handschrift seiner Entwürfe verdichtet sich ebenfalls, läßt die Reinheit und Strenge der neoklassizistischen Projekte in ausschließlich linearen Begriffen aufleben. Dies ist auch als Reaktion auf den Einfluß der Jüngeren und die Auseinandersetzung mit Hoffmann zu sehen. Im Grunde genommen hat Wagner zwei derartige Kehrtwendungen vollzogen, erstens mit der Secession und noch einmal um 1910. Beide sind gekennzeichnet durch ein sicheres Gespür für den Wandel der Zeit und die Verarbeitung der Anregungen seiner Schüler, die eine Bereicherung seines soliden künstlerischen Grundstockes darstellen.

Gleichzeitig schält sich aber auch eine entgegengesetzte Reaktion, eine Bestätigung der bleibenden Werte heraus. Während dem Olbrichschen Moment eine neue planimetrische Anordnung der barocken Baukörper entspricht, deckt sich das Hoffmannsche Moment mit dem Aufkommen immer strengerer Symmetrien, immer sorgfältigerer Gliederungen der Raumkörper, aggressiv konstanter Rhythmen in den von funktionalen Gesichtspunkten beherrschten Entwürfen, zum Beispiel bei der Universitätsbibliothek, wo eine strenge Raumbestimmung und Zweckmäßigkeit der Grundrißaufteilung vorherrschen. Die zwingende Logik der Warenhäuser kann inzwischen auf eine Dekorhülle verzichten, sie wird in direkten Formen ausgedrückt. Wagner gibt jedoch die Architektur nicht auf, sondern vollzieht sogar eine Rückkehr zur architektonischen Ordnung vor dem Hintergrund Palladios und Schinkels. Und gerade in diesem Punkt

41-42. O. WAGNER, ÖSTERREICHISCHES POSTSPARKASSENAMT, WIEN I, GEORG-COCH-PLATZ 2, 1903-1906. VORDERANSICHT UND HAUPTEINGANG. DIE STÜTZEN DES VORDACHES SIND AUS ALUMINIUM.

43-44. O. WAGNER, ÖSTERREICHISCHES POSTSPARKASSENAMT. ECKLÖSUNG DES DACHAUFBAUES MIT KRÄNZEN AUS ALUMINIUM UND BALKON DES MITTELRISALITS MIT MONOGRAMM F.J. I.

offenbart sich Wagner in seiner *Modernen Architektur* etwas mehr und gibt den lehrhaften und förmlichen Ton, der seine Autobiographie kennzeichnet, auf. Er verwehrt sich gegen den Vorwurf, ein Verfechter des Empirestils zu sein, sein Werk auf diesem Stil aufzubauen. Er ist der Meinung, dieses Vorurteil beruhe darauf, daß er sich in seinen Arbeiten oft auf für den Empirestil charakteristische Motive, wie glatte Oberflächen und gerade Linien, stützt. Diesen Anfeindungen hält er die Bedeutung entgegen, die der geraden Linie in der modernen Architektur zukommt.

Diese fast heftige Verteidigung setzt sich einer Erwiderung aus, die ihm die Geschichtsschreibung nicht erspart: Seine Größe bestehe vor allem in der Neuinterpretation der neoklassizistischen und Renaissancekomponenten in der Art Sempers und in dem üblichen und übertrieben gelobten Konzept des Funktionellen. Darin sei das letzte große Rückzugsgefecht der institutionalisierten Architektur zu sehen, eine Synthese zwischen Städteplanung und Gestaltung. Diese beiden Begriffe, oder vielmehr Konzepte, haben in der heutigen Architektur so stark wie nie zuvor an Ansehen verloren, ihre Wiederkehr wird jedoch schon seit den postmodernen Tendenzen von vielen Vorzeichen angekündigt. So viel kreativer Schwung, so viel Erfahrung in den großen Themen, eine so intensive Entwurfsaktivität können nicht fruchtlos bleiben und führen zu der Zeit der Meisterwerke. Während das in seinen Dimensionen bescheidene Depeschenbüro „Zeit" von 1902 eine Erfahrung darstellt, die jener abstrakten, graphischen Gestaltung der Architektur, die auf die Lektion der Jüngeren zurückzuführen ist, näherliegt, entfaltet Wagner bei der Postsparkasse seine formalen Fähigkeiten vollkommen und meisterlich. In seiner urbanen Kompaktheit und Klarheit zeichnet sich dieser Bau durch die besonders geglückte Eingliederung in das Stadtgefüge aus, die seine Feierlichkeit nicht im geringsten beeinträchtigt. Sie beruht auf einer funktionellen Logik, welche die traditionelle Morphologie fast gänzlich abgestreift hat, und führt Elemente ein, die aufgrund ihrer Neuartigkeit ihre beeindruckende Wirkung nicht verfehlen und inzwischen klassische Bestandteile der modernen Architektur geworden sind. Aber Wagners Ziel ist im Grunde noch durch seine großen ästhetischen Ambitionen bestimmt. Die Plattenverblendung mit den geschick-

45

46

45-46. O. WAGNER, ÖSTERREICHISCHES POSTSPARKASSENAMT. ATTIKA DES MITTELRISALITS. ECKAKROTERIE AUS ALUMINIUM VON O. SCHIMKOWITZ UND PLATTENVERKLEIDUNG DES MITTELRISALITS. BOLZENKÖPFE AUS ALUMINIUM.

47

47. O. WAGNER, ÖSTERREICHISCHES POSTSPARKASSENAMT. VESTIBÜL MIT AUFGANG ZUM SCHALTERSAAL.

ten Bolzenbefestigungen will als Alternative zur großen klassischen Monumentalität verstanden sein. Die Rechtfertigung ist zugegebenermaßen noch funktioneller Natur: Die Platten ersetzen die von Fall zu Fall modellierten Steinblöcke, die für Horta oder die anderen Vorkämpfer des Art Nouveau oder die eklektische Bauweise typisch sind: „Zu den Untergliedern des Hauptgesimses werden ungeheure, an die Bauweise der alten Römer erinnernde Steinblöcke, aus welchen, konstruktiv bedingt, sogar die Konsolen des Hauptgesimses herausgearbeitet worden sind, verwendet. Die Bearbeitung und Beschaffung dieser Werkstücke erfordert große temporäre und pekuniäre Opfer. Diese Art der Herstellung soll als ‚Bauart der Renaissance' bezeichnet und ihr im Nachstehenden eine ‚moderne Bauart' gegenübergestellt werden. Zur äußeren Bauverkleidung (naturgemäß bei gleichen Prämissen) werden (für die glatten Flächen) Platten verwendet. Diese Platten können in ihrer Kubatur bedeutend geringer angenommen werden, dafür aus edlerem Materiale (beispielsweise aus Laaser Marmor) projektiert sein. Die Befestigung dieser Platten würde durch Bronzeknöpfe (Rosetten) erfolgen. Zum Tragen des weit ausragenden, in kleine Schichten geteilten Gesimses werden verankerte Eisenträger angewendet, welche mit einer Bronzehülle konsolartig zu verkleiden sind, etc. etc. Das Resultat dieser Gegenüberstellung wird ungefähr folgendes sein: Die Steinkubaturen sinken auf 1/8 bis 1/10 der ersteren Annahme, die Anzahl der Werkstücke wird geringer, die monumentale Wirkung wird durch das edlere Material erhöht, die aufgewandten pekuniären Mittel fallen um Ungeheueres, und die Herstellungszeit wird auf ein übliches, normales und erwünschtes Maß herabgedrückt. Gewiß genug der Vorteile, um in solchem Falle die moderne Bauart vorzuziehen. Aber die Anzahl der Vorteile ist damit nicht erschöpft, ihr größter liegt noch darin, *daß solcherart eine Anzahl neuer künstlerischer Motive entsteht,* deren Durchbildung dem Künstler nicht nur sehr erwünscht sein wird, sondern nach welchen er mit Hast und Eifer greifen muß, um in der Kunst wahrhaft fortbildend zu wirken."[24]

IX-X. O. WAGNER, ÖSTERREICHISCHES POSTSPARKASSENAMT, WIEN I, GEORG-COCH-PLATZ, 1903-1906. GEWÖLBE DES SCHALTERSAALS UND WARMLUFTAUSBLÄSER.

48. O. WAGNER, ÖSTERREICHISCHES POSTSPARKASSENAMT. SCHALTERSAAL.

48

5
WERTPAPIERE
Die P.S.K. auf einen Blick

49

50

51

49-51. O. WAGNER, ÖSTERREICHISCHES POSTSPARKASSENAMT. GLASDACH DES SCHALTERSAALS – SCHREIBPULTE UND SITZ – WARMLUFTAUSLASS IM SCHALTERSAAL. IN ALUMINIUM AUSGEFÜHRT.

Mit außerordentlichem Geschick verteilt Wagner die Helldunkelabstufungen der Bolzen oder Ziernägel, die zum Teil auch gerillt, rechteckig und gewölbt sind. Er differenziert den Mittelrisalit durch dichter gesetzte Beschläge von den leicht vorspringenden Einfassungen und den – wie bei Berninis Palazzo di Montecitorio – in einer gebrochenen Linie zurückversetzten Seitenflügeln. Wagner gelingt es, die Würde dieses Palazzo in einer monumentalen Säulenordnung auf eine Weise aufzugreifen, die der natürlichen Beschaffenheit des Steins völlig entgegengesetzt ist. Mit den gerillten Elementen deutet er die geometrischen Grundmuster klassischer Säulenbasen und Kapitelle sowie langgestreckter Pilaster an, welche den schmalen Mauerteilen zwischen den Fenstern entsprechen. Er verzichtet auch nicht auf eine großartige Attika, bei der das Thema auf die Eckakroterien mit den großen Statuen mit Aluminiumflügeln übertragen wird, die von einer feierlichen Modernität sind, aber in ihrer Anlage auch von einem betonten Klassizismus. Abgesehen von der plastisch-figurativen Aussage der zwei Frauengestalten mit Kränzen ist die klassische Morphologie, ohne jedes offene Zitat, in „Anspielungen" vertreten. Diese zeigen sich in den Proportionen und in elementaren geometrischen Bezugsschemata, was bedeutet, daß nichts an Tradition eingebüßt wird, wenn nur die Grundmuster bewahrt und wiederbelebt werden. Dennoch findet sich bei Wagner nicht die geringste Schulmeisterlichkeit und schon gar keine Ängstlichkeit. Dieser Mann, der nach Aussagen seiner Zeitgenossen die Gotik und ganz allgemein eine Scheinarchitektur ablehnte, war ein ausgesprochener Optimist. In diesem Zusammenhang ist Leopold Bauers Aussage von 1919 aufschlußreich, in der es wörtlich heißt: „Ein besonderes Kennzeichen der Werke Wagners ist der ausgesprochene Rhythmus derselben, das schon früher erwähnte, gut ausgedachte Achsennetz ist die natürliche Grundlage eines rhythmischen Aufbaues. Sein Rhythmus ist stets ganz einfachster Art und würde, ins Musikalische übersetzt, etwa dem so leicht faßlichen Rhythmus einer Tanzmusik entsprechen. Merkwürdigerweise deckt sich diese Anschauung völlig mit dem Verständnis Otto Wagners für Musik. Wirkliche Freude machte ihm nur leichte Tanzmusik; allerdings war er auch hier ein besonderer Feinschmecker. Die alten Lannerschen Weisen hatten es ihm am meisten angetan; Musikstücke mit kompliziertem Rhythmus oder gar solche mit kontrapunktischem und thematischem Aufbau waren seinem Verständnis verschlossen. Ich erinnere mich an eine Äußerung Otto Wagners über Tristan, die so drastisch ist, daß ich sie nicht wiederzugeben wage. Die Naivität seines musikalischen Empfindens bewahrte ihn eben davor, zu kompliziert und unverständlich zu werden."[25]

In der von Wagner besonders liebevoll behandelten Innenausstattung und Möblierung ist eine Vorwegnahme der modernen Architektur zu sehen. Der Schaltersaal der Postsparkasse kann als Bestätigung eines architektonischen Purismus betrachet werden, der durch die strenge Zerlegung in geometrische Elemente erreicht wird. Die Beleuchtung erfolgt hauptsächlich über das Glasdach. Durch in den Fußboden eingelassene Felder aus Glasbausteinen dringt Licht in die darunterliegenden Räume. Wagner verzichtet auf die herkömmliche Doppelstruktur der äußeren schützenden Hülle und inneren dekorativen Decke, realisiert ein polyzentrisches Gewölbe aus Glas und Eisen, das von Stützen mit feingliedrigen stählernen Querrippen getragen wird, und antizipiert damit die vom Schiffbau übernommene Spannbauweise. Die enge Verflechtung von Konstruktion und Heizanlage, die wegen des Glasdaches und der fehlenden Wärmeisolierung besonders leistungsfähig sein muß, führt mit den säulenförmigen Warmluftgebläsen neue Elemente ein, welche die Wände beherrschen. In den Fußböden wie in den Heizkörpern, in den Wänden wie in den stählernen Hauptstützen drückt sich ein präziser, auf das Wesentliche beschränkter ästhetischer Wille aus, der streng parallel gliedert, die Metallbeschläge auf der Marmorverkleidung verteilt oder sie in der Verblendung der Metallstruktur näher zusammenrückt. Die Mäander aus alternierenden Rechtecken, die Verkleidung mit hellen Marmorplatten, die betonte Parallelität der Metallelemente, die sparsame Verwendung von Bolzenverbindungen sind die gestalterischen Mittel, auf die sich Wagner in jenen Jahren beschränkt. Sie zeichnen alle realisierten Projekte aus – unter anderen auch die Staustufe Kaiserbad des Donaukanals. Hier sind die rechteckigen Platten der Verkleidung nur noch mit einem einzigen Bolzen befestigt, weil sich jede Platte auf die vorherige stützt; er soll lediglich verhindern, daß sich die Platten von der Mauer lösen. Die Parallelität taucht im fast naiven Linienschwung des Frieses als Anspielung auf das Wasser oder als Gleichnis auf. Auch in der Lupusheilstätte verzichtet Wagner trotz eines strengen, zweckbedingten Rationalismus nicht auf diese formalen Konnotationen in den Fassaden. Im Mietshaus Neustiftgasse 40 erforscht er die Möglichkeit, die ästhetischen Ansprüche aus zwingenden wirtschaftlichen Gründen auf ein Mindestmaß zu reduzieren. In der zweiten Villa Wagner, von 1912, geschieht dies hingegen eher spielerisch. Dieser Bau beschließt die neue Schaffensperiode Wagners und stellt – genau

XI. O. WAGNER, ÖSTERREICHISCHES POSTSPARKASSENAMT. ECKAKROTERIE AUS ALUMINIUM VON O. SCHIMKOWITZ.

XII-XIII. O. WAGNER, KIRCHE AM STEINHOF, WIEN XIV, BAUMGARTNER HÖHE, 1902-1907. ENGEL ÜBER DEM HAUPTEINGANG UND GLASMOSAIKFENSTER. AUSGEFÜHRT NACH VORLAGEN VON KOLOMAN MOSER.

wie die erste Villa Wagner – eine Art Manifest dar: Das erste Haus ist historisierend und anspruchsvoll, das zweite streng und zukunftweisend. Aber über diese Unterschiede der Formensprache hinaus bezeugen beide Häuser ein nachdrückliches Kunstwollen, die ständige Suche nach ästhetischen, dem Zeitgeist gerecht werdenden Werten. Sie entsprechen Wagners Auffassung, daß das moderne Auge den kleinen intimen Maßstab verloren, sich an weniger abwechslungsreiche Bilder, an längere gerade Linien, an ausgedehntere Flächen, an größere Massen gewöhnt habe. Deshalb erscheint ihm ein stärkeres Maßhalten, eine weniger reiche Silhouettierung angezeigt. Er ist der Meinung, daß die Kunst erst dort zu Wort kommt, wo ihre Domäne unbestritten bleibt und ihr Eingreifen ein natürliches ist.

52

Wagner fühlt sich weniger von seiner eigenen Zeit beeinflußt, sondern will sie interpretieren und ihr dienen, „indem er ihr sein größeres Wollen aufzuzwingen sucht. Mit diesem Zwiespalt ist Wagner ein echtes Kind seiner Zeit, seine Grundtendenz müßte sein, seine Individualität auszulöschen, um bloßes Instrument eines objektiven Kunstwollens zu sein, und tatsächlich muß er seine Individualität zur höchsten Potenz steigern, um seinen subjektiven Willen zum Schein objektiver Gültigkeit zu erheben", wie Tietze 1922 schreibt[26].

Als diese objektive Gültigkeit die Schwelle des Rationalen überschreitet und in das geheimnisvolle Reich der Entfremdung vordringt, kommt es zum Entwurf für die Kirche am Steinhof. Hier verflüchtigen sich der Lärm, die Betriebsamkeit des „Modernsten des Modernen", der Großstadt. Die Kirche liegt in einem entrückten und unerreichbaren Raum mitten im Wald, fern der schachbrettartigen Villenanlage und der Straßen, welche die Anhöhe hinaufführen. Im Stadtpanorama von weitem zu erkennen wie ein Bauwerk der Renaissance ist die Kirche am Steinhof, ebenso wie ihre berühmten Vorgängerinnen, San Biagio in Montepulciano und Consolazione in Todi, der Stadt wesensfremd und zudem nur über den langen, schweren Weg des Leidens erreichbar. Hier verliert sich die Hektik des Alltags, und man stellt verwundert die scheinbare Normalität der Patienten fest. Vielleicht ist hier jeder mit sich selbst allein in einem Bereich, wo der architektonische Raum nicht mehr auf die psychagogischen Regeln des Barock ausgerichtet ist, auf die Farbkontraste, das Spiel von Licht und Schatten, auf die plastisch-figurativen Nuancen, sondern wo er Ruhe findet und gleichzeitig beunruhigt wird in einer Welt ohne Kontraste, in unmittelbaren, eindeutigen Raumkörpern, in einer Helligkeit ohne Schatten, einer kompromißlosen, eindringlichen, geometrischen, kostbaren Dekoration. Die Kirchenfenster sind in tiefem Blau und Violett gehalten – Farben, die weder zum Licht noch zum Schatten gehören. „Es ist ein Bau, der alle negativen Forderungen ohne Rest erfüllt, hygienisch und übersichtlich, praktisch und festlich ist, aber dem im letzten Grunde gerade die andachtsvolle Stimmung religiöser Hingabe fehlt. Eine Festhalle für liturgische Funktionen, ein Zeremonialraum für eine rationalistische Religion, eine Art Kirche für unkirchlich Gesinnte, ungemein charakteristisch für Denkart und Einstellung der Bauzeit, aber als Maske eines nicht erfaßten Wesens, als Dekorationsstück hohen Pompes den Sieg künstlerischer Notwendigkeit über kunsttheoretische Erkenntnis bezeugend."[27]

52. O. WAGNER, KIRCHE AM STEINHOF, WIEN XIV, BAUMGARTNER HÖHE, 1902-1907. SEITENANSICHT DES HAUPTEINGANGS.

53-54. O. WAGNER, KIRCHE AM STEINHOF. ZIERDECKE DER VIERUNG UND PRESBYTERIUM MIT HOCHALTAR. MOSAIK VON REMIGIUS GEYLING, 1913 VOLLENDET.

53

54

Gerade hier zeigen sich das übliche Unverständnis für die Einzigartigkeit dieses Wagnerschen Werkes und gleichzeitig der traditionelle Gegensatz zwischen Kirchen, die zum Beten gedacht sind, und solchen, die nur diesen Namen tragen und eher Festsäle sind. Dieses Schicksal teilt die Kirche am Steinhof mit den Kirchen Brunelleschis, wenn man von der romantischen Vorstellung der sich mystisch gebenden Kirche, die zu Andacht und Frömmigkeit in der Gemeinschaft anregen soll, ausgeht. Welche Pietät aber liegt im Wahnsinn? Wagner gibt eine einleuchtende Antwort, indem er die ikonenhaften Aspekte der gediegenen handwerklichen Ausschmückung sowie den byzantinischen Einfluß, dem Wien an der Schwelle zum slawischen Osten ausgesetzt ist, hervorhebt. Er betont die Innenausstattung, macht dank seiner Mitarbeiter aus dem Altar eine Kostbarkeit, eher einen Raumkörper als einen Gegenstand. Er hebt die Kanzel, die Mosaiken, die Vergoldungen, das Punktmuster der Platten, alle jene Elemente hervor, die zum Orient tendieren. Er kommt der volkstümlichen Kunstwertung entgegen, die vom gut ausgeführten Werk und von der Kostbarkeit des Materials ausgeht, die Kunst mit Kunsthandwerk und Meisterschaft mit künstlerischer Absicht verwechselt. Geschieht dies aus dem Verlangen zu verstehen, auf die Wünsche aller – ja selbst auf die Wünsche des umnachteten Geistes – einzugehen? Die Summe all dieser Elemente, das gut abgestimmte, ja fast groteske Verhältnis zwischen äußerem und innerem Raum, die erhabene Symmetrie, die schmucklosen Engel der Fassade, der ungewöhnliche Portikus, der den einheitlichen und kohärenten Räumen gegenübersteht, die Zusammenfassung und Synthese aller Erfahrungen künstlerischer, konstruktiver, formaler und stilistischer Art seines Werkes führen zu einem Ergebnis, das wie ein architektonischer Rausch, wie die plötzliche Freisetzung aller unterdrückten Kräfte vieler abgelehnter Projekte wirkt.

Wie H. Tietze bemerkt, sollte „das ganze Verhältnis neuzeitlicher Menschheit zur Architektur (...) hier monumentalisiert werden. Hierin liegt vielleicht die Erklärung jener schon erwähnten Tragik in diesem Künstlerschicksal, die eine Reihe der kühnsten Pläne mit dem Fluche der Nichtvollendung schlug; hinter der gesteigerten Form stand nicht als starker Hort das vollempfundene Bedürfnis einer ganzen Generation, sondern nur ein individueller Künstlertraum, der Erfüllung fand und suchte.“[28] In der Einsamkeit des Steinhofs, „indem er jedem Wunsch seiner Zeit gehorchte“, also auch dem unaussprechbaren und irrationalen, folgt Wagner erstmals bedin-

55 

 57

56 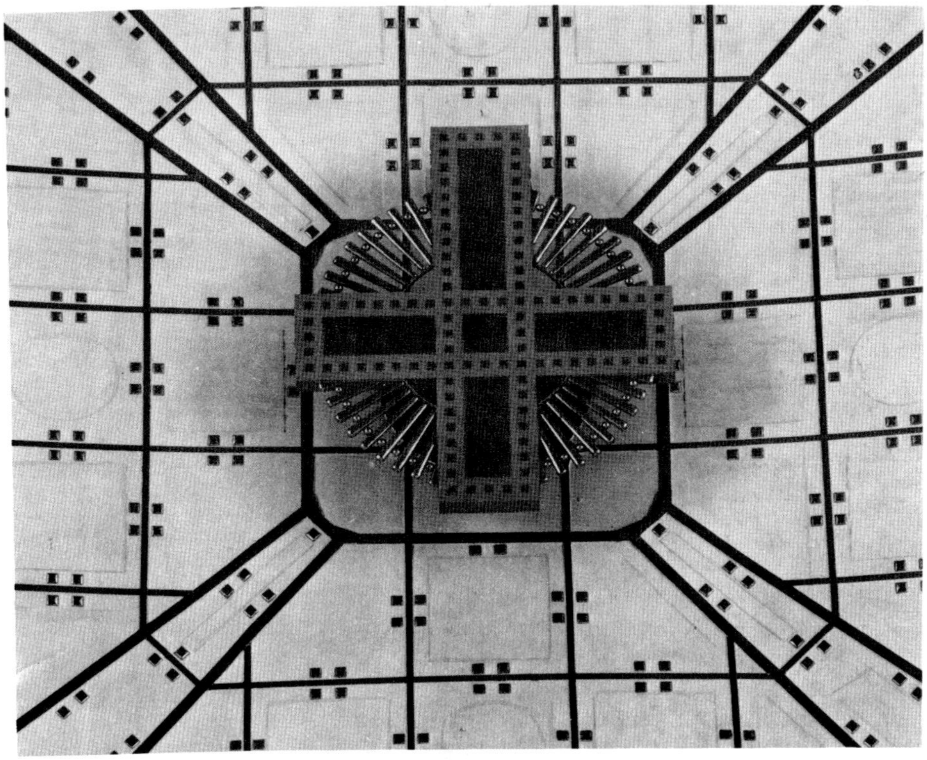

 58

XIV. O. WAGNER, KIRCHE AM STEINHOF, WIEN XIV, BAUMGARTNER HÖHE, 1902-1907. ALTARDETAIL.

55-58. O. WAGNER, KIRCHE AM STEINHOF. SCHALLDECKEL DER KANZEL – KANZEL – SCHLUSSSTEIN DER VIERUNGSKUPPEL – EINER DER VIER LÜSTER.

VILLA

59

60

61

XV-59-61. O. WAGNER, ZWEITE VILLA WAGNER, WIEN XVI, HÜTTELBERGSTRASSE 28, 1912-13. HAUPTANSICHT – FASSADENDETAIL (VERZIERUNG MIT GLASPLÄTTCHEN UND ALUMINIUMNÄGELN) – FENSTER ÜBER DER EINGANGSTÜR VON KOLOMAN MOSER.

62

NEUSTIFT
GASSE 40
DIANA
SELBSTBEDIENUNG
MÜNZ-WÄSCHEREI
MÜNZ-CHEM. REINIGUNG
EINBAHN

63

64

65

62. O. WAGNER, MIETSHAUS, WIEN VII, DÖBLERGASSE 4, 1912.

63. O. WAGNER, MIETSHAUS, WIEN VII, NEUSTIFTGASSE 40, 1909-10.

64-65. O. WAGNER, LUPUSHEILSTÄTTE, WIEN XVI, MONTLEARSTRASSE 37, 1908-1913.

66

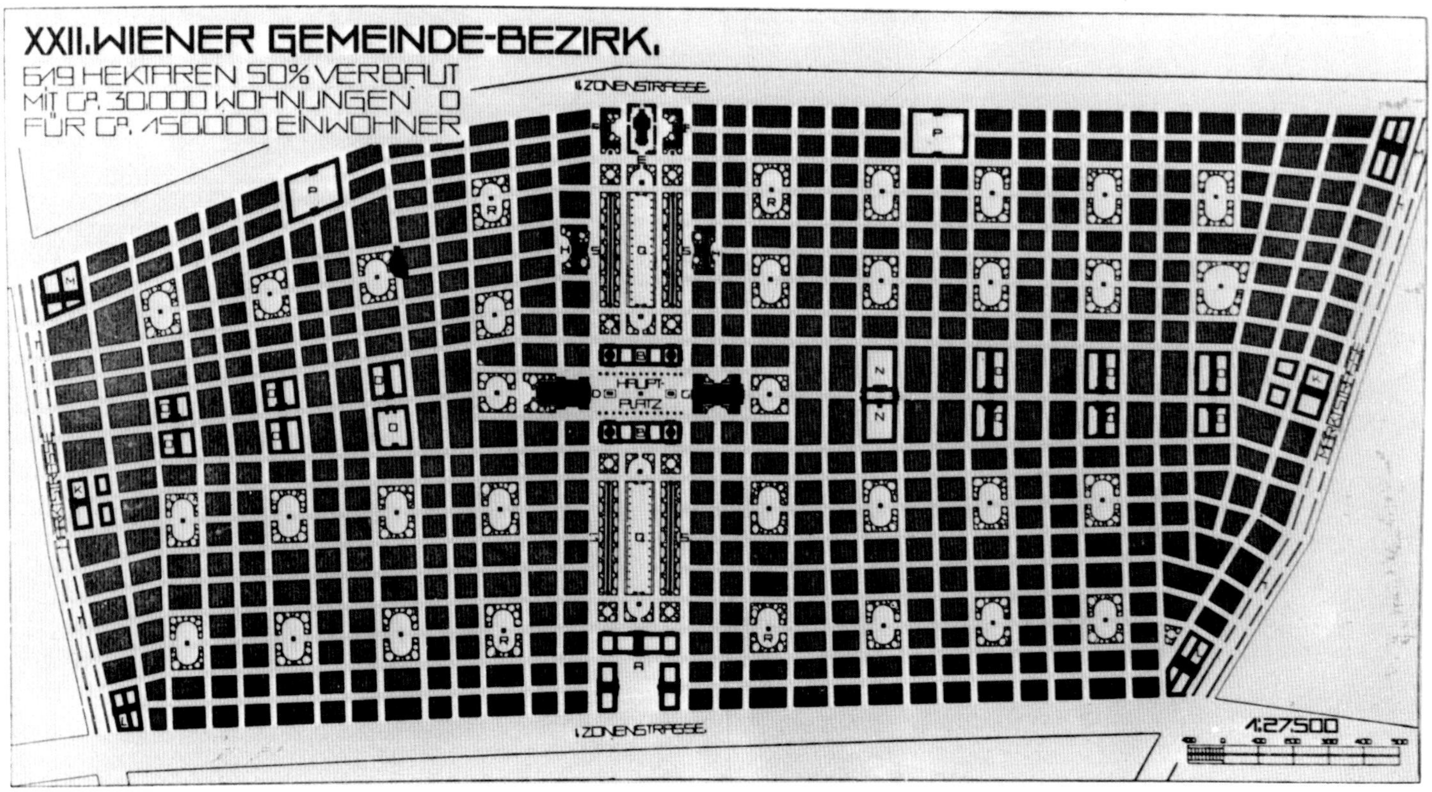
XXII. WIENER GEMEINDE-BEZIRK.
619 HEKTAREN 50% VERBAUT
MIT CA. 30.000 WOHNUNGEN
FÜR CA. 150.000 EINWOHNER
ZONENSTRASSE
HAUPT-PLATZ
ZONENSTRASSE
1:27500

67

gungslos, unverstellt und ohne irgendwelche Rechtfertigungen seiner Berufung, die von ihm so genannte „freie Renaissance" zu schaffen, indem er deren Verbindung von Mythos und Wahn atypisch wieder aufgreift. Wenn für den Architekten „der Höhepunkt seiner künstlerischen Ekstase und Schaffensfreudigkeit", wie Wagner selbst sagte, „in jenem Zeitpunkt liegt, wo er einen seiner Ansicht nach glücklichen Grundgedanken, allerdings für andere unsichtbar und unverständlich skizziert"[29], warum sollte er dann nicht versuchen, mit einer neuen Dimension, die den menschlichen Geist berücksichtigt, Freude zu bereiten? Warum sollte die Summe aller vernünfigen Überlegungen, die in der Anerkennung und Ablehnung der Architektur unaufhörlich angestrebt wird, nicht aus einer Welt kommen, in der die Vernunft im Schwinden ist?

Anmerkungen zu Kapitel I

1 Vgl. M. Pozzetto: *Die Schule Otto Wagners, 1894-1912,* Wien 1980, S. 132.

2 R. Musil: *Der Mann ohne Eigenschaften,* Hamburg 1970, S. 33.

3 C. A. Macartney: *The Habsburg Empire 1790-1918* , London 1971.

4 R. Musil: a.a.O., S. 509.

5 R. Musil: a.a.O., S. 510.

6 O. Wagner: *Moderne Architektur,* Wien 1902, S. 17.

7 O. Wagner, a.a.O., S. 20.

8 O. Wagner, a.a.O., S. 102.

9 O. Wagner, a.a.O., S. 137, 152 - 153.

10 G. Samonà:, Einleitung zu O. Wagner, *Architettura moderna ed altri scritti,* Bologna 1980, S. 7.

11 O. Wagner, a.a.O., Vorwort zur ersten Auflage.

12 R. Musil, a.a.O., S. 194.

13 R. Musil, a.a.O., S. 34.

14 O. Wagner, a.a.O., S. 49.

15 K. Kraus: *Beim Wort genommen,* München, 1955, S. 257.

16 Ebenda, S. 340.

17 Ebenda, S. 69.

18 A. Janik, S. Toulmin: *Wittgenstein's Vienna,* London 1973.

19 R. Musil, a.a.O., S. 33-34.

20 A. Giusti Baculo: *Otto Wagner,* Neapel 1970, S. 185-186.

21 O. Wagner, a.a.O., S. 119-120.

22 O. Wagner, a.a O., S. 74-75.

23 O. Wagner, a.a.O., S. 150.

24 O. Wagner, a.a.O., S. 108-109.

25 A. Giusti Baculo, a.a.O., S. 247.

26 M. Tietze: *Otto Wagner,* Wien-Berlin-München-Leipzig 1922, S. 14.

27 H. Tietze, a.a.O., S. 11.

28 H. Tietze, a.a.O., S. 14.

29 O. Wagner, a.a.O., S. 18.

66-67. O. WAGNER, XXII. WIENER GEMEINDE-BEZIRK, AUS DER STUDIE „DIE GROSZSTADT", 1910-11. VOGELSCHAU DES ZENTRUMS UND ÜBERSICHTSPLAN.

68. (S. 74) J.M. OLBRICH, NORDBÖHMISCHES GEWERBEMUSEUM IN REICHENBERG, KONKURRENZENTWURF, 1895.

69. (S. 74) J.M. OLBRICH - E. GAERTNER - E. SWOBODA, PROJEKT FÜR DIE NEUE FRANZENSBRÜCKE, WIEN, 1896.

XVI. (Seite 75) J.M. OLBRICH, SECESSIONHAUS, WIEN I, FRIEDRICHSTRASSE 12, 1898.

KAPITEL II JOSEPH MARIA OLBRICH

Olbrich teilte mit dem Belgier Hankar das tragische Schicksal, seine eigene Kreativität in wenigen Jahren zu verbrauchen. Beide starben im Alter von 40 Jahren. So blieb ihnen das Problem des Überdauerns, des „nach dem Jugendstil", erspart, aber es ging ihnen auch die Möglichkeit verloren, zu den Hauptakteuren gezählt zu werden. Im Falle Olbrichs kommt noch die Kürze seiner Wiener Erfahrung dazu, die am Anfang des Jahrhunderts mit seiner Übersiedlung nach Darmstadt endet, wo die markantesten Werke auf der Mathildenhöhe realisiert werden. Diese doppelt begründete Kürze hindert Olbrich nicht daran, in der Architektur der Wiener Secession eine wichtige Rolle zu spielen und in nicht unbedeutender Weise auf die größten Persönlichkeiten seiner Zeit einzuwirken, sei es auf seinen eigenen Lehrer Wagner, sei es auf den frühen Hoffmann. Dazu verhelfen ihm seine hohe Begabung, seine Kreativität, sein Formenreichtum, sein graphisches Geschick und sein kommunikatives Wesen, ein hitziges Temperament, das sich schnell entzündet und in diesem Zustand die intellektuellen Probleme löst. Darüber hinaus weist Olbrich im Wiener Panorama eine Anomalie auf: Er ist der einzige, der wirklich in der Linie des europäischen Art Nouveau mit seinen Kurven, mit Florealem, Phantastischem und Rocaille-Elementen steht. Die anderen setzen sich mit dem Problem des Klassizismus, der Kontrolle durch das Rationale, dem Biedermeier-Modell auseinander. So sehr auch Olbrich in Worten den römischen Klassizismus und die Jesuitenarchitektur ablehnt: auf seiner Reise nach Rom zeichnet er die Kirchen Il Gesù, San Carlo ai Catinari, Sant'Ignazio, San Luca in Martina, Santa Maria del Popolo und das Kapitol. Die Einzigartigkeit seiner Persönlichkeit angesichts der durchaus üblichen Umstände am Beginn seiner Laufbahn – Wiener Akademie in der Schule Hasenauers, Italienreise – bestätigt sofort die weiche, malerische und raffinierte Technik, die das Großstadtepos des klassizistisch-barocken Traditionalismus Wiens aufweicht. In den Entwürfen für die Ausstellung von 1898 beachte man das Experimentelle – die Verbindung von Aquarell mit Feder oder Pastell –, den unbekümmerten Gebrauch derjenigen Mittel, die erlauben, die architektonische Form in einer Art leuchtender Vision, auf eine malerische Weise, die nicht weit vom großen barocken Duktus entfernt ist, weich aufzulösen: Man denke an Juvarra, an die venezianischen Vedutenmaler. Aber bis hierher, einschließlich der in *Ver Sacrum* veröffentlichten Skizzen mit ihrem eher an den Stil *Liberty* erinnernden Schwarz, unterscheidet sich die Persönlichkeit Olbrichs wegen der Übereinstimmung der Gelegenheiten, Themen und biographischen Fakten nicht wesentlich von den anderen Vertretern der Secession. Als 1897 das Innenministerium klugerweise ein schönes Terrain vor dem Ring und nahe der Akademie den Secessionisten anbietet – Phänomen einer sofort institutionalisierten Avantgarde –, ist es fast überraschend, daß Olbrich mit Einverständnis Klimts und Hoffmanns beauftragt wird, das Secessions-Gebäude zu entwerfen. Der Bau wird zum Schlüsselerlebnis seines Daseins, und er selbst hält ihn, als er das Projekt in Angriff nimmt, für so herausfordernd wie den Tempel von Segesta. Im Prozeß des Entwerfens, der zahlreiche Varianten hervorbringt, findet Olbrich nach einem barockisierenden, mehr im Stil Wagners gehaltenen Vorspiel schließlich zu seiner eigenen Sprache. Das löst einige Betroffenheit aus: im Hinblick auf die Umgebung und die Bedeutung der Lage, die auf Vorschlag Carl Molls, des Vizepräsidenten der Secession, geändert wird, indem man ein dreieckiges Grundstück an der Friedrichstraße verwendet. Die Anlage ist symmetrisch, die Überdachung aus Eisen und Glas, ein wenig Treibhaus und ein wenig Künstleratelier, ist in der Perspektive fast verdeckt von den aufragenden Flügeln des Eingangsteils, den eine Kuppel in durchbrochenem Eisen überragt, sowie von der Rückfassade mit dem Wagnerschen klassizistischen Tympanon. Die Materialien sind bescheiden, da das Gebäude aus den Einkünften der Ausstellung finanziert werden sollte. Moser ist die hübsche Stuckverzierung mit florealen Themen anvertraut, welche die Sgraffito-Technik nachahmen. Das seltsamste Element

PERSPECTIVISCHE
ANSICHT -VON-A·

68

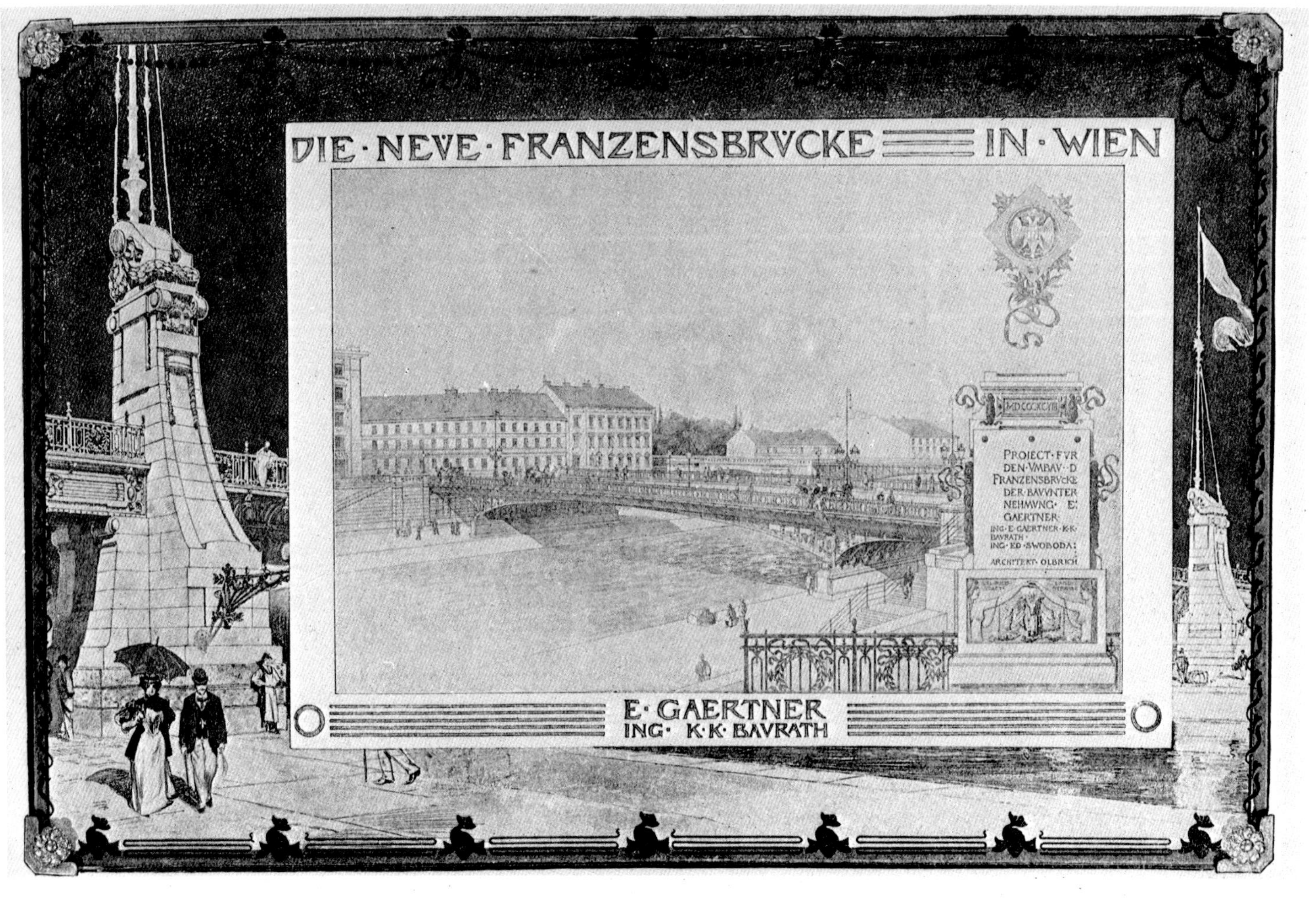
DIE·NEVE·FRANZENSBRVCKE IN·WIEN
PROIECT·FVR
DEN·VMBAV·D
FRANZENSBRVCKE
DER·BAVVNTER
NEHMVNG·E·
GAERTNER
ARCHITEKT·OLBRICH
E·GAERTNER
ING·K·K·BAVRATH

69

DER·ZEIT·IHRE·KVNST·
DER·KVNST·IHRE·FREIHEIT·
ANARCHIE

SIMPLICISSIMUS

70

DER·ZEIT·IHRE·KVNST·
DER·KVNST·IHRE·FREIHEIT·

71

72

73

74

70-71. J.M. OLBRICH, AUSSTELLUNGSHAUS DER WIENER SECESSION, WIEN I, FRIEDRICHSTRASSE 12, 1898. ANSICHT VOM GETREIDEMARKT UND HAUPTFASSADE.

72-74. J.M. OLBRICH, AUSSTELLUNGSHAUS DER WIENER SECESSION. LORBEERBLÄTTERKUPPEL – EULENRELIEF – RELIEF ÜBER DEM HAUPTEINGANG.

ist die durchbrochene Kuppel aus vergoldetem Metall, wie ein Lorbeerbaum zum Ruhme der Kunst, in absolutem Sinne dekorativ, symbolisch leer und unnütz und doch so bedeutsam in der Beziehung, die sie zur aufragenden Kuppel der Karlskirche von Fischer von Erlach herstellt.

Nachdem Olbrich die barocke Impulsivität überwunden hat, entdeckt er das orientalisierende Zitat – in den alles andere als wohlwollenden Kritiken dieser Jahre finden sich häufig Verweise auf die Assyrer –, den Geist des Mediterranen, die Verbindung großer, glatter Oberflächen mit der freien und zugleich stilisierten Dekoration, die zur Fläche gehört, das Konzipieren von Architektur auf verschiedenen Ebenen, die raffinierte Stilisierung der Gesimse, die nicht frei von klassizistischen und gräzisierenden Anklängen sind. Das barocke Genie erweist sich sofort als ein raffinierter und gepriesener Eklektiker, und als solcher erweist sich Olbrich auch bei den Innenräumen zur Ausstellung der Secession, als er eine große Fläche von Grünpflanzen aufstellen läßt,

75. J.M. OLBRICH, KLUBHAUS DES RADFAHRVEREINS DER STAATS- UND HOFBEAMTEN, WIEN, PRATER, 1898.

76. J.M. OLBRICH, ENTWURF FÜR DAS CAFE NIEDERMEIER, TROPPAU, 1898.

77. J.M. OLBRICH, MITTELSAAL MIT STATUE MARC ANTON VON ARTHUR STRASSER, V. SECESSIONS-AUSSTELLUNG, 1899.

78. J.M. OLBRICH, MITTELRAUM, I. SECESSIONS-AUSSTELLUNG, 1898.

75

76

77

78

dazu einen kleinen Portikus, dessen Stil sich zwischen der Neoromanik und dem der Insel Capri bewegt. Es sind Jahre intensiver Arbeit, lebendiger Kreativität und voll der Experimente: der Pavillon des Radfahrer-Klubs, der im Grunde die symmetrischen Themen der Secession und das Gefallen an einer Sgraffito-Dekoration der Oberflächen wiederholt. Dieses Motiv kehrt auch bei der Villa Stöhr in Sankt Pölten mit der unten eingerichteten Apotheke wieder, wo die Auskragungen und die weiche Wellenbewegung der Kurven eine raffinierte Verbindung zwischen der Präsenz des Barocks und Olbrichs Neigung zur gestreckten, mediterranen Formung der Oberflächen eingehen – zweifellos eine glückliche Synthese. Das stärker barockisierende Element entfaltet sich in jenen Jahren dagegen bei den Entwürfen für das Café Niedermeyer, das in seiner Geburtsstadt Troppau entstehen sollte, nicht ohne Anklänge an Wagner in den Triumphfiguren der Attika oder im Thema der zwei Grundflächen, wie im Wagner-Haus an der Linken Wienzeile. In der Villa des Industriellen Friedmann kommt ein Kompromiß mit dem Entwurf eines Vorgängers zustande, was für Olbrich bedeutet, das ganze Thema des Heimatstils mit seinem charakteristischen dichten Fachwerk anzugehen, wobei er ihn jedoch mit bevorzugten weißen Oberflächen verbindet.

79

79-80. J.M. OLBRICH, VILLA FRIEDMANN, HINTERBRÜHL, 1898-99. TREPPENHAUS UND SCHLAFZIMMER.

80

81. J.M. OLBRICH, HAUS CONSUL VON DIRIZTAJ, EMPFANGSRAUM, 1899.

82-83. J.M. OLBRICH, VILLA STIFT, WIEN, HOHE WARTE, 1899. SPEISEZIMME UND DAMENZIMMER (SKIZZE).

84. J.M. OLBRICH, HAUS FRIEDMANN, HINTERBRÜHL, HERRENZIMMER.

85. J.M. OLBRICH, EIN KLEINES HAUS, UM 1899.

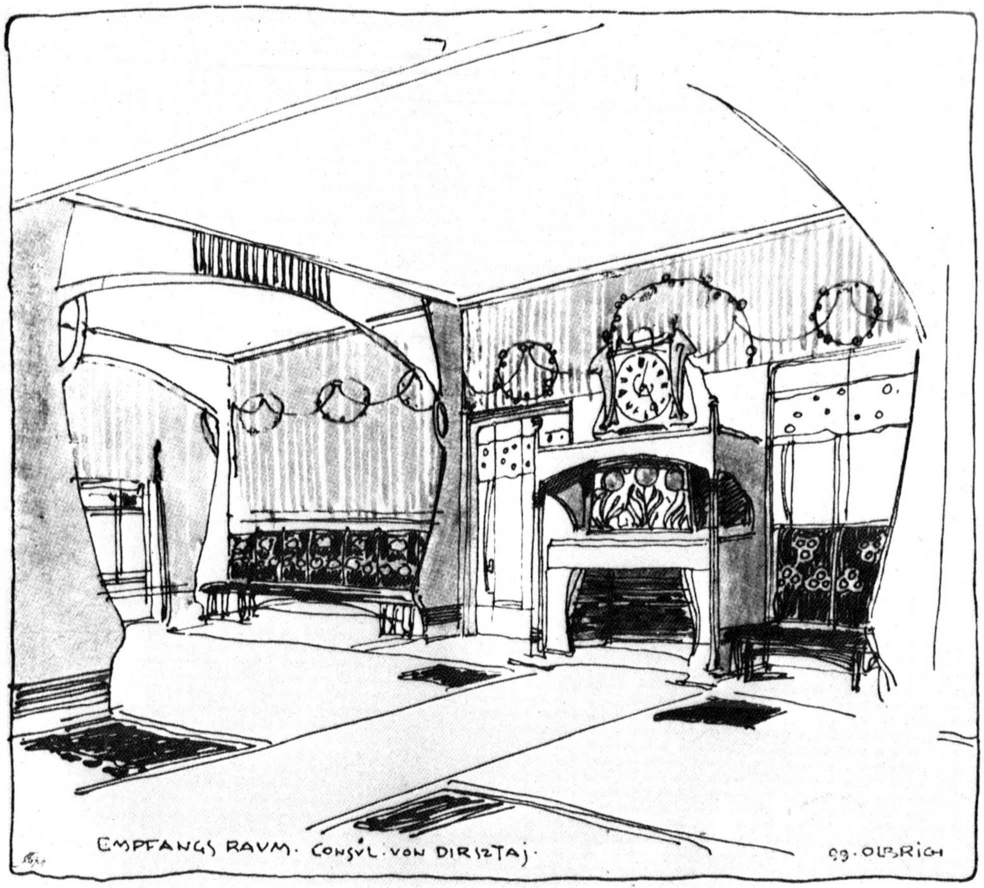
EMPFANGS RAUM · CONSVL · VON DIRSZTAJ ·
99 · OLBRICH
81

82

OLBRICH
83

84

EIN · KLEINES · HAVS ·
VON · OLBRICH
85

Die Innenräume verdienen es, gesondert besprochen zu werden. Hier entfaltet sich Olbrichs Phantasie noch freier, mit besonderem Reichtum in diesem Haus, wo er jene *Liaison* von Möbeln, festen Einbauten und Dekoration der Wände mit Stuck und Malerei verwirklicht, die der Schlüssel zu dem internationalen Jugendstil ist, dem sich Olbrich fast übermäßig hingibt. Die Methode ist in Wirklichkeit konstant: Olbrich entwirft eine Ebene, ohne sich für die Abfolge der Räume zu interessieren, er verwendet eine einfache Geometrie aus quadratischen oder rechteckigen Zimmern, indem er höchstens Wände und Decken durch Hängedecken zu einem Ganzen verbindet. Anders als Mackintosh oder Hoffmann hält er die Elemente seiner Architektursprache nicht auseinander, läßt er sie mit begrenzenden, einfassenden Momenten koexistieren. Er setzt den dichten Rhythmus der streng geometrischen Parallelen der Holzelemente neben die delikate, flammende, gewellte und vibrierende Erscheinung zarterer und feinerer Malereien oder Sgrafitto-Dekorationen. Mit diesem doppelten dekorativen Register arbeitet er manchmal so, daß er die stilistischen Themen ins Leere treiben läßt wie Seifenblasen, die, von einem Luftzug erfaßt, in irgendeine Richtung gestoßen werden, oder wie Blätter im Wind. Im allgemeinen sucht er nach einer Art Abschluß, indem er rechteckige Öffnungen vermeidet, wenn sie nicht von polyzentrischen Kurven eingefaßt und vermittelt werden, die bis zum Boden verlaufen und zum Beispiel die Rücken- und Armlehnen der Sessel an der Fensterseite mit der Decke verbinden und abschließen. Aber genaugenommen handelt es sich immer um Bögen in der Ebene, um symmetrische Themen.

Der formale Angelpunkt von Olbrichs Werk liegt in dieser intelligenten, ausgeglichenen und zugleich beunruhigenden Überlagerung eines Strebens nach Heiterkeit, nach mediterraner Klarheit von wellenbewegten und buchstäblich aufflammenden Andeutungen von Gotik und Barock. Zwischen den beiden gibt es keine rationale Vermittlung, sondern eine experimentelle, und so besteht in seinen wenigen frühen Werken eine einzigartige Diskontinuität von glücklichen Momenten und raffinierten Perioden neben ebenso vielen Fragmenten von sogar fragwürdigem Geschmack. Olbrich selbst scheint sich dessen bewußt zu sein, als er die dem Großherzog von Hessen gewidmeten *Ideen von Olbrich* veröffentlicht, die dann dazu dienen, ihn in Darmstadt zu akkreditieren. Da er im Grunde nicht viel zu dokumentieren hat – denn sein Werk beschränkt sich, wenn man vom Secessionsgebäude absieht, wo in gewisser Weise

86

87

88

88-89. J.M. OLBRICH, HAUS BAHR. EINGANG UND FENSTER DES WOHNRAUMS UND HOLZVERZIERUNGEN DER GARTENFASSADE.

89

86-87. J.M. OLBRICH, HAUS BAHR, WIEN-OBER ST. VEIT, WINZERSTRASSE 22, 1899-1900, STRASSENANSICHT UND GARTENANSICHT.

90

immer der Beitrag der anderen anzusetzen ist, auf diese zwei oder drei Privathäuser –, dosiert er mit großem Geschick die ihm zur Verfügung stehenden Unterlagen. Bald wechselt er von kaum angedeuteten Skizzen zu Fotos von Innenräumen, oder er stellt zum Detail eines Frieses die Gesamtansicht, dann wieder läßt er Aufrisse der Innenwände auf raffinierte Weise in verschiedenen Farben drucken, wodurch die einzelnen Elemente Gewicht und verschiedenartige graphische Konsistenz bekommen. Er verteilt die Schätze seiner Einbildungskraft in einer bemerkenswerten Rhythmisierung auf die Buchseite und in wohldurchdachten Sequenzen, die aus der kleinen Veröffentlichung ein außergewöhnliches Dokument machen. Im Grunde ist es eine offene Autobiographie, da Olbrich sich in diesen gewellten und markanten Zeichen, in dieser Collage aus geometrischen Flächen, in seiner Suche nach Stilisierung – nicht mit Strenge, sondern mit Zartheit – selbst wiedererkennen wollte. Die Zartheit der Geometrie: Das ist die Formel, mit der er alles auszudrücken versucht, was sich ihm darstellt.

Würde man das, was er so geschickt verstreut, zu einem Ganzen zusammensetzen, das heißt die Zeichnungen mit der Wirklichkeit verbinden, alle Innenräume der Villa Friedmann oder Stift zusammenbringen, hätte man ein weit weniger überzeugendes Resultat. Es wäre zusammengedrängt, leicht inkohärent, von einer Übertreibung, welche die Vorbehalte Van de Veldes und, schlimmer, die von Loos

91

92

90-92. J.M. OLBRICH, „WIENER ZIMMER“, PARIS, EXPOSITION UNIVERSELLE, 1900.

rechtfertigen würden. Ist diese drangvolle und beunruhigende Atmosphäre, glatt und schlangenartig, sehnsuchtsvoll und zerfließend, in den Ausstellungen und in seinem Beitrag zur *Expo* 1900 in Paris durchaus gerechtfertigt, so ist sie es doch viel weniger in den Privathäusern, zumindest in denen, die der Welt Wiens angehören.

Mit dem Haus Bahr aus dem Jahre 1900 geht die Wiener Zeit Olbrichs zu Ende, und sicherlich erreicht seine Architektur hier ihren Höhepunkt: das große Dach im Heimatstil mit seiner doppelten Neigung, das spitze Profil, das einfache Aneinanderfügen der Baukörper und vor allem das äußere Fachwerk, welches das Dach mit der Basis verbindet – ein unnützes und poetisches Holzgeäst, das aus dem Haus einen von einer guten Fee vorsichtig auf die Wiese gesetzten Korb macht. Vielleicht ist das Resultat dem tiefen Verständnis zwischen dem Künstler und dem Auftraggeber zu verdanken, der ein begeisterter Förderer der Secession war und die Maßlosigkeiten Olbrichs kritisch überwachte. Es fällt schwer, bei diesem Entwurf an die ruhige und gesetzte Wiener Gesellschaft und an die Frauen zu denken, die diese Häuser bewohnen: Geschöpfe jenes schlangengleichen, schwächlichen und matten Eros, den die sanft mit der Decke verbundenen Wände einzuladen scheinen. Das ist der Preis einer idealen Abstimmung mit dem internationalen Jugendstil, und verglichen mit dem Werk von Hoffmann, bei dem man dennoch viele Berührungspunkte bemerkt, fallen die geringe Rücksichtnahme Olbrichs auf die Psychologie der Benutzer auf, die ausgeprägtere Heftigkeit seiner Ästhetik, welche aus jener dekadenten und symbolistischen Dichtung heraus lebt, von der Wien letztlich sowenig infiziert war. Die Bauten Hoffmanns hingegen charakterisiert eine größere Rücksicht auf die Auftraggeber, Toleranz, sogar Freundschaft.

Für Olbrich entsteht die Bauaufgabe durch die Außergewöhnlichkeit der Auftraggeber, durch ein gewisses Verständnis für eine subtile Teilhabe an seinem Genie. Die Leistung seines so schnell verbrauchten Lebens ist es nicht so sehr, mit seinem Kunstwollen eine Epoche, als vielmehr einen Zustand der Trennung zu interpretieren. In Wien wie in Darmstadt ist er der Interpret getrennter Welten, jenes Ideals des *hortus conclusus*, der ja einer der literarischen Mythen der Zeit ist, die den Geist der Secession verkörpern: zunächst in seiner offiziellen Erscheinungsform, in seinem Auftreten als *refusé* mit Protektion, dann in Darmstadt in der Künstlerkolonie. Hier ist antikes Mäzenatentum mit aufklärerischem Geist in der Person Ludwigs von Hessen verbunden mit dem Ziel, für Darmstadt eine führende Rolle bei den angewandten Künsten zu sichern, zum Nachteil der „Garnison", wie ihm seine Verwandte, Königin Victoria, vorwirft. Die Kunst soll hier entstehen wie eine Kultur *in vitro*: Die Künstler bewohnen Häuser mit programmatischer Funktion, sie organisieren Ausstellungen, die ihre Talente ins rechte Licht stellen. Ein Hauch von Futurismus, der dem Primat der industriellen Künste anhaftet, vermischt sich mit einer vagen Erinnerung an die letzten Tage von Pompeji. Das Defizit, das sich daraus ergibt, ist beträchtlich, allzu beträchtlich, selbst für die aufgeklärten Ansichten des Großherzogs. Wie diese Realisierungen und noch mehr die vielen hinterlassenen Zeichnungen von Möbeln und Objekten zeigen, scheint sich Olbrich ebensowenig für eine Auseinandersetzung mit der Realität der Produktion wie mit der Realität der Menschen zu interessieren, mit Ausnahme der von raffinierten Intellektuellen, Industriellen auf der Höhe ihrer Zeit, seiner selbst: In jedem seiner Werke liegt die Illusion einer Ferne, der mediterranen Sonne. Und auch das ist die Kehrseite der „Trennung", das Zeichen für ein Auseinanderklaffen von Realität und ästhetischem Bild, wobei letzteres die Realität aufwiegt, weil es nicht zu ihr gehört oder weil es zu einer anderen Realität gehört, eben zu einer nach Zeit und Raum „getrennten". Um diese Ziele zu erreichen, kennt Olbrich keine Hindernisse oder Zügel einer Kritik. Einige Konstanten behält er bei, wie die der Konzentration der plastischen und figurativen Hervorhebungen im oberen Teil der Bauwerke, deren Oberflächen er unten klar, flächig und unbearbeitet beläßt, und eine Art Konzentration und Dichte von Wandverkleidungen, Zeichnungen, harten und dichten Formen von Stoffen in den Innenräumen, deren dekorative Elemente nach oben hin abklingen und zunehmend leichter werden: in zweifacher Weise ein flammenartiges Auflösen der Dinge, eine Art Phänomen der Formaufhebung. Olbrich hilft seine große malerische Sensibilität, die sich in verblüffenden Aquarellen, in einer vibrierenden zeichnerischen Darstellung zeigt, welche eines seiner Kommunikationsmittel darstellt. Die Untersuchung seiner Wiener Periode erlaubt es nicht, ein Urteil über den „ganzen" Olbrich abzugeben – denn andere Probleme werden sich stellen, und er verarbeitet in Darmstadt die Vorläuferelemente des Art Déco wie andere Komponenten, Byzanz oder den Klassizismus. Dies ist jedoch der Olbrich, der vor dem Hintergrund Wiens, in einer geschlossenen und festen Gesellschaft, das schwierige Thema der „Trennung" einbrachte – und sich selbst sofort danach von ihr trennt zugunsten einer Art glücklich-verklärten Exils, aus dem ihn bald der Tod entreißen sollte.

KAPITEL III JOSEF HOFFMANN

„Sie haben die Presse, sie haben die Börse, jetzt haben sie auch das Unterbewußtsein", schrieb Karl Kraus über seine Wiener Zeitgenossen. Und mit Hoffmann auch die „Privatsphäre", könnte man hinzufügen. Wagner verkörperte den offiziellen Charakter, die Würde der Institutionen, das Epos der Großstadt. Vor allem seine Wohnhäuser spiegeln die soziale Stellung, die Gesellschaftsschicht und die Ambitionen ihrer Besitzer wider. Hoffmann dagegen erforscht die Privatsphäre aus der Sicht des bürgerlichen Familienlebens, wo jedem eine fest umrissene Rolle zukommt. In dieser folgen die Stimmungen, Gefühle und Begegnungen einem gut eingespielten Szenario des Verhaltens gegenüber der Außenwelt. Während die Auftraggeber Wagners trotz ihres Ansehens und Vermögens im Grunde genommen anonym bleiben, haben die Kunden Hoffmanns eine individuelle Persönlichkeit. Es sind Freunde und Lebensgefährten oder wohlhabende Bürger, die einer fortschrittlich eingestellten intellektuellen Elite angehören und sich mit seiner Architektur identifizieren. Im Hintergrund, tief in der Psyche Hoffmanns verwurzelt, steht Mähren, „ein versonnenes Märchenland, eine ewige Heimat", mit den großen Häusern des Familienbesitzes im heimatlichen Pirnitz, der Textilmanufaktur der Vorväter, der Sicherheit, Disziplin und Ruhe, die nur gelegentlich von Festen und preußischen Salutschüssen gestört wurde. In seiner Autobiographie zeichnet Hoffmann das poetische Bild eines „ereignisreichen, glücklichen Lebens", das schon bald zerstört sein wird: Andere Schüsse als die der Gartenfeste werden noch viel mehr, nicht aber Hoffmanns Neigung zur Ruhe und Beschaulichkeit zerstören. Diese Werte vermittelt er anderen in den Räumen seiner Häuser. Er steht mit seinen Ideen jedoch nicht allein da, in ganz Europa hat sich Ruskins Lehre vom *Cottage* verbreitet. Von Van de Velde bis Muthesius ist das Landhaus idealisiert worden und hat bei der Erneuerung der Architektur, der Überwindung der Grenzen, der Suche nach einem subtilen Gleichgewicht zwischen den psychologischen Konstanten und den nationalen und regionalen Traditionen eine entscheidende Rolle gespielt. Wenn man heute die reich bebilderten Zeitschriften, etwa *Landhaus und Garten* von Muthesius aus dem Jahre 1907, zur Hand nimmt, die einen entscheidenden Einfluß auf die typologischen Aspekte und die formalen Modelle gehabt haben, erkennt man es deutlich: In Europa herrschte – neben einer Gesellschaft, die ihren Bedarf großzügig in Kubikmetern bemaß – im wesentlichen „ein" bürgerlicher Geschmack vor, und die Architekten, die späteren Wortführer und Pioniere der Moderne, von Muthesius bis Riemerschmid, vom großen Berlage zu Hitlers Troost, von Saarinen bis Voysey, von De Bazel bis Cuypers, griffen, unabhängig von ihren historisierenden, modernistischen oder nazistischen Tendenzen, immer wieder die gleichen Themen in vereinfachter und schlichter Form auf.

Innerhalb dieser Bewegung fällt Hoffmann wegen der Originalität seiner „Interieurs" auf. Er hebt sich mit ihnen von dem im wesentlichen historisierenden Ambiente der anderen Architekten durch eine Tendenz zur geometrischen „Stilisierung" ab. Diese setzt in der Innen- und Außengestaltung die gleiche architektonische Sprache, die gleichen geometrischen Motive, Rhythmen und Friese ein. Diese Erkenntnis über die Position Hoffmanns im europäischen Umfeld ist nicht neu. In verschiedenen Zeitschriften wird er als „Kind seiner Zeit" und, „vorauseilend dem langsam trägen Erkennen, welches die Majorität seiner Zeitgenossen der Neuformung des Lebens-Stils entgegenbringt"[1], als Wegbereiter gesehen. So heißt es in einem Artikel von 1903: „Der springende Punkt, aus welchem sich in Oesterreich die Architektur und die Heimkunst entwickelt, – in der Gruppe, welche aus der Schule Otto Wagner's und aus dem System der Kunstgewerbeschule sich herausbildet – ist die strengste Wahrung, ist das unentwegte Festhalten an künstlerischer Ehre und Ehrlichkeit. Dieser neuen Schule Halt und Inhalt ist die starke Betonung der inneren Notwendigkeit, ist die Charakterstärke, welche jede Umschreibung, jede Umgehung des Zweckes zurückweist.

Das unbeugsame Gewissen, welches unsere werdende Ethik charakterisiert, es lebt in den ewigen Worten, die einer der größten Pioniere unserer Zeitkultur in die Menge schleuderte: Die Wahrheit ist auf dem Wege – und nichts wird sie aufhalten. – Dieser entscheidende, einschneidende, dieser triumphale Gedanke, der stolz und erhaben aus dem verlogenen, versteckten Wust einer erstarrten Gesellschafts-Ordnung sich emporringt, er wird zum Leitmotiv der Glied an Glied sich reihenden Kulturzeichen.“[2]

Um diese These zu belegen, werden einige Maximen des damals dreiunddreißigjährigen Künstlers wiedergegeben, aus denen sich allgemeingültige Prinzipien ableiten lassen: Die Kunst muß Ausdruck ihrer Zeit sein, die Objekte müssen wie Kleider und nicht wie historisierende Kopien der „Kostüme“ der Vergangenheit wirken, die Schönheit, die uns umgibt, muß uns bewußt und darf kein Trugbild sein. Daraus ergibt sich die Schlußfolgerung: „Man sieht, wie Hoffmann vor allem Kultur fordert; Kultur, welche, in der Familie sorgsam gepflegt und gehütet, hinabverpflanzt wird auf die Straße – dieses Museum der Armen –, um von da einzuströmen in die Menge, in die Allgemeinheit.“[3] „In diesem engen Anschluß an die natürlichen Forderungen“, verkündete J.A. Lux 1902 in der *Innendekoration*, „liegt also das Gemeinsame der heutigen angewandten Kunst, aber zugleich auch das Differenzierende. Die Lebens-Erfordernisse, soweit sie in den Gebrauchsdingen des Alltags, in den Gegenständen der Häuslichkeit zum Ausdruck kom-

93

94

94. J. HOFFMANN, GESCHÄFTSNIEDERLAGE „APOLLO", WIEN I, AM HOF, 1899.

93. J. HOFFMANN, SAAL DER KUNSTGEWERBESCHULE, PARIS, EXPOSITION UNIVERSELLE, 1900.

men, sind allgemeiner Natur, aber überall sprechen sie eine andere Sprache, einen anderen Dialekt. So spüren wir bald in der allgemeinen Kultur die persönliche, in den typischen Formen die Individualität, im Zeitstil den Geist der Heimat, den Genius loci."[4]

Die Verehrung, die man Josef Hoffmann entgegenbringt, ist die Huldigung einer „konservativen Revolution": „Wir empfinden das mit vermehrter Dankbarkeit, wenn wir ein Interieur von Josef Hoffmann betreten, denn wir sind in Oesterreich lange

95

95. J. HOFFMANN, GESCHÄFTSNIEDERLAGE „APOLLO". INNENANSICHT.

96-98. J. HOFFMANN, WOHNHAUS. K. MOSER UND C. MOLL, WIEN XIX, HOHE WARTE, STEINFELDGASSE 6-8, 1900-01. GARTENANSICHT. PLAN HOCHPARTERRE UND FASSADE.

96

97

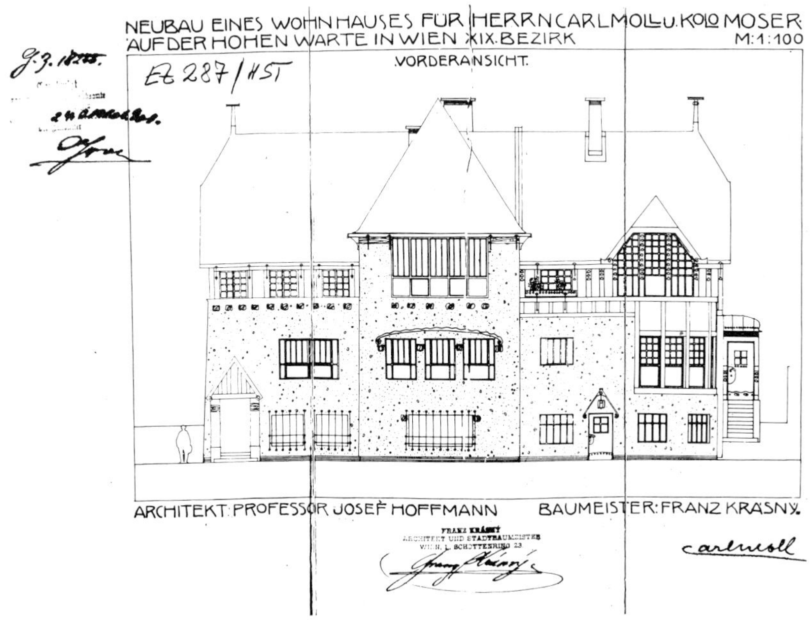
NEUBAU EINES WOHNHAUSES FÜR HERRN CARL MOLL u. KOLO MOSER
AUF DER HOHEN WARTE IN WIEN XIX. BEZIRK
M: 1:100
VORDERANSICHT.
ARCHITEKT: PROFESSOR JOSEF HOFFMANN
BAUMEISTER: FRANZ KRASNY.

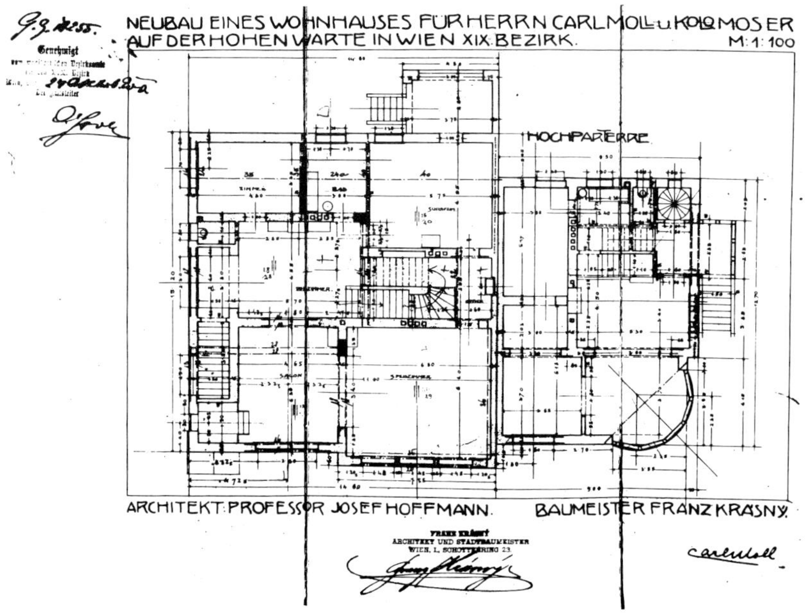
NEUBAU EINES WOHNHAUSES FÜR HERRN CARL MOLL u. KOLO MOSER
AUF DER HOHEN WARTE IN WIEN XIX. BEZIRK.
M: 1:100
HOCHPARTERRE
ARCHITEKT: PROFESSOR JOSEF HOFFMANN.
BAUMEISTER FRANZ KRASNY.

99

100

99-101. J. HOFFMANN, WOHNHAUS HUGO HENNEBERG, WIEN XIX, WOLLERGASSE 8, 1900-1902 (ABGETRAGEN). GARTENANSICHT, FASSADE UND PLÄNE.

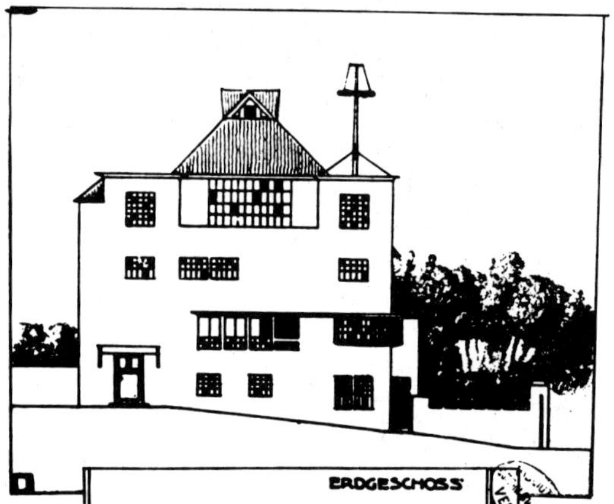
101

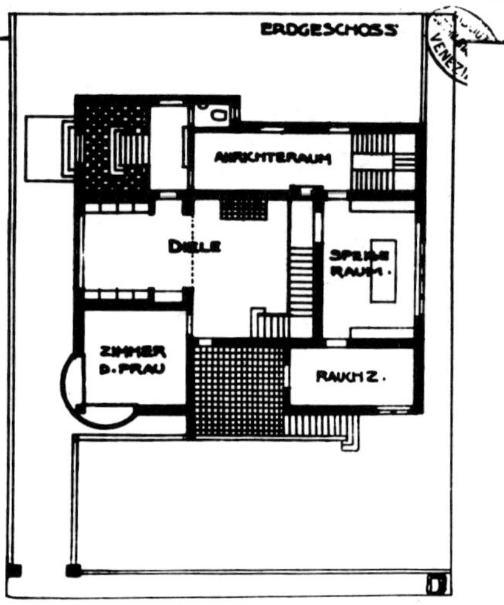

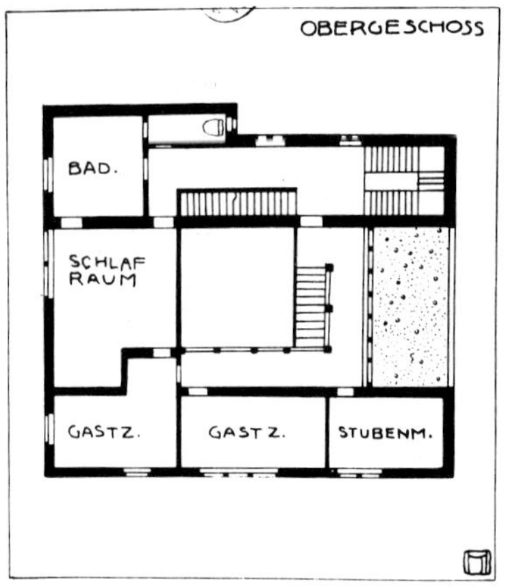

102. J. HOFFMANN, WOHNHAUS HUGO HENNEBERG, HALLE.

102

103

104

105

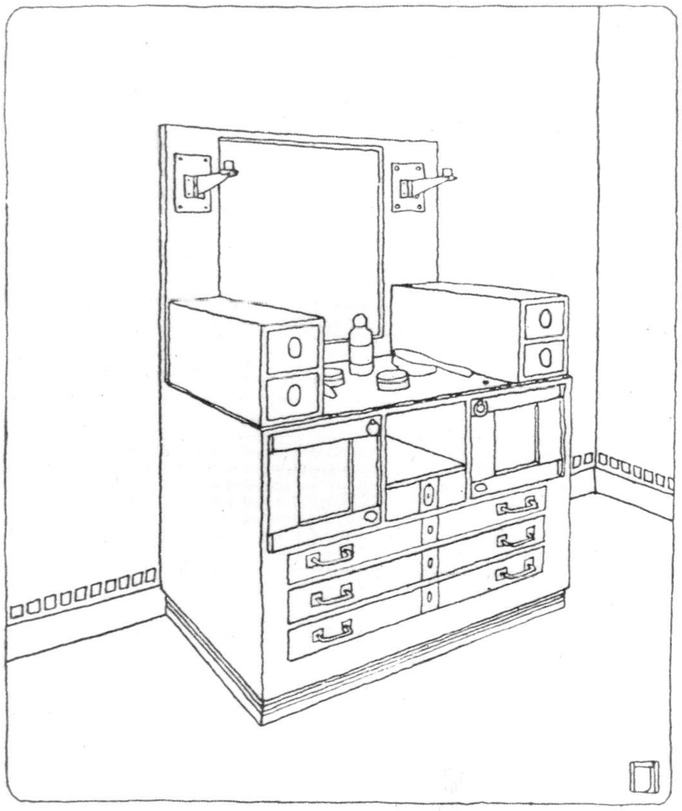

103-104. J. HOFFMANN, WOHNHAUS F. VON SPITZER, WIEN XIX, HOHE WARTE, STEINFELDGASSE 4, 1901-02. STRASSENFRONT UND HALLE.

105-107. J. HOFFMANN, EINFACHE MÖBEL: TOILETTENSCHRANK – BALDACHINBETT MIT DIWAN – KOMMODE.

106

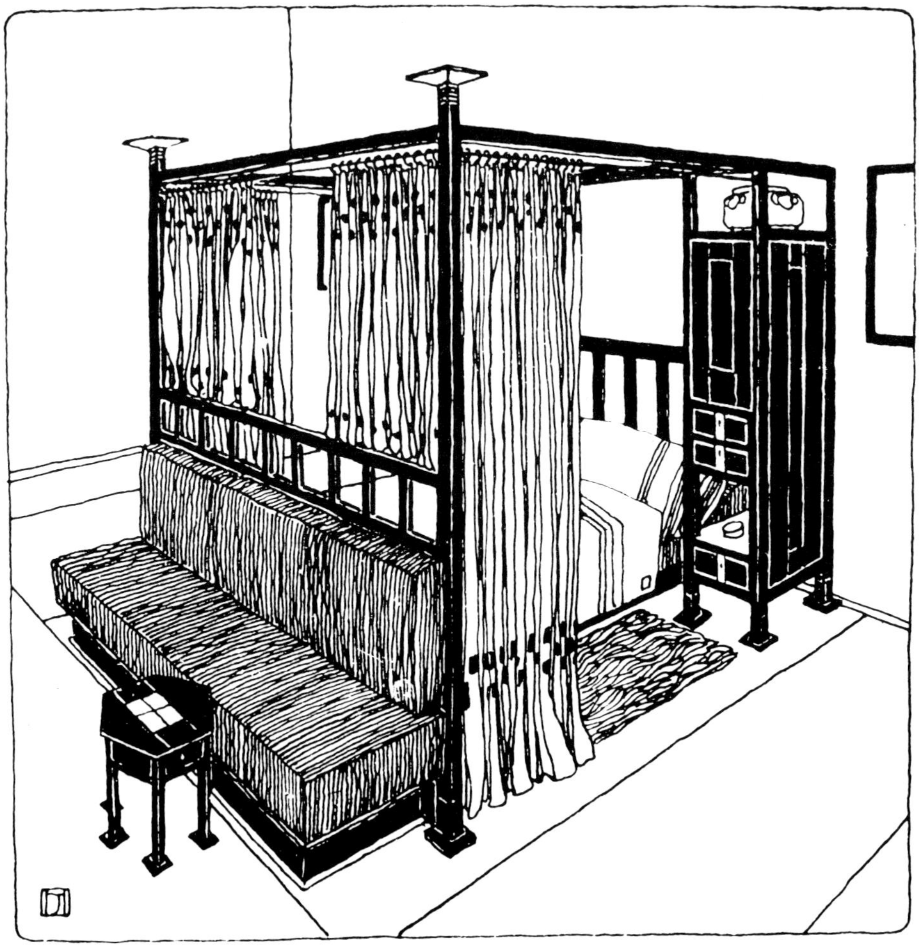

107

108

109

Zeit unter dem Eindruck fremder Formen gestanden, altdeutscher, gotischer und zuletzt englischer Formen, die für uns nichts bedeuteten als Mode, Entlehnung, Heimatflucht. Damit ging natürlich das sichtbare, lebendige Verhältnis unseres Städters zu seiner häuslichen Umgebung verloren, er wurde Fremdling im eigenen Heim.“ Weiter heißt es: „In den Räumen, die Prof. Hoffmann geschaffen, ist jene Stimmung des Biedermeier-Interieur eingefangen und festgehalten, jener Geist der Gemütlichkeit, mit einem Wort der Genius loci, und es ist darin kein Tisch, kein Stuhl, kein Schrank, kein Gegenstand des Gebrauchs, der nicht den Geist der Vorfahren trüge und dabei durch die konstruktive Einfachheit und Zweckdienlichkeit als Niederschlag unserer allgemeinen modernen Kultur erschiene.“[5]

Die Synthese zwischen Tradition und Moderne, Biedermeier und Jugendstil scheint schon für Hoffmanns Zeitgenossen im psychologischen Klima Wiens zu wurzeln. In Verbindung mit einer kritischen Logik und einer Auslegung, die im Grunde genommen auch heute noch gültig ist, sehen sie in Hoffmann den Interpreten dieses subtilen Gleichgewichts. So können ihre Aussagen bis in die Jahre des Ersten Weltkriegs – unabhängig von der damaligen Verwendung zu professionellen Zwecken und der relativen Offenheit der kritischen Äußerungen – als die korrekteste geschichtliche Interpretation seines Werkes gelten.

Es ist vor allem aufgrund des intimen Charakters, der Hoffmanns Werk über fünf Jahrzehnte hinweg kennzeichnet, schwierig, ein geschichtliches Urteil

110 

108-110. J. HOFFMANN, XIV. AUSSTELLUNG DER SECESSION, KLINGERS BEETHOVEN-SAAL, 1902.

über ihn zu fällen. Seine Arbeiten erscheinen fast wie ständig wiederkehrende „Variationen“ über die gleichen Themen: das Haus, die Einrichtung und das Objekt. Man findet keine heroische Zurschaustellung der Themen wie bei seinem Lehrer Wagner, der immer aggressiv war, selbst nachdem ihm die Rolle des großen Besiegten zugefallen war. Das subtile Gleichgewicht Hoffmanns erfordert klare Formeln. Es findet seinen Ursprung in einigen wenigen sprachlichen Zeichen, einem unverkennbaren, letztlich vorhersehbaren „Code“, der aber dennoch durch die Unbekümmertheit überrascht, mit der Hoffmann die Konnotationen seiner Privathäuser bei den wenigen Gelegenheiten für repräsentative öffentliche Gebäude, die sich ihm bieten und die meist nur Papier bleiben, auf diese überträgt. So läßt die Empfindlichkeit dieses Gleichgewichts leicht den Verdacht aufkommen, daß Hoffmann nicht so sehr aus innerer Überzeugung auf diesem Code beharrte, sondern vielmehr, weil er zu sehr in sein Formelrepertoire verstrickt war. Das veranlaßte Persico, dreißig Jahre nach dem Bau des Palais Stoclet von „Hoffmanns Dekadenz“[6] zu sprechen.

Von den Anfängen der Secession bis zur Zeit nach dem Zweiten Weltkrieg bleibt der Code Hoffmanns über ein halbes Jahrhundert scheinbar unberührt von der großen Dialektik zwischen der Moderne und der Rückkehr zur formalen Ordnung, zwischen Befürwortern und Gegnern des Nazismus, zwischen Rationalismus und Postrationalismus. Während der extrovertierte Wagner es verstand, den Richtungs-

111

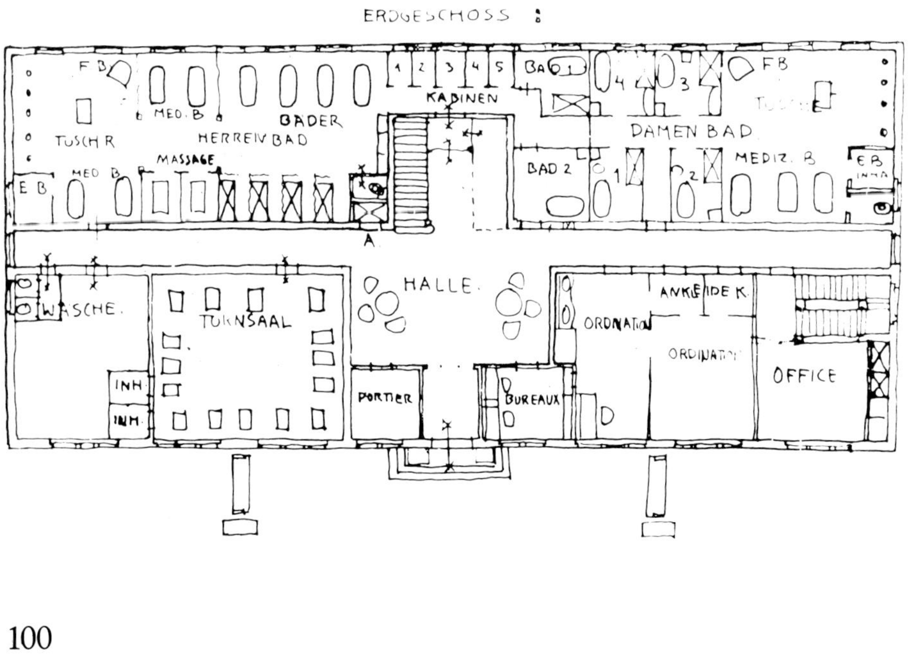

112

111 -112. J. HOFFMANN, SANATORIUM, PURKERSDORF BEI WIEN, 1904. HAUPTEINGANG (HEUTIGER ZUSTAND, NACH DER AUFSTOCKUNG) UND PLAN (VORENTWURF).

113

113. J. HOFFMANN, SANATORIUM, PURKERSDORF. BALKON.

wechsel zu erkennen und sich dem Lauf der Zeit anzupassen, bleibt Hoffmann – offensichtlich mehr Ornamentiker, der im Vergleich zur epischen Ader seines Lehrers etwas oberflächlich erscheint – seiner Einstellung stets treu und verschließt sich gegenüber äußeren Einflüssen. Es scheint, als wäre die Privatsphäre, in die er sich zurückgezogen hat, vom großen Sturm der Zeitgeschichte unberührt geblieben. Man kann daher eigentlich nur erstaunt feststellen, daß Hoffmanns Ausbildung im Jahre 1896 nicht auf der üblichen akademisch-historisierenden Grundlage basiert, sondern sich weit mehr aus dem Kontakt mit der spontanen Architektur entwickelt, die über Pagano direkt zu dem in der unmittelbaren Nachkriegszeit und den fünfziger Jahren so beliebten Regionalismus führt. Hoffmann zeichnet in Voloska und auf Capri eine spontane mediterrane Architektur nach venezianischem oder neapolitanischem Muster. Über Capri schreibt er 1895/96: „Das Beispiel von Volkskunst, wie solche thatsächlich hier in diesen einfachen Landhäusern besteht, ist auf jedes unbefangene Gemüth von großer Wirkung und läßt immer mehr fühlen, wie sehr wir bei uns zu Hause daran Mangel leiden. (...) Das Beispiel Capris und einiger anderer Orte, die ich noch später zu beschreiben mir vorbehalte, soll aber nicht zur Nachahmung dieser Bauweise führen, sondern es soll nur zum Zweck haben, in uns einen anheimelnden Wohngedanken zu wecken, der nicht in Verdecorierung des schlechten Baugerippes mit lächerlichen, fabriksmäßig hergestellten Cementgußornamenten oder in aufoctroierten Schweizer- und Giebelhausarchitekturen besteht, sondern in einer einfachen, dem Individuum angepaßten, verständnis- und stimmungsvollen Gruppierung, gleichmäßiger, natürlicher Farbe und, wo es der Reichtum gestattet, in lieber weniger, aber dafür von wirklicher Künstlerhand stammender Plastik.“[7]

Schon der graphische Duktus dieser Skizzen verrät den Willen, das Wesentliche, die Volumina und ihre Überschneidungen, die Flächen, die Transparenz und die Klarheit zu erfassen. Hoffmann vermeidet es, den Zeichnungen einen vedutenhaften, malerischen Charakter zu geben, verzichtet aber dennoch nicht darauf, die Einbettung in die Landschaft, die Bedeutung des Lichts, die Schwingungen der Materialien, den Kontrast zwischen dem hellen Putz und den Natursteinen zu betonen. Man darf auch nicht die Bedeutung unterschätzen, die dem mediterranen Modell in Hoffmanns Werdegang und bei der Wahl seiner Sprache zukommt, denn gerade hier glaubt er, die Möglichkeit eines Gleichgewichts zwischen Klassizismus und essentieller Schlichtheit zu erkennen.

114

115. J. HOFFMANN, SANATORIUM, PURKERSDORF. SPEISESAAL.

114. J. HOFFMANN, SANATORIUM, PURKERSDORF. DETAIL DES HAUPTEINGANGS VOR DER AUFSTOCKUNG.

116-117. J. HOFFMANN, SANATORIUM, PURKERSDORF. HAUS DES DIREKTORS, UM 1904. GRUNDRISS UND ANSICHT.

115

116

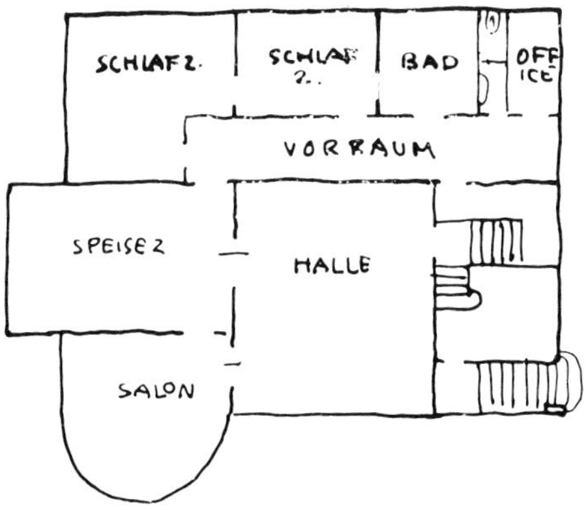

117

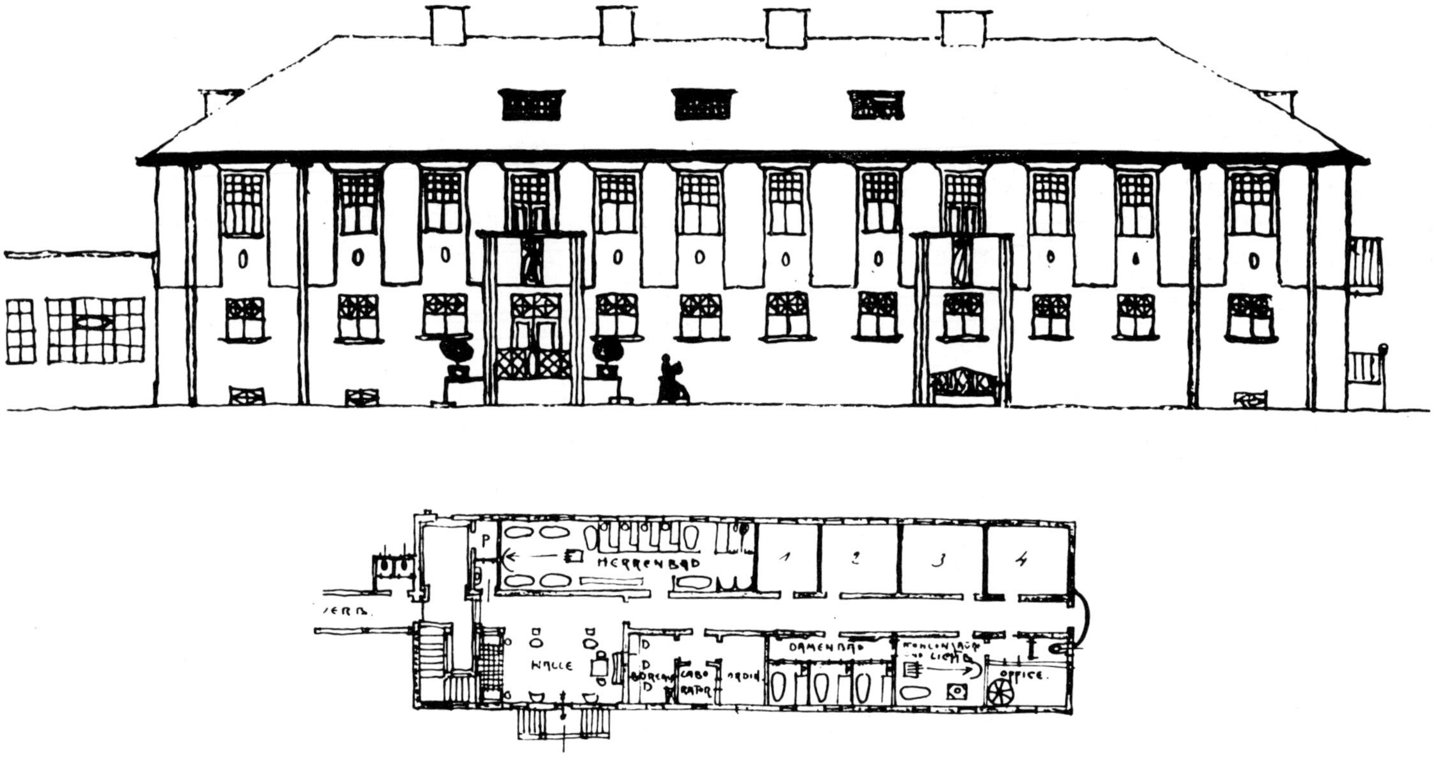

118

119

118. J. HOFFMANN, SANATORIUM, PURKERSDORF. ERSTER, NICHT AUSGEFÜHRTER ENTWURF

119. J. HOFFMANN, SANATORIUM, PURKERSDORF. ENTWURFSPERSPEKTIVE.

Hierbei taucht auch das nationale psychologische Motiv eines Österreich auf, das auf das Mittelmeer ausgerichtet ist: Interpret der südlichen Komponente der mitteleuropäischen Welt und neues Byzanz, aber als solches auch Erbe des klassischen Römertums. In diesen Zeichnungen und im kulturellen Interesse, von dem sie zeugen, kann man die wahre Natur der Hoffmannschen Persönlichkeit sehr viel besser erkennen als in seinen ersten Entwürfen, die zum Großteil in Zusammenarbeit mit Krásny entstanden sind und die sich in der Graphik und der geschickten Aufmachung kaum von den Formeln der Wagnerschule, an der Hoffmann seine Ausbildung abgeschlossen hat, lösen.

Gleich darauf ist er dem Einfluß der überragenden Persönlichkeit Olbrichs ausgesetzt, mit dem ihn ein gemeinsames Mißtrauen gegenüber der römischen Architektur verbindet: Der Freund empfindet einen „jugendlichen Haß gegen die Kabarett-Architektur der römischen Jesuiten".[8] Olbrichs Einfluß auf die Anfänge des jungen Hoffmann als Ornamentiker ist so groß, daß man geradezu von einer „Olbrichschen Periode" sprechen kann, die, gemessen am ausgesprochen geometrischen Charakter des Ver-Sacrum-Zimmers von 1898, eine ausgesprochene Rückentwicklung darstellt. Dieser Hang zur Geometrie erscheint erst bei der Beteiligung an der Pariser Weltausstellung von 1900 im Grand Palais wieder. Eine ausgewogene Rationalität in der Raumgestaltung, die dennoch von einer gewissen Nachsicht für die Olbrichschen Kurvenlinien geprägt ist, veranlaßt Mourey, im gleichen Jahr in der Zeitschrift *The Studio* die Übereinstimmung mit der Glasgower Schule hervorzuheben. In diesem Zusammenhang ist auf die Anwesenheit Mackintoshs in Wien zu verweisen. „Eine ebenso elegant wie ungewöhnlich gekleidete Frau mit rötlichem Haar zog alle Aufmerksamkeit auf sich: Margaret Macdonald Mackintosh in Begleitung ihres Mannes, des schottischen Secessionisten Charles R. Mackintosh", schrieb die *Neue Freie Presse* anläßlich der Eröffnung der VIII. Secessionsausstellung am 3. November 1900. Die Verbindung zwischen Hoffmann und Mackintosh wird auch durch die Präsenz von Möbeln des Schotten in dem von Hoffmann entworfenen Haus Henneberg bewiesen, selbst wenn sie für einen früheren Zeitpunkt nicht belegt ist. In einem aus dem darauffolgenden Jahr stammenden Artikel skizziert Khnopff die beiden kritischen Themen, die Hoffmanns Persönlichkeit erklären: einerseits die Haltung, die ihn zum rationalen und „vernünftigen" Interpreten des modernen Geistes macht, andererseits die Annäherung zwischen Wien und Byzanz. „Wien dagegen suggeriert sofort Byzanz. Das Wort, das diese Empfindung am besten auszudrücken vermag, ist ‚fesch', dessen englische Entsprechung vielleicht ‚chic' ist, denn ganz Wien vermittelt den Eindruck einer delikaten, morbiden und prunkvollen Sinnlichkeit."[9]

In der neuen Secessionsausstellung von 1902 ist der kurvenlineare Einfluß Olbrichs überwunden, und Hoffmann leitet jene Neuinterpretation des „Japonismus" ein, die neben Klimt und den Byzantinern eine der Komponenten seiner noch genauer zu analysierenden geometrischen Sprache bilden wird.

Zwischen 1901 und 1904 festigt Hoffmann mit den vier Villen auf der Hohen Warte – den Häusern Moser, Moll, Henneberg und Spitzer – seine Stellung im privaten Wohnungsbau. Dieser Kreis von Freunden und Künstlern fördert sicher seine Hinwendung zu dem, was auf den ersten Blick vielleicht noch stark wie Heimatstil wirkt: die Rückkehr zum sichtbar belassenen Fachwerk und die großflächige Gliederung der Dächer. Bei näherer Betrachtung können einem jedoch die geschickte Aufteilung der Fassade durch die langgezogenen Holzpfeiler, welche die schmalen, hohen, rechteckigen Gefache umrahmen, und der Rückgriff auf das Quadrat nicht entgehen. Letzteres wird teils in den Stützkonsolen der Erkerfenster, teils als rein dekoratives Element integriert oder weist, wie bei der Villa Moll, orientalische Anklänge auf.

Hier vermählt sich die mitteleuropäische Tradition mit einer raffinierten geometrischen Gliederung japanischer Prägung. Fenster- und Türflügel sind in jenes Netz kleiner quadratischer Felder unterteilt, die zu den immer wieder auftretenden Elementen Hoffmanns werden und sowohl den formalen als auch den klimatisch bedingten funktionalen Erfordernissen gerecht werden. Auf planimetrischer wie auf formaler Ebene übt Hoffmann die Kunst der Variation unter Berücksichtigung der Hierarchie der Innenräume, ohne sich jedoch auf gewagte Experimente einzulassen, ohne einander durchdringende Raumformen oder visuelle Beunruhigung. Nur die Treppe bildet eine Ausnahme; ihr kommt sowohl innen als auch außen als wichtigstem räumlichen Element besondere Bedeutung zu.

Kurze Zeit später, als Hoffmann eines der wenigen öffentlichen Gebäude seiner Laufbahn als Architekt, das Sanatorium Purkersdorf, in Angriff nimmt, zeigt er der damals noch an den Anfängen stehenden Moderne Bilder, die wegen ihrer Klarheit und Rationalität berühmt bleiben werden, aber nicht aufgrund ihrer auffallenden Schlichtheit und der auf die Grundformen beschränkten dekorativen Elemente mit Urformen des Rationalismus im engeren Sinne verglichen werden dürfen. Ein zartes Putzgesims zieht sich unter den Fenstern entlang, eine schmale Bordüre schließt die Bedachung ab. Das berühmte verglaste Vordach ist durch die subtile Abstufung der Umrandung gekennzeichnet. Die Aufteilung der Fenster mit den üblichen, durch dünne Stege unterteilten Scheiben (die inzwischen zum größten Teil verändert wurden) und – in vielleicht noch viel entscheidenderem Maße – der Rhythmus der Öffnungen, die Betonung ihrer Vertikalität oder Horizontalität und die Balkone am Mittelteil des Gebäudes (das zum Teil aufgestockt wurde, wodurch seine ursprüngliche Volumetrie verfälscht ist) sind einige Hinweise auf eine Beherrschung der Form, die nicht auf Einschränkungen, sondern auf einer Art Verherrlichung der Klarheit beruht. Hier macht sich sicherlich der Einfluß von Loos bemerkbar.

Um diese Erfahrungen reicher, nimmt Hoffmann 1905 in Brüssel den Bau des Palais Stoclet – mit den berühmten Fresken von Klimt – in Angriff, das eine der erstaunlichsten Alternativen zum Art Nouveau im gesamten europäischen Raum bleibt. Horta mußte im Hôtel Tassel, wo er seine architektonische Sprache zum Ausdruck brachte, die typisch flämische Parzellierung und die mittelmäßigen Ansprüche eines intellektuellen Bürgertums berücksichtigen, bevor er im Hôtel Solvay, das für den Sohn des großen Industriellen entworfen wurde, die Begriffe einer inneren räumlichen Fluidität, in der Dekor und Konstruktion übereinstimmen, verdeutlichen konnte. Hoffmann dagegen ist beim Entwurf des berühmten Wohnsitzes für

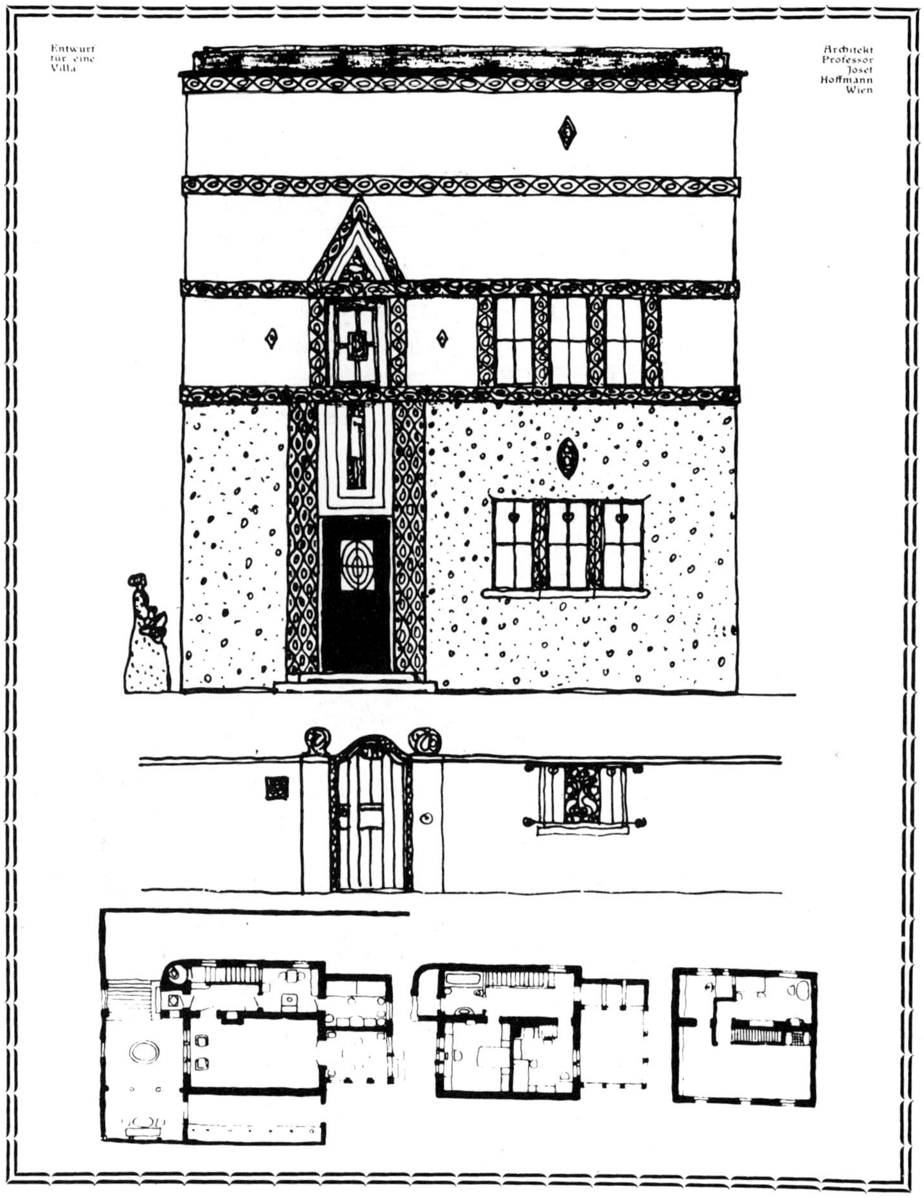

120

120. J. HOFFMANN, ENTWURF FÜR EINE VILLA, UM 1912.

121

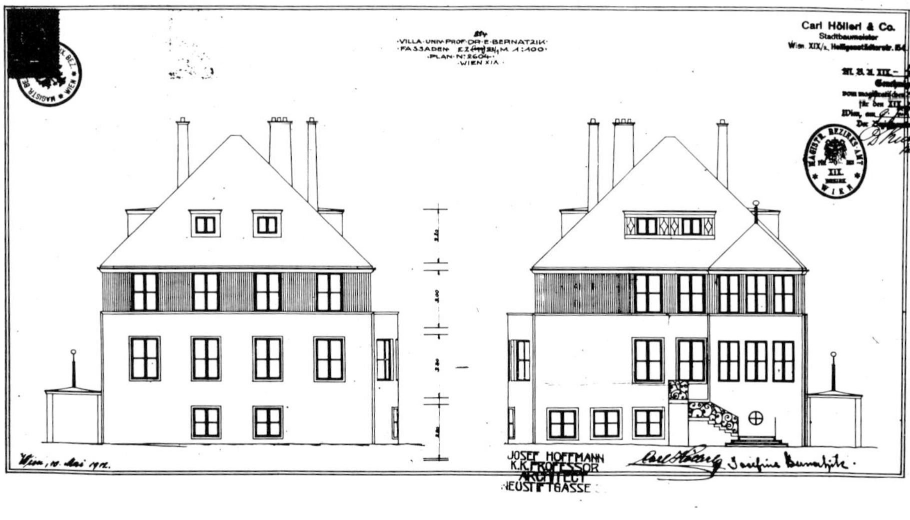

121. J. HOFFMANN, WOHNHAUS BERNATZIK, WIEN XIX, SPRINGSIEDELGASSE 28, 1912-13. ANSICHT DER VORDER- UND RÜCKSEITE.

122

123
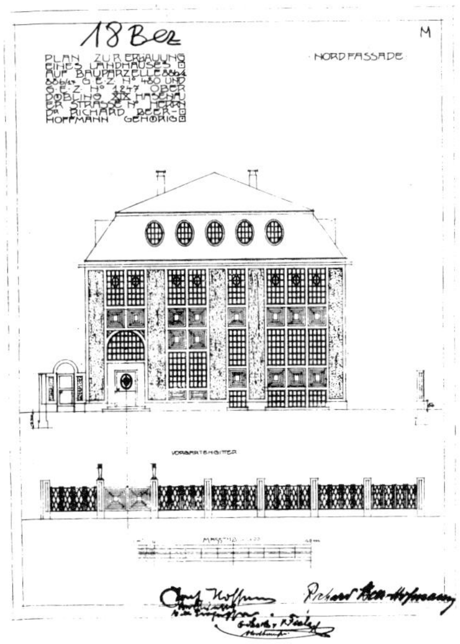

122. J. HOFFMANN, WOHNHAUS BEER-HOFFMANN, WIEN XIX, HASENAUERSTRASSE 52, 1905-06 (ABGETRAGEN). STRASSENANSICHT.

124
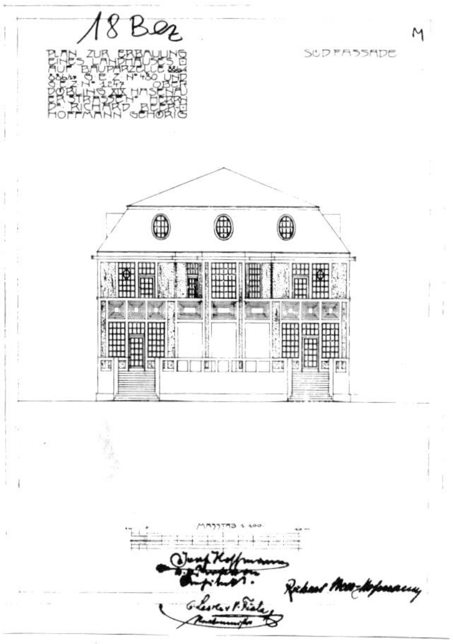

123, 124. WOHNHAUS BEER-HOFFMANN. AUSFÜHRUNGSZEICHNUNGEN

125

126

XVII-125-126. J. HOFFMANN, PALAIS STOCLET, BRÜSSEL, AVENUE DE TERVUEREN 281, 1905-1911. STRASSENANSICHT UND GARTENANSICHT.

279

127

den Kohlekönig Stoclet an der Avenue de Tervueren sehr viel weniger an stadtplanerische Vorschriften gebunden. So geht er zwar flexibel, aber dennoch nach strengen Regeln vor: Er faßt die Volumina mit vergoldeten Metallprofilen ein und behandelt den Eingangspavillon und den inneren Dekor auf erhabene und zugleich klassische Weise. Er weist den Rhythmen einer gezügelten und konstanten, aber unweigerlich von der geraden Linie beherrschten Geometrie die Funktion zu, die Kohärenz zwischen Architektur und Dekoration zu gewährleisten. Diese wird durch eine bedachte, auf die Verherrlichung der Natur und ihrer Werte ausgerichtete Verwendung der Materialien und durch die geschickte Dosierung der Weißtöne besiegelt. Die Künstlerkolonie auf der Hohen Warte – die Namensgleichheit mit der Zeitschrift über Volkskunst und -tradition, an der Hoffmann mitarbeitet, ist sicherlich kein Zufall –, der „Protorationalismus" des Sanatoriums von Purkersdorf mit seiner sorgfältig abgestimmten Einrichtung – bei der die hygienische Komponente und der psychologische Anspruch auf eine heitere und anheimelnde Umgebung gleichermaßen berücksichtigt werden – und das „Monument" Stoclet, das nicht ohne Grund als Palais und nicht wie sonst üblich als Hôtel bezeichnet wird, sind drei Marksteine. Sie beweisen die Ausdruckskraft

128

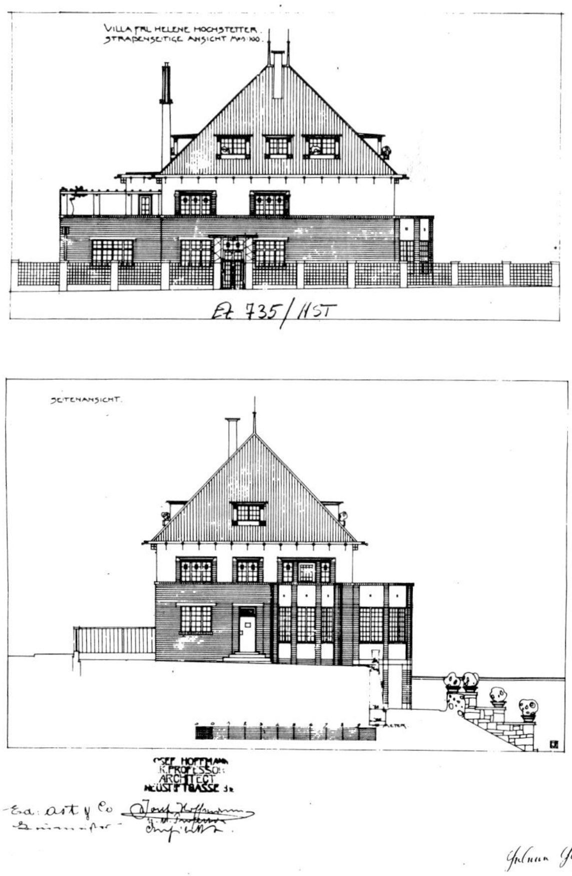
129

128. J. HOFFMANN, WOHNHAUS H. HOCHSTETTER, WIEN XIX, STEINFELDGASSE 7, 1906-07 (UMGEBAUT).

129. J. HOFFMANN, WOHNHAUS H. HOCHSTETTER. AUFRISSE.

127. J. HOFFMANN, WOHNHAUS A. BRAUNER, WIEN XIX, GEWEYGASSE 11, 1905-06 (ABGETRAGEN).

einer Sprache, die dank ihrer inneren Kohärenz und ihres Einfühlungsvermögens jedes Thema angehen kann. Die Kunstkritikerin Berta Zuckerkandl, die als eine der ersten Hoffmanns Werk würdigte, bemerkte dazu: „Die Wahrheit aber, wird man erst mit ihr vertraut, ist nicht nur scharf und herb. Viel Liebliches und Sonniges kann sie sprießen lassen. Hoffmann ist viel zu sehr Wiener, als daß er als Künstler nicht jenes Stückchen Griechentum in seiner Seele hätte, von welchem Klinger sagt, es sei, vielleicht durch die Nähe des Orients bedingt, unserer Stadt, unserem Lebenssinn zu eigen. Durch die Anknüpfung an das echt Heimische hat der Künstler nur über die unbeugsame

XVIII. J. HOFFMANN, STUDIE ZU EINER HALLE, UM 1908.

130-131. J. HOFFMANN, WOHNHAUS A. BRAUNER. ENTWURF VESTIBÜL UND ENTWURF DER TREPPE ZUM DACHGESCHOSS.

132. J. HOFFMANN, PROJEKT FÜR EIN THEATER IN KAPFENBERG, 1910.

130

131

132

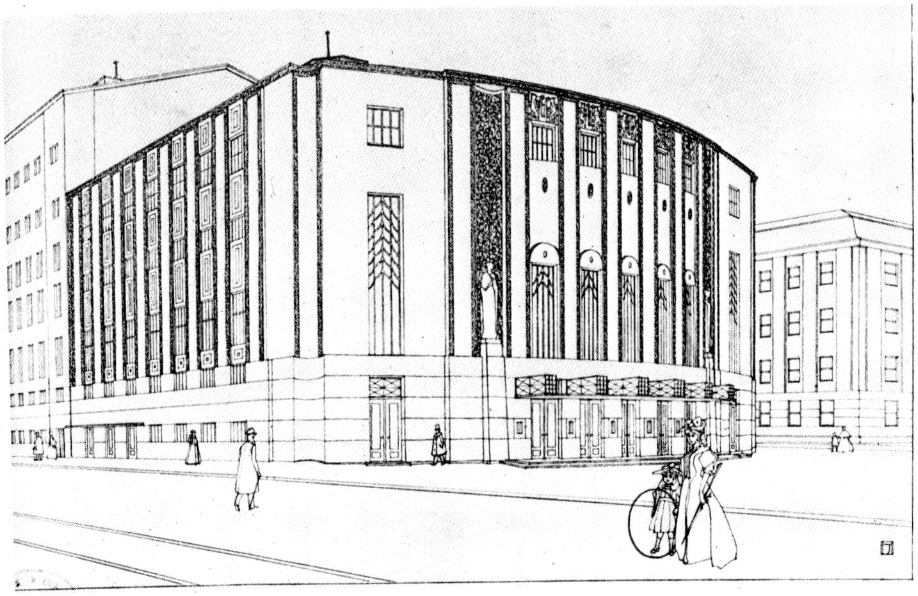

Konstruktions-Reinheit seiner Gestaltungen den Schleier sinnlicher Schönheit gebreitet. ‚Möglich wäre die Anknüpfung nur dort, wo bei uns das Selbstschöpferische aufgehört hat', meint Hoffmann."[10]

Wenn man dieser Übersicht die inzwischen zerstörte Villa Beer-Hoffmann in der Hasenauerstraße hinzufügt, wird ersichtlich, wie Hoffmann den geschlossenen Baukörper mit nur einem Dach und die „einheitliche Säulenordnung" nach palladianischem Muster mit seinen dekorativen Strukturen aus konzentrischen Quadraten, welche die koaxialen Öffnungen verbinden, und den Mansarden mit den ovalen Lukarnen, die den Abschluß bilden, in Angriff genommen hat. Es ist eine subtile, mit Raffinesse ausgeführte Variation des palladianischen, japanischen und barocken Themas, die sich insbesondere im Wechsel der Rhythmen ausdrückt. Der Baukörper ist in der Fassadengliederung ebensowenig von der Symmetrie beherrscht wie in den Innenräumen, obwohl diese im wesentlichen von einer Achse bestimmt sind.

Wir befinden uns erst im Jahre 1905 und mitten in der bewegten, pflanzenförmigen, „wirbellosen und unterseeischen Welt"[11] des Jugendstils, als Hoffmann eine auf dem Quadrat aufbauende Geometrie als Alternative vorschlägt. Den hedonistischen Naturalismus des europäischen floralen Stils ersetzt Hoffmann durch eine geschlossene abstrakte Welt; an die Stelle der von Horta propagierten Dynamik setzt er alternierende Rhythmen aus vertikalen, gleichmäßigen und ausgewogenen Parallelen. Die Ablehnung des historisierenden Eklektizismus, die durch das Vertrauen in eine neue naturalistische Sprache der Architektur gerechtfertigt ist, weicht der Rückkehr zur Ordnung, welche die klassische Morphologie unter Verzicht auf jedes offene Zitat, aber mit einer fast dogmatischen Bestätigung der mediterranen und klassischen Werte der Architektur, auf seine wesentlichen geometrischen Grundformen, seine proportionalen Etyma, reduziert. Während der darauffolgenden fünf Jahre, die der Entstehung der Villa Ast vorausgehen, werden zahlreiche Varianten der gleichen Themen ausgeführt: die Villa Brauner mit dem ambitiösen, einzigartigen Belvedere-Kamin, die Villa Hochstetter mit der Backsteinverblendung und der intensiven Farbgebung des Gurtgesimses und schließlich das äußerst raffinierte zweite Haus Moll, wo der dekorative Wert der Gesimse mit ihrem Muster aus alternierenden schwarzen und weißen Rechtecken und die besondere Betonung der Türen und Fenster wie eine Antizipierung der *Optical Art* erscheinen.

133

Sowohl bei seinen Bauten als auch bei seinen Innenausstattungen wird Hoffmann von seinen Auftraggebern geistig stimuliert und freundschaftlich unterstützt. Er selbst hatte sich vorgenommen, nur für einige wenige zu arbeiten und den sozialen Kampf für eine neue Architektur als ein auf lange Sicht angelegtes Unterfangen zu betrachten. Unterdessen erarbeitet er, indem er den Wünschen, dem Willen und dem Charakter seiner intellektuellen Freunde Ausdruck verleiht, ökonomische und dennoch bewundernswerte Formeln, die großen Anklang finden und die noch nach langer Zeit von einer bemerkenswerten Beständigkeit im Geschmack, der Redlichkeit der Konstruktion und seiner Fähigkeit zeugen, die wahren Bedürfnisse seiner Auftraggeber – mit geringen gelegentlichen Varianten, die sich aus der Zusammensetzung der Familie und den persönlichen Ansprüchen ergeben – zu erkennen. Mit dem Haus Ast, welches die Serie der Villen auf der Hohen Warte abschließt und auf einem besonders großen Grund-

133. J. HOFFMANN, ZWEITES WOHNHAUS FÜR CARL MOLL, WIEN XIX, HOHE WARTE, WOLLERGASSE 1, 1906-07. STRASSENFRONT.

134-135. J. HOFFMANN, ZWEITES WOHNHAUS FÜR CARL MOLL. BALKONECKE IM ERSTEN STOCK UND EINGANG.

134

135

stück mit herrlichem Ausblick erbaut ist, erforscht Hoffmann jedoch erneut monumentale Formeln. Er bezieht das Gebäude in einen nach zwei Achsen ausgerichteten Garten ein, die den beiden wichtigsten Räumen des Hauses entsprechen, und stattet es mit einer langgestreckten Pergola aus, die eine Art Pedunculus bildet, eine leicht melancholische Promenade im Grünen, von der aus man einen ganz anderen Ausblick auf den Grundstückshang entdeckt. Hier sind die Innenräume großzügiger angelegt, selbst das klassische Motiv des Ovals und der grünen Exedra des Gartens wird angesprochen. Den gehobeneren Allüren der inneren Volumetrie, die jedoch frei von monumentaler Emphase ist, entspricht die besondere Würde der Fassade mit dem Rustikasockel, der einheitlichen Säulenordnung, den kannelierten Wandpilastern, der betonten Vertikalität der Fenster, die durch sehr plastische dekorative Elemente miteinander verbunden sind, und dem konvex ausladenden, reich verzierten Hauptgesims, dessen Parallelität die Strenge der Vertikalen eindrucksvoll betont. Zu den Säulenordnungen, ihrer Reihenfolge, dem gut durchdachten Verhältnis zwischen der Rustika der großen Hausteinblöcke der Einfassung und dem kryptaartigen Vorbau des Eingangs sowie den Anklängen an die einheitliche Säulenordnung der Villa Beer-Hoffmann ist zu bemerken, daß die Villen auf der Hohen Warte die gesamte Palette des Hoffmannschen Vermächtnisses von den Reminiszenzen an den Heimatstil bis zum ausgeprägten expliziten Klassizismus von Palladio bis Pompeji umfassen.

Mit den gleichen Elementen – kannelierte Pilaster, strikte Gegenüberstellung der Vertikalen und der parallel zum Hauptgesims verlaufenden Horizontalen, vertikale Kontinuität der Öffnungen – nimmt Hoffmann in der ruhigen Überzeugung, daß dies die richtige Architektur sei und daß eine in der inneren wie in der äußeren Gestaltung konstante Regel gelte, auch seine wenigen Aufträge, die nichts mit dem Wohnungsbau zu tun haben, in Angriff: den Österreichischen Pavillon auf der Internationalen Ausstellung in Rom von 1911, das Projekt der neuen Kunstgewerbeschule, den Entwurf eines kleinen Theaters in Kapfenberg. Letztere gelangen nicht zur Ausführung.

Der Gedanke, er könne sich wiederholen, es könne ihm der schöpferische Atem ausgehen, er könne in zwar ansprechenden, aber in gewisser Weise erdrückenden Formeln befangen sein, kommt Hoffmann nicht. Dennoch ist offensichtlich, daß er – wie 1911 in Rom oder auf der Biennale von 1912 in Venedig – nur noch in den Bereichen Anerkennung findet, in denen ihm sein Ruf als Gestalter vorausgeht, das

136

137

heißt der Architektur der nationalen Pavillons, wo seine Sprache im übrigen mit dem Charakter des zeitgenössischen Österreich gleichgesetzt wird und sich von den martialischen deutschen Kadenzen von Peter Behrens deutlich abhebt.

Beim Bau der äußerst schlichten Gebäude, wie der Villa Bernatzik oder der Villenkolonie Hertzka im Kaasgraben, scheint Hoffmann seine Aufmerksamkeit darauf zu verwenden, seine Sprachelemente noch mehr zu vereinfachen. Hier übt er die Kunst der Variation auf spekulative und folglich äußerst sparsame Weise. Er beschränkt das Spiel mit den Volumina auf das Wesentliche, ohne jedoch darauf zu verzichten, sein Bauwerk mit einfachsten Mitteln –

136-137. J. HOFFMANN - K. MOSER, MODESALON SCHWESTERN FLÖGE, WIEN VI, MARIAHILFER STRASSE 1, 1904.

138. J. HOFFMANN, EINRICHTUNG HERRMANN WITTGENSTEIN, WIEN III, SALESIANERGASSE 7, 1906.

138

139

140

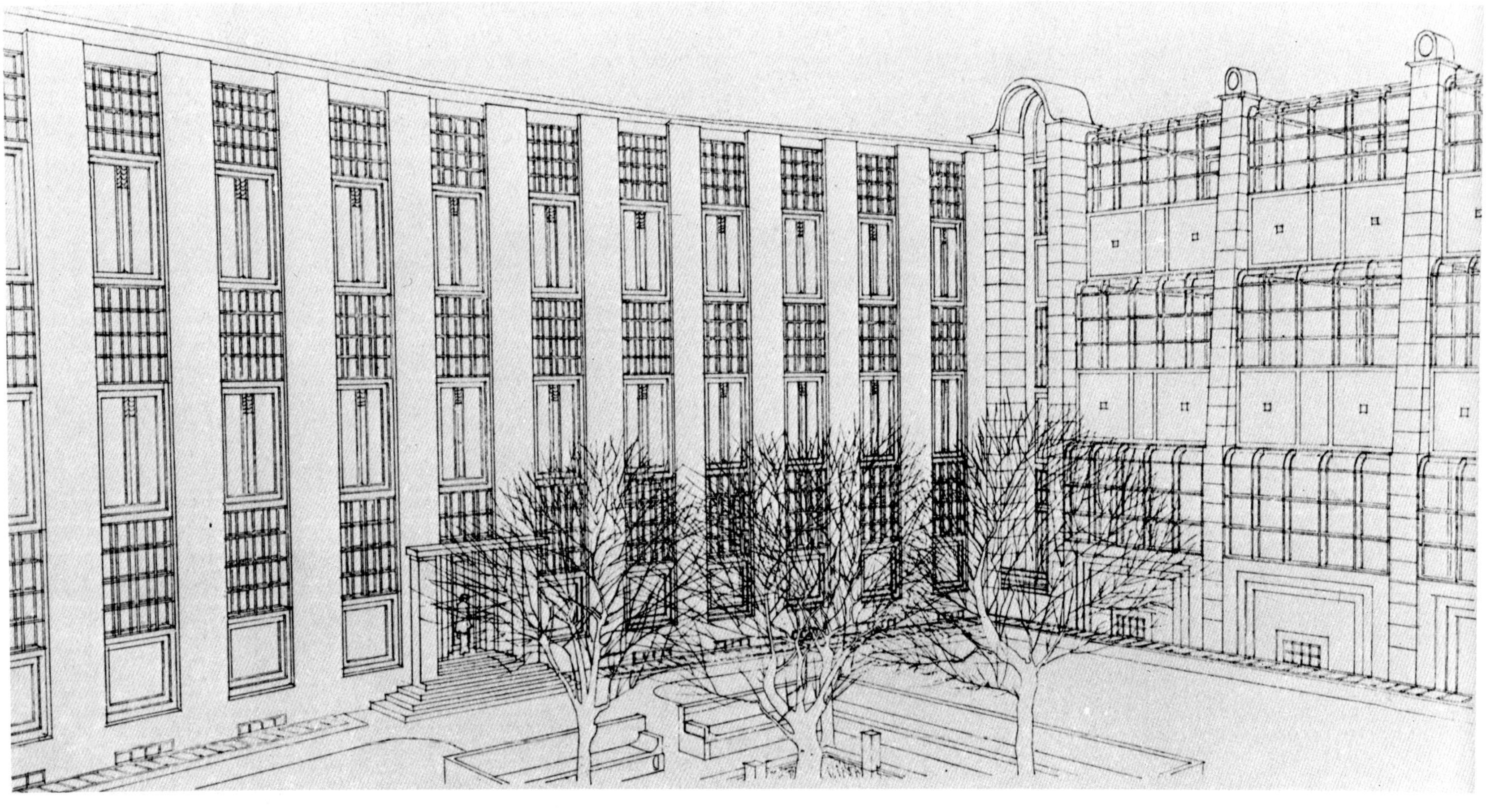

139-140. J. HOFFMANN, PROJEKT FÜR EINEN AUSBAU ZUR ERWEITERUNG DER KUNSTGEWERBESCHULE, WIEN I, 1906. STRASSENANSICHT UND INNENHOF.

141

142

141. J. HOFFMANN, GESAMTANSICHT DES AUSSTELLUNGSGEBÄUDES FÜR DIE KUNSTSCHAU, WIEN, 1908.

142. J. HOFFMANN, ÖSTERREICHISCHER PAVILLON AUF DER INTERNATIONALEN KÜNSTAUSSTELLUNG IN ROM 1911. PERSPEKTIVISCHE ZEICHNUNG.

143

144

143-144. J. HOFFMANN, KLEINES LANDHAUS MIT EINRICHTUNG FÜR DIE BUGHOLZFIRMA JACOB & JOSEF KOHN, WIEN, KUNSTSCHAU-AUSSTELLUNG, 1908. GARTENFRONT UND WOHNHALLE.

XIX. J. HOFFMANN, WOHNHAUS BERNATZIK, WIEN XIX, SPRINGSIEDELGASSE 28, 1912-13.

die Konnotation der Mansarde, Wandfelder aus gestreiftem Verputz, ein einfaches kanneliertes Gesims – zu „signieren". So verleiht er der inzwischen bewährten Typologie des Einfamilienhauses mit Garten eine grundsätzliche, beruhigende Klarheit oder vielmehr eine Helligkeit, die selbst nach sieben Jahrzehnten mit wenigen Pinselstrichen wiederhergestellt werden kann und die Gebäude zeitlos erscheinen läßt.

Paradoxerweise mündet das Werk des Formalisten Hoffmann viel stärker als das der offiziellen Rationalisten der dreißiger Jahre in eine Art Exterritorialität im Vergleich zu den vorherrschenden Tendenzen ein, so daß seine Werke zeitlich schwer bestimmbar sind, was das sicherste Zeichen für ihren Wert und ihre Qualität ist. Die Inneneinrichtungen erscheinen nicht so zeitlos, doch lohnt es sich, sie genauer zu untersuchen, da sie mit ihrem Kontrast zwischen Weißtönen und bunten Stoffen, den Holzvertäfelungen mit den stilisierten Schnitzereien und der geometrischen Aufteilung in Quadrate sowie der konservativen Präsenz der „institutionalisierten" Möbel – Schränke und Kommoden –, mit der Verwendung kostbarer Materialien, den zarten Anklängen an den Rocaille- oder Biedermeierstil das Dekor der dreißiger und vierziger Jahre unseres Jahrhunderts antizipieren. Der Einfluß Hoffmanns auf den internationalen Geschmack – außerhalb der Kodifizierung in Jugendstil und Art déco – ist offen-

145

145. J. HOFFMANN, VILLA AST, WIEN XIX, STEINFELDGASSE 2, 1909-1911. GESAMTANSICHT VON DER STRASSE.

146. J. HOFFMANN, VILLA AST. GARTENANSICHT.

147. J. HOFFMANN, VILLA AST. GRUNDRISS.

148. J. HOFFMANN, VILLA AST. TERRASSENEINGANG AN DER GARTENFASSADE.

146

147

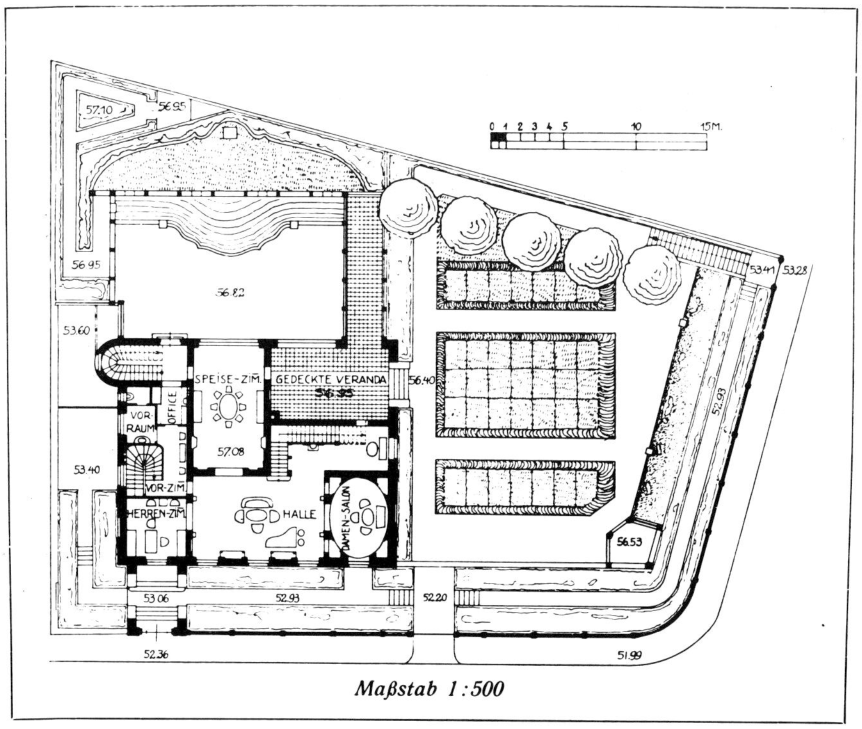
57.10
56.95
0 1 2 3 4 5 10 15M.
56.95
56.82
53.41
53.28
53.60
SPEISE-ZIM
GEDECKTE VERANDA
56.95
56.40
52.93
OFFICE
VOR-RAUM
57.08
53.40
VOR-ZIM
HERREN-ZIM
HALLE
DAMEN-SALON
56.53
53.06
52.93
52.20
52.36
51.99
Maßstab 1:500

148

sichtlich: Die Absorptions- und Anpassungsmöglichkeiten seines Stils sind unbegrenzt. Man kann ihn pathetisch oder sparsam anwenden, mit Nachsicht für stilistische Wiederholungen, unter Verwendung wertvoller Materialien oder linearer Elemente, welche die Themen der Drechsel- und Schnitzarbeiten mit subtilen Anklängen aus dem klassischen Formenrepertoire wieder aufleben lassen. Hoffmann definiert das Paradigma für das berufliche Eingreifen des Architekten und Raumgestalters in ganz Europa während der folgenden fünfzig Jahre. Auch wenn er nicht der einzige ist, so kann man in ihm doch aufgrund der durch seine Lehre gebotenen Möglichkeiten einen der wichtigsten Botschafter und Protagonisten jener Zeit sehen. Dies erklärt auch das Mißfallen der Kritik, zumindest der Geschichtsschreibung, die mit der Einrichtung oder dem Geschmack zusammenhängende Probleme trotz einer oberflächlichen Begeisterung für die dekorativen Künste noch immer selbstgefällig als „nebensächlich" abtut.

An der Schwelle des Ersten Weltkriegs beweist Hoffmann im Jahre 1914 mit dem Wohnhaus Skywa (später Primavesi) abermals seine Meisterschaft und seine vollständige Befreiung von dem Vokabular des Jugendstils. Er wendet sich mit der meisterhaften Gliederung der Volumina einer monumentalen einstöckigen Villa, deren Obergeschoß wesentlich geringere Dimensionen aufweist und mit den zum Garten orientierten Mansarden völlig in die Bedachung einbezogen ist, einem subtilen Klassizismus zu. Das Erdgeschoß ist durch seine Gliederung in zwei symmetrische Baukörper gekennzeichnet: Der eine gruppiert sich um die Exedra der Bibliothek, der andere um die Folge abgeschrägter kannelierter Pfeiler, die zwischen den zwei Seitenrisaliten verläuft, welche von Giebeldreiecken gekrönt werden, in deren Feldern sich das Hochrelief liegender Gestalten befindet. Die Eingangshalle wird geprägt durch die offene Treppe, einen völlig mit Holz verkleideten Kamin, eine Decke aus quadratischen Holzkassetten und reich mit Obst- und Blumenschnitzereien verzierte, von Kannelüren umrahmte, hochrechteckige Wandpaneele. Das Haus hat einen ovalen Saal mit vier Ecknischen, einen als „Wintergarten" bezeichneten Portikus in der Nähe des Speisezimmers, mehrere Treppenaufgänge und direkt mit dem Garten verbundene Vorhallen. Außerdem gibt es ein halb unter Terrainniveau liegendes, von außen nicht sichtbares Kellergeschoß mit weitläufigen Küchen, Speisekammern und Vorratsräumen, die den Eindruck von der Lebensfreude eines Gourmets vermitteln, was nur durch die besonderen Neigungen des Besitzers gerechtfertigt sein kann. Wenn auch der neopompejanische Klassizismus des Gesamtgebäudes sehr akzentuiert ist, so ist doch auch der stilistische Aufwand, der in formalem Sinne das gesamte Vokabular Hoffmanns noch mehr verfeinert, nicht zu übersehen: Die abgeflachte, auseinandergezogene Kannelierung der Pfeiler, die abgeschrägt sind, um eine Modulation des Lichteinfalls zu ermöglichen, ist authentisch klassizistisch. Die horizontalen Gesimse, angefangen mit der Einfassung des Eingangs, sind umgekehrte abgeschwächte Glockenleisten und keine einfachen viereckigen Profilleisten. Das große Gesims der Giebeldreiecke und des Dachüberhangs besteht aus übereinanderliegenden, zart modellierten Elementen, die mit einer Art orientalisierendem Eierstab verziert sind. Die Gitter der Umzäunung sind mit Rankenwerk aus fein bearbeitetem Schmiedeeisen geschmückt. Die Dachgauben sind bescheiden und fast behutsam gestaltet; ihnen darf keine Bedeutung zukommen, sie sollen höchstens als nebensächliche Elemente der Bedachung in Erscheinung treten, da bereits das üppige Hauptgesims, das sich unter dem Dachüberhang entlangzieht, die formale Architektonik der Fassaden abschließt.

Mit diesem Werk, das man als Abschied von der Belle Epoque ansehen kann, und dem Österreichischen Pavillon auf der Werkbundausstellung in Köln 1914 nähert sich Hoffmann einer Epoche, die – weniger für ihn und den Deutschen Tessenow, mit den ihn trotz unterschiedlicher kultureller „Motivation" einige formale Berührungspunkte verbinden, als für alle anderen – den großen Umschwung mit sich bringt: der Verlust des Optimismus, das Ende der flexiblen, erotischen und hedonistischen Linie, die Krise des Kunsthandwerks, der „Einzelanfertigung", der billigen Arbeitskräfte, kurz: der Erste Weltkrieg, den Österreich auslöste und aus dem das Reich Kakanien vernichtet hervorgeht. Für Hoffmann wie für Tessenow bedeutet das offensichtlich keinen Grund, das Sprachregister zu ändern und von dem Kurs, der sich inzwischen auf einen festgefügten Formalismus stützt, auch nur um einen Grad abzuweichen. Davon zeugt ein nicht ausgeführtes Projekt aus dem Jahre 1918 für ein großes Haus, bei dem hohe, schlanke Metallsäulen die verzierte „Dachplatte" tragen, oder

XX. J. HOFFMANN, WOHNHAUS BERNATZIK, WIEN XIX, SPRINGSIEDEL GASSE 28, 1912-13. STIEGENHAUS.

149

die Villa Knips, wo Hoffmann die – von seinem Lehrer Wagner bevorzugten – rautenförmigen Zierelemente aufgreift, um die dekorative Ausdruckskraft des Motivs zu verstärken. Außerdem sind die in bescheidenerer Form ausgeführten, aber vom Volumen her gesehen monumentalen Wohnhausanlagen der Stadt Wien in der Philoppovichgasse oder der Winarskyhof zu nennen. In letzteren bringt Hoffmann, in Konfrontation zu dem expressionistischen Behrens, seine mediterrane Klarheit, seine dreieckigen Tympana und seine weißen Rundbögen ein. In der Silbergasse (1951 bis 1953) schließt er sich dann sogar dem Neo-Monumentalismus und dem Neo-Illuminismus à la Aldo Rossi an.

Das auffallendste Merkmal des Hoffmannschen Formalismus, der erst in den dreißiger Jahren in den Bauten der Laxenburgstraße oder bei den Häusern der Werkbundausstellung in der Veitingerstraße Interesse und eine gewisse Nachsicht für die

150

151

150. J. HOFFMANN, VILLENKOLONIE HERTZKA, WIEN XIX, SUTTINGERSTRASSE 12-14, 1912-13. HAUS KUPFER UND HERTZKA, GARTENANSICHT.

151. J. HOFFMANN, ENTWURF FÜR EINEN SALON, UM 1912.

149. J. HOFFMANN, VILLA AST. TEIL DER FASSADE STEINFELDGASSE.

152

XXI.-XXII. J. HOFFMANN, VILLA SKYWA, WIEN XIII, GLORIETTEGASSE 14-16, 1913-1915. RÜCKFRONT UND GARTENANSICHT.

152. J. HOFFMANN, VILLA SKYWA. STRASSENFASSADE.

Sprache des Rationalismus verrät, ist seine Beständigkeit. Hierin liegt auch die Begründung für die Schwierigkeiten bei der Betrachtung und die oft strittige Beurteilung von Hoffmanns Werk, das von einem unerschütterlichen Selbstvertrauen, einer gewissen Verschlossenheit und einer so abgeklärten Vorstellung von der Architektur getragen wird, daß sie gegen den Einfluß von Zeit und Mode gefeit ist. Für die Beurteilung von Hoffmanns Arbeit als Designer und seiner fruchtbaren Tätigkeit an der Wiener Werkstätte erweist es sich als notwendig, die Elemente dieser dauerhaften, geläuterten Sprache einer genauen Analyse zu unterziehen. Man darf auch den direkten und indirekten Einfluß der Gestalttheorie nicht unterschätzen, die in jenen Jahren in Wien aufkommt, auch wenn sie erst in jüngerer Zeit Verbreitung gefunden hat. Fest steht jedenfalls, daß in Wittgensteins Aufzeichnungen die Probleme der visuellen Beziehung mit den wesentlichen Faktoren der Architektur aufgeworfen und auf sehr einfache Weise dargelegt werden: „Angenommen, wir bauen Häuser und geben den Türen und Fenstern bestimmte Abmessungen. Zeigt sich der Umstand, daß uns diese Abmessungen *gefallen*, notwendigerweise in dem, was wir sagen? Wird das, was uns gefällt, notwendigerweise durch einen Ausdruck des Gefallens bezeichnet?“[12] Weiter heißt

153 

154 

153. J. HOFFMANN, VILLA SKYWA. ANSICHT VOM GARTEN.

155

156

154-156. J. HOFFMANN, VILLA SKYWA, WIEN XIII, GLORIETTEGASSE 14-16, 1913-1915. EINGANGSTOR UND STATUE AN DER FASSADE.

157

158

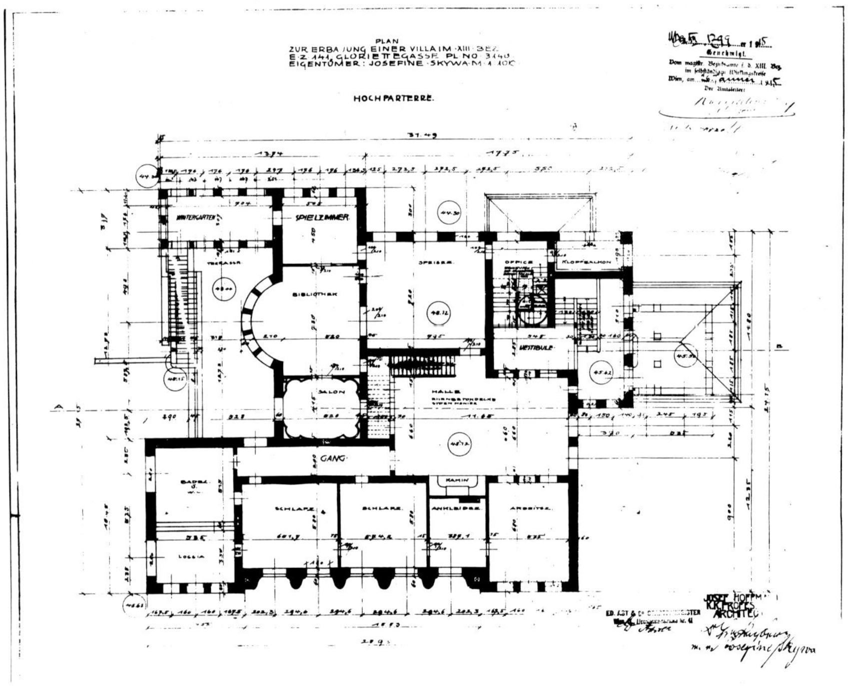

157-158. J. HOFFMANN, VILLA SKYWA. SALON IM HOCHPARTERRE UND PLAN HOCHPARTERRE.

es: „Man entwirft eine Tür, sieht sie an und sagt: ‚Höher, höher, noch höher... so, in Ordnung.' Was ist das? Ist das ein Ausdruck der Befriedigung? Vielleicht ist das Wichtigste bei der Ästhetik das, was man die ästhetischen Reaktionen nennen könnte, z.B. Unzufriedenheit, Abscheu, Unbehagen. Der Ausdruck der Unzufriedenheit ist nicht derselbe wie der des Unbehagens. Der Ausdruck der Unzufriedenheit sagt: ‚Mach' es höher, das ist zu niedrig... Tu' etwas hiermit.' Ist das, was ich einen Ausdruck der Unzufriedenheit nenne, etwas wie ein Ausdruck des Unbehagens *plus* der Kenntnis der Ursache dieses Unbehagens und der Aufforderung, sie zu beseitigen?"[13]

Zufriedenheit und Unbehagen sind zwei gegensätzliche Begriffe, die dank dem, was Arnheim den Zustand des Gleichgewichts nennt, in Einklang gebracht werden können. Dem entspricht die destruktive Stellung der figurativen Elemente, die den Zustand der Immobilität vermitteln, der für die Klassik charakteristisch ist. Zusammenfassend kann man sagen, daß Hoffmanns gesamtes Werk und, genauer genommen, seine Sprache nichts anderes sind als eine Variation über den Zustand des Gleichgewichts. Es ist kein Zufall, daß das Quadrat, die Figur der Einheit, der Abgeschlossenheit, der Ausdruck der Ruhe, die Lieblingsfigur seiner Geometrie ist. Das Quadrat wird als explizites Definitionselement betrachtet, da es die Gestalt und die dekorativen Strukturen, die Friese und die Wandflächen zwischen den Fenstern bestimmt und als indirektes Element und implizites Raster sowohl zur Bestimmung der Proportionen der nichtquadratischen Komponenten, also der Rechtecke, als auch als leitendes Element beim Entwerfen selbst dient. Dafür spricht jedenfalls, daß Hoffmann am liebsten auf kariertem Papier zeichnet, wo die umrissene Form direkt einem Bezugsschema unterliegt. Wie bereits gesagt, führt Hoffmann Fenster und Türen auf das Quadrat zurück. Es bestimmt die Moduln ihrer Öffnungen und verdeutlicht ihre Funktion, die „leere Fläche" zu strukturieren, die nicht dem Zufall überlassen bleiben und keinen unangenehmen Bruch in der Oberfläche ergeben darf, vor allem dann nicht, wenn sie – wie von Hoffmann bevorzugt – in einer Flucht mit der Fassade stehen. Auch die kleinen dekorativen Elemente, die in jenem für den Empirestil typischen Verhältnis zwischen entspannter Ausgeglichenheit und ornamentalem Glanz in einem großen Feld stehen, führt er auf das Quadrat, als dem Zustand des Gleichgewichts, zurück, dessen Ursprung übrigens auf die Einlegearbeiten des Biedermeier zurückgeht. Das metallische Gitter aus Quadraten taucht auch bei der Herstellung einer ganzen Reihe von Gebrauchsgegenständen – Dosen, Tabletts, Blumenkörben und -kästen – auf, da Hoffmann das quadratisch ausgestanzte Blech als ideales Material betrachtet, welches das Wesen der „ornamentalen Symmetrie", den einfachsten Fall der Komposition, verkörpert, deren mannigfaltige Rhythmen und Überlagerungen mit geschwungenen und geometrischen Elementen Hoffmann im Bereich der Stoffe erforschen wird.

Dem Thema des Quadrats[14] als bevorzugte Figur des Gleichgewichts, als regelmäßiger reiner Körper, als Symbol der Abgrenzung – Hoffmann ist immer auf die Abgrenzung der Flächen bedacht – entspricht eine grundlegende Figur der Unbestimmtheit, der dynamischen Indetermination: das Bündel paralleler Geraden. Sie umschließen nicht, sondern verlaufen fließend und betonen die Richtung, die sie einnehmen. Allein durch ihre Ausrichtung akzentuieren sie die Vertikalität ebenso wie die Horizontalität. Es kommt nicht auf die Anzahl der einzelnen Elemente an, doch muß sie so hoch sein, daß man sie nicht unmittelbar zahlenmäßig erfassen kann und versucht ist, sie numerisch zu bestimmen. Die parallelen Geraden bilden den Kern der Architektur, die implizite *Gestalt* der klassischen Ordnung, von der Kannelierung der Säulen bis zu den betonten Hell-Dunkel-Kontrasten der Gesimse. Hoffmann unternimmt im wesentlichen eine Vereinfachung, indem er – mit Ausnahme von einigen Fällen, wie zum Beispiel der Villa Skywa, wo ein etwas manierierter dekorativer Formalismus zutage tritt – Kannelüren und Gesimse auf einfache Rillen ohne Nuancierung der Konturen reduziert. Ganz ungezwungen bedient er sich dieser gerillten Elemente zur Betonung vertikaler Flächen und verleiht damit einfachen Wänden die Würde von Pilastern, wenn er nicht von einer Stilisierung des Pilasters auf seine rein oberflächliche Schwingung ausgeht. Der Ornamentiker Hoffmann vermittelt dem Architekten Hoffmann subtile Zweideutigkeiten zwischen der objektiven Realität der Form und ihren Schwingungen, die je nach den Lichtverhältnissen oder der Art des Materials wahrnehmbar sind.

Da die Schwingungen veränderlich sind, kann die Form auf ein Mindestmaß, das heißt auf die rein geometrische Wiedergabe der Parallelen reduziert werden. Hoffmann beschränkt sich nicht auf die zwei grundlegenden Mittel der visuellen Dialektik – Quadrat und Bündel paralleler Geraden –, sondern bedient sich auch impliziter Referenzen auf die Proportion der Säulenordnung. So benützt er manchmal

159

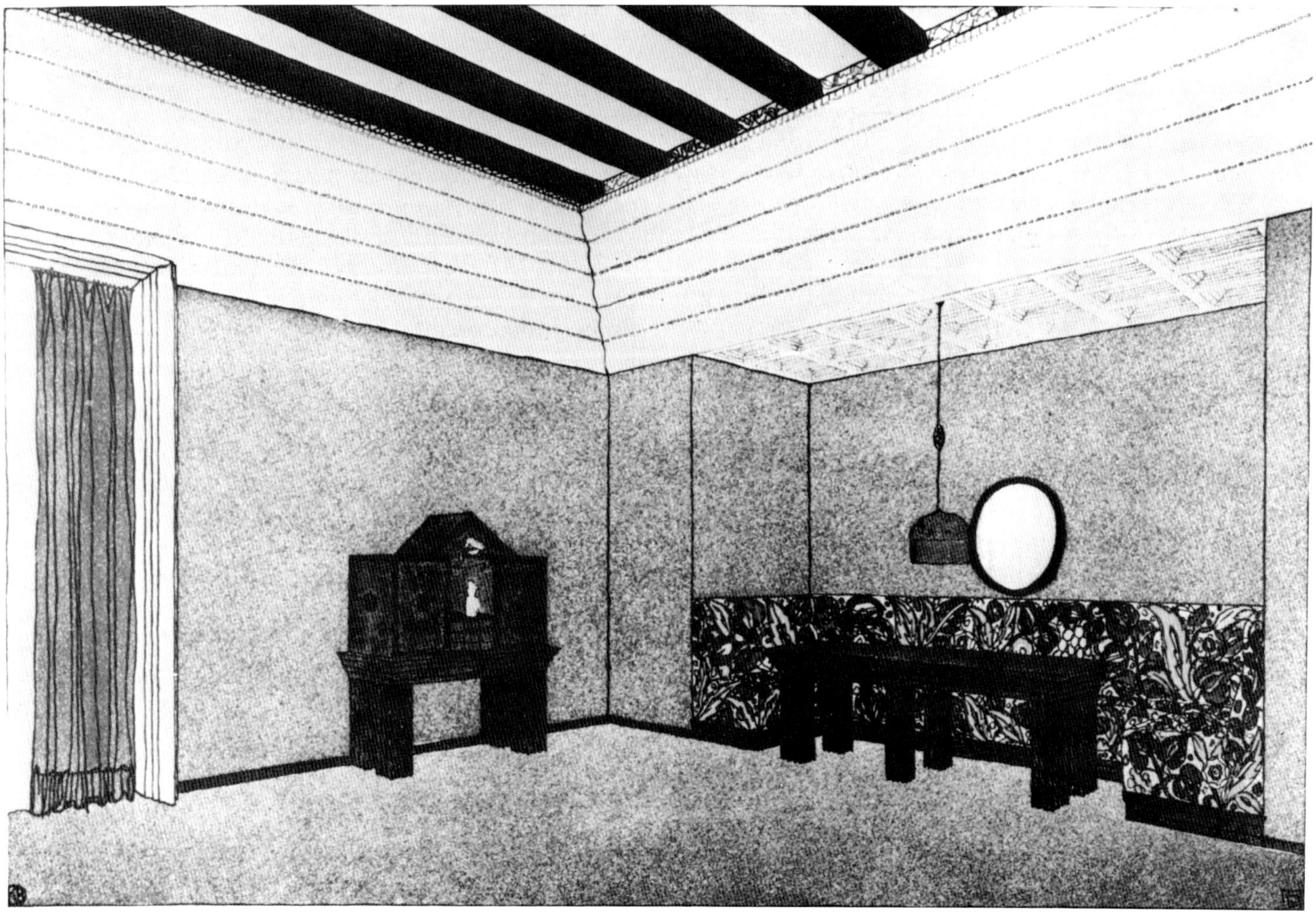

160

ohne jedes wörtliche Zitat und ohne jegliche Kontinuität Elemente, die beispielsweise auf die kanonische Folge – Architrav, Fries und Hauptgesims – anspielen. Sowohl die klassische Antike als auch die Japaner haben Hoffmann die Bedeutung eines impliziten Netzwerks von Proportionen vermittelt, die in klaren und ruhigen Beziehungen zueinander stehen. Andere Elemente, zum Beispiel dreieckige Tympana, tragen ebenfalls zu diesem Gleichgewicht bei. Manchmal verwendet Hoffmann das gleichschenklige Dreieck, ebenfalls ein bevorzugtes Symbol der Übereinstimmung und perfekten Symmetrie, oder unterstreicht die Bedeutung der Gurtgesimse als Begrenzung der Flächen, die noch durch die Verzierung und die Art der Materialien, wie beim Palais Stoclet und der Villa Primavesi, akzentuiert oder, wie in Purkersdorf, auf das Wesentliche beschränkt werden. Sie sind jedenfalls immer präsent, denn die Fläche, die nicht begrenzt ist, deren Grenzlinien nicht unterstrichen werden, besitzt eine dynamische Spannung, die ausgeglichen oder zumindest reduziert, wenn nicht gar gezügelt werden muß. Sowohl die Translationssymmetrie mit konstantem Rhythmus als auch die Translationssymmetrie mit großen Unterbrechungen der dekorativen Reliefs des Hauptgesimses der Villa Primavesi sind Beispiele für diesen offenkundigen Willen zur Festlegung und gleichzeitigen Vermittlung zwischen den Schwingungen der Bedachung und der Betonung der strengen Gliederung der Fassaden.

Die Definition und Beständigkeit dieser Sprachelemente, die sich teilweise auf die dekorative Dimension der Wiener Werkstätte erstrecken oder auf eine konstruktive, funktionelle Synthese bei der Möbelherstellung (die sogenannten „einfachen Möbel") beschränken, zeugen von den Schwierigkeiten einer kritischen Beurteilung Hoffmanns, die in keinem direkten Zusammenhang mit der Freude an seinen dekorativen Werten steht. Im Hinblick auf diese Werte erscheinen die ideologischen Instrumente und die schematische Gegenüberstellung im wesentlichen als plumpe Mittel. Es wäre ebenso sinnlos wie oberflächlich, den im teleologischen und protorationalen Sinne progressiven Hoffmann vom Palais Stoclet bis zum Sanatorium von Purkersdorf mit dem Hoffmann vergleichen zu wollen, der sich bei seinen offiziellen Aufträgen – den Pavillons von Venedig oder Köln – im Laufe der Zeit durch einen Rückschritt zum Klassizismus ausdrückt oder im privaten Bereich von einer Rückentwicklung des Dekors oder einer barockisierenden Anleihe betroffen zu sein scheint; summa summarum, einen Hoffmann aus der traditionellen Sicht der „Pioniere" mit einem anderen Hoffmann im Rahmen des begrenzten Registers seines formalen Ausdrucks zu vergleichen. Es wäre ebenso sinnlos, Hoffmanns Flucht aus der Wirklichkeit, die sich in seinen Stoffen und in der Herstellung von Gebrauchsgegenständen der Wiener Werkstätte bemerkbar macht, der Krise der unmittelbaren Nachkriegszeit und der expressionistischen Dialektik gegenüberzustellen oder in ihm einen der Vorläufer des Klassizismus zu sehen, die dem rhetorischen Novecento der Nationalsozialisten und der italienischen Faschisten nicht unlieb waren. Cacciari hat die Bedeutung des historischen Gedächtnisses von Hoffmann treffend umschrieben: „Selbst die im ‚klassischen' Sinne historisierende Lösung dieser ‚Dialektik' und dieser Umwandlungen, um die Hoffmann bemüht ist, steht im Zusammenhang mit der allgemeinen Problematik, die durch die Secession aufgeworfen wurde – sie ist das genaue Pendant zur Pilgerfahrt Rilkes zu Rodin in Simmels Aufzeichnungen über Rodin. Aber auch dies scheint nur eine vorläufige Lösung zu sein, eine ‚problematische Qualität', *nur eine mögliche Ordnung*: Hoffmann stellt nie eine *sub specie aeternitatis* dar, zumindest ist es aus der Sicht seines Gesamtwerkes nicht so zu verstehen. Der Österreichische Pavillon auf der Internationalen Kunstausstellung in Rom (1911) oder auf der Werkbundausstellung in Köln (1914), auch die Villa Skywa in Wien-Hietzing (1914) erweitern den Anwendungsbereich der Sprachmittel und erproben deren Akkorde; *sie vermögen nichts anderes.* Die Verwendung völlig neu interpretierter klassischer Elemente hat eine ordnende, keine synthetische Funktion."[15]

Tatsächlich tritt Hoffmann im Rahmen einer sowohl auf die dekorativen Künste als auch auf die Architektur anwendbaren einheitlichen Sprache eine Reise in die Vereinfachung und äußerste Beschränkung an, die mit Wittgensteins Logik vergleichbar ist, ohne jedoch deren Anspruch auf *kategorische Strenge* zu erheben. Sie bewegt sich vielmehr in der subtilen, verbindlichen und liebenswürdigen Anerkennung einer ganzen Reihe von Annehmlichkeiten, die in der Villa des Industriemagnaten ebenso ihren Platz finden wie im Hause des einfachen Mannes: das schlichte Möbelstück ebenso wie der außergewöhnliche Kunstgegenstand. „Es ist uns nicht gestattet, Phantasien

159. J. HOFFMANN, VILLENKOLONIE HERTZKA. HAUS MICHEL UND VETTER, SUTTINGERSTRASSE 16-18, GARTENANSICHT.

160. J. HOFFMANN, HALLE IN DER AUSSTELLUNG ÖSTERREICHISCHES KUNSTGEWERBE, WIEN, 1913-14.

161

161. J. HOFFMANN, ÖSTERREICH-HAUS AUF DER DEUTSCHEN WERKBUND-AUSSTELLUNG, KÖLN, 1914.

XXIII. J. HOFFMANN, VILLA SKYWA, WIEN XIII, GLORIETTEGASSE 14-16, 1913-1915. STIEGENHAUS.

nachzujagen", heißt es im Arbeitsprogramm der Wiener Werkstätte. „Wir stehen mit beiden Füßen fest in der Wirklichkeit und bedürfen der Aufgaben." „Meine Entwürfe – schreibt Hoffmann 1901 in *Das Interieur* – „sollen etwa noch beweisen, daß man aus sich heraus alle Dinge lösen könnte, wenn man die Ehrlichkeit hätte, nur das zu geben, was man bewältigen kann."

In die Enge getrieben durch die erhabene Lehre Wagners und den Kalvinismus von Loos, die strenge Logik des architektonischen Experiments eines Wittgenstein und die Skepsis eines Kraus, die nicht die des Bürgers von Kakanien, aber weit gefährlicher ist, wenn sie ihn zu der Feststellung veranlaßt: „Moderne Architektur ist das aus der richtigen Erkenntnis einer fehlenden Notwendigkeit erschaffene Überflüssige"[16], zieht Hoffmann sich auf sein Quadrat – seine Lieblingsform – zurück. Man kann fast sagen, daß er die konzentrischen Quadrate einer Suche aufzeichnet, die durch sein Mißtrauen gegen jede Ideologie noch relevanter wird, zumal Hoffmann keinen Anspruch darauf erhebt, die Rolle des antiideologischen Predigers zu spielen, klare soziale Programme zu verkünden oder auch nur als Richtung eingeordnet zu werden. Die Wiener Werkstätte ist nicht das Bauhaus, ihre Mitglieder wollen den Rahmen des handwerklichen Experimentierens nicht verlassen. Ihr klares und allgemeinverständliches Programm wird alle diejenigen enttäuschen, die darin ein „Manifest" sehen wollen. „In unseren Tischlerwerkstätten ist stets die exakteste und solideste Ausführung bedingt. (...)

Unser Bürgerstand hat seine künstlerische Aufgabe noch lange nicht erfüllt. An ihm ist jetzt die Reihe, der Entwicklung voll und ganz gerecht zu werden. Es kann unmöglich genügen, wenn wir Bilder, und wären sie auch noch so herrlich, erwerben. Solange nicht unsere Städte, unsere Häuser, unsere Räume, unsere Schränke, unsere Geräte, unsere Kleider und unser Schmuck, solange nicht unsere Sprache und unsere Gefühle in schlichter, einfacher und schöner Art den Geist unserer eigenen Zeit versinnbildlichen, sind wir unendlich weit gegen unsere Vorfahren zurück und keine Lüge kann uns über alle diese Schwächen täuschen."[17]

Hoffmann bleibt dieser Konzeption sein ganzes Leben lang treu. Deshalb darf seine Neuinterpretation nicht zum Instrument einer durch Ideologie und Teleologie verfälschten Geschichtsschreibung werden. Seine Sprache schwebt in einer Art geschichtsloser Sphäre, in der jede Ambiguität möglich ist, in der er als Purist oder Händler, als Konformist oder Revolutionär, als Klassiker oder als über der Klassik stehender Künstler, als historisierender oder über der Geschichte stehender Architekt, als Protagonist und Interpret der Tradition oder als Apostel der Entwurzelung, als korrumpierender Moralist oder als Hedonist, der die Qualen der künstlerischen Schöpfung beschwört, angesehen werden kann. Jede dieser Thesen ist richtig und falsch zugleich oder zumindest in gewissem Maße plausibel. Die einsame Größe Josef Hoffmanns liegt jedoch gerade darin, daß er sich jeder Einordnung in ein Schema entzieht. Er ist der Mann, der aus Wien nicht etwa eine große Hauptstadt machte – das ist ein verlorenes Privileg –, sondern einen Gemütszustand: „Der Geist Dädals schwebt in blauen Schatten", heißt es in einem Vers von Trakl[18], und ebenso steht Hoffmann mit seinem „Dekor" in einer anderen Dimension, die nie völlig verlorengehen wird. Sein Werk wird immer wieder aufgegriffen und neu interpretiert werden, es wird direkt oder indirekt Schule machen, und jedesmal wird es etwas von seinem ursprünglichen subtilen und zarten, liebenswürdigen und zerbrechlichen Charakter verlieren. Man kann versuchen, ihn zu zerstören, aber etwas wird letzten Endes doch immer übrigbleiben. Und das ist wahrlich ein Privileg.

Anmerkungen zu Kapitel III

1 B. Zuckerkandl: Josef Hoffmann, in: *Dekorative Kunst*, Bd. XII (1903/04), S. 1.

2 Ebenda.

3 Ebenda.

4 J. A. Lux: Die dekorative Kunst des Prof. J. Hoffmann - Wien, in: *Innendekoration V,* Mai 1902, S. 129.

5 Ebenda, S. 129-130.

6 E. Persico: Trent'anni dopo il Palazzo Stoclet, in: *Casabella* VIII (1935), Nr. 91.

7 J. Hoffmann; Architektonisches von der Insel Capri, in: *Der Architekt* III (1897), S. 13.

8 Vgl. E. F. Sekler: Gli schizzi del viaggio in Italia di J. Hoffmann e J. Olbrich, in: *Artisti austriaci a Roma dal Barocco alla Secessione,* Ausstellungskatalog, Rom 1972.

9 F. Khnopff: Josef Hoffmann - Architect and Decorator, in: *The Studio,* Bd. 22, Mai 1901, S. 264-265.

10 B. Zuckerkandl, a.a.O., S. 6.

11 F. Knopff, a.a.O., S. 264.

12 L. Wittgenstein: Vorlesungen und Gespräche über Ästhetik, Psychologie und Religion, Göttingen 1968, S. 34.

13 Ebenda, S. 35.

14 H. Weyl: Symmetrie, 1955.

15 M. Cacciari: Oikos. Da Loos a Wittgenstein, Rom 1975, S. 34.

16 K. Kraus: Beim Wort genommen, München 1955, S. 254.

17 J. Hoffmann - K. Moser: Das Arbeitsprogramm der Wiener Werkstätte, in: *Hohe Warte* I (1904/05), S. 263.

18 G. Trakl, Poesie, Turin 1979, S. 17.

KAPITEL IV ADOLF LOOS

Es wäre gewiß ungerecht, wollte man den Zeitraum zwischen der Jahrhundertwende und dem Ersten Weltkrieg aus dem Gesamtwerk von Adolf Loos ausklammern, denn wie bei kaum jemandem kann bei ihm von Folgerichtigkeit, von Dauer, vom Fehlen genau definierbarer unterschiedlicher Schaffensperioden gesprochen werden, auch wenn sich in dieser geraden Linie stellenweise eine unausgesprochene und unterschwellige Geschichtlichkeit abzeichnet.

Auch wäre es undenkbar, Adolf Loos nicht in eine Gesamtschau des Wien um 1900 einzubeziehen, nur weil er wegen stilistischer und formaler Merkmale nicht zur Secession oder allgemeiner zum Jugendstil gehört, deren scharfer und unerbittlicher Kritiker er war. Aber aus eben dem Grunde bliebe die Gesamtschau unvollständig und wären vor allem manche Vorbehalte gegenüber dem internationalen Art Nouveau, vielleicht sogar die Emigration Olbrichs, unverständlich, wenn man die Überzeugungskraft eines Loos und ihre Wirkungen in Form von Zweifeln und Selbstdisziplin auf mehr der Schaffensfreude als den intellektuellen Auseinandersetzungen zugeneigte Künstler außer acht ließe. Bei den erbitterten Streitgesprächen im Kaffeehaus, auf die Josef Hoffmann anspielt, sieht sich Loos im Widerspruch zu einer im Grunde genommen ziemlich homogenen Gruppe. Es läßt sich zwar nicht mit Sicherheit behaupten, aber doch mit großer Wahrscheinlichkeit annehmen, daß seine Kritik diese Gruppe auf manchem Gebiet beeinflußte und dazu beitrug, sich von Olbrichs Einfluß zu lösen und ihn zu überwinden.

Ebenso wie Karl Kraus steht Loos in Opposition zum System, aber weniger zur Politik als zu Wiens bürgerlichen Traditionen. Die Übereinstimmung, in gewissem Sinne sogar die Parallelität zwischen der langlebigen Zeitschrift *Die Fackel*, deren Alleinherausgeber Karl Kraus war, und der nur in zwei Ausgaben erschienenen Zeitschrift *Das Andere*, die Loos ebenfalls allein herausgab, sind lediglich ein Musterbeispiel hierfür. Es gibt unzählige Beweise für die Beziehung zwischen den beiden Männern und das gegenseitige Vertrauen, von denen hier das berühmte Zitat von Karl Kraus angeführt sei: „Adolf Loos und ich, er wörtlich, ich sprachlich, haben nichts weiter getan als gezeigt, daß zwischen einer Urne und einem Nachttopf ein Unterschied ist, und daß in diesem Unterschied erst die Kultur Spielraum hat. Die anderen aber, die Positiven, teilen sich in solche, die die Urne als Nachttopf und die den Nachttopf als Urne gebrauchen."

Ihre Freundschaft sollte mit jenen bewegenden Worten beim Tode von Adolf Loos enden, mit denen Karl Kraus so treffend auf das Verhältnis zwischen Bauen und Denken anspielt und die später so großartig von Walter Benjamin aufgegriffen und ausführlich von Massimo Cacciari zitiert werden.

Der Geist des Loosschen Werkes setzt einen besonderen Wertmaßstab voraus. Er führt die Formensprache der Architektur auf ihren Kern zurück, genauso wie Wittgenstein in der Frage der Sprache, bei der Beziehung zwischen philosophischem und mathematischem Denken, beim Ursprung jener Vereinbarung, die er „Spiel" nennt und die nichts anderes als die Sprache selbst ist. Übrigens wird die Verwandtschaft beider auch durch Wittgensteins architektonische Erfahrungen beim Entwurf für das Haus seiner Schwester bestätigt, das bei oberflächlicher Betrachtung in die Nähe von Loos gerückt werden kann. Aber gerade dadurch, daß man die Loossche Architektur aus den Geschmackswandlungen und kulturellen Moden herauslöst, gleichsam als Äußerung einer anderen Kritik, der Beispielhaftigkeit, einer polemischen Haltung und eines scharfen Denkens, werden viele Unklarheiten erst möglich gemacht. Angefangen mit der naheliegendsten und am häufigsten verbreiteten, der geschichtlichen Vorwegnahme der Moderne, die in der *Festschrift* zum 60. Geburtstag im Schlüsseljahr 1930 ihren Höhepunkt findet. Hier darf nicht übersehen werden, daß diese Antizipation, wenn nicht gar Prophezeiung, betrachtet man Loos' Haltung in den Jahren 1898 bis 1905, mitten im Taumel des Jugendstils, sogar von

XXIV. A. LOOS, MICHAELERHAUS, WIEN I, MICHAELERPLATZ 3, 1909-1911. STIEGENHAUS.

den Vorkämpfern der Moderne wie Bruno Taut und Josef Frank bestätigt wird, ganz zu schweigen von der späteren Geschichtsbetrachtung.

Die Schwierigkeit, über Loos ein historisches Urteil zu fällen, zieht sich durch sämtliche Quellen der zeitgenössischen Geschichtsschreibung. Wegen des fehlenden zeitlichen Abstands kann man die Äußerungen zum 60. Geburtstag des österreichischen Meisters mit Ausnahme der Worte Tauts nicht einbeziehen: „Es mag für Loos bitter sein, wenn er bei der heutigen Schluderwirtschaft in der geistigen Arbeit oft genug Grund hat, sich über manchen nächtlichen Einbruch in seine Geisteswelt und über manchen Taschendiebstahl zu beklagen. Jedoch ist auch vieles von ihm derart hineingesickert in die gesamte Zivilisationswelt, daß es zu einer unpersönlichen Wahrheit geworden und demnach über die Person des Vaters der Gedanken hinausgewachsen ist.“[1] Und Edoardo Persico schreibt 1933: „Loos war dazu bestimmt, Ideen aufzurühren wie ein Heiliger Johannes: Es war seine Aufgabe, in der Wüste zu predigen, anzuprangern, aufzuwiegeln, zu träumen... Dem Apostel, der mit all seinen Kräften die Ornamentsinflation bekämpfte, widerfuhr nicht einmal seitens derjenigen Gerechtigkeit, die so weitläufig aus seiner Lehre geschöpft haben (...). Er bleibt ein Einzelgänger, ein moderner Diogenes.“[2] Allein Bruno Zevi hat auf die Loossche *romanitas* hingewiesen, auf den Verrat an der Mediterranität, das verfälschte Erbe des 19. Jahrhunderts: „Sicher, das Rom, das ihn inspirierte, war nicht jenes statische und oratorische, das von Giovannoni verherrlicht wurde, sondern im Gegenteil jenes ‚der kontinuierlichen Erzählweise‘, die gerade in der Exegese der Wiener Kunstgeschichtsschule von Franz Wickhoff zu Alois Riegl verdeutlicht wurde.“[3]

Leonardo Benevolos Gegenüberstellung von Loos und Gropius ist wenig geglückt; danach wäre die Logik des einen die *necessitas* Otto Wagners, eine Gesamtheit allgemeiner, dem Bauen wesensmäßiger Regeln, während die Logik eines Gropius „ein aktiv ordnendes Prinzip ist, in dem sich der Gegensatz zwischen Notwendigkeit und Schönheit ausgleicht“. Loos begreift die Beziehung zwischen Mensch und Umwelt im engen Sinne, er „neigt dazu, den Anteil der Intuition im Werk des Architekten zu überschätzen und die Planung als rein individuelle Angelegenheit aufzufassen. Gropius erweitert diese Gedankengänge, indem er in den Loosschen Raum alle Vorgänge im Leben des Menschen – des einzelnen und der Gemeinschaft – einbezieht und einen umfassenden Planungsbereich kommen sieht, in dem alle schöpferischen Fähigkeiten des Menschen zusammenwirken.“[4]

Das Verdienst von Loos, der ein Einzelgänger bleibt, bestünde demnach darin, daß seine Vorstellungen in die Moderne eingegangen sind. In seiner *Storia dell'Architettura moderna* rückt Bruno Zevi hingegen die Bedeutung der Raumplanung, die versetzten, gegliederten Räume voll intimer Nischen und Winkel, die Neuheit der intuitiven Auffassung, eine bei der Wohnraumgestaltung für die breiten Schichten vernachlässigte Anregung, in den Mittelpunkt der Formung des Lebensraumes.[5]

„Purismus“ und „Ikonoklasmus“, so lautet das Urteil Renato De Fuscos, der zwar das Besondere des Raumes und die „figurativen Eigenschaften, die mit der Natur der Materialien verbunden sind: die Äderungen des Marmors, die Maserung des Holzes, die Farbe des Stucks“[6] anerkennt, aber Loos dennoch in die engen und fragwürdigen Grenzen des sogenannten „Protorationalismus“ verweist.

Zum Haus Steiner äußert sich Nikolaus Pevsner aus der Sicht der Pioniere: „Welcher Uneingeweihte würde dieses Haus nicht in die Jahre 1924 bis 1930 oder sogar später setzen“, und er würdigt Loos als „einen der bedeutendsten unter den früh-modernen Architekten“.[7]

Henry-Russell Hitchcock betrachtet ihn als „Quelle der Inspiration“ für die Architekten, welche die Revolution der zwanziger Jahre anführten, und ordnet ihn neben Frank Lloyd Wright und Auguste Perret ein. Er bezeichnet die Loos-Häuser als eher traditionelle Fronten, „denen man alle üblichen dekorativen Elemente genommen hat“. Wie Garnier äußert er sich anerkennend über den sicheren Gebrauch des Marmors, den Mies van der Rohe später hervorragend in seinem Pavillon für die Weltausstellung von Barcelona (1929) verwendet. Die Kritiker, um Neutralität bemüht, machen mit dem sorgfältigen Zusammentragen und Erforschen des Materials die Loossche Lehre zu einer bloßen Frage des Geistes seiner Zeit: Auguste Perret, Frank Lloyd Wright, Peter Behrens und Adolf Loos, die wegen ihrer persönlichen Leistung oder ihres entschiedenen Einflusses bedeutendsten Vertreter der ersten modernen Architektengeneration.

Der wahre Loos jedoch wird nicht sichtbar. Reyner Banham ist genauer und greift, stets auf der teleologischen Ebene der „Ideen, die die Moderne stützten“, die Frage des Ornaments auf und versucht, die Loossche Argumentation wieder in die Linie einzureihen, die von Julien Guadet über Geoffrey Scott zu Auguste Choisy führt, von Charles A. Voysey ganz zu schweigen. Er findet Loos' Lobrede auf Schinkel: „an der schwelle des neunzehnten jahrhunderts stand Schinkel. Wir haben ihn vergessen. Möge das licht dieser überragenden gestalt auf unsere kommende baukünstlergeneration fallen!“[8], mit der der letzte Absatz von *Architektur*, einem Essay von 1910, schließt, etwas „merkwürdig“. Dabei übergeht Banham die Bedeutung des Klassizismus bei Loos vollkommen und stellt wieder die übliche Gleichung auf: Freiheit der Dekoration gleich Ingenieurtechnik gleich Ausdruck des Maschinenzeitalters.

Scharfsinnig ist Manfredo Tafuris und Francesco Dal Cos Erkenntnis der für Vorkriegsbauten kennzeichnenden Unflexibilität der architektonischen Sprache: „Negative Architektur, ungelöster Widerspruch, Radikalismus der antistilistischen Polemik, Banalität und Gleichgültigkeit der äußeren Sprache, der man im Inneren Aufmerksamkeit und entkräftete Erfindung verbunden mit raffinierten Materialien gegenüberstellt“. Und sie kommen zu dem Schluß, „daß der Gedankengang des frühen Loos eine Meditation über die Grenzen des Kreativitätsprinzips ist“.[9] Das trifft zwar zu, schreibt Loos' Werk aber eine Starrheit zu, die ihm völlig fremd ist, dem Manne der ungezählten offenen und unbefangenen Bekenntnisse, des Kreuzzugs gegen das Ornament, der an die abendländische Kultur glaubt, der eine Abneigung gegen das Überflüssige hegt, gegen den Werkbund, das totale Kunstwerk und den alles entwerfenden Architekten, der den Neureichen zum Gefangenen im Käfig des Dekors macht, dem Manne, der die Idee der Klassik für denkbar hält.

Loos ist weder starr noch nihilistisch, im Grunde nicht einmal ein Pessimist, sondern naiv, ein schutzlos Leidender, ein Gläubiger. Der Beitrag von Aldo Rossi[10] ist nach wie vor die ausgewogenste und treffendste Arbeit über Loos. Er warnt darin vor der Versuchung der Biographie, Anekdoten und Sentenzen zusammenzutragen, das heißt Loos, der in mancher Hinsicht als ein Gescheiterter galt, und seine Suche nach dem Glück sowie seine „Angst vor dem Ende der Welt“ auf die schriftlichen Äußerungen zurückzuführen. Aldo Rossi verweist auf die Beziehung zwischen Moral und Stil, die im Mittelpunkt des Loosschen Werkes steht, was mit dem Urteil von Hans Schmidt von 1941 übereinstimmt, für den die Architektur ohne Loos lediglich ein einfallsreiches und intelligentes Spiel geblieben wäre: „Den höchsten Begriff hatte Loos von der Tradition, von jener Tradition, die das Alte nicht wegwirft, solange es echt und lebensfähig ist, die das Neue nicht sucht aus Freude am Originellen, sondern weil sie es braucht. Modernes Wesen und Tradition waren für ihn keine Widersprüche.“[11]

Aber auch die jüngere kritische Neubeurteilung des *finis Austriae* und der diesem Sachverhalt gerechter werdende Erkenntnisprozeß, an dem viele, darunter besonders Karl Kraus, mitwirkten, lief Gefahr, das Werk von Loos gewissermaßen intellektualistisch zu erweitern, sogar Loos gegen Loos selber auszuspielen, indem man das Denken aus dem Schaffen herausnahm. Dabei ist das Denken, auch wenn es in berühmten Schriften wie *Ornament und Verbrechen* seinen Niederschlag findet, alles in allem weniger streng, zweckgebundener und gelegenheitsabhängiger als das Schaffen. Dem Werk wird sozusagen seine innere Melodie, seine Poesie wiedergegeben, die nicht mit der Logik, Polemik und Kritik verwechselt werden dürfen, welche seine Grundlage, aber nicht seine Krönung sind. Im Grunde sollte der Mut aufgebracht werden, bestimmte Positionen von Loos naiv zu nennen, auch wenn sie völlig berechtigt und geschichtlich als Reagens nützlich waren. Wenn etwas bleibt, ist es das Werk als ästhetisches Ganzes.

Adolf Loos wurde in Brünn am Rande des österreichisch-ungarischen Kaiserreiches, doch im Zentrum Mitteleuropas geboren, an der Grenzlinie zwischen tschechischem und deutschem Sprachraum. Hierin gleicht sein Lebenslauf dem Josef Hoffmanns, für den Wien ebenfalls zur Offenbarung werden sollte. Sein Vater, ein Marmorsteinmetz, starb, als Loos noch ein Kind war. Der Mythos des Marmors kehrt bestimmend in seiner Formensprache wieder. So wie Antonio Gaudí als Sohn eines Kesselschmieds wahrscheinlich vom Vater den Hang zur handwerklich gediegenen Arbeit und zur Umhüllung des Raumkörpers hatte, waren die Loosschen „glatten Flächen“ auch psychoanalytisch eine Huldigung an die Schönheit des von Menschenhand unberührten Materials und eine geheimnisvolle Rückkehr zu den Ursprüngen. Seine eigentliche Ausbildung erfolgte zwischen 1893 und 1896 in den Vereinigten Staaten, von wo er nicht nur mit dem Entschluß, Architekt zu werden, heimkehrte, sondern überzeugt von der Überlegenheit der angelsächsischen Welt, auch mit der Absicht, die „westliche Zivilisation“ in Österreich einzuführen, wie es im Titel der Zeitschrift *Das Andere* hieß, von der nur zwei Nummern erschienen sind.

162

162. A. LOOS, CAFE MUSEUM, WIEN I, FRIEDRICHSTRASSE 6, 1899. (UMGEBAUT).

Loos' Leidenschaft für Herrenmode, sein Snobismus, die Vorliebe für Ledersachen und Zaumzeug, das Thema des Sattlermeisters – der, da er lediglich Sättel herstellt, keine Professoren für Ästhetik und Kunstgewerbe braucht –, die überschwengliche Begeisterung für das amerikanische, in Deutschland noch weitgehend unbekannte Badezimmer, seine Nachsicht gegenüber Hermann Muthesius als Vermittler der Architektur des englischen Landhauses, seine Bewunderung für englische Traditionsmöbel wie den Chippendale-Stuhl, der in seinen modernen Inneneinrichtungen Aufnahme fand – all das sind Gegenstände seiner Polemik, die zum Verständnis einer ästhetischen Welt führt, welche dem Jugendstil völlig fremd ist. Im Mittelpunkt dieser Ausführungen steht das Problem der Dauerhaftigkeit: „Vor zehn jahren, gleichzeitig mit dem café Museum, schuf Josef Hoffmann, der den deutschen werkbund in Wien vertritt, die inneneinrichtung des verkaufsladens der apollokerzenfabrik am hof. Man pries das werk als einen ausdruck unserer zeit. Heute wird das niemand mehr behaupten wollen. Die distanz von zehn jahren hat uns gezeigt, daß es ein irrtum war."[12] Und weiter: „Der moderne ornamentiker aber ist ein nachzügler oder eine pathologische erscheinung. Seine produkte werden schon nach drei jahren von ihm selbst verleugnet. Kultivierten menschen sind sie sofort unerträglich, den anderen wird diese unerträglichkeit erst nach jahren bewußt. Wo sind heute die arbeiten Otto Eckmanns? Wo werden die arbeiten Olbrichs nach zehn jahren sein?"[13]

Über das Café Museum, das er eingerichtet und das Ludwig Hevesi *Café Nihilismus* getauft hatte, schreibt er 1910 mit einem Anflug von Selbstgefälligkeit: „Aber das café Museum besteht heute noch, während alle die modernen tischlerarbeiten der tausend andern schon längst in die rumpelkammer geworfen wurden. Oder sie haben sich dieser arbeiten zu schämen."[14] Und gegen Ende des Krieges, 1917: „Einfache möbel, die ich vor zwanzig jahren geschaffen habe, bestehen heute noch und sind im gebrauch (...). Die phantasieerzeugnisse des sezessions- und jugendstils jener zeit sind verschwunden und vergessen."[15]

Als überzeugendes Argument führt er an, daß

Material und handwerkliche Verarbeitung beanspruchen können, nicht aufgrund ästhetischer Moden abgewertet zu werden. Der Dauer der Beliebtheit entspricht auch eine Dauer der Nutzung. Wenn Möbel nicht modischen Strömungen unterworfen, sondern Teil der Innenwelt sind, werden sie, die keinen Stil, dafür aber eine Geschichte haben, aufgewertet. Das heißt: „Jedes möbel, jedes ding, jeder gegenstand erzählt eine geschichte, die geschichte der familie. Die wohnung war nie fertig; sie entwickelte sich mit uns und wir entwickelten uns in ihr. Allerdings war kein stil darin. Das heißt kein fremder, kein alter. Aber einen stil hatte die wohnung, den stil ihrer bewohner, den stil der familie."[16] Hier setzen die Kindheitserinnerungen ein: an den großen Tisch mit dem Tintenklecks, den seine kleine Schwester Hermine als Kind gemacht hatte, an die Lampe, von der er sich nicht trennen mochte, und an den Vater, der das Nachtwächterhorn nachahmte, bis der Sohn in sein Zimmer flüchtete.

Sein introvertierter Charakter, der geringe berufliche Erfolg, die häufige Ablehnung, auf die er auch bei Kollegen wie Josef Hoffmann stieß, der ihn nicht an einer Ausstellung der Secession teilnehmen lassen wollte, die Streitereien mit der Schweizer und Wiener Baupolizei bei den wenigen Gelegenheiten, wo er bedeutende Bauvorhaben verwirklichen konnte, die unfreiwillige Beschränkung auf Inneneinrichtungen, die echte wirtschaftliche Notlage bei Kriegsende, das Scheitern oder zumindest die mit seiner Tätigkeit als Stadtarchitekt von Wien in den Jahren des Arbeiterwohnungsbaus verbundenen Enttäuschungen machten aus Loos einen unglücklichen, von den Jahren gezeichneten Menschen. Trotz der späten Ehrungen anläßlich seines 60. Geburtstags im Jahre 1930 mischt sich in das Gefühl der Genugtuung über die Anerkennung seiner Theorien die Bitterkeit darüber, daß er bestohlen und entstellt wird und mitansehen muß, wie sein zutiefst empfundenes künstlerisches Schaffen bedenkenlos und leichtfertig mißbraucht wird. Loos, der 1898 in seiner Polemik gegen den Jugendstil fast 30 Jahre vor Le Corbusier, dem Autor von *Kommende Baukunst*, als Ausdruck seiner eigenen Zeit nicht kunstgewerbliche Gegenstände vorschlug, sondern „unsere kleidung, unseren gold- und silberschmuck, unsere juwelen, unsere leder-, schildkröt- und perlmutterwaren, unsere wagen und eisenbahnwaggons, unsere fahrräder und lokomotiven"[17], hätte es nicht geschätzt, mit den Architekten der Moderne verwechselt zu werden. Ihm hätte der Titel der an sich sehr sorgfältigen Monographie von Munz und Kunstler, *Adolf Loos, pioneer of modern architecture*, dessen Vorwort nicht von ungefähr von Pevsner stammt, nicht gefallen.

Obwohl er Otto Wagner einen gewissen Respekt („Aber vor dem Otto Wagnerschen genius streiche ich die segel"), seiner Schule, der Graphik und ihren Anregungen aber eine ausgesprochene Abneigung entgegenbrachte („Der beste zeichner kann ein schlechter architekt, der beste architekt kann ein schlechter zeichner sein")[18], Josef Hoffmann gegenüber, da er eine Annäherung wähnte, eine gewisse Nachsicht zeigte, gegen die Wiener Werkstätte große Unduldsamkeit und völlige Ablehnung an den Tag legte und gegen Olbrich und Van de Velde geradezu allergisch war, verfolgte Loos in jenem Wien von 1900 in Wirklichkeit die Idee der Klassik. Die Polemik gegen den Jugendstil ist nicht funktionalistischer Rationalismus, sondern klassische „Logik". Wiederholt taucht dieses Thema in seinen Schriften auf, beispielsweise 1898: „Seit dem untergange des weströmischen reiches wurde noch in keiner zeit klassischer gedacht und gefühlt als in der unsrigen. Siehe Puvis de Chavannes und Max Klinger! Wurde seit Äschylos' tagen hellenischer gedacht? Siehe den Thonetsessel! Ist er, schmucklos das sitzen einer zeit verkörpernd, nicht aus demselben geiste herausgeboren, aus dem der griechische stuhl mit den gebogenen füßen und den rückenlehnen entstanden ist? Siehe das bycicle! Weht nicht der geist des perikleischen Athen durch dessen formen? Wenn die griechen ein bycicle zu bauen gehabt hätten, es hätte völlig dem unseren geglichen. Die griechischen bronze-dreifüße – ich meine nicht die weihegeschenke, sondern die, die in gebrauch genommen wurden – gleichen sie nicht ganz unseren eisenkonstruktionen?"[19] Und weiter: „Die kulturhöhe, die die menschheit im klassischen altertum erreicht hat, läßt sich schlechtweg aus deren gedächtnis nicht mehr auslöschen. Das klassische altertum war und ist die mutter aller nachfolgenden kulturperioden."[20] Später, im Jahre 1913, als er die Gründung einer Bauschule beabsichtigt, schreibt er: „Unsere kultur baut sich auf der erkenntnis von der alles überragenden größe des klassischen altertums auf. Von den römern haben wir die technik unseres denkens und fühlens ererbt, unser soziales empfinden und die zucht der seele. Seitdem die menschheit die größe des klassischen altertums empfindet, verband die großen baumeister ein gedanke. Sie dachten: so wie ich baue, hätten die alten römer diese aufgabe auch gelöst. Diesen gedanken will ich meinen schülern einimpfen."[21] Es ist kein Zufall, daß die erste Übung, die er seinen Schülern aufträgt, das Pallavicini-Palais am Josephsplatz betrifft. Noch bei Ausbruch des

KNIZE
NEW YORK PARIS BAD GASTEI

MANZ
LIBRAIRIE
MANZ'SCHE
VERLAGS- u. UNIVERSITATS
BUCHHANDLUNG
BOOKSELLER

Ersten Weltkriegs, als der Nationalismus immer schärfere Formen annimmt, sagt Loos: „Die lüge von der heimatkunst war den baumeistern der renaissance fremd. Sie bauten alle im römischen stil“, und schließt dann mit den Worten: „Ich bin für die traditionelle bauweise.“

1924, als die Polemik gegen den Jugendstil gegenstandslos geworden ist, schreibt er: „Aber die menschheit scheint wieder zur besinnung gekommen zu sein: der klassizismus in Frankreich. Jetzt ist es also zeit, zu reden.“[22] Und weiter: „Unsere erziehung beruht auf der klassischen bildung. Ein architekt ist ein maurer, der latein gelernt hat. Die modernen architekten scheinen aber mehr esperantisten zu sein. Der zeichenunterricht hat vom klassischen ornament auszugehen.“[23] „Der klassische unterricht hat trotz der verschiedenheit der sprachen und grenzen die gemeinsamkeit der abendländischen kultur geschaffen. Ihn aufzugeben, hieße diese letzte gemeinsamkeit zerstören. Daher ist nicht nur das klassische ornament zu pflegen, sondern man beschäftige sich auch mit den säulenordnungen und profilierungen.“[24]

Im Werk von Adolf Loos finden diese Äußerungen ihre ausdrückliche Bestätigung. Klassisch in der Manier Schinkels ist der Entwurf eines Theaters mit 4000 Plätzen aus dem Jahre 1898. Streng klassizistisch sind in seiner symmetrischen Anlage der Plan für das große Hotel am Semmering und der Entwurf für die Umgestaltung des Gartenbauplatzes in Wien mit dem Kaiserdenkmal von 1916. Betont klassizistisch sind die Innenausstattungen von 1905 für Kraus in Wien, von 1913 für Löwenbach, von 1909 bis 1913 für Bellak, die vollkommene Ausgewogenheit des Hauses Steiner von 1910. Der Rückgriff auf die Klassik gipfelt in der Verwendung von griechischem Cippolin für das Geschäftshaus Goldmann und Salatsch, dem Skandal vom Michaelerplatz. Wenn es sich hier auch um ein offenkundiges Zitat handelt – die Wahl des Materials, die Säulen, die Gesimse, die ohne Umrahmung in die Fläche geschnittenen Fenster des neoklassizistischen Typus, der sich häufig in Frankreich und nicht nur im geliebten England findet –, so ist der Loossche Klassizismus in vielen anderen Fällen geläutert und kaum erkennbar, da er die klassische Idee nicht auf das ornamentale Element, sondern auf das Formenspiel, auf den konstruktiven Kern zurückführt. Vor allem glaubt er, daß der Kunst im Verhältnis zum Material die entscheidende Bedeutung zukommt – eine Bedeutung, die in ihrer besonderen Form von Menschlichkeit liegt. Der Granit, der unter großen Mühen gewonnen, befördert, bearbeitet und poliert

XXV. A. LOOS, MICHAELERHAUS, WIEN I, MICHAELERPLATZ 3, 1909-1911.

XXVI. A. LOOS, MICHAELERHAUS, WIEN I, MICHAELERPLATZ 3, 1909-1911. DETAIL DER FASSADE.

XXVII. A. LOOS, SCHNEIDERSALON KNIZE, WIEN I, GRABEN 13, 1910-1913.

XXVIII. A. LOOS, BUCHHANDLUNG MANZ, WIEN I, KOHLMARKT 16, 1912.

163. A. LOOS, AMERICAN BAR, WIEN I, KÄRNTNER DURCHGANG, 1908.

163

164-165. A. LOOS, AMERICAN BAR. INNENANSICHTEN.

164

165

166

166. A. LOOS, HAUS STEINER, WIEN XIII, ST. VEIT-GASSE 10, 1910. GARTENANSICHT (AUFNAHME 1968). UMGEBAUT.

167. A. LOOS, HAUS STEINER. DIE STRASSENFRONT IN EINER ZEITGENÖSSISCHEN AUFNAHME.

wird, erzeugt „ehrfurchtsvollen schauer (...). Vor dem material? Nein, vor der menschlichen arbeit.“[25]

Die Echtheit des Materials, die Verurteilung jeglicher Imitation – von Papiertapeten, die wie Stoffe aussehen, von weichem Holz, das als hartes, von Eisen, das als Bronze oder Kupfer, von Zement, der als Stein auftritt –, diese snobistische, doch berechtigte Ablehnung alles Mittelmäßigen und Spießigen, all dessen, was ästhetischer Betrug, Fälschung, Rechtfertigung aus Geldmangel, Kunstgriff aus Sparsamkeit ist und zu verfälschten Ergebnissen führt, bildet die Grundlage seines Klassizismus. Man darf nicht vergessen, daß er mit derselben Vehemenz, mit der er *Ornament und Verbrechen* vertrat, auch behauptete: „Im anfange war die bekleidung.“[26] „Es gibt architekten, die das anders machen. Ihre phantasie bildet nicht räume, sondern mauerkörper. Was die mauerkörper übriglassen, sind dann die räume. Und für diese räume wird nachträglich die bekleidungsart gewählt, die dem architekten passend erscheint. Der künstler aber, der *architekt*, fühlt zuerst die wirkung, die er hervorzubringen gedenkt, und sieht dann mit seinem geistigen auge die räume, die er schaffen will.“[27] Material und Form sind die pädagogischen Wertinstrumente des Raumes und der Empfindungen, die dieser auszulösen vermag: Angst, Gottesfurcht, Achtung vor der Obrigkeit, Frömmigkeit, Behaglichkeit und Unbeschwertheit. „Ein jedes material hat seine eigene formensprache, und keines kann die formen eines anderen materials für sich in anspruch nehmen.“[28] Hierher gehört die Epik des Marmors, der Unverwüstlichkeit mit bleibender Beliebtheit vereint und wie in den Werken der Antike und der Renaissance den Mythos des Naturwunders bekundet, des Einmaligen, das wahre Ornament, das nicht vom Menschen, der Geometrie und fremden Stilelementen eines akademischen Klassizismus verfälscht ist. Vollständig in Marmor ausgeführt sind die Fronten des Geschäftshauses Steiner mit der großen Brekzienmarmortafel, der symmetrisch versetzte Fries und die wertvollen Riesenplatten aus geformtem Labradorit des Geschäftshauses Knize. Letzteres zeugt von einer dekorativen und formalen Einheitlichkeit, die bei der Ausstattung vieler Innenräume, besonders der kostbaren Bibliothek der Villa Karma, wieder erscheint. Aber eine geradezu mythische Bedeutung erwächst dem Marmor in den Kassettendecken der Kärntner Bar, eine ungewöhnliche und schwierige Verwendungsart, die sich nur noch in griechischen Tempeln wiederfindet. Die Dimensionen der Platten im Verhältnis zum Material, die Äderung als abstrakter dekorativer Wert, die bedeutungsvolle Verwendung des Marmors, der in überaus feiner Verfugung oft nicht nur als Verkleidung, sondern auch als raumgestaltende Materie auftritt, sind Zeichen für die außergewöhnliche Meisterschaft von Loos, der dem klassischsten aller Baustoffe den Vorzug gibt, ihm gleichsam aus ererbten Beweggründen die größte Aufmerksamkeit widmet. Seine Konzeption des Holzes ist an die Struktur gebunden, an die vereinfachte, geometrische Holzkonstruktion mit leicht orientalischen Anklängen – der Klassizismus ist seiner Meinung nach vom Orientalismus befruchtet –, erfaßt eher die feste, faserige Beschaffenheit des Holzes als die einzelne Maserung oder den Zusammenklang der Holzarten. Die Wandtäfelungen und Holzdecken, die bei Loos die Innenräume unterteilen und unabhängig von der üblichen Aufteilung in Stockwerke seine Architektur der gegliederten Baukörper verwirklichen, unterliegen einfachen Regeln.

167

168

168. A. LOOS, HAUS SCHEU, WIEN XIII, LAROCHEGASSE 3, 1912-13. GESAMTANSICHT.

169. A. LOOS, HAUS SCHEU.

169 

Fast immer sind es Quadrate, zwischen Stegen und Füllungen ein flacher, rahmenloser Übergang von klassischer, wenn nicht gar klassizistischer Konzeption. Der Putz ist für Loos stets eine glatte, unberührte Oberfläche, „eine haut". Auf diesen Prinzipien, diesem sicheren Gefühl für das Material, beruhen seine Baukunst und sogar seine Vision der Stadt. Das Haus am Michaelerplatz ist die einzige Gelegenheit, sich mit jenem Wien auseinanderzusetzen, dessen stilistische Verlogenheit er als „Potemkinsche Stadt" angeprangert hatte, der Scheinarchitektur der Neorenaissance, den unvermeidlich scheinenden Mansarddächern, dem Anspruch auf das Gleichgewicht und der Geradlinigkeit der Klassik. „Wienerisch ist der gerade gesimsabschluß, ohne dächer, kuppel, erker und andere aufbauten."[29] Es lag nicht in seiner Absicht zu provozieren, sondern er hat „versucht, das haus in einklang mit der kaiserlichen burg, dem platz und der stadt zu bringen". „Hatte ich doch das haus so entworfen, daß es sich möglichst in den platz einfügen sollte. Der stil der kirche, welche das pendant zu diesem bau bildet, war für mich richtunggebend."[30] Und weiter: „Ich war bisher immer in dem wahn befangen, dies im sinne unserer alten wiener meister gelöst zu haben. Und in diesem wahne wurde ich noch durch den ausspruch eines mir feindlich gesinnten modernen künstlers bestärkt, der sagte: das will ein moderner architekt sein und baut ein haus wie die alten wiener häuser."[31] Über diese Neuauslegung des hergebrachten Strukturtypus hinaus – Ladengeschoß unten, Wohnräume in den oberen Geschossen, Dach, Gesimsabschluß – führt Loos mit den Villen Scheu und Steiner und dem Haus in der Nothartgasse das Element der Stufen und der tonnenförmigen Bedachung in die Landschaft der Wiener Einfamilienhäuser ein. Die Stufen kehren in verschiedenen Entwürfen wieder, zum Beispiel beim Hotel Babylon, dem Rathaus von Mexiko-Stadt, dem Grabmal Max Dvořaks, den Arbeiterwohnungen von 1920 und 1926. Auch bei Henri Sauvage, der dieses Element wahrscheinlich schon früher eingeführt hat, findet es sich. Im Gegensatz zu dem Franzosen sieht Loos es aber nicht als Äußerung geballter Rationalität, sondern als wirkungsvolles Symbol, als Rückkehr zu den Anfängen der Stufenpyramide, als verbindliches Prinzip der Baukunst jenseits von Zeit und Raum. Man kann vermuten, daß das Tonnengewölbe, das dem Haus in der Nothartgasse den wenig schmeichelhaften Namen „Waggonhaus" eintrug, von Loos nicht als „Maschinenhaus" gedacht war, sondern eher als Versuch, das Motiv des krönenden Barockgiebels und des Schreins von allem Unwesentlichen zu befreien, die traditionelle Holzkonstruktion, die eine wunderbare Atmo-

170

171

170-171. A. LOOS, WOHNHAUS HORNER, WIEN XIII, NOTHARTGASSE 7, 1912.
ANSICHT VON DER STRASSE UND GARTENFRONT.

sphäre schafft, auf das Skelett zu reduzieren.

In das Wien der Jahrhundertwende bringt Loos eine Welt von Bildern, die manchmal unausgesprochen und feinsinnig, mitunter offen und herausfordernd sind. (Man denke an die dorische Säule des Wettbewerbs für die Chicago Tribune.) Es ist das bildhafte Denken Wittgensteins, ein einheitliches Erbe der Formensprache abendländischer Kultur, der Klassik ohne Historismus, frei von Eklektizismen, von Einflüssen jeglicher Art. Dennoch gibt es bei Loos kurze Augenblicke, in denen er sich dem Jugendstil öffnet, als seien die Wirkungen, die er auf andere ausübte, auf ihn zurückgeschlagen, sozusagen Loos als sein eigener Vorgänger. Seine geistige Haltung und innere Konsequenz, sein hoher, schier unmöglich zu erfüllender Anspruch waren die einer zeitlosen, von innen her neu vollzogenen Klassik, in der die architektonische zuallererst eine geistige Ordnung sein sollte, wie es Karl Kraus 1933 an seinem Grab sagte: „Was du bautest, war das, was du dachtest; dein Beruf Ausdruck und Siegel der Berufung, in der Wohnstadt die Welt einzurichten, mag auch inzwischen in diesen Räumen Wirrnis herrschen durch Politik."

Anmerkungen zu Kapitel IV

1 B. Taut: Loos zum 60. Geburtstage am 10. Dezember 1930, Wien 1930, S. 64-65.

2 E. Persico, nach B. Zevi (siehe Anmerking 3), S. 459.

3 B. Zevi: Adolf Loos iconoclasta - Diceva che sulla carta non dice niente, in: *Cronache di archittetura*, Bari 1977, Band V, S. 459-461.

4 L. Benevolo: *Geschichte der Architektur des 19. und 20. Jahrhunderts,* München 1978, S. 364.

5 B. Zevi: *Storia dell'architettura moderna,* Turin 1950, S. 87ff.

6 R. De Fusco: *Storia dell'architettura contemporanea,* Bari 1974, S. 153.

7 N. Pevsner: *Pioneers of the modern movement, from William Morris to Walter Gropius*, London 1936, S. 19.

8 A. Loos: Architektur, in: *Trotzdem 1900-1930,* Innsbruck 1931, S. III.

9 M. Tafuri, F. Dal Co: *Architektur der Gegenwart*, Stuttgart, 1977.

10 A. Rossi: Adolf Loos, 1870-1933, in: *Casabella,* 1959, Nr. 233, S. 5-11.

11 H. Schmidt: *Beiträge zur Architektur,* Berlin 1965, S. 63.

12 A. Loos: Kulturentartung, in: *Trotzdem*, a.a.O., S. 77.

13 A. Loos: Ornament und Verbrechen, in: *Trotzdem*, a.a.O., S. 87.

14 A. Loos: Architektur, in: *Trotzdem,* a.a.O., S. 101.

15 A. Loos: Hands Off, in: *Trotzdem,* a.a.O., S. 151.

16 A. Loos: Die Interieurs in der Rotunde, in: *Ins Leere Gesprochen*, 1897-1900, Innsbruck 1932, S. 41-42.

17 A. Loos: Kunstgewerbliche Rundschau, in: Ins Leere Gesprochen, a.a.O., S. 175.

18 A. Loos: Architektur, a.a.O., S. 99.

19 A. Loos: Kunstgewerbliche Rundschau, a.a.O., S. 175-176.

20 Ebenda, S. 178.

21 A. Loos: Meine Bauschule, in: *Trotzdem*, a.a.O., S. 63.

22 A. Loos: Ornament und Erziehung, in: *Trotzdem*, a.a.O., S. 200.

23 Ebenda, S. 205-206.

24 Ebenda, S. 206.

25 A. Loos: Die Baumaterialien, in: *Ins Leere gesprochen*, a.a.O., S. 104.

26 A. Loos: Das Prinzip der Bekleidung, in: *Ins Leere Gesprochen,* a.a.O., S. 110.

27 Ebenda.

28 Ebenda.

29 A. Loos, Zwei Aufsätze und eine Zuschrift über das Haus auf dem Michaelerplatz, in: *Trotzdem*, a.a.O., S. 122.

30 Ebenda, S. 119, 124.

31 Ebenda, S. 120.

KAPITEL V DIE WAGNERSCHULE

Im Oktober 1894 erhält Otto Wagner eine Professur an einer der beiden Spezialschulen für Architektur an der Akademie der bildenden Künste. Er tritt die Nachfolge Karl von Hasenauers – Mitarbeiter und Leiter von Gottfried Sempers[1] Wiener Baustellen – an. Der Werdegang und die ersten architektonischen Werke des dreiundfünfzigjährigen Wagner, die im ersten Band von *Einige Skizzen, Projekte und ausgeführte Bauten* (Wien 1890) ausführlich dargelegt wurden, waren dem Professorenkollegium der Wiener Akademie wohl eine sichere Gewähr für eine Weiterführung der Kontinuität der Neorenaissance Semperscher Auffassung, welche der Lehrtradition der Spezialschule von Karl von Hasenauer zugrunde lag[2]. Daß Wagner mit der Erwartung des Professorenkollegiums nicht völlig konform ging, zeigte sich schon in seiner im Jahr 1894 gehaltenen Antrittsrede. Er legt darin in der apodiktischen Form von Lehrsätzen Thesen vor, auf die er später in *Moderne Architektur. Seinen Schülern ein Führer auf diesem Kunstgebiete* näher eingeht. An diesem Band, der im Jahr darauf in Wien erscheint, hat wahrscheinlich Max Fabiani[3] mitgewirkt. Neben Slogans im Einklang mit Sempers Denkweise („Artis sola domina necessitas") finden sich darin eine ausdrückliche Verurteilung der Stilkopie und der Aufruf, die Architektur den Bedürfnissen der Gegenwart anzupassen: „Der Ausgangspunkt jedes künstlerischen Schaffens muß aber das Bedürfnis, das Können, die Mittel und die Eigenschaften ‚unserer' Zeit sein. (...) Fragen Sie daher immer, wenn Sie an die Lösung einer Aufgabe gehen, wie wird dieselbe den Zeitgenossen, dem Auftrage, dem Genius loci, den klimatischen Verhältnissen, dem vorhandenen Materiale und den pekuniären Mitteln entsprechen? (...) Unsere Lebensverhältnisse, unsere Konstruktionen müssen voll und ganz zum Ausdruck gebracht werden, soll die Baukunst nicht zur Karikatur herabsinken."[4]

Neben derartigen Äußerungen grundsätzlicher Natur nimmt Wagner in der Antrittsrede auch einige didaktische Kriterien vorweg, an denen er sich während seiner zwanzigjährigen Lehrtätigkeit (1894-1914) orientiert. Zu den Problemstellungen, mit denen sich die Studenten während der dreijährigen Ausbildung an der Akademie zu befassen haben, bemerkt er: „Den Schülern des 1. Jahrganges werde ich jene Aufgabe zur Lösung geben, welche, wenn Sie ins Leben treten, wohl zuerst an Sie herantreten wird, nämlich ein einfaches Wiener Zinshaus.

Ich beabsichtige damit, Sie vor allem in bezug auf Konstruktion und Wahrnehmung der Bedürfnisse recht sattelfest zu machen; bleibt uns dann voraussichtlich noch Zeit, so können Sie an die Lösung des Einzelwohnhauses schreiten, da unsere Verkehrsanlagen diese Frage in den Vordergrund drängen werden und sich eine diesbezügliche Umwälzung in der Wohnweise sicher voraussetzen läßt. Den Schülern des 2. Jahrganges empfehle ich die Lösung eines öffentlichen Gebäudes mit all seinen komplizierten Innenkonstruktionen und der charakteristischen Außengestaltung. Ich mache Ihnen den Vorschlag, das künftige Gebäude des Handelsministeriums als Basis zu nehmen, dessen Programm ich zu geben in der Lage bin.

Den Schülern des 3. Jahrganges empfehle ich die Lösung einer Aufgabe, welche im Leben wohl nie an Sie herantreten wird, deren Durchbildung aber dazu beitragen wird, den göttlichen Funken der Phantasie, der in Ihnen glimmen soll, zur leuchtenden Flamme anzufachen. In Paris an der Ecole des Beaux Arts werden alljährlich solche exotischen Aufgaben versucht und mit den heranreifenden Kunstjüngern eine Art Phantasie-Training vorgenommen.

Ich selbst kann Ihnen aus eigener Erfahrung sagen, daß ich mich damit wiederholt befaßt habe und daß das Resultat stets ein sehr nutzbringendes war. Ich möchte noch beifügen, daß ich es für zweckmäßig halte, mich mit den einzelnen Herren, welche sich an solche Aufgaben heranwagen wollen, zu besprechen und ich es ihrer Wahl überlassen möchte, jenes Phantasiebild zu wählen, das ihrer natürlichen Anlage am besten entspricht. (...)"

Eine feste Lehrer-Schüler-Beziehung ist ein weiterer Grundsatz, der über die Lehrauffassung Wagners Aufschluß gibt. Schon in seiner Antrittsrede macht er keinen Hehl aus den strengen Auswahlkriterien für die Aufnahme in die Schule: „Entgegen der Ansicht meiner unmittelbaren Vorgänger bin ich der Überzeugung, daß wenige, aber wirkliche Architekten an dieser Schule die Ausbildung genießen sollen. (...) Halten Sie mich daher nicht für streng, wenn ich die Auswahl unter den an mich herantretenden Schülern recht peinlich treffe, sondern sind Sie überzeugt, daß ich nur im Interesse der Schule, des Berufes und der Kunst handle."

Selbst als mit zunehmendem Bekanntheitsgrad der Schule – auch auf internationaler Ebene – die Zahl der Bewerber stark zunimmt (Ludwig Hevesi spricht von 200 Anträgen pro Jahr, während sie Josef Plečnik, dessen Angaben zuverlässiger sein dürften, mit 60 beziffert[5], geht Wagner vom Grundsatz einer strengen Selektion nicht ab.

„Andere Kunstschulen mögen mit der Schülerzahl prunken, siebzig und mehr im Jahrgang. Er aber siebt und siebt immer wieder. Es bleiben zehn oder fünf im Jahr. Aber mit fünf solchen fühlt er eine Armee in der Faust", schreibt Joseph August Lux im Jahr 1903[6].

Tatächlich werden in Wagners zwanzigjähriger Lehrtätigkeit nur 190 Schüler in die Wagnerschule aufgenommen, von denen wiederum nur ein Drittel den dreijährigen Lehrgang an der Akademie abschließt. Über die Aufnahme entscheidet einzig und allein der Meister, der sich sein Urteil anhand der vorgelegten Zeichnungen und in einem Gespräch bildet, das Aufschluß über das Bildungsniveau und die Hintergründe des Interesses der Kandidaten für die Architektur geben soll. Ausschlaggebendes Kriterium ist – der bewährten Vorgehensweise der Akademie entsprechend – sehr oft das zeichnerische Geschick des zukünftigen Architekten. Die Tendenz, das zeichnerische Geschick so sehr zu fördern, daß man fast versucht ist, den eigentlichen architektonischen Wert des Entwurfs seiner graphischen Darstellung hintanzustellen, ist eine „Manie", die der Schule selbst von den besten Schülern vorgeworfen wird. Marcel Kammerer bezieht sich, wenn auch nicht wörtlich, mit aller Wahrscheinlichkeit auf diese Tendenz, wenn er 1908 über folgendes klagt: „(...) Die überhandnehmende Zeichenmanie der Architekten ist zweifellos zu (den) schädlichen Wucherungen am saftigen Stamme zu zählen. (Die Architekten) waren gezwungen, sich auf dem Papiere auszuleben, im toten Materiale ihren lebendigen Tatendrang zu befriedigen. Es genügte nicht, das Gedachte in einfacher Weise zu notieren, es wurde mit Pathos vorgetragen. Dadurch aber wurde die Darstellung architektonischer Entwürfe ihres eigentlichen Zweckes beraubt, sie ward nicht mehr Mittel, sie wurde Selbstzweck, und damit war sie auch bereits zum Nachteile (der Architektur) ausgeartet.

Mit schuld an dem Überhandnehmen des zeichnerischen Unfuges war die Absicht, das große Publikum, dem der Sinn für Baukunst abhanden gekommen war, wieder dafür zu interessieren. (...) Dieser Anlaß im Vereine mit der vorher erwähnten Unmöglichkeit einer anderweitigen Betätigung zeitigte eine spezifische Zeichenkunst, die ja an sich mitunter ganz interessante Leistungen hervorbrachte, unseren Bestrebungen aber eher hinderlich als nützlich war. Das Publikum interessierte sich jetzt allerdings etwas mehr für die ausgestellten Arbeiten als früher, dieses Interesse galt aber lediglich der Darstellung, das Dargestellte selbst wurde dadurch womöglich noch mehr in den Hintergrund gedrängt. Unsere Arbeiten wurden schließlich nur mehr als graphische Leistungen gewertet, und dies nicht allein von Laien. Wir traten in direkte Konkurrenz mit Malern und Graphikern. Durch die beabsichtigte dekorative Wirkung wurde natürlicherweise das dargestellte Objekt beeinflußt (...). Kam es dazwischen einmal zum Bauen, dann entstanden gebaute Skizzen, aber selten Werke der Baukunst."[7]

Tatsächlich begegnet man in einigen Entwürfen der Wagnerschule der abwegigen Tendenz, den Entwurf zu einer graphischen Leistung zu machen, das bauliche Äußere über den architektonischen Aufbau zu stellen, als handle es sich um eine elegante Prospektaufmachung, die formal dem neuesten Stand der von Künstlervereinigungen wie der Secession oder dem Hagenbund verbreiteten geschmacklichen Verhaltensmuster entspricht. Mitunter verbergen sich jedoch, vom Flair des Modernen profitierend, hinter den secessionistischen Andeutungen in den Zeichnungen traditionell ausgerichtete Entwürfe. Es handelt sich um zaghafte, fast ausschließlich auf ikonographische Verzierungen beschränkte Versuche, die späthistorische Tradition der Akademie an die modernen Verhältnisse anzupassen. Die in der Schule kultivierte – 1910 noch von einem anderen Wagnerschüler, Pavel

Janák, angeprangerte[8] – „Vorherrschaft der Hand" begünstigt zwar rückschrittliche Erscheinungen wie die Schönschreibkunst als Selbstzweck, trägt jedoch in nicht unerheblichem Ausmaß zur Anerkennung dieser architektonischen Entwürfe auf internationaler Ebene bei. Diese wurden durch Fachzeitschriften wie *Der Architekt* und *Neubauten und Concurrenzen in Österreich und Ungarn*, die im deutschen Sprachraum weit verbreitet waren, und ab 1901 auch durch einige Alben, in denen eine Auswahl von Schülerarbeiten vorgestellt wurden, auch außerhalb der österreichisch-ungarischen Monarchie, bekannt.

Sehr oft scheint die graphische Hülle dieser Entwürfe verschiedene europäische Architekten des frühen zwanzigsten Jahrhunderts mehr beeindruckt zu haben als der innovatorische Gehalt der architektonischen Experimente innerhalb der Wagnerschule. Der zeichnerische Charme dieser Entwürfe spiegelte im übrigen das hohe Qualitätsniveau der graphischen Kunst in Wien wider. Es sei hier erwähnt, daß die in der Wagnerschule ausgebildeten Architekten, die auch Plakate, Bücher, Postkarten usw. gestalteten, diese Kunst wesentlich bereichert haben. Neben dem berühmten Hoffmann seien hier Leopold Bauer, Emil Hoppe, Wunibald Deininger und Oscar Laske erwähnt. Letzterer gibt später die Architektur auf und verschreibt sich voll und ganz der Malerei.

Die Strenge Wagners bei der Auswahl zeugt einerseits von einem uneingeschränkten Vertrauen in eine Lehrpraxis, die von einem ständigen Erfahrungsaustausch zwischen Lehrer und Schüler ausgeht. Die beste Voraussetzung hierfür ist eine stark begrenzte Zahl von Studenten. Andererseits zielt sie darauf ab, innerhalb der Spezialschule Arbeitsbedingungen zu schaffen, die es der Schule ermöglichen sollten, sich in einem auf extremen Wettbewerb ausgerichteten Lehrsystem, wie es an der Wiener Akademie gegeben war, zu behaupten. Als Ansporn für einen ständigen Wettstreit werden verschiedene Auszeichnungen vergeben, allen voran das Romreisestipendium (ähnlich dem *Prix de Rome* der Ecole des Beaux Arts von Paris), dessen Gewinner ein großzügiges Stipendium für einen Studienaufenthalt in der italienischen Hauptstadt erhält, aber auch andere Preise wie der *Hofpreis* oder der *Hansen-, Füger-, Hagenmüller-, Gundel-, Rosenbaum-, Olbrich-, Schwendenweinpreis*. Die hohe Wertschätzung, welche die Wagnerschule als Ausbildungsstätte in der Wiener Akademie genoß, wird durch die hohe Zahl der ihr zuerkannten Auszeichnungen bestätigt: So wurden ihr zwischen 1895 und 1914 vierundzwanzig Romreisestipendien zuerkannt. Demgegenüber wurden der anderen Spezialschule (die zuerst von Luntz und ab 1904 von Friedrich Ohmann geleitet wurde) neun Stipendien zuerkannt. Ein ähnliches Verhältnis ist auch bei den anderen Auszeichnungen festzustellen.

Moderne Architektur

Wagners Buch *Moderne Architektur* enthält die umfassendste Darstellung der Ideen, die seine Lehrtätigkeit bestimmt haben. Das Werk war von vornherein als Lehrbuch gedacht. Dieser „Ruf an die baukünstlerische Jugend, die Kopie und den Weg des Plagiats zu meiden und im schöpferischen Wirken das Heil zu suchen", wie Wagner sein Werk im Vorwort zur dritten Ausgabe aus dem Jahr 1901 nannte, umfaßt fünf Teile („Der Architekt", „Der Stil", „Die Komposition", „Die Konstruktion", „Die Kunstpraxis") und ein Schlußwort. Dieses Werk enthält in Form von Aphorismen, die mitunter durch ihren kategorischen Charakter irritieren, polemische Angriffe gegen den historisierenden Eklektizismus, praktische Regeln, formelle Verhaltensmaßregeln und theoretische Definitionen von Begriffen wie „Schönheit", „Stil" usw.

Im ersten Teil definiert Wagner zunächst den Beruf des Architekten als „glückliche Vereinigung von Idealismus und Realismus" und bestätigt die von der idealistischen deutschen Philosophie entlehnte Auffassung, daß die Architektur nicht eine auf der *Mimesis* der Natur beruhende, sondern eine schlechthin formschaffende Kunst ist, und widmet sich dann Überlegungen über die Ausbildung des Architekten und die berufliche Praxis. Er bekräftigt sein Vertrauen in eine Schule, die bei der Aufnahme strenge Maßstäbe anlegt und deren Lehrkörper regelmäßig erneuert wird, und macht einige Vorschläge (zum Beispiel die Schaffung eines Ministeriums für Kunst, die Aufwertung des Systems der Auswahlverfahren) für eine effizientere staatliche Förderung des ästhetischen Fortschritts im öffentlichen Bauwesen.

Gleich zu Beginn macht Wagner einige polemische Bemerkungen zu bestimmten akademischen Gepflogenheiten, wie dem zweijährigen Rom-Aufenthalt der Studienabgänger, denen ein Reisestipendium gewährt wurde. Statt dieser unnützen Reise in die Vergangenheit verlangt Wagner, daß vom „Kunstjünger die Großstädte und jene Orte, wo moderner Luxus zu Hause ist, aufgesucht werden", und rät, „dort möge er sich im Schauen und Wahrnehmen der Bedürfnisse der modernen Menschheit gründlich einüben".

Das zweite Kapitel widmet Wagner seiner Auffassung von „Stil". „Jeder neue Stil ist allmählich aus dem früheren dadurch entstanden, daß neue Konstruktionen, neue Materiale, neue menschliche Aufgaben und Anschauungen eine Änderung oder Neubildung der bestehenden Formen erforderten." (...) „Große soziale Umwälzungen", so Wagner, „haben immer neue Stile geboren."

Die Übereinstimmung dieser Auffassung mit der Theorie Sempers, der auf den Zusammenhang zwischen der Erneuerung der architektonischen Sprache und der Konstruktionstechniken einerseits sowie neuen Materialien und sozialen Veränderungen andererseits immer wieder hingewiesen hatte, ist offensichtlich; es verwundert daher nicht, daß Wagner von den zeitgenössischen Kritikern häufig des positivistischen Determinismus oder gar des auf die Architektur übertragenen „Darwinismus" bezichtigt wird. Daß Wagner vom Autor des Werkes *Der Stil in den technischen und tektonischen Künsten* kulturell beeinflußt wurde, ist nicht von der Hand zu weisen. Seine Zeitgenossen sind jedoch offensichtlich etwas voreilig, wenn sie in ihm einen Nachahmer Sempers sehen. In *Moderne Architektur* klingt nämlich deutlich eine Kritik am Materialismus und am Pragmatismus der Theorie Sempers an, der in jenen Jahren die Wiener Kunsthistorische Schule leitete. Zwar bekennt sich Wagner in seinem Buch zu der Auffassung, daß Übereinstimmung zwischen den stilistischen Formen und den Eigenheiten der Materialien, der Technik ihrer Bearbeitung und der Funktion des Gebäudes bestehen sollte, doch steht hinter seinem Hinweis auf die Rolle der „neuen Anschauungen" im Bereich der Formgebung bereits die Idee des Kunstwollens von Alois Riegl. Diese Rolle wird später im Zusammenhang mit der Definition des Stils als „ganz apodiktischer Ausdruck des Schönheitsideals einer bestimmten Zeitperiode" genauer beschrieben. Für Wagner sind nicht nur materielle Faktoren für den Stilwandel verantwortlich, sondern auch „das Schönheitsideal der Epoche", das sich – obwohl es äußerst vage formuliert ist – den Konzepten Alois Riegls von Kunstgeist und Kunstwollen nähert.[9] Auf eine in Schriftstücken der Wiener Kunsthistorischen Schule und Riegls erörterte Problematik ist auch die Neigung Wagners zurückzuführen, eine Verbindung zwischen der Weltanschauung der jeweiligen Epoche und dem Kunstwollen herzustellen, das den Stilwandel prägt.

„Die Kunst unserer Zeit muß moderne, von uns geschaffene Formen bieten, die unserem Können, unserem Tun und Lassen entsprechen. (...) Dieser Neustil, die Moderne, wird, um uns und unsere Zeit zu repräsentieren, eine deutliche Änderung des bisherigen Empfindens, den beinahe völligen Niedergang der Romantik (...) zum Ausdruck bringen müssen."

Wagner ist zwar den Bestrebungen der Wiener Kunsthistorischen Schule, die Theorie Sempers neu zu überarbeiten, aufgeschlossen, bleibt jedoch mit dessen Lehre verbunden und verstrickt sich in widersprüchlichen Aussagen, in denen die Veränderungen der Kunstformen einmal auf ein verändertes „Schönheitsideal" (Riegl), ein anderes Mal wiederum auf den durch die technische Weiterentwicklung bedingten „Fortschritt" zurückgeführt werden (Semper). So schreibt Wagner zum Beispiel im Kapitel „Die Konstruktion": „Ich habe mehrfach betont, daß die Kunstformen Veränderungen erfuhren. Diese Veränderungen sind, abgesehen davon, daß die Form dem Schönheitsideale der jeweiligen Epoche entsprechen mußte, dadurch entstanden, daß die Art der Herstellung, das Material, die Werkzeuge, die verfügbaren Mittel, das Bedürfnis, das Kunstempfinden etc. verschieden waren und ihnen überdies in verschiedenen Gegenden auch verschiedene Zweckerfüllungen zukamen. Es kann mit Sicherheit daraus gefolgert werden, daß neue Zwecke und neue Konstruktionen neue Formen gebären müssen."

Bevor er jedoch zu diesem positivistischen Schluß gelangt war, hatte er angesichts der Schwierigkeit, gegensätzliche Theorien auf einen Nenner zu bringen, den Geltungsbereich des Semperschen Konzepts des „Fortschritts" geschickt auf den baulichen Bereich eingeschränkt und ihn vom künstlerischen Bereich als Vermächtnis kreativer Intuition getrennt: „Bedürfnis, Zweck, Konstruktion und Schönheitssinn sind daher (...) die Urkeime des baukünstlerischen Lebens. In einem Begriffe vereint, bilden sie eine Art Notwendigkeit beim Entstehen und Sein jedes Kunstwerks, dies ist der Sinn der Worte *Artis sola domina necessitas*."

Wagner fügt zu diesem Semperschen Ausspruch ergänzend hinzu: „Bedürfnis und Konstruktion halten mit der strebenden Menschheit gleichen Schritt, diesem kann die majestätisch schreitende Kunst nur langsam folgen."

Bedürfnis, Zweck, Konstruktion sind Begriffe aus dem Bereich des Realismus, Kunst ist jedoch Ausdruck des Idealismus. Die Architektur kann nur dann zur Kunst werden, wenn zwischen diesen beiden Polen eine Brücke geschlagen wird: „Man war der

Meinung, daß die Gegensätze zwischen Realismus und Idealismus unüberbrückbar wären. Das Unrichtige dieser Auffassung liegt in der Voraussetzung, die Utilität könne den Idealismus vollständig verdrängen, und in der weiteren Folgerung, die Menschheit könne ohne Kunst leben, während nur anzunehmen ist, daß Utilität und Realismus vorangehen, um die Taten zu erzwingen, welche die Kunst und der Idealismus auszuführen haben. (...) *Jede Bauform ist aus der Konstruktion entstanden und sukzessive zur Kunstform geworden.* (...) Der Urgedanke jeder Konstruktion ist aber nicht in der rechnungsmäßigen Entwicklung, der statischen Berechnung zu suchen, sondern in einer gewissen natürlichen Findigkeit, er ist etwas Erfundenes. Von dieser letzteren Seite aber greift die Konstruktion in das Gebiet der Kunst (...)."

Diese Aussagen verdeutlichen die Bedeutung der für die Kunst notwendigen, wenn auch unzureichenden Voraussetzung, die Wagner in einigen seiner Äußerungen funktionsästhetischen Gehalts, wie „Etwas Unpraktisches kann nicht schön sein", darlegt.

Als Lehrbuch enthält *Moderne Architektur* (unter der Berücksichtigung der Tatsache, daß es kein Rezept für eine baukünstlerische Komposition gibt) auch eine Reihe von formalen Regeln, aus denen klar hervorgeht, daß sich Wagner nie vollständig vom Einfluß Sempers und von bestimmten akademischen, während der Ausbildung angeeigneten Denkmustern gelöst hat. Neben Aufforderungen Semperscher Prägung, der konstruktionsspezifischen Wahrheit gleichsam als Leitstern der Architektur zu folgen, das Wesen der verwendeten Materialien nicht zu verheimlichen, sich an die Grundsätze der Wirtschaftlichkeit zu halten und das Bauwerk den Besonderheiten des Genius loci anzupassen, werden erneut Prinzipien aus der klassizistischen und barocken Poetik aufgegriffen, zum Beispiel der Kult der Symmetrie („Es liegt etwas Abgeschlossenes, Vollendetes, Abgewogenes, nicht Vergrößerungsfähiges, ja Selbstbewußtes in einer symmetrischen Anlage (...). Das Nachäffen unsymmetrischer Bauwerke oder ein absichtlich unsymmetrisches Komponieren, um eine angeblich malerische Wirkung zu erzielen, ist ganz verwerflich.") oder die Bedeutung, die bei der Komposition im Hinblick auf die Ermittlung „eines Brennpunktes, auf welchen sich die Strahlen der Aufmerksamkeit vereinigen", der genauen Berechnung der perspektivischen Wirkung und den visuellen Abständen beigemessen wird. Die Anwendung dieser Kompositionsregeln schlägt sich auch in verschiedenen Projekten der Wagnerschule nieder, deren Formensprache sich nunmehr vollends von akademischen Reminiszenzen befreit hat.

„Die Kunstpraxis" ist wohl jener Teil der *Modernen Architektur*, aus dem die Wagnerschule die meisten Denkanstöße für neue Forschungsansätze geschöpft hat. In diesem Kapitel deutet der Autor bereits eine Problematik an, auf die er später in seinem Werk *Die Großstadt* (Wien 1911) genauer eingeht, und legt seine Auffassung von der Stadt dar, die in krassem Gegensatz zu den stadtfeindlichen Theorien, den regressiven Mythen Camillo Sittes von einer den Erfordernissen einer organischen Gemeinschaft angepaßten Stadt und logischerweise auch zu den Städtebaumodellen stehen, die auf diesen Theorien aufbauen. „Das Modernste des Modernen in der Baukunst sind wohl unsere heutigen Großstädte. Ihre früher nicht erreichte Dimension hat eine Unzahl neuer Fragen entstehen lassen, die ihrer Lösung durch den Baukünstler entgegensehen."

Schon diese erste Aussage zeigt deutlich, daß im Mittelpunkt von Wagners städtebaulichem Interesse das Verhältnis Architektur – Stadt steht: Sein Hauptinteresse gilt nicht in erster Linie der Stadtplanung, sondern dem Entwerfen einer Architektur großstädtischen Maßstabs. Der anhaltenden unaufhaltsamen Ausdehnung und dem unbegrenzten Wachstum der Großstadt – beide als natürliche Phänomene betrachtet – begegnet Wagner nicht mit alternativen Modellen, sondern er weist bestenfalls auf die regulierende Wirkung der Entwicklung hin, die ihrerseits durch Infrastruktur und Verkehrsplanung gesteuert werden kann, oder prangert die Ausbreitung der nach dem Modell der Gartenstadt errichteten Viertel an, die er „Villenfriedhöfe" nennt.

Seine Aufmerksamkeit gilt anderen Problemen, vor allem den neuen Aufgaben, welche die Großstadt dem Architekten stellt, das heißt einer Realität, in der „(...) das praktische Moment bei einer Stadtregulierung in den Vordergrund treten muß", und „die Kunst, streng genommen, eigentlich nur darüber zu wachen hat, daß jeder Vandalismus gemieden werde", wobei es dem Architekten obliegt, „die funktionalen Rahmenbedingungen, die durch genaue Ermittlung der verkehrstechnischen, wirtschaftlichen und hygienischen Erfordernisse festgelegt werden, künstlerisch aufzuwerten".

Im Gegensatz zu Sitte und den Verehrern des Pittoresken akzeptiert Wagner als Werte der großstädtischen Realität die bauliche Uniformität (in der er die Möglichkeit einer neuen Monumentalität erblickt), die Wiederholung einiger weniger formaler Raster in großem Maßstab, die Vereinfachung der städtischen Anlagen zu Schemata, in denen die gerade Linie vorherrscht. Er ist sich aber auch bewußt, daß diese Realität, die einen radikalen Wandel der modernen Sensibilität bewirkt hat – das Auge hat „den kleinen, intimen Maßstab verloren, es hat sich an weniger abwechslungsreiche Bilder, an längere gerade Linien, an ausgedehntere Flächen, an größere Massen gewöhnt" –, eine radikale Erneuerung der ideologischen Prämissen, der Entwurfsmethoden und Lehrmeinungen in der Architektur erfordert. Diese Erkenntnis, die den Verzicht auf eine anachronistische „Qualität" der Formen in der Großstadt nahelegt, ist eines der förderlichsten und fruchtbarsten Vermächtnisse, die Wagner seiner Schule hinterlassen hat.

172-174. J. HOFFMANN, PALAST FÜR EINEN FRIEDENSKONGRESS, WETTBEWERBSPROJEKT ZUR BEWERBUNG UM DAS ROMREISESTIPENDIUM, 1895.

172

173

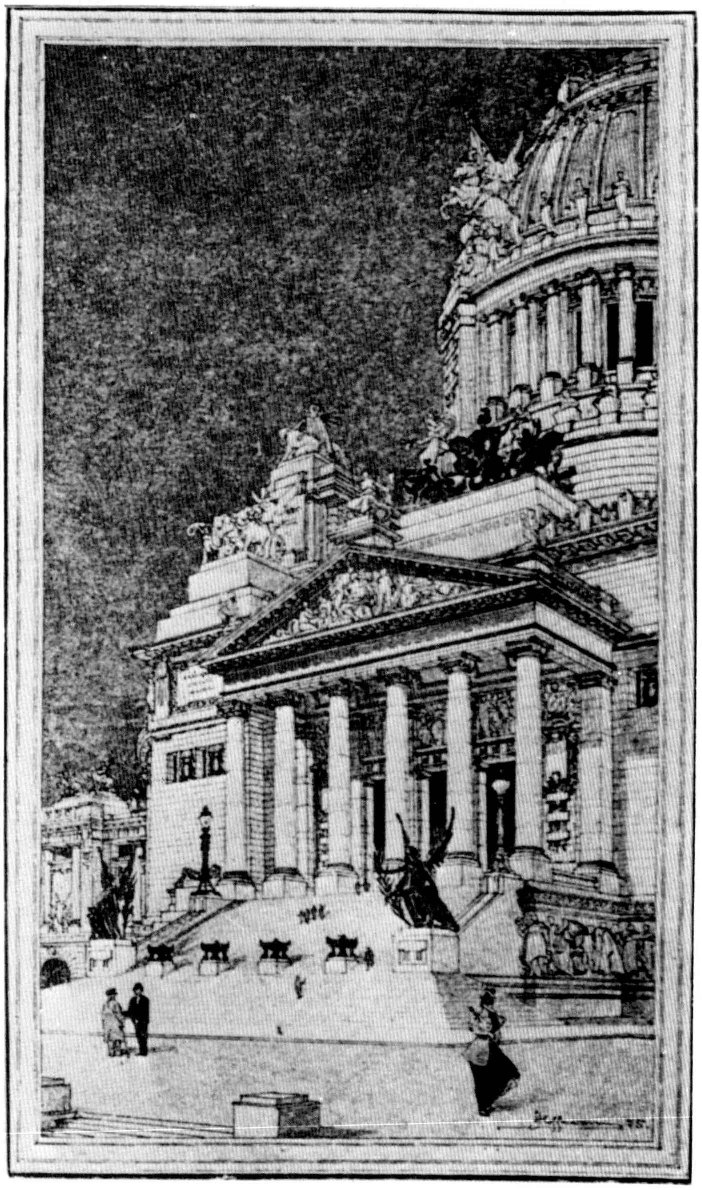

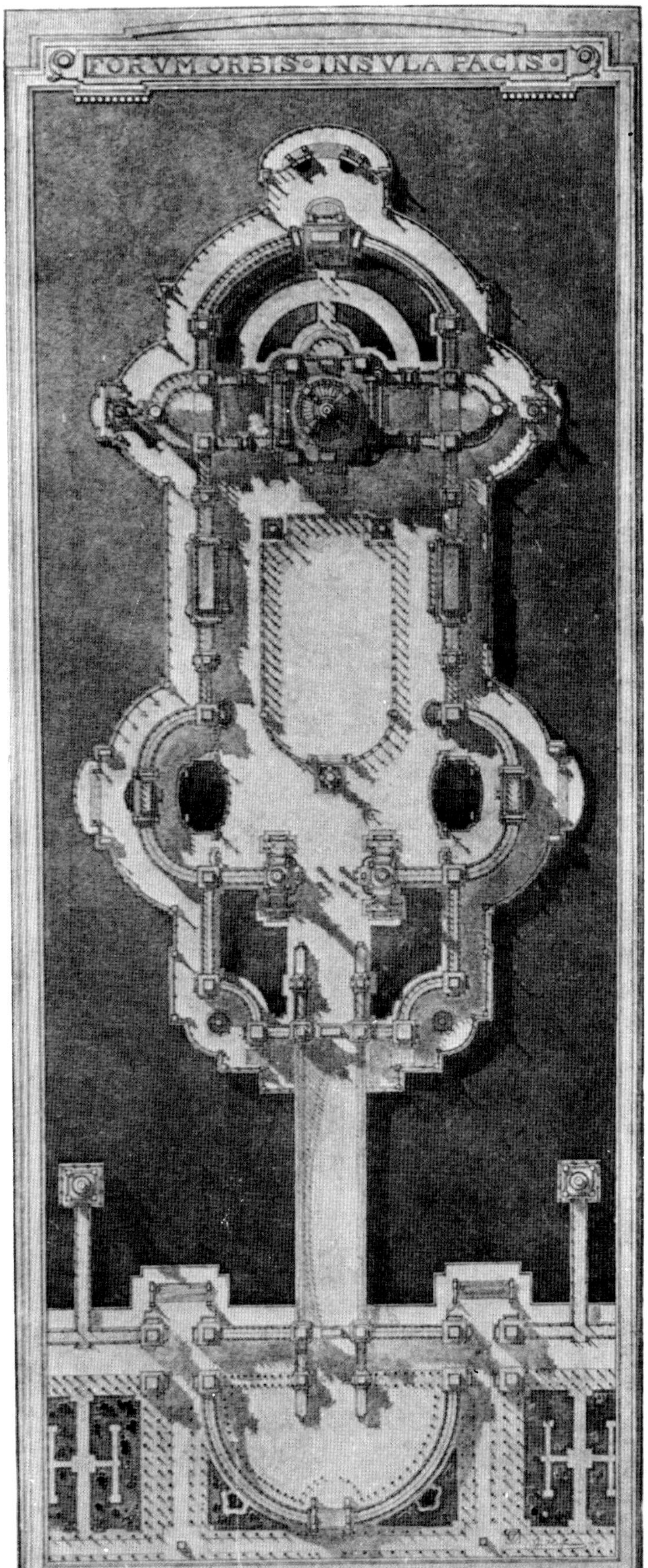

174

In den frühen Werken der Wagnerschule – die in den Supplementheften der Zeitschrift *Der Architekt* dokumentiert werden – dominieren bis 1899 klassizistische, an die Neorenaissance und an den Neobarock erinnernde Elemente, welche von einer eindeutigen Abhängigkeit der Schüler von ihrem Meister zeugen. Bereits in den Entwürfen der ehemaligen Schüler von Karl von Hasenauer aus den akademischen Jahren 1894/95 und 1895/96, die ihre Studien unter der Führung von Wagner beenden, ist der Einfluß des neuen Meisters zu erkennen. Diese Arbeiten halten noch an der in der Schule gepflegten, durch barocke Anklänge gekennzeichneten Neorenaissance-Tradition fest. Die Studenten inspirieren sich bei diesen Werken nicht in erster Linie am Lehrbuch *Moderne Architektur*, sondern orientieren sich an den Entwürfen des ersten Bandes von *Einige Skizzen, Projekte und ausgeführte Bauten*.

Dies trifft zum Beispiel für den Entwurf *Forum orbis-Insula Pacis* zu, mit dem Hoffmann im Jahr 1895 sein Diplom und das Romreisestipendium erwirbt. Thematischer Inhalt dieses Entwurfes ist die Verherrlichung eines universellen Versöhnungsideals: Auf einer Insel im Meer, die mit dem Festland durch eine riesige Drahtseilbrücke verbunden ist (der Standort außerhalb des Festlandes soll die ortsspezifische Neutralität verdeutlichen), steht eine Zitadelle des Friedens. Die Brücke mündet in einen Platz. Dieser führt zu einem Eingang, der von gedrehten, am oberen Ende mit Globen besetzten Säulen gesäumt wird und den Weg zu einem weiten Forum freigibt, das von Kolonnaden und Exedren begrenzt und von einem gewaltigen Pantheon – einer seltsamen Mischung aus der Kirche Sainte-Geneviève von Jacques-Germain Soufflot und dem Brüsseler Justizpalast von Joseph Poelaert – beherrscht wird, in dem die Friedenskongresse abgehalten werden sollen. Mit der monumentalen Komposition des Bauwerks und der überschwenglichen Ausführung der *promenades architecturales* in Form von Kolonnaden empfindet Hoffmann einen Wagnerschen Entwurf eines Museenkomplexes nach, der unter der Bezeichnung *Artibus* (1880) bekannt ist.

In anderen Fällen zeigen Wagners Schüler die Bedeutung, die sie dem Werk ihres Lehrers beimessen, durch das Aufgreifen seiner formalen Lieblingsthemen oder durch Bearbeitung oder Weiterentwicklung von Themen, die er bereits für gut befunden

STVDIE ZVR VORDERN ANSICHT.
ZV DEM PROIECTE
„DER FÜRSTENSITZ MONACO."
BIBLIOTECA
QUERINI STAMPALIA

175

176

hat. Ein Beispiel hierfür ist der Entwurf Leopold Bauers für den Fürstensitz Monaco, eine pharaonische Zitadelle auf einem Felsen, in deren Mitte sich unter anderem ein Platz mit einem Theater, einem Museum, zwei Kirchen und einer Reitschule befindet: eine eklektische Montage von Formen, die dem Repertoire der Neorenaissance und des Neobarock entlehnt sind. Hier begegnet man im hinteren Eingangspavillon (in Form einer aufgelockerten Pilaster- und Gebälkstruktur) dem Trommelmotiv, welches die gedrückte Kuppel verbirgt, ein Thema, das in den Werken Wagners seit seinem Wettbewerbsentwurf für das Berliner Reichstagsgebäude immer wieder auftaucht. Franz Kràsny wiederum holt sich seine Ideen für den Entwurf eines Künstlerhauses vom ersten Wagnerhaus in der Hüttelbergstraße. Er verwendet dessen Grundriß und bringt bei der räumlichen Ausgestaltung den Gegensatz zwischen der Kompaktheit des Mitteltraktes und der Transparenz der beiden Seitenflügel der Ateliers klar zur Geltung. Dies ist ein für das Werk des Meisters typisches Merkmal.

Wagners Persönlichkeit dringt noch wesentlich deutlicher in den Werken jener Schüler durch, die ihr Studium unter seiner Führung beginnen, vor allem in den Entwürfen des ersten Jahres, deren Thema das Mietshaus – gleichzeitig Wohn- und Geschäftshaus – bleibt. Zwischen 1895 und 1899 sind das Mietshaus in der Universitätsstraße (1888), das Geschäft Neumann in der Kärntnerstraße (1895) und das Ankerhaus am Graben (1895) Wagnersche Modelle, welche – hauptsächlich bei der Gestaltung und Ausschmückung der Fassaden – Eingang in die Arbeiten der Schüler gefunden haben. In der Einführung zur ersten Beilage, die *Der Architekt* der Wagnerschule widmet (1895), erläutert Max Fabiani die Gründe für die Beliebtheit dieser Vorbilder. Er sieht darin eine Wiener Version des Empirestils: „Wenn bei alldem doch ein Anlehnen an eine vergangene Kunstepoche aus den Projekten hindurchblickt und Meister Wagner sozusagen der Vorwurf gemacht wird, auch seinerseits einen historischen Stil als Grundlage zu benützen, so seien einige Worte der Erklärung hier gestattet.

Am Ende der großen barocken Kunstepoche war die Putz- und freie Stuccotechnik auf ihrem Höhepunkt angelangt. Dieses Erbteil übernimmt der Empirestil. Die Tendenz nach einfacher römischer Größe und die putztechnisch richtige Materialbehandlung sind Momente, die den Empire uns nahebringen und vielen seiner Formen eine weit über die Modeerscheinung hinausgehende Lebensfähigkeit verbürgen. Zudem ist diese Kunstepoche die letzte, die gewissermaßen volksthümlich war, mit breiter Basis im Volke stand und noch großentheils erhalten ist. Man muß den Griff überaus glücklich bezeichnen, der dort anknüpft, wo die Stetigkeit unserer localen Tradition unterbrochen wurde.“[10]

Die Studenten interessieren sich nicht nur wegen der volkstümlichen, gegen Geschmacks- und Modeänderungen gefeiten und in der Tradition verwurzelten Formensprache für die städtischen Bauwerke Wagners, die als Modell für die in der Schule entworfenen Mietshäuser dienten, sondern auch wegen der typologischen und morphologischen Lösung der Problematik, welche durch die gleichzeitige Verwendung als Wohn- und Geschäftsgebäude aufgeworfen wird. In vielen Fassadenzeichnungen, zum Beispiel von Jan Kotěra (1895), Hubert Gessner (1895), Ludwig Müller (1895), Prokop Supich (1898), Mario Sandonà (1899), findet man häufig das Thema des „Vollen auf dem Leeren“ – im Erd- und Zwischengeschoß (auf der Höhe der Geschäfte und Büros) durchgehende Glasflächen, welche die zerbrechliche und klare Basis von schweren, mit plastischen Attributen überladenen Mauerkulissen bilden –, das typisch für Werke wie das Geschäftshaus Neumann und das Ankerhaus ist. Letzteres bringt einige Schüler (Sandonà und Alfred Fenzl) auf den Gedanken des verglasten Ateliers als Krönung des Gebäudes. In einigen Zeichnungen (von Fenzl und Oskar Felgel) tritt an die Stelle der Metallkonstruktion der verglasten Flächen ein Stahlüberbau mit Geschäften im Erdgeschoß und durchlaufenden Balkons in den beiden Obergeschossen, welcher der Fassade aufgestülpt wird. Mit dieser Konstruktion werden etwa zur selben Zeit die zwei Wagnerhäuser an der Wienzeile ausgestattet (1898/99).

Auch wenn diese Übungen den Hang zur Nachahmung betonen, läßt sich aus anderen Entwürfen von Wagnerschülern ein tieferes Verständnis der Lehre des Meisters (wohlgemerkt wird hier noch immer der Architekt von *Einige Skizzen, Projekte und ausgeführte Bauten* und nicht der Verfasser von *Moderne Architektur* angesprochen), vor allem aber der Aussage jener Werke herauslesen, die trotz ihres Bekenntnisses zu einem streng institutionalisierten Kodex klassischen Typs gewagte Verbindungen mit den neuen Materialien und Techniken erproben. Sie

175-176. L. BAUER, DER FÜRSTENSITZ MONACO, 1896.

setzen sich über die traditionelle Rangordnung in der Komposition hinweg, bringen ironische Elemente ins Spiel, treiben die Dichotomie zwischen der bedrückenden Nüchternheit des Äußeren und der Grazilität des Innenraumes, wo das von oben eindringende Licht die Konsistenz der Bauglieder abschwächt und die Wahrnehmung der physischen Raumgrenzen aufhebt, bis an die Grenzen des Paradoxen. Der Rückgriff auf das einfallende Licht, das die Dissonanz zwischen der Bauhülle und dem Innern deutlich hervortreten läßt, zieht sich wie ein Leitmotiv durch Wagners Werk, von der Länderbank in Wien (1883/84) bis zur Pfarrkirche in Essegg (1890), und findet seine Vollendung in der Österreichischen Postsparkasse (1903 bis 1906). Der Kontrast zwischen der Klarheit des Innenraumes und der monolithischen Strenge des Äußeren findet sich auch in einigen Entwürfen der Schule, etwa in einer Studie für eine Pfarrkirche von Jan Kotěra (1897).

Ab dem akademischen Jahr 1896/97 wagt sich die Wagnerschule allmählich an ein breiteres Entwurfsspektrum (dem jedoch noch kollektiv verfolgte Forschungslinien fehlen), und es werden Anzeichen einer nachlassenden Abhängigkeit von den Entwürfen des Meisters erkennbar. Neben der Bereicherung der Entwurfsproblematik sind in der Schule (vor allem in den akademischen Jahren 1897/98 und 1898/99) Bestrebungen im Gang, die nach dem Vorbild des internationalen Art Nouveau und der Künstler der Secession eine Aktualisierung des architektonischen Wortschatzes anstreben. Die damals entstehenden Werke bewahren aber dennoch einen stark klassizistisch oder barock gefärbten Charakter.

Aus dem Jahr 1897 stammt einer der wenigen stadtplanerischen Entwürfe der Wagnerschüler: Es handelt sich um Jan Kotěras Studie einer „Idealstadt" namens *Gris-Nez* auf französischem Gebiet, und zwar an der Mündung eines Eisenbahntunnels (aus röhrenförmigen Eisenbetonelementen) unter dem Ärmelkanal, der Calais und Dover verbinden soll. Die Wahl dieses Themas, in dem sich technologische Fortschrittsgläubigkeit und alte Mythen über Verkehrswege begegnen, durch welche die Entfernungen zwischen den Staaten aufgehoben werden, und die Tendenz, die Stadtplanung durch die Festlegung des Straßennetzes zu bestimmen, könnte als Widerspiegelung der städtebaulichen Thesen Wagners und der Bedeutung, die dieser dem Verkehrssystem als regulierendem Element für die städtische und räumliche Erschließung zuwies, gewertet werden. In Kotěras Entwurf ist das Stadtzentrum – in Anlehnung an die Vorbilder der Renaissance – eine Kombination aus Stern- und Kreisformen: Von einem zentralen Platz, der von Geschäfts- und Bankhäusern gesäumt ist, zweigen strahlenförmig Straßen ab, die in einen Alleenring münden, an dem sich wie an der Ringstraße in Wien die wichtigsten öffentlichen Gebäude erheben. Diese bilden den Hintergrund für eine Reihe von diagonalen Straßen, die von den Radialstraßen ausgehen und eine Sternfigur im Alleenkreis bilden. Die – auf die Achse des Tunnels ausgerichtete – Hauptverkehrsader verbindet einen weiten Platz am Meer mit dem Triumphbogen der Technik, der sich in Bahnhofsnähe über der Mündung des unterseeischen Tunnels erhebt. Die Verlängerungen der Radialstraßen und der Straßen, welche von den öffentlichen Gebäuden am Ring ausgehen, münden in eine Umgehungsstraße, die am Meer endet. Dort befinden sich ein Park und ein kleiner Vergnügungshafen. Jenseits der Umgehungsstraße erstrecken sich entlang der

177

177. J. KOTĚRA, STUDIE FÜR EINE PFARRKIRCHE, 1896.

179. J. KOTĚRA, GRIS-NEZ, IDEALE STADTANLAGE AN DER FRANZÖSISCHEN EINFAHRT ZU EINEM TUNNEL CALAIS-DOVER, 1897.

179

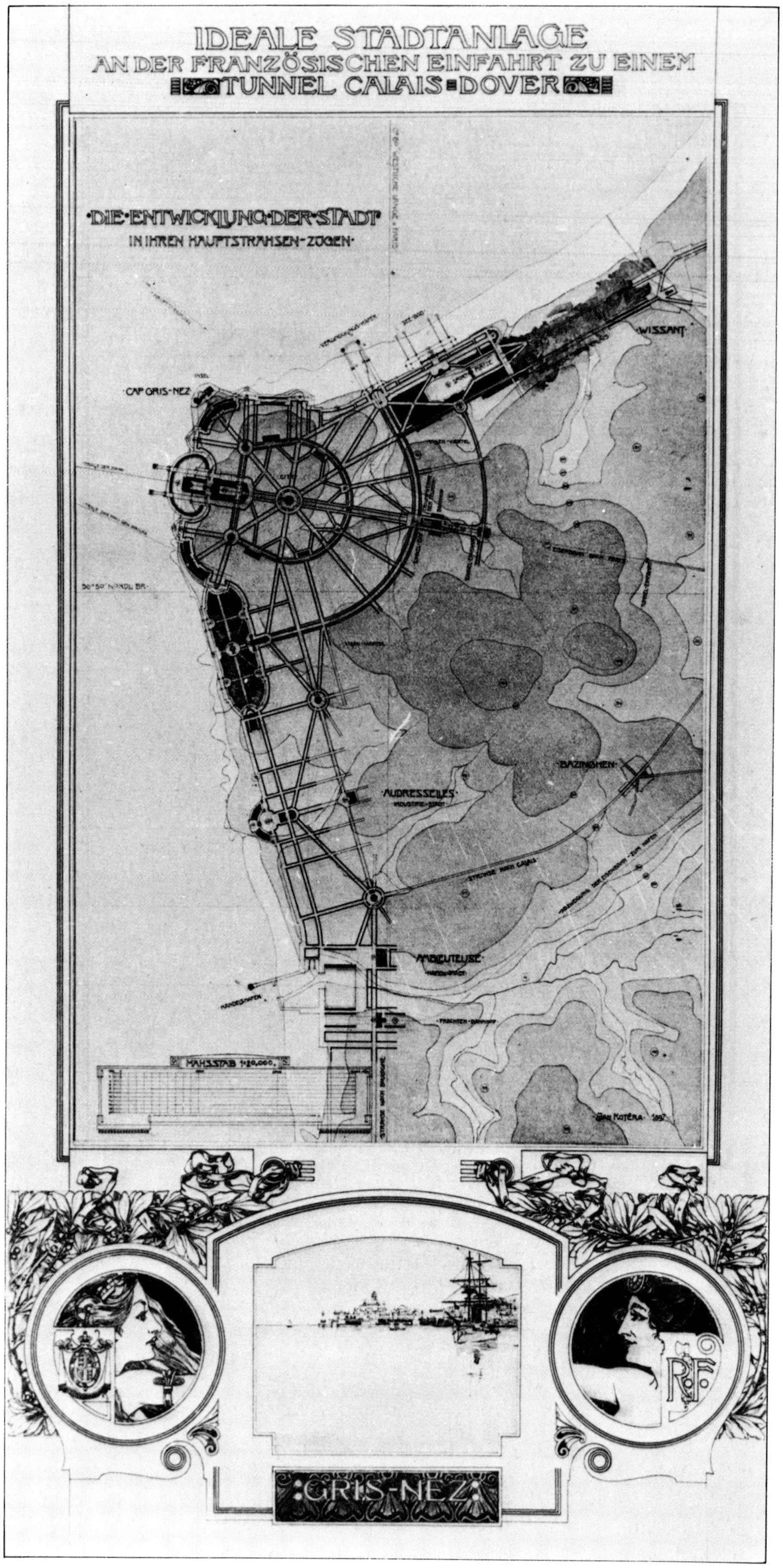

178. O. FELGEL, HAFENSTADTANLAGE VON GREYTOWN, 1900.

178

Küste auf der einen Seite die Industriezone und der Handelshafen, auf der anderen Seite die Freizeitzone, Badeanstalten und die „Luxusvororte“ mit den großen Hotels.

Gris-Nez von Kotěra hat beim Entwurf einer anderen, der Feder eines Wagnerschülers entsprungenen „Idcalstadt“ Pate gestanden: *Greytown* (1900) von Oscar Felgel an der Mündung des Nikaraguakanals, der als Verbindung zwischen dem Atlantik und dem Pazifik gedacht ist. Auch hier greift der Stadtplaner wieder auf Vorbilder aus der Renaissance zurück und propagiert ein Sterngeflecht innerhalb eines Zwölfecks. Darüber hinaus wählt Felgel ähnlich wie Kotěra die Verkehrsader, die das Kernstück der Stadt darstellt, als Hauptachse, trifft eine Einteilung in Zonen und trennt das Industrie- und Hafengebiet ab. Beide Entwürfe unterscheiden sich hauptsächlich durch den fünfhundert Meter breiten grünen Gürtel, der in *Greytown* den zentralen Stadtkern von der äußeren Wohngegend trennt. Mit dieser Lösung wäre Wagner sicher nicht einverstanden gewesen, zumal er in *Großstadt* die Grüngürtel als unnütze Einschränkung der Entwicklung der Stadt und ihrer Bezirke kritisiert.

Auch im Projekt von Felgel kommt auf monumentale und emphatische Weise der Mythos vom Wunder der Technik zum Ausdruck, der im Triumphbogen von *Gris-Nez* von Kotěra verherrlicht wird. An der Kanaleinfahrt befindet sich „eine Monumentalbrücke, welche die Verbindung der beiden Meere versinnbildet. Sie ist das Denkmal, das diesem Riesenwerke der Technik gesetzt werden soll. Mächtige Brückenpfeiler halten, von Leuchtfeuerkörben bekrönt, eine Drahtscilbrücke. Der Schnuck dieses Monumentalbaus deutet auf die Vereinigung aller Nationen im Streben nach wahrer Kunst.“[11]

Felgels Monument der „wahren Kunst“ mit seiner imposanten, an die Shikkara erinnernden und mit geflügelten Siegesgöttinnen, Girlanden und Skulpturengruppen verzierten Struktur drückt in Wirklichkeit

180

181

180. R. MELICHAR, ENTWURF FÜR EIN AUSSTELLUNGSGEBÄUDE, 1899.

181. H. KESTRANEK, STUDIE FÜR EIN PARKTOR, 1899.

alles andere als den Triumph der neuen Techniken aus, dem es geweiht ist, und bleibt lediglich als Zeuge für einen fernöstlichen Exotismus bestehen, der (sehr häufig mit stark betontem, esoterisch anmutendem Symbolgehalt) zahlreichen Monumentalbauten der Wagnerschule anhaftet.

Die vielfältigen, mitunter abwegigen Versuche, auf der Grundlage der Werke der Wagnerschüler eine Genealogie der „Modernen" aufzustellen, haben dazu verleitet, in Kotěras und Felgels „Idealstädten" – wegen der dortigen Grundsätze der Einteilung in Zonen und dem Verhältnis zwischen der Anlage der Stadt und dem auf die örtlichen Verhältnisse abgestimmten Verkehrsnetz – Vorläufer späterer Industriestadtmodelle, wie etwa des Modells von Tony Garnier, zu sehen.[12] Diese Modelle sind in erster Linie die beispielhafte Darstellung einer Idee von der Stadt, die im Kreis um Wagner gereift ist. Die Fortführung der Lehre des Meisters zeigt sich nicht so sehr in der klassischen Ausrichtung der Anlage oder in bestimmten Kompositionsregeln, denen zufolge Plätze und Monumentalbauten an strategischen Punkten errichtet werden, um „räumlich hervorstechende, charakterisierende Punkte" und geglückte Unterbrechungen der Einheitlichkeit der Wohnviertel zu schaffen, sondern vielmehr in der Stadt als Raum mit dynamischen Beziehungen. In diesem Zusammenhang wird das Verkehrssystem zu einem ausschlaggebenden Element für die Entwicklung und die Morphologie der Stadt und führt gleichzeitig zu Widersprüchen zwischen der in Renaissanceschemata erstarrten, geschlossenen Form des Zentrums und der offenen, unbegrenzt wachstumsfähigen Form der Industriestadt. Diese „Idealstädte" können auch als Metaphern der „wirklichen Stadt" Wien interpretiert werden, die ihrer Bestimmung als Großstadt nur durch den Ausbau über die durch den Ring vorgegebenen Grenzen hinaus gerecht werden kann.

In Projekten, die chronologisch zwischen den Stadtentwürfen von Kotěra und Felgel einzuordnen sind, wird der Fortbewegung (auch unter Verwendung mechanischer Mittel) und der Organisation der Verkehrsabläufe innerhalb und außerhalb des Gebäudes ähnliche Bedeutung beigemessen. Der Entwurf eines großen Theaters in der Nähe von Schloß Schönbrunn von Roderich Swoboda (1899) sieht vor, daß die Besuchermassen durch ein unter dem Parterre verlaufendes komplexes System von Gängen, das durch Treppen mit der Haupthalle verbunden ist, in den 100 000 Personen fassenden Saal geleitet werden. Graf hebt die Ähnlichkeit mit einem Flußsystem, das durch Schleusen kommuniziert, hervor.[13] Im Entwurf eines Gebäudekomplexes für Weltausstellungen in Wien von Rudolf Melichar (1899) überträgt die Bewegung der Aufzüge, die in die vier Hauptpfeiler der Stahlkonstruktion des Pavillons, in dem sich der Haupteingang befindet, integriert sind und die Besucher zum Aussichtsplateau befördern, den dynamischen Effekt direkt auf das architektonische Erscheinungsbild.

Während der letzten Jahre des 19. Jahrhunderts sind in den Entwürfen der Wagnerschule ein erhöhtes Interesse für Eisen- und Glaskonstruktionen und erste Anzeichen für eine Beachtung der Baumöglichkeiten, die sich durch die Verwendung von Eisenbeton ergeben, zu erkennen. Aus dem Jahre 1898 stammt die Zeichnung von Hans Kestranek für einen Parkeingang: ein Flachbogen aus Eisenbeton (lichte Weite rund 22 m) ruht auf zwei steinernen Pylonen, die von zwei weiblichen Figuren mit Globen in den Händen gekrönt werden. Aus demselben Jahr stammt auch Plečniks Studie für die städtebauliche Gestaltung der Stadt Scheveningen, dem Seebad von Den Haag. Die Studie sieht einen Gebäudekomplex bestehend aus Kursaal, Theatern und Bahnhof vor. Dieses architektonische Phantasiegebilde aus Eisenbeton, Glas und Eisen ist eher als Versuch einer Erneuerung der Morphologie der großen Eisenkonstruktionen in Konfrontation mit den Ingenieurbauten des 19. Jahrhunderts zu werten und nicht als intuitives Erkennen neuer Strukturtypologien. Die zwei Türme seitlich des Eingangs zum Kursaal (zwei zigarrenförmige Masten, die mit Stahlkabeln an den Plastiken des Sockels verankert sind) wurden immer wieder als Neuheit hingestellt. Man meinte, darin eine Vorwegnahme späterer Konstruktionen zu erkennen, bei denen das Eisen vorwiegend einer Zugbeanspruchung ausgesetzt ist (etwa Radiomasten).[14] Statt neue Bautechniken vorwegzunehmen, scheinen diese Bauten unter Verwendung von Eisen die traditionellen, vom Schiffbau oder von vorübergehenden Aufbauten (Zirkuszelte, kaiserliche Pavillons usw.) abgeleiteten Holzkonstruktionen, deren tragende Teile aus mit Seilen im Boden verankerten Stämmen bestanden, zu übernehmen. Im übrigen scheint sich Plečnik beim Entwurf der Gebäude für die Bade- und Vergnügungsstadt Scheveningen am ephemeren Charakter des Zirkus und des Vergnügungsparks inspiriert zu haben. Ein Dach aus Eisen und Glas, das dem Archetyp des Zeltes entspricht, findet man in einem anderen, fast gleichzeitig entstandenen Freizeitbau eines Wagnerschülers: im Hauptpavillon des Zoologischen Gartens von Franz Matouschek (1899).

Vor allem um 1900 findet die vollständige Loslösung der Wagnerschule vom Erbe des akademischen Historismus statt. Sie bringt jetzt Projekte hervor, aus denen, trotz der stilistischen Eigenheiten der einzelnen Persönlichkeiten, eine gemeinsame Entwurfsidee ersichtlich ist. Das Heranreifen neuer Orientierungen wird zuerst in den Zeichnungen der Schüler des ersten Jahres offensichtlich, deren Standardthema weitherhin der Entwurf eines Mietshauses bleibt. In diesen Zeichnungen ist der Versuch zu erkennen, die in *Moderne Architektur* enthaltenen Hinweise über die Wesensmerkmale der Großstadtarchitektur in die Praxis umzusetzen. Dies betrifft insbesondere jenen Abschnitt, in dem Wagner auf die Bedeutung einer genauen Berücksichtigung der hygienischen Aspekte bei der städtebaulichen Planung im Hinblick auf Schäden hinweist, die durch den Smog verursacht werden: „Dagegen ist nur durch Verwendung möglichst einfacher Formen, glatter Flächen, Anwendung von Porzellan und Majolika, Steinzeug, Mosaikbildern (...) vorzubeugen."

In zahlreichen Entwürfen von Miethausfassaden aus dem Jahre 1900, etwa von Hans Mayr, Karl Benirschke, Ludwig Seiz, Otto Wytrlik, Wunibald Deininger und Paul Gütl, ist weiterhin der vielfach bewährte Typus des Wohn- und Geschäftsgebäudes zu finden, der sich am Geschäftsgebäude Neumann und an Wagners Ankerhaus – mit den durchgehend verglasten Geschäften im Erd- und Zwischengeschoß und den in die Attiken integrierten, ebenfalls verglasten Ateliers, die das Werk krönen – orientiert. Die traditionelle Fassadengestaltung klassisch-barocker Prägung hingegen verschwindet. Lisenen, Gebälk, Stuckverzierung oder Skulpturen und Umrahmung der Öffnungen sind Flächen ohne jegliches plastisches Profil gewichen; die Fenster, die bestenfalls einfache Brüstungskonsolen aufweisen, sind scharfkantig in das Mauerwerk eingeschnitten, dem secessionistischen Ver Sacrum entlehnte dekorative Elemente setzen Akzente.

Die wirtschaftlichen Gründe, die bereits für die Vereinfachung der baulichen Ausführung sprechen und zum Verzicht auf die Säulenordnung zwingen, bestimmen auch die Ausführung des Dekors. So werden die kostspieligen Stuck- und Steinmetzarbeiten durch zweidimensionale, in Sgraffittotechnik auf den Verputz aufgebrachte oder teilweise industriell gefertigte Verzierungen, wie Keramikverkleidungen, ersetzt. Diese bestehen jedoch nicht aus serienmäßig gefertigten Elementen, sondern aus eigens entworfenen Fliesen und werden zu stilvollen Blumenmustern zusammengesetzt. In den Entwürfen der Wagnerschule wird die Keramik sowohl für die Verkleidung großer Flächen als auch für schmückende Friese zur Krönung des Gebäudes verwendet, im letzteren Fall häufig gemeinsam mit anderen Materialien. Gleichzeitig werden auch die farblichen Kontraste der verschiedenen Baustoffe ausgenutzt, so daß sich die Fassade als belebendes Element deutlich von der Uniformität des umgebenden Straßenbildes abhebt. Ein bezeichnendes Beispiel für die gleichzeitige Verwendung mehrerer Baustoffe bei der Fassadengestaltung ist der Entwurf für ein Mietshaus von Hans Mayr: Die unteren Geschosse sind mit Marmorplatten verkleidet, die durch Metallbeschläge im Mauerwerk verankert sind. Die Wandfläche der oberen Geschosse besteht aus unverputztem Ziegelstein mit einer Putzeinfassung, in die ein Keramikfries und schmiedeeiserne Zierelemente eingelassen sind.

In Wien ist die Vorliebe für Verkleidungen aus Keramik oder undurchlässigen und leicht abwaschbaren Materialien nicht nur eine Eigenheit der Schülerarbeiten; sie haben berühmte Vorgänger, wie das Majolikahaus (1898/99) von Otto Wagner oder das Palais Portois & Fix (1899/1900) von Max Fabiani. Die Fassade des letztgenannten Bauwerks ist mit Pyrogranitpulverfliesen verkleidet, deren Oberfläche durch Einbrennen glasiert wurde. Unter den Werken, die später von Wagnerschülern ausgeführt werden, fehlt es nicht an Beispielen für Architekturen, bei denen verschiedene Arten von Keramik oder glasierten Ziegelsteinen unter Anwendung verschiedener Techniken und in unterschiedlicher ästhetischer Absicht verwendet werden: das Mietshaus in der Wattmanngasse von Ernst Lichtblau (1914) in Wien und das Wohn- und Geschäftsgebäude im Viertel Masarykova in Zagreb von Alois Bastl. Auffallend sind auch die Zierfriese in den Putzfassaden der Häuser im Draschepark Nr. 8, 9 und 10 (1902) und in der Schloßberggasse Nr. 14 von Otto Wagner junior, dem Sohn des berühmten Architekten.

Die Beliebtheit der Keramik in der internationalen Art-Nouveau-Architektur, von Katalonien bis Paris (Jules Lavirotte, Emile Arfvidson, Charles Klein usw.) und Wien, ist nicht nur technischen Gründen (Undurchlässigkeit, Feuerfestigkeit, Beständigkeit gegen die chemischen Einwirkungen der Luftverschmutzung), sondern auch hygienischen (leichte Waschbarkeit), wirtschaftlichen (geringe Instandhaltungskosten und im Vergleich zum Putz längere

Lebensdauer, durch welche die höheren Anschaffungskosten wieder ausgeglichen werden) und ästhetischen Aspekten zuzuschreiben. Die Keramikverkleidungen, in denen man eine ideale Ergänzung der neuen Werkstoffe, etwa von Eisen und Eisenbeton, sieht, bieten eine letzte Chance, jene künstlerische Aura wiederzufinden, die durch das auf Wirtschaftlichkeit, Einfachheit und Rationalität ausgerichtete, konstruktive logische Denken verworfen wurde. Als Ersatz für die Freskomalerei wird die Keramik zum Ausdrucksmittel eines kalligraphischen Exhibitionismus, der für Mode und Geschmacksveränderungen empfänglich ist (und mitunter auch für die Verbreitung von Werbesprüchen verwendet wird), und einer hysterischen Dekorationssucht, die sich durch Überbetonung der Individualität und der Einzigartigkeit des Bauwerkes in seinem städtischen Umfeld zum letzten Mal gegen die Vereinheitlichung der Form, die Anonymität, die Monotonie und den Verzicht auf „Qualität“ auflehnt, zu dem die Massenfertigung im Städtebau neigt. Die großen dekorativen Keramikkompositionen zielen jedoch nicht auf die Schöpfung eines Gesamtkunstwerks ab, an dem alle Kunstarten partizipieren, sie dialogisieren nicht mit der Architektur als formale Attribute der Bauelemente, sondern wollen als reine Malerei verstanden werden. Aus ihnen spricht die Andersartigkeit der Malerei im Vergleich zur Baukunst, der unheilbare Bruch zwischen dem Bereich der Kunst und dem Bereich des Nützlichen. Die Hülle des baulichen Gerüsts wird zum unbeschriebenen Blatt, auf dem gleich einer einfachen Tätowierung eine Verzierung skizziert wird, die ihre Eigenständigkeit geltend macht. Zahlreich sind die Werke der Wagnerschule mit ähnlichen „tätowierten Architekturen“, deren deutlichste Sinnbilder die Entwürfe für Miethausfassaden aus dem Jahre 1900 von Karl Benirschke, Otto Wytrlik und Hans Schlechta sind. Hier zeigen die Fensteröffnungen, die das dichte Geflecht von dekorativen Keramikkompositionen brutal durchbrechen, das Fehlen jeglicher Kommunikation zwischen Malerei und Architektur mit aller Deutlichkeit. Dieser Kommunikationsmangel wird als unversöhnlicher Gegensatz zwischen dem (wie Schlechta in der einführenden Beschreibung zu seinem eigenen Projekt ausdrücklich feststellt) gegen die monotone Gleichförmigkeit der städtischen Bauweise gerichteten Streben nach Qualität und der architektonischen Objektivität empfunden.

Im Anschluß an die Zeit der „tätowierten Fassaden“ (die mit Projekten von Oskar Barta und Bohumil Hübschmann aus dem akademischen Jahr 1901/02 zu Ende geht) können sich dank der Schlichtheit, nach der die Wagnerschule jetzt strebt, neue Orientierungen in den Entwürfen für Mietshäuser durchsetzen. Aus den akademischen Jahren 1902/03 und 1903/04 stammen zahlreiche Entwürfe von Theo Deininger, Ernst Lichtblau, Robert Farsky, Franz Gessner, Hans Laurentschitsch, Toni Krones, Karl Stoik, Leopold Führer, Karl von Kéler, Alfred Nicoladoni und Franz Safonith, die sich von den bisherigen Reproduktionen von Miethausmodellen der Wagnerschüler unterscheiden und sich durch eine wesentliche, im Grunde genommen abstrakt-geometrische Vereinfachung des Dekors auszeichnen. In fast allen diesen Projekten fehlen die durchgehenden Glaswände im Erd- und Zwischengeschoß und die nach einer symmetrischen Achse ausgerichteten Säulen, Balkons und Veranden in der Fassadenmitte. Die Verzierung in Form einer meist blumenartigen „Tätowierung“ weicht einer geschickten Ausnutzung der Ausdrucksmöglichkeiten der verschiedenen Materialien (Marmor, Ziegelstein, Keramik, Zementputz usw.), die in einheitlichen Tönungen verwendet werden, so daß die farblichen Akkorde und Dissonanzen einem abstrakten, geometrischen Muster entsprechend zur Geltung kommen. Die Keramikfliesen, die bisher wie Teile eines Puzzles für riesige Mosaike mit bildlichen Darstellungen secessionistischen Geschmacks eingesetzt wurden, werden jetzt durch in einheitlichen Farbtönen (im allgemeinen Weiß mit verschiedenen Blauabstufungen) gehaltene Friese mit Schachbrettmuster ersetzt. Wie einige bekannte Projekte von Oskar Schober (1905), Robert Chalouch (1906) und Hugo Zimmermann (1912) zeigen, halten die Studien für Mietshäuser bis in die letzten Tätigkeitsjahre der Wagnerschule an dieser Linie fest.

Von diesen Studien verdient ein von Karl Maria Kerndle (1904) entworfenes Fassadendetail aufgrund seines anomalen Charakters besondere Erwähnung. Als Versuch, die Materie durch besondere Betonung der Hell-Dunkel-Effekte, durch eine dreidimensionale Ausgestaltung der aus geneigten Flächen und pyramidenartig einwärts gezogenen Gesimsen bestehenden Fassade, durch Auflösung der Einheit der Form beim Aufbau von stark differenzierten, jeglicher tektonischen Logik trotzenden plastischen Elementen zu dramatisieren, stellt dieses architektonische Fragment (das nebenbei bemerkt eine starke Ähnlichkeit mit einer architektonischen Studie von Pavel Janák aus dem Jahr 1914 aufweist) ein Indiz dar, welches dazu anzuregen scheint, in den Werken der Wagnerschule erste Spuren des böhmischen Kubismus zu suchen. Im übrigen hat die Wagnerschule zwei Protagonisten der böhmischen Avantgarde hervorgebracht: Josef

182

182-183. H. SCHLECHTA, FASSADE EINES MIETSHAUSES, 1900.

183

Chochol und Pavel Janák, deren Schülerarbeiten leider nie bekannt wurden. Auch wenn sich der böhmische Kubismus als programmatisch festgelegte Reaktion[15] auf den Materialismus der *Modernen Architektur* Wagners und im Namen einer Kreativität entwickelt hat, die auf eine Vergeistigung der Materie ausgerichtet ist, die ihrerseits im Idealfall wiederum aus den Überlieferungen der Gotik und des Barock schöpft, hat er höchstwahrscheinlich Anregungen und Vorschläge Entwürfen entnommen, welche in der Wagnerschule gemacht wurden. Eine Untersuchung der möglichen Quellen seiner formalen Sprache müßte zum Beispiel nicht nur Einzelelemente wie den Entwurf Kerndles, sondern auch den erheblichen Korpus an architektonischen Phantasien des jungen Josef Plečnik sorgfältig prüfen. Bekanntlich beeinflußte Plečnik die Künstlerkreise in Prag, wo er von 1911 bis 1920 an der Kunstgewerbeschule unterrichtete.

Glasarchitektur

Das Streben nach Objektivität im Bauwerk, das die Wagnerschule in den ersten Jahren des zwanzigsten Jahrhunderts auszeichnet, zeigt sich besonders deutlich in einer Reihe von Projekten von Glasarchitekturen, deren Thema das Warenhaus ist. Hier kommt der Grundsatz der Transparenz in all seinen Bedeutungen zum Tragen: Sie bringt die dargebotenen Waren zur Geltung, beschwört verführerische Erinnerungen an den „Tempel der Versuchungen" herauf, die auch in Form von Werbesprüchen auf Glaswände projiziert werden, bewirkt eine Eingliederung des Gebäudes in die Straße, wertet es zu einer städtischen Anlage auf und erlaubt, die architektonische Form in der baulichen Form wiederzufinden. Die Glasarchitekturen der Wagnerschule sind jedoch mehr als nur eine Bestätigung der Identität von Architektur und Konstruktion: Sie nehmen den provisorischen Cha-

184

185

184. P. JANÁK, ARCHITEKTONISCHE STUDIE, 1914.

185. K. VON KELER, PROJEKT FÜR EIN WOHN- UND GESCHÄFTSHAUS, 1902.

rakter der Großstadtbauten vorweg und bieten durchaus entwicklungsfähige strukturspezifische Denkansätze an. Dies zeigen besonders deutlich die Entwürfe für ein Warenhaus (1902) von Karl Dorfmeister, die sich nicht (wie die zeitgenössischen Projekte von Max Joly und Albert Michler) darauf beschränken, das Eisenbetongerüst durch die transparente Glashaut sichtbar werden zu lassen, sondern auch die Pfeiler über das Dach hinausragen lassen und damit den Charakter des baulich Unvollendeten unterstreichen. In der perspektivischen Darstellung dieses Projekts übernimmt das transparente Vordach die Funktion des Kranzgesimses und zieht sich, ebenso wie das darunterliegende Metallfries, über die gesamte Glasfläche hinweg. Es bildet einen optischen Abschluß, als sollte eine geschlossene Form suggeriert werden. Die

186. E. LICHTBLAU, FASSADE EINES MIETSHAUSES, 1902-03.

187. R. FARSKY, FASSADE EINES MIETSHAUSES, 1903.

186

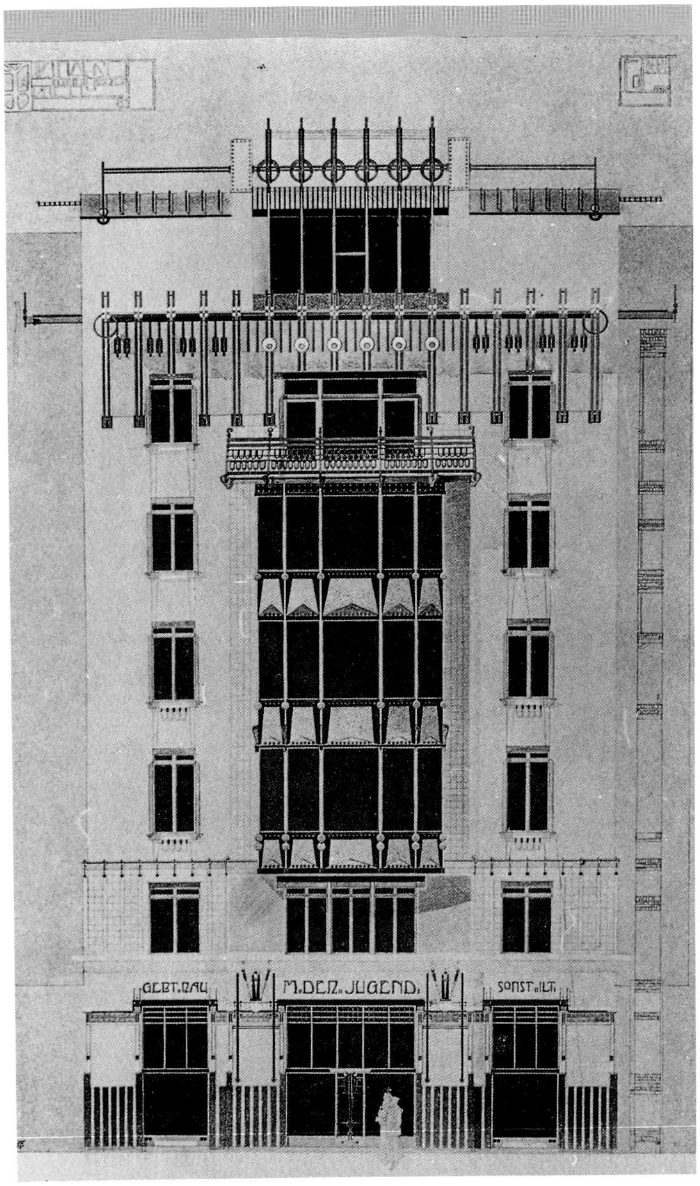

187

188. F. GESSNER, FASSADE EINES MIETSHAUSES, 1903-04.

189. K.M. KERNDLE, FASSADE EINES MIETSHAUSES, 1903.

Zartheit, ja Substanzlosigkeit dieser Elemente läßt den Kontrast zur vorrangigen Stellung der Eisenbetonstruktur nur noch deutlicher hervortreten und unterstreicht den vergänglichen und prekären Charakter der Glaswand der Fassade.

Im Projekt von István Bénko, das ebenfalls im Jahre 1902 entstand, wird das strukturelle Element auf andere Weise visuell hervorgehoben: Hier ragen nicht die Pilaster, sondern die Mansarden über die bauliche Hülle hinaus. Sie treten aus der Fassadenfläche etwa eineinhalb Meter hervor und bilden eine Art Glaskäfig im Mittelteil der Stirnseite. Bei der Ausgestaltung dieses Projekts, das bezeichnenderweise in einer nächtlichen Perspektive dargestellt wird, scheint sich Bénko der Wirkung der elektri-

188

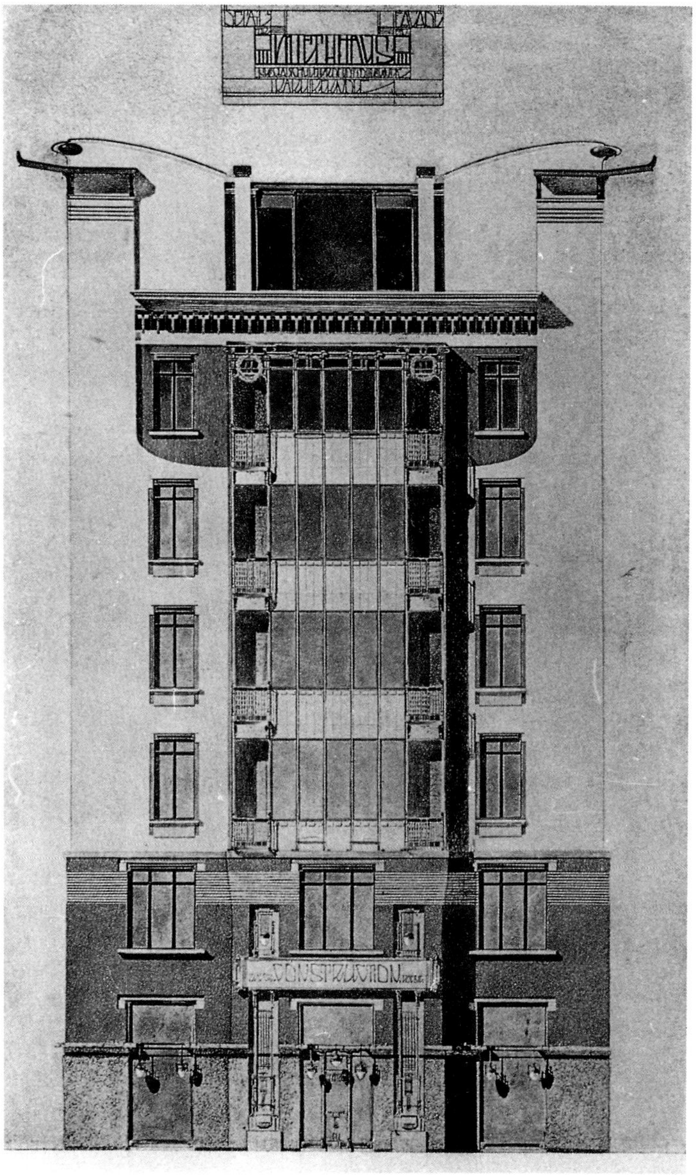

189

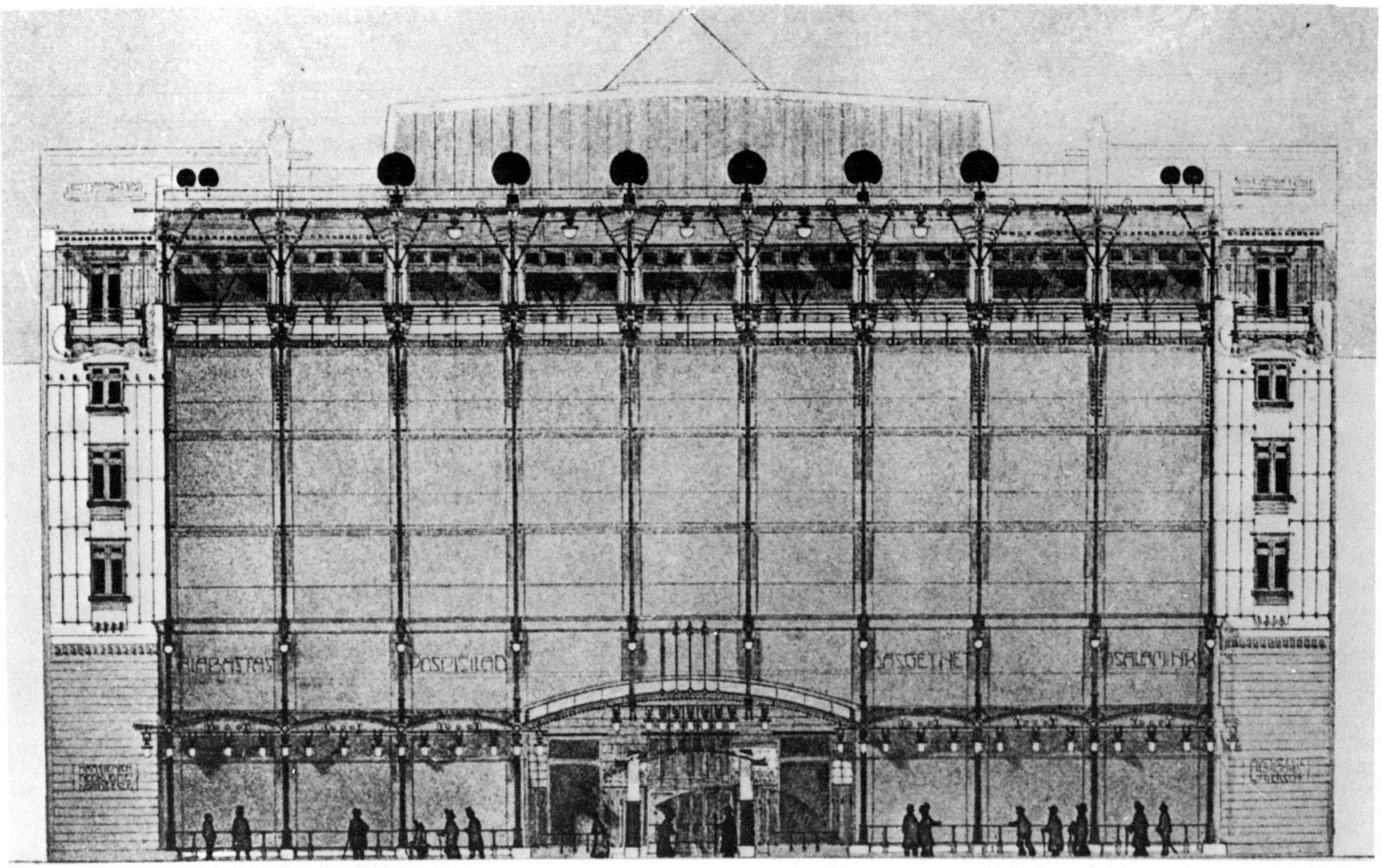

190

191

192

190. M. JOLY, ENTWURF FÜR EIN WARENHAUS, 1902.

191. I. BÉNKO, ENTWURF FÜR EIN WARENHAUS, 1902.

192. K. REINHART, ENTWURF FÜR EIN WARENHAUS, 1913.

193. K.M. KERNDLE, FASSADENDETAIL, 1904.

193

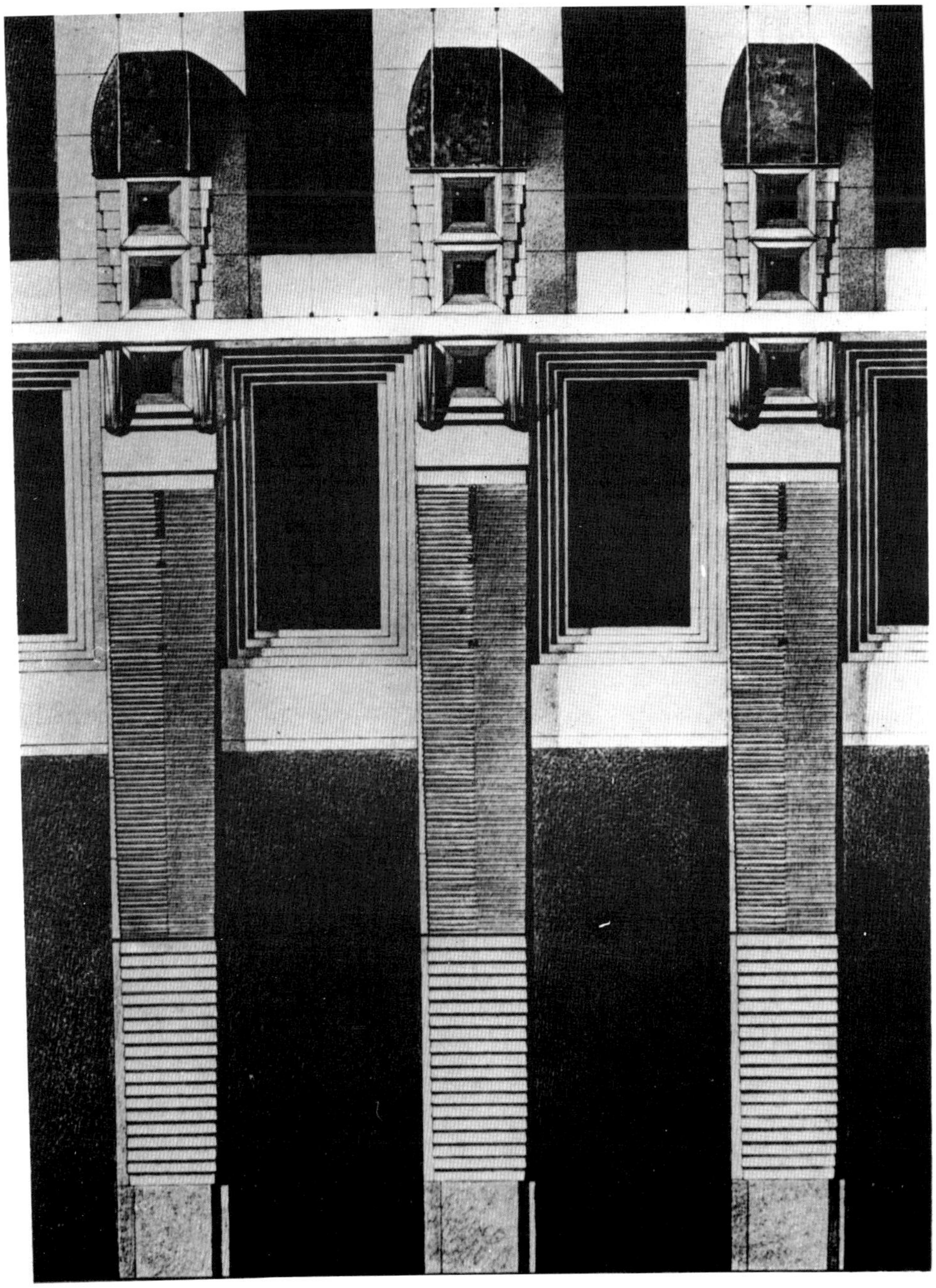

schen Beleuchtung auf die Neugestaltung der Morphologie der Geschäftsbauten der Großstadt voll bewußt gewesen zu sein. Der „Nachteffekt", der durch das blendende Funkeln der Glasflächen zustande kommt, erlaubt den Verzicht auf eine sorgfältige Ausarbeitung des Details (nicht umsonst ist von allen Projekten für Warenhäuser aus dem Jahre 1902 das Projekt von Bénko das einzige, bei dem die Glaswände von Metallrahmen ohne komplizierte Jugendstilverzierungen eingefaßt werden). Hier drängt sich eine essentielle Sprache auf, die nur die durch die Anordnung der Flächen und Pilaster des baulichen Gerüsts entstehenden Hell-Dunkel-Kontraste zu Wort kommen läßt. Der „Hell-Dunkel-Effekt" stellt jedoch für Bénko auch ein Mittel dar, die Aufmerksamkeit des Großstadtbürgers auf das Bauwerk zu lenken: Das Warenhaus wird zur Lichtquelle, wirkt wie ein Teil der Straße und beseitigt damit die psychologische Barriere, die den Käufer davon abhält, die Eingangsschwelle zu überschreiten. Das Prinzip der *Curtain Walls*, das in den Projekten von Michler, Joly, Dorfmeister und Bénko aus dem Jahre 1902 bereits andeutungsweise vorhanden ist, führt im Entwurf für ein Warenhaus von Karl Reinhart aus dem Jahre 1912 zu einer überraschenden Modernität. Es äußert sich hier in einer radikalen Eigenständigkeit des Eisenbetons gegenüber der durchgehend verglasten Außenwand. Darüber hinaus ist in diesem Projekt der Versuch einer Koordinierung der Dimensionierung der Elemente der Glaswände nach einem aus Rechtecken bestehenden modularen Schema zu erkennen.

Der mediterrane Mythos und die Wiederentdeckung des „Volkstums"

In seinem Pamphlet *Der Fall Wagner. Ein Musikanten-Problem* (1888) wendet sich Nietzsche, fasziniert von der „afrikanischen" Sinnlichkeit und Heiterkeit in Bizets *Carmen*, gegen die Wagnersche „Krankheit",unter der die deutsche Musik leidet,und fordert: *„Il faut méditerraniser la musique."* Ihm schwebt dabei eine Musik vor, die für ihn eine „Rückkehr zur Natur, Gesundheit, Heiterkeit, Jugend, Tugend" ist. Im Aphorismus 255 von *Jenseits von Gut und Böse* (1886), in dem die Begründung für diesen Aufruf zu finden ist, verherrlicht Nietzsche den Süden als „eine große Schule der Genesung, im Geistigsten und Sinnlichsten, als eine unbändige Sonnenfülle und Sonnen-Verklärung, welche sich über ein selbstherrliches, an sich glaubendes Dasein breitet".

Einige Jahre später scheint der Kreis der Wagnerschüler diesem Aufruf in sehnsüchtiger Erwartung einer Wiedergeburt der Architektur aus der Asche des Historizismus Folge zu leisten.

Josef Maria Olbrich[16], der 1893 mit dem Romreisestipendium ausgezeichnet wird, unterhält von Italien aus einen Briefwechsel mit seinem Freund Hoffmann. In seinen Schreiben verrät er, daß er keinerlei Interesse für das Rom der Renaissance und des Barock aufbringt, und gesteht, „einen jugendlichen Haß gegen die Kabarett-Architektur der römischen Jesuiten" zu empfinden.[17] Den Aufenthalt in der italienischen Hauptstadt betrachtet er als Zeitvergeudung und klagt: „Was groß und mächtig ist, lehrt einen wohl Roma, was mir aber als höchstes für unsere Zeit erscheint – fand ich nicht einmal im Keim."

Diese pessimistische Beurteilung des Nutzens des Studienaufenthaltes in Italien scheint jedoch in dem Brief, den er am 21. April aus Benevento an Hoffmann richtet, wie weggeblasen zu sein: „Man müßte wohl an pathologischem Ernst leiden, würde man sich nicht – wie Land und Volk – frei und leichten Mutes fühlen. Auch die Kunst überliefert uns aufrichtige Zeugnisse vergangener Städte, strahlt eine ‚Freude' aus, die in keinem der gelehrten Stile der über alle Maßen gelobten Stadt Rom wiederzufinden ist (...). Was man in der Architektur ‚Effekt' nennt, läßt mich nunmehr unberührt (...). Eine gesündere Einsicht hat mich die Arbeitsweise der Menschen der Antike verstehen lassen. Paestum und Pompeji, zwei Meilensteine der Struktur der figurativen Kunst (...). Die Überreste aus alten Zeiten lehren uns drei Dinge: Grundvoraussetzungen für die Schönheit sind nach Auffassung der Schöpfer dieser Werke Phantasie und Geschmack; zu diesem zweifachen Ideal gesellt sich als entscheidendes Kriterium der Sinn für das Praktische und für das Funktionelle. Diese Grundsätze können uns helfen, die uns teure Architektur zu verstehen und aus unserer Zeit den Charakter, den unsere Werke haben sollen, zu lesen!"[18]

Auf einer Postkarte aus Capri rühmt Olbrich die Schönheit der Landschaft. Er schreibt: „Es empfiehlt sich, einen Blick in jene Epoche zu tun, in welcher der Mensch an die Baukunst als einzige Anforderung stellte, daß sie ihn vor den Naturelementen schütze. Hier sind die ersten Spuren der unüberlegten orientalischen Architektur zu finden."[19] Auf der Suche nach den Archetypen einer Baukunst, die ausschließlich den Gesetzen der Notwendigkeit gehorcht, dringt Olbrich 1894 bis an die Küsten Nordafrikas vor.

Die Anregungen Olbrichs werden später von Hoffmann, der im Herbst 1895 als Romreisestipendiat nach Italien reist, aufgegriffen. Jahre später beschreibt der Architekt seine Eindrücke von dieser Reise: „Alle Eindrücke [in Rom] waren vorerst übermächtig, zumal die Reste der antiken Baudenkmäler hatten eine niederschmetternde Wirkung auf mich (...). Da aber die Schule Otto Wagners uns davor bewahren sollte, einer blinden Stilnachahmung zum Opfer zu fallen (...), [mußte es] wohl von selbst dazu kommen, daß mich die simple, aber besonders eigenartige italienische Bauweise, wie sie vor allem auf dem Lande und jenseits der offiziellen großen Architektur üblich war, tiefer berührte, indem sie unserem Bestreben, dem Zweck und Material gerecht zu formen, viel mehr zu sagen hatte. (...) [Ich] machte mich im Frühjahr (...) so rasch wie möglich auf den Weg nach Pompeji und Sizilien. Da war wohl jede kleine Stadt am Weg reich an Anregungen jener selbstverständlichen, naturgemäßen Bauart und für mich eine Offenbarung und Bestätigung auch meines eigenen Bestrebens. Die Begegnung mit dem ersten historischen Tempel war allerdings ein noch bedeutenderes Erlebnis (...). Ich hatte schließlich gefühlsmäßig erkannt, daß die monumentale Architektur ihre eigenen Gesetze haben muß und daß bei besonderen Gelegenheiten eine besondere Formensprache angebracht sei. In Pompeji war diese besondere Ausdrucksform auf Schritt und Tritt zu spüren und mußte einen unvergänglichen Eindruck auf mein aufgeschlossenes Gemüt machen. Ich hatte glückliche Tage, ja Feste dieser Art erlebt und in Capri und Anacapri für die anspruchslose naturgemäße Bauart ebenfalls unzählige Eindrücke sammeln können."[20]

Kurz vor oder zu Beginn seiner Italienreise hatte Hoffmann eine Reise zu den größeren Küstenorten an der österreichischen Adria unternommen. Auf diese Reise gehen einige Skizzen zurück, die Hoffmann in Volosca und Lovrana anfertigte und die 1895 mit einem kurzen Kommentar des Autors in *Der Architekt* veröffentlicht wurden.[21]

Aus diesen Zeichnungen, in denen die freie und unsymmetrische Komposition jener Baukunst zum Ausdruck kommt, bei der sich die „Vielfalt" aus der „Notwendigkeit" ergibt und in welcher den Freitreppen und der Eigenständigkeit der baulichen Masse der Kamine besondere Aufmerksamkeit gewidmet wird, ist ganz klar eine über die kunstvolle Architektur hinausgehende Suche nach Modellen für jene gestal-

194. J. HOFFMANN, SKIZZE, ANACAPRI 1896.

195. J. HOFFMANN, SKIZZE, CAPRI, 1896.

terische Ehrlichkeit zu erkennen, die von Wagners Maxime *Artis sola domina necessitas* postuliert wird. Diese Forderung wird übrigens im Text, in dem Hoffmann – wenn auch beiläufig – bemerkt, daß diese Architekturen aufgrund ihrer Beispielhaftigkeit genauer untersucht werden sollten, ausdrücklich bestätigt. Unter den Darstellungen in dem genannten Artikel befindet sich auch eine Zeichnung aus dem Jahre 1895 mit dem Titel *Skizze zu einer Villa*. Es handelt sich vermutlich um ein Phantasiegebilde und nicht um die Kopie eines bereits bestehenden Bauwerks: Die rustikale Schlichtheit, die man in bestimmten venezianischen Landhäusern des 15. und 16. Jahrhunderts findet, das Fehlen jeglichen Grundsatzes

194

195

einer formalen Hierarchie, die asymmetrische Aufteilung der Baukörper, die durch den Turm und die Freitreppe, deren winkelförmige Anlage jegliche monumentale Wirkung ausschließt, noch betont wird, und die Rückbesinnung auf die kompositorischen Themen und formalen Motive der Bauten von Abbazia, Lovrana, Volosca, Montenize und Ica – sie alle deuten auf eine kulturelle Ausrichtung hin, die sich von der akademischen Ausbildung lösen und durch direktes Nachvollziehen der einfachen Bautraditionen mögliche Quellen für eine Neubelebung der Architektur erschließen will. Damit ist das Arbeitsprogramm vorgegeben, an das sich Hoffmann bei seinen Reisen durch Italien hält. Nur wenige seiner Reiseskizzen sind Monumentalbauten des Mittelalters, der Renaissance oder des Barock gewidmet. Mehr als die Hälfte dieser Skizzen stellt Reste der antiken Baudenkmäler, Landschaften, Gärten mit Springbrunnen und Skulpturen sowie unbekannte Architekturen des Mezzogiorno dar.[22] Auf dem Weg nach Süditalien macht Hoffmann 1896 in Capri und Anacapri halt und fertigt dort eine Reihe von Zeichnungen an, von denen sechs im Jahr darauf mit einem kurzen Begleittext in *Der Architekt* veröffentlicht werden. Mit rascher, das Wesentliche erfassender Hand, die sich – ohne Zugeständnisse an die bei den Vedutenmalern des späten 19. Jahrhunderts beliebten pittoresken Effekte – nur auf die Kontraste zwischen Licht und Schatten und den Übergang vom Vollen zum Leeren konzentriert, skizziert Hoffmann mit einer durch und durch architektonischen Empfindsamkeit in der blendenden Helligkeit dieser elementaren Baukörper und der Geometrie bestimmter Häusergruppen einen „Baugedanken", der eine „einfache und verständige Sprache" spricht und auf einer „glatten Einfachheit" aufbaut, die frei von künstlerischer Überhäufung ist.

Diese volkstümliche Baukunst sollte jedoch, so Hoffmann, nicht zum Vorbild genommen werden, sondern lediglich zu methodischen Schlußfolgerungen anregen: „Das Beispiel von Volkskunst, wie solche thatsächlich hier in diesen einfachen Landhäusern besteht, ist auf jedes unbefangene Gemüth von großer Wirkung und lässt uns immer mehr fühlen, wie sehr wir bei uns zu Hause daran Mangel leiden. So ist es nach meiner Meinung bis jetzt gewiß nicht gelungen, auch nur einen wirklich brauchbaren Typus eines modernen Landhauses für unsere Verhältnisse, unser Klima, unsere Umgebung zu schaffen, trotz der übergroßen Anzahl neuer Villenanlagen.

Das Beispiel Capris (...) soll aber nicht zur Nachahmung dieser Bauweise führen, sondern es soll nur den Zweck haben, in uns einen anheimelnden Wohngedanken zu wecken, der nicht in Verdecorierung des schlechten Baugerippes (...) besteht (...)."[23]

Die Anregungen, die Hoffmann von seiner Italienreise mitgebracht hatte, tauchen einige Jahre später in seinen Werken wieder auf: in der nahezu blendenden Helligkeit der weißen elementaren Baukörper und in den Laubengängen der vierzehnten, dem *Beethovendenkmal* von Max Klinger gewidmeten Secessionsausstellung. Mit dieser Ausstellung löst sich Hoffmann endgültig vom Einfluß Olbrichs, der seine ersten Werke geprägt hatte. Auch die nüchterne Volumetrie der Gartenfassaden des Hauses Henneberg auf der Hohen Warte (1902), die Belebung der anderen Fassaden durch Terrassen mit oder ohne Pergolen, das Gartenhaus der Villa für Heinrich Böhler in Baden (1909), bei dem eine Freitreppe zur Sonnenterrasse führt, haben ihren Ursprung in diesen Anregungen. Die Begeisterung Olbrichs und Hoffmanns für die einfache Architektur Süditaliens wird später von vielen Wagnerschülern geteilt, und die Wallfahrt nach Capri wird für andere Romreisestipendiaten der k.k. Akademie der Bildenden Künste eine Art Pflichtbesuch.

Vor allem zwischen 1900 und 1904 lassen sich Wunibald Deininger, Alfred Fenzl, Oscar Felgel, Emil Hoppe, Marcel Kammerer und Otto Schönthal bei einer Reihe von Entwürfen für Villen und Landhäuser

197. E. HOPPE, LANDHAUS, 1902.

196. A. FENZL, LANDHAUS FÜR MERAN, 1901.

196

fast ausschließlich von der mediterranen Architektur inspirieren. Auch in den in Italien angefertigten Reiseskizzen dieser Wagnerschüler – allesamt Romreisestipendiaten – sind oft typische Aspekte der einfachen meridionalen Architektur zu erkennen. Einige schöpfen – wie Hoppe – aus der klassischen Antike und verfallen auf phantastische archäologische Visionen. Diese architektonischen Phantasien, denen jegliches Anliegen fremd ist, erhalten ihre übersteigerte Monumentalität durch die Verwendung von nackten, elementaren geometrischen Körpern (Würfel, Parallelepipeda, Zylinder, Halbkugeln, Pyramidenstümpfe, usw.) Diese befinden sich im allgemeinen an der Spitze des Bauwerks, können über komplizierte Treppenanlagen erreicht werden und eröffnen Ausblicke auf kompositorische Übungen, welche nicht ohne Widerhall bleiben. Der Einfluß dieser Zeichnungen ist zum Beispiel in zahlreichen architektonischen Studien des Italieners Antonio Sant'Elia zu finden, die Gebilde aus pyramidenartig angeordneten Elementarkörpern mit mächtigen Strebepfeilern in Form von Treppen darstellen – ganz eindeutige Abschweifungen in das Reich einer von Hoppe erfundenen phantastischen Archäologie. Auch die Technik der Darstellung – die Perspektive von einem tiefergelegenen Standort in Objektnähe – hat Sant'Elia wahrscheinlich von dem österreichischen Architekten übernommen.

197

Die in den Projekten der Wagnerschule vorgeschlagene Neuinterpretation der mediterranen Architektur erfolgt in zwei verschiedenen Richtungen. Die puristische äußert sich in der Gruppierung von kahlen, einfachen Baukörpern. Charakteristische Beispiele dafür sind „das italienische Haus" von Hoppe (1902), verschiedene Studien von Kammerer aus dem Jahre 1902, das Landhaus für Capri (1903) und die Villa am Meer (1903/04) von Wunibald Deininger. Die andere Richtung experimentiert mit einer neuen plastischen Gestaltung, die den Baukörper in ein loses Gefüge von miteinander verbundenen Platten zerlegt, welche wie eigenständige Flächen behandelt werden. Zwei Projekte aus dem Jahre 1901 bilden den Ausgangspunkt für diese Richtung: das Ferienhaus in Lovrana von Kammerer, dessen Dachplatte durch eine starke Einschnürung von dem darunterliegenden Baukörper getrennt ist, und das Haus der österreichisch-ungarischen Reisestipendiaten in Rom von Felgel. Bei diesem Haus kommt (vor allem im Eingangspavillon) die Idee von einer Architektur zum Ausdruck, die sich aus dem Zusammenspiel unabhängiger, kein starres Dieder bildender Platten ergibt, welche den Raum begrenzen, ohne ihn in Parallelepipeda zu zwängen. Das Interesse der Wagnerschüler für die mediterrane Architektur hört nicht mit den ersten Jahren des zwanzigsten Jahrhunderts auf, sondern lebt weiter in einer Reihe von Projekten für Wohnbauten aus den Jahren um 1910, wie den Einfamilienhäusern von Franz Torka (ca. 1910) und Rupert Pokorny (1912) sowie in den Villenkolonien von Felix Kleinoscheg (1911) und Josef Hannich (1911). Diese Werke zeugen von einem mehr „metaphysischen" als „protorationalistischen" Purismus.

Die Neuinterpretation der mediterranen Architektur durch die Wagnerschule erfolgt vor dem Hintergrund einer allgemeinen Rückkehr zur „Volkstümlichkeit" als Ausdruck einer Suche nach einem ABC der Baukunst; ein Phänomen, das sich in den Entwürfen quantitativ und qualitativ zweifellos sehr stark

198

199

200

201

202

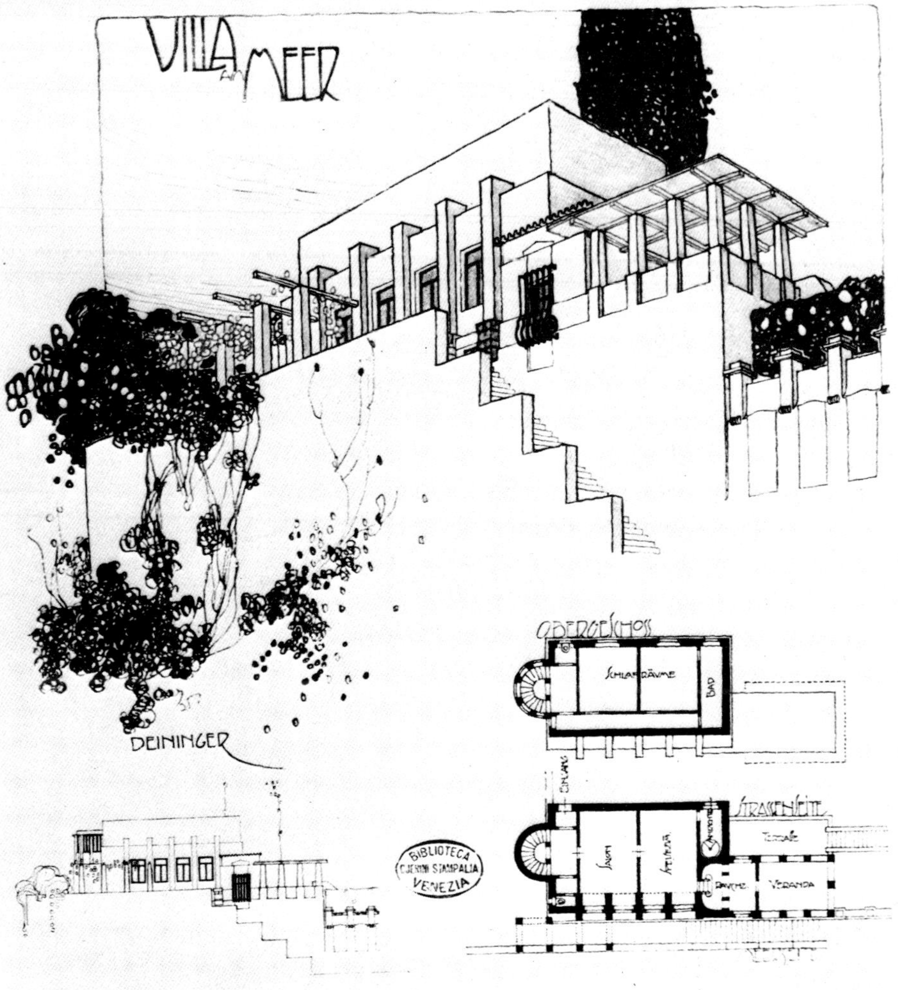

202. W. DEININGER, VILLA AM MEER, 1903-04.

198-201. E. HOPPE, ARCHITEKTONISCHE PHANTASIEN, 1902.

niederschlägt. Gerade durch diese grundlegende Motivation, die im wesentlichen auf einer Rückkehr zur Tradition als Hüterin metahistorischer Werte, einer Neuschöpfung der architektonischen Sprache auf der Grundlage der Grundregeln der Baukunst und der Erstellung eines Katalogs von Bautypen, der den akademischen Lehrbüchern entgegengestellt werden kann, beruht, unterscheidet sich das Streben der Wagnerschule nach „Volkstümlichkeit" von jenem „ideologischen" Populismus bestimmter Vertreter des Heimatstils, wie er zum Beispiel von einigen Kritikern und Künstlern verfochten wird, die den Herausgebern der Zeitschrift *Hohe Warte* nahestehen.

Die „Volkstümlichkeit" der Wagnerschule geht im allgemeinen über die geopolitischen, ethnischen und nationalen Grenzen hinaus, vermeidet die Rhetorik der „deutschen Heimat" oder der Altwiener Tradition und umfaßt sowohl Nordafrika und Süditalien als auch die magyarischen Ebenen und den Balkan.

Aus dem Jahre 1904 stammt ein Hausentwurf für die Domänendirektion von Hans Laurentschitsch, dessen wesentliches Merkmal ein durchgehender, um das ganze Haus führender Holzbalkon im ersten Stock ist. Das Projekt erinnert eindeutig an die türkische Bauweise, deren Spuren in den Provinzen des Reiches noch allenthalben anzutreffen sind. Im Jahre 1907 veröffentlicht *Der Architekt* einige Reiseskizzen, die Ernst Lichtblau in Bosnien angefertigt hatte. Im Jahr darauf veröffentlicht Lichtblau, ebenfalls in *Der Architekt*, eine kurze Beschreibung mit Zeichnungen und Photographien, die er in Sarajevo, Mostar, Jaice, Banjaluka und Jerero aufgenommen hatte.[24] In diesen Photographien und Reiseskizzen sind die letzten Spuren der Häuser aus der Zeit der türkischen Herrschaft, die aus einfachen Materialien gebaut sind und bei denen die vorspringenden Baukörper der oberen Stockwerke durch auskragende Holzkonstruktionen abgestützt werden, sowie die Aspekte einer von der westlichen Zivilisation noch unberührten Landschaft festgehalten. Interessanterweise konzentriert sich Lichtblau nicht auf einzelne Gebäude, sondern er versucht, in der Photographie und in den Zeichnungen die Stimmung der Umgebung einzufangen. So entstehen Bilder, aus denen eine Nostalgie nach der präurbanen Zeit spricht, die gegen die von Otto Wagner gelehrte Großstadtideologie verstößt. Das Interesse Lichtblaus für diese besonderen Äußerungen einer spontanen Bauweise, das in einigen seiner Phantasiezeichnungen, zum Beispiel in dem 1907 in *Der Architekt* veröffentlichten märchenhaften Bild eines Dorfes beziehungsweise in den Studien für ein

203 

 204
ZWEIFAMILIENWOHN:
HAUS M.SCHÖNBERG:

 205
WVNIBALD DEININGER. 1910.

Landhaus oder für eine Villa in Wien-Ober St. Veit aus dem Jahre 1908, zum Ausdruck kommt, ist in der europäischen Architektur des frühen zwanzigsten Jahrhunderts kein Einzelfall. Vor ihm hatte sich eine andere Hauptfigur des Art Nouveau, der Italiener Raimondo D'Aronco, beim Entwurf für sein eigenes Haus in Turin (1903) sowie für andere, in der Türkei ausgeführte Projekte von den türkischen Holzbauten inspirieren lassen. Auch Le Corbusier hält im Reisetagebuch für sein Jugendwerk *Voyage d'Orient*, das er sein ganzes Leben lang streng hütet und erst kurz vor seinem Tod zur Veröffentlichung freigibt, Anmerkungen zu den mazedonischen Häusern und den Holzbauten an den Ufern des Bosporus sowie Überlegungen zur städtebaulichen Situation von Konstantinopel fest. Hier ist wahrscheinlich der Ursprung für bestimmte Vorstellungen über die Mutationsfähigkeit und Flexibilität der Stadt zu suchen, welche die Auffassung Le Corbusiers prägen und im *Plan Obus* für die Stadt Algier eine beispielhafte Ausführung erfahren.

Unter den zahlreichen Veröffentlichungen, in denen Arbeiten der Wagnerschüler dargestellt werden, befinden sich auch Entwürfe, aus denen eine gewisse Verbundenheit mit der Folklore und mit dem Lokalkolorit der Alpenhäuser spricht. Diesen nach dem Vorbild der Bauten einer ländlichen Zivilisation entworfenen Projekten wird jedoch fast immer der Stempel der für die städtische Kultur typischen Ausdrucksformen aufgedrückt. In diesen Entwürfen ist nicht so sehr das ideologische Streben nach einer Wiedereinführung einer Heimatkultur, sondern ein letztes Aufflackern einer überholten Mode zu erkennen, die eine Symbiose zwischen Heimat- und Jugendstil nach dem Muster der ersten Werke Olbrichs anstrebt. Diese Symbiose ist in verschiedenen Entwürfen von Max Joly, Karl Benirschke, Camillo Discher, Oscar Felgel, Gustav Flesch von Brunningen, Hans Laurentschitsch, Fritz Mahler und anderen zu finden.

203. H. LAURENTSCHITSCH, LANDHAUS FÜR DIE UNTERSTEIERMARK, UM 1905.

204. K. BENIRSCHKE, ZWEIFAMILIENWOHNHAUS M. SCHÖNBERG, 1902.

205. W. DEININGER, LANDHAUS, 1910.

Ausblick auf eine „autonome" Architektur

Im Zusammenhang mit den aus der mediterranen Architektur gewonnenen Erfahrungen stellt die Wagnerschule grundlegende Überlegungen über die Möglichkeiten einer „reinen" Architektur als eigenständiger Kunstgattung an. Bereits seit Beginn des Jahrhunderts ist der Einfluß der einfachen Bauweise des Mezzogiorno nicht nur in den Entwürfen spürbar, die ein gewisses Lokalkolorit der mediterranen Architektur spiegeln, sondern auch in jenen, die in Formen, welche in keiner Weise an den Regionalstil erinnern, ein Regelwerk für eine plastische Gestaltung propagieren, das auf der Verbindung elementarer geometrischer Formen beruht. Erstes Beispiel dieser Neuorientierung ist das Lusthaus im Prater (1900) von Paul Gütl, ein Werk palladianischen Typs, dessen kubischer Baukörper sich aus einem Parallelepiped erhebt, das von allen Seiten durch Laubengänge mit dem Garten verbunden ist. Die begehbaren Flachdächer und die offenen Lauben weisen eindeutig mediterrane Reminiszenzen auf. Die puristische Tendenz, die in ihrer ursprünglichsten Form auf die mediterrane Architektur zurückgeht, ist in den Werken der Wagnerschule keine vorübergehende Erscheinung; sie ist auch noch in den Entwürfen aus den Jahren 1910/11, wie den Einfamilienhäusern von Franz Torka und Rupert Pokorny oder der Villenkolonie für Weidling von Josef Hannich, zu finden. Dieser mediterrane Nimbus, dessen Ursprünge in den Arbeiten der Wagnerschule zurückverfolgt werden können, lebt in verschiedenen österreichischen Bauwerken der zwanziger Jahre fort: in Werken von Wagnerschülern, wie der Villa von Rudolf Frass aus dem Jahre 1925, mit ihren aus einer Stahlkonstruktion bestehenden Laubengängen, aber auch in Projekten und Bauten von Adolf Loos (die Villa Moissi am Lido von Venedig aus dem Jahre 1923), Clemens Holzmeister, Josef Frank und anderen.

Das Streben nach einer „autonomen" Architektur, die sich auf elementare geometrische Formen beschränkt, wird zum Hauptthema für die verschiedensten Tendenzen, deren Experimentierfeld von der radikalen Abstraktion bis zum „Klassizismus" ohne jede anthropomorphe Bezugnahme reicht und deren antinaturalistischer Anspruch zu stark unterschiedlichen Ergebnissen führt. Erste Anzeichen dieses Strebens waren bereits in der Rückbesinnung auf die einfache Bauweise des Mittelmeerraums zu erkennen.

Aus dem Jahre 1903 stammen zwei Entwürfe, die den Höhepunkt der Suche nach einer von jegli-

206

207

206. K.M. KERNDLE, GRUFTKAPELLE, 1903.

207. B. HÜBSCHMANN, SEMMERINGDENKMAL, 1903.

208. K.M. KERNDLE, DOMÄNENGEBÄUDE, 1903-04.

208

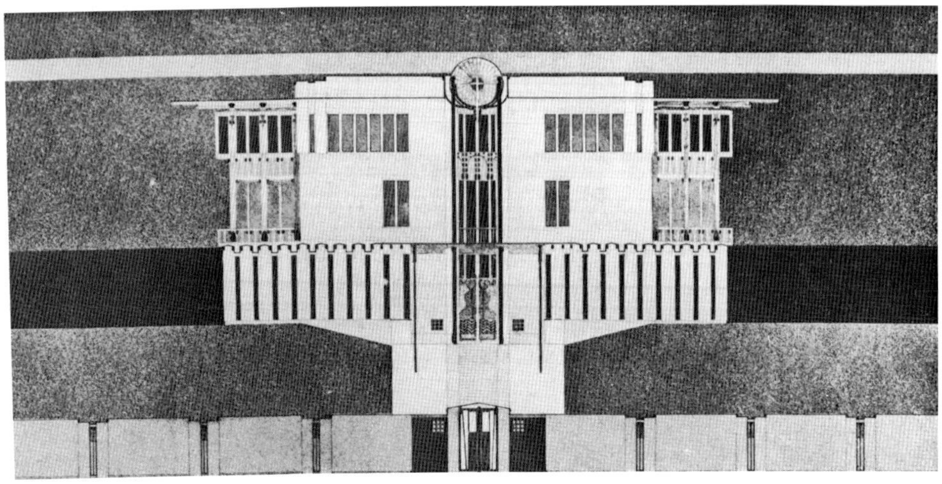

cher plastischen und malerischen Dekoration befreiten und als abstrakte Komposition aus geometrischen Formen verstandenen Architektur darstellen: Das Kriegerdenkmal am Semmering (1903) von Bohumil Hübschmann besteht aus einer in den Felsen eingelassenen 15 Meter hohen und 8 Meter breiten, durch das Eingangsportal durchbrochenen Betonplatte mit einer trapezförmigen Inschrift. Mit Hilfe der leichten Verjüngung soll die perspektivische Verzerrung ausgeglichen werden. Vier quadratische Öffnungen bilden ein Kreuzzeichen, das bei Tageslicht als Positiv- und nachts bei Beleuchtung als Negativbild erscheint. Auch der Kontrast zwischen der geometrischen Ordnung des architektonischen Werkes und der Ursprünglichkeit des Felsens wird in dem Monument herausgearbeitet: In die Betonplatte sind unbehauene Steinquader eingelassen, die eine dialektische Spannung zwischen der Formlosigkeit und der geometrischen Abstraktion erzeugen. In der von Kerndle im gleichen Jahr entworfenen Gruftkapelle kommt eine ähnlich lakonische Sprache zum Ausdruck, die der besonderen Thematik entspricht: Zwei kahle, parallelepipedische Türme finden eine parataktische Fortsetzung im Hauptportal und dem darüberliegenden schmalen Fenster, das durch eine steile, beidseitig von Mauern eingefaßte Treppe erreicht wird. In diesem Werk ist die Auflösung der baulichen Hülle, die ein charakteristisches Merkmal der anderen Entwürfe Kerndles ist, bereits im Keim zu erkennen. In Kerndles italienischem Landhaus aus dem Jahre 1903 zum Beispiel wird der Baukörper durch ein Schlitzfenster an der Hausecke in der gesamten Bauhöhe geteilt, so daß die Mauern wie voneinander unabhängige Platten wirken. Die Auflösung der Bauhülle ist in einem anderen Werk Kerndles, dem Gebäude für die Forst- und Domänendirektion aus dem akademischen Jahr 1903/04, formal noch besser ausgereift: Dieses Werk ist, wie sein Urheber ausdrücklich erklärt, als polemischer Gegensatz zur getreuen Nachahmung des für den Bauernhausstil typischen Ambientes der verschiedenen Entwürfe der Wagnerschule zu diesem Thema gedacht und verfolgt eine „reine Architektur ohne Unterstützung der plastischen oder malerischen Dekoration, eine Ausgestaltung des Baublockes in den drei Dimensionen“.[25] Es wäre wohl übertrieben, unter diesem Konzept der Ausgestaltung in den drei Dimensionen – wie die Architekten der Künstlergruppe *De Stijl* – eine „antiklassizistische“ Architektur zu verstehen, die jegliches Prinzip der Symmetrie, der Hierarchie unter den einzelnen Bauteilen, der Wiederholung der gleichen kompositorischen Gegebenheiten an den verschiedenen Fassaden ablehnt. In einigen Artikeln von Oud, Wils und van't Hoff wird das Werk Wrights, das sie als Modell für eine Architektur betrachten, die ihren privilegierten Standpunkt aufgibt und den Baukörper an den verschiedenen Fassaden unterschiedlich ausgestaltet, als dreidimensional bezeichnet. Kerndle bleibt seiner klassischen Ausbildung treu, beweist jedoch Erfindergeist und vor allem eine Auffassungsgabe, wie sie bei den meisten seiner Studienkollegen nicht zu finden sind; er hält an bestimmten Gesetzmäßigkeiten fest, etwa an der Symmetrie und dem Brennpunkt, in dem sich, wie Wagner lehrt, die Strahlen der Aufmerksamkeit konzentrieren, beschreitet aber dennoch neue Wege. Das Gebäude für die Forst- und Domänendirektion ist und bleibt ein hervorragendes Zeugnis einer Architektur, bei der man es nicht mehr mit Baukörpern, sondern mit einem Zusammenspiel von einander überschneidenden Platten zu tun hat, einer Architektur, die bereits eine kompositorische Gestaltung erahnen läßt, wie sie später von den Vorkämpfern der frühen Nachkriegsarchitektur, insbesondere der Künstlergruppe *De Stijl,* weiterentwickelt wird.

Die Hauptfassade des Gebäudes besteht aus zwei Mauerflächen, die wie bei der Gruftkapelle durch einen Fensterschlitz, der von der Decke der Halle bis zum Fußboden reicht, getrennt sind und von der auch an den Seitenfronten stark vorspringenden Bedachung abgeschnitten werden. Die Auflösung der baulichen Hülle wird durch die erkerähnlichen, weitgehend verglasten Strukturen an den Seitenwänden noch zusätzlich betont.

In einer zeitgenössischen Studie von August Vaugoin für einen Friedhofabschluß wird das Konzept einer Architektur aufgegriffen, die mit freistehenden Platten arbeitet: Der Abschluß besteht aus einer Reihe von hohen, rechteckigen, völlig schmucklosen Platten, die durch kreuzförmige Eisenelemente miteinander verbunden sind. Von Vaugoin stammt auch ein Entwurf für die Einrichtung eines Hotelzimmers (1903/04), bei dem die Wände in horizontale und vertikale, aus Rechtecken bestehende Streifen unterteilt werden, die eine Art modulares Raster ergeben, das für die Abmessungen sämtlicher Einrichtungsgegenstände ausschlaggebend ist.

Von den Versuchen, die auf eine abstrakte Komposition von geometrischen Formen abzielen, sind einige Studien von Karl Ernstberger aus dem Jahre 1908 zu erwähnen, vor allem der auf den 15. März 1908 datierte Entwurf, dessen Thema wahrscheinlich eine Grabstätte ist. Das besondere Merkmal dieser Entwürfe ist eine Kombination von Baukörpern, die kindlichen Baukastenspielen zu entspringen scheint und die wie der Auftakt zu den neoplastischen Kompositionen der Bildhauerkunst, beispielsweise jenen von Georges Vantongerloo, wirkt. Unter den Werken der Wagnerschule sind zahlreiche Studien zu finden, in denen die Reduzierung der Architektur auf geometrische Formen mit der Verwendung klassizistischer Kompositionsschemata verbunden ist. Die Ablehnung der klassischen Ordnung und des ihr innewohnenden Anthropomorphismus, an deren Stelle die Geometrie tritt, ist ein Hinweis dafür, daß hinter diesen Entwürfen die Suche nach einer neuen Monumentalität steht, die man aufgrund der Tendenz, dem Bauwerk nicht nur jede Anspielung auf menschliche Größe, sondern auch die symbolische Darstellung der dem Ordnungssystem zugrunde liegenden physikalischen Gesetze der Statik zu entziehen, als „abstrakten Klassizismus" bezeichnen könnte. Die Reduzierung der Formen auf die Geometrie geht häufig mit einer Neigung zum antitektonischen Paradoxon einher. Die Kombination dieser beiden Faktoren ist in einigen zwischen 1906

209

210 

210. O. SCHOBER, SKIZZE FÜR EINE BILDER- UND SKULPTURENHALLE, 1908.

209. K. ERNSTBERGER, STUDIE, 15/3/1908.

211. O. SCHOBER, BADEANSTALT, WIEN-OBER ST.VEIT, 1907.

211 

und 1907 entstandenen Entwürfen für eine Badeanlage in Wien-St.Veit deutlich zu erkennen. Im Entwurf von Oscar Schober sind dem Eingangspavillon des Hauptgebäudes zwei etwas niedrigere Vorbauten vorgelagert, die äußerlich wie eine dichte Folge von massiven Säulen gestaltet sind, keine Last tragen und miteinander durch schmale, im Verhältnis zur Fassade zurückspringende Wandstreifen verbunden sind. Im Entwurf von Karl Ehn sind an den vier Ecken der würfelförmigen Haupthalle Parallelepipeda aus Säulenbündeln vorgesehen, die aus der Leere aufzusteigen scheinen, da sie nicht einheitlich vom Boden ausgehen. Der *esprit de géométrie*, der sämtliche Projekte für die Badeanlage für Wien-St.Veit und auch spätere Studien, wie die Entwürfe von Schober für eine Skulpturenhalle, inspiriert, äußert sich in einem plastischen Regelwerk, das nicht auf elementaren und monolithischen Baukörpern, sondern auf ausgereiften Gebilden aus geometrischen Elementen beruht. Neben Würfeln, Parallelepipeda, Zylindern und Pyramiden kommen Polyeder (zum Beispiel in der Kuppel des Eingangspavillons der Badeanlage im Entwurf von František Roith) vor, in denen die Symbolik des Kristalls zu erkennen ist, wie sie in der europäischen Architektur vom Art Nouveau bis zum Expressionismus immer wieder auftaucht.

Mit dem Vordringen einer auf die Geometrie beschränkten Architektur wachsen auch Bedeutung und dekorativer Wert der Gestaltung der Flächen. Dies begünstigt wiederum eine radikale Erneuerung des dekorativen Repertoires, wobei die naturalistischen Verzierungen des Art Nouveau abstrakt-geometrischen Dekors weichen, die aus Keramikfriesen, aber auch aus dem Zusammenspiel von Materialien in unterschiedlichen Farbabstufungen entstehen. Die in den Entwürfen für die Badeanlage in Wien-St.Veit ihre volle Reife erlangende Ausrichtung erschöpft sich nicht schon nach kurzer Zeit, sondern prägt auch die Studien von Rudolf Weiss, Rupert Pokorny und Franz Schwarz, die während der letzten Jahre der Lehrtätigkeit Wagners entstehen. In diesen Entwürfen aus der Zeit von 1911 bis 1912 erstarrt die Komposition der Baukörper oft in kompakten, alleinstehenden oder nach symmetrischen Mustern zusammengesetzten Parallelepipeda. Die durch geometrische Verzierungen aus Keramikbordüren mit Schachbrettmuster oder durch Verkleidungen aus Marmorplatten bereicherte Fassadengestaltung wird aufwendiger.

Variationen über byzantinische Themen und Abschweifungen in den Bereich der Esoterik

Die Sekundärliteratur hat sich seit langem immer wieder mit den Komponenten der Wiener bildenden Kunst des frühen zwanzigsten Jahrhunderts befaßt, die dem byzantinischen und islamischen Orient zuzuordnen sind. Auch in der Architektur und insbesondere in den Bauten und Werken der Wagnerschule werden Byzanz und der Islam oft als Quelle für typologische und formale Themen angeführt. Dies gilt zum Beispiel für die vielen zentralen Kuppelbauten, die in einfache Baukörper zerlegbar sind, für die häufige Verwendung von linearen Elementen zur Betonung der Konturen der Flächen und Volumina sowie die Vorliebe für die Farbenvielfalt und den Formenreichtum bei den Keramik- und Marmorverkleidungen. In diesem Zusammenhang muß jedoch darauf hingewiesen werden, daß die ideale Bildungsreise von Wien nach Byzanz mit einem Zwischenaufenthalt in Ravenna und Venedig verbunden ist. „Auf die Quelle sitzt der Bursch!" ist auf einer Postkarte mit der Abbildung des Mausoleums von Theoderich zu lesen, die ein Wagnerschüler, der Kroate Victor Kovačić, aus Ravenna sandte.[26] Das Mausoleum von Theoderich, das Erbe einer spätantiken Tradition, ist der formale Archetyp, der in den Phantasien von Emil Hoppe, Alois Bastl und Marcel Kammerer, in denen sich eine übersteigerte Monumentalität mit einer zügellosen, phantastischen Neuauflage der spätromanischen Architektur vermählt, häufig wiederkehrt.

Die Kirche San Marco in Venedig ist ein weiteres Modell, das sich bei den Projekten der Wagnerschüler großer Beliebtheit erfreut. Von ihr wurde wahrscheinlich die doppelschalige Kuppel übernommen, die in den verschiedenen Zentralbauten – meist Kirchen – zu finden ist und die mehr an byzantinische und islamische architektonische Kompositionen als an Bauten der italienischen Renaissance erinnert. Die doppelschalige Kuppel mit der von der Hagia Sophia in Konstantinopel abgeleiteten Lichtzuführung taucht zum ersten Mal im Jahre 1898 in einem Konkurrenzentwurf für die Kirche des Wiener Zentralfriedhofs von Max Fabiani, einem engen Mitarbeiter Wagners, auf, der die Basilika von Venedig aufgrund seiner italienischen Herkunft gut kannte. Fabiani kannte auch die byzantinische Architektur aus eigener Anschauung, da er sich in den Jahren von 1892 bis 1894 – wie aus einigen überlieferten Skizzen ersichtlich ist – auf einer Reise durch Griechenland und Kleinasien eingehend mit ihr beschäftigt hatte.[27] In den Jahren 1902 und 1903 ist die doppelschalige Kuppel in zahlreichen Entwürfen von Wagnerschülern zu finden, bevor sie der Meister für die Kirche am Steinhof, die zwischen 1905 und 1907 entsteht, übernimmt: in der Pfarrkirche von Karl Dorfmeister, in der Domkirche mit Kaisergruft von Hans Mayr, in den Kirchen für den alten Friedhof von Wahring von Karl von Kéler, Bohumil Hübschmann und Christoph Stumpf. In den meisten dieser Kirchen entsteht im Innern aufgrund der durch die flachgewölbte Kuppelschale möglich gewordenen Absenkung der Kuppellaibung eine Raumwirkung byzantinischen Typs, die teilweise durch den diffusen Lichteinfall von oben, durch die Farbenprächtigkeit der Mosaik- und Keramikdekors und durch die verwendeten Materialien (Marmor, Bronze, Kupfer, vergoldete Verzierungen usw.) noch betont wird.

In der Ikonographie der Wagnerschule hat der Rückgriff auf orientalische (insbesondere byzantinische und islamische) Formen oft symbolische Bedeutung und ist voll von esoterischen Anspielungen. Das immer wiederkehrende Element der „kosmischen Kuppel" verkörpert die verschiedensten Bedeutungsinhalte: vom Vertrauen in eine Ideologie des technischen Fortschritts als Versprechen einer ästhetischen Verwandlung der Welt und der Zelebrierung des Ideals eines universellen Friedens (Entwurf für einen Palast für Friedenskongresse auf der Insel Locrum von Fenzl aus dem Jahre 1900) bis zur Verherrlichung von höheren Formen der Erkenntnis, die über die Grenzen der Naturwissenschaften hinausgehen. Letztere inspiriert Alois Bastl zu einem Entwurf für einen Palast okkulter Wissenschaften in Paris (1902), einer eigenartigen, überladenen Konstellation von Symbolen. Über einen Aufgang, der von Statuen und Skulpturengruppen gesäumt ist, welche die Psychometrie, den Hypnotismus, den Spiritismus, den Somnambulismus, Christus und die Apostel sowie die leidende und erlöste Menschheit darstellen, gelangt man zum Hauptgebäude. Dieses wird von einer vergoldeten, an die Kristallkugel der Magier erinnernde Kuppel beherrscht, welche auf einer Trommel ruht, die aus einem teilweise mit Kupfer und vergoldeter Bronze verkleideten Stahlgerüst besteht. Die Kugel als Sinnbild der Sonne wird von Leuchttürmen umringt, die das ewige Licht symbolisieren und deren Sockel mit Reliefs verziert sind, welche „Leuchten der Menschheit – Dies- und Jenseits der Welt" darstellen.[28]

Im Entwurf von Otto Schönthal für die Kirche des Wiener Zentralfriedhofs (1901) tritt die Kugel in Form einer transparenten, baumförmigen Gold-

212 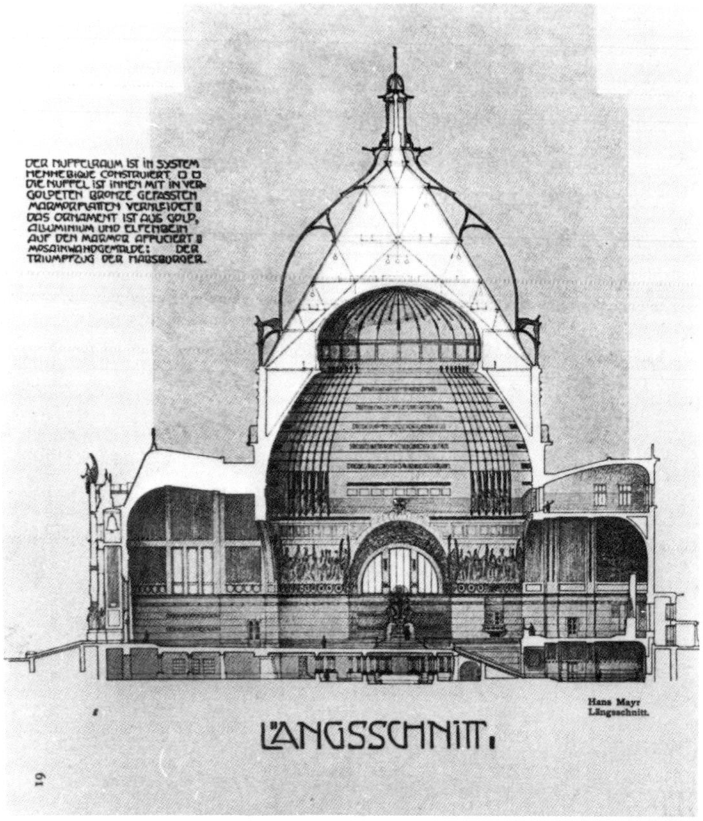

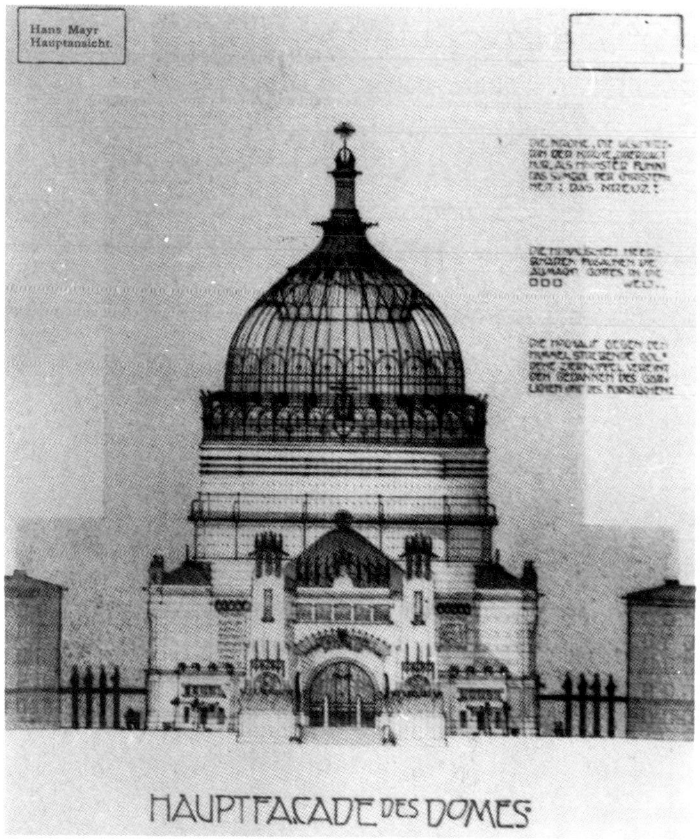 213

 214

212-214. H. MAYR, STUDIE ZU DER DOMKIRCHE MIT KAISERGRUFT, WIEN, 1902.

215

216

217

218

217. O. SCHÖNTHAL, KIRCHE FÜR DEN ZENTRAL FRIEDHOF, WIEN, 1901.

215-216. K. VON KÉLER, STUDIE FÜR DIE KATHOLISCHE KIRCHE, WIEN XVIII. BEZIRK, 1903. FASSADE UND QUERSCHNITT.

218. A. BASTL. PALAST OKKULTER WISSENSCHAFTEN, PARIS, 1902.

kuppel auf. Diese ähnelt der Kuppel des Secessionspalasts von Olbrich, in der eine Transfiguration des in der hermetischen Tradition häufigen Baummotivs (Baum des Guten und des Bösen, heiliger Baum der Indianer, Baum von Jesse, Baum Christi usw.) zu erkennen ist.

Ein weiteres signifikantes Beispiel für die esoterischen Einflüsse innerhalb der Wagnerschule ist der im akademischen Jahr 1901/02 mit dem Hagenmüllerpreis prämiierte Entwurf von Otto Wytrlik für einen Kurort am Fuß des Massivs der Hohen Wand in Niederösterreich. Der Grundriß dieses Kurortes, dessen Name „Neue Welt" bereits Symbolcharakter hat, ist eine (nicht leicht zu entziffernde) Hieroglyphe, die keinen Zweifel an den symbolischen Absichten des Architekten läßt. Ein um den ganzen Kurort führender Laubengang, der diesen von den angrenzenden Wäldern trennt, in denen später Villenkolonien entstehen sollen, nimmt eine anthropomorphe Form, eine Art Figur à la Oskar Schlemmer an, in der auch das Lothringer Kreuz erkennbar ist. Die Hauptquerbalken des Kreuzes haben die Form von Lotusblütenblättern. Sie werden von kurvenlinigen Alleen durch-

219

219. O. WYTRLIK, PERSPEKTIVE ZUM KURORT „NEUE WELT" AM FUSSE DER HOHEN WAND IN NIEDERÖSTERREICH, 1902.

220. R. PERCO, PROJEKT FÜR EINE THERMENANLAGE, 1910.

zogen, die eine Rose bilden. Eine Komposition aus pyramidenartigen Baukörpern, welche durch eine konische Struktur – das Kurhaus – gekrönt wird, soll den Blütenstempel darstellen. Mit seinem Theater, den Tanz- und Konzertsälen, den Cafés und Restaurants ist das Kurhaus der Hauptanziehungspunkt, an dem sich das Gesellschaftsleben abspielt. Es befindet sich daher im Zentrum dieser Hochburg der Gesundheit. Abgesehen vom Symbolismus der Blumenformen kann aus den Kurvenlinien, die den Grundriß dieses Thermalbads durchziehen, auch eine kosmologische Bedeutung herausgelesen werden: Sämtliche Querbalken des Kreuzes münden in kreisförmige Flächen, gleichsam wie Himmelskörper, die an einem bestimmten Punkt ihrer Bahn angehalten wurden. Darüber hinaus weist der Perimeter des Kurorts streckenweise die Form von elliptischen Bögen auf. Gegenüber dem Kurhaus, dort, wo eine eisenhaltige Quelle entspringt, erhebt sich – inmitten einer Exedra aus Bogengängen – der Quelltempel, der dem örtlichen Schutzpatron des Wassers der pantheistischen Religion geweiht ist und eine doppelte Erneuerung – die geistige und die körperliche – versinnbildlicht.

Klassische Monumentalität

Die frühen Jahre des zwanzigsten Jahrhunderts sind für die Wagnerschule die an kultureller Aufbruchsstimmung und schöpferischer Individualität reichste Zeit. Zu der Vielfalt der – verschiedenen Schülern gemeinsamen – Ausrichtungen kommen unzählige

220

subjektive Experimente, die sich keiner bestimmten Tendenz zuordnen lassen. Als herausragende Persönlichkeiten müssen zumindest Christoph Stumpf und Karl Dorfmeister erwähnt werden.

Stumpf entwirft im akademischen Jahr 1903/04 eine aeronautische Anstalt mit angrenzender Automobilrennbahn. Bei diesem Projekt reizen die Mythen der modernen Zeit zum Experimentieren mit Strukturmodellen, die für fortschrittliche Technologien geeignet sind. Das bedeutendste Element dieses Entwurfes ist der hohe Leuchtturm aus Hennebique-Eisenbeton, der eine geschickte strukturelle Neugestaltung der gotischen Fialen darstellt. Durch die Verwendung von großen Eisenbetonstrukturen gelingen Karl Dorfmeister in zwei Entwürfen aus dem Jahre 1904 formal höchst außergewöhnliche Bauwerke: die Auferstehungskirche, eine Art Riesenschildkröte mit einem Skelett aus verschieden hohen, parabolischen Bögen, und die Volksoper auf dem Kahlenberg bei Wien.

Der Gigantismus der Struktur dieser beiden Studien führt in Verbindung mit einer zoomorphen Ideenwelt (in der Kirche) und orientalisch anmutenden Phantasiegebilden (im Theater) in ein Formenuniversum ein, das später typisch für die deutsche Architektur des Expressionismus und bestimmte Entwürfe der unter dem Namen „Amsterdamer Schule" bekannten Gruppe sein wird.

Um 1910 macht die Vielfältigkeit der Ausrichtungen der Wagnerschule einer Homogenität der Entwürfe Platz. Sie ist auf zwei Tendenzen zurückzuführen, die offensichtlich das Interesse der Studenten auf sich ziehen: eine monumentale, klassizistische Tendenz und eine Tendenz, die fälschlicherweise als „protorationalistisch" bezeichnet werden könnte, eigentlich aber der von Wagner entwickelten Auffassung von der „Großstadtarchitektur" zuzuordnen ist. Die formalen Merkmale der klassizistischen Ausrichtung, die sich um 1910 durchsetzt, unterscheiden sich deutlich von dem bereits erwähnten „abstrakten Klassizismus", vom „Klassizismus ohne Ordnungen". In Entwürfen wie dem Jesuitenkollegium (1909) von Franz Torka, vor allem aber in der Thermenanlage (1910) von Rudolf Perco sowie im Lustschloß Sirmione (1913) von Rudolf Weiss, die als die markantesten Beispiele dieser Tendenz betrachtet werden können, werden nicht nur einige kompositorische Symmetrie- und Hierarchieschemata, sondern auch das System der Ordnungen aus der klassischen Tradition übernommen. Besonders in den Werken von Perco und Weiss wirkt der Rückgriff auf die Antike beinahe wie eine Rekonstruktion des Altertums, bei der die Form des Ausdrucks hinter die Phantasie zurücktritt. Der Monumentalität der Anlage dieser Architekturen, die als eine aus der Ferne zu betrachtende Kulisse gedacht sind, entspricht eine extreme Vereinfachung der klassischen Ausdrucksweise: Pilaster mit quadratischem Sockel statt Säulen, geometrisch geformte Kapitelle, einfach gehaltene Gesimse und Profile ohne plastische Attribute.

Von verschiedenen Seiten wurde die Problematik stark vereinfacht und vorgeschlagen, die Ursprünge der Architektur des Dritten Reiches nicht bei Schinkel, sondern in dieser Rückbesinnung der Wagnerschule auf den Klassizismus zu suchen. Zur Erhärtung

221

222

221. R. PERCO, STUDIE ZU EINER BILDSÄULE, 1911.

222. R. PERCO, MAUSOLEUM, UM 1909.

223. R. PERCO, PROJEKT FÜR EINE THERMENANLAGE, 1910.

224-225. R. WEISS, LUSTSCHLOSS SIRMIONE, 1913.

223

224

225

dieser These wurde angeführt, daß Hitler, der angeblich einige Zeit im Atelier von Max Fabiani tätig war, diese Entwürfe wahrscheinlich kannte.[29] Der Gemeinplatz, daß die klassische Monumentalität eine totalitären Staatsformen eigene Ausdrucksform ist, läßt sich trotz der Studien, die die große Vitalität und die weite Verbreitung der klassischen Tradition moderner Prägung in Ländern mit einer fortschrittlichen Demokratie, wie in den skandinavischen Ländern oder in England, belegen, nur schwer ausräumen.

Wenn man Hypothesen über den möglichen Einfluß des Klassizismus der Wagnerschule um 1910 aufstellt, muß man über die Hitler- und Mussolini-Architektur hinausgehen und auch die Epik des sozialistischen Realismus berücksichtigen, die einigen der von der Gemeindeverwaltung des „roten Wien" in den zwanziger Jahren errichteten großen Wohnanlagen innewohnt. Die Diplomarbeit von Franz Kaym (1913) ist ein ganz besonderer Höhepunkt im klassizistischen Panorama der Produktion der letzten Jahre der Wagnerschule. Sie stellt einen Komplex mit einer Tanzschule, einem Theater und einem Hotel auf der Insel Lacroma dar. Den phantastischen, im Altertum angesiedelten Visionen von Perco und Weiss stellt Kaym eine neue, modernere Auffassung von Monumentalität entgegen, die sich an einer mediterranen, man könnte fast sagen „metaphysischen" Klassizität inspiriert.

Den typisch akademischen Ausdrucksformen der – auf einem System von Innenhöfen aufbauenden – Anlage des Bauwerks, das sich teilweise über verschiedene, durch monumentale Treppen miteinander verbundene Ebenen erstreckt, steht eine architektonische Sprache gegenüber, die durch den gut dosierten Übergang von einem entschieden protorationalistischen, formalen Kalvinismus (Hotelgebäude) zu einem geläuterten Klassizismus verblüffend modern wirkt. Dieser Klassizismus spielt mit dem Kontrast zwischen den massiven, fensterlosen Baukörpern und den feingliedrigen Strukturen der Pilaster, Gurtgesimse und Gebälke (Theater, Gebäude um den

226

227

228

226. F. KAYM, SCHUL- UND FESTHAUS FÜR TÄNZERINNEN AUF DER INSEL LACROMA, 1913. BÜHNE DER ARENA.

227. F. KAYM, SCHUL- UND FESTHAUS FÜR TÄNZERINNEN. KIRCHE.

228. F. KAYM, SCHUL- UND FESTHAUS FÜR TÄNZERINNEN. HOTEL.

229 

230 

Ehrenhof) und antizipiert die moderne Auslegung der Klassik, welche später in Skandinavien von Architekten wie Gunnar Asplund, Anton Rosen, Ivar Tengbom und Arne Jacobsen (Rathaus von Aarhus) und in Italien von Luigi Moretti, den Architekten der Gruppe BBRP, Adalberto Libera, Cesare Cattaneo, Pietro Lingeri, Giuseppe Terragni und anderen, in den Wettbewerbsentwürfen für die geplante Weltausstellung 1942 in Rom praktiziert wird.

Das Hotel: ein Thema der Großstadtarchitektur

Die letzte Schaffensperiode der Wagnerschule wird nicht durchgehend von einer klassizistischen Restauration geprägt; auch wäre es falsch, darin – wie dies hin und wieder behauptet wird – einen Kurswechsel in Richtung Konservatismus zu sehen. Im Gegenteil, zwischen 1908 und 1913 sind die Entwürfe, aus denen ein monumentaler Klassizismus spricht, eine vernachlässigbare Komponente der Produktion, in der die Neuauflage der Wagnerschen Themen der Großstadtarchitektur zu Ergebnissen führt, die durchaus als „protorationalistisch" bezeichnet werden können.

Die Bemühung um eine Rationalisierung unter Berücksichtigung einer funktionellen Logik ist in einer Reihe von Entwürfen aus dem Jahre 1908 (von Ferdinand Kaindl, Hans Böhm, Theodor Träxler, Antonin Engel und Andreas Hofer) sowie aus dem Jahre 1912 (von Felix Kleinoscheg, Hans Fritz, Rudolf Weiss und Franz Kaym) besonders deutlich zu erkennen. Gemeinsames Thema dieser Entwürfe ist das große Hotel. Ebenfalls aus dieser Zeit stammen Projekte von Wagner, die dem gleichen Thema gewidmet sind: zwei Hotels an der Ringstraße (1909) und ein Hotel am Karlsplatz (1910/11). In diesen Werken setzt Wagner die Früchte seiner Lehrtätigkeit in die Praxis um. In dem 1909 unter dem Titel „Das Hotel, ein Bauproblem" in *Der Architekt* erschienenen Artikel erkennt der Kritiker Josef August Lux in der Planung von großen Hotels ein für eine Metropole wesentliches Problem und stellt drei grundlegende Prinzipien

229-230. F. KAYM, SCHUL- UND FESTHAUS FÜR TÄNZERINNEN. EHRENHOF UND DRAHTSEILBAHNTURM.

für den Architekten auf. Das Haus muß wie ein tadellos konstruierter Apparat funktionieren. Es muß in den Einrichtungen auf der Höhe der Wagon-Lits stehen. Es muß in bezug auf Hygiene und Reinlichkeit, auch was die Gebrauchsgegenstände betrifft, klinischen Anforderungen genügen. J. A. Lux bejaht eine bautechnische Ästhetik und liefert den Planern genaue Anleitungen, wie der Raum rationell genutzt werden kann: Abschaffung der riesigen Vorhallen und der großen repräsentativen Treppen, die durch die Aufzüge überflüssig geworden sind. An ihre Stelle sollen geräumige, einladende Empfangshallen treten; die Zimmer können durch Wandschränke, Klapp- oder Couchbetten und doppelte, schalldämmende Türen ansprechender und geräumiger gestaltet werden; um optimale hygienische Bedingungen zu gewährleisten, sollte auf staubschluckende Teppiche oder Möbelstoffe zugunsten von Linoleum und Linkrusta verzichtet werden. Die Ermahnungen, aber auch praktischen Hinweise, die in dem Artikel von J. A. Lux enthalten sind, finden Eingang in die Hotelentwürfe der Wagnerschule, werden jedoch in den Entwürfen aus dem Jahre 1912 stärker berücksichtigt als in den Entwürfen aus dem Jahre 1908, in denen die modernen Formen die Typologien nicht verdecken können, die sich noch an den großen Hotels des neunzehnten Jahrhunderts mit ihren engen, von Galerien umsäumten Innenhöfen (langgezogenen, schmalen Schächten) orientieren. In den Entwürfen aus dem Jahre 1912 werden die herkömmlichen typologischen Modelle überarbeitet: Die Verschwendung von Raum für rein repräsentative Zwecke wird eingeschränkt, die Innenhöfe werden besser ausgestaltet und vergrößert. Darüber hinaus sind in den Entwürfen Ansätze einer Rationalisierung der Bauweise zu erkennen, wie etwa die Verwendung von Fertigteilen (zum Beispiel Trennwände aus Eternitplatten mit Korkisolierung).

Diese Entwürfe können im Grunde genommen nicht nur als Höhepunkte eines bereits zu Beginn des Jahrhunderts eingeleiteten Prozesses der Anpassung an den vorherrschenden Geschmack und der Vereinfachung der Formen qualifiziert werden. Ihr „Protorationalismus" kann im Grunde genommen nicht nur eine Frage des Geschmacks sein, auch wenn dies in der Regel unter diesem Ausdruck verstanden wird. Die Hotels von Kleinoscheg, Kaym und Weiss aus dem Jahre 1912 sind – darüber lassen die kurzen Begleittexte keinen Zweifel – vielmehr Werke, die bereits voll und ganz einer architektonischen Auffassung entsprechen, deren höchste Werte nicht das Künstlerische sind, sondern Berechnung, funktionelle Analyse, Anpassung der Form an die Baustoffe und die Funktion sowie sparsame Verwendung der Mittel und des Raums und Verringerung des Arbeitsaufwands.

Die Rolle der Wagnerschule im kulturellen Panorama der europäischen Architektur

Die Vielfalt der Bestrebungen und der Ideenreichtum der Arbeiten der Wagnerschüler verführen zu suggestiven, wenn auch historisch nicht immer belegbaren Interpretationen – ein Beispiel dafür ist Otto Maria Graf[30] –, die im Versuchslabor, das die Wagnerschule darstellt, den Ausgangspunkt von Experimenten sehen, welche nach dem Ersten Weltkrieg von den Architekten der europäischen Avantgarde weiterentwickelt werden. Im übrigen hatten Wagner und seine Schüler in einigen triumphierenden Äußerungen den Anspruch erhoben, daß ihre Schule einen wesentlichen Beitrag zur Entwicklung der zeitgenössischen Architektur geleistet habe. „Wir führen, wir gehen siegreich voran, wir haben die Hegemonie, bei uns sind die richtigen Leute und die richtige Kunst", behauptet Wagner zu Beginn des Jahrhunderts mit nicht ganz unberechtigtem Stolz.[31]

Diesem Ausspruch pflichtet Pavel Janák im Jahre 1910 bei: „Die Grundlage für die Situationsanalyse der Architektur kann und muß das System Wagners sein. Von der gesamten modernen Bewegung war es historisch das erste, das exklusivste, das konkreteste und das erste ideologisch organisierte System; in Europa kommt ihm richtungsweisende Funktion zu, nicht nur aufgrund seiner vielen Erfolge, sondern auch, weil alle modernen Städte Europas unter seinem Einfluß stehen."[32]

231. F. KLEINOSCHEG, HOTEL AUSTRIA, WIEN, 1912.

232. F. KAYM, HOTEL RING, WIEN, 1912.

233. A. ENGEL, HOTEL GLOBUS, WIEN, UM 1908.

234. F. KAINDL, HOTEL OPER, WIEN, 1908.

231

232

233

234

WIENER VOLKSOPER
PERSPECTIVE ZUANLAGE B

SKIZZE KIRCHE
AN STELLE DES HUNDSTHURMER
FRIEDHOFES

XXIX. K. DORFMEISTER, ENTWURF FÜR DIE WIENER VOLKSOPER AM KAHLENBERG, 1903-04.

XXX. K. DORFMEISTER, SKIZZE ZU EINER KIRCHE AN STELLE DES HUNDSTURMER FRIEDHOFES, 1902-03.

XXXI. R. WEISS, ENTWURF FÜR EIN HOTEL, 1912.

XXXII-XXXIII. H. FRITZ, ENTWURF FÜR EIN HOTEL. HALLE UND VESTIBÜL, 1912.

Derart überschwengliche Behauptungen müssen sicher in das rechte Licht gerückt werden. Tatsache bleibt jedoch, daß die Wagnerschule den Werdegang und die Entwicklung der modernen Architektur in den Staaten, die aus den Trümmern des Habsburgerreiches hervorgingen, und in den Ländern, die mit diesem Reich durch alte kulturelle Bande verbunden waren, maßgeblich geprägt hat. Ein nützliches Indiz ist die Herkunft der Wagnerschüler: Über die Hälfte der Studenten (108) sind gebürtige Wiener oder kommen aus den österreichischen Provinzen, die anderen stammen aus Böhmen (20), Mähren (16), Österreichisch-Schlesien (11), Ungarn (3), Krain (5), Kroatien (2), Bosnien (1), Dalmatien (1), Küstenland (1), Siebenbürgen (4), Galizien (3), Russisch-Polen (1), Deutschland (5), Argentinien (1), Bulgarien (1) und der Schweiz (1). Nur wenige Ausländer (9), hauptsächlich Deutsche (5), werden in die Schule aufgenommen; dagegen werden zahlreiche Aufnahmeanträge von nicht aus der österreichisch-ungarischen Monarchie stammenden Bewerbern – unter anderem auch das Ansuchen des Sohnes von Frank Lloyd Wright[33] – abgelehnt.

Bei der Betrachtung der Herkunftsländer dei Schüler fällt sofort die geringe Zahl der Ungarn im Verhältnis zu den Böhmen und Mähren auf. Dies erklärt sich, unabhängig von dem nationalistisch bedingten traditionellen kulturellen Antagonismus zwischen Wien und Budapest, aus der bemerkenswerten Vitalität der ungarischen Architektur in den letzten Jahren des neunzehnten und in den frühen Jahren des zwanzigsten Jahrhunderts, die in den Werken von Persönlichkeiten wie Ödön Lechner, Bela Lajta, Karoly Kós, Ede Toroczkai Wigand und Aladár Arkay einer modernistischen Bewegung Gestalt verlieh.[34] Diese kann trotz der Verschiedenartigkeit der Werke durch den Wunsch, eine nationale Schule zu gründen, die aus dem Formenreichtum der Volkskunst schöpft, auf einen gemeinsamen Nenner gebracht werden. Die Wagnerschule hinterläßt jedoch auch in Ungarn ihre Spuren: Aus ihr geht István Bénko-Medgyaszay[35] hervor, eine der Hauptfiguren der ungarischen Architektur des frühen zwanzigsten Jahrhunderts. Darüber hinaus finden die Experimente Wagners und seiner Schüler in Wien in den Werken der Brüder Láslò und Jószef Vágós und vielleicht auch in dem protorationalistischen Umschwung, der das Werk von Bela Lajta nach 1910 kennzeichnet, ihren Niederschlag. Der Einfluß der Wagnerschüler auf die architektonische Wiederbelebung sowie die Entstehung moderner, stark national gefärbter Tendenzen in Böhmen, Slowenien und Kroatien ist weitaus größer. Hier seien lediglich einige Namen genannt: Jan Kotěra, einc der herausragendsten Persönlichkeiten der Generation der Pioniere der modernen europäischen Architektur (auch wenn sein Werk von der Geschichtsschreibung auf internationaler Ebene bisher noch nicht gebührend anerkannt wurde), dem unter anderem die Leitung der Akademie der Schönen Künste in Prag übertragen wird; Antonin Engel und Friedrich Kick, die zu Rektoren dcs böhmischen beziehungsweise deutschen Polytechnikums in Prag ernannt werden; Josef Chochol und Pavel Janák, die als Anhänger des böhmischen Kubismus bekannt sind; Jože (Josef) Plečnik, der als Dozent zuerst an der Prager Kunstgewerbeschule (1911 bis 1920), dann an der Universität Laibach (1921 bis 1957) wirkt und als Gründer jener slowenischen Architekturschule zu betrachten ist, an der ein weiterer Wagnerschüler unterrichtet: Ivan Vurnik, der ebenfalls an die Universität Laibach berufen wird; schließlich Viktor Kovačić, Professor an der Universität Zagreb, und Alois Bastl, beide Hauptfiguren der modernen kroatischen Architektur.

Die kulturelle Bedeutung der Wagnerschule läßt sich nicht nur anhand bedeutender Persönlichkeiten wie Olbrich, Hoffmann, Kotěra, Plečnik, Schindler usw., die aus ihr hervorgingen, ermessen. Der große Einfluß, den sie auch noch nach dem Ersten Weltkrieg innerhalb und außerhalb der Grenzen des ehemaligen Habsburgerreiches ausübt, kann nur dann richtig beurteilt werden, wenn man die Rolle berücksichtigt, die sie bei der Ausbildung der Lehrer gespielt hat, welche später an zahlreichen Universitäten oder technischen Instituten beziehungsweise Fachschulen gelehrt haben. Zusätzlich zu den bereits erwähnten Namen sind als Universitätsprofessoren zu nennen: Leopold Bauer, Nachfolger von Wagner an der Wiener Akademie, an der auch Alfred Castellitz und Emil Pirchan (der später einen Lehrstuhl für Bühnengestaltung an der Technischen Universität Berlin erhält) unterrichtet haben, Karel Vavra (böhmisches Polytechnikum Prag), Wunibald Deininger und Adolf Ritter von Inffeld (Technische Universität Graz), Josef Hoffmann und Max Fellerer (Kunstgewerbeschule Wien). Die Liste der Direktoren und Lehrer an technischen Schulen und künstlerischen Ausbildungsstätten in Österreich, Deutschland (wo Emil Baschant in Frankfurt am Main, Karl Benirschke in Düsseldorf, Anton Floderer in Berlin und Gustav Rossmann in Darmstadt unterrichteten), in Böhmen, im Gebiet von Trient und in Südtirol und sogar in den USA (wo Ernst Lichtblau an der Rhode Island School of Design unterrichtete) wäre noch wesentlich länger. Die Wagnerschule wird also zum Kern eines Stammbaumes mit zahlreichen Verästelungen in den verschiedensten nationalen Schulen, die, auch wenn sie mitunter gegen die Lehre des Meisters polemisiert haben (sehr oft waren für die Ablehnung der kulturellen Vorherrschaft Wiens nationalistische Gründe ausschlaggebend) einen wesentlichen Anteil an der Verbreitung der Grundsätze und der Ergebnisse der in der Wagnerschule durchgeführten Experimente hatten.

Eine Untersuchung, die mit streng historischen Kriterien die Ausstrahlung der Lehre und der Schule Wagners in Europa im einzelnen darlegen will, muß sich auch eingehend mit den Auswirkungen der Lehrtätigkeit der Schüler des Wiener Meisters an den Kunst- und Berufsschulen auseinandersetzen. In diesem Zusammenhang ist auch auf die Bedeutung der Veröffentlichungen zu verweisen, in denen die Entwürfe der Wagnerschule vorgestellt werden und die teilweise nicht in Österreich, sondern in Deutschland vom Verlagshaus Baumgartner in Leipzig herausgegeben wurden. Eine ausführliche Behandlung des Einflusses der Wagnerschule in ganz Europa würde über den Rahmen des vorliegenden Werkes hinausgehen; er muß auch erst noch genauer erforscht werden. Es existieren indessen genügend Hinweise, die zeigen, daß der Einfluß der Wagnerschule über die Grenzen des deutschsprachigen Raums hinausging. In den skandinavischen Ländern gibt es mehr als ein Beispiel dafür, daß die Produktion der Wagnerschüler aufmerksam verfolgt wurde: In Schweden ist in diesem Zusammenhang an die Schülerarbeiten von Gunnar Morssing und Sven Silow[36] zu erinnern. In einigen der zahlreichen Gebäudekomplexe, die im Architekturbüro von Victor Dorph und Anders J. Höög in Stockholm realisiert wurden, ist der Einfluß der Entwürfe für Mietshäuser der Wagnerschüler (und insbesondere Kotěras) deutlich erkennbar. Besondere Erwähnung verdient ein Großteil der Werke Carl Bergstens aus den Jahren 1903 bis 1917, die ebenfalls von der Wagnerschule beeinflußt sind, wenn auch nicht so stark und offenkundig wie von Olbrich und Hoffmann. Bergsten kannte die Wiener Architektur und das Werk Olbrichs von Studienreisen nach Wien und Darmstadt aus eigener Anschauung. Außerdem unterhielt er einen Briefwechsel mit Otto Schönthal. Von einigen Autoren wurde aufgezeigt, daß auch in Norwegen in dem von Einar Oscar Schou entworfenen Nationaltheater von Bergen (1906 bis 1909) der Einfluß der Wagnerschule spürbar ist. Verschiedene Forschungsbeiträge über die Liberty-Architektur in Italien haben klar gezeigt, daß Persönlichkeiten wie Raimondo D'Aronco, Silvio Gambini, Mario Chiattone und Antonio Sant'Elia der Wagnerschule und ihrem Meister kulturell verpflichtet sind. Ein Detail, das im Rahmen dieser Forschungen bekannt wurde, verdient erwähnt zu werden: Alle vier Architekten hatten in ihrer Bibliothek Werke über die Wagnerschule stehen.

Anmerkungen zu Kapitel V

1 Karl von Hasenauer arbeitete zusammen mit Semper am Bau der Hofmuseen (1872-81), des Burgtheaters (1880-86) und der neuen Hofburg (1881-1913), die erst 16 Jahre nach dem Tod des deutschen Architekten fertiggestellt wurde.

2 Die andere Spezialschule, die zum Zeitpunkt der Ernennung Wagners von Viktor Luntz, der vorher Professor für frühchristliche und mittelalterliche Architektur an der Technischen Hochschule Wien war, geleitet wurde, zeichnete sich durch eine neugotische Tendenz aus.

3 1966 behauptete Marco Pozzetto, Max Fabiani habe an der Abfassung von *Moderne Architektur* mitgewirkt (vgl. *Max Fabiani architetto,* Görz 1966, S. 33-36). Kürzlich ging er ausführlicher auf dieses Thema ein (vgl. *Max Fabiani. Ein Architekt der Monarchie,* Wien 1983, Kap. I).

4 Vgl. O. Wagner: Baukünstlerisches Lehrprogramm, in: *Deutsche Bauzeitung,* 27.10.1894.

5 Diese Aussagen sind übernommen aus: M. Pozzetto: *Die Schule Otto Wagners 1894-1912,* Wien 1980, S. 11.

6 J. A. Lux: Vorwort, in: *Wagnerschule 1902,* Wien 1903, S. 2.

7 M. Kammerer: Über die Art der Darstellung unserer Entwürfe, in: *Der Architekt,* XIV (1908), S. 41.

8 „Die moderne Architektur", schreibt Pavel Janák 1910 in Anspielung auf die Wagnerschule, „wurde vorwiegend von der triebhaften Erfindungsgabe der schaffenden Hand des Künstlers getragen; nur bei einer Minderheit wurde sie von geistigen Spekulationen begleitet, obwohl dieser architektonische Aufbruch von theoretischen Proklamationen begründet worden war und rationalistisch sein wollte." (vgl. P. Janák: Od moderné architektury k architekture in: *Styl* II (1910), S. 105).

9 In den „neuen Anschauungen", im „Schönheitsideale der Epoche", von denen Wagner spricht, eine Vorwegnahme des Kunstwollens von Riegl zu sehen, das erst

1901 in dessen Werk *Spätrömische Kunstindustrie* voll zum Ausdruck kommt, wie Marco Pozzetto vorschlägt (vgl. Einleitung zu O. Wagner: *Architettura Moderna,* Turin 1976, S. XLI), erscheint nicht plausibel. Die Prämissen des Konzepts des Kunstwollens sind im Buch *Stilfragen* (Wien 1893) ersichtlich, wo Riegl von Kunstgeist spricht, was in etwa dem „Schönheitsideal" Wagners entspricht.

10 M. Fabiani: Wagnerschule in: *Aus der Wagnerschule,* Supplement-Heft zu *Der Architekt,* I (1895), S. 54.

11 O. Felgel: Architektonische Ausgestaltung der Nicaragua-Canal-Einfahrt. Specialaufgabe. III. Jahrgang. Concurrenzarbeit um das Staats-Reisestipendium, in: *Aus der Wagnerschule MCM,* herausgegeben von P. Roller, Wien 1900, S. 38.

12 O. M. Graf: *Die vergessene Wagnerschule,* Wien 1969, S. 23.

13 Ebenda, S. 22.

14 Ebenda, S. 19.

15 Vgl. P. Janák: Hranol a Pyramida (Das Prisma und die Pyramide), in: *Umělecký Měsíčník, I* (1911-12), S. 162-170.

16 Diese Hypothese scheint durch den Briefwechsel zwischen Olbrich und Hoffmann bestätigt zu werden, der sich im Archiv des Architekten Johannes Spalt in Wien befindet und zitiert wurde in: E. F. Sekler: Gli schizzi del viaggio in Italia di Josef Hoffmann e Josef Olbrich, in: *Artisti austriaci a Roma dal Barocco alla Secessione,* Ausstellungskatalog, Rom 1972.

17 Zitiert in E. F. Sekler, a.a.O. (Rückübersetzung).

18 Ebenda (Rückübersetzung).

19 Ebenda (Rückübersetzung).

20 J. Hoffmann: Selbstbiographie, in: *Ver Sacrum,* NS, 1972, S. 110.

21 J. Hoffmann: Architektonisches aus der österreichischen Riviera, in: *Der Architekt,* I (1895), S. 37-38.

22 Vgl. E. F. Sekler, a.a.O.

23 J. Hoffmann: Architektonisches von der Insel Capri, in: *Der Architekt,* III (1897), S. 13.

24 E. Lichtblau: Studien und Skizzen aus Bosnien und Dalmatien, in: *Der Architekt,* XIV (1908), S. 81-83, 86.

25 Vgl. *Wagnerschule 1902/03 und 1903/04,* herausgegeben von K. M. Kerndle, Leipzig 1905, S. 65.

26 Zitiert in M. Pozzetto, a.a.O., S. 13.

27 Eine dieser Skizzen wurde veröffentlicht in: M. Pozzeto, *Max Fabiani 1865-1962. Ein Architekt der Monarchie,* Wien 1983, S. 13.

28 Siehe *Wagnerschule 1902,* Wien 1903, S. 34-36.

29 M. Pozzetto, *Die Schule Otto Wagners,* S. 10.

30 O. M. Graf, *a.a.O.*

31 Zitiert in A. Deutsch-German, „Oberbaurat Wagner", in: *Wiener Porträts,* Wien 1903, S. 30.

32 P. Janák, „Od moderné architektury..." S. 105.

33 Erwähnt in: J. L. Wright, *My Father who is on Earth,* New York 1946.

34 Den ausführlichsten Beitrag über die Beziehungen zwischen Wien und der ungarischen Architektur liefert uns A. Moravánsky mit seinem Werk *Die Architektur der Jahrhundertwende in Ungarn und ihre Beziehungen zu der Wiener Architektur der Zeit,* Wien 1983.

35 Zum Werk dieses Architekten siehe I. Kathy: *Medgyaszay István,* Budapest 1979.

36 Einige Schulentwürfe von Silow wurden veröffentlicht in C. J., „Ett par af Sven Silows arbeten" sowie in *Arkitektur* (Stockholm), H. 6, 5/6 1909, S. 81-82 und 84.

KAPITEL VI DIE WIENER ARCHITEKTUR DES WAGNERKREISES

Vielfach gilt die Meinung, daß der Ideenreichtum der Studienprojekte der Wagnerschüler in deren Architektur kaum zum Ausdruck komme. Es ist eine Binsenweisheit, daß ein Entwurf, der – wie an der Akademie – ohne jeglichen Sachzwang entsteht, sich zwangsläufig von seinem den verschiedensten Erfordernissen gehorchenden Gegenstück der Praxis unterscheidet. Es ist jedoch nicht von der Hand zu weisen, daß die Wagnerschüler und einige in Wagners Ateliers tätige Mitarbeiter trotz der geringen Zahl ausgeführter Projekte die Wiener Architektur des frühen 20. Jahrhunderts durch Bauwerke von beträchtlichem Niveau entscheidend geprägt haben. Ein Großteil der von Wagner ausgebildeten Studenten nimmt kurz vor dem Ersten Weltkrieg die freiberufliche Tätigkeit auf und wird vor allem in den zwanziger und dreißiger Jahren mit der Planung von Großprojekten betraut. An den groß angelegten Sozialbauvorhaben, deren Träger die Stadt Wien ist, sind zahlreiche Wagnerschüler beteiligt: Hermann Aichinger und Heinrich Schmid, Leopold Bauer, Karl Dorfmeister, Karl Ehn, Rudolf Frass, Hubert Gessner, Emil Hoppe, Ernst Lichtblau, Konstantin Peller, Rudolf Perco, Otto Schönthal, Karl Stoik, Franz Matouschek und Josef Hoffmann. Der Beitrag der Schüler und Mitarbeiter Wagners zur Wiener Architektur der ersten fünfzehn Jahre des 20. Jahrhunderts läßt sich jedoch nicht in Zahlen ausdrücken, sondern muß im Zusammenhang mit dem Einfluß beurteilt werden, den Typologie und Formensprache der von ihnen entwickelten Modelle auf das Bauwesen ihrer Zeit ausüben. Wagner hat der Wiener Architektur nicht nur durch seine Lehrtätigkeit, sondern auch durch die Entdeckung und Förderung junger Talente wesentliche Impulse der Erneuerung vermittelt. Die Lehrzeit in Wagners Atelier ist entscheidend für die Ausbildung von Olbrich und Fabiani. Letzterer wird zu einer Schlüsselfigur der Architektur des frühen 20. Jahrhunderts in Wien und in der Provinz des Habsburgerreiches. Fabiani ist in Slowenien, im südlichen Polen sowie in den italienischen Gebieten der Monarchie (Triest und Görz) tätig. Ihm werden, vermutlich nicht ganz ohne die wohlwollende Unterstützung des Thronfolgers Franz Ferdinand, bedeutende Stadtplanungs-, Restaurierungs- und Neubauaufträge übertragen.[1]

Nach Abschluß seiner Lehrzeit im Wagnerschen Atelier (1894-1898) lenkt der gebürtige Italiener mit der Halle der „Drei Commissionen" für die Jubiläumsausstellung des Jahres 1898 in Wien die Aufmerksamkeit der Presse auf sich. Diese Halle ist eines der wenigen Bauwerke, das sich aufgrund seiner modernistischen Ansätze von dem stilistischen Sammelsurium der Ausstellungsgebäude abhebt. Diese Ansätze finden sich allerdings eher in den Dekorationselementen als in der kompositorischen Anlage. In der hierarchischen Unterordnung der niedrigen Seitenflügel unter den beherrschenden Baukörper der Eingangsfront werden Analogien mit den ersten Entwürfen Olbrichs aus dem Jahre 1897 für die Haupthalle der Secession erkennbar. Von diesen Entwürfen scheint Fabiani auch die Gliederung der Flügelfassaden in ein hochgezogenes, fensterloses Fundament und in einen unter dem Dach verlaufenden Fries (von Fenstern unterbrochen) übernommen zu haben. Der ornamentale Bereich weist, abgesehen von den der Ästhetik Olbrichs nahestehenden polychromen Friesen, an den Fenstern und an den Eisenelementen der Eingangsmarkise Blumenmotive auf, die dem französisch-belgischen Art Nouveau entlehnt sind. Ebenfalls im Jahre 1898 nimmt Fabiani am Wettbewerb für die bauliche Ausgestaltung des Wiener Zentralfriedhofs teil. Sein Entwurf ist jene zentrale Kuppelkirche mit doppelter Kuppelschale, die bereits als Modell der Wagnerschule für zahlreiche Kirchenentwürfe und auch für die von Wagner selbst geschaffene Kirche Am Steinhof beschrieben wurde. Hier arbeitet Wagner mit der Hauptfassade und dem Baldachin über dem Eingang Themen aus, die bereits im Entwurf seines ehemaligen Mitarbeiters aus dem Jahre 1898 enthalten sind. Des weiteren nimmt Fabiani 1898 am Wettbewerb für den Karlsplatz teil. Er gewinnt diesen mit einem Entwurf, welcher der Jury aufgrund seiner Sachlichkeit zusagt. Fabiani widersteht hier der Versuchung, eine auf die Karlskirche ausgerichtete, neubarocke Vedute zu entwerfen, und bedient sich bei der Gestaltung des Platzes formaler Mittel, mit denen jede Konkurrenz zu dem bildbeherrschenden Monument vermieden wird. Er schlägt vor, den überwiegenden Teil der Freiflächen in einen einzigen großen Garten zu verwandeln. Das Herz dieses Gartens bildet eine elliptische Esplanade, deren kürzere Achse die Achse der Technischen Hochschule forsetzt. Von hier gehen strahlenförmig Parkwege aus, die das Gelände in einzelne Rasenstücke unterteilen. Charakteristisch ist das Fehlen jeglichen architektonischen Beiwerks wie Treppen, Balustraden, Pavillons usw. Durch diese Anordung wird der Kirchenvorplatz isoliert und ist nicht länger Bestandteil des Parks. Durch die weitläufige und von jeglicher architektonischen Intention freie Grünfläche wird eine Art respektvoller Abstand geschaffen, der das monumentale Meisterwerk von Johann Bernard und Josef Emanuel Fischer von Erlach noch imposanter wirken läßt.

Um die Jahrhundertwende errichtet Fabiani jene zwei Bauten, in denen von all seinen Werken der Bezug zu der von Wagner in seiner Schrift *Moderne Architektur* dargelegten Problematik am offenkundigsten wird – sie sind zugleich sein bedeutendster Beitrag zur Wiener Architektur des frühen 20. Jahrhunderts, und zwar handelt es sich um das Haus Portois & Fix (1899-1900) in der Ungargasse und das Palais Artaria am Kohlmarkt (1900/01). Das Gebäude in der Ungargasse, das Wohnungen, Büroräume sowie die Verkaufs- und Lagerräume der Möbelfabrik Portois & Fix beherbergt, ist eine beispielhafte Konkretisierung des Konzepts der in *Moderne Architektur* dargelegten hauptstädtischen Architektur, die bewußt die sich aus der Umweltbelastung einer Großstadt ergebenden Hygieneprobleme berücksichtigt. Das Neue an diesem Bauwerk liegt nicht so sehr in der verwendeten Typologie, deren bestimmendes Merkmal – die im Erd- und Zwischengeschoß zur Schaffung großräumiger Schaufenster für die Ausstellung der Waren „ausgeräumte" Fassade – bereits in früheren Wagnerbauten (Ankerhaus) ihr Vorbild hat. Der Neuerungscharakter des Hauses Portois & Fix beruht dagegen auf einem rigorosen Funktionalismus, nach dem die Wahl des Materials, die bauliche Detailgestaltung, die Einschränkung auf ein Minimum an stets funktionsgebundenen Dekorelementen erfolgt, sowie auf einer gegenüber der in analogen Entwürfen der Wagnerschule üblichen Formensprache erneuerten Ästhetik. An die Stelle der Blumenmotive des von Wagner kurz vor dem Haus Portois & Fix errichteten

235

235. M. FABIANI, HAUS PORTOIS & FIX, WIEN III, UNGARGASSE 59-61, 1899-1900. UMGEBAUT, HEUTIGER ZUSTAND.

Majolikahauses – und zahlreicher daran anknüpfender Entwürfe der Wagnerschule – läßt Fabiani eine dem Einsparungsgebot besser entsprechende abstrakt-geometrische Komposition treten. Er verwendet dafür nicht Keramik-, sondern durch Einbrennen glasierte Pyrogranitpulverfliesen, die er aneinanderreiht. Die Fliesen sind in drei verschiedenen Grüntönen gehalten, wobei in einem Fall eine senfgelbe Komponente dominiert. Abgesehen von der Wahl des Grundtons Grün, können – so Marco Pozzetto[2] – für diese Art Fassadenverkleidung venezianische Vorbilder, insbesondere der Dogenpalast, angenommen werden. Der als Tätowierung verstandenen Verzierung in einigen Werken Wagners und seiner Schüler setzt Fabiani einen ausgeklügelten Chromatismus entgegen, der seine Wirkung aus dem Nebeneinander verschiede-

236 

 237

236. M. FABIANI, WOHNHAUS RIESS, WIEN IV, SÜDTIROLER PLATZ 4, 1901-02.

237. M. FABIANI, WOHNHAUS RIESS, WIEN IV, STARHEMBERGGASSE 17, 1901-02.

nen Materials bezieht: roter schwedischer Granit im unteren Teil der Fassade, grüne Fliesen im oberen Teil und Bronze für einige Dekorationselemente. Einzige angedeutete, am Art-Nouveau-Geschmack orientierte Dekorelemente sind die Eisenaufhängungen der Laternen, der Bronzemantel des Regenwasserabflußrohrs, das die Fassade in der Art eines Gesimses gliedert, und das Geländer über der Traufe.

Die Tendenz einer Reinigung der Formensprache vom dekorativen Element ist auch im Artaria-Haus am zentral gelegenen Kohlmarkt festzustellen, das ähnlich dem Hause Portois & Fix ein Mehrzweckgebäude ist (Wohn- und Geschäftsräume), in dessen Keller-, Erd- und Zwischengeschoß die Kunsthandlung Artaria untergebracht ist und dessen Obergeschosse Wohnraum bieten. Diese Doppelfunktion kommt in der Fassade klar zum Ausdruck: Das Gebälk ruht auf Pfeilern, deren Zwischenräume im Erd- und Zwischengeschoß Schaufenster ausfüllen. Im Gegensatz zum Haus Portois & Fix wird hier in den Obergeschossen die Einheitlichkeit der Fläche durch die horizontalen Linien der in Entsprechung zu den Fensterbänken verlaufenden Gesimse durchbrochen, die das Gebäude in der Höhe breiter erscheinen lassen. Eine besondere Neuheit in der zeitgenössischen Wiener Architektur stellen die Marmorplattenverkleidung und die trapezförmig geschnittenen Fenster der Fassade des Artaria-Hauses dar. Wie Ludwig Abels im Jahre 1902 bemerkt[3], sind Marmorverkleidungen damals nahezu unbekannt, sieht man von dem von Wagner gestalteten Stadtbahnhof Karlsplatz ab. Nach dem Bau der Postsparkasse (1903) verwendet Wagner häufig Marmor für die Verkleidung seiner Fassaden. Die Form der Türen und Fenster hingegen verleiht dem Ganzen eine besondere englische Note: Sie ist bezeichnend für das englische *Country house* und die Architekturen von Charles F.A. Voysey, Mackay Hugh Baillie Scott und Charles Rennie Mackintosh (Glasgower Schule). Diese Art von Türen und Fenstern taucht später in Werken von Hubert Gessner und Robert Oerley wieder auf. Mit dem Haus Artaria zeigt Fabiani, daß er es versteht, die schwierige Aufgabe zu lösen, die das enge, einem verschobenen Trapez gleichende Grundstück ihm stellt. Er macht das Beste aus der mißlichen Lage, indem er ein Treppenhaus mit elliptischem Grundriß in den engeren Teil verlegt, der sich durch den obligatorischen Innenhof ergibt. Dieser Hof ist die Tageslichtquelle sämtlicher nicht zur Straße orientierten Räume. Der langgestreckte Grundriß des Treppenhauses gestattet es, daß entlang einer Seite ein Korridor geführt werden kann, der die Vorderseite des Gebäudes mit dem Hinterhof verbindet.

An den Bauten Fabianis, die nach dem Haus Artaria entstehen, ist eine Aufweichung der formalen Strenge der ersten Schaffensperiode zu erkennen. Fabiani entfernt sich von der streng rationalistischen Interpretation der in dem Buch *Moderne Architektur* dargelegten Lehre Wagners. Diese Tendenz wird in Wien zum ersten Mal in den drei zwischen 1901 und 1902 entstandenen Riess-Häusern am Südtiroler Platz Nr. 2 und Nr. 4 sowie in der Starhemberggasse 47 erkennbar. Am Haus Südtiroler Platz Nr. 4, einem kompakten Würfel, der nur durch eine nahe an die Hausecke herangerückte Erkerfensterreihe aufgelockert wird, entspricht die Fassadengliederung einem Gitter, bei dem sich die Artikulation des Tektonischen (die strukturgegebenen Pfeiler finden ihre Entsprechung in vertikalen Lisenen) und die Umfunktionierung konstruktionsgegebener Elemente zu bloßer Dekoration überlagern. (Den Fensterbänken entsprechen Gesimse, welche die Lisenen und die Erkerfenster horizontal schneiden.) Diesem Raster ist in Reliefmanier eine Laubwerkdekoration aufgesetzt, die eine rankende Kletterpflanze evoziert. Das Spiel wird am Hause Riess in der Starhemberggasse 47 noch weiter getrieben: Das Resultat seman-

238

239

238-239. M. FABIANI, VOLKSHOCHSCHULE URANIA, WIEN I, URANIASTRASSE 1, 1905-1909.

tischer Zweideutigkeiten und ironischer Verdrehung des Kodexes klassischer Bauformen ist eine montierte Fassade, die mit den Gesetzen der Proportionalität und der baulichen Syntax bricht. Diese Fassade ist formal dreigeteilt; Erd- und Zwischengeschoß weisen einheitlich grobkörnige Flächen auf, die an Hausteinverkleidungen erinnern. Auf diesem ersten Bereich baut ein zweiter auf, der das erste und zweite Geschoß umfaßt: Aufgrund der zwischen den Fenstern hervortretenden, Rustikaquader evozierenden Teile wirkt das Ganze wie ein übermäßiger Gebäudesockel. Hieran schließt der dritte Bereich (drittes und viertes Geschoß) an, der durch mächtige, Gebälk tragende Doppelsäulen gegliedert ist, die in der unteren Hälfte Stuckblätterwerk umwindet. Diese Säulen bringen übrigens – da sie jeder tragenden Funktion entbehren und aufgrund des übergroßen „Sockels" jeden Maßstab verloren zu haben scheinen – die Verspieltheit des Entwurfs besonders deutlich zum Ausdruck.

Im Jahre 1904 erhält Fabiani vom „Baumeister" Riess den Auftrag, die Fassaden des Hauses „Zum Roten Igel" am Wildpretmarkt in der Wiener Innenstadt zu gestalten, für das der Bauunternehmer bereits die Pläne ausgearbeitet hat. Für diese Fassadenkosmetik greift Fabiani wiederum auf pflegeleichte abwaschbare Baustoffe zurück und entwirft ein Kachelmosaik. Statt jedoch dem secessionistischen Vorbild zu folgen, entwirft er neobarocke Reliefvoluten, was auch dem Wunsch des Auftraggebers entspricht, das neue Gebäude seiner architektonischen Umgebung anzupassen.

Das bedeutendste Werk des „Baroccus fabianensis" ist die Urania (1905-1909) zwischen Uraniagasse und Donaukanal. Diesen der Volksbildung, der Wissenschaft und der Kultur gewidmeten Palast zeichnet nicht in erster Linie der auf den modernen Konstruktionstechniken beruhende freie Umgang mit den traditionellen Formen der neubarocken Bauhülle aus, die einerseits von den modernistisch eingestellten Kritikern als Verrat angeprangert wird, andererseits den konservativen Akademiekreisen wegen gewisser Freiheiten, wie der Beseitigung der Basis der korinthischen Säulen aus Eisenbeton, als Ketzerei erscheint. Fabiani stellt hier vor allem mit der Anordnung der Innenräume seine erfinderische Kraft erneut unter Beweis, die ihn im Laufe seiner bewegten, gelegentlich auch widersprüchlichen künstlerischen Entwicklung nie im Stich läßt. Die Urania ist eine bemerkenswerte Vorwegnahme des Konzepts des frei gestalteten Aufrisses, eine Art überdimensionaler *Raumplan* Loosscher Prägung, in dem sich je nach vorgesehener Gemeinschaftsaktivität verschieden hohe Räume in fließender Abfolge über die einzelnen Geschosse verteilen. Die letzte Wiener Schöpfung Fabianis vor dem Krieg ist das jetzige Haus Palmers (1911/12), dessen Halbsouterrain, Erdgeschoß und Mezzanin der kommerziellen Nutzung dienen und dessen vier Obergeschosse Wohnungen vorbehalten sind. Der Grundriß in der Form eines Omega, das sich um ein Innenhoftrapez legt und gegen die Straße hin durch einen die beiden Seitenflügel des Palais verbindenden Portaltrakt abgeschlossen ist, zeugt von einem sehr geschickten Experiment mit der barocken Bauform. Die breite Öffnung der Kulisse des Hofes, der diesen fast zu einer Piazzetta werden läßt, dynamisiert die Raumwahrnehmung des Betrachters insofern, als sich die perspektivische Wirkung mit wechselndem Standort verschiebt und ihre Akzente sich verlagern – auch dies verrät eine eingehende Beschäftigung mit den Bauprinzipien des Barock. Zu den ersten Absolventen der Wagnerschule, die – wie auch aus bekannten Verzeichnissen wie der Veröffentlichung *Wiener Neubauten im Style der Secession* hervorgeht – um 1900 eine beträchtliche Anzahl von Wohnbauten schufen, zählen Leopold Eber, Adolf Ritter von Inffeld, Friedrich Dietz von Weidenberg, Josef Ludwig, Rudolf Göbl und Franz Krásny. Ein Großteil ihrer Wohn- und Kommunalbauten gehört nach Typologie und stilistischen Vorbildern dem 19. Jahrhundert und dem Späthistorismus an und ist lediglich durch secessionisierende Dekorationselemente dem neuen Zeitgeschmack angepaßt. Von derartigen Kompromißlösungen distanzieren sich einige Wohn- und Geschäftsbauten und einige Arbeiterwohnhäuser von Dietz von Weidenberg im Wiener Bezirk Floridsdorf. Bei diesen Gebäuden – das Sparsamkeitsgebot trägt das seine dazu bei – geht eine durch den Verzicht auf alles Überflüssige bewirkte schlichte Linienführung mit einer eleganten und nüchternen Dosierung moderner Dekorationselemente (Medaillons, Linienbündel, Blumenfriese – zumeist in Stuck oder Sgraffitto-Technik) eine gelungene Verbindung ein. Krásny, der sich in seiner frühen Schaffensperiode (mitunter gemeinsam mit Hoffmann) an zahlreichen Wettbewerben beteiligt und dabei auch einige Male prämiiert wird, konzentriert sich vorwiegend auf das Thema Einfamilienhaus. Er baut in den ersten Jahren des Jahrhunderts im Bezirk Hietzing an die zehn kleinere Villen, die eine gekonnte, an die österreichische Bautradition anknüpfende Neuformulierung des englischen *Country house* darstellen. Einige dieser Häuser werden sogar in der maßgeblichen englischen Fachzeitschrift *The Studio* von der Kritik wohlwollend aufgenommen.[4]

Zu den herausragenden Persönlichkeiten, die kurz vor der Jahrhundertwende aus der Wagnerschule hervorgingen, zählen Leopold Bauer, Jan Kotěra, Jože Plečnik und Hubert Gessner. Die zwei ersteren hatten nur wenig Gelegenheit, vor Kriegsausbruch in Wien zu wirken. Bauer, dem man im November 1913 Wagners Lehrstuhl an der k.k. Akademie der Bildenden Künste anträgt – nachdem er Plečnik drei Mal verweigert wurde –, ist in den ersten Jahren des Jahrhunderts vor allem in Mähren und Schlesien tätig. Bauer, der sich im Jahre 1901 mit Mackintosh und Baillie Scott den ersten Preis in dem vom Darmstädter Verleger Alexander Koch veranstalteten internationalen Wettbewerb für das *Haus eines Kunstfreundes* teilt, baut zu Beginn seiner Laufbahn das Haus Reissig in Brünn (1901) und die Villa Kurz in Jägerndorf (1902). Beide Bauten stehen für die Erneuerung der Typologie des Einfamilienhauses sowie für die Vereinfachung der Ausstattungselemente auf elementare geometrische Formen, denen in der Habsburgermonarchie eine gleich große historische Bedeutung und ein ebenso hoher formaler Wert beigemessen wird wie einigen in etwa zeitgenössischen Leistungen (z.B. Hoffmanns Villenkolonie auf der Hohen Warte oder Koloman Mosers Möbel). Bauer und im übrigen auch Hoffmann sind gelehrige Schüler der Tradition des englischen *Country house* und von Mackintosh: Dies wird erkennbar an den Grundrissen, deren Mitte das Doppelvolumen der Halle – Schnittpunkt aller vitalen Funktionen des Hauses – beherrscht; an den Möbeln – leichten, luftigen, weiß lackierten Gebilden aus zarten Leisten, und schließlich an der geometrischen Gestaltung von Wänden, Decken sowie Fenstern und Türen, wobei häufig das Quadrat das Grundmuster abgibt.

In seinen ersten Arbeiten entwickelt Bauer, der Mitglied der Secession wird und für diese in den Jahren 1900 bis 1902 tätig ist, folgerichtig und originell zugleich die rationalistischen Lehren Wagners fort. Im übrigen äußert Bauer bereits im Begleittext zu *Verschiedene Skizzen, Entwürfe und Studien*, einer 1898 in Wien veröffentlichten Sammlung seiner Jugendentwürfe, ein für das 19. Jahrhundert bezeichnendes optimistisches Vertrauen in eine harmonische Synthese der technischen Errungenschaften, die Mechanisierung der Arbeit und die Erneuerung der Baukunst und schlägt eine Interpretation der in *Moderne Architektur* dargelegten Thesen nach rein funktionalistisch-rationalen Gesichtspunkten vor. Bauers Arbeiten der Zeit nach 1905 unterscheiden sich inhaltlich stark von seinen früheren Werken und geraten mit den Thesen Wagners in Kollision. Mit einigen Wettbewerbsbeiträgen für Wien, mit Entwürfen für die Handels- und Gewerbekammer am Ring (1905), für das Kriegsministerium, ebenfalls am Ring (1905), für das Technische Museum in der Linzer Straße (1910) und für die Österreichisch-Ungarische Bank in der Alserstraße (1911-1915) läßt Bauer einen Historismus wieder aufleben, bei dem sich eine Tendenz zur Gigantomanie, gepaart mit formaler Üppigkeit, zeigt. Diese übertrifft sogar die pompöse Manier der französischen Architektur des Second Empire, wie sie Charles Garnier vertritt. Von den genannten Projekten gelangt nur die Österreichisch-Ungarische Bank zur Ausführung; sie entsteht während des Krieges nach klassizistisch-monumentalen Entwürfen, denen von dem barocken Schwulst der ersten Arbeiten Bauers nichts mehr anhaftet.

Jan Kotěra, in jener Zeit bereits seit Jahren in Prag ansässig, wo er zum Haupt der Schule der neuen böhmischen Architektur wurde, bringt in Wien nur einen einzigen von ihm entworfenen Bau zur Ausführung, und zwar die Villa Lemberger (1914) in der Grinzinger Allee: Durch den unkonventionellen Umgang mit klassizistischen Stilelementen zu rein dekorativen Zwecken kommt hier ein prononciert böhmischer Gesamteindruck zustande.

Jože Plečnik hinterläßt in Wien weit zahlreichere und deshalb bedeutsamere Spuren; sein Werk ist seit einigen Jahren häufiger Gegenstand kunsthistorischer und -kritischer Veröffentlichungen. In einer Zeit, in der die Bestandsaufnahme des Erbes der Moderne den pathologischen Aspekt einer „Abstoßungskrise“ anzunehmen scheint, nimmt es nicht wunder, daß das vielschichtige Œuvre Plečniks aktuell wird. Plečnik ist ein Mensch, der sich nicht in cin lineares Entwicklungsschema pressen läßt und der als Architekt zwar den Bedürfnissen, den ästhetischen Forderungen und den technologischen Neuerungen seiner Zeit gegenüber aufgeschlossen ist, jedoch immun gegen den naiven Fortschrittsmythos bleibt. Er ringt mit großem Engagement als Einzelgänger um Lösungen, bei denen Ausbrüche aus dem altbewährten Wertschema die Regel sind. In der Vielfalt und dem wiederholten Wechsel seiner Formensprache (dies wird bereits in Plečniks Wiener Zeit erkennbar) spiegelt sich jene existentielle Spannung wider, die das feste Vertrauen in die gesicherte Zukunft der Moderne untergräbt, das der spätpositivistische Optimismus Wagners auf seine Fahnen schreibt. Diese Spannung, in der er lebt, läßt sich nicht durch Zuflucht zu einer von allgemeinem Konsens getragenen Formensprache lösen, ob dieser Konsens nun auf eine flüchtige, modegebun-

240

241

242

dene Konvention oder auf die beständigeren Werte der Historie gegründet ist. Der Rückgriff auf die Baugeschichte, der bei Plečnik vor allem in seiner Nach-Wiener Periode erkennbar wird, gilt bei ihm nicht als Rückzug in die heile Welt eines zur Institution erhobenen Formenkodex, der seine Gültigkeit aus der Universalität bezieht, welche ihm die von der Tradition abgesegneten Werte verleihen. Boris Podrecca, der in einer „nach Form und Material präzisen Orchestrierung eines teilweise tradierten, aber mit neuem Leben erfüllten, energiegeladenen klassischen Grundmusters" die Grundlage der architektonischen Formensprache Plečniks erkennt, bemerkt zu Recht: „Die Grundrichtung seines Werks impliziert keine generelle Verwendung der Historie, sondern er bricht sich einen fruchtbaren Weg durch metaphernreiche Rhetorik, selbstgefällige Attitüden und ideologische Manipulation der geschichtlichen Form. (...) Plečniks Konzept besteht in einer Rückkehr zu den Quellen und einer Erforschung der Grundlagen und Ursachen. Seine Antwort, in der das Bedürfnis mitschwingt, einer alten existentiellen Ordnung Tribut zu zollen, nimmt sich häufig dramatisch, wenn nicht gar verzweifelt aus. Sie ist jedoch stets knapp und schlüssig."[5]

Nach seiner Lehrzeit in Wagners Atelier (1899-1900), in deren Verlauf er in die Arbeiten für die Projektierung einiger Stadtbahnhöfe einbezogen wird (Rossauer Lände, Schottenring, Brigittabrücke), beginnt Plečnik seine Laufbahn als freiberuflich tätiger Architekt mit einigen Bauten im figurativen Stil der Secession, der er am 7. März 1901 beitritt. Seine Mitarbeit in dieser Künstlervereinigung erstreckt sich unter anderem auf die Ausgestaltung einiger Räume für die X. (1901), XV. (1902) und XXIV. (1905) Ausstellung der Secession.

Plečniks erstes Wiener Projekt von Rang, die Mehrfamilienvilla Langer in der Beckgasse 30 (1900/01), läßt in den an der Hauptfassade in Stuck ausgeführten Rosen auf Wellenliniengrund Elemente des Secessionsgeschmacks erkennen. Es mutet sonderbar an, daß an diesem Bau immer wieder Einflüsse des französisch-belgischen Art Nouveau[6] und der Glasgower Schule[7] festgestellt wurden. Die eigentlichen Vor-

240-241. J. KOTĚRA, VILLA LEMBERGER, WIEN XIX, GRINZINGER ALLEE 50, 1914. HAUPTFASSADE UND GARTENFRONT.

242. L. BAUER, VERWALTUNGS- UND KASSENGEBÄUDE DER ÖSTERREICHISCHEN NATIONALBANK, WIEN IX, OTTO WAGNER-PLATZ 3, 1915-1919.

ENGEL APOTHEKE

243

244

245

243. R. FARSKY, WOHNHAUS, WIEN XIII, HIETZINGER HAUPTSTRASSE 138.

244. J. PLEČNIK, LANGERS MIETSHAUS, WIEN V, RECHTE WIENZEILE 68, STEGGASSE 1, 1901-02.

245. J. PLEČNIK (ZUSAMMEN MIT KARL LANGER), MEHRFAMILIENVILLA, WIEN XIII, BECKGASSE 30, 1900-01.

XXXIV: M. FABIANI, PALAIS ARTARIA, WIEN I, KOHLMARKT 9, 1900-01. DETAIL DER FASSADE.

XXXV-XXXVI. M. FABIANI, PALAIS PORTOIS & FIX, WIEN III, UNGARGASSE 51-53, 1899-1900. DETAILS DER FASSADE.

XXXVII. O. LASKE, ENGEL-APOTHEKE, WIEN I, BOGNERGASSE 9, 1901-02.

bilder zu der Ausschmückung der Schauseite der Villa Langer sind in den zahllosen in Österreich und Deutschland um die Jahrhundertwende veröffentlichten Sammlungen „moderner“ Ornamentik und in der graphischen Gestaltung der Zeitschrift *Jugend* zu suchen. Typisch wienerisch an diesem Bau ist zudem die zentrale Stellung, welche die Behandlung der Oberflächen, der baulichen Hülle, zum Zwecke der Fixierung der architektonischen Form einnimmt und die einem Grundsatz entspricht, den die Wagnerschule aus dem Semperschen „Prinzip der Bekleidung“ abgeleitet hat. Ebenso charakteristisch sind die Abwandlungen der formalen Gestaltung der einzelnen Fassaden, hinter denen die Tendenz steht, jede Fassade als autonomes Element zu begreifen. An der Hauptfassade legt sich eine dichte Blumenkomposition wie eine Tätowierung über eine Oberfläche, auf der die Ausbuchtungen der Erkerfenster in eine plastische Behandlung einbezogen sind. Mit ihren leichten, fließenden Linien erinnern sie an damastene Wandbespannungen. Hier wird eine Idee aufgenommen, die Olbrich am Hause Stöhr in St.Pölten entwickelt hat. An den seitlichen und der hinteren Fassade trägt der Verputz dagegen statt naturalistischer Blüten vertikale Streifen.

Eine komplexere Behandlung der Oberflächen der Fassaden beinhaltet der Entwurf, den Plečnik 1900 im Rahmen des Wettbewerbs für das Palais Zacherl (Wien) einreicht, an dem auch Otto Schönthal und das bewährte Architektenbüro Franz von Krauss/Josef Tölk teilnehmen. Schönthal und Krauss/Tölk nehmen als routinierte Architekten die Gelegenheit zu Anleihen beim Modernismus Wagnerscher Prägung wahr und verwenden Girlanden und sonstigen Zierat aus Schmiede- und Gußeisen sowie polychrome Majolikakacheln, die sie auf der Oberfläche zu dekorativen Friesen fügen. Plečnik dagegen entwirft eine Fassade nach eigenen Vorstellungen: Er unterteilt sie in drei durch Material, Farbgebung und Anordnung deutlich voneinander abgesetzte Bereiche. Erdgeschoß und Mezzanin – beide kommerziell genutzt – tragen eine Verkleidung aus Marmorplatten, die mit Ziernägeln nach einer in Wien vor der Verbreitung durch Wagner unbekannten Technik im Mauerwerk verankert sind. Im ersten und zweiten Stockwerk wird ebenfalls Marmor verwendet. Hier sind die Platten jedoch vermittels vertikal verlaufender Marmorleisten befestigt, die, mit dem entsprechenden Profil versehen, in das Mauerwerk eingelassen sind und zwischen die Platten von oben her eingeschoben werden, und zwar nach einem Verfahren, das Plečnik später beim Entwurf für das Palais Zacherl auf die gesamte Fassade überträgt. Im dritten und vierten Stock ist die Oberfläche unter dem Schutz eines geschwungenen Gesimses mit Verputz und Stuck überzogen; die secessionistischen Ornamente haben laut Ravnikar[8] den Hintergrund des Klimt-Gemäldes „Nuda Veritas“ (1899) zum Vorbild.

Derselbe Autor[9] stellte weitere Bezüge zu Klimt her, vor allem zu dessen Gemälde „Die Sehnsucht nach Glück“ (1902), so in den Stuckdekorationen zwischen den Fenstern des vierten Stockwerks der auf die Linke Wienzeile blickenden Fassade des Mietshauses Langer, das Plečnik 1901/02 in der Steggasse errichtet. Dieses mit sparsamen Mitteln erbaute Haus bietet eine vereinfachte Neuauflage der Fassade des Wagnerschen Mietshauses Universitätsstraße 12 (1888). Die Wand wird gegliedert durch eine dichte Folge hoher Pilaster, die bis zum Mezzanin in Rustika gehalten sind, in den oberen Geschossen jedoch glatt bleiben. Sie rahmen die Fensterreihen ein, in denen die verglasten Flächen mit gemauerten Paneelen alternieren, die wiederum ein Dekor aus einer sich zum Mittelpunkt hin leicht vertiefenden Folge konzentrischer Quadrate tragen. Ähnliche Fassaden bauten die Wagnerschüler recht häufig: Genau dieses Konzept mit ebenso gegliederten Fensterreihen findet sich an dem Mietshaus Hietzinger Hauptstraße 138 von Robert Farsky. Wie Plečnik mit seinem Haus in der Steggasse, so geht auch er mit Stuckdekorationen sparsam um – sie bleiben auf den Raum unter dem Gesims und zwischen den Fenstern des oberen Stockwerks beschränkt.

In einem seiner ersten Entwürfe zur Adaptierung des Hauses Weidmann in der Hietzinger Hauptstraße (1901/02) erwägt Plečnik die Möglichkeit, mit sparsamen Mitteln und unter ausschließlicher Verwendung von Verputz und Stucktechnik tragende Elemente dekorativ zu verkleiden und sozusagen zum Scherz der in reiner Trompe-l'œil-Rustika behandelten Fassade – die deshalb den Eindruck eines hypertrophierten Erdgeschosses erweckt – eine Reihe niedriger Bögen aufzusetzen. Bei der Ausführung optiert Plečnik – vielleicht als Reverenz vor dem Genius loci, in der Tat liegt Schloß Schönbrunn nicht weit entfernt – schließlich bei der Straßenfront für eine barockisierende Lösung: Er setzt dazu der Fassade eine Verblendung aus Mauerwerk auf, die das traditionelle Dach kaschiert und die er mit Putten schmückt. Bei dem über eine Außentreppe mit einer Terrassenpergola verbundenen Innenhof bestimmen mediterrane Reminiszenzen von Studienreisen durch Italien den Gesamteindruck.

247

248

246

246 J. PLEČNIK, PALAIS ZACHERL. FASSADENDETAIL MIT STATUE DES ERZENGELS MICHAEL VON FERDINAND ANDRI.

248. J. PLEČNIK, PALAIS ZACHERL. FASSADENAUSSCHNITT MIT METZNERS ATLANTEN.

247. J. PLEČNIK, PALAIS ZACHERL, WIEN I, WILDPRETMARKT 2-4, BRANDSTÄTTE 6, BAUERNMARKT 6, 1903-1905.

Mit der 1901 in Melk erbauten Villa Loos zeigt Plečnik ganz und gar seine Zugehörigkeit zur Wagnerschule und deren Experiment, das sich bei der Fassadenbehandlung auf die geschickte Nutzung der aus der Verwendung verschiedener Baustoffe entstehenden formalen Wirkung erstreckt: unverputzte Ziegel, weiß gekachelte Flächen mit doppeltem Gesims aus blauen Kacheln, glatt gestrichener und rauher Verputz und schließlich Eternitplatten bei der Mansarde. Originell ist die Loggia mit den sich nach oben verjüngenden Pilastern, die einen Balkon mit rundbogiger Nische trägt, genauso wie wir sie bereits in einer von Plečnik 1901 angefertigten Architekturphantasie finden[10]. Es ist durchaus denkbar, daß dieses den Charakter der Hauptfront bestimmende Element – wie Marco Pozzetto mutmaßt[11] – durch Borrominis Collegio dei Filippini angeregt wurde, das der Architekt aus Slowenien sicherlich bei seinem Studienaufenthalt in Rom kennengelernt hat.

Mit dem 1904/05 fertiggestellten Palais Zacherl, das zwischen Wildpretmarkt, Brandstätte und Bauernmarkt unweit des Stephansdoms im Herzen der inneren Stadt gelegen ist, findet Plečniks erster

Wiener Zyklus seinen Abschluß. Der Architekt ist zu diesem Zeitpunkt zu voller künstlerischer Reife gelangt und hat das Stadium der Zugeständnisse an eine sinnliche Tendenz zur secessionistisch gefärbten Dekoration und der Neuauflage – und sei sie auch durch Originaleinfälle bereichert – der von der Wagnerschule entwickelten Modelle bereits überwunden. Die Bedeutung von Plečniks Formensuche ist von Peter Altenberg, der als einer der ersten das Palais Zacherl würdigte, voll und ganz erkannt worden. In einem Brief an den Architekten läßt er seiner Begeisterung ungehinderten Lauf, wenn er schreibt: „Unbeschreiblich war der Eindruck dieser edlen, einfachen Götter-Burg, modernes, bewohnbares Walhall, inmitten der tausend Pappendeckel-Zinshäuser! Wie dem Boden und seiner adeligen Kraft selbst entwachsen! (...) So mit ungeheurer Allmacht die Convention brechend, unterkriegend, vernichtend – und eine neue Weltordnung in schweren dumpfen Tönen posaunend! (...) Die Cultur reicht der Natur die Hände! Das Material, Gottes Kunstwerk selbst, kommt zu seinem Siege!! Und in einer Kristall-Druse, in einem Schneckengehäuse, liegt die Schönheit der Welt."[12]

In diesem Brief klingen in hymnischer Übersteigerung bereits Begriffe an, die in der Folge von der Kritik häufig mit dem Palais Zacherl in Zusammenhang gebracht werden sollten; immer wieder wird das Palais als Versuch interpretiert, der Architektur eine Aura archaischer – einige meinen damit ägyptischer – Sakralität zu verleihen. Das wird dadurch erreicht, daß man die dem natürlichen Baustoff innewohnenden expressiven Möglichkeiten zur Geltung bringt. Das Äußere bezieht seine monolithische Geschlossenheit daraus, daß der gesamte Bau mit grauschwarzem schwedischem Granit verkleidet ist. Bekrönt wird er durch eine mit Fenstern alternierende Telamonenreihe, die nach einem Entwurf des Bildhauers Franz Metzner in glasierten Klinkern ausgeführt ist und das doppelte Dachgesims trägt. Entsprechend der bereits im Entwurf für den Wettbewerb enthaltenen Lösung sind die Fassadenplatten aus Granit vermittels Profilleisten aus demselben Material im Mauerwerk verankert. Die Fensteröffnungen, welche die monolithische Geschlossenheit hätten beeinträchtigen können, sind dank eines geschickten Kunstgriffs mit dem Baukörper zur Einheit verschmolzen: Der Architekt nimmt die Einfassungen gegenüber der Kante der Fassade leicht zurück, und die geometrischen Holzrahmen fassen drei verglaste Bereiche ein, die demselben Rhythmus 2-1-2 unterliegen wie die vertikalen Bahnen der Granitverkleidung.

Auf der einen Seite dokumentiert das Palais Zacherl Plečniks Fähigkeit, historische Assoziationen und den Eindruck archaischer Monumentalität zu erwecken bei gleichzeitig radikaler Ablehnung der epigonenhaften Einstellung der Anhänger der Schule des historischen Eklektizismus. Auf der anderen Seite wird hier eine organische Komplementarität von Architektur und Skulptur aufgezeigt, mit welcher der Graben zwischen den Formensprachen der einzelnen Künste überbrückt und die Verengung der Funktion von Skulptur und Malerei auf bloßes Beiwerk der Tektonik überwunden wird. Beides ist für einen großen Teil der Arbeiten der Wagnerschule charakteristisch. Die starke Betonung der bildhauerischen Komponente der Fassadenbekrönung durch die Telamone Metzners, – in denen man eine Anspielung auf die italienische Architektur des 15. und 16. Jahrhunderts auszumachen versucht hat, erhält hier – ähnlich wie die an der Fassade zur Brandstätte schwebende Statue des Erzengels Michael von Ferdinand Andri – grundsätzliche Bedeutung: Der Kontrast betont die lakonische Monumentalität des Gebäudes, woraus sich für den Skulpturenschmuck wiederum die wesentliche Funktion ergibt, das architektonische Gesamtbild abzurunden.

Doch das Palais Zacherl zeugt auch von der technischen Neuerungskraft Plečniks und seiner Aufgeschlossenheit gegenüber Experimenten mit avantgardistischer Technologie. Neben seiner ganz persönlichen Lösung der Verankerung der Fassadenbeplattung sei hier die Verwendung eines Eisenbetonskeletts – das Ast-System – in den drei unteren Geschossen erwähnt. (In den oberen Geschossen bleibt es dagegen beim traditionellen System der tragenden Wände aus Ziegeln.) Diese doppelte Konstruktion gestattet es Plečnik, für die kommerziell genutzten unteren Geschosse einen funktionalen, zweckentsprechenden „freien Grundriß" zu entwerfen.

Nach dem Palais Zacherl beginnt für den slowenischen Architekten eine Phase vor allem experimenteller Bemühungen, die ihren Niederschlag im wesentlichen in nicht ausgeführten Studien und Projekten findet. Eine Sonderstellung nimmt hier der 1910 entstandene Entwurf für ein geplantes Bürogebäude der Schokoladenfabrik Stollwerck in der Wiener Innenstadt ein, für das eine auch von außen ablesbare Eisenbetonstruktur vorgesehen war. Auf der Zeichnung lassen die drei oberen Geschosse eine Konstruktion aus quadratischen Moduln erkennen; Pfeiler und Träger dieses Systems haben einen dreieckigen Querschnitt. Diese eigenwillige Fassade wurde bereits mit

249

250

251

252

Alvar Aaltos Enso-Gutzeit-Bau in Helsinki verglichen, der nach Modularaufbau und Design der Einzelelemente erstaunliche Ähnlichkeit mit Plečniks Arbeit aufweist.[13] Dieser Vergleich zweier zeitlich so weit auseinanderliegender Arbeiten mag zwar einleuchten, doch näherliegend wäre der Hinweis, daß die Fassade des Stollwerckbaus mit der ostentativen Kantigkeit der Strukturelemente eine Tendenz zur „Dramatisierung" der Materie zeigt, die in dieselbe Richtung weist wie das ebenfalls 1910 von Pavel Janák in seinem manifestartigen Aufsatz „Prisma und Pyramide"[14] dargelegte ästhetische Programm. Dieser Entwurf wird so zu einem wichtigen Vorgriff auf gewisse Pläne für Industrie- und Wohnbauten der Architekten des böhmischen Kubismus wie Vlatislav Hofmann oder Josef Chochol.

Die auf die Ulica Libušina gehende Fassade eines 1912/13 von Chochol in Prag erbauten Einfamilienhauses weist beispielsweise in ihrem modularen Raster und dem dreieckigen Querschnitt der Konstruktionselemente starke Ähnlichkeiten mit dem Stollwerckprojekt auf. Welchen Einfluß Plečnik, der von 1911 bis 1920 an der Kunstgewerbeschule Prag den Lehrstuhl für Architektur innehatte, auf den böhmischen Kubismus im einzelnen ausgeübt hat, bleibt noch zu erforschen. Es ist jedoch nicht zu leugnen, daß in Plečniks Studien – insbesondere in Entwürfen für Sakralbauten und Friedhöfe der Zeit um 1906 bis 1908 – formale Themen anklingen, die später in die architektonische Formensprache von Janák, Chochol, Hofmann und Jiří Kroha eingegangen sind.

253

Das letzte Wiener Projekt Plečniks ist die Heiliggeistkirche (1910 bis 1913) in der Arbeitervorstadt Ottakring. Der Ausführungsplanung geht ein langer Reifeprozeß voraus, der bereits 1908 einsetzt und im Laufe der Jahre sieben Entwürfe zeitigt. Einsparungsmaßnahmen führen schließlich zu einer Revision des Initialplans, wodurch der Campanile sowie die für die frommen Werke der Gemeinde und für Wohnzwecke bestimmten zwei Gebäudetrakte entfallen. Das Projekt Heiliggeistkirche ist im Zusammenhang zu sehen mit dem in der Zeit aufkommenden Ideal einer reinigenden Rückbesinnung der Kirchenbaukunst auf altchristliche Quellen, die auch zu dem Gedankengut der reformerischen „Schola beuronensis" gehört, deren Spiritus rector Pater Willibrord – mit weltlichem Namen Jan Verkade – mit Plečnik in freundschaftlicher Beziehung stand. Der Entwurf stützt sich auf eine Eisenbetonkonstruktion und liefert eine interessante Variante zur dreischiffigen Basilika einschließlich Emporen. Der Verzicht auf die üblichen Säulen zwischen Hauptschiff und Seitenschiffen – ermöglicht durch die Verwendung von Doppelpfeilern, die mit einer Länge von mehr als 25 Metern die Emporen tragen – führt im Ergebnis zu einer geglückten Raumsymbiose von Dreischiffigkeit und Halle (bei nahezu quadratischem Grundriß), wodurch Altar und Chor von überall in der Kirche eingesehen werden können. Der Gedanke eines Hallenraumes für sakrale Zwecke, in dem der Altartisch in die Raummitte und somit in den optischen Brennpunkt gerückt wird – mit der Assoziation an die altchristliche Liturgie – lebt bereits in Kirchenentwürfen Plečniks aus dem Jahre 1905. Bei der Konzipierung des Chorraumes als gegenüber dem Boden der Halle leicht überhöhter Bereich lehnt er sich ebenso an altchristliche Vorbilder an wie bei der Einführung der zwei Ambone anstelle der Kanzel. Bei der formalen Ausgestaltung des Chorraumes ist durch das große ravennatische Mosaik von Ferdinand Andri an der Chorwand und das von Adolf Otto Holub entworfene, kunstvoll bearbeitete liturgische Gerät des Altars eine Nuance byzantinischer Opulenz eingeflossen, die

253. J. PLEČNIK, HEILIGGEISTKIRCHE. KRYPTA.

249. J. PLEČNIK, SKIZZE EINER KIRCHE, UM 1904.

250. J. PLEČNIK, SKIZZE EINER VOTIVKIRCHE FÜR DEN SLOWENISCHEN KARST, SKIZZE, 1904.

251. J. PLEČNIK, SKIZZE EINER KIRCHE, UM 1904.

252. J. PLEČNIK, SKIZZE EINES MAUSOLEUMS (?), UM 1904.

FROMIGKEIT · STÄRKE · EINSICHT · WEISHEIT · RATH · WISSENSCHAFT · GOTESFURCHT

254

255

FROMIGKEIT · STÄRKE · EINSICHT · WEISHEIT · RATH · WISSENSCHAFT · GOTESFURCHT

256

257 

258 

254-256. J. PLEČNIK, HEILIGGEISTKIRCHE, WIEN XVI, HERBSTSTRASSE 82, 1908-1913. INNENANSICHT, ALTARDETAIL UND PRESBYTERIUM.

257. H. GESSNER, ARBEITERHEIM, WIEN, SCHAUPLATZ, 1901-02. FESTSAAL.

258. H. GESSNER, ARBEITERHEIM. DETAIL DER FASSADE.

im Widerspruch zu dem Ideal formaler Schlichtheit des Architekten steht. Plečniks Forderung nach formaler Strenge bei gleichzeitiger Rückbesinnung auf die altchristliche Architektur nimmt in der Unterkirche eindrucksvolle Gestalt an: Der Raum ist völlig schmucklos und öffnet sich nach drei Seiten in Grottenkapellen, die der Geburt Jesu, dem Heiligen Grab und dem Gebet im Garten Gethsemane geweiht sind; auf der vierten Seite steht der Altar. In der Krypta übernimmt die Tragkonstruktion die formale Charakterisierung des Raumes. Beherrschend sind hier die oktogonalen Säulen, deren Kapitelle aus zwei pyramidalen Körpern gefügt sind, die erst später in der Eisenbetonbauweise übliche Pfeiler mit pilzförmigen Kapitellen vorwegnehmen. Die Säulen tragen das offen sichtbare Gebälk der Decke. In der ungewöhnlichen Form dieser Strukturelemente, insbesondere der Kapitelle, schwingen sicherlich altchristliche

Reminiszenzen mit, doch die geometrischen Abwandlungen der Pyramidenform weisen auch in die Richtung einer formalen Diktion, die nicht weit entfernt ist vom böhmischen Kubismus.

Hubert Gessner, der an der Wagnerschule sein Diplom in demselben Jahr erwirbt wie Plečnik, spielt im Wien des Jahrhundertbeginns insofern eine Sonderrolle, als er zum Architekten der politisch aufsteigenden Sozialdemokratie wird. Er besitzt das Vertrauen des Parteiführers Victor Adler und schafft – wiederholt zusammen mit seinem Bruder Franz – ein Dutzend Bauten (Volkshäuser, Erholungsheime, Druckereien, Wohngebäude und Büros) für proletarische Verbände und spezialisiert sich auch auf die Planung gewerblicher Bauten (Bäckereien, Mühlen und Silos), von denen einige in Floridsdorf, Schwechat, Mühlau bei Innsbruck, Leoben, Rosenthal bei Reichenberg und Prag zur Ausführung gelangen.

Gessner gewinnt einen Wettbewerb, an dem sich auch andere Wagnerschüler beteiligen (Leopold Bauer, Rudolf Melichar, Adolf Ritter von Inffeld, Emil Hoppe, Hans Mayr), und errichtet 1901/02 als seine erste proletarische Architektur von Bedeutung das Arbeiterheim im Stadtteil Favoriten. Der Bau schließt einen großen Versammlungssaal ein, in dem laut Lux[15] 3000 Personen Platz finden; hinzu kommen ein Restaurant, Räume für eine Konsumgenossenschaft, Gewerkschaftsbüros und Wohnungen. Solche Bauten sind ein absolutes Novum, für die noch kein mustergültiger Bautyp vorliegt – deshalb greifen Gessner und auch die anderen Wettbewerbsteilnehmer auf die von der Wagnerschule entwickelten Mietshäuser zurück. Gessner übernimmt daraus die Nüchternheit des ornamentalen Aspekts, der sich hier in (selbstverständlich roten) Majolikakacheln auf glattem oder rauhem, streifig angebrachtem Verputz, in dem seitlichen Abschluß der Fassade durch hohe, kapitellverzierte Pilaster und den in Fassadennischen eingelassenen Balkons erschöpft. Die Mittelpunktfunktion des Arbeiterheims wird also paradoxerweise bemäntelt durch eine nüchterne bürgerliche Mietshausfassade, während das Herz des gemeinschaftlichen Lebens, der große Versammlungssaal, mit seinem niedrigen Gewölbe aus rot lackierten Stahlträgern und Beton den Platz zugewiesen bekommt, den üblicherweise der obligatorische Innenhof einnimmt.

Diese Tendenz, den Gebäuden mit sozialer Zweckbestimmung ein Aussehen praktischen Komforts und verhaltener bürgerlicher Eleganz zu verleihen, die selbst in den Akademieentwürfen der

259

259. F. UND H. GESSNER, BEZIRKSKRANKENKASSE, WIEN XVI, UM 1905.

260-261. F. UND H. GESSNER, FAMILIENWOHNHAUS, WIEN XVIII, STERNWARTESTRASSE 70, 1907. STRASSENFRONT UND ZEICHNUNG MIT GARTENENTWURF.

260

261

Wagnerschule feststellbar ist, macht sich auch in Bauten wie der von Franz und Hubert Gessner geschaffenen Bezirkskrankenkasse Floridsdorf und dem Sitz des E.N.Ö. Arbeiter Consum Vereins in der Wolfganggasse bemerkbar. Der proletarischen Architektur, die in der Sachlichkeit die ihr gemäße Ausdrucksform findet, eröffnen sich mit dem ebenfalls als Gemeinschaftsarbeit von den Gebrüdern Gessner geschaffenen Sitz des Vorwärts-Verlags (Herausgeber der sozialistischen Arbeiterzeitung) neue formale Möglichkeiten. Der im allgemeinen unterschätzte „Vorwärts"-Bau ist ein Markstein in dem Bemühen Gessners um eine volksnähere Formensprache. In diesem Gebäude bleibt weiterhin eine Ökonomie des Bauens erhalten (rote Kacheln im Erdgeschoß, glatter grauer Verputz mit einem kaum erkennbaren Netz im rechten Winkel zueinander verlaufender Linien, Fenster mit scharf geschnittenen Kanten), die sich auf die in der Wagnerschule gesammelten Erfahrungen zurückführen läßt. Doch der verhaltene Klassizismus des Stufengiebels, den als Wagnersche Reminiszenz ein Tambour krönt und dem zwei mächtige Gestalten zur Seite stehen, schafft hier – lange vor dem sozialistischen Realismus – eine Atmosphäre des proletarischen Heldenepos. Den Bau könnte man auch als eine Art Vorspiel zu der Architektur der sozialen Wohnbauten verstehen, die nach dem Ersten Weltkrieg von der Gemeinde Wien in Auftrag gegeben wurden.

Abgesehen von den Industriebauten und Arbeiterwohnheimen, bleibt aus dem Œuvre der Gebrüder Gessner das besonders gelungene Einfamilienhaus in der Sternwartestraße (1907) zu erwähnen. Seine Originalität liegt darin, daß hier das Modell einer Stadtvilla entwickelt wird, deren Architektur typologisch und morphologisch von den zwei im zeitgenössischen Wiener Wohnbaustil vorherrschenden Strömungen – Anglomanie und Heimatstil – gleich weit entfernt ist. Die Raumaufteilung ist nicht wie bei den am englischen Vorbild geschulten Bauten um das Doppelvolumen einer Halle zentriert, mit der zwar ein Repräsentationsraum geschaffen, gleichzeitig aber auch Nutzfläche verschwendet wird. Hier ist der Eingang klein und führt unmittelbar zum Treppenhaus, das die Mitte des Hauses einnimmt und somit Zugang zu den Räumen auf allen Stockwerken verschafft. Die Verweigerung des Pittoresken ist bereits an der Gestaltung des Innenraums zu erkennen – am Äußeren wird diese Haltung durch die offensichtliche Anlehnung an die Form des Palazzo überdeutlich. Auf dem beinahe schmucklosen Unterbau erhebt sich mit von Blumenschalen bekrönten Eckpilastern die Beletage wie ein Sockel, dessen Flächen ein Netz von

262

263

262. F. UND H. GESSNER, FABRIKGEBÄUDE DER HAMMERBROTWERKE, WIEN, 1908-09 .

263. F. GESSNER, STUDIE ZU EINEM KLUBGEBÄUDE, UM 1908.

264. H. GESSNER, UNFALLVERSICHERUNGSANSTALT, WIEN VI, LINKE WIENZEILE, 1912.

265. F. UND H. GESSNER, PORTAL S. FRIEDMANN JR., WIEN I, WEIHBURGGASSE 26, UM 1911. (ABGETRAGEN).

264

265

Linien überzieht, die sich zu einem Schachbrettmuster fügen. Darüber liegt wie eine Platte das Dach, das nach allen Seiten stark vorkragt. Als Alternative zu der allgemein üblichen antiurbanen Auffassung vom Bauen, deren Folge die von Wagner gegeißelten Villenfriedhöfe sind, schlagen die Gebrüder Gessner diesen mit modernen Ausdrucksmitteln paraphrasierten italienischen Renaissance-Palazzo vor, der als zugrundeliegender Gedanke nicht nur an dem Aufbau der Villa, sondern auch an der geometrischen Anlage des Gartens und bestimmten Dekorationselementen wie den Keramikmedaillons abzulesen ist. Diese sind als miniaturisierte Repliken von Arbeiten der Familie Della Robbia an dem die Fassade abschließenden Mauerband unterhalb des Dachgesimses angebracht.

Das Bauernhaus der österreichischen Provinz ist häufiges Vorbild für die in den Wiener Randbezirken entstehenden Einfamilienhäuser der Wagnerschüler, insbesondere auch von Oskar Laske. Der kurzen Tätigkeit dieses Künstlers als Architekt – ungefähr ab 1907 widmet er sich ganz der Malerei und Grafik – entstammen einige Wohnhäuser in der Teybergasse und der Arndtstraße, wahrscheinlich beide aus dem Jahre 1904. Sie sind schlicht im Aufbau der Fassaden, tragen nur sparsame Stuckdekoration, und das Formenvokabular entspricht dem der Mietshäuser der Wagnerschule. Laskes bekannteste Arbeit ist das mit seinen zwei Fassaden auf die Bognergasse und die Naglergasse gerichtete Mietshaus von 1902 in Grabennähe. Erdgeschoß und Mezzanin nimmt die Engel-Apotheke ein, zu erkennen an dem Fassadenfresko im Secessionsgeschmack: Geflügelte weibliche Gestalten, deren Arme Äskulaps Schlange umringelt, halten den Kelch des gesundheitsspendenden Trankes in Händen. Die Engel-Apotheke ist mit ihrer symbolträchtigen Fassade das sozusagen einzige erhalten gebliebene Beispiel einer jener ausgemalten Geschäftsfassaden, wie sie im Wien der Jahrhundertwende sehr beliebt waren.

In den Jahren 1901 und 1902 gehen aus dem Wagneratelier einige Architekten hervor, die bereits in Schulentwürfen eine bemerkenswerte Phantasie und ein fein entwickeltes Talent bei der formalen Erneuerung der Wagnerschule im Sinne einer modernen Formensprache beweisen. Zu ihnen gehören, Emil Hoppe, Otto Schönthal, Marcel Kammerer, Wunibald Deininger und Hans Mayr.

Insbesondere die drei ersten gelten als die Initiatoren jenes „Wiener Geschmacks", der, ausgehend von einer sehr eigenen Auffassung des Jugendstils, in

266

267

268

269

266-268. O. SCHÖNTHAL, WOHNHAUS DES HERRN DR. VOJCZIK. ANSICHT VOM GARTEN, BALKON AUF DER STRASSENSEITE UND WASSERABFLUSS-ROHR.

269. E. HOPPE - M. KAMMERER - O. SCHÖNTHAL, TRIBÜNENANLAGE DES WIENER TRABRENNVEREINS, WIEN, PRATER, 1910, KONKURRENZENTWURF.

den Jahren nach 1910 schließlich in ein Neo-Biedermeier ausmündet, das dann mit seinem stark grafisch akzentuierten, atektonischen Klassizismus im Anschluß an die Mode der Secession zur neuen führenden Geschmacksrichtung der Wiener Architektur wird. Dieser Geschmack, der einen Großteil der Bautätigkeit im Wien der Jahre nach 1910 prägt, ist übrigens keineswegs eine nur kurzlebige Erscheinung, sondern leitet maßgeblich eine bestimmte, stark klassizistisch geprägte Spielart des Art Deco ein, die in den Jahren zwischen 1910 und 1920 große Verbreitung findet: Hoppe, Kammerer und Schönthal – letzterer ist ab 1908 für die von Ferdinand von Feldegg geleitete Zeitschrift *Der Architekt* mitverantwortlich – arbeiten von 1902 bis 1910 gemeinsam in Wagners Atelier und begründen um 1910 ein eigenes, sehr erfolgreiches Architekturbüro. Gleichzeitig ist ein jeder auch selbständig tätig; zahlreichen Projekten und einer emsigen Teilnahme an Wettbewerben (mit häufigen Preisen) stehen jedoch nur wenige Verwirklichungen gegenüber.

Hoppes Anfänge der Jahre 1907 bis 1910 sind beherrscht von Entwürfen für Landhäuser, in denen noch Anklänge an die Auseinandersetzung mit dem Klassizismus spürbar sind, die ihn während seines Aufenthalts in Rom beschäftigte. Aus jenen Architekturphantasien mit einem Hang zum Monumentalen übernimmt er die kompositorische Syntax und läßt sie einfließen in eine symmetrisch ausbalancierte Anordnung der Baukörper, in der sich Sinn für formale Eleganz und ein metaphysisch zu nennendes Gefühl für die Klassik vermischen. Vorzüglich ist in dieser Projektreihe das Landhaus von 1910, eine interessante Lösung, bei der ein transparentes Volumen ein kompaktes trägt: Das Hochparterre besteht aus einer Folge gläserner Halbzylinder und eingeschobener Pfeiler, die das massive obere Stockwerk tragen, in dessen großflächiges Mauerwerk Fenster von geringen Abmessungen eingelassen sind. Zu den wenigen Arbeiten Hoppes aus der Zeit vor 1910 zählen auch einige lakonisch-geometrische Grabmäler, die ihre Vorbilder in den Friedhofsbauten von Hoffmann und Koloman Moser haben. Hinzu kommen einige Wiener Wohnhäuser, die zum Teil in Zusammenarbeit mit seinem Bruder Paul entstehen und in denen sich schon die Wende zum Neo-Biedermeier ankündigt.

Kammerer tut sich vor dem Zusammenschluß mit Hoppe und Schönthal mit zwei Arbeiten außerhalb Wiens hervor, die zu den Gipfelleistungen der Wagnerschule gehören: die Villa Assan in Bukarest

270

271

272

273

274

273. E. HOPPE - M. KAMMERER - O. SCHÖNTHAL, ENTWURF EINES PORTALS FÜR DIE FIRMA BAKALOWITS & SÖHNE, WIEN I, SPIEGELGASSE, 1911.

274. E. HOPPE - M. KAMMERER - O. SCHÖNTHAL, ENTWURF EINES PORTALS FÜR DIE FIRMA L. KÖLLNER, WIEN, 1911.

270-271. E. HOPPE - M. KAMMERER - O. SCHÖNTHAL, TRIBÜNENANLAGE DES WIENER TRABRENNVEREINS. TRIBÜNENEINGANG UND TEILANSICHT DER TRIBÜNEN, 1910-1912.

272. E. HOPPE - M. KAMMERER - O. SCHÖNTHAL, ZWEI WOHN- UND GESCHÄFTSHÄUSER, WIEN I, DOROTHEERGASSE 5-7, 1912.

275
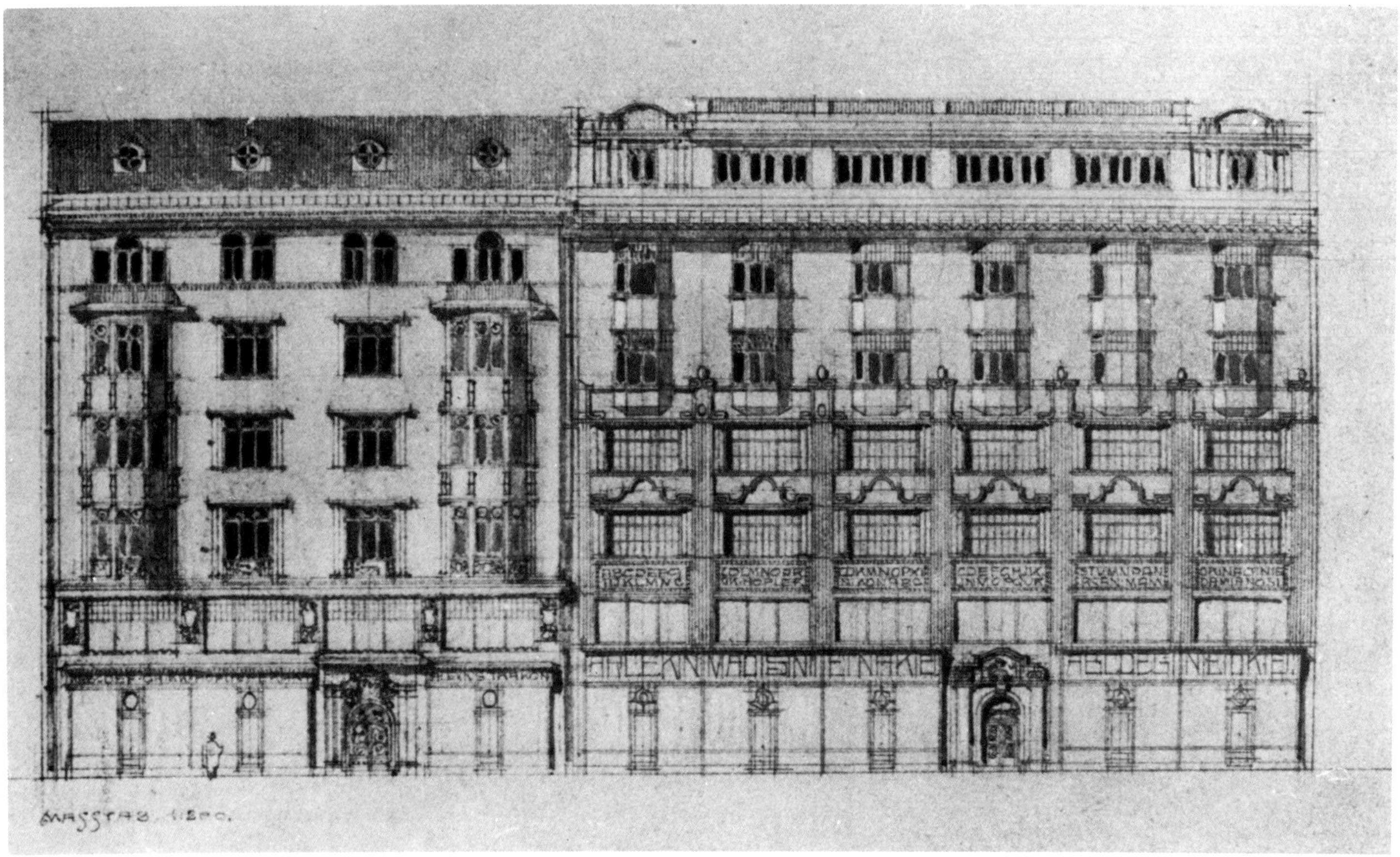

275. E. HOPPE - M. KAMMERER - O. SCHÖNTHAL, ENTWURF FÜR ZWEI WOHN- UND GESCHÄFTSHÄUSER, DOROTHEERGASSE 5-7, 1912.

276. E. HOPPE - M. KAMMERER - O. SCHÖNTHAL, MIETSHAUS, WIEN V, WIEDNER HAUPTSTRASSE 126, 1911-12.

277. E. HOPPE - M. KAMMERER - O. SCHÖNTHAL, PALAIS B.B. FISCHER, WIEN IV, FRANKENBERGGASSE 1, 1910.

278-279. O. SCHÖNTHAL, WOHNHAUS DES HERRN DR. VOJCZIK, WIEN XIV, LINZER STRASSE 375, 1901. GARTENFASSADE UND STRASSENPERSPEKTIVE.

276

277

278

279

(1902-1904) und der Erweiterungsbau des Hotels Wiesler in Graz (1904-1908). Die Villa Assan ist – und dies bleibt nicht ohne Folgen für eine Reihe anschließender Arbeiten des Wagnerkreises – eine mit grafischer Eleganz gelöste Umsetzung der Ergebnisse einer Auseinandersetzung mit der Form des Wohnhauses, deren einzelne Phasen die Neuentdeckung der mediterranen Bauweise, die Rückbesinnung auf elementare Baukörper und die Ablösung der naturalistischen Dekoration des Jugendstils durch geometrische Ornamente waren und hinter der das Bestreben stand, eine Alternative zum modernistischen Manierismus der Olbrich-Nachfolge, dem nostalgischen Heimatstil und der grassierenden Anglomanie zu entwickeln. Dieselbe elegante architektonische Diktion läßt das Geschick erkennen, mit dem Kammerer in den Neo-Renaissancebau des Hotels Wiesler einen modernen Trakt eingefügt hat; die geschmackvolle Inneneinrichtung zeugt wiederum von fruchtbarer Beschäftigung mit Hoffmann und der Wiener Werkstätte. Von Kammerers Wettbewerbsbeiträgen ist der für das Theater in Focşani (Rumänien) aus dem Jahre 1908 zu nennen, da er auch aus der reichen Fülle der Theaterprojekte der Wagnerschüler noch herausragt. Seine Vorzüge liegen in der neuartigen Verteilung der Volumina auf eine Reihe deutlich artikulierter, funktionsbezogener Bautrakte und in der Sachlichkeit der Struktur, die durch großzügige Verwendung verglaster Flächen an den Seitenfassaden des Baus unterstrichen wird. Anläßlich anderer Wettbewerbe für funktional vergleichbare Bauten, wie das Meraner Kurhaus (1907) und das Stadttheater Brüx (1910), fügt sich Kammerer hingegen den zeitüblichen, neubarock angehauchten oder einem bereinigten Klassizismus entsprechenden Mustern.

Der Empfehlung Wagners an seine Schüler, zur Ertüchtigung im Projektieren an Wettbewerben teilzunehmen, kommt Schönthal schon während der Akademiejahre nach. Er setzt dies nach der Erlangung des Diploms fort und beteiligt sich eifrig an den namhaftesten nationalen und internationalen Wettbewerben. Seine Projekte machen einen reichhaltigen Korpus aus, in dem in betont persönlicher Ausgestaltung die ganze Vielfalt der Formexperimente und des sich entwickelnden Geschmacks der Wagnerschule vertreten ist. Diese Entwürfe sind seine Fortsetzung und Vertiefung der Akademieerfahrung, und in ihnen ist ein kreativer Schwung erkennbar, der sich nicht nur in selbstgefälligem Formenspiel verausgabt. Dies beweist das 1901/02 entstandenen Haus Dr. Vojczik in der Linzer Straße 375, das Schönthals bedeutendste Wiener Leistung ist. Der Grundriß baut auf klassizi-

375
Linzer-Straße
GGK

XXXVIII. O. SCHÖNTHAL, WOHNHAUS VOJCZIK, WIEN XIV, LINZER STRASSE 375, 1901. HAUPTEINGANG.

XXXIX. O. SCHÖNTHAL, ENTWURF FÜR EIN WOHNHAUS IN MÖDLING, UM 1907.

XL. O. SCHÖNTHAL, ENTWURF FÜR EINE SCHLOSSKAPELLE, UM 1908.

XLI. E. HOPPE, ENTWURF FÜR EINE VILLA, 1904.

280

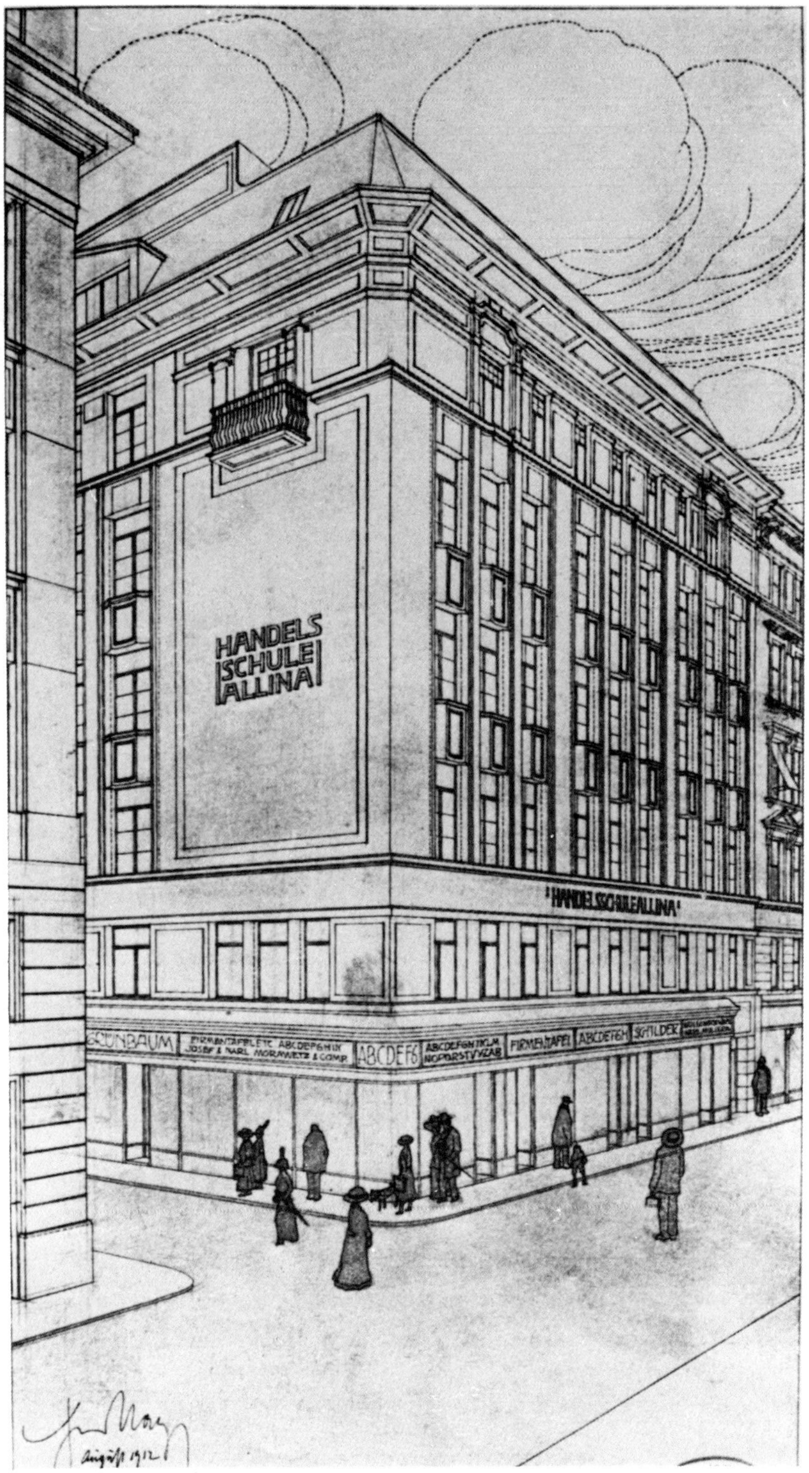

281

280. H. MAYR, HANDELSSCHULE ALLINA, WIEN I, RAUHENSTEINGASSE 5 - BALLGASSE 2, 1912.

281. H. MAYR, HAUS DES ÖSTERREICHISCHEN BÜHNENVEREINS, DOROTHEERGASSE 6-8, 1912.

282

283

282. W. DEININGER, FLORAHOF, WIEN V, WIEDNER HAUPTSTRASSE 88, 1901.

283. H. MAYR, WOHN- UND GESCHÄFTSHAUS, WIEN XIV, HADIKGASSE 58, UM 1903.

stischem Muster auf; den zentralen Haupttrakt durchläuft in ganzer Länge ein Korridor, der Zugang zu allen Räumen bietet. Die beiden Seitenflügel sind auf der Straßenseite leicht zurückgesetzt, nach der Gartenseite springen sie dagegen vor, wodurch eine Terrasse entsteht. Schönthal sind hier Fassaden gelungen, in denen sich klassizistischer Formenkanon, Sachlichkeit und kluge Dosierung der für die Entwürfe der Wagnerschule um die Jahrhundertwende typischen Ornamentik in beispielhafter Ausgewogenheit verbinden. Mehr noch als an der Gartenfront, die in einer auch bei anderen Atelierkollegen anzutreffenden Weise dekoriert ist, wird Schönthals ganzes grafisches Talent an der Straßenfront sichtbar. Ebenso aufschlußreich sind überdies die originelle Zeichnung des Eingangs und des Balkons im Hochparterre, das Detail des Rundbogens, den zwei die Portieren des oberen Stockwerks einrahmende Pilaster durchschneiden, und die der ästhetischen Forderung des „Art dans tout" entsprechend formvollendet ausgestalteten Einzelheiten wie die kleinen Eisenbalkons oder die Dachtraufen.

Schönthals erste Wettbewerbsbeiträge von Bedeutung, wie der Entwurf für die Gemeindebüros des XX. Bezirks in Wien (1902) oder das zusammen mit Hoppe erarbeitete Projekt der Synagoge in Triest (1904), dokumentieren seine Abhängigkeit vom Formenkanon der Wagnerschule, den er allerdings mit starken kalligraphischen Akzenten versieht, womit er sich sein unverkennbares Signum als Architekt erwirbt. Nach 1905 setzt Schönthal seine Suche nach der idealen Form in zwei Richtungen gleichzeitig fort: Auf der einen Seite widmet er sich sachlichem Bauen, ohne dabei jedoch in formale Abstinenz zu verfallen – andererseits strebt er eine Monumentalität an, die der zur selben Zeit von Bauer propagierten Richtung des Neo-Historismus radikal entgegengesetzt ist und darauf beruht, die Fassaden einer aus elementaren Baukörpern geschaffenen Konstruktion mit reichem Dekor zu „bebildern". Zu der ersten Kategorie gehört der auf 1905 zu datierende Entwurf eines Wohn- und Geschäftshauses in Wien, das an der Fassade die Eisenbetonstruktur mit ihren Pfeilern und Trägern zur Schau stellt und durch polychromen Keramikschmuck noch unterstreicht. Die 1907 für den Bau eines Warenhauses in St. Petersburg eingereichte Arbeit beweist, daß man fehlginge, wollte man Schönthal lediglich mit dem Etikett des begabten Planers von Fassaden belegen. Diese Variante zu den Glasarchitekturen der Wagnerschule folgt einem interessanten Grundriß, auf dem die Pfeiler sich nach einem aus Quadraten gebildeten Modularraster verteilen,

Neue Wiener
Handels-Akademie.
VIII. Hamerlingplatz.
NEUE WIENER HANDELS-AKADEMIE.

284

285

286

287 

287. R. PERCO, WOHN- UND GESCHÄFTSHAUS, WIEN II, PRATERSTRASSE-ZIRKUSGASSE, UM 1914.

284-286. W. DEININGER, HANDELSAKADEMIE, WIEN VIII, HAMERLINGPLATZ 5-6, 1905. DIE STRASSENFRONT IN EINER ZEITGENÖSSISCHEN POSTKARTE, STIEGENHAUS, RECHTER ERKER.

was die Umsetzung des freien Grundrisses gestattet, der die Optimallösung für eine funktionsgerechte, große Flexibilität erfordernde Aufteilung eines Warenhauses ist. Unter die Kategorie der Monumentalbauten fallen auch die Entwürfe für das Teschener Postgebäude (um 1906), für den Sitz des Westfälischen Bankvereins (um 1906) und für die Ausstellungshalle in der Liebenberggasse (1907). Hier entfernen sich die einem klassizistischen Ansatz entspringenden Kompositionen aus elementaren Körpern (Würfel, Parallelepiped, Pyramide) vom puristischen „abstrakten Klassizismus" der Akademieprojekte der Wagnerschule und werden einer geradezu verzweifelten grafischen Behandlung der Oberflächen unterzogen. Ein analoger Ansatz liegt einer Reihe von Villenentwürfen Schönthals aus der Zeit um 1907 zugrunde. Dort treten, von archaischer, mediterraner Klassizität angeregte, im Aufbau elementare Baukörper gekoppelt mit Fassaden auf, die komplizierte Dekorationen in der Art polychromer geometrischer Intarsien aus unterschiedlichem Material (Marmor, Keramik usw.) überziehen. Im Zusammenhang vor allem mit diesen Entwürfen entwickelt Schönthal eine ganz persönliche Dekorationssprache, die formal in zahlreichen Fällen den Art Deco vorwegnimmt, was sich zwangsläufig – und sei es nur am Rande – auf die Bauten des Ateliers Hoppe/Kammerer/Schönthal auswirkt. So scheinen die Schaufenster der Wiener Geschäfte L. Köllner und Bakalowits & Söhne – nach Design und Geschmack entschieden Vorläufer des Art Deco – sowie einige Gesimse und Medaillons der sehr reduzierten Dekorationselemente der Neo-Biedermeier-Wohnhäuser dieses Architektenbüros die Handschrift Schönthals zu tragen. Die Hinwendung der drei Architekten zum Neo-Biedermeier stellt sich angesichts der wuchernden Ornamentik in den Entwürfen Schönthals als eine Art Aufruf zur Vernunft dar, gibt aber keineswegs dessen figurative Sprache auf. Diese ist noch in der nüchternen Ornamentik der Eisenbeton-Tribüne der Pferderennbahn im Prater zu spüren – dies ist eine der bekanntesten Arbeiten der drei Architekten.

Hans Mayr führt ein eigenes Architektenbüro, das um 1910 recht erfolgreich arbeitet. Er macht eine ähnliche künstlerische Entwicklung durch wie Hoppe, Kammerer und Schönthal. So gelangt auch Mayr nach einem Debüt im Geschmack der Secession, den die gesamte Wagnerschule in den ersten Jahren nach 1900 durchmacht – stellvertretend sei hier das Wohnhaus Hadikgasse 58 (um 1903) genannt –, in den Jahren nach 1910 zum Neo-Biedermeier. Dies läßt sich ablesen an Arbeiten wie der Handelsschule Allina (1912) in der Ballgasse 2 und dem Haus des Österreichischen Bühnenvereines (1912) in der Dorotheergasse, an dessen Planung Rudolf Schindler kurz vor seinem Weggang nach den USA als Zeichner beteiligt ist.

Wunibald Deininger ist noch Student, als er den Entwurf für den Flora-Hof, einem 1901 in der Wiedner Hauptstraße 88 erbauten Wohnhaus mit Büros und Geschäften, anfertigt. Die glatten Mauerflächen des nüchternen Baus tragen als einzigen Schmuck einige wenige Keramikkacheln und in Schlangenlinien ausgeführte Stuckbänder; belebt wird die Fassade im Eckbereich durch die Ausbuchtungen der Erkerfenster. Der Gesamteindruck ist repräsentativ für den zu Jahrhundertbeginn vorherrschenden Trend der Wagnerschule. Bei den anschließenden Wiener Arbeiten, die er gemeinsam mit seinem Vater Julius Deininger durchführt, der seinerseits eines der bestgehenden Architektenbüros in Wien unterhält, ist nicht feststell-

288

289

290

bar, was von wem stammt. Die Historismuserfahrung des Vaters scheint an der Fassade der Handelsakademie (1907) am Hamerlingplatz – dem bekanntesten der Deiningerbauten in Wien – den Ausschlag zu geben. Diese Fassade ist die grafische Verklärung einer klassizistischen Partitur, an der auch Otto Wagners Einfluß nicht spurlos vorübergegangen ist. Die Handelsakademie stellt eine Abwandlung jenes atektonischen, auf rein grafische Anspielung geschrumpften Klassizismus dar, wie er sich in der Österreichischen Postparkasse beispielhaft manifestiert. Während bei Wagner die klassizistische Gliederung durch eine entsprechende Anordnung der die Platten der Wandverkleidung haltenden Bolzen angedeutet ist, ergibt sie sich an der Handelsakademie aus dem Nebeneinander des farblich differenzierten Wandbekleidungsmaterials: Die rote Einrahmung der Fensterkolonnen hebt sich von den vertikalen Wandfüllungen aus hellem Marmor ab, die aufgrund der ebenfalls hell marmornen Zacken am Gebälk aus der Ferne den Eindruck von Lisenen erwecken.

Um 1910 ist die grafische Transfiguration der klassizistischen Komposition der Fassaden, oft begleitet von biedermeierhaften Akzenten, ein bei den Wagnerschülern häufig verfolgtes Konzept. Auch Rudolf Perco bildet mit seinem Erstlingswerk, dem Wohn- und Geschäftshaus in der Praterstraße, keine Ausnahme.

Ernst Lichtblau, Diplomjahrgang 1905, schert dagegen aus diesem Trend aus und bekräftigt mit den vor dem Ersten Weltkrieg geschaffenen Bauten sein Interesse für Volkskunst und -architektur, das bereits seine Entwürfe der Akademiezeit charakterisierte. Bei dem Wohnhaus Wattmannsgasse 29 wird diese Volkskunstkomponente in den Majolikafiguren am Gesims und an den Ziereinfassungen der Fenster deutlich – hier liegen Berührungspunkte zu den zeitgenössischen Bemühungen von Dagobert Peche und Josef Hoffmann, mit dem Lichtblau übrigens zu wiederholter Gelegenheit zusammenarbeitet.

Anmerkungen zu Kapitel VI

1 Marco Pozzetto merkt zu Recht an, daß für „Die Architektur eine zwar glanzvolle und schaffensreiche Episode, aber eben nur eine Episode innerhalb einer viel umfassenderen Berufung blieb"... „Wenn er seine Kräfte auch mit Restaurierungen, philosophischen Studien und Maschinenbau sowie mit dem Studium der Metaphysik und Kritik verschwendet hat, so ist er dennoch in erster Linie als Organisator und Erbauer von Räumen und als Städtebauer anzusehen, zumindest was das Herzstück seiner Interessen anbelangt." (M. Pozzetto, *Max Fabiani architetto,* Görz 1966, S. 68). Seine Entwürfe für den General-Regulierungsplan und den Erweiterungsplan von Laibach (1895, 1898/99) sowie der aus den Jahren 1898/99 stammende Regulierungsplan von Bielitz (heutiges Südpolen) sind als zwei Marksteine der Urbanistik zwischen dem 19. und 20. Jahrhundert zu betrachten.

2 M. Pozzetto, *Max Fabiani architetto,* a.a.O., S. 102.

3 L. Abels, „Zwei Wiener Geschäftshäuser", in: *Der Architekt,* VIII (1902), S. 67.

4 Vgl. *The Studio,* Bd. 55 (1912), Nr. 229, S. 218.

5 B. Podrecca, „Jože Plečnik", in: *Casabella,* XLVI (1982, Nr. 476-477.), S. 96.

6 B. Podrecca (in „Jože Plečnik", a.a.O., S. 96) definiert dieses Gebäude als „das französischste Jugendstilwerk in Wien", und an anderer Stelle (in: *Jože Plečnik - il ritorno del mito,* Venedig 1983, S. 15) suggeriert er anhand von Photomaterial die wenig überzeugende Hypothese von den „Zitaten" des Castel Béranger von Hector Guimard. Auch Damjan Prelovšek (*Josef Plečnik, Wiener Arbeiten von 1896 bis 1914,* Wien 1979, S. 63) verweist auf Einflüsse des französisch-belgischen Art Nouveau auf diesen Bau.

7 Edvard Ravnikar („Vitalità del neoclassicismo di Plečnik", zit. in *Jože Plečnik - il ritorno del mito*) hat eine Gegenüberstellung der Dekoration der Villa Langer und der von Frances MacDonald an der Innenwand eines im Museum für Angewandte Kunst in Wien aufbewahrten Schranks geschaffenen Ornamentik angeregt.

8 E. Ravnikar, a.a.O., S. 5.

9 E. Ravnikar, a.a.O., S. 4.

10 Vgl. D. Prelovšek, a.a.O., S. 46.

11 An der Fassade der Loos-Villa ist das als Anregung zugrundeliegende Thema der Fassade des Collegio dei Filippini so verarbeitet, daß „der von Borromini modellierten Konvexität ein Kegelstamm und der Konkavität eine glatte Nische mit Kassettenbogen entspricht" (M. Pozzetto, *Jože Plečnik e la Scuola di Otto Wagner,* Turin 1968, S. 43).

12 Voller Wortlaut des Briefs in D. Prelovšek, a.a.O., S. 100.

13 Vgl. M. Pozzetto, Jožc Plečnik, a.a.O., S. 79-81.

14 P. Janák, Hranol a Pyramida, in : Umělecký Měsičnik, I (1911/12), S. 162-170.

15 J. A. Lux, Das Arbeiterheim, in: *Der Architekt* IX (1903), S. 14.

288-290. E. LICHTBLAU, WOHNHAUS, WIEN XIII, WATTMANNGASSE 29, 1914. GESAMTANSICHT, DETAIL DER RELIEFS, TEILANSICHT DER FASSADE.

KAPITEL VII DIE WIENER KUNSTGEWERBESCHULE UND DIE HOFFMANNSCHULE

Das Österreichische Museum für Kunst und Industrie und die Kunstgewerbeschule

Die Gründung der Vereinigung bildender Künstler Österreichs – die später die Ausstellungen der Secession förderte und durchführte – durch eine Gruppe von Sezessionisten des Künstlervereins, angeführt von Gustav Klimt, war 1897 nicht das einzige Ereignis, welches das schläfrige Dasein der künstlerischen Institutionen Wiens erschütterte. Im Dezember des gleichen Jahres wurde in den Sälen des Österreichischen Museums für Kunst und Industrie eine Ausstellung mit dem Titel „Bürgerlicher Hausrat“ eröffnet, die der englischen Produktion des 19. Jahrhunderts gewidmet war (Chippendale, Sheraton, Heppelwhite usw.) und sowohl Originale wie auch Nachbildungen zeigte.

Angeregt vom englischen Vorbild des *South Kensington Museum* und 1864 mit Unterstützung des Erzherzogs Rainer von Rudolf von Eitelberger gegründet, hatte dieses Museum – nach den Plänen dessen, der es erdacht hatte – eine doppelte Funktion: Es sollte einen Rückhalt bieten für jene Lehrmethode, die auf dem direkten Studium des „Original“-Werks aufbaut und die, zuerst von Eitelberger selbst, dann von Thausing und Wickhoff praktiziert, bei der Heranbildung der Meister der Wiener kunsthistorischen Schule eine wichtige Rolle spielte. Darüber hinaus sollte es Modelle liefern für alle, die im Bereich der dekorativen Künste arbeiteten.[1]

Vornehmlich für die Verstärkung dieser zweiten Funktion setzt sich der Initiator der Ausstellung „Bürgerlicher Hausrat“, Arthur von Scala, ein, der nach seiner Ernennung zum Direktor des Österreichischen Museums für Kunst und Industrie am 6. August 1897 die bisherigen Gepflogenheiten umgeht, denen zufolge man in den Winterausstellungen des Museums originale oder imitierte Stilmöbel der österreichischen Tradition zeigte. Das innovatorische Experiment wird im folgenden Jahr wiederholt, in der zweiten Ausstellung unter der neuen Leitung Scalas, wo noch einmal die englische Produktion vorgestellt wird, der gleichzeitig auch die neue Zeitschrift des Museums, *Kunst und Kunsthandwerk* (die ihre Publikationen 1898 beginnt), breiten Raum gewährt.

Die Initiativen des neuen Direktors, durch die stimulierende Konfrontierung mit der modernen Kunst englischer Möbel eine Erneuerung der dekorativen Künste in Österreich zu bewirken, um sie auf dem internationalen Markt „qualitativ“ wettbewerbsfähig zu machen, ruft sogleich polemische Reaktionen hervor. Ein Korrespondent der englischen Zeitschrift *The Studio*, Wilhelm Schölermann, geht so weit, von einer „Scala-Partei“ zu sprechen, der die „Reactionaries“ gegenüberstehen.[2] Diese letztere Partei wird vor allem vom Wiener Kunstgewerbe-Verein gesteuert, der nach seinem Ausschluß von den Ausstellungen des Museums, wo er bisher eine führende Rolle eingenommen hatte, fürchtet, die eigenen Bestände an historischen Möbeln nicht mehr abzusetzen, wenn die von Scala geplante Erneuerung des Geschmacks sich bei einem breiteren Publikum durchsetzt.[3]

Der von den Gegnern des neuen Kurses provozierte „Skandal“ hat zur Folge, daß Erzherzog Rainer sich bemüßigt fühlt, seine Schirmherrschaft den Initiativen des Museums zu entziehen. Aber Scala gelingt es immerhin, ein wichtiges Ergebnis zu erreichen: die Bewilligung neuer Statuten, in denen als Aufgabe dieser neuen Institution unter anderem angegeben ist, „den Fortschritt und die Entwicklung des Geschmacks in den schönen und angewandten Künsten, die zu neuen Stilformen und Entdeckungen in allen erdenklichen Richtungen führen, zu verfolgen und damit Schritt zu halten.“[4]

Die neuen Statuten werden als Sieg der Anhänger der „Scala-Partei“ angesehen, deren Thesen bei der einflußreichen Zeitschrift *The Studio*, die auch in Österreich eine weite Verbreitung hat, freundliche Aufnahme finden. Schölermann schreibt in der englischen Zeitschrift: „Der Direktor des (...) Museums, ein begeisterter Anhänger der englischen bürgerlichen Architektur und Inneneinrichtung, hat der Verbreitung unserer Kunstindustrien und der Anerkennung der modernen Kunstbewegung im allgemeinen hierzulande zu einem neuen Aufschwung verholfen. Es besteht nicht der geringste Zweifel, daß wir einen derartigen wohltuenden Impuls bitter nötig hatten. Die Verfechter von Unabhängigkeit und Individualität hatten kaum zu hoffen gewagt, daß die moderne Kunst in dieser gemächlichen Stadt jemals eine Zukunft haben würde. Doch nun ist es soweit."

Man habe Scala vielfach vorgeworfen, den englischen Stil eingeführt zu haben: „Meiner Meinung nach (...) sollte eine Weltstadt wie Wien, deren verschiedene Kunstindustrien jahrelang von den Überbleibseln einer altehrwürdigen Tradition zehrten, (...) einem Mann dankbar sein, der die schwierige Aufgabe unternimmt, sowohl Kunstfreunden als auch der breiten Öffentlichkeit einen unmittelbaren Kontakt mit den Ausdrucksformen des Lebens und der Kunst zu ermöglichen, die mit dem Geist der Zeit im Einklang stehen. (...) Wenn Talente vorhanden sind – und es sieht in der Tat so aus –, so werden sie weit mehr durch Kontakte und Vergleiche gefördert als durch ständige Isolierung."[5]

In dieser Apologie macht Schölermann beim Aufzählen der Prinzipien, die Scala verfolgt, unfreiwillig aber auch das Übermaß an Pragmatismus deutlich, die Abwesenheit eines kulturellen Programms und einer eindeutigen Ausrichtung des Geschmacks, eben jene Unbestimmtheit und jene Grenzen, die seine Erneuerungsaktion zu einem raschen Ende führen werden.

„Nach Meinung des Direktors kann diese Entwicklung [eines modernen Stils] entweder dadurch erreicht werden, daß man gute moderne oder auch weiter zurückliegende Stilformen genau und gewissenhaft kopiert oder etwas völlig Neues hervorbringt. Der erste Weg ist der richtige für Durchschnittsbegabungen, der zweite für Genies. Ungenaues und nachlässiges Kopieren schadet der Kunst und den fundamentalen Stilprinzipien in jedem Fall. Das sind die Hauptgesichtspunkte, die Herrn von Scala zu dem Versuch veranlaßt haben, einen heilsamen Wandel in den Kunstindustrien Wiens durchzusetzen. ‚Kopiere ein gutes Stück und kopiere es gut, oder lasse die Finger davon', ist seine Devise. Ist das erreicht, ist es an der Zeit zu überlegen, ob die einheimische Industrie und die österreichische Öffentlichkeit stark und unabhängig genug sind, den fremden Stil den örtlichen Gegebenheiten, Geschmacksrichtungen und nationalen Tendenzen und vorgefaßten Meinungen anzupassen. Ist das der Fall, kann ich an der Aktion von Herrn von Scala nichts Verwerfliches finden."[6]

Gerade diese exzessive kulturelle Offenheit, die auch die Anwendung der Stilkopie erlaubt, und das diplomatische Absehen von klaren Stellungnahmen für und wider eine bestimmte Tendenz bilden den Grund für die Auseinandersetzungen, die später Scala von den anderen Kräften isolieren, die sich um eine Erneuerung der österreichischen dekorativen Künste bemühen (Kunstgewerbeschule, Wiener Werkstätte usw.).

Ebenfalls 1897 wird eines der Gründungsmitglieder der Secession, Felician von Myrbach, zum Professor der Abteilung für graphische Künste der Kunstgewerbeschule ernannt. Die 1867 eingerichtete und im Oktober 1868 schon aktive Schule ist seit 1872 im neuen Gebäude des Österreichischen Museums am Ring untergebracht und hängt wie dieses vom Ministerium für Cultus und Unterricht ab.[7] In der habsburgischen Ordnung der künstlerisch-gewerblichen Ausbildung formten die Kunstgewerbeschulen (außer der in Wien gab es noch zwei: in Prag und in Lemberg) die Spitze eines Systems, an dessen Basis ungefähr 150 Fachschulen standen, die auch auf kleinere Zentren der österreichisch-ungarischen Monarchie verteilt waren. Dazu bestimmt, „Arbeiter, keine Designer"[8] auszubilden, waren die Fachschulen ein wirksames Mittel zur Fortführung lokaler Handwerkstraditionen, deren Produkte einen wichtigen Posten im Handel mit dem Ausland darstellten.

Obwohl der Hauptzweck des Unterrichts war, manuelle Fertigkeiten auszubilden, beinhalteten die Programme auch die Vermittlung künstlerischer und kultureller Grundkenntnisse. So berichtet Levetus in *The Studio*: „Die Schulgebäude, Werkstätten und Nebengebäude aller Schulen, die ich besuchte, sind (...) mit modernen Maschinen ausgestattet, und (...) es werden keine Kosten gescheut, um neue Methoden, sei es auf dem Gebiet des Verglasens oder sonstiger mit Kunst und Fertigung verbundener Techniken, zu erkunden. Es wird alles unternommen, damit die Schüler vor ihrer Spezialisierung eine umfassende Allgemeinbildung in ihrer Branche erwerben (...). Kunst und Fertigung gehen ebenso Hand in Hand wie Theorie und Praxis. (...) Während der Vorlesungen über Kunst- und Industriegeschichte oder über das örtliche Handwerk werden Abbildungen projiziert. (...) In jeder Schule wird eine bestimmte Anzahl von Wochenstunden für die kaufmännische Ausbildung verwendet: Buchführung, Kurzschrift, kaufmännisches Rechnen und verwandte Gebiete (...). Im Sommer werden Ausflüge unternommen, (...) denn durch den Aufenthalt im Freien haben die Schüler eine bessere Gelegenheit, die Natur zu erforschen (...), so können sie die Natur besser in ihre Arbeit integrieren z.B. in der Verzierung.“[9]

Auch in abgelegenen kleinen Städten verfügten diese Schulen über Bibliotheken, die in bezug auf europäische Publikationen stets auf dem neuesten Stand waren – „*The Studio* ist in jeder Schule zu finden“, bemerkt Levetus zufrieden[10] –, und sie waren imstande, Werke hervorzubringen, die sich auf internationalem Niveau behaupten konnten. Das beweisen die Gold- und Silbermedaillen, welche die Fachschulen von Teplitz und Gablonz zu den Weltausstellungen von Paris (1900) und St. Louis beisteuerten, und die Aufmerksamkeit, mit der die Aktivitäten dieser Schulen von der Presse Großbritanniens verfolgt wurden, das ja mit den Schulen der *Arts and Crafts* die Avantgarde der Erneuerung stellte. Ihr Ansehen war so groß, daß zahlreiche Ausländer (meist Deutsche, Norweger, Schweden, Russen und Bulgaren) Aufnahmeanträge an diese Institute richteten, und im allgemeinen wurden sie auch angenommen.

War es das Hauptziel der Fachschulen, in der Ausübung ihres Berufes geschickte Handwerker auszubilden, so war es das der Kunstgewerbeschulen, Kräfte für den künstlerischen Unterricht und Gestalter für ein Kunsthandwerk vorzubereiten, das vor der Schwelle zur industriellen Dimension unentschlossen haltmachte, indem es zwar das Prinzip der Serienproduktion tolerierte, den Wert der Handarbeit aber gegen die drohende völlige Mechanisierung verteidigte. Diese doppelte Funktion erfüllte die Kunstgewerbeschule Wien in einer Position kulturellen Primats. Hier wurden zahlreiche Dozenten der Fachschulen des österreichisch-ungarischen Reiches ausgebildet, auch Künstler, die nach Deutschland an Lehrstühle von Kunstinstituten oder an Kunstzentren von angesehener Tradition berufen wurden und dazu beigetragen haben, im ganzen deutschsprachigen Bereich jenen „Wiener Geschmack“ zu verbreiten, dem Zeitschriften wie *Dekorative Kunst, Deutsche Kunst und Dekoration, Innendekoration* und *Moderne Bauformen*, welche international verbreiteter waren als die österreichischen, auf wirksame Weise ihre Stimme liehen.

Diese Ergebnisse sind zum großen Teil der Tätigkeit Felician von Myrbachs zuzuschreiben, der das Lehrpersonal und die Unterrichtsmethoden der Kunstgewerbeschule radikal erneuert. Nach dem Beginn einer militärischen Karriere stellt sich heraus, daß Myrbach größeres Interesse für die bildenden Künste als für das Kriegshandwerk hegt. Während seines Aufenthalts in der Militärschule beginnt er, sich als Autodidakt dem Zeichnen und der Malerei zu widmen, und besucht Kurse in Kunstgeschichte bei August Eisenmenger und in Malerei bei Karl Rudolf Huber und Eduard von Lichtenfels an der k.k. Akademie der bildenden Künste in Wien. 1881 nimmt er seinen Abschied von der Armee und siedelt nach Paris über, wo er fast sechzehn Jahre verbringt. Dort vervollkommnet er seine Maltechnik in der Schule von Emile Auguste Carolus Duran und entwickelt eine intensive Tätigkeit als Graphiker, wobei er Illustrationen für verschiedene Bücher und Zeitschriften wie *Paris Illustré, Revue Illustrée, Vie moderne, Figaro Illustré* zeichnet. Auch mit Gemälden und graphischen Werken tritt er hervor, auf den Salons der *Société des Artistes Français* von 1882, 1883, 1884 und 1886 und auf denen der *Société Nationale des Beaux-Arts* von 1892 und 1893. Nach seiner Rückkehr nach Wien im Jahre 1897 wird er Mitglied der Secession und berufen, in der Kunstgewerbeschule zu unterrichten, deren Direktion er zwei Jahre später als Nachfolger von Josef Ritter von Storck übernimmt. Mit einer klaren Zielsetzung auf kulturellem Gebiet geht er eifrig an die Erneuerung des Lehrkörpers. Unter seiner Leitung werden – im Zeitraum von 1899 bis 1905 – Josef Hoffmann (Architektur) und Koloman Moser (Malerei) 1899, Alfred Roller (Figurenzeichnung) 1900, Leopoldine Guttmann (Textilkunst) 1901, Carl Otto Czeschka (Graphik) und Rudolf von Larisch (Spezialkurs für ornamentale Schrift und Heraldik) 1902 und Franz Metzner (Skulptur) 1903 als Lehrer an die Kunstgewerbeschule berufen. Die Schule wird so zur Hochburg der Secessionskünstler, die in der Akademie der bildenden Künste zahlenmäßig schwach vertreten waren, auch wenn zu ihnen Persönlichkeiten mit bemerkenswertem kulturellen Prestige, wie Otto Wagner und Friedrich Ohmann, gehörten.

Der Gemeinsamkeit kultureller Erneuerungsabsichten von Scala und Myrbach ist jedoch kein langes Leben beschieden: Schon bei der Pariser Weltausstellung von 1900 werden die ersten Risse bemerkbar. Während die Kunstgewerbeschule in den unter der Regie von Josef Hoffmann eingerichteten Sälen die ersten Erzeugnisse der didaktischen Erneuerung präsentiert, die man den neuen Professoren der Secession verdankt, läßt Scala in anderen Räumen Kopien von

XLII. M. BENIRSCHKE, SPEISEZIMMER, UM 1904.

XLIII-XLIV. E.J. MARGOLD, SPEISESAAL UND VORHALLE EINES HOTELS, UM 1908.

Möbeln und Objekten im Rokoko- und Empirestil ausstellen – eine offensichtliche Polemik gegen die Vorherrschaft moderner Tendenzen innerhalb der Schule. 1902 ist es ebenfalls Scala, Kommissar der österreichischen Sektion auf der Ausstellung für dekorative Künste in Turin, der Olbrich und anderen Secessionisten nur eine Teilnahme am Rande erlaubt und das Projekt des österreichischen Pavillons Ludwig Baumann anvertraut, einem traditionalistischen Architekten, der sich aus Opportunismus zur Moderne bekehrt hat. Auch die Weltausstellung von St. Louis bietet Gelegenheit für neue Auseinandersetzungen. Der Bruch zwischen Schule und Museum wird aber erst 1906 endgültig, als sich die Professoren der Kunstgewerbeschule weigern, an den Winterausstellungen des Museums teilzunehmen als Zeichen des Protests gegen die Initiative Scalas, im Rahmen der von ihm geleiteten Institution ein Projektatelier einzurichten. Dort sollen Modelle für Möbel und andere Objekte der dekorativen Künste ausgearbeitet und kostenlos der Industrie angeboten werden – von außerhalb der Schule ausgewählten Architekten und Designern, während diese damals schon eifrig bemüht ist, Beziehungen zur Wiener Kunstindustrie herzustellen, die eine Zusammenarbeit zum Ziel haben. Erst 1909, nachdem Eduard Leisching der Nachfolger Scalas geworden ist und Alfred Roller zum neuen Direktor der Kunstgewerbeschule ernannt wird, wird die Zusammenarbeit zwischen den beiden Institutionen wiederaufgenommen.

Das von Scala gewollte Projektatelier war sicher ein provozierender Versuch, jener „Zusammenarbeit mit der heimischen Industrie" Steine in den Weg zu legen, einer Zusammenarbeit, die, wie Alfred Roller sich erinnert, für die Schule eine der „ersten Äußerungen ihrer neugeschaffenen Existenz"[11] war. Ein Beispiel, wie diese Zusammenarbeit zwischen Kunstgewerbeschule und Kunstindustrie angelegt war, liefern uns die Aussagen von Roller selbst: „Vor einigen Jahren kamen die Posamentierer Wiens in die Schule und klagten darüber, daß sich ihre Industrie trotz ihres hohen Entwicklungsstandes und guter Absatzchancen in einer tiefgreifenden Krise befinde. Schon seit langem fehle es ihr an neuen Modellen. Der Direktor der Schule antwortete: ‚Wir können Ihnen helfen, aber nicht so, wie Sie sich das vorstellen. Wir werden Ihnen keine fertigen Musterzeichnungen liefern. Schicken Sie uns Ihre besten Arbeiter, damit sie unsere Schüler mit ihren Arbeitsmethoden vertraut machen.' Das geschah dann auch. Schon einige Wochen später hatte das Textilatelier der Schule eine ganze Reihe von neuen Mustern entworfen. Das Ergebnis ließ nicht lange auf sich warten. Die Posamenterie-Industrie erlebte dank des Einflusses der Schule einen neuen Aufschwung, der noch heute anhält."[12]

Ab 1903, dem Gründungsjahr der Wiener Werkstätte auf Initiative von Josef Hoffmann, Koloman Moser und Fritz Wärndorfer, wird diese der bevorzugte Partner der Kunstgewerbeschule: „Der Aufschwung der Kunstgewerbeschule", berichtet Roller weiter, „kann nur durch die gleichzeitige Entwicklung der Wiener Werkstätte erklärt werden. Die Gründer der Werkstätte, Josef Hoffmann und Koloman Moser, und ihre Nachfolger, Carl Otto Czeschka und Eduard Wimmer, haben hier als Lehrer gewirkt und ihre besten Schüler nach Abschluß ihrer Ausbildung an die Wiener Werkstätte berufen. Unterricht und Leben waren durch eine Atmosphäre der Großzügigkeit geprägt, die sich sehr zum Vorteil der Schule auswirkte."[13]

Geht man in der Tat die Liste derer durch, die an der Wiener Werkstätte mitarbeiten, so bemerkt man, daß der größte Teil aus Professoren und ehemaligen Schülern der Kunstgewerbeschule besteht. Unter letzteren sind zahlreiche Künstler, die in Hoffmanns Atelier ausgebildet wurden: von den älteren Lotte Frömel-Fochler, Maria Likarz-Strauss, Emanuel Josef Margold, Otto Prutscher, Eduard Josef Wimmer, die schon vor dem Ersten Weltkrieg in der Wiener Werkstätte tätig sind, von den jüngeren Lotte Calm, Mathilde Flögl, Philipp Häusler, Hilde Jesser, Erna Kopriva, Fritzi Löw, Felice Rix, Anny Schröder, Vally Wieselthier, Fritz Zeymer, die vor allem in den zwanziger Jahren einen bemerkenswerten Beitrag zur Erneuerung der Produktion des wichtigsten österreichischen Zentrums für Kunstgewerbe leisten. Viele von ihnen widmen sich fast ausschließlich verschiedenen Bereichen der Innenarchitektur (Keramik, Textilkunst, Mode usw.), welche die fundamentale Disziplin in Hoffmanns Unterricht bildet.

Die Grundlage für die enge Zusammenarbeit zwischen Kunstgewerbeschule und Wiener Werkstätte ist eine gemeinsame ästhetische Theorie. Das Arbeitsprogramm der Wiener Werkstätte, mit seiner Adaptation der Gedanken von William Morris, mit seiner Klage über das „grenzenlose Unheil", das eine „Massenproduktion" anrichtet, die auf einer Reproduktion traditioneller Stile und einer die Existenz des Handwerks bedrohenden Industrialisierung beruht, mit seinem Anspruch, „auf heimischem Boden, mitten im frohen Lärm des Handwerks einen Ruhepunkt (zu) schaffen und dem willkommen (zu) sein, der sich zu Ruskin und Morris bekennt"[14], ist ein Appell, der viele rückschrittliche Mythen aus dem kulturellen Ambiente der Kunstgewerbeschule aufnimmt.

Wenn man von der Forderung nach der Würde des Handwerks, das den sogenannten „edlen" Künsten gleichgestellt ist, absieht (eine Bestrebung, die in der habsburgischen Hauptstadt schon einflußreiche Verfechter im Kreis der Wiener Kunsthistorischen Schule gehabt hatte), sind die Ansprüche des Arbeitsprogramms, welche die unter den Dozenten der Kunstgewerbeschule zirkulierenden Ideen am besten widerspiegeln, die Ideologie der Arbeit als Vergnügen und als Mittel, durch das sich die Persönlichkeit des Handwerkers verwirklicht, die mutige Verteidigung eines Betätigungsfeldes (im Unterschied zu dem der Industrie), welches das Überleben von Berufen und Bereichen der handwerklichen Arbeit erlaubt, die anderweitig vom Untergang bedroht wären. Außerdem sind es das Vertrauen (das in den dreißiger Jahren die Wiener Werkstätte zum Konkurs führt) in die Überlebensmöglichkeiten eines Kunstmarkts, der von den Aufträgen einer großbürgerlichen Elite lebt, der Mythos eines „modernen Stils", der aus den typischen Produktionsformen der alten Handwerkstraditionen heraus geschaffen werden soll.

Die gleichen Überzeugungen, die Hoffmann im *Arbeitsprogramm* ausdrückt (dessen Abfassung ihm und Koloman Moser zuzuschreiben ist), sind auch die inspirierenden Ideen seiner Lehrtätigkeit.

Die Konzeption des Unterrichts bei Hoffmann

In Hoffmanns Architekturatelier ist die Methode, die verfolgt wird, diejenige, eben keine zu haben, die Persönlichkeit des Studenten zu fördern, ohne ihm Regeln aufzuzwingen, wie ein ehemaliger Schüler, Leopold Kleiner, bezeugt: „Der Pädagoge Hoffmann weiß, daß es in der Kunst nichts zu lehren gibt, daß somit seine Hauptaufgabe darin besteht, Talente zu erkennen, diese aber sich selbst vollenden und ausleben zu lassen. ‚Ich kann Ihnen nur zeigen, was an Ihrer Arbeit unrichtig ist', pflegt Hoffmann dem Schüler zu sagen, ‚ebenso kann ich Ihnen zeigen, was an ihr Richtiges und Gutes ist. Formal beeinflussen will ich Sie nicht, denn auf diese Dinge kommen Sie, sind Sie eine Persönlichkeit, ohnedies von selbst.'"[15]

Die Ideologie der Arbeit als Freude oder – um einen Ausdruck von Olbrich zu benutzen – als „lange Reihe fröhlicher Feste"[16] ist eine Komponente der Poetik Hoffmanns, die dieser seinen Schülern zu vermitteln versucht.

„Auf die Schülerfrage: ‚Was soll ich arbeiten?' pflegt Hoffmann gewöhnlich mit dieser Gegenfrage zu antworten: ‚Wenn Sie selbst es nicht wissen, wovon Sie Freude haben, wie kann ich es Ihnen sagen?'"[17]

Das unerschütterliche Vertrauen in solche Grundsätze wird von Hoffmann in einem Artikel von 1923 noch bekräftigt: „Wir wissen, daß wir von der Schule heute den einzigen wirklich wertvollen Mitarbeiter erwarten, d. h. den Lehrer, der die schöpferischen Fähigkeiten des Schülers mit liebevoller Fürsorge wecken, pflegen und entwickeln kann. Es ist zwecklos zu versuchen, die jungen Wiener starren Regeln zu unterwerfen, denn nirgends sonst haben die Studierenden so vielseitige Interessen und Begabungen für alle erdenklichen Studienrichtungen wie in der österreichischen Hauptstadt. Deshalb darf man dem Lehrer auch keine strengen Vorschriften machen; man muß ihn vielmehr dazu ermuntern, seinen persönlichen Eingebungen zu folgen. Wir müssen wieder den Mut haben, an den unbegrenzten Einfluß einer großen Persönlichkeit zu glauben und anzuerkennen, wie wertvoll sie für die breite Masse ist."[18]

Die Schule, die für Hoffmann das Idealbild darstellt, ist die mittelalterliche Bauhütte: „Da konnte", schreibt er, „im Kreise gleichartig orientierter Bauleute und anderer Künstler ein sicherer Weg zur Erlangung vollkommensten Könnens, nicht vollkommener Kenntnisse, gefunden werden. Es fanden sich hier alle Künstler und Handwerker, die notwendig waren, um ein Gebäude herzustellen. Gerade dieser Zusammenschluß bedeutete die Bürgschaft für ein gleichartiges Kunstempfinden, also für einen Stil. (...) Nur die Qualität, nicht aber eine bornierte Rangeinteilung war maßgebend."[19]

Das Eintreten für die mittelalterliche Bauhütte als pädagogisches Modell in dieser Schrift von 1924 verfolgt sicher zum Teil eine bestimmte Absicht. Sie ist so offensichtlich auf eine Apologie einer Architekturschule ausgerichtet, die „nicht von den verschiedenen Arten von Kunstgewerbe getrennt" ist wie die Kunstgewerbeschulen, die sich von der untergeordneten Rolle gegenüber der Akademie der Schönen Künste oder dem Polytechnikum befreien wollen. Aber abgesehen von den gelegentlichen polemischen Motiven, bestätigt der Aufsatz die gleichbleibende

Vorliebe Hoffmanns für einen Unterricht, der auf der Praxis, nicht auf der Übermittlung von Kenntnissen beruht. Mit der Aufklärung – behauptet er – sei „das Wissen an Stelle des Könnens getreten". Und: „Das zu viele Wissen zersplitterte die einheitliche Entwicklung und zerstörte jede Ursprünglichkeit." Er propagiert einen Unterricht, der fähig ist, einen Projektplaner auszubilden, welcher die Fähigkeiten des Designers und des Handwerkers in sich vereint, eine Figur, die – als sich Hoffmann 1924 in dieser Apologie engagiert – durch die Logik, welche die Arbeitsaufteilung und die Rationalisierung der Produktionstechniken der Kunstindustrie regelte, schon definitiv in die Krise geraten war, die aber in Österreich noch eine glückliche Zufluchtsstätte hatte.

Die Projekte der Schüler Hoffmanns

Der undogmatische Charakter von Hoffmanns Unterricht und seine Tendenz, die Persönlichkeit der Schüler zu fördern, können nicht vermeiden, daß diese vom Werk des Meisters abhängig bleiben. Die beispielhafte Sammlung von Arbeiten der Hoffmannschule[20], die uns von Zeitschriften wie *Der Architekt, Kunst und Kunsthandwerk* oder *Das Interieur* geliefert wird und die vor allem aus Zeichnungen für Möbel und Innenarchitekturen besteht, bietet über den beständigen Rückverweis auf die Produktion des Meisters hinaus auch ein bezeichnendes Panorama der Schwankungen des Geschmacks, die charakteristisch sind für die dekorativen Künste Österreichs in den ersten fünfzehn Jahren des Jahrhunderts. Daraus ergibt sich ein kultureller Entwicklungsgang, dessen Stationen zum großen Teil von Hoffmann selbst durchlaufen wurden: vom Jugendstil Olbrichs zur Entdeckung Mackintoshs und der englischen *Arts and Crafts*, vom geometrischen Stil der ersten Produktion der Wiener Werkstätte zur Verwertung von Biedermeier-Klassizismus und Rokoko.

In den Wiener Kreisen war der Einfluß Olbrichs – dessen Wirkung sich nicht einmal Wagner und Hoffmann entzogen hatten – ebenso umfassend wie kurzlebig. In den zwei Jahren nach seinem Weggang aus Wien (1900/01) bestätigen die in *Das Interieur* veröffentlichten Möbel und Einrichtungen, daß die Inspiration durch Olbrich noch die vorherrschende Tendenz in der Innenarchitektur ist. Auf sie stützen sich Künstler von ausgesprochener Individualität wie Josef Urban, Robert Oerley, Hans Schlechta, Rudolf Tropsch und auch Architekten einer eklektisch-historisierenden Richtung wie Franz von Krauss. Spuren

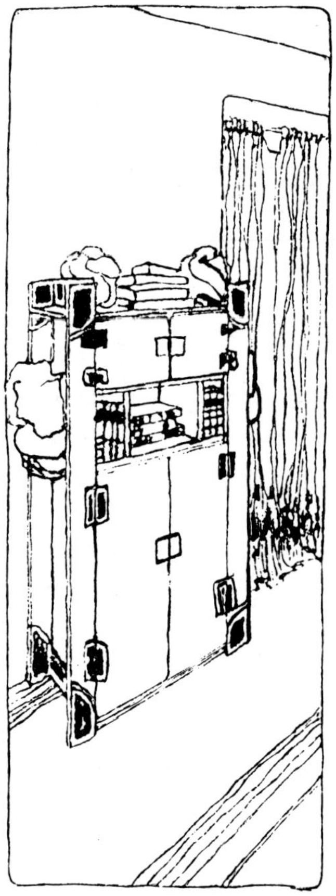

291

29

2

294

294. H. OFNER, HERRENZIMMER, UM 1905.

291. E. UNGER, KLEINER BÜCHERKASTEN, UM 1900.

292. W. SCHMIDT, HALLE, UM 1900.

293. C. WITZMANN, KÜCHE, UM 1903.

dieses Einflusses sind ebenso in den Zeichnungen der Hoffmannschule offensichtlich: Sie bilden eine Dominante in vielen Studien für Möbel und Innenräume von Otto Prutscher und Hans Vollmer, wo Motive Olbrichs erkennbar sind in den stilisierten Blumenverzierungen, im Muster von Stoffapplikationen, in den geschwungenen Simsen aus Holz, die Wände unterteilen oder Möbel verbinden, im Gebrauch von Fenstern mit Nischen und Sitzgelegenheiten, im Thema des in die Wände eingebauten durchgehenden Möbels. Stilelemente, die sich von Olbrich herleiten, sind auch in den ornamentalen Friesen und Wandverzierungen bestimmter Innenräume von Max Benirschke erkennbar.

Schon 1901 jedoch weisen die Zeichnungen, die einen Artikel begleiten, den *Das Interieur* der Hoffmannschule widmet[21], auf die Überwindung der Olbrichschen Linie hin. In diesen – gezeichneten oder ausgeführten – Möbeln von Emil Holzinger, Max Benirschke, Elsa Unger, Wilhelm Schmidt und Hans Vollmer findet sich schon eine erste Anwendung der Prinzipien, die Hoffmann in dem Artikel „Einfache Möbel“ darlegte, der im gleichen Jahr in *Das Interieur* erschien: äußerste Vereinfachung der Materialbearbeitung und Konstruktionsmethode; Abgehen von der gebogenen Linie des Jugendstils zugunsten der Geraden in Übereinstimmung mit der natürlichen „geradlinigen Faser des Holzes“; klare Erkennbarkeit der Struktur jedes Möbels; aufmerksame Berechnung der Proportionsverhältnisse; ausschließlicher Gebrauch von Farben (Weiß und Schwarz), welche die natürlichen des Holzes nicht imitieren, sondern verbergen; farbliche Absetzung der mit den Wänden verbundenen Möbel von denen, die beweglich sind; mäßige Verwendung von Verzierungen. Diesen Anweisungen unterwerfen sich in den unmittelbar darauffolgenden Jahren auch die Zeichnungen für Möbel und Innenräume von Franz Exler, Georg Winkler, Hans Stubner, Karl Bräuer, Petrus Balan und Hans Vollmer. In einigen von Carl Witzmann, Adolf Otto Holub, Max Benirschke und Hans Scharfen gezeichneten Einrichtungen, die 1903 in *Das Interieur* veröffentlicht werden, beginnen intarsierte Möbel aufzutauchen, welche den Einfluß Koloman Mosers zeigen.

Auch dort, wo kompositorische Themen, die Gemeingut des Art Nouveau geworden waren, fortbestehen – zum Beispiel das „durchgehende Möbel“, welches den ganzen Umfang des Zimmers einnimmt, um in der dafür eingerichteten Wand Schränke, Kredenzen, Sofas, Regale, Schreibtische usw. aufzunehmen –, werden sie in den Zeichnungen von Max

295

296

297 

297. J. ZOTTI, WOHNRAUM MIT SITZGELEGENHEIT, UM 1909.

295. E.J. WIMMER, WOHNZIMMER IM HAUSE H.M., UM 1910.

296. W. SCHMIDT, TOILETTEFAUTEUILS, DREHTISCH UND RUHEBETT, UM 1901.

298. W. FÜRST, SCHLAFZIMMER IN EINEM LANDHAUS, UM 1909.

298 

Benirschke, Georg Winkler und Alois Hollmann in Strukturen übersetzt, in denen konstruktive Klarheit, Einfachheit in der Herstellung und im Zusammenbau der Einzelteile, strenge proportionale Abstimmung sowie *esprit de géométrie* alle Kompliziertheit des Dekors vermeiden. In diesen Bemühungen ist oft ein aufmerksames Überdenken der englischen Innenräume von Walton, Voysey, Baillie-Scott und Mackintosh festzustellen, wie das von Max Benirschke geplante Wohnzimmer und die Hallen von Wilhelm Schmidt und Alois Hollmann, 1903 in *Das Interieur* veröffentlicht, beweisen.

Von besonderem Interesse in dieser ersten Produktion der Hoffmannschule sind die Werke von Wilhelm Schmidt, welche die Funktionalität des Entwurfs, die sorgfältige Hervorhebung der verschiedenen Konstruktionsteile des Möbels mit einer Vorliebe für elementare geometrische Formen und dem Gefallen an der Leichtigkeit durchsichtiger Leisteneinfassungen verbinden. Diese Versuche gelangen manchmal, in der Zerlegung des Möbels und in der Reduktion auf eine elementare Geometrie seiner Teile, zu Ergebnissen, welche die Erfahrungen der Avantgarde der ersten Nachkriegszeit und vor allem der holländischen Gruppe *De Stijl* vorwegnehmen.

Optische Durchlässigkeit des Möbels und Beharren auf geometrischen Formen sind Charakteristiken, die sich auch im Werk von Eduard Josef Wimmer und, in einer formalistischeren Version, bei Hans Ofner wiederfinden, einem Künstler, der sich auch als Zeichner von Schmuckstücken bei der Kritik eines bemerkenswerten Ansehens erfreut. Die reichhaltige Produktion Ofners besteht in einer Reihe von Varianten zu wenigen Archetypen: Die tragende Struktur liefert ein durchgehendes Teil aus Leisten mit quadratischer Gliederung, und die Abdeckungselemente – die Rahmen der Glasscheiben und der Türen von Schränken und Kredenzen, die Rückenlehnen und die Stützen der Armlehnen von Stühlen und Sesseln, usw. – sind aus einem Netzwerk von geometrischen Figuren geformt (ineinandergesetzte und um 45 Grad gedrehte Quadrate, in ein rechtwinkeliges Netz eingefügte Ellipsen und Ovale, Rauten mit gebogenen Seiten usw.); die schwarzweiße Zweifarbigkeit wird oft dazu verwendet, tragende und getragene Elemente zu unterscheiden. Diese Modulationen über Kombinationen von geometrischen Figuren, die auch bei Hoffmann häufig wiederkehren, gelangen zu Lösungen von äußerster Vielfalt in den Einrichtungen von Ofners Studio (wo Stühle mit hohen Rückenlehnen erscheinen, die an Mackintosh erinnern) und des

Hauses Schießl in St. Pölten, die vollständigste Zusammenstellung aller von ihm geschätzten formalen Themen.[22] Hier greift die Wiederholung von Motiven des gleichen geometrischen Musters auf die Struktur der Möbel über, die Tapeten und Wandstoffe, die Polster der Sofas und Lehnsessel, die Fußböden, die Teppiche und auf die Pergolen, die Gitterwerke, die Laubenbögen und die Bänke im Garten – eine gefällige Übung in Kalligraphie.

Unter den in der Hoffmannschule ausgebildeten Möbelzeichnern nimmt der Südtiroler Josef Zotti eine bedeutende Stellung ein. Zu den bezeichnendsten Ausschnitten aus seiner Produktion zählen einige Stühle und Sessel aus Flechtstroh, die glockenartige, organisch modellierte Formen in Verbindung mit einer angenehmen Körperhaltung zeigen und von der Prag-Rudniker Korbwarenfabrik ausgeführt wurden, welche auch eine Serie von Stühlen und Sesseln mit geflochtenen Sitzflächen und Rückenlehnen von Koloman Moser, Hans Vollmer und Wilhelm Schmidt in Produktion genommen hatte. Im Unterschied zu diesen letzteren beschränkt sich Zotti nicht darauf, das Stroh für Sitz und Rückenlehne zu gebrauchen; manchmal läßt er vollständig mit Stroh überzogene Stühle und Sessel ausführen, um so die tragende Struktur in Holz zu verbergen.

In der Ausstattung von Innenräumen führen die Zeichnungen der Hoffmannschule, zumindest bis 1910, diese Richtung weiter, die gegründet ist auf die Verwendung von Rastern mit quadratischer Grundlage, die Wahl elementarer geometrischer Körper für ihre Möbel, den Rückgriff auf eine schwarzweiße Zweifarbigkeit, die den abstrakten Charakter dieser Kompositionen unterstreichen oder die tragenden Strukturen der Möbel von den Füllelementen unterscheiden soll – eine Richtung, die im Werk Hoffmanns und in der Produktion der Wiener Werkstätte in den Jahren nach 1905 schon überwunden ist, nachdem eine deutlich durch klassizistische Komponenten aus dem Biedermeier gekennzeichnete Orientierung überwiegt. Erst nach 1910 bereichert sich das formale Vokabularium der Hoffmannschule durch neue dekorative Wertigkeiten, welche die gleichzeitige Produktion Hoffmanns einholen. Die nackten Oberflächen und geometrischen Liniennetze in den Innenräumen der vorhergehenden Periode werden durch gerillte oder von Stoffen und Tapeten mit lebhaften floralen Ornamenten bedeckte Wände ersetzt, während bei den Möbeln klassizistische oder barockisierende Linien vorherrschen. Ein bezeichnendes Zeugnis dieses Geschmackswandels geben einige

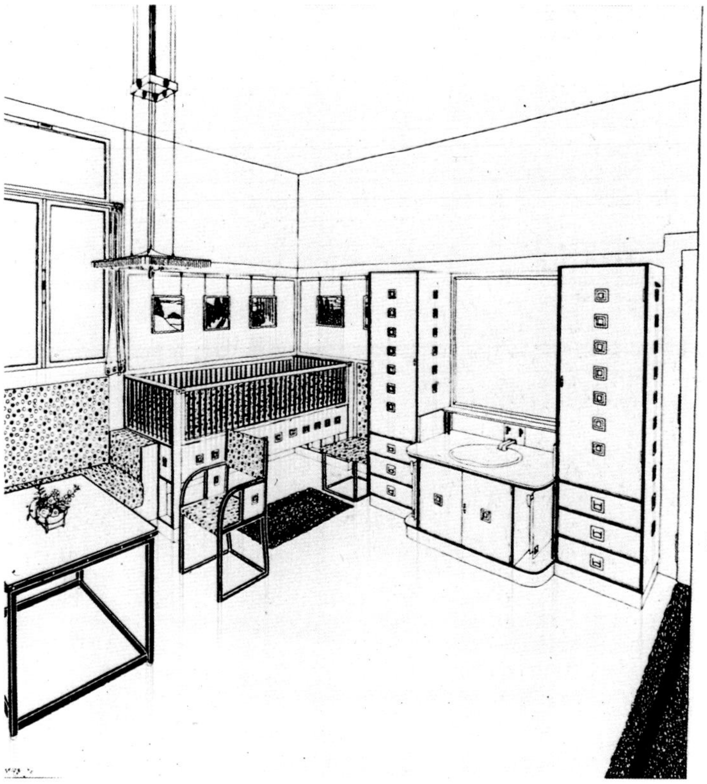

299

299. A. HOLLMANN, ENTWURF ZU EINEM KINDER-SCHLAFZIMMER.

300. UNBEKANNTER HOFFMANNSCHÜLER, ENTWURF FÜR EINEN BLUMENLADEN, UM 1909.

300

301

301-302. M. BENIRSCHKE, GARTENSTUDIE, UM 1905.

302

Möbel und Räume, die um 1910 in den Ausstellungen des Österreichischen Museums von Hoffmannschülern wie Carl Witzmann, Otto Prutscher und Fritz Zeymer präsentiert werden.

Einen wichtigen Bereich der Aktivitäten der Hoffmannschule stellt die Gartenkunst dar. Auf diesem Feld haben sich besonders Max Benirschke und Franz Lebisch hervorgetan, Befürworter jener rein architektonischen Idee vom Garten als organischer Fortsetzung des häuslichen Raumes, die in Wien eine erste bezeichnende und beispielhafte Verwirklichung in Hoffmanns Villenkolonie auf der Hohen Warte gefunden hatte. In den Gärten dieser Gruppe von Vorstadthäusern, und besonders in denen der Häuser Spitzer und Henneberg, hatte der Kritiker Joseph August Lux die Wiederdurchsetzung einer Konzeption begrüßt, die im Gegensatz zur romantisch-naturalistischen Schulrichtung englisch inspiriert und zutiefst in der Tradition der Altwiener- und Biedermeiergärten verwurzelt ist. Abgetrenntheit von der Außenwelt, Ordnung in der Vielfalt, Widerspiegelung der Besonderheiten der Wohnräume, keine Versuche, die Zufälligkeiten einer natürlichen Landschaft nachzuahmen, edle Schlichtheit, der alle Effekthascherei fernliegt: Dies sind nach Lux die Charakteristiken, die aus den Gärten Hoffmanns Modelle einer modernen Heimatkultur machen.[23]

Diese Hinweise werden von Max Benirschke aufgenommen. In seinen Gärten erwecken die Laubengänge, die in „Gazebos“ (Pavillons) und einladenden, umzäunten Plätzen mit Brunnen und Bänken enden, ständig den Eindruck einer häuslichen Dimension. Das eigentliche architektonische Element (Pergolen und Kioske auf kubischen Rastern, kleine Pavillons, die sich am Barock der Zeit Maria Theresias inspirieren, aus kahlen Flächen zusammengesetzte Nebengebäude mit von Pergolen überdeckten Terrassen von mediterranem Geschmack) hat in diesen Zeichnungen keine nur nebensächliche Funktion, sondern tendiert im Gegenteil oft dazu, zum strukturierenden Faktor der Darstellung zu werden, der den Umrissen der Bäume eine geometrische Ordnung auferlegt. In diesen Gärten spricht eine Poetik der Erinnerung, welche – wie in der Villenkolonie auf der Hohen Warte – die Innenhöfe der Winzerhäuser von Grinzing und Döbling wieder einer Betrachtung wert erachtet und danach strebt, die bürgerliche Poesie einer ganz in die Sphäre des Privaten zurückgezogenen Welt, wie der des Biedermeier, wiederaufleben zu lassen. Dieses nostalgische Nachholen der Vergan-

303

303. W. FOLTIN, KRIEGERDENKMAL, UM 1915.

304

genheit, welches – wie Hugo von Hofmannsthal unterstreicht – das eigene Streben nach einer modellhaften Einfachheit durch „die geometrischen Elemente der Schönheit" verwirklicht[24], findet enthusiastische Exegeten in der Redaktion der Zeitschrift *Hohe Warte*, die 1904 von Joseph August Lux gegründet worden war. Mit Artikeln, die der Gartenkunst in den Altwiener- und Barockgärten gewidmet sind, den Problemen der Erhaltung und der Achtung des ursprünglichen Charakters der Stadtkerne und Landschaften Österreichs (eine feste Rubrik ist „Volkskunst und Heimatschutz" betitelt), dem Kunsthandwerk und den Bauten der bäuerlichen Kultur in den Provinzen des Kaiserreichs, wird die Zeitschrift zu einem gedruckten Organ jener Kritik, die sich die Wiedergeburt einer Heimatkultur zu ihrem Anliegen gemacht hat. Es überrascht daher nicht, daß in ihr die Gartenzeichnungen von Benirschke mit Kommentaren veröffentlicht werden, die sie als Beispiel einer modernen Interpretation der Altwiener Tradition anführen.[25]

Das erneute Studium der Wiener Barockgärten ist die Leitlinie der zahlreichen Gartenzeichnungen von Franz Lebisch, in denen alles das Merkmal des „Konstruierten" hat. Dieser Architekt strebt aber, im Unterschied zu den historischen Modellen, an denen

305

306

307

er sich inspiriert, weder nach beeindruckenden Gesamteffekten, noch stellt er hierarchische Beziehungen zwischen den verschiedenen Räumen her. Seine Gärten sind nicht Orte für die Selbstdarstellung einer autokratischen Macht, sondern die Umsetzung in eine bürgerliche Poesie der Gestaltung, die auf sie formend wirkt. Aus der Tradition des Barock überleben die Symmetrieachsen, die Reduktion der Bäume auf geometrische Formen (Kugeln, Kegel oder einfache Parallelepipeda), der architektonische Hintergrund, der sich an einer nüchternen Geometrie inspiriert und als Abschluß für den Durchblick der Wege gesetzt ist. In diesen Miniaturreproduktionen der Barockgärten ist die Fläche (gemäß der gefundenen Metapher vom „Haus") in eine Reihe von einladenden, geschlossenen Räumen unterteilt – manchmal zum Durchqueren, manchmal ohne Ausgang –, untereinander verbunden durch Passagen und Korridore.

Eines der wenigen ausgeführten Werke Lebischs in Österreich ist das Freilufttheater der Kunstschau-Ausstellung von 1908. Auch hier bestätigen sich die starke Integration und Komplementarität von Architektur und Grundflächen, die nach architektonischen Konzepten organisiert sind, als ein unterscheidendes Merkmal im Werk Lebischs: Einfache Erdwälle trennen das Parkett von der Bühne, die umgeben ist von einer durchgehenden Mauer, ihrerseits verdeckt von einer hohen Hecke, hinter der drei kleine Pavillons herausragen – in der Mitte der Längsseite und an den beiden äußeren Enden der Breitseiten –, die mit in nüchternem neoklassizistischen Geschmack gehaltenen Dächern versehen sind. Auf der Kunstschau-Ausstellung von 1908 sind auch Gartenzeichnungen von Lebisch ausgestellt, die bei der Kritik bemerkenswerten Anklang fanden und mehrere Male in österreichischen Zeitschriften wie *Hohe Warte* und *Der Architekt* und ausländischen wie *The Studio* und *Moderne Bauformen* veröffentlicht wurden. Wenn man von gewissen formalen Übereinstimmungen und dem Interesse der deutschen Fachliteratur am Werk Lebischs absieht, fehlen überzeugendere Indizien, um abschätzen zu können, welchen Einfluß er möglicherweise auf die gleichzeitige Entwicklung der Gartenkunst in Deutschland ausübte, vor allem auf die Werke von Behrens, Muthesius, Leberecht Migge und Bruno Paul. Die Präsenz des österreichischen Architekten in Darmstadt ist eine aufschlußreiche Spur, die für weitere Forschungen keineswegs zu vernachlässigen ist.

Im Schaffen Hoffmanns und seiner Schüler bleibt die streng architektonische Anwendung von Baumgruppen, die auf elementare geometrische Formen reduziert sind, nicht auf den Bereich der Gartenkunst beschränkt. Die Baumarchitekturen, vergänglich und mit den Jahreszeiten wechselnd, werden in der Tat oft mit dem Thema Tod in Zusammenhang gebracht. In einer Reihe von Zeichnungen der Jahre 1905/06 für Gräber und Grabmäler sowie im Grab der Familie Stoclet in Brüssel (1911) greift Hoffmann auf Hecken und halbkreisförmig angeordnete Baumgruppen zurück, die eng mit den eigentlich architektonischen Elementen (Steinportale, Gedenkstelen, Obelisken usw.) verbunden sind, um dem das Grab oder Grabmal umgebenden Raum eine Form zu verleihen und ihn abzugrenzen. Die gleiche Konzeption findet sich in einigen Zeichnungen von Gedenkstätten für die Gefallenen des Krieges wieder, die in den Jahren 1914/15 von seinen Schülern gemacht wurden: zum Beispiel in denjenigen von Wilhelm Foltin, veröffentlicht zusammen mit anderen von Studenten der Kunstgewerbeschule in dem Album *Soldatengräber und Kriegsdenkmale* (Wien 1915).

Nur sehr wenige Architekturprojekte der Hoffmannschüler wurden in österreichischen Zeitschriften veröffentlicht. Nach der spärlichen uns verfügbaren Dokumentation scheint es, daß die den Studenten anvertrauten Themen beschränkt waren und sich hauptsächlich auf Typen wie das Einfamilienhaus, kleinere Sakralbauten und Elemente der städtebaulichen Ausgestaltung konzentrierten. Unter den wenigen veröffentlichten Entwürfen überwiegen die Zeichnungen (einige anonym, andere signiert von Alois Hollmann, Fritz Zeymer und Petrus Balan) für Landhäuser, die als gemeinsames Merkmal eine Wiederaufnahme der traditionellen Vorbilder zeigen.[26]

Die erste Generation von Architekten aus der Hoffmannschule

Unter den Architekten, die aus der Hoffmannschule kamen und schon vor dem Ersten Weltkrieg aktiv waren, sind die herausragendsten Namen Otto Prutscher, Carl Witzmann und Emanuel Josef Margold.

Geboren in Wien am 17. April 1880, gehört Otto Prutscher[27] zu den ersten Schülern, die sich nach der Reform Myrbachs an der Kunstgewerbeschule einschreiben. Nach Beendigung seiner Studien unter der Anleitung des Malers Franz Matsch und später der Hoffmanns gewinnt er ein Stipendium, das ihm einen Studienaufenthalt in Paris und London ermöglicht. Im Alter von nur 22 Jahren wird er zur Teilnahme an der XIII. Ausstellung der Secession

 308

308. P. BALAN, EINFAMILIENHAUS.

309. O. PRUTSCHER, SPEISEZIMMER, UM 1908.

 309

eingeladen und erhält auf der Ersten Internationalen Ausstellung für moderne dekorative Kunst in Turin im Jahre 1902 eine Silbermedaille. Sein frühes Schaffen ist fast ganz den dekorativen Künsten gewidmet. Mit seiner Verpflichtung an die Wiener Werkstätte nimmt er auch andere Gelegenheiten zum Arbeiten wahr: Er zeichnet elektrische Lampen, Vasen und Kristallgeschirr für die Firma Bakalowits & Söhne; Möbel für die Prag-Rudniker Korbwarenfabrik; Blumenschalen mit den quadratischen Durchbrechungen, die für viele Objekte Hoffmanns charakteristisch sind, für die Kunstgewerblichen Werkstätten in Mannheim-Rheinau. 1905 besorgt er in den Räumlichkeiten der Wiener Gartenbaugesellschaft die Ausstattung einer Ausstellung, die dem modernen Möbel gewidmet ist, und erwirbt sich mit der Präsentation einiger Einrichtungsentwürfe, Möbel und ganzer Zimmer die Rolle des Protagonisten. An den Ständen, die mit weiß lackiertem Holz ausgeführt und mit geometrischen Mustern geschmückt sind, ist der Einfluß Mackintoshs sichtbar.[28]

Prutscher wird nach Deutschland gerufen, um einige Säle der Mannheimer Jubiläumsausstellung von 1907 und der Ausstellung für Kunstphotographie in Dresden von 1909 einzurichten. 1908 ist er auf der Ausstellung der Kunstschau mit einem Zimmer für einen Kunstliebhaber vertreten. Eduard Leisching, der neue Direktor des Österreichischen Museums und Nachfolger Scalas, wählt ihn 1909 als persönlichen künstlerischen Berater. Von da an ist Prutscher stets auf den vom Museum organisierten Ausstellungen vertreten: Im Winter 1909/10 präsentiert er einen Erfrischungsraum, mit Tischen und Armstühlen, die – ähnlich den Möbeln Ofners – mit durchsichtigen Einfassungen aus Holzleisten gestaltet sind, weiß lackiert, mit Rauten und Ovalen als Dekorationsmotiv der Rückenlehnen, Seitenflächen und Stützen. Im Winter 1910/11 stellt er einen Salon für eine Dame aus, der einen klaren Richtungswechsel von der Orientierung am Abstrakt-Geometrischen weg darstellt, wie sie von Hoffmann und Moser inspiriert und für einen Großteil seiner früheren Einrichtungen bestimmend war. Keine geometrischen Formen aus Quadraten mehr, keine im rechten Winkel verbundenen Sitzflächen, Lehnen und Seitenflächen, keine feinen, durchscheinenden Strukturen aus einfachen Leisten mit quadratischer Gliederung – sondern gewölbte Formen, Kredenzen, Armstühle und Tischchen mit geschwungenen Füßen, geschnitzte Rahmen. Prutscher führt hier jene weibliche Komponente, jene Tendenz zum Neorokoko ein, die seinen persönlichsten Beitrag zur Wiener Möbelkunst darstellen und die, in auf paradoxe Weise ins Extreme getriebenen Formen, vom „Dekorationsgenie" Dagobert Peche fortgeführt werden. Auch in einem Boudoir, das Prutscher im Frühjahr 1912 im Österreichischen Museum ausstellt, ist eine Vorwegnahme von Peches Stil nachweisbar, besonders in der Dekoration der Wände, wo auf einen hellen Grund dunkle Rauten wie Punkte gesetzt sind.

Prutscher, der vor allem als Designer und Innenarchitekt tätig war, hatte wenig Gelegenheit zur Planung von Gebäuden. Seine Entwürfe lassen in bezug auf die Qualität eine gewisse Diskontinuität sichtbar werden, manchmal auch die Tendenz, sich bei seinen Werken einer bestimmten Manier hinzugeben. Zu diesen letzteren zählt das Mietshaus, das er in Wien-Breitensee errichtete[29] und das um 1904 zu datieren ist, ein Gebäude, welches die Modelle in den von Schroll herausgegebenen Bänden *Wiener Neubauten im Style der Secession* nachahmt, wobei er die Einfachheit der Fassadengliederung – durchbrochen von gleichförmigen Fensterreihen – mit einer reichen Stuckverzierung zu kompensieren versucht. In zwei Studien für kleinere Villen, 1907 in *Der Architekt* [30] veröffentlicht, schlägt Prutscher eine elegante Neufassung der Landhäuser in der nationalen Tradition vor. Eine der beiden Villen, die vielleicht als Prototyp eines Ferienhauses mit niedrigen Baukosten gedacht war, beweist die Fähigkeit, durch die Reduktion der Durchgänge auf kleinste Dimensionen Platz zu sparen: Das Erdgeschoß besteht aus einem einzigen Raum, Wohn- und zugleich Eßzimmer mit einer Kochnische; eine Treppe führt in den ersten Stock, wo der Treppenabsatz, der sich ein kurzes Stück lang als Korridor fortsetzt, zu zwei Schlafzimmern, einem Studierzimmer und dem Bad führt; weitere Zimmer sind im Dachgeschoß untergebracht. Die andere Villa, von größeren Ausmaßen, benützt wiederum jene Aufteilung, die auf das doppelte Volumen der Eingangshalle zentriert ist und die, vom englischen Haus abgeleitet, in Österreich weite Verbreitung gefunden hat, wie auch verschiedene Werke Hoffmanns bezeugen.

Im Niederösterreich-Pavillon auf der Jagdausstellung in Wien 1910[31] erarbeitet Prutscher in einer raffinierten kalligraphischen Übung eine klassizistische Formensprache. Der Pavillon setzt sich zusammen aus einem Mittelstück mit einem Pyramidendach, das eine kleine Laterne krönt, und zwei niedrigeren Flügeln, die durch halbzylindrische Volumen abgeschlossen sind. Die dreischiffige Unterteilung vom Innenraum des Zentralkörpers ist auf der Fassade von vier Lisenen angekündigt. Diese weisen eine Konkavität auf, die aus dem Zurücktreten einer Reihe von rechteckigen, konzentrischen Bändern resultiert. Im unteren Teil der Fassade sind die Blendwände der Seitenschiffe und des Zentralschiffs (wo sich die zwei Eingangstüren befinden) von einem Bandgesims eingefaßt, dessen Streifen jeweils voneinander zurückgesetzt sind. So wiederholen sie das gleiche Thema Konkavität und bilden oben eine Art gekehlte Konsole, die durch einen dünnen Architrav von den Rahmen der darüberstehenden polychromen Glasfenster getrennt ist. Die Zartheit gewisser architektonischer Bauteile, ihre Linienführung, die hauptsächlich darauf abzielt, im Licht Vibrationseffekte zu erzielen, und die Anordnung der Elemente entheben die strukturelle Anlage der Fassade jeglicher tektonischen Wirkung, indem eine Kompositionsweise, die typisch für das Mobiliar ist, auf architektonische Größenordnungen übertragen wird. Bezeichnend ist in diesem Zusammenhang die Kontinuität der Formensprache, die in diesem Werk der Architektur und der Inneneinrichtung, wo sich die gleichen formalen Motive der Fassade wiederfinden (zum Beispiel das Bandgesims, das die unteren Teile der Schaukästen bildet), eine Homogenität verleiht.

Bei Prutscher findet man, ebenso wie auch bei Hoffmann, diese Kontinuität der Formensprache auf den verschiedenen Ebenen des Entwerfens: Wenn die Architekturen wie Möbel in vergrößertem Maßstab erscheinen, so sind andererseits die Möbel Architekturelemente *en miniature*. In einem Damenschlafzimmer, das im Frühjahr 1912 im Österreichischen Museum ausgestellt wurde, spielen die Tischchen und der halbzylindrische Frisiertisch mit ihren kannelierten Oberflächen auf Säulentrommeln an. Nach 1910 nimmt auch das Werk Prutschers an der klassizistischen Wende teil, welche die gleichzeitige Produktion Hoffmanns von ihm unterscheidet. In zwei um 1912 in Baden errichteten Bauten nimmt Prutscher den Dialog mit dem Biedermeier-Klassizismus dieses Thermalbads auf, welches das originale Gepräge der Architektur Josef Kornhäusels aus dem 19. Jahrhundert trägt. Kornhäusels unkonventionelle und unbekümmerte Handhabung des klassischen Formenkanons vermittelt präzise jene Methode, die für den „antitektonischen Klassizismus“ der Werke Hoffmanns aus den Jahren vor 1910 galt. Die Anordnung von schmalen Baugliedern, die in der Fläche ein leichtes Relief bilden, und die Zerlegung der traditionellen architektonischen Formen in ihre kon-

310

310. O. PRUTSCHER, ENTWURF FÜR EIN LANDHAUS, UM 1907.

311-313. O. PRUTSCHER, PAVILLON DES NIEDERÖSTERR. GEWERBE-FÖRDERUNGS-DIENSTES, WIEN, JAGDAUSSTELLUNG 1910. GESAMTANSICHT, EINGANG UND TEILANSICHT DES AUSSTELLUNGSRAUMES.

311

312

313

stitutiven Elemente, die man manchmal frei schwebend wie *objets trouvés* in der Leere einer klaren Oberfläche findet (ein typisches Beispiel stellen die Tympana der Fenster dar, welche von keinen Rahmen getragen sind), sind Komponenten der Auseinandersetzung mit Kornhäusel, die auf die klassizistischen Abschweifungen Hoffmanns und Prutschers tiefgreifenden Einfluß ausüben. Die Umkehrung der traditionellen syntaktischen Bindungen in den Villen Bienenfeld und Rothberger[32] zu einem Kontrast, in dem die klassizistischen Elemente jeglicher konstruktiven Funktion beraubt sind und in der Vergrößerung des Maßstabs sowie in der Nebeneinanderstellung von nicht aufeinander bezogenen Zeichen eine atektonische Wirkung annehmen, ist das Resultat einer Erfahrung, die das bei Kornhäusel Gelernte auf eine eher spielerische Art weiterentwickelt.

Carl Witzmann (geboren am 26. September 1883 in Wien) schreibt sich im Oktober 1900 in der Kunstgewerbeschule ein, wo er seine Studien unter der Leitung von Hermann Herdtle und Josef Hoffmann betreibt. Eine brillante Karriere in der Ausbildung, gekennzeichnet von verschiedenen Auszeichnungen, begünstigt sein Verbleiben an der Schule als Assistent, schließlich als Professor, und eine rasche berufliche Anerkennung. 1908 besorgt er die Einrichtung eines Aufenthaltsraums auf der Kunstschau, wo er auch einige Architekturzeichnungen und ein Musikzimmer ausstellt, und er ist Chefarchitekt der Kaiser-Jubiläums-Möbel-Ausstellung in Wien. In dieser letzteren Einrichtung hält sich Witzmann an ein Entwurfskonzept, das auf einem quadratischen Raster aufbaut.

Ab Winter 1911/12 wird er häufig für die Einrichtungen der Ausstellungen des Österreichischen Museums verpflichtet. Um die ungünstigen ihm zur Verfügung gestellten Räume umzuformen, greift Witzmann auf ein System von Tüchern aus weißer Chinaseide zurück, welche er als Hängedecke und Drapierung der Wände benützt, und weiht so eine Mode ein, die bis in die dreißiger Jahre fortdauern wird: Hoffmann nimmt in der Tat die gleiche Lösung zu Hilfe bei der Einrichtung des Mittelsaals der Ausstellung des Österreichischen Werkbunds in Wien. Seit 1909 ist Witzmann beständig auch auf den Ausstellungen des Museums mit Möbeln und Inneneinrichtungen vertreten und übt eine intensive Tätigkeit als Ausstatter von Privatwohnungen aus: für die Familien Igler (1907), Rauch (1908), Haas (1912), Kittl (1912), Römminger (1913) und Kottowitz (1913/14) in Wien und für den Ingenieur Müller (1909) in Brünn. In allen diesen Einrichtungen für eine großbürgerliche Auftraggeberschaft herrscht eine raffinierte Extravaganz im Formalen vor, die Marmorverkleidungen, kostbare Hölzer, Vorhänge (die auch dazu dienen, Wände zu bedecken oder Alkoven und Boudoirs zu verbergen), Tapeten und Stoffbehänge verwendet. Auch der Gebrauch von Möbeltypen, welche die Wiener Moderne abgelehnt hatte, ist wieder eingeführt: Betten mit Baldachin, Armstühle im venezianischen Stil, den man *a pozzetto* nennt, usw. Die Hölzer sind nicht mehr weiß oder schwarz lackiert, sondern die Maserung des Materials ist als Zeichen seiner Kostbarkeit sichtbar belassen; die Möbel sind fast immer gepolstert, mit Samt überzogen und haben angenehm umhüllende statt geometrisch rechteckige Formen.

Witzmann entwirft auch zahlreiche Villen und Mietshäuser – fast alle sind im Bereich Hietzing konzentriert –, die ein nicht zu vernachlässigendes Kapitel im Panorama der Wiener Architektur des frühen 20. Jahrhunderts darstellen. Aufgrund der persönlichen Ausarbeitung eines Typus der Stadtvilla ist die Morphologie dieser Häuser (im Gegensatz zu den anderen Bauten, die in dieser reichen Wohngegend vorherrschend sind) befreit sowohl von den Vorbildern der *English Domestic Architecture* oder dem Lokalkolorit, einem pittoresken Effekt, vom Anschluß an die Heimatarchitektur als auch von der Wiederbelebung des Klassizismus und des Barock, die zwischen 1910 und 1920 immer häufiger die Villenarchitektur in Wien charakterisiert. Diese Villen, die fast immer zweistöckig mit einem Dachgeschoß sind, zeichnen sich durch äußerste Vereinfachung des Kompositionsschemas aus, das im allgemeinen aus kompakten, von einer Symmetrieachse geordneten Volumina besteht, sowie durch die Nüchternheit der architektonischen Sprache. In den Häusern herrscht ein Gegensatz, der in der Wiener Gegend kein Einzelfall ist: Das Innere ist einer bürgerlichen Auffassung von Komfort angepaßt, die in der Zurschaustellung von Marmorverkleidungen, kostbaren Hölzern, Samt- und Damastbezügen den eigenen Wohlstand hervorhebt. Dagegen steht die nüchterne Sprache der äußeren Umhüllung, bei der die Fassaden glatte Oberflächen aufweisen, die verputzt und von einfachen Ziegelsteinen eingerahmt sind (Elßlergasse Nr. 11, um 1911, und Münichreiterstraße Nr. 32, um 1912) oder nach der Art Hoffmanns durch breite Kannelüren charakterisiert sind, welche das Ganze durch ein Spiel des Lichts beleben (Eitelbergergasse Nr. 18, um 1913).

314

315

314. C. WITZMANN, EMPFANGSHALLE FÜR DIE KAISER-JUBILÄUMS-MÖBEL-AUSSTELLUNG, WIEN, 1908.

315. C. WITZMANN, AUSSTELLUNG IM ÖSTERR. MUSEUM, WIEN, 1911-12. MITTELRAUM.

316. C. WITZMANN, WOHNHAUS, WIEN XIII, ELSSLERGASSE 11, UM 1911.

317. C. WITZMANN, VILLA, WIEN XIII, MÜNICHREITERSTRASSE 32, UM 1912.

316

317

318 

319 

318. C. WITZMANN, WOHNHAUS KOSMAK, WIEN XIII, ELSSLERGASSE 8, 1912-13.

319. C. WITZMANN, VILLA, WIEN XIII, EITELBERGGASSE 18, UM 1913.

Ein mediterranes Gepräge tragen die kahlen, weißen Oberflächen und die Tür- und Fensterbögen der Villa Rohminger von 1913, ebenfalls im Bereich Hietzing, die wie eine Vorwegnahme der Bilder De Chiricos erscheinen und die auch Clemens Holzmeister in gewissen Villenentwürfen der zwanziger Jahre verwendet.

Die interessanteste Episode der ersten Aktivitäten Witzmanns ist das Haus Kosmak in der Elßlergasse 8 (1912/13). Mit Raumkörpern in der Art von

320

320. E.J. MARGOLD, IDEENSKIZZE FÜR EIN KRIEGERDENKMAL, 1908.

321. E.J. MARGOLD, ENTWURF FÜR EINE KOLUMBARIUM-ANLAGE MIT ARKADENHOF, UM 1908.

321
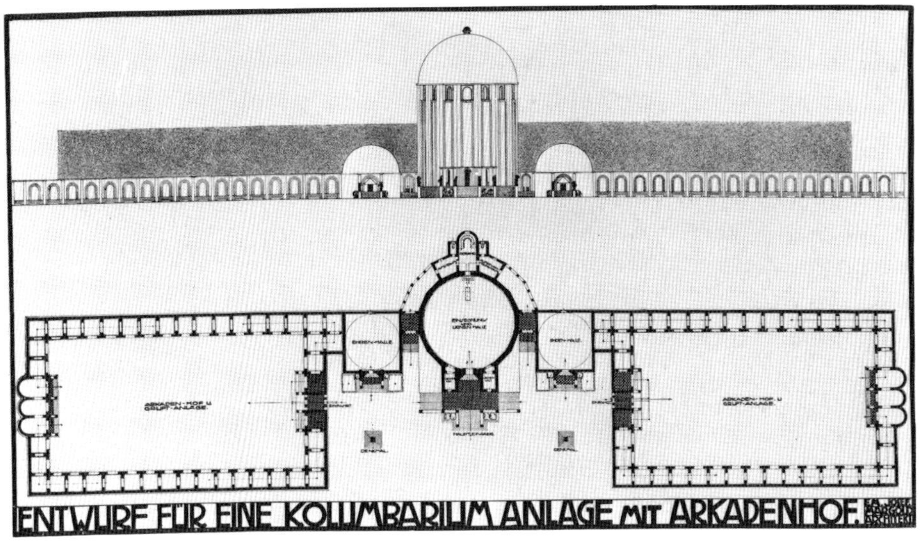

Loos in den oberen Stockwerken, wo die Fenster scharfkantig in die kahlen, verputzten Oberflächen eingeschnitten sind, und der kontrastierenden, ausgearbeiteten Behandlung der Fassade des Erdgeschosses, die formal durch die üblichen kannelierten Bänder und die sorgfältige und dekorative Auskragung der Portale bestimmt ist, erscheint dieses Gebäude als ein Symbol für die Situation der Wiener Architektur. Diese war in den Jahren nach 1910 vor dic Wahl gestellt zwischen einer Nullstufe des Ausdrucks und dem Sichzurückziehen in eine „Qualitätsarchitektur", die im Ornament noch eine Zuflucht findet.

Die Architekturprojekte Emanuel Josef Margolds zeigen als Konstante die Auseinandersetzung mit der formalen und kompositorischen Aussage des Palais Stoclet in Brüssel von Josef Hoffmann. Auch auf sein Werk kann man beziehen, was über den Neffen Adolphe Stoclets, den Pariser Architekten Robert Mallet-Stevens, gesagt wurde: Das Palais in der *Avenue de Tervueren* „bildet sowohl in seinen plastischen Ausdrucksformen als auch in den Grundlinien seines Aufbaus ein wesentliches konstitutives Moment" seiner Ausdrucksweise.[33] Gerade dieses gemeinsame Vorbild erklärt gewisse überraschende Affinitäten in der Formensprache zwischen den Entwürfen Margolds und denen des Pariser Architekten (aus der Zeit von 1911 bis 1922), die auch in der graphischen Technik den Einfluß Hoffmanns verraten. Und sicherlich trägt auch die formalistische Vermittlung Margolds und Mallet-Stevens dazu bei, daß das stilistische Vorbild des Palais Stoclet die Architektur des Art Deco erfolgreich durchdringt.

Geboren am 4. Mai 1889 in Wien, macht Margold seine ersten Studien an der Fachschule für Holzbearbeitung in Königsberg und schreibt sich anschließend an der Kunstgewerbeschule in Mainz ein, wo er Anton Huber zum Lehrer hat, einen historisch auf eine Neorenaissance ausgerichteten Architekten. Nach seinem Wechsel an die Kunstgewerbeschule Wien studiert er bei Hoffmann, der ihn zu seinem Assistenten ernennt und ihn in die Wiener Werkstätte einführt. In den Jahren 1907/08 zeichnet Margold eine Reihe interessanter Architekturprojekte, die in *Der Architekt* und *Deutsche Kunst und Dekoration* publiziert werden und eine starke Abhängigkeit von den Hoffmannschen Vorbildern zeigen. Von 1907 ist der Entwurf für das Landhaus eines Fräulein R. Rothansl in Kierling-Klosterneuburg, wo – nach einem typisch Hoffmannschen Verfahren – Bänder mit Schachbrettmuster die Oberflächen der Fassade, die Türen und die Fenster einrahmen. Der Grundriß zeigt das im Wiener Wohnungsbau nunmehr geläufige Thema einer Zentralhalle, die als Hauptverteiler und Mittelpunkt des häuslichen Lebens fungiert; in ihr befindet sich auch die zum oberen Stockwerk führende Treppe.

Aus dem folgenden Jahr stammen drei Projekte: für ein Ausstellungspalais, ein Mausoleum auf dem Wiener Zentralfriedhof und eine Kriegsgedenkstätte. Alle drei beweisen im Gebrauch der Einrahmungen, welche die Tafelflächen umgeben oder die Kanten der Raumkörper bezeichnen, ihre offensichtliche Herkunft vom Palais Stoclet, von dem sie sich jedoch durch eine akzentuiertere Monumentalität der kompositorischen Anlage unterscheiden, wobei vielleicht die Erinnerung an gewisse Entwürfe der Wagnerschule oder an den Unterricht Hubers mitspielt (vor allem in der Wahl einer Zentralanlage mit Kuppel im Stil der Renaissance). Aber gerade in der Verstärkung des Monumentalen und der mit größerer dekorativer Fülle versehenen Neuinterpretation des raffinierten, „byzantinischen“ Stils des Palais Stoclet erreicht Margold formale Lösungen, in denen man ein Vorspiel zum Art Deco erkennen kann. Eine beispielhafte Verwirklichung der persönlichen Auseinandersetzung mit den bei Hoffmann gemachten Erfahrungen ist der Entwurf der Kriegsgedenkstätte, die mit ihren an den Seiten der großen Treppe abnehmenden Volumina jenes „Universum von Stufen“ (Paolo Portoghesi) einführt, das für einen großen Teil der Art Deco-Architektur bestimmend wird. Hier zeigt Margold unter Verwendung des Hoffmannschen Formenschatzes (Oberflächen mit Einfassungen aus Bronze, Tafelflächen mit aus einer Reihe von abgesetzten Linien resultierenden Höhlungen usw.) auch eine Gliederung der Baukörper, welche die aufsteigende Bewegung des Gebäudes verstärkt, indem das Leitmotiv der Stufenkomposition wiederholt wird.

Von einfacherer Geometrie ist der um 1908 zu datierende Entwurf für ein Kolumbarium auf dem Wiener Zentralfriedhof geprägt, der eine Gruppierung elementarer Baukörper aufweist (Halbkugeln, Zylinder, Parallelepipeda mit quadratischer Grundfläche). Der Komplex, welcher in seiner Anlage an Entwürfe der Wagnerschule mit analoger Funktion erinnert, besteht aus einem Mausoleum, das sich aus einem hohen Zylinder aus Säulen und einer Halbkugel als Kuppel zusammensetzt und durch einen halbkreisförmigen Säulengang mit zwei niedrigen Grabkapellen verbunden ist, die einen quadratischen Grundriß und Halbkugeln als Kuppeln haben. An den Seiten dieser Gebäude sind symmetrisch zwei vierseitige

322

323

324

324. E.J. MARGOLD, ENTWURF FÜR EIN KOLUMBARIUM, UM 1908.

322. E.J. MARGOLD, ENTWURF FÜR EINE AUSSTELLUNGSHALLE EINER KÜNSTLERVEREINIGUNG, UM 1908.

323. E.J. MARGOLD, SCHLAFZIMMER, 1908.

Säulengänge mit den Grabnischen für die Urnen angeordnet. Vor allem in den Zeichnungen für Innenräume nimmt Margold die Stilerfahrung des Palais Stoclet in einer Weise auf, die sich vor allem bemüht, den Eindruck orientalisierender Prächtigkeit zu vermitteln: ein Gesims (in der Machart dem des Palais Stoclet ähnlich), um die Wände in eine Reihe von viereckigen Feldern zu unterteilen oder um den Umfang der Decke oder die Kanten der Möbel zu bezeichnen; Mosaikdekorationen, Verkleidungen aus Marmorstreifen, Vergoldung sind die Mittel, auf die Margold ausgiebig in den Innenraumentwürfen zurückgreift. Das Thema des einrahmenden Gesimses wird in den Zeichnungen von 1907 für einige Hotelsäle – die in einem von der Zeitschrift *Moderne Bauformen* ausgeschriebenen Wettbewerb den zweiten Preis erhalten – und dem Entwurf für die Empfangshalle eines Hotels von 1909 geradezu aufdringlich. In dieser letzteren Zeichnung markiert eine doppelte Umrahmung die abgestumpften Kanten der Säulen und der abfallenden Raumteile, die als Brüstung für die großen Treppen fungieren, wobei mit Hilfe der Polychromie der Mosaikdekoration – dominierende Farben sind Gold und Blau – der Raum einen verfeinerten, affektierten Charakter erhält.

1911 verläßt Margold Österreich und läßt sich in Darmstadt nieder, wo er in der Künstlerkolonie vor allem als Zeichner von Keramikgeschirr, Kristallwaren und Tapeten arbeitet. Für den Bereich, in dem die Gebäude der Kolonie stehen, entwirft er die Anlage des Platzes vor der russisch-orthodoxen Kirche, das Restaurant und Pavillons für die Ausstellung von 1914. Ebenfalls in Darmstadt besorgt er die Einrichtung des Bahnhofsrestaurants, wo er ausgiebigen Gebrauch von Mosaikdekorationen macht, und in Frankfurt am Main 1913 die Ausstattung der internationalen Modeausstellung. Auch nach dem Krieg arbeitet er weiterhin in Deutschland. Einige seiner Werke aus der Zeit zwischen den beiden Weltkriegen – eine Reihe von Zeichnungen von Hochhäusern und Geschäftsgebäuden aus dem Jahre 1920, die sich in der kulturellen Atmosphäre des Expressionismus bewegen[34], und einige Entwürfe von Volkshäusern, die sich von der Architektur Erich Mendelsohns herleiten – zeigen eine Persönlichkeit, welche eine größere Aufmerksamkeit der Architekturhistoriker verdienen würde.

Vorwiegend in Deutschland war auch ein anderer Hoffmannschüler, Max Benirschke, tätig. Vor seiner Übersiedlung nach Düsseldorf, wo er an der von Peter Behrens geleiteten Kunstgewerbeschule unterrichten soll, baut Benirschke in Wien die Ernst-Wahliss-Kolonnade in der Kärntnerstraße Nr. 17, eine kleine Galerie mit Geschäften. In ihr koppelt er die Wiederaufnahme einiger dekorativer Formeln, die in diesem Bereich der Innenarchitektur nur allzuoft verwendet wurden (weiß verputzte Oberflächen mit Gesimsen und Aufschriften in Gold, Marmorverkleidungen usw.), mit einigen originellen Ansätzen: etwa die Parallelepipeda der Schaukästen, die als autonome Raumkörper gesetzt sind, um den Innenraum mit Trennwänden zu versehen, und die ungewöhnliche Morphologie der Säulen, die in ihre konstitutiven Elemente zerlegt, auf elementare, geometrische Formen zurückgeführt und mit verschiedenen Marmorsorten verkleidet sind.

Ohne herausragende Momente und oft zu einer passiven Aufnahme der augenblicklichen Moden und der im Kreis der Hoffmannschule entwickelten Erfahrungen neigend ist die intensive Tätigkeit von Adolf Otto Holub, einem Architekten, der in allen Bereichen der Entwurfsplanung, vom Design bis zur Stadtplanung, engagiert war. Geboren am 13. September 1882 in Wien, besucht er die Kurse von Anton Brenek an der Staatsgewerbeschule und schreibt sich schließlich an der Kunstgewerbeschule ein, wo er in der Zeit von 1901 bis 1906 studiert und an didaktischen Aufgaben in der Fachklasse für Architektur bei Hoffmann mitarbeitet, der ihn an das „Baubureau" der Wiener Werkstätte beruft. Von 1905 stammen einige seiner Zeichnungen für eine Uhrensäule, eine Trinkhalle, einen Pavillon für Kinderspiele und einen Parkbrunnen, die in *Hohe Warte*[35] veröffentlicht sind und die Grenzen einer bescheidenen Schülerarbeit nicht überschreiten. Die Entwürfe von 1905 und 1906 für ein Haus auf einem Hügel in Steyr (Oberösterreich) und für ein Landhaus in Naumburg an der Saale sind Zeugnisse einer Sehnsucht nach dem Heimatstil, die keinerlei Anstrengung unternimmt, die Tradition den modernen Gegebenheiten anzupassen.[36] Bei der Einrichtung für die Landes-Gewerbe-Ausstellung von 1908 in Steyr zeichnet Holub von Hoffmann ab, wenn er mit wenigen Varianten am Haupteingang – an dessen Seiten Parallelepiped-Pfeiler mit Gesimsen stehen, die ihre Kanten markieren und in der Mitte jeder Seite ein dekoriertes Band begrenzen – ein Projekt für ein Monument reproduziert, das sein Meister im gleichen Jahr gezeichnet hatte.[37] Auch seine Produktion im Bereich der Innenausstattung bestätigt seine im wesentlichen eklektische Orientierung mit ihrem Wechsel von Neorokoko-Möbeln, die den Einfluß Prutschers verraten, zu Armstühlen und Tischen, deren organische, in

325. A.O. HOLUB, CAFE-RESTAURANT „COBENZL", WIEN, UM 1911.

Strohgeflecht ausgeführte Formen nicht nur in der Wahl des Materials an die Produktion Zottis erinnern. Holub widmete sich auch der sakralen Kunst: Von ihm stammt die Zeichnung für den Altar der Heiliggeistkirche von Josef Plečnik.

Wenn man die Serie von Villen, die Witzmann in Hietzing baute, ausnimmt, bleibt die Bilanz der von den Hoffmannschülern in Wien – vor dem Ersten Weltkrieg – errichteten Gebäude hinsichtlich ihrer Quantität äußerst bescheiden. Das Gebiet, auf dem sie aber vornehmlich ihre Aktivitäten ausübten, ist die Innenarchitektur, und hier spielten sie eine entscheidende Rolle bei der Ausrichtung des Wiener Geschmacks. Das geschah nicht nur durch die Einrichtung der Ausstellungen, sondern auch durch die Architektur jener den sozialen Beziehungen gewidme-

326

326. O. PRUTSCHER, CAFE HEINRICH-HOF, WIEN I, OPERNRING, UM 1911. DAMENSALON.

ten Lebensräume, welche die Wiener Kaffeehäuser darstellten: diese „demokratischen Klubs" – wie sie Stefan Zweig in der *Welt von Gestern* definiert hat –, die sich in den Gewohnheiten der Wiener als Zufluchtsstätte eingebürgert hatten. In ihnen verbrachte man einen Großteil der freien Zeit und konnte so einer Wohnungssituation entkommen, die zu den schlechtesten Europas gehörte. Zentren des kulturellen Lebens – im Café Griensteidl haben Literaten wie Hugo von Hofmannsthal, Arthur Schnitzler und Richard Beer-Hofmann ihre „platonische Akademie" (um eine Definition Hermann Bahrs zu benützen); im Café Sperl gründet man den Siebner Club und den Hagenbund; im Café Heinrich-Hof umreißen Wärndorfer, Hoffmann und Moser das Projekt der Wiener Werkstätte; im Café Central schreibt Peter Altenberg seine Szenen des Wiener Lebens und im Café Imperial Karl Kraus seine Aphorismen –, sind die Kaffeehäuser auch ein Spiegel der architektonischen Ereignisse der Hauptstadt. Sie sind Austragungsort für die Begegnung von Tendenzen, wirksames Verbreitungsmittel eines Geschmacks und auch Schauplatz kultureller Provokationen, wie der des Cafés Museum von Adolf Loos, vom Kritiker Ludwig Hevesi wegen des Schockeffekts, den es auf das Wiener Publikum ausübte, sogleich „Café Nihilismus" getauft.

Ein einzigartiges Repertorium für den Einfluß der Wiener Werkstätte in seinen formalistischeren und dekorativeren Komponenten aus den Jahren unmittelbar vor dem Krieg bieten einige Säle des Cafés Heinrich-Hof am Opernring, die unter der Regie von Otto Prutscher realisiert wurden. Die einheitliche Morphologie, welche allgemein in der Architektur der Kaffeehäuser vorherrschte, wird hier von einer Differenzierung der Räume ersetzt. Sie entfaltet sich in einer dekorativen Polyphonie, die einen virtuosen Austausch der expressiven Mittel im Zusammenhang mit den verschiedenen Bestimmungen der Säle zur Schau stellt. Auf die kokette Grazie des Herrensalons mit seinen Wandmalereien, die Ranken- und Vogelmotive darstellen und auf den Klimtschen Fries im Palais Stoclet anspielen, folgen der strenge Charakter des Spielsalons mit Stühlen und Hockern in gebogenem Holz vom Typ Thonet sowie mit Kaminen und Lampen, gefertigt von der Wiener Werkstätte, der nüchterne Klassizismus der Wandverkleidung des Billardsaals und der prunkvolle Stil der überreichen dekorativen Ausstattung der gemeinen Säle mit Wandmalereien mit floralen Motiven von Eduard Josef Wimmer.

Vor allem zwischen den beiden Weltkriegen aber hält die Hoffmannschule das Monopol der Kaffeehausarchitektur, die ihren unbestrittenen Protagonisten in Carl Witzmann findet, Schöpfer der Einrichtungen von rund zehn der wichtigsten Cafés in Wien.[38] In einer nostalgischen Retrospektive durchläuft die Serie der Kaffeehäuser Witzmanns dreißig Jahre Architektur des Wiener Cafés, vom Neorokoko Otto Prutschers zur Nüchternheit des Biedermeier und zur raffiniertesten dekorativen Formensprache der Wiener Werkstätte. Sie stellt sich somit in eine Dimension außerhalb der Zeit mit einer Auswahl, welche die Bedeutung einer pathetischen Bestätigung der Unvergänglichkeit jenes Stils erlangt, den die Hoffmannschule dem Stadtbild und Leben Wiens aufprägte.

Anmerkungen zu Kapitel VII

1 Julius von Schlosser (Die Wiener Schule der Kunstgeschichte, Innsbruck 1934, S. 156-158) erinnert sich an das Wirken Rudolf Eitelbergers für die Erstellung und Leitung des Museums:

„Angeregt durch Erzherzog Rainer, dessen ehrwürdige Gestalt noch lange im Mittelpunkt der geistigen Interessen Alt-Österreichs gestanden ist, hat Eitelberger, von der Londoner Weltausstellung 1862 heimkehrend, einen bedeutenden dort geborenen Gedanken nach Österreich gebracht und in Wien das erste Kunstgewerbemuseum auf dem Kontinent geschaffen, dessen Direktor er dann bis an sein Lebensende geblieben ist, unterstützt von seinem getreuen Mitarbeiter (...) Jacob von Falke. Aus bescheidenen Anfängen entstehend, zunächst auf Leihgaben, besonders aus Adels- und Klosterbesitz, beschränkt, hat es dann (...) eine Führerstellung innegehabt: der Gedanke, eine Vorbildersammlung zum Zwecke der Förderung *lebender* Kunst zu schaffen, vor allem des vorher so tief gestellten ‚Kunstgewerbes', weist deutlich auf den Böhm'schen Kreis zurück. Jene frühere ‚archaeologische' Ausstellung von 1846, an der Eitelberger bereits mitgewirkt hat (...), ist die Vorgängerin jener denkwürdigen Schaustellung von Leihgaben und galvanoplastischen Kopien im alten ‚Ballhaus' gewesen, aus der sich die glänzenden Sammlungen des Österreichischen Museums entwickeln sollten. (...) Eitelberger, dessen Hauptsorge doch fürderhin dieser seiner Neuschöpfung galt, [wußte] die angespannte Tätigkeit im Dienste derselben mit seinem akademischen Lehrberuf (...) zu verbinden (...). Eitelberger selbst hat zuerst den überaus fruchtbaren Gedanken, den er von Böhm übernommen hatte, in die Tat umgesetzt: den akademischen Unterricht auf der technisch-historischen, direkten Beschreibung der *Einzelkunstwerke* aufzubauen und damit der Gefahr theoretisierenden Geredes zu entgehen; bis zu seinem Tode hat Eitelberger ein ständiges Kolleg: (...) und zwar in den Räumen und vor den Objekten des Museums gehalten: eine Gepflogenheit, die M. Thausing, dann mein Lehrer F. Wickhoff übernommen und auch auf andere Sammlungen (...) ausgedehnt hat und an der ich selbst (...) bis heute unverbrüchlich festgehalten habe. Es ist die fruchtbare Verbindung von Hochschule und Museum, die in Wien am frühesten in Erscheinung getreten ist; gerade Eitelbergers große Schöpfung ist eine Pflanzschule für Hochschullehrer geworden: vor allem jene Abteilung der Textilien, die lange Zeit eine führende Stellung eingenommen hat, und aus der Männer wie F. Wickhoff, A. Riegl, zuletzt noch M. Dreger (...) hervorgegangen sind."

2 W. Schölermann: Modern Fine and Applied Art in Vienna, in: *The Studio* 16 (1899), S. 30-38.

3 Die Bemühungen der Mitglieder des Wiener Kunstgewerbe-Vereins, die sich durch die Unternehmungslust Scalas bedroht fühlten, waren Gegenstand der Ironie von Alfred Loos. Vgl.: A. Loos: Interieurs und Das Scala Theater in Wien, in: *Ins Leere Gesprochen 1897-1900,* Innsbruck 1932, S. 31-38 und 193-205.

4 Schölermann, S. 32.

5 Schölermann, S. 30.

6 Schölermann, S. 31f.

7 Über Gründung und erste Tätigkeit der Kunstgewerbeschule siehe: A. Roller: Fünfzig Jahre Wiener Kunstgewerbeschule, in: *Kunst und Kunsthandwerk* XXI (1918), S. 336-349.

8 Vgl. A.S. Levetus: The Craft Schools of Austria, in *The Studio* 35 (August 1905), S. 206.

9 Levetus, S. 203-206.

10 Levetus, S 202.

11 A. Roller: L'Ecole des Arts Appliqués, in: *L'Amour de l'Art* IV/8 (1923), S. 653.

12 Ebenda.

13 Ebenda.

14 Vgl. Das Arbeitsprogramm der Wiener Werkstätte, in: *Hohe Warte* (1904/05), S. 268.

15 L. Kleiner: Josef Hoffmann, Berlin 1927, S. XXIII.

16 Aus einem Brief Olbrichs an Wagner, zitiert bei: G. Veronesi: Joseph M. Olbrich, Mailand 1948, S. 42.

17 Kleiner, S. XXIII.

18 J. Hoffmann: La culture viennoise, in: *L'Amour de l'Art* IV/8 (1923), S. 631.

19 J. Hoffmann: Die Schule des Architekten, in: *Das Kunstblatt* 4 (1924), S. 101.

20 Eine noch unvollständige Liste der Schüler Hoffmanns findet man bei: G. Fanelli/E. Godoli: La Vienna di Hoffmann, architetto della qualità, Bari 1981, S. 260f.

21 M. Dreger: Die Schule Hoffmann an der k.k. Kunstgewerbeschule in Wien, in: *Das Interieur* II (1901), S. 1-15.

22 Vgl. K.M. Kuzmany: Hans Ofner – Wien, in: *Dekorative Kunst* 15 (1906/07), S. 274-275, und A. R.(oessler): Neue Arbeiten H. Ofners, in: *Deutsche Kunst und Dekoration* 27 (1911), S. 193-206.

23 J.A. Lux: Villenkolonie Hohe Warte, erbaut von Prof. Josef Hoffmann, in: *Das Interieur* IV (1903), S. 168-171 und S. 182-183.

24 H. von Hofmannsthal: Gärten, in: *Gesammelte Werke in Einzelausgaben. Prosa II,* hrsg. v. H. Steiner, Frankfurt/M. 1951, S. 208.

25 Gartenarchitektur. Vier Entwürfe von Arch. Max Benirschke, Düsseldorf, in: *Hohe Warte* II (1905/06), S. 12-13.

26 Vgl. *The Studio* 39/166 (1907), S. 323; *Der Architekt* XV (1909), S. 66-67; XVII (1911), S. 5; XIX (1913), T. 97.

27 Die umfassendste Monographie über diesen Architekten ist: M. Eisler: *Otto Prutscher,* Leipzig-Wien 1925.

28 Vgl. A.S. Levetus: Otto Prutscher: a Young Viennese Designer of Interiors, in: *The Studio* 37/155 (1906), S. 33-41.

29 Vgl. *Der Architekt* XI (1905), T. 6.

30 Vgl. *Der Architekt* XIII (1907), T. 37, 43-44.

31 Vgl. *Deutsche Kunst und Dekoration* 27 (1910/11), S. 139-141, S. 143-147.

32 Über diese zwei Werke Prutschers siehe F. Saxl: Zwei Landhäuser von Otto Prutscher, in: *Der Architekt* XIX (1913), S. 61-62, Abb. 136, 139, und M. Eisler: Otto Prutscher, in: *Dekorative Kunst* 24 (1915/16), S. 166-172.

33 Vgl. D. Deshoulières-H. Jeanneau: L'exigence de l'architecture, in: *Robert Mallet-Stevens architecte,* Brüssel 1980, S. 9. Die Mutter von Mallet-Stevens war die Schwester der Frau von Hoffmanns Auftraggeber Adolphe Stoclet.

34 Vgl. D. Frey: An Taut, Margold und andere, in: *Der Architekt* XXIV/1-2, 5-6 (1921/22), 33-36.

35 Vgl. *Hohe Warte* II (1905/06), S. 280-281, S. 290-291.

36 Vgl. *Hohe Warte* I (1904/05), S. 205 ; III (1906/07), S. 218-219.

37 Illustrationen der Landes-Gewerbe-Ausstellung findet man in: F. Planer: Architekt Adolf O. Holub – Wien, in: *Deutsche Kunst und Dekoration* 30 (1912), S. 68-76 ; Hoffmanns Entwurf eines Monuments ist veröffentlicht bei: G. Fanelli/E. Godoli: *La Vienna di Hoffmann, architetto della qualità,* Bari 1981, T. 309.

38 Diese Produktion Witzmanns ist ausführlich dokumentiert bei: R. Kotas: Carl Witzmann. Anläßlich seines fünfzigsten Geburtstages, Wien 1934.

KAPITEL VIII WIENER NEUBAUTEN IM STIL DER SECESSION

1902 publizierte der Wiener Verleger Schroll den ersten Band einer fünfbändigen Reihe mit dem Titel *Wiener Neubauten im Style der Secession,* eine Sammlung großformatiger Tafeln mit fotografischen Illustrationen. Trotz des Titels, der offensichtlich ausschließlich aufgrund kommerzieller Überlegungen gewählt war, bieten diese Bände – denen verschiedene Neuauflagen und weite Verbreitung auch außerhalb Österreichs beschieden waren – eine merkwürdige, exemplarische Sammlung der Metamorphosen des Historismus, die Architekten der Secession wie Wagner, Olbrich und Hoffmann nur wenig Platz gewährt, um dafür die konventionellere Produktion einiger Wagnerschüler zu dokumentieren (Leopold Eber, Josef Eigel, Friedrich Dietz von Weidenberg, Rudolf Göbl, Paul Gütl, Ludwig Müller usw.) oder von am Rande dieser Richtung stehenden Architekten wie Friedrich Ohmann und Franz Krauss, die in einigen Werken eine persönliche Interpretation des Jugendstils versucht haben. Es handelt sich zweifellos um ein formales Repertorium, das wegen dem bemerkenswerten Erfolg dieses Albums das abgestandene eklektisch-historisierende Vokabular von Provinzarchitekten, die sich auf den neuesten Stand bringen wollten, anreicherte und auch dazu beigetragen hat, in einer unkorrekten Interpretation den Begriff „Secession" zu verbreiten, den übrigens behutsamere Kritiker schon in den ersten Jahren des 20. Jahrhunderts vermeiden, wenn sie von Architektur sprechen.

Abgesehen von der im Titel enthaltenen Mystifikation, dokumentiert die von diesen Bänden gelieferte Bestandsaufnahme der Wiener Architektur zu Anfang unseres Jahrhunderts trotz gewisser qualitativer Diskrepanzen und der Präsentation – neben Beachtung verdienender Werke – von Produkten einer chamäleonartigen Anpassungssucht, gewohnt, auf beruflichem Gebiet der Mode zu folgen, die Vielfalt von Tendenzen und den Reichtum an Individualität, welche die architektonische Szene der habsburgischen Hauptstadt auszeichnet. Neben Persönlichkeiten, bei denen es möglich ist, mit Hilfe anderer Quellen und der zeitgenössischen Publizistik ein erstes kulturelles Profil zu zeichnen, stehen Architekten und Ingenieure, deren Name mit wenigen, eine Ausnahme bleibenden Taten verbunden ist, vereinzelte, fragmentarische Zeugnisse einer Produktion, der die zeitgenössische Publizistik kaum Aufmerksamkeit schenkte.

Unter den Architekturschulen Wiens zu Beginn des Jahrhunderts besaß ein besonderes Prestige diejenige von Friedrich Ohmann, der seit dem 1. November 1904 Kollege von Otto Wagner an der Akademie der bildenden Künste war. Ohmann hatte in Wien studiert, zunächst am Polytechnikum, wo er Schüler von Karl König war, schließlich an der Akademie der bildenden Künste, wo er die Architekturschule Friedrich Schmidts besuchte, der das neogotische Rathaus der Hauptstadt gebaut hatte. Vor seiner Berufung nach Wien war Ohmann seit 1899 Professor an der Kunstgewerbeschule in Prag. Der Aufenthalt in dieser Stadt war für ihn eine grundlegende Erfahrung: Hier konnte er die Bauwerke des böhmischen Barock in der Wirklichkeit studieren. Die Ergebnisse dieser Studien, gesammelt in dem Band *Architektur und Kunstgewerbe des Barock, des Rokoko und Empire aus Österreich-Ungarn,* bringen ihm jenen Ruf eines profunden Kenners der Barockarchitektur ein, der ihm später auch verschiedene Aufträge für Restaurierungen verschafft. Trotz einer gewissen intellektuellen Offenheit, die ihn zur Secession führt, bleibt Ohmann ein überzeugter Verfechter der Vitalität der österreichischen und böhmischen Barocktradition. Diese versucht er fortzuführen, indem er sie mit der Verwendung neuer Technologien und neuer Materialien sowie mit den Wandlungen des Geschmacks in Einklang bringt, wobei er die ikonographische Ausstattung durch Motive der bildenden Künste im Stil der Secession modernisiert. Diese kulturelle Vermittlung, analog zu der in Frankreich von Randfiguren des Art Nouveau wie Georges Chédanne und Xavier Schoellkopf, hatte einen bemerkenswerten Erfolg nicht nur – wie leicht einzusehen – in den Stadtkernen, deren architektonische Morphologie ein vorwiegend barockes Gepräge trug, sondern auch in Städten, die neu entstanden oder in der Entwicklungsphase waren – zum Beispiel in den Thermalbädern. Dort erschien die Symbiose von Barock und Moderne als eine geeignete Formel, um die – ganz und gar künstliche – Aura einer altehrwürdigen, aristokratisch-höfischen Umgebung zu schaffen, wenn auch mit Zugeständnissen an den Geschmack einer großbürgerlichen Kundschaft, die nunmehr die Provokationen der Secessions-Ausstellungen in sich aufgenommen und in die eigene häusliche Umgebung eingegliedert hatte. Es ist in diesem Zusammenhang bezeichnend, daß einige der wichtigsten Aufträge, die Ohmann angeboten wurden, in Repräsentationsgebäuden für mondäne Badeorte mit großem Prestige bestanden: dem Kurhaus von Meran (1911-1913), dem „Drei-Mohren-Haus“ (1910/11), dem Schillerdenkmal (1910/11) und der Schloßbrunnenkolonnade (1910/11) in Karlsbad.

Vor allem in den letzten Jahren des 19. und den ersten des 20. Jahrhunderts scheint Ohmann sich um eine Revision und Modernisierung des historisierenden Repertoriums zu bemühen, deren Ergebnisse manchmal ein bemerkenswertes Sich-Freimachen von den traditionellen Stilvorbildern bezeugen. Das ist der Fall beim Bau des Café Corso in Prag (1897), das allgemein als erstes Dokument der Jugendstilarchitektur in der böhmischen Hauptstadt angesehen wird.[1] Die einzige Reminiszenz an den Barockstil ist hier der Horror vacui, der sich in einer überreichen Dekoration ausdrückt, die mechanisch über die Fassade gestülpt ist, wie eine Art Maske, die ein Eigenleben führt, bestehend aus plastischen Reliefs mit geflügelten Figuren, Girlanden und Kränzen, und aus Wandmalereien, die zum figurativen Repertoire des internationalen Art Nouveau gehören. Zur Schwere dieser dekorativen Wandfläche stellt die durchsichtige Leichtigkeit des Kranzgesimses, das eine Reihe leicht gebogener Vordächer aus einem Eisengerüst mit einer Abdeckung aus Glas formt, einen eleganten Kontrapunkt dar. In der Inneneinrichtung dominiert eine

327. F. OHMANN - J. HACKHOFER, ZOLLAMTSBRÜCKE ÜBER DEN WIENFLUSS, WIEN, 1900-01.

328. F. OHMANN - J. HACKHOFER, STUBENTHORBRÜCKE ÜBER DEN WIENFLUSS, WIEN, 1900.

hybride Stilmischung, wo sich neben die freie Handhabung von Neorenaissance- und Neobarock-Modellen bei den Möbeln figurative Themen stellen, die typisch für die Graphik des Jugendstils sind, und zwar bei den mit Fresken bemalten oder in Stuck ausgeführten Wänden. Ebenfalls in Prag, zwischen 1898 und 1901, konstruiert Ohmann in Zusammenarbeit mit seinen Schülern Bedřich Bendelmayer und Alois Dyrák das Central Hotel in der Hybernská ulice[2], das sich vom Gebäude des Café Corso durch seine sparsamere Verwendung der Dekoration unterscheidet, die hier eingesetzt ist, um in Form von Kletterpflanzen die rahmenlosen Fenster und die Ansätze der Balkons einzufassen. In diesen ersten Versuchen mit den Ausdrucksformen des Jugendstils überschreitet Ohmann nie die Grenzen einer einfachen kalligraphischen Übung, die dazu bestimmt ist, sich in einer Fassadenarchitektur zu erschöpfen. Dahinter verbergen sich bauliche Organismen, welche in ihrer Anlage und in der Organisation der Räume kein besonderes Geschick verraten, die sich aus äußerst ungünstigen Formen des Baulands ergebenden Schwierigkeiten zu umgehen. (Die Frontseite an der Straße war in bezug zur Tiefe viel zu schmal.)

1898 erhält Ohmann den Auftrag, in Wien eine Reihe von Bauwerken am Wienfluß, dem Abfluß des Donaukanals, auszuführen, der durch Stadtpark und Karlsplatz zur Wienzeile und an der Stadtbahn entlang weiter nach Hietzing führt. Vor Ohmann hatten sich mit dem Problem, den Brücken und Abschnitten dieses Kanals, die sich an Stellen von größerer städtebaulicher Relevanz befinden, eine gefällige architektonische Ordnung zu geben, die Brüder Mayreder und Rudolf Krieghammer beschäftigt, der – 1898 verstorben – das geplante Werk nicht zu Ende führen konnte. Das von diesen Architekten umrissene Programm sah die Errichtung einer Reihe von Brücken vor (die Kaiser-Franz-Josephs-Brücke in Hietzing, die Schönbrunner Brücke, die Stubenthorbrücke, die Marxerbrücke, die Zollamtsbrücke, die für die Stadtbahn reserviert war, und die Radetzkybrücke, die sich am Zusammenlauf von Wienfluß und Donaukanal befinden sollte), die Einrichtung der

329

330

329-330. F. OHMANN - J. HACKHOFER, MARXERBRÜCKE ÜBER DEN WIENFLUSS, WIEN, 1898-1900.

Tunnelöffnung, die unter dem Eingang in den Stadtpark an der Johannesgasse lag und in die der Wienfluß eintritt, um einen Teil seines Verlaufs unterirdisch fortzusetzen, und schließlich eine Reihe städtebaulicher Elemente (Treppen, Terrassen, Wasserbecken, Kolonnaden usw.), die im Stadtpark und entlang einiger Abschnitte des Grabens, in dem der Kanal verläuft, verteilt waren.

Die den Architekten gestellte Aufgabe war – wie Ferdinand von Feldegg betont –, technische Bauten in „künstlerische Formen“[3] zu bringen, industriell gefertigte Materialien in den Bereich künstlerischen Ausdrucks zurückzuholen, um Konstruktionen zu realisieren, die über ihre funktionelle Bedeutung hinaus dazu bestimmt waren, bezeichnende Elemente der Stadtlandschaft zu werden. Ohmann löste diese Aufgabe glänzend vor allem in den vier zwischen 1898 und 1901[4] konstruierten Brücken über den Abschnitt des Wienflusses zwischen Stadtpark und Donaukanal, die in Zusammenarbeit mit Josef Hackhofer entworfen wurden, der in dieser Partnerschaft eine alles andere als untergeordnete Rolle gespielt haben muß. Dieser technisch sehr versierte Architekt hob sich – auch nach der Zusammenarbeit mit Ohmann – besonders durch seine Brückenkonstruktionen hervor. Von ihm stammen die elegante Form der Eisengerüste an der Hohen Brücke (1903) in der Wipplingerstraße und ein interessantes Wettbewerbsprojekt für die Ferdinandsbrücke.[5] Unter Verzicht auf die Möglichkeit, zu Standardlösungen zu greifen, verleihen die beiden Architekten diesen Brücken über den Wienfluß einen jeweils unterschiedlichen konstruktiven und formalen Charakter in Abhängigkeit von ihren funktionalen Besonderheiten, von der verschiedenen Bedeutung der von ihnen verbundenen Verkehrsadern und von ihrer unterschiedlichen Wirkung als Monument auf den städtebaulichen Kontext, in den sie gestellt sind. So ist die Brücke der Stadtbahn – die Zollamtsbrücke – mit ihren parabolischen tragenden Teilen ein reines Produkt der Ingenieurwissenschaft; einziges Zugeständnis an die künstlerische Form sind die Abschlüsse mit Blumenbüscheln an den vier Steinsäulen, auf denen das Stahlgerüst ruht. Auch die Marxerbrücke und die Stubenthorbrücke haben tragende Strukturen aus Eisen, mit einem einzigen Brückenfeld, das sich aber nur aus geradlinigen Trägern zusammensetzt. Im Gegensatz zur Zollamtsbrücke weisen sie eine formal raffiniertere Behandlung der Stahlkonstruktionen auf: An das industrielle Profil sind hier eine Reihe von Bögen aus Blech und Konsolen – als Scharniere verkettet – in gebogener Form montiert, die Durchbrechungen und Voluten im Geschmack des Jugendstils zeigen. Bei der Radetzkybrücke, über die eine große Verkehrsader läuft und die folglich dazu bestimmt ist, gegenüber den anderen als Monument stärker hervorgehoben zu werden, setzen die Architekten eine Anweisung Otto Wagners in die Praxis um, nach der beim Entwurf einer Brücke die größte künstlerische Sorgfalt den Stirnseiten und der reichen Dekoration der Geländer vorbehalten sei. Diese Brücke besitzt eine gemischte Konstruktion: Hier sind noch Träger und Hängewerk aus Stahl verwendet, die zwei Brückenfelder bilden, aber auf einem Mittelpfeiler aus Stein ruhen, der mit Skulpturen geschmückt ist. An den Stirnseiten der Brücke sind Säulen mit Laternen aufgestellt. Auch hier zeigen die Stahlträger und Konsolen dekorative Strukturierungen, die eher aus einer späteklektischen Formensprache als aus der des Jugendstils stammen. Über den Wienfluß konstruieren Ohmann und Hackhofer auch die Kaiser-Franz-Josephs-Brücke in Hietzing nahe einem Nebeneingang in den Park des kaiserlichen Palasts von Schönbrunn. Die besondere Lage dieser Brücke führt die Architekten dazu, auf eine konventionellere und rhetorischere Formgebung zurückzugreifen: eine massive Steinkonstruktion, an deren Enden sich Pfeiler befinden, auf denen Adler sitzen, welche die kaiserliche Krone emporhalten.[6]

1900, noch in Zusammenarbeit mit Hackhofer, entwirft Ohmann die Anlage des Eintritts des Wienflusses in die unterirdische Röhre, die am Stadtpark beginnt, ausgeführt zwischen 1903 und 1906.[7] Zahlreich sind die von seinen Schöpfern diesem Werk zugedachten Zweckbestimmungen: für die Promenade, die am Wienfluß entlang den Stadtpark durchquert, einen Bühnenhintergrund zu schaffen; die dunkle Höhle, in der sich der Kanal fortsetzt, als Grotte umzudeuten; einen lieblichen Anblick in der Tradition der Gartenkunst und eine vertikale Verbindung zwischen den Uferbefestigungen des Wienflusses und der Johannesgasse herzustellen, die auch als Eingang in den Stadtpark dienen soll. Und gerade bei diesem Unternehmen bringt Ohmann seine subtile Kenntnis der Formensprache des Barock und seine Fähigkeit, den Figurenkanon zu erneuern, indem er aus der Ikonographie des Jugendstils schöpft, glänzend zur Geltung. In einer geschickten bühnenbildnerisch-architektonischen Umformung eines gewässertechnischen Zweckbaus lassen die beiden Konstrukteure den letzten offenen Abschnitt des Wienflusses als eine Art geschlossenes Bassin erschei-

331

332

331-332. F. OHMANN - J. HACKHOFER, RADETZKYBRÜCKE ÜBER DEN WIENFLUSS, WIEN, 1900-01. HEUTIGER ZUSTAND UND ZEICHNUNG AUS DER ZEITSCHRIFT „DER ARCHITEKT“.

333

334

335 

 336

333. F. OHMANN - J. HACKHOFER, KAISER FRANZ-JOSEPHS-BRÜCKE ÜBER DEN WIEN-FLUSS, WIEN-HIETZING, 1900-01. ZEITGENÖSSISCHE AUFNAHME.

334. F. OHMANN - J. HACKHOFER, ARCHITEKTONISCHE AUSGESTALTUNG DER WIEN-FLUSS-REGULIERUNG, WIEN, 1900-1906.

335-336. F. OHMANN - J. HACKHOFER, ARCHITEKTONISCHE AUSGESTALTUNG DER WIENFLUSS-REGULIERUNG. PAVILLON UND RELIEF DER UMFRIEDUNG.

337

nen, wobei sie einige Kunstgriffe benützen, wie den gewundenen Verlauf der Treppen, die zur Johannesgasse hinaufführen, und der beiden symmetrischen Terrassen, die von gekrümmten Mauern eingefaßt sind, oder die Wasserspiele, die eine Serie von Springbrunnen produziert. Die Ausstattung dieses bühnenbildnerischen Apparats vervollständigen gedeckte Pavillons, Balustraden und Kolonnaden, auf denen vom Geschmack des Jugendstils geprägte Plastiken ihren Platz finden.

Im Stadtpark errichten Ohmann und Hackhofer 1903 auch die Milchtrinkhalle, die in der für Kinderspiele vorbehaltenen Zone mit ihrer Terrasse am Wienfluß liegt. In diesem Pavillon, in Auftrag gegeben von der Stadt Wien, halten sich die Verfasser an eine nüchterne Formensprache, die an die Architektur gewisser Ferienhäuser der Wiener Vorstadt erinnert.

Zwischen 1905 und 1906 erbaut Ohmann das Glashaus im Burggarten, am Ring hinter der Hofburg. In diesem Werk führt die Berücksichtigung der Umgebung den Architekten dazu, sich für eine Kompromißlösung zu entscheiden: Anstatt sich aus-

337. F. OHMANN - J. HACKHOFER, MILCHTRINKHALLE, WIEN, STADTPARK, 1903.

338-340. F. OHMANN, GLASHAUS, WIEN I, BURGGARTEN, 1905-06.

338

339

340

schließlich auf die Ausdrucksmöglichkeit der Eisenkonstruktion zu verlegen, überdeckt er sie mit klassizistischen Steinfassaden, die deutlich ihre bloße Funktion als architektonischer Überwurf über einen Baukörper verraten, der nach einer anderen technisch-konstruktiven Logik konzipiert ist. Aber auch hier fehlt ein Anklang an den Jugendstil nicht, der aber auf die weiblichen Figuren des Skulpturenschmucks beschränkt ist.

In Wien arbeitet Ohmann nicht nur für die öffentliche Hand, sondern auch für private Auftraggeber, für die er einige Villen entwirft. Aus den Jahren 1901/02 stammt die Villa August Schopp in der Gloriettegasse Nr. 21 in Hietzing (ein weiteres Produkt seiner Zusammenarbeit mit Hackhofer), wo erneut die Formel eines unprätentiösen, von Jugendstileinflüssen angehauchten Barock angewendet wird, der in der Zeichnung der Eisenarbeiten von ausgesuchter Eleganz ist. Vor allem bei den öffentlichen Auftraggebern wird Ohmann, im Gegensatz zu Wagner, fast immer günstig aufgenommen: Von 1899 bis 1907 ist er unter anderem bei den Erweiterungen der kaiserlichen Appartements der Hofburg verpflichtet. Das Geheimnis seines Erfolgs liegt nicht so sehr in einer unbekümmerten Ausübung des Metiers mit einer Neigung, dem kulturellen Konservatismus der Auftraggeberschaft zu huldigen, sondern vielmehr in einer anerkannten Sensibilität bei der Interpretation des Genius loci, im Respekt vor dem Charakter der Umgebung, in welcher zu arbeiten er bestellt wird. Ohmanns Auffassung des Genius loci ist ziemlich verschieden von der Wagners: Er sucht keine Neuinterpretation der formalen Strukturen der historischen Umgebung, sondern eine Imitation der architektonischen Morphologie. Das geht aus der Reihe von städtebaulichen Studien klar hervor, die er für die Anlage des Karlsplatzes in Wien oder des Schlosses Mirabell in Salzburg ausgearbeitet hat, auch aus zahlreichen von ihm ausgeführten Restaurierungseingriffen an verschiedenen Monumentalbauten in den Zentren des Kaiserreichs. Trotz der – im übrigen die gesamte Architektur jener Zeit bestimmenden – Grenzen, die sich aus diesem geistigen Ansatz ergeben (etwa das Mißverständnis der „interpretativen" Restaurierung), kann Ohmann nicht vorschnell unter die letzten Epigonen des eklektischen Historismus des späten 19. Jahrhunderts eingereiht werden. In seinen kulturellen Historismus dringt in der Tat eine moderne Sensibilität für die Probleme der Erhaltung alter Stadtzentren ein, die ihn dennoch nicht davor bewahrt, manchmal im Namen des Respekts vor der Umgebung zur Stilreproduktion zu greifen. Die Kenntnis der Geschichte ist für ihn nicht nur Quelle von baulichen Vorbildern, sondern auch Anleitung, Bauwerke ohne unangenehme Brüche in den architektonischen Kontext einzufügen, Stadtlandschaften analog denen der Tradition neu zu schaffen. Trotz der Befürwortung von Eingriffen in alte Stadtzentren unter der Voraussetzung, daß die „stilistische" Kontinuität mit der Vergangenheit gewahrt bleibt, hat das engagierte Wirken Ohmanns für die Erhaltung von Baudenkmälern und Stadtzentren von besonderem historischen Interesse (unter anderem innerhalb seiner Tätigkeit als Mitglied der Zentralcommission für Erforschung und Erhaltung der kunsthistorischen Denkmale) unbestrittenen Wert gehabt. Es hat den bedenkenlosen Exhibitionismus gewisser „moderner" Architekten bloßgestellt, die der vorgefundenen Umgebung keinerlei Bedeutung beimaßen, ebenso die im Städtebau unbekümmert eingeführte Praxis, mit der Spitzhacke niederzureißen und die bebaubaren Flächen maximal auszunützen, wovon nicht einmal das alte Zentrum Wiens verschont geblieben war. Diese moralische Forderung nach Beachtung des Problems der Einfügung neuer Bauwerke in eine ältere Umgebung, die Breite seiner kulturellen Interessen und das Engagement in den verschiedenen Bereichen der Planung von der Restaurierung bis zum Städtebau heben die Figur Ohmanns aus der Schar seiner eklektisch-historistisch orientierten Kollegen heraus, die um die Jahrhundertwende eine modernistische Erneuerung ihres Repertoires anstrebten.

Unter ihnen erfreut sich Franz von Krauss sogar einer gewissen internationalen Bekanntheit[8] dank einigen Werken, die zwar innerhalb einer intensiven beruflichen Tätigkeit mit wichtigen öffentlichen und privaten Aufträgen Randerscheinungen waren – was aber durchaus nicht für ihre Qualität gilt. An der Akademie der bildenden Künste Schüler von Friedrich von Schmidt, zeichnet sich Krauss durch brillante Erfolge und verschiedene Preise aus, die ihm den Verbleib im akademischen Bereich sichern, zuerst als Professor für Baukunst an der Technischen Hochschule, dann, ab 1911, als Dozent für Perspektive und Stilkunde an der Akademie der bildenden Künste. Nach einer Lehrzeit in einem der wichtigsten Architekturbüros Wiens, Fellner und Helmer, das vor allem wegen der Planung mehrerer Theater bekannt geworden ist, beginnt Franz von Krauss 1894 eine unabhängige berufliche Tätigkeit, indem er diese Erfahrungen in die Praxis umsetzt: In der Tat baut er in Wien drei Theater: das Kaiser-Jubiläum-Theater (1898) in Zusammenarbeit mit Alexander Graf, das Wiener Bürgertheater (1906) und die Residenzbühne (1910),

341

341. F. VON KRAUSS, FISCHVERKAUFSHALLE DER DEUTSCHEN-DAMPFFISCHEREI-GESELLSCHAFT „NORDSEE", WIEN, NASCHMARKT, 1903. UMGEBAUT.

die beiden letzteren in Zusammenarbeit mit dem Teilhaber seines Büros, Josef Tölk. Zwischen 1895 und dem Ersten Weltkrieg bauen Krauss und Tölk außerdem in Wien ungefähr ein Dutzend Mietshäuser, Geschäftsgebäude, Banken und Krankenhäuser sowie in Bädern und Touristenorten wie Baden, Semmering und Parenzo verschiedene Hotels, Kuranlagen und zahlreiche Villen. Darüber hinaus nehmen sie eifrig an Architekturwettbewerben teil, bei denen sie verschiedene Preise erringen. Diese vielfältige Tätigkeit zeichnet sich durch eine eklektische Anwendung der stilistischen Vorbilder aus. Wenn für Ohmann die Entwicklung einer persönlichen Version des Jugendstils ein folgerichtiges Ergebnis seiner Bewunderung für den Barock ist, ist für Franz von Krauss der Jugendstil eine zu verwendende Formel, sofern ihn die Besonderheiten der Aufgabe nahelegen: Innenarchitektur und öffentliche Bauten, Geschäfte, Gebäude, die eine werbewirksame Aussage verkörpern. Dies sind die Gelegenheiten, die den Architekten dazu verleiten, sich im „neuen Stil" zu versuchen – mit Ergebnissen unterschiedlichen Werts, wobei er manchmal sogar in schlechten Geschmack abgleitet. Im Café Lebmann in Wien, das um 1900 erbaut wird[9], bemalt Krauss die Wände mit Dekorationen aus floralen Mustern, die sich an Olbrich inspirieren, aber für die Einrichtung benützt er Stühle und Tische einfacher Machart vom Typ Thonet, wie es in den zeitgenössischen Kaffeehäusern weitgehend üblich war. Auch eine Reihe von Innenräumen und Einrichtungsgegenständen – denen die Zeitschrift *Das Interieur* 1902 breiten Raum gewährt, ohne jedoch zu versäumen, die doppelte Begabung von Krauss als Planer von Monumentalbauten und Inneneinrichtungen[10] zu unterstreichen – beweist, daß Krauss die Produktion Olbrichs, Wagners und Hoffmanns mit Aufmerksamkeit verfolgt. In der Organisation der Räume – mit Alkoven und Nischen –, die untereinander nicht durch normale Türen, sondern durch weite Öffnungen mit Flachbögen verbunden sind, in den Dekorationsmotiven der Wandmalereien und Vorhänge sind oft Themen Olbrichs erkennbar. Im Design der Möbel dagegen werden die konstruktiven und dekorativen Kompliziertheiten des Architekten der Künstlerkolonie in Darmstadt vermieden, statt dessen herrscht eine nüchterne Linienführung vor, die dem Hoffmannschen *esprit de géométrie* fernbleibt und eher zur strengen Linie modernen Komforts der Möbel von Wagner neigt.

Eines der von der Kritik am meisten geschätzten Objekte der kurzen modernistischen Periode von Franz von Krauss ist die Fischhandlung der Nordsee-Gesellschaft, erbaut 1903 am Anfang des Naschmarkts, nahe Olbrichs Secessions-Gebäude. Diese kleine Halle für den Fischverkauf will mit ihren weißen Oberflächen, die mit Reihen von blauen Quadraten geschmückt sind, in abwaschbaren Farben ausgeführt, mit ihren mit Keramik verkleideten Innenräumen als Beispiel eines Ladens verstanden werden, der ohne formalistische Zurschaustellungen nach hygienischen Kriterien konzipiert ist. Den gleichen Prinzipien folgt Krauss in einem Bauwerk von 1905 am Zimmermannsplatz, das für die Verteilung sterilisierter Milch an Kinder bestimmt und in dem auch eine Kinderambulanz untergebracht ist. Auch hier dominiert in den Stirnseiten eine weiß-blaue Bichromie, wie sie Wagner und Olbrich liebten, und die einzigen Ornamente der Fassade sind vier Medaillons mit Kinderfiguren in der Art der Della Robbias. Ein Abgleiten in den Kitsch ist dagegen das Geschäft Zacherl, das um 1899 zu datieren ist[11], mit seinen auf Konsumebene abgesunkenen maurischen Motiven und Wandmalereien mit türkischen Figuren zweifelhaften Geschmacks.

Architekten, welche in den Jahren um 1900 die eklektisch-historisierende Position vertreten und auf das Werk der Secessions-Künstler schielen, sind in Wien alles andere als selten. Eines der verblüffendsten Beispiele solch professioneller Anpassungsfähigkeit bietet Ludwig Baumann, dessen Lebenslauf Studien am Polytechnikum in Zürich umfaßt (wo er Schüler von Gottfried Semper, Georg Lasius und Gottfried Kinkel ist), eine dreijährige Arbeitszeit bei Heinrich von Ferstel und eine gewichtige Anzahl von ausgeführten Werken, die eine reichhaltige Beispielsammlung von historischen Stilen darbieten. Baumann wird häufig für den Entwurf von Einrichtungen und Pavillons der österreichischen Sektion auf internationalen Ausstellungen verpflichtet (Paris, London, Glasgow, Mailand, Turin, St. Louis) und realisiert 1902 auf der Ausstellung für moderne dekorative Künste in Turin die „moderne Villa“, die von der Presse fast einstimmig als wertvolles Dokument der secessionistischen Kunst begrüßt wird, deren authentische Vertreter bei dieser Gelegenheit allerdings vom Kommissär der österreichischen Sektion, Arthur von Scala, ausgeschlossen worden waren. Und wahrhaftig hat Baumann in der „modernen Villa“ die Ideen der Secession so gut aufgenommen, daß er sogar besser unterrichtete Kritiker, nicht nur die italienischen, einer Täuschung aufsitzen läßt – dies zum Beweis dafür, was eine sichere Beherrschung des Handwerks bewirken kann, wenn sie an Ausflüge in alle Stilbereiche gewöhnt ist.

In der diskontinuierlichen Produktion von Architekten, die gelegentlich Anregungen aus den Werken Olbrichs, Wagners und seiner Schule sowie Hoffmanns aufnehmen, fehlt es neben manierierten Werken, welche nur Zeugnisse der Konsumierung eines Geschmacks sind, nicht an Gebäuden, die Individualität verraten und die Fähigkeit, die kulturellen Anregungen der Meister der Wiener Moderne in einen persönlichen Ausdruck umzusetzen. Dies ist das Charakteristikum einiger Bauwerke, die aus dem eklektischen Kontext der übrigen Produktion Ernst von Gotthilfs herausragen: zum Beispiel der Pavillon der Österreichischen Wohlfahrts-Ausstellung auf der Jubiläums-Ausstellung in Wien, 1898, der sich aufgrund der Neuheit seiner Formensprache vom vergnügungsparkartigen Historismus-Panorama der anderen Bauten der Ausstellung absetzt. In seiner Anlage zeigt er eine seltsame Ähnlichkeit – die man nicht einer Imitation zuschreiben kann – mit dem Pavillon der Stadt Wien, der von Olbrich für die gleiche Ausstellung entworfen wurde: Gemeinsame Themen sind die Zeichnung der Fassade, das Motiv des Flachbogens und das weite Vorspringen des Vordachs im Bereich des Eingangs sowie die zwei Türmchen an seinen Seiten.[12] Von Ernst von Gotthilf stammt auch das Haus des Gremiums der Wiener Kaufmannschaft im Wiener Zentrum, in der Krugerstraße Nr. 3, das man um 1903 datieren kann. Die Fassade dieses Gebäudes hat jeglichen plastischen Vorsprung abgestreift, und die architektonische Gliederung ist auf den Verputz in Sgraffitotechnik aufgezeichnet. Mittels einer unterschiedlichen Körnung des Materials, das äußerst grob ist und nur glattgeschliffen, werden die Verbindung zur Attika, die Öffnungen oder die Lisenen markiert, welche die Fenster betonen, die von seltsamen Dächern in Form von Kreisausschnitten als Ersatz für das durchgehende Gesims gekrönt sind. Dies stellt eines der glücklichsten Beispiele dar, das

342

342. E. VON GOTTHILF, PAVILLON DER ÖSTERREICHISCHEN WOHLFAHRTS-AUSSTELLUNG, WIEN, JUBILÄUMS-AUSSTELLUNG, 1898.

architektonische Erscheinungsbild durch überlegte Anordnung verputzter Flächen und durch geschickte Ausnützung des Lichts zu gestalten – ein Verfahren, das schon in einem Jugendwerk Hoffmanns, dem Entwurf für ein Mietshaus in der Kärntnerstraße (um 1898), angedeutet ist und das in einer reicheren dekorativen Version ein wiederkehrendes Thema im Schaffen Josef Urbans darstellt.

Josef Urban, Gründungsmitglied der künstlerischen Vereinigung Hagenbund, deren Präsident er 1906 wird, Bühnenbildner, Graphiker und Illustrator von Kinderbüchern (die fast immer in Zusammenarbeit mit Heinrich Lefler entstehen), zeichnet sich als Architekt durch eine Interpretation von Jugendstilthemen aus, die nicht viele Anhänger findet und seine persönliche Note bleibt. Bevor er 1911 Wien verläßt, um sich in den Vereinigten Staaten niederzulassen, wo er unter anderem die Filiale der Wiener Werkstätte in New York leitet, sich als einer der wichtigsten Künstler des Art Deco etabliert und eine intensive Tätigkeit als Bühnenbildner der Metropolitan ausübt, gelingt es Urban nur zu einem geringen Prozentsatz, seine zahlreichen Architekturprojekte zu verwirklichen, und oft nur dank der ihm von einem kleinen Kreis von Künstlerfreunden verschafften Aufträge. Schon in seinem frühen Werk zeigt Urban einen kreativen Schwung, der von keinerlei akademischem Ballast behindert ist. Vom Oktober 1896 stammt das Studio für das große Modehaus Hertzka, das – abgesehen von gewissen klassisch-barocken Reminiszenzen des schwerfälligen Gesimses, welches die breiten, verglasten Flächen einfaßt – eine glückliche und ungehemmte Phantasie offenbart: in den Eisenarbeiten und der breiten, kreisförmigen Türen-Fenster-Kombination, die auf den Balkon des letzten Stockwerks hinausführt. Auch verglichen mit den zeitgleichen

Schülerarbeiten der Wagnerschule oder den ersten architektonischen Versuchen des jungen Olbrich, hebt sich dieser Entwurf durch die frühzeitige Aneignung von Stilelementen des Art Nouveau ab (die Morphologie der Fenster, die Linien der Tür- und Fensterrahmen, der Balkongeländer und Laternen). Im Wettbewerbsentwurf für einen Pavillon der künstlerischen und musikalischen Vereinigung auf der Jubiläums-Ausstellung in Wien von 1898 zeichnet Urban Bauten aus Holz, ohne auch nur im geringsten in jene Folklore des russischen oder skandinavischen Holzbaustils zu verfallen, der sich in vielen Pavillons für Wiener Messen in den letzten Jahren des 19. Jahrhunderts wiederholt, etwa in denen von Ludwig Baumann. Urbans Entwurf zeigt ein kompliziertes, nicht durch die Konstruktion bedingtes Geflecht von Streben, Stützen, Bögen und auch Linien, bei denen das Vergnügen an der Zeichnung dem Architekten die Hand führt. Dies ist auch ein Charakteristikum der zwei Entwürfe für das Haus Stiebitz in der Bognergasse (1898) und den Sitz der Landwirtschaftlichen Gesellschaft (1899) in Wien. Hier handelt der Graphiker den Pflichten des Architekten entgegen, indem er mit einer paradoxen dekorativen Tätowierung, bei der sich unter die dominierenden Jugendstil-Motive Biedermeier-Zitate mischen, seinen Einfällen freien Lauf läßt. Auch im Schloß Esterházy in St. Abraham bei Dioszegh in Ungarn, einer Landvilla mit symmetrischer Anlage in der Art des Barock, weisen die Verzierungen eine Stilmischung auf: florale Muster des Jugendstils und Biedermeier-Nachklänge. Die graphische Behandlung der Außenhülle des Bauwerks, wie sie den genannten Projekten von 1898/99 eigen ist, bleibt auch das charakteristische Thema des Hauses, das Urban im Jahre 1900 in der Buchfeldgasse Nr. 6 erbaut und das eine in den Verputz eingeritzte Tätowierung besaß, die bei unlängst ausgeführten „Restaurierungsarbeiten" vollständig beseitigt wurde. Die Innenarchitekturen Urbans – etwa die Innenräume, die er nach der Jahrhundertwende für die Wohnungen der Maler Goltz und Ranzoni entwirft und die 1902 in *Das Interieur* veröffentlicht werden[13] – lassen eine analoge Haltung in der Konzeption erkennen. Auch hier gibt der Horror vacui der Dekoration eine zudringliche Präsenz, die keine Oberfläche verschont, indem sie die Möbel mit Intarsien und Schnitzereien, die Wände mit Stoffen und Tapeten, mit Friesen und bemalten Paneelen bedeckt. Gerade dieser mangelnde Sinn für das Maß – die Hypothese sei erlaubt, darin über den Geschmackswandel hinweg die Fortdauer einer Konzeption des Interieurs zu sehen, welche die Effekthascherei des 19. Jahrhunderts zu Zeiten Hans Makarts auszeichnet – bildet das Merkmal Urbans, den auf-

344. J. URBAN, ENTWURF FÜR DAS HAUS DES HERRN STIEBITZ.

345. J. URBAN, SKIZZE ZU EINEM GROSS-MODEGESCHÄFT „HERTZKA", 1896.

343. J. URBAN, ENTWURF FÜR DAS HAUS DES HERRN STIEBITZ, WIEN I, BOGNERGASSE, 1898. RISALITSTUDIE.

343

344

345

schlußreichen Zug seiner Persönlichkeit: eines unersättlichen Konsumenten von Bildern, der nicht zögert, beim Entwurf von Möbeln von Olbrich stammende naturalistische Motive mit abstrakt-geometrischen Themen, die an Hoffmann erinnern (Gitter mit quadratischem Muster, konzentrische Kreise, Bänder mit Schachbrettmuster usw.), zusammenzuwerfen. Aber jenseits des ersten Eindrucks allzu reicher und chaotischer Übereinandersetzung dekorativer Teilelemente mit heterogenen Mustern (die manchmal aus einem Hang zum Illustrieren entspringen, wie er für den Graphiker typisch ist) ist in der Formgebung der (mit den Wänden verbundenen ober beweglichen) Einrichtungselemente ein Ausdruck von Einfachheit erkennbar, ein *esprit de géométrie,* ein Bemühen um solide und bequeme Konstruktion, das auf das Vorbild des englischen Möbels und der „einfachen Möbel" Hoffmanns zurückzuführen ist. In den Gebäuden und Innenräumen Urbans wird die Verzierung – im Gegensatz zu dem, was Olbrich und Hoffmann mit anderen Ausdrucksmitteln versuchen – nicht dekorative Verdeutlichung von tektonischen Gegebenheiten, unterstreicht sie nicht konstruktive Verbindungspunkte, sondern bleibt aufgesetzt. Es ist die künstlerische Form, die neben die Objekte gestellt wird – die Möbel und Bauwerke, die einer „anderen" Ausdruckswelt angehören, der des Nützlichen und der konstruktiven Ratio. Die Fassaden der Gebäude und die Oberflächen der Möbel sind weiße Seiten, auf die der Künstler seine eigene Poetik zeichnet – das einzig mögliche Verteidigungsmittel der eigenen Kreativität gegen eine Vereinfachung und Rationalisierung der Konstruktionsverfahren, deren historische Notwendigkeit er übrigens anzuerkennen scheint. Zwischen dem Werk des „Dekorationskünstlers" und dem des „Architekten" Urban scheint in der Tat eine Kluft zu bestehen, wie die zeitlose Nacktheit der Fassade in der Buchfeldgasse bezeugt, die, ihrer ursprünglichen Verzierungen beraubt, als einzige erhaltene Elemente den gekrümmten Abschluß und einige Dekorationen aus Backstein in den Tür- und Fenstersimsen zeigt. Der gleiche Dualismus findet sich auch in seinen amerikanischen Bauten wieder. Beim Institut für Sozialwissenschaften in New York steht der ausgeklügelten Prächtigkeit der Innenräume im Art-Deco-Stil die raffinierte technologische Objektivität der Außenarchitektur entgegen. Dieses Bauwerk wurde auch in Zeitschriften des radikalen Flügels der „modernen Bewegung" – so in der böhmischen *Stavba*[14] – als bezeichnendes Beispiel der neuen amerikanischen Architektur veröffentlicht.

Als Architekt von Innenräumen wird Urban oft

346

zur Einrichtung der Ausstellungen des Hagenbundes verpflichtet, für den er auch das neue Ausstellungsgebäude baut. Aus den Jahren 1901/02 stammen zwei nicht ausgeführte Studien für den neuen Sitz dieser künstlerischen Vereinigung, die in *Der Architekt*[15] veröffentlicht sind. Aus diesen Entwürfen geht klar hervor, wie Urban beabsichtigt, sich mit dem „Tempel der neuen Kunst", den Olbrich für die Secession baute, auseinanderzusetzen. Eine der beiden Zeichnungen ist deutlich auf die erste Studie Olbrichs für das Secessionsgebäude bezogen. Im Grundriß findet sich in der Tat die Lösung wieder, einige Räume für die Büros an den Seiten der Eingangshalle anzuordnen, während der Ausstellungsraum aus einem einzigen Saal besteht. Auch die Anlage der Fassade mit einem im Bereich des Eingangs leicht vorgezogenen Vorbau, an dessen Seiten zwei Pilaster stehen, entspricht den ersten Entwürfen Olbrichs. Der Dialog mit dem Architekten des Secessionsgebäudes geht, mit stärkeren Anspielungen, in dem anderen Projekt weiter. Vom Grundriß kennt man nur den vorderen Teil, wo von neuem die Anordnung der Direktionsbüros und Versammlungssäle an den Seiten der kreisförmigen Halle vorgeschlagen wird. Diese ist am Rand der Zeichnung dargestellt, die ein beredtes Zeugnis der hohen graphischen Qualität Urbans liefert. Man darf annehmen, daß der Ausstellungsraum wie bei dem anderen Projekt aus einem einzigen Saal besteht, um damit eine größtmögliche Flexibilität für die verschiedenartigen Erfordernisse bei der Einrichtung von Ausstellungen zu gewährleisten. Doch vor allem in der Komposition der Räume und in der Behandlung der Fassaden präsentiert Urban eine geschickte Paraphrase – in Form einer akzentuierteren sakralen Strenge – von Olbrichs Tempel einer neuen Kunstreligion. Analogien zwischen den beiden Werken bestehen offensichtlich in der kompositorischen Anlage und in den wechselseitigen Beziehungen der konstitu-

347

347. J. URBAN, STUDIE FÜR EIN AUSSTELLUNGSHAUS DES KÜNSTLERBUNDES HAGEN, WIEN, 1901-02.

346. J. URBAN, SCHLOSS ESZTERHÁZY, ST. ABRAHAM BEI DIOSZEGH, UNGARN, 1899.

tiven Elemente des Raumes. Aber die leichte, durchbrochene „Kuppel" aus Lorbeerblättern, die über der Secessionshalle plaziert ist, ersetzt Urban durch eine plumpe Trommel als Abschluß in der Form eines abgeschnittenen Kegels. Statt des klugen Spiels mit Ebenen, das den Fassaden Olbrichs eine dreidimensionale Konsistenz verleiht, findet man hier nackte, zusammenhängende Flächen – auf hohen Grundmauern –, die nur einen durchgehenden gemalten Fries aufweisen. Im Sitz des Hagenbundes in der Zedlitzgasse (von Urban als Sieger in einem Wettbewerb erbaut, an dem auch Otto Wagner und Otto Schönthal teilgenommen hatten, und 1902 eingeweiht) ist die strenge Würde dieser Vorstudie – die man als monumental bezeichnen könnte, wenn man von den verringerten Dimensionen des Gebäudes absieht – gänzlich verflogen. Vielleicht ist sie semantisch nicht vereinbar mit den Zielsetzungen einer künstlerischen Vereinigung, die sich, anders als die Secession, nicht an eine intellektuelle und bürgerliche Aristokratie wandte, sondern an ein gemischtes Publikum. Diesem wollte sie manchmal mit einem volkstümlichen Tonfall durchsetzte künstlerische Ausdrucksformen vermitteln, etwa in den Dekorationen und Wandmalereien des Rathauskellers, die der bewährten Zusammenarbeit von Urban und Lefler zu verdanken sind. Der im Wettbewerb vorgeschlagene Entwurf war eine Art architektonisches Make-up für einen bereits existierenden Bau: die Markthalle in der Zedlitzgasse, ein um 1870 mit einer Stahlkonstruktion errichtetes Gebäude. Dies schränkte die Möglichkeiten der Planer bei einer radikalen Umstrukturierung der Innenräume und beim Aufbau einer bewegten Raumordnung beträchtlich ein. Es handelte sich also darum, eine Fassadenarchitektur zu gestalten, die der neuen funktionalen Bestimmung der Markthalle angemessen war. Diese Besonderheiten der Aufgabenstellung boten Urban eine ideale Gelegenheit, sein Geschick in der Auflösung von Architektur in ein graphisches Gebilde zu bestätigen. Exemplarisch ist in diesem Zusammenhang der Gegensatz, der zwischen der Hauptfassade und dem dahinter verdeckten architektonischen Organismus besteht. Über einem hohen Fundament ist diese Fassade nach einem dreiteiligen Schema gegliedert, das auf eine nicht-existierende dreischiffige Untergliederung der Innenräume anspielt. Sie erhält so dank einfacher graphischer Kunstgriffe eine dreidimensionale Konsistenz, die danach strebt, ihr eine Funktion der Gliederung und der Widerspiegelung der inneren Organisation zu verleihen. Aber daß sie nur eine Maske ist, ein künstlicher Überwurf über einen Baukörper, der einer anderen konstruktiven Logik folgt, verrät deutlich die Verbindung zwischen den Ecken-„Pilastern“ und den Seitenfassaden. Letztere stehen in der Tat im Vergleich zu den Pilastern leicht vor, und ihre Basis ist niedriger und schließt sich nicht an das Fundament der Fassade an, so daß sie als für sich stehender Abschnitt isoliert wird, losgelöst vom Rest des äußeren Bauwerks. Die gleichen graphischen Mittel, das geschickte Spiel mit Ebenen, die der Fassade eine konstruktive Wirkung verleihen, werden dazu eingesetzt, ihren Charakter als einfache bauliche Kulisse zu enthüllen und gleichzeitig den „Trick“ offenzulegen, der ihrem architektonischen Bild die Form gab. Mit einigen Jahren Vorsprung geht hier Josef Urban jener Architektur der Selbstironie und des konstruktiven Paradoxons voran, die in Wien so manchen Anhänger findet.

348

348. J. URBAN, STUDIE FÜR EIN AUSSTELLUNGSHAUS DES KÜNSTLERBUNDES HAGEN, WIEN, 1901-02.

350-352. R. TROPSCH - V. POSTELBERG, HAUPTRESTAURANT DER JUBILÄUMS-AUSSTELLUNG, WIEN, 1898.

349. J. URBAN, KAISERPAVILLON DER JUBILÄUMS-AUSSTELLUNG, WIEN, 1908.

349

Das Thema der Widersprüchlichkeit von Hülle und Inhalt kehrt auch in der Kapelle zum Andenken an die Kaiserin Elisabeth wieder, die Urban für den Park des von ihm in Baden erbauten Kurhauses entworfen hatte. In diesem kleinen Gedenktempel umschließt eine gemauerte Einfriedung eine Glasarchitektur mit einer Polychromie von orientalischer Eleganz. Bei anderen in den ersten Jahren des Jahrhunderts erbauten Werken, der Villa mit Atelier des Malers Alexander Demetrius Goltz (Mitglied des Hagenbundes) auf der Hohen Warte in Wien oder dem Kurhaus in Baden, hält sich Urban an ein Register der gemäßigten Konvention, ohne jedoch gänzlich – in kleinen Medaillons oder viereckigen Feldern, die sparsam auf den Oberflächen verteilt sind – auf das malerische Element und die Stuckdekorationen zu verzichten, jene fast konstanten Zutaten seiner Architektur.

Urban ist auch der Urheber einiger Tribünenbauten für die Feierlichkeiten des Kaiser-Jubiläums im Jahre 1908. Aus diesen Einrichtungen geht ein anderer Aspekt seiner Persönlichkeit hervor, sein Interesse am Theater, das für das Verständnis einiger seiner architektonischen Werke einen nützlichen Schlüssel liefern kann. Auf dem von ihm entworfenen Kaiserplatz, der ein weites Amphitheater im Freien bildet, in dem zwei Flügel mit Zuschauern wie zwei Arme vom Kaiserpavillon ausgehen, ist ein aufmerksames Kalkül der Masseneffekte geschickt der Vermittlung einer symbolischen Botschaft dienstbar gemacht. Die riesige Krone, die wie eine kosmische Kuppel über dem kaiserlichen Pavillon schwebt, und die Verteilung der Menschenmenge auf den Freitreppen sind eine offensichtliche Metapher für den übernationalen habsburgischen Herrschaftsanspruch.[16]

350
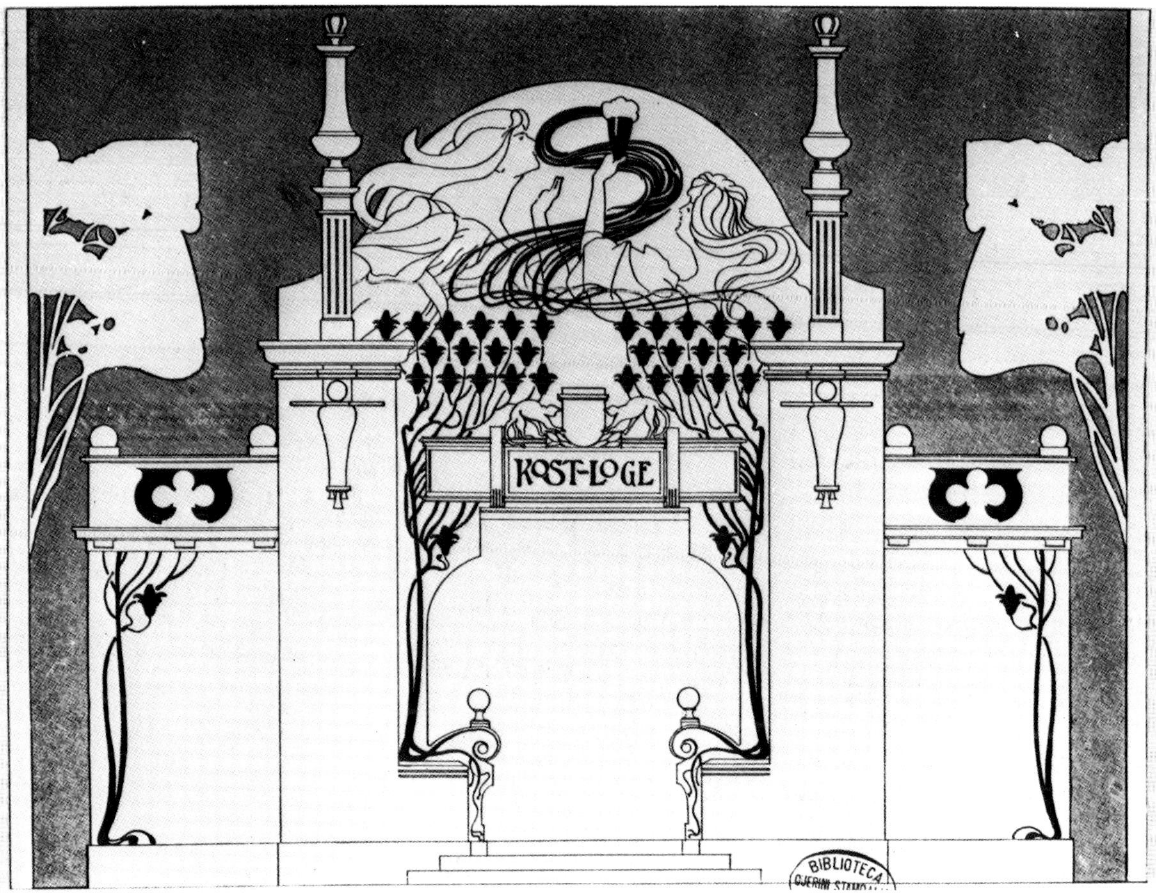
KOST-LOGE
BIBLIOTECA

351

R.T.
Chef-
Zimmer

352

BIBLIOTECA
Kleiner
Saal

Unter den Architekten, die Mitglieder des Hagenbundes waren, erscheint auch der Name von Rudolf Tropsch, einer von der jüngeren Geschichtsschreibung zur modernen Wiener Architektur vernachlässigten Figur. Dieses Übergehen ist vielleicht der Schwierigkeit zuzuschreiben, diese einzigartige Persönlichkeit kritisch einzuordnen, von der man vor allem Zeichnungen von nicht realisierten Gebäuden kennt, deren raffinierter graphischer Reiz leicht zu Irrtümern in der Wertung verleitet. Von diesem Architekten, der am 8. März 1870 in Pest geboren wurde, kennt man auch nur wenige biographische Daten: Man weiß, daß er 1902 dem Hagenbund beitritt und daß er kurze Zeit, vom 1. April bis zum 23. Oktober 1914, Assistent Ohmanns an der Spezialschule für Architektur der Akademie der bildenden Künste in Wien gewesen ist. Seit 1895 arbeitet Tropsch häufig an der Zeitschrift *Der Architekt* mit, wo er in den Jahren 1895/96 Studien und Vermessungen zur Architektur Jakob Prandauers und des Biedermeier-Klassizismus in Niederösterreich sowie ab 1898 verschiedene Entwürfe veröffentlicht, die meist Papier geblieben sind.

Das erste wichtige ausgeführte Bauwerk, das man von Tropsch kennt, ist das Hauptrestaurant auf der Jubiläums-Ausstellung in Wien 1898, dessen Entwurf auf den November 1895 zurückgeht. Der Charakter der Vergänglichkeit dieser Konstruktion findet Ausdruck in einer Art Zirkusarchitektur mit Holzträgern, die aus einem zentralen Baukörper mit einem weiten Zeltdach besteht, von dem zwei L-förmige Flügel abgehen. In den dekorativen Friesen, mit Maß zur Einrahmung der Türen und Fenster und zur Einfassung leerer Flächen verteilt, mischen sich unter Motive, die aus den Ornament-Handbüchern des Historismus des späten 19. Jahrhunderts oder vom frühen Otto Wagner stammen, andere, welche mit dem dekorativen Vokabularium der Illustratoren der Zeitschrift *Jugend* oder von Künstlern wie August Endell und Hermann Obrist vergleichbar sind.

Schon seit seiner frühen Schaffenszeit erscheint bei Tropsch deutlich eine Tendenz zur Vereinfachung des architektonischen Formenrepertoires und der Konstruktionstechniken, verbunden mit einer bestimmten Art der Fassadenbehandlung, in der klar die Hand des Graphikers erkennbar ist. Aber anders als Urban verfällt er nicht dem Horror vacui: „Ich suchte in meinen letzten Entwürfen", erklärt Tropsch in einem kurzen Text, in dem er seine eigene Ästhetik darlegt, „jede unnötige, besonders aber billige schablonierte Ornamentik und unangenehme Symbolik zu vermeiden."[17] In den zwei Versionen eines Entwurfs für eine Villa, die um 1899 datierbar sind,[18] tauchen – vor allem in den stark geneigten Schrägdächern – Heimatstil-Reminiszenzen auf, welche jedoch nicht zu billigen folkloristischen Effekten führen. Eine Ausnahme bilden (in einer der beiden Varianten) die Malereien mit mittelalterlichem Sujet, die, wie in gewissen Landhäusern in den Bergen, einen Teil der Hauptfassade bedecken, in Verbindung mit einer breiten Tür-Fenster-Kombination in Rundbogenform, die Zugang zur großen Halle gewährt. Von diesem Detail abgesehen, das eine von verschiedenen Architekten geteilte Neigung verrät, die Wandmalerei als Ausgleich für die Nacktheit der Fassaden zu verwenden, zeichnen sich diese Pläne für eine Villa durch eine auf das Wesentliche reduzierte Formensprache aus, die ohne Mißklänge und kalligraphischen Exhibitionismus die Jugendstilelemente bestimmter Ausstattungsgegenstände wie der Eisengitter und der kleinen Schutzdächer über den Fenstern aufnimmt. Die Tendenz Tropschs, die Fassaden auf Gliederungsschemata aufzubauen, in denen sich die Lust am Graphischen gegen die tektonische Logik durchsetzt, geht mit Klarheit aus zwei Studien für Mietshäuser von 1899 hervor.[19] Die dreidimensionale Gliederung der Fassaden entsteht hier, indem auf die Flächen (ohne plastische Vorsprünge und nicht mit Stuck- oder Sgraffitodekorationen geschmückt, mit scharfkantig ausgeschnittenen Maueröffnungen) eine zweite Schicht in leichtem Relief gesetzt ist. Diese umfaßt den Abschnitt der Grundmauern, die darüberliegenden kannelierten Wandpfeiler und die Säulen der Loggien und Fenster und ist von einer dichten Reihe von horizontalen, wahrscheinlich in den Verputz eingeritzten Linien gezeichnet. In diesen Entwurfsübungen fehlen auch nicht ironische Töne (etwa die Nischen mit den Blumendekorationen, die in einer der beiden Zeichnungen unter den Fensterbänken des zweiten Stocks liegen) oder exotische Motive (die an Totempfähle erinnernden Wandpfeiler einer der beiden Fassaden oder die Eisen in der Form des Bugs einer Gondel, die über dem Hauptportal der anderen überkreuzt sind) von eher zweifelhaftem Geschmack.

Daß das Figurenvokabular Tropschs äußerst aufnahmefähig ist, bezeugen seine Zeichnungen für Innenräume und Einrichtungen, wo freimütig von Olbrich, Mackintosh und der Schule von Glasgow entlehnte dekorative Themen in ein verfeinertes Ambiente eingeordnet sind, in das geometrische Aufteilungen (manchmal auf der Basis eines Rasters), der Gebrauch von spanischen Wänden und eine Vorliebe für lackierte oder intarsierte Möbel japanische Ele-

353

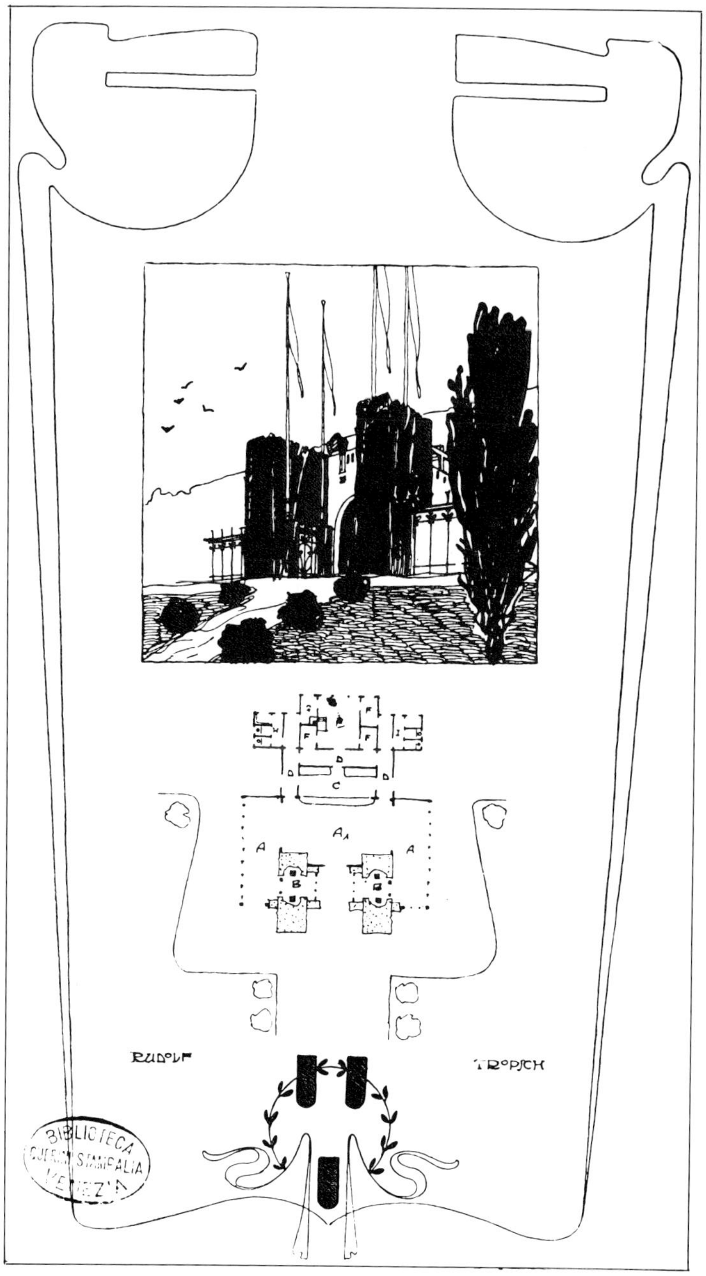

354

353-354. R. TROPSCH, IDEE FÜR EIN CAFE-RESTAURANT IM KURORT KÖNIGSWART, UM 1899.

mente hereinbringen. Von der Reproduktion der Ornamente, wie sie die Schar der Manieristen praktiziert, die aus Mangel an Erfindungskraft eklektisch sind, unterscheiden Tropschs Innenkunst der Sinn für das Maß, das kluge Dosieren des Dekorativ-Unnötigen, das Verwandeln eines Verzierungsmotivs in einen Gegenstand. Exemplarisch sind in diesem Zusammenhang die Kronleuchter des Geschäftshauses Faber in Mailand[20] und die Sensibilität für fernöstliche Vorbilder von Räumen, die von einer klaren Geometrie geprägt sind und nicht an einer aufdringlichen Präsenz von Möbeln oder einer Fülle von unnützen Einrichtungsgegenständen ersticken.

Die Aneignung typischer Themen der japanischen Wohnkultur ist auch in den mit dünnen Tafeln ausgefüllten Holzgittern ersichtlich, die Tropsch in dem Entwurf für ein Café-Restaurant im Kurort Königswart, datierbar um 1899[21], oder in der Zeichnung von 1901 für einen Sommerpavillon[22] verwendet. Zu dieser Reihe von Ausflügen ins Orientalische gehören auch die architektonischen Phantasien Tropschs aus der Zeit von 1901/02 über das Thema des Zaubergartens Harun Ar Raschids, von denen man die Zeichnung eines Eingangspavillons kennt.[23] Marmor, Ebenholz, Glasflächen aus Bergkristall und grünen Smaragdscheiben, Blattgold sind die Materia-

355

356

355. R. TROPSCH, EINGANG ZUM ZAUBERGARTEN HARUN AR RASCHIDS, PHANTASIE, 1901-02.

356. R. TROPSCH, ENTWURF ZU EINER GRUFTKAPELLE, 1902.

lien dieser architektonischen Träumerei. Aber abgesehen von der Pracht dieses byzantinischen Reichtums, erregt eine andere Tatsache, welche die kompositorische Syntax Tropschs betrifft, die Aufmerksamkeit des Betrachters. Es ist das Zeichen einer Wende in seiner architektonischen Sprache, die in den Jahren um 1901/02 stattfindet: die Tendenz zu einer elementaren Geometrie, verbunden mit einer Auflösung der Volumenhülle. Der Pavillon des Zaubergartens bildet ein Parallelepiped mit quadratischer Grundfläche, das von einer Pyramide gekrönt ist; aber die bauliche Hülle zeigt keine monolithische Form. Die Ecken, an denen die Kanten verlaufen, bestehen aus Marmortafeln, zwischen denen man zurückgesetzt die Oberflächen der Bergkristall- und Smaragdplatten des Innenraums erkennen kann. Das Thema Zersetzung kehrt in einem Entwurf von 1902 für eine Gruftkapelle wieder[24], deren Raumkörper, ein Parallelepiped, wegen der vertikalen Spalten, welche die kleineren Seitenflächen durchziehen, wie das Ergebnis einer Reihe zusammengesetzter Tafeln wirkt – ein Verfahren, das man auch in fast gleichzeitig entstandenen Entwürfen der Wagnerschule antrifft, vor allem bei Karl Maria Kerndle.

Die Vorliebe für eine bewegte Raumgliederung zeichnet auch den Entwurf aus, den Tropsch beim Wettbewerb von 1901 für das Kaiser-Franz-Joseph-Stadtmuseum am Karlsplatz in Wien vorlegt.[25] Die Ereignisse um den Wettbewerb für dieses Museum mit ihrer Folge von Polemiken drehten sich um Otto Wagner als Hauptperson, dessen großzügige und unglückliche Versuche, den Auftrag für den Bau des Gebäudes zu erlangen (ich erinnere an das auf eigene

Kosten errichtete Fassadenmodell im Maßstab 1:1), die Aufmerksamkeit von Kritikern und Historikern ganz auf sich gezogen und von den Entwürfen der anderen Konkurrenten abgelenkt haben. Unter diesen gebührte – in einer noch zu schreibenden Geschichte dieses Wettbewerbs – ein absolut vorrangiger Platz dem Entwurf von Tropsch, der sich durch städtebauliche Intelligenz und Modernität der Formensprache auszeichnet. Was ihn von den Arbeiten der übrigen Konkurrenten unterscheidet, mit denen er die Grundrißanlage in Trapezform (die sich aus den Besonderheiten der Baufläche ergab) und die Gliederung um verschiedene Innenhöfe gemeinsam hat, ist die Auseinandersetzung mit dem Problem des Straßenverlaufs. Der Standort des Museums in einem Gebiet, in dem zwei Straßen zusammenliefen – die jetzige Brucknerstraße und die Lothringer Straße (letztere durch den Verlauf der Stadtbahn in zwei Fahrbahnen geteilt) –, die den Karlsplatz mit dem Schwarzenbergplatz verbanden, stellte einen möglichen Krisenfaktor für den Verkehr an diesem wichtigen Knotenpunkt dar. Diese Überlegung bildet den Ausgangspunkt für den Entwurf Tropschs, der nicht nur im Zusammenhang mit dem Eingangsbereich einen Straßenübergang über eine der Fahrbahnen der Lothringer Straße vorsieht – wie auch in den Projekten Wagners von 1901 und 1903 –, sondern auch einen zweiten über die Brucknerstraße. Aus dieser Vorentscheidung ergibt sich die Gliederung des Komplexes in eine Reihe von Baukörpern, deren einander durchdringende Raumformen klar unterschieden bleiben. Den monumentalen Effekt, den andere Konkurrenten unter Verwendung mehr oder weniger modernisierter klassizistischer Formeln verfolgen, erreicht Tropsch – der darin eine Intuition und eine formale Sensibilität von erstaunlicher Modernität beweist – durch Baumassen, welche kahle, blinde Oberflächen zeigen, nur von bandförmigen Fensterreihen durchzogen, die in der Mehrzahl unter das Kranzgesims gesetzt sind.

Konventionellere Lösungen, die man auf ausgiebig von der Wagnerschule erprobte Kompositionsschemata und eine abgeklärte klassizistische Formensprache zurückführen kann, zeigt dagegen der Wettbewerbsentwurf Tropschs für das Amtsgebäude des XX. Bezirks in Wien von 1902.[26] Die Entscheidung zugunsten einer klassizistischen Ausrichtung wird von der k.k. Trainkaserne in Wien-Meidling bestätigt, die um 1905 erbaut wurde[27] und das Ergebnis der Zusammenarbeit Tropschs mit Hans Prutscher ist. Dies scheint das letzte Werk Tropschs zu sein, das in Fachbüchern und in der Fachpresse ein gewisses Echo hervorgerufen hat. Nach 1905 erscheint in der Tat auch in der Zeitschrift *Der Architekt,* die bis dahin das Schaffen dieses Architekten mit besonderer Aufmerksamkeit verfolgt hat, kein Projekt von ihm mehr.

Ebenso unterschätzt wurde von der Geschichtsschreibung Hans Prutschers Beitrag zur Wiener Architektur, vielleicht wegen des ans Eklektische grenzenden sprunghaften und heterogenen Charakters seines Werkes. Neben Entwürfen und Bauten, die den Verdacht nahelegen, daß er nach gängiger Architektenmanier aus dem Fundus beliebter Stilformeln schöpfte, schuf er auch Werke, die von eigenständiger Formentwicklung zeugen.

Hans Prutscher, der Bruder von Otto Prutscher, ist ein Autodidakt, der harte Lehrjahre durchgemacht hat: er war zuerst Zimmermann und Maurer und arbeitete dann im Planungsbüro des Architekten Friedrich von Exter. In der stilistischen Vielfalt seiner Anfangsjahre überwiegt der Einfluß Otto Wagners. In der Fassade des Wohnhauses an der Köhlergasse (um 1902) erinnert sich Prutscher an die Mietshäuser Wagners, besonders an das in der Köstlergasse 3 (1898/99), während er sich vom Stadtbahngebäude am Karlsplatz leiten läßt, wenn er für eine Kaffeehausterrasse am Donaukanal zwei Pavillons im Leichtstahlbau mit Verkleidung aus Marmor- und Glasplatten entwirft. Auf Wagner gehen auch die Schmuckelemente und Stahlstrukturen an Balkonen und Veranden im Entwurf für ein Landhaus in Mürzsteg zurück (um 1902). In anderen Vorstadthäusern, zum Beispiel bei der Villa Caton in Tulln aus dem Jahre 1903, lehnt sich Prutscher an den beliebten und weitverbreiteten englischen Stil an, was seine Bauten eher in die Nähe der *Country houses* als des ländlichen Heimatstils bringt.

Nach 1910 beschäftigt sich Prutscher vornehmlich mit dem Bau von Wohn- und Geschäftshäusern in Wien. Er war ursprünglich, etwa beim Elsa-Hof (1911/12), vom Neubiedermeier eingenommen, das in jenen Jahren aufkam. In zwei Gebäuden des Jahres 1913 erhebt er sich aber zu formalen Neuschöpfungen: Im Mietshaus an der Danhausergasse 10 werden in der schmucklosen Architektur mit der wellenförmigen, von den Säulen der Erker gegliederten Fassade, in der Zurücksetzung der Obergeschosse und dem Vorkragen ihres Balkons in der Form eines großen Gesimses Themen angeschlagen, die erst von den Pariser *maisons de rapport* in den zwanziger Jahren voll ausgespielt werden. Beim Wohn- und Theatergebäude an der Lerchenfelder Straße 35 ist ebenso klar,

357 

 358

357. H. PRUTSCHER, WOHNHAUS, WIEN IV, DANHAUSERGASSE 10, 1913.

358. H. PRUTSCHER, WOHN-UND THEATERGEBÄUDE, WIEN VII, LERCHENFELDER STRASSE 35, 1913.

daß die Gestaltung des Theatersaals und die elegante Verwendung von Gesimsen – durch die das Aussehen der Fassade ähnlich verwandelt wird wie im Haus an der Danhausergasse –, weit über den Formenschatz des Neubiedermeier hinaus richtungweisend ist für ein raffiniertes Formenspiel, das später im Art-Deco-Stil der zwanziger Jahre gipfelt. Diese beiden Gebäude sind das Modernste an Formfindung, was ein breites Erneuerungsstreben in der Gestaltung der Wohnbauten seit 1910 in der Wiener Architektur hervorgebracht hat, in dem sich neben einigen Wagnerschülern Architekten mit reicher Projekterfahrung wie Arthur Baron, Josef Beer, Ernst Epstein, Rudolf Erdös, Karl Schön, Ernst Spielmann und sein Mitarbeiter A. Teller hervortaten. Die Arbeiten dieser Architekten weisen im allgemeinen keine besonderen Neuerungen im Bautyp oder im Grundriß auf, sondern beschäftigen sich vor allem mit der formalen Gestaltung der äußeren Bauhülle, wobei die gediegene Bürgerlichkeit des Biedermeier sowie eine leicht ironische Abwandlung der klassizistischen Formensprache der zeitgenössischen Hoffmannschen Bauten von der Villa Ast bis zur Villa Skywa stilistisch maßgeblich waren. Die Vorliebe für das Neubiedermeier ist keine Besonderheit der Wiener Kreise, sie ist gleichzeitig auch in Deutschland tonangebend. Um die Gründe zu verstehen, warum gerade das Neubiedermeier den zahlreichen Wohnbauten zwischen 1910 und 1920 seinen einheitlichen Stempel aufgedrückt hat, ist ein Rückgriff auf die Baugeschichte der Mietshäuser im vorangehenden Jahrzehnt nötig.

Die modernen Errungenschaften der Wagnerschule beim Thema Mietshaus fanden in der damaligen Bautätigkeit eher eine geringe Breitenwirkung. Nur in den ersten Jahren haben Wagnerschüler wie

359 

359. H. PRUTSCHER, THEATERSAAL, WIEN VII, LERCHENFELDER STRASSE 35, 1913.

Deininger, Mayr, Plečnik und Dietz von Weidenberg einige wenige Mietshäuser erbaut, die bei aller Einfacheit und Sachlichkeit der Architektur sparsamen Gebrauch von Schmuckelementen im Secessionsgeschmack aufweisen. Außer den Bauten aus dem Schülerkreis sind Wohnhäuser, die darauf schließen lassen, daß ihre Entwerfer den rationalistischen Einschlag der Wagnerschen Werke verstanden hätten, selten. Dazu gehört in erster Linie das Wohnhaus an der Penzinger Straße 40 (1901/02) von Karl Adalbert Fischl, der, dokumentarisch unbelegten Angaben verschiedener Quellen zufolge, Wagnerschüler gewesen sein soll und angeblich auch am Entwurf für das Stadtbahngebäude am Karlsplatz mitgearbeitet hat. Das Wohnhaus an der Penzinger Straße ist nicht das Werk eines Mitläufers oder Nachahmers: Wohl übernimmt Fischl das funktionale Denken, die einfache Baugliederung und die Schmuckelemente (Keramikfliesen und sparsamer Metallzierat auf geweißtem Grund), aber er findet auch neue, eigene Lösungen, wie den Erker mit dem dreieckigen Grundriß, der in einen Balkon übergeht und schließlich in eine Loggia im zweiten Stock mündet, ein verbindendes Bauelement, das der Fassade ihr charakteristisches Gepräge gibt.

Bezeichnenderweise laufen sich die Modernisierungs- und Rationalisierungsbestrebungen der Wagnerschule beim Bau der Mietshäuser in wenigen Jahren tot und vermögen sich nicht gegenüber dem Konsum von Secessionsversatzstücken durchzusetzen, der diesen Bauten jenen bescheidenen Eigencharakter verleiht, den die Bauherren fordern. Ihrer dekorierten Hülle beraubt, fallen diese Gebäude auf den architektonischen Nullpunkt zurück, es fehlt ihnen gerade das, was für die Öffentlichkeit ihre „Eigenheit“ oder „Eigen-

360 

 361

360. R. ERDÖS, WOHN-UND GESCHÄFTSHAUS, WIEN I, SINGERSTRASSE 10 – LILIENGASSE 2, 1911.

361. E. EPSTEIN, MIETSHAUS, WIEN IV, SCHLEIFMÜHLGASSE 3, 1912.

362-364. E. SPIELMANN - A. TELLER, TUCHLAUBENHOF (WOHN-, BÜRO-UND GESCHÄFTSHAUS), WIEN I, TUCHLAUBEN 7-7a, 1912.

362

BAWAG BANKSERVICE
Gösser

364

BAWAG BANKSERVICE
EINBAHN
BANK
BANK

363

schaft“ ausmacht. Die Wagnerschule überschreitet in ihrem Schaffen diese Grenze nicht. Nur Wagner geht darüber hinaus in den Mietshäusern an der Neustiftgasse 40 (1909/10) und an der Döblergasse 4 (1912), aber bezeichnenderweise ist er hier nicht nur der Architekt, sondern auch der Unternehmer.

Viel zahlreicher sind in jenen Jahren, wie eine Lektüre der Bände *Wiener Neubauten im Style der Secession* zeigt, die Mietshäuser im sogenannten „falschen Secessionsstil“, womit die zukunftsweisenden Kritiker der damaligen Zeit etwas spöttisch historisierende Gebäude bezeichneten, die von einem Anflug moderner Dekoration kaschiert waren. Mehr eine Geschmacksrichtung als ein einheitlicher Stil, macht sich das Neubiedermeier vor allem bei Mietshäusern und Vorstadteigenheimen der gehobenen Schichten breit, findet aber auch Anwendung bei Geschäftshäusern im Stadtkern, weil es sich einerseits als Alternative zum nach 1910 sinnentleerten Historismus anbietet, andererseits als letztes Aufflackern der „Architektur der Eigenschaft“ angesichts der drohenden Verarmung der Formensprache durch eine zum Extrem getriebene Entwicklung der Wagnerschule gewertet werden kann.

Der „Architektur ohne Eigenschaften“, die nach Wagner mit der Großstadtrealität untrennbar verbunden ist, setzt das Neubiedermeier eine Modernität entgegen, welche vor doktrinärer Radikalität zurückschreckt, sich durch bürgerliches Maß und Gediegenheit auszeichnet und über den Eklektizismus-Historismus hinaus ihre geistigen Wurzeln im Klassizismus des frühen 19. Jahrhunderts findet. Es überrascht nicht, daß sich auch Wagnerschüler wie Hoppe, Schönthal, Kammerer, Mayr und andere zum Neubiedermeier bekennen. Für sie ist diese Ausrichtung ein Nachgeschmack des Frührationalismus der Mietshäuser kurz nach der Jahrhundertwende mit ihrer sparsamen Auflockerung durch die Secessionsornamentik. Das Neubiedermeier war somit eine wichtige Übergangsphase, eine historische Klammer zwischen Secession und Art-Deco-Stil der zwanziger Jahre. Es war keine Eintagsfliege, sondern hatte im Gegenteil starke Auswirkungen auf die Entstehung des Formenschatzes, der danach im deutschen Sprachraum so

365

366

365. K. FISCHL, WOHNHAUS, WIEN XIV, PENZINGER STRASSE 40, 1901-02.

366. R. OERLEY, EINFAMILIENWOHNHAUS, WIEN XIX, LANNERSTRASSE 14, 1905-06.

367 

367. R. OERLEY, WOHNHAUS, WIEN XIX, VEGAGASSE 17-19, 1906.

weite Verbreitung gefunden hat. Außerhalb Österreichs und Deutschlands stieß der „Wiener Geschmack" im Kunsthandwerk und in der Architektur auf großen Widerhall, vor allem Italien schöpfte bezeichnenderweise aus der Formensprache des Neubiedermeier aus dem ersten Jahrzehnt dieses Jahrhunderts.

Aus der Zeit vor dem Ersten Weltkrieg ist unter den Wiener Architekten vor allem Robert Oerley als eigenständiger Schöpfer hervorzuheben, der in seinem Schaffen konsequent die Grundsätze der Funktionalität und Rationalität walten läßt. Nach der Ausbildung an der Wiener Kunstgewerbeschule widmet sich Oerley anfänglich dem Möbeldesign und veröffentlicht über dieses Thema auch zwei Aufsätze in der Zeitschrift *Das Interieur*, in denen er sich ausdrücklich zu den Kriterien der Vernunft und Einfachheit bekennt, die später für seine Architektentätigkeit Gültigkeit haben. Bei den Möbeln und den ersten Wohnbauten Oerleys erkennt man noch die englischen Vorbilder: Das Einfamilienhaus an der Lannerstraße (1904/05) ist deutlich dem Atelier Britten von Voysey nachempfunden. Die Anleihen bei den englischen *Country houses* oder den österreichischen Landhäusern vermeiden aber das Überladene und Geschmacklos-Pittoreske, das man anderen Wiener Architekten vorwerfen kann.

Das Sanatorium Dr. Luithlen an der Auerspergstraße 9, das in weniger als einem Jahr zwischen September 1907 und Juli 1908 gebaut wird, gibt ihm schon von der Aufgabenstellung her, die Zweckbezogenheit und Hygiene fordert, Gelegenheit, seine Arbeitskriterien unter Beweis zu stellen. Die schmucklose Hauptfassade wird geprägt durch geradlinige, vorspringende Gesimse, welche die Fassadenstreifen abgrenzen, in denen, je nach Größe und Lichtbedarf der dahinterliegenden Räume, die Fensteröffnungen angebracht sind. Die Bau- und Verteilungsgrundsätze, an die sich der Architekt dabei gehalten hat, finden sich in einer kurzen Notiz, die anonym in der Zeitschrift *Der Architekt* erschienen ist: „Bei der Lösung des Grundrisses wurde in erster Linie versucht, einen möglichst großen Hof zu erzielen, in welchen die Krankenzimmer für Schwerkranke münden können. Dabei war auf die Erweiterungsmöglichkeit Bedacht zu nehmen, und wird vielleicht manches im Grundriß erst dann verständlich, wenn diese Erweiterung einmal durchgeführt werden kann.

Bei der Bestimmung dieses Sanatoriums für Hautkrankheiten und Krankheiten der Harnwege war bedingt, daß bei vielen Zimmern das Bad und Klosett in unmittelbarer Nähe sind. Dadurch entstand die Einteilung der Zimmer auf die Gasse mit ihren angegliederten Bad- und Klosetträumen, welche die Fensterteilung der Fassade ergaben. Die so lebhaft in der Wirkung der Fassade mitsprechenden Kuppeln sind Operationsräume, ein septischer und ein aseptischer, die im Grundriß gegen die Straße unter 45% abgeschrägt wurden, um trotz der nach Nordosten gelegenen Fassade reines Nordlicht, aber keine Sonne in die Operationsräume zu bekommen. Diese Kuppelkonstruktionen sind in Betoneisen ausgeführt, ebenso wie die Tragkonstruktion der vorderen Stiege.

Die Fenster aller anderen Räume wurden mit kannelierten Tafeln verglast, welche es unmöglich machen, daß ein Vis-à-vis bei Tage den Vorgang hinter dem Fenster im Zimmer beobachten kann. Leider wurden auf Wunsch der Bauherren diese Tafeln bei den Mittelflügeln der Fenster entfernt, wodurch der Zweck verfehlt ist und die übrigen Tafeln nun als Spielerei wirken. So vieles wäre über Wollen und Nichtdürfen zu sagen. Die Anführung gedrängter Bauzeit allein dürfte genügen, um zu erklären, warum manches nicht so ist, wie sich's der Architekt gedacht

368

369

368. R. OERLEY, VILLA PAULICK, WIEN XVIII, TÜRKENSCHANZSTRASSE 23.

369. R. OERLEY, MIETVILLA IM COTTAGE, WIEN XIX, WEIMARERSTRASSE 98 – LANNERSTRASSE 18, 1904-05.

hat. Dafür ist es dem Arzte vollkommen gelungen, in medizinisch-hygienischer Hinsicht ein Musterinstitut zu schaffen."[28]

Bei der Beurteilung von Oerleys Werk ist der Einfluß der Wagnerschule nicht zu übersehen. Ihm muß aber zugebilligt werden, daß er über die Wagnersche Rationalität hinaus in der Formensprache und im modernen Konstruktionsdenken Neues geleistet hat, daß er sich schon früh mit Problemen auseinandergesetzt hat, für die andere Architekten sich erst nach dem Weltkrieg interessierten. Das Einfamilienwohnhaus und das Kaffeehaus, die Oerley im Jahre 1912 nach dem Patentsystem „Katona" für die Frühjahrsausstellung des Österreichischen Kunstgewerbes in Wien gebaut hat, sind nicht nur zwei frühe Beispiele der Fertigbauweise, sondern auch in der Formensprache überraschend modern.

Bestehend aus einem kleinen, geschlossenen Bauvolumen unter einer flachen Deckplatte, die von zum Gebäuderand zurückgesetzten Pfeilern getragen wird, zeichnet sich das Kaffeehaus durch eine elementare Konstruktion aus, die der klassischen Technik Mies van der Rohes nahekommt. Diese beiden von der Architekturgeschichte meist übersehenen Gebäude gehören zu den höchsten Zeugnissen einer Architektur der Vernunft, die bestimmend für die Erfahrungen der Wagnerschule gewesen war. Sie leiten eine neue Phase der Geschichte der Wiener Architektur ein, an der aber Oerley, dessen Nachkriegswerke zum Teil die durch die Bauten von 1910 erweckten Erwartungen nicht erfüllen, nicht mehr an prominenter Stelle teilhaben wird.

370

370. R. OERLEY, SANATORIUM DR. LUITHLEN, WIEN VIII, AUERSPERGSTRASSE 9, 1907-08.

Anmerkungen zu Kapitel VIII

1 Vgl. A. Masaryková: Tschechoslowakei. Die Sezession in Osteuropa, in: F. Russell (Hrsg.), *Architektur des Jugendstils,* Stuttgart 1981, S. 222 f.

2 In *Der Architekt* IV (1898), 44, Abb. 73, ist ein Entwurf Ohmanns und Belskys für ein Hotel mit Konzertsaal in der Hybernská ulice veröffentlicht, der höchstwahrscheinlich eine Vorstudie für das Central Hotel ist.

3 Vgl. F. Ohmann: Entwürfe und ausgeführte Bauten, hrsg. v. F. von Feldegg, Wien 1914, Bd. II, S. 13. Über die Anlage des Wienflusses und die von Ohmann in Zusammenarbeit mit Josef Hackhofer entworfenen Bauwerke siehe auch: Der Wienfluß, Ausstellungskatalog des Historischen Museums der Stadt Wien, Wien 1980.

4 Photographien von allen diesen Brücken sind bereits in *Der Architekt* VI (1900), 43-44, Abb. 82-84, veröffentlicht. Es scheint daher, daß sie im Jahre 1900 schon konstruiert waren, außer wenn die Zeitschrift mit einem Jahr Verspätung erschienen wäre. In F. Ohmann: *Entwürfe,* o.o.A., Wien 1906, Bd. I, sind die Marxerbrücke und die Zollamtsbrücke in der Tat auf 1901 datiert.

5 Dieses Projekt ist veröffentlicht in *Der Architekt* XVII (1911), T. 68.

6 Von dieser Brücke, erbaut zwischen 1900 und 1901 und kürzlich in Kennedy-Brücke umbenannt, stehen heute nur noch zwei Pfeiler.

7 Auch dieses Projekt ist schon 1900 in *Der Architekt* VI (Abb. 82) veröffentlicht, aber seine Konstruktion geht auf die Zeit von 1903-1906 zurück, wie die am Eingang des Stadtparks an der Johannesgasse eingemeißelten Jahreszahlen angeben.

8 Eine Auswahl der Werke von Krauss mit lobenden Kommentaren von Levetus wurde in der englischen Zeitschrift *The Studio* veröffentlicht. Siehe A.S.L(evetus): The Architectural and Decorative Work of Baron Krauss, in: *The Studio* 40/170 (1907), S. 296-303.

9 Dieses Café ist publiziert in: *Das Interieur* I (1900), S. 9-40.

10 Interieurs von Franz Freih. v. Krauss Architekt, in: *Das Interieur* III (1902), S. 145.

11 Ein Foto dieses Geschäfts ist veröffentlicht in: *Der Architekt* V (1899), S. 27.

12 Der Pavillon von Gotthilf ist veröffentlicht in: *Der Architekt* IV (1898), 22, Abb. 44; im gleichen Jahrgang der Zeitschrift ist auch das Projekt Olbrichs publiziert.

13 L. Abels: Joseph Urban, in: *Das Interieur* III (1902), S. 81-96.

14 L. Slapeta: Nova skola pro socialni vyzkum od Josefa Urbana, in: *Stavba* X (1931/32), S. 8-11.

15 *Der Architekt* VIII (1902), S. 13 und 15.

16 Zeichnungen dieser bühnenbildnerischen Aufbauten sind veröffentlicht in: Kaiser-Jubiläums-Festlichkeiten Wien 1908. Der Huldigungs-Festzug, eine Schilderung und Erklärung seiner Gruppen, Wien 1908.

17 R. Tropsch: Einige Arbeiten von Rudolf Tropsch, in: *Das Interieur* II (1901), S. 130.

18 *Der Architekt* V (1899), S. 40, T. 71.

19 Das eine der Projekte, datiert vom März 1899, ist publiziert in *Der Architekt* V (1899), S. 35, Abb. 63; das andere im gleichen Jahrgang, S. 30-31, T. 54.

20 R. Tropsch, a.a.O., S. 138, 140, und *Der Architekt* VI (1900), S. 8, 14, 19, T. 16-17.

21 Veröffentlicht in: *Der Architekt* V (1899), S. 24, T. 39.

22 *Der Architekt* X (1904), T. 40.

23 *Der Architekt* XI (1905), T. 89.

24 *Der Architekt* VIII (1902), T. 77.

25 *Der Architekt* VIII (1902), S. 11-12.

26 Der Wettbewerb um das Amtsgebäude im XX. Wiener Bezirk, in: *Der Architekt* IX (1903), T 11-12.

27 *Der Architekt* XI (1905), S. 40, T 81-84.

24 *Der Architekt* VIII (1902), T. 77.

25 *Der Architekt* VIII (1902), S. 11-12.

26 Der Wettbewerb um das Amtsgebäude im XX. Wiener Bezirk, in: *Der Architekt* IX (1903), T. 11-12.

27 *Der Architekt* XI (1905), S. 40, T 81-84.

28 Sanatorium Dr. Luithlen, Wien VIII, Auerspergstraße, in: Der Architekt XIV (1908), S. 188.

ZEITTAFELN

Hinweise zur Bibliographie und zu den Zeittafeln

In den einzelnen Architekten gewidmeten Abschnitten der Bibliographie wurden im allgemeinen kurze Artikel über vot dem ersten Weltkrieg errichtete Werke aufgenommen. Berichte über Bauten und Projekte außerhalb Wiens blieben teilweise unberücksichtigt.
In den Zeittafeln wurden die vor dem ersten Weltkrieg verwirklichten Werke vorrangig berücksichtigt.
Von den nach 1918 ausgeführten Bauten und Projekten wurden nur die wichtigsten ausgeführten. Über die Tätigkeit einiger Architekten in der Zeit nach dem Krieg liegen nur sehr wenige Angaben vor; auch ihre Sterbedaten sind zum Teil unbekannt.
Die in Kursivschrift gedruckten Zahlen in den Literaturangaben der Zeittafeln verweisen auf die Bibliographie.

Besonderer Dank gebührt Monica Alesi und Valeria Franzica für ihre Mitarbeit bei der Erstellung der Zeittafeln und der Bibliographie zu Loos sowie Mario Lupano für seine Unterstützung bei der Überarbeitung der Zeittafeln.

Abkürzungen der in den Zeittafeln angeführten Zeitschriften

Architekt	Der Architekt
A.M.	Architektonische Monatshefte
A.R.	Architektonische Rundschau
A. et D.	Arts et décoration
A.u.M.K.	Alte und Moderne Kunst
Bouwbedrijf	Het Bouwbedrijf
D.B.	Deutsche Bauzeitung
D.K.	Dekorative Kunst
D.K.u.D.	Deutsche Kunst und Dekoration
H.W.	Hohe Warte
I.D.	Innen Dekoration
Interieur	Das Interieur
Kunst	Die Kunst
K.u.K.	Kunst und Kunsthandwerk
M.B.	Moderne Bauformen
N.C.	Neubauten und Concurrenzen in Österreich und Ungarn
Ö.B.u.W.	Österreichische Bau- und Werkkunst
Ö.K.	Österreichische Kunst
Studio	The Studio
V.S.	Ver Sacrum
W.M.f.B.	Wasmuths Monatshefte für Baukunst
Z.d.Ö.I.-u.A.-V.	Zeitschrift des österr. Ingenieur- und Architekten-Vereines.

Leopold Bauer (1.9.1872, Jägerndorf - 7.10.1938, Wien)

1893/94	Schüler von Karl von Hasenauer an der Wiener Akademie der bildenden Künste.
1894-1896	Schüler von Wagner an der Wiener Akademie der bildenden Künste.
1895	Palais; Studie. Lit.: *364.*
	Künstlerheim; Entwurf. Lit.: *337; 351.*
	Arena in einem fürstlichen Park; Entwurf. Lit.: *337; 351.*
1895-1899	Wohn- und Geschäftshaus, Wien; Studie. Lit.: *364.*
	Stiegenhaus; Skizze. Lit.: *364.*
	Große Ehrenhalle; Skizze. Lit.: *364.*
	Ehrentor für eine Arena; Skizze. Lit.: *364.*
	Portal; Studie. Lit.: *364.*
	Denkmal am Meer; Studie. Lit.: *364.*
1896	Heldengrab; Skizze. Lit.: *364; 382.*
	Eingangshalle; Skizze. Lit.: *364.*
	Kuppelbau; Studie. Lit.: *364.*
	Fürstensitz Monaco; Entwurf. Lit.: *338; 351; 364.*
	Studie nach der Antike. Lit.: *Architekt,* II (1896), T. 88.
1897	Parlamentsgebäude in Mexiko; Wettbewerb. Lit.: *364.*
	Fürstliches Bad; Studie. Lit.: *364.*
	Parkeingang; Studie. Lit.: *364.*
	Villa für Herrn J.F., Wien; Entwurf. Lit.: *364.*
	Völkerschlacht-Denkmal, Leipzig; Wettbewerb. Lit.: *351; 362; 364.*
	Quellentempel, Giesshübel-Sauerbrunn; Wettbewerb. Lit.: *361; 382.*
1898	Jubiläumskirche, Wien; Wettbewerb. Lit.: *366; 382.*
	Große Konzerthalle; Entwurf. Lit.: *364.*
	Brücke mit Aussichtsturm; Studie. Lit.: *364.*
1899	Stadthaus, Friedeck; Entwurf.
	Ideenskizze für ein Vergnügungsetablissement für die Pariser Weltausstellung. Lit.: *171; 349; 365.*
1899-1900	Neues Rathaus, Jägerndorf; Entwurf. Lit.: *367; 374.*
1900	Grabkapelle für Baumeister E. Frank, Jägerndorf; Entwurf. Lit.: *Architekt*, VI (1900), S. 29, T. 50; *382.*
	Haus eines Kunstfreundes; Wettbewerb. Lit.: *369.*
	Ausgestaltung des Raums VI und Salonschrank für die VIII. Secessionsausstellung, Wien. Lit.: *V.S.*, III (1900, H. 24), S. 379-380.
1900 (?)	Museum der Stadt Wien; Wettbewerb. Lit.: *V.S.*,

	V (1902, H. 21), S. 301; *Architekt*, X, (1904), T. 48; *386*.
	Villa Larisch, Jägerndorf. Lit.: *386*.
1901	Wohnhaus Reissig, Brünn. Lit.: *V.S.*, V (1902), S. 310-311; *Architekt*, X (1904), T. 49; *8; 370; 371; 373; 382; 386*.
	„Arbeiterheim" in Wien-Favoriten; Wettbewerb (mit R. Melichar). Lit.: *Architekt*, VII (1901), T. 36.
	Raum auf der Secessionsausstellung, Wien. Lit.: *V.S.*, IV (1901, H. 91), S. 156.
ca. 1901	Badeanstalt, Baden bei Wien; Wettbewerb (mit R. Melichar). Lit.: *Architekt*, VII (1901), S. 22, T. 33.
1902	Zinshaus Valentin Jakubecki, Bielitz. Lit.: *372; 373*.
	Wohnhaus Kurz, Jägerndorf. Lit.: *373; 386*.
	Wohnhauszubau. Lit.: *V.S.*, V (1902, H. 21), S. 309; *Architekt*, X (1904), T. 48.
	Lesezimmer auf der XIV. Secessionsausstellung, Wien. Lit.: *V.S.*, V (1902, H. 21), S. 308.
	Kalckreuth-Saal auf der XV. Secessionsausstellung, Wien. Lit.: *V.S.*; V (1902, H. 22), S. 316-317, 322 u. H. 23, S. 337.
	Teesalon auf der Secessionsausstellung, Düsseldorf, Lit.: *D.K.*, Bd. 11 (1902/03), S. 33, 38-39; *Kunstgewerbeblatt*, XIV (1903), S. 62; *107*.
ca. 1902	Wohnhaus; Entwurf. Lit.: *Architekt*, VIII (1902), T. 8a.
	Typ für die Verbauung einer großen Parzelle mit Einzelwohnhäusern; Entwurf. Lit.: *Architekt*, VIII (1902), T. 36.
	Wohnhaus für Herrn Dr. Gl.; Entwurf. Lit.: *Architekt*, VIII (1902), T. 48.
	Typ von kleinen Wohnhäusern; Studie. Lit.: *V.S.*, V (1902), S. 312.
	Wohnhaus „Der Hohe Giebel", Brünn; Entwurf (?). Lit.: *Architekt*, VIII (1902), T. 7a, 8; *8*.
	Trauer um den Tod Böcklins; Architekturphantasie. Lit.: *Architekt*, VIII (1902), T. 4; *373; 382*.
1903	Wohnhaus; Entwurf. Lit.: *373*.
	Villa Hoffmann, Brünn. Lit.: *8; 373*.
ca. 1903	Speisezimmer für Josef Engelhart. Lit.: *Interieur*, IV (1903), S. 54-58.
	Familienhäuser; Entwurf. Lit.: *8*.
1903/04	Wohnhaus Ritter v. Spaun, Klostermühl. Lit.: *Architekt*, XI (1905), T. 5; *370*.
1904	Gruft der Familie Hau; Entwurf. Lit.: *Architekt*, XI (1905), T. 28; *373*.
	Postamt, Innsbruck; Entwurf. Lit.: *376*.
	Kleines Schlößchen der Baronin M.; Entwurf. Lit.: *377*.
	Haus Rudolf von Kralik, Winterberg. Lit.: *Architekt*, XI (1905), S. 4, T. 2, 3, 4; *373; 382*.
1904-1907	Schützenhaus, Jägerndorf. Lit.: *Architekt*, XII (1906), T. 23, 29; *373; 381; 382; 386*.
ca. 1904	Hotelbau; Wettbewerb. Lit.: *Architekt*, X (Febr. 1904).
1905	Postamt in S.; Wettbewerb. Lit.: *Architekt*, XII (1906), T. 30, 32, 33.
	Umbau des Schlosses des Dr. Stefan von Haupt, Zlin. Lit.: *382; 386*.
	Raum auf der XXII. Seccessionsausstellung, Wien. Lit.: *152*.
	Skizze für eine Villa in Niederösterreich. Lit.: *382*.
	Handels-und Gewerbekammer, Wien, Ringstraße; Wettbewerb. Lit.: *375; 382*.
1906	Friedenspalast, Den Haag; Wettbewerb. Lit.: *382*.
	Denkmal am Schlachtfelde zu Aspern; Entwurf. Lit.: *382*.
	Restaurierung des Schlosses, Knesitz (Kneschitz). Lit.: *381; 382; 386*.
	Kolonnaden, Karlsbad; Wettbewerb. Lit.: *Architekt*, XIII (1907), T. 23-24.
ca. 1906	Wohnhaus Rudolf v. Larisch in Mähren. Lit.: *377*.
	Ländliches Zinshaus des Herrn Franz Schäfer, Hacking. Lit.: *377*.
	Postamt, Jägerndorf; Entwurf. Lit.: *Architekt*, XII (1906), T. 24-25.
	Landsitz des Baron R. in Mähren; Entwurf. Lit.: *Architekt*, XII (1906), T. 26, 28.
	Reihenhäuser, Wien XIII; Entwurf. Lit.: *Architekt*, XII (1906), T. 27, 34.
	Zinshaus Baron Haupt, Brünn . Lit.: *Architekt*, XII (1906), T. 31-32.
1907	Katholische Pfarrkirche, Bielitz. Lit.: *Architekt*, XIV (1908), S. 120; *382; 386*.
	Museum tirolischer Volkskunst und Gewerbe, Innsbruck; Entwurf. Lit.: *381; 382*.
	Kriegsministerium, Wien; Wettbewerb. Lit.: *96; 381; 382*.
ca. 1907	Einrichtung Schloß Geppersdorf. Lit.: *D.K.*, Bd. 16 (1907/08), S. 344-347; *Interieur*, VIII (1907), T. 98-99 u. IX (1908), S. 2; T. 5-6.
1908	Villa Halbmayr, Wien-Grinzing, Himmelstraße. Lit.: *381; 382; 386*.
ca. 1908	Wohnhaus, Amstetten. Lit.: *Architekt*, XIV (1908), S. 118-119.
	Wohnhaus, Wien XIII. Lit.: *Architekt*, XIV (1908), S. 116-117.
1908-1910	Handels- und Gewerbekammer, Troppau. Lit.: *381; 382; 386*.
1909	Villa Hecht, Brünn. Lit.: *382; 386*.
	Katholische Filialkirche, Taschendorf. Lit.: *382*.
ca. 1910	Neubau im Garten des Sanatoriums Purkersdorf bei Wien. Lit.: *381*.
1910	Schloß Rozteř, Kolin (Böhmen). Lit.: *382*.
	Villa Rohrer, Brünn-Jundorf. Lit.: *386*.
	Technisches Museum, Wien; Wettbewerb. Lit.: *382*.
	Preissnitz-Sanatorium, Gräfenberg. Lit.: *382; 386*.
1910-1912	Gebäude des Wiener Bankvereins, Wien; Projekt. Lit.: *382*.
1911	Restaurierung des Steinitzschlosses, Mähren. Lit.: *381; 382*.
1911-1917	Österreichisch-Ungarische Bank, Wien; Projekt. Lit.: *381; 382; 386*.
1913	Tritt die Nachfolge Wagners als Professor an einer der beiden Spezialschulen für Architektur der Akademie der bildenden Künste in Wien an.
1914	Um- und Zubau eines Palais für Dr. St. Freiherrn von Haupt, Brünn.
1915-1919	Österr. Nationalbank, Wien, Otto-Wagner-Platz. Lit.: *69; 386*.
1917	Fabrikbauten der Firma Ginzkey, Maffersdorf (?). Lit.: *386*.
	Gruftkapelle für Stadtrat Robert Baron Hainfeld.
	Gruftkapelle für seine Exzellenz Graf Larisch-Mönnich, Park des Schlosses Solza.
1920	Fabrikbauten der Solo AG, Szeged (Ungarn). Lit.: *386*.
	Neubau der technischen Hochschule, Wien; Wettbewerb (I. Preis).
1922-1925	Britisch-Österr. Bank, Wien.
1923	Villa, Wels, Schubertstr. 20
1924	Villa Frankfurter, Wien. Lit.: *386*.
1926	Volkswohnhäuser, Wien XV, Wurzbachgasse 2-8.
1927	Villa Schweiger, Wien. Lit.: *386*.
1927/28	Warenhaus Breda & Weinstein, Troppau. Lit.: *386*.
1929	Villa Joly, Wien. Lit.: *386*.
	Speiserhof, Wien, Franklinstr. 20 (mit E. Lichtblau und Glaser).
	Schloß Stemplovec bei Troppau. Lit.: *386*.
1930	Große Spitalsanlage, Agram; Projekt. Lit.: *386*.
	Rathaus, Troppau; Projekt. Lit.: *386*.
	Warenhaus Gerngross, Wien. Lit.: *386*.
1931	Warenhaus, Krakau. Lit.: *386*.
1932	Wachsendes Haus, Wiener Messe.
	Warenhaus, Graz; Projekt. Lit.: *386*.
	Neue Kriegergedächtniskirche, Troppau. Lit.: *386*.
	Neue Turnhalle, Jägerndorf; Projekt. Lit.: *386*.

Wunibald Deininger (5.3.1879, Wien – 28.8.1963, Salzburg)

1899-1902	Schüler von Otto Wagner an der Wiener k.k. Akademie der bildenden Künste.
1900	Fassade eines Miethauses; Entwurf. Lit.: *342; 349; 351*.
	Studie zur Sommer-Villa Fel. Batsy. Lit.: *Architekt*, VII (1901), T. 13.
	Landhaus mit Krämerladen für Meran; Entwurf. Lit.: *Architekt*, VI, (1900), S. 25, T. 42; *349*.
1901	Landhaus; Entwurf. Lit.: *Architekt*, VIII (1902), T. 12.
	Badeanstalt der Stadt Baden; Wettbewerb (mit H. Mayr). Lit.: *Architekt*, VII (1901), S. 20, T. 26-27.
	Flora Hof, Wien V, Wiedner Hauptstr. 88. Lit.: *6*.
1901/02	Künstlerkolonie; Entwurf. Lit.: *344; 351*.

1903 Kolombarium; Entwurf.: Lit.: *Architekt,* X (1904), T. 3-4; *345; 351.*
Architektonische Studien, Rom. Lit.: *345.*
Villa; Entwurf. Lit.: *8; 345; 349.*
Landhaus; Entwurf. Lit.: *Architekt*, X (1904), T. 1-2.
Landhaus für Capri; Entwurf. Lit.: 8; *349.*
ca. 1903 Villa Loser; Entwurf (?). Lit.: *Architekt*, IX (1903), T. 91; *96.*
ca. 1903 Villa; Entwurf. Lit.: *8.*
1903/04 Villa am Meer; Entwurf. Lit.: *Architekt,* XII (1906), T. 45; *349; 351.*
1904 Mährisch-Ostrauer Handels- und Gewerbebank, Mährisch-Ostrau; Wettbewerb (1. Preis; mit Julius Deininger). Lit.: *Architekt*, X (1904), S. 36, T.92.
1906 Sommer-Villa, Gräfenberg; Entwurf. Lit.: *Architekt*, XII (1906), T. 120.
1907 Wiener Handels-Akademie, Wien VIII, Hamerlingsplatz 5-6 (mit Julius Deininger). Lit.: *Architekt*, XV (1909), S. 36-37, T. 31; *72; 394.*
1909/10 Staatsgewerbeschule chemisch-technische Richtung, Wien XVII, Rosensteingasse 79 (mit Julius Deininger).
1910 Installation der Gruppe „Allgemeines Gewerbe", Wien, Jagdausstellung.
Landhaus; Wettbewerb. Lit.: *Architekt*, XVI (1910), T. 67.
ca. 1911 Justizgebäude mit einem Gefangenenhaus, Sarajevo; Wettbewerb (mit R. Truksa). Lit.: *Architekt*, XVII (1911), T. 46.
1912/13 Hotel National, Mährisch-Ostrau.
1919/20 Wohnhaus-Anlage „Hirschenwiese" der Stadt Salzburg, Salzburg, Plainstr. 8-10, Lessingstr. 1-3.
1920 Festspielhaus, Salzburg; Projekt.
1922-1924 Wohnhaus der „Gemeinnützigen Bau- und Wohnungsgenossenschaft Gartensiedlung", Salzburg, Plainstr. 59.
1924 Doppelhaus Rieder & Sohn, Salzburg, Ignaz-von-Heffter-Str. 6.
1925 Theater- und Kinogebäude, Hallein, Kuffergasse (mit M. Knoll).
1925/26 Roittner-Turnhalle des Turnvereins, Salzburg, Rupertgasse 1 (mit M. Knoll).
1926 Druck- und Verlagshaus R. Kiesel, Salzburg, Rainerstr. 19-21.
Sanatorium, Salzburg, Haydnstr. 18.
1927/28 Haus Deininger, Salzburg, Arenbergstr. 29a.
Salzburger Rettungsheim mit Museum der Rettungsgesellschaft, Salzburg, Paris-London-Str. 8a.
1927-1929 Arzthaus Aschenbrenner, St. Johann im Pongau, Pöschlweg 2.
ca. 1930 Polizeikaserne, Salzburg, Rudolfsplatz.

Max Fabiani (29.4.1865, Kobdil – 14.8.1962, Görz)

1883-1889 Ordentlicher Hörer der Bauschule (Fakultät für Architektur) an der Technischen Hochschule in Wien.
1889-1891 Assistent an der Lehrkanzel für „Bauconstructionen", Polytechnikum Graz.
1892-1894 Studienreise mit Ghegastipendium: Aufenthalt in Griechenland, Kleinasien, Italien, Frankreich, England, Belgien, Niederlande, Deutschland und in der Schweiz.
1894-1898 Mitarbeit im Atelier Otto Wagners
1895 General-Regulierungsplan Laibach. Lit.: *408; 410.*
Villa Heller, Wien-Hietzing.
1896 Villa Kellner, Wien-Döbling.
Beamtenkurhaus, Abbazia; Wettbewerb (1. Preis). Lit.: *408; 410; 411.*
1896-1898 Assistent an der Lehrkanzel für „Baukunst" (Professor Karl König), TH Wien.
1897 Wohnhaus, Wien XV. Zerstört. Lit.: *Architekt*, V (1899), T. 27; *409.*
Gutenberg-Denkmal, Wien; Wettbewerb (1. Preis). Lit.: *Architekt*, IV (1898), S. 9.
Armenhaus, Laibach; Vorprojekt.
1898 Pavillon der „Drei Commissionen", Wien, Prater. Lit.: *99; 400; 409; 410.*
Wettbewerb für den Karlsplatz, Wien (1. Preis). Lit.: *409; 410.*
1898 Erweiterungs-Plan für Laibach-Bežigrad. Lit.: *403; 410.*
Ausgestaltung des Zentral-Friedhofes in Wien; Wettbewerb. Lit.: *408; 409; 410; 413.*
1898/99 Auftrag für den Regulierungsplan, Bielitz. Lit.: *405; 408; 410.*
Supplierung des Gegenstandes „Architekturgeschichte des Altertums", TH Wien.
1899 Architektonische Ausgestaltung, Karl-Marx-Platz, Laibach. Lit.: *408; 410; 414.*
1899/1900 Schriftleiter der Fachgruppe für Architektur und Hochbau des Österreichischen Ingenieur- und Architekten-Vereins.
Palais Portois & Fix, Wien III, Ungargasse 51-53. Lit.: *408; 409; 410; 415; 417.*
1899-1901 Armenhaus, Laibach, Japljeva 2. Lit.: *410.*
1900 Makart-Saal, Weltausstellung Paris.
Empfangssalon, Weltausstellung Paris (Goldene Medaille). Lit.: *410.*
1900/01 Palais Artaria, Wien I, Kohlmarkt. Lit.: *408; 409; 410; 416; 417.*
Mädchenschule, Laibach, Levstikov Trg 11. Lit.: *410.*
Haus Anna Riess, Wien, Südtirolerplatz 4, Zerstört. Lit.: *Architekt*, VII (1901), T. 69; *408; 409; 410.*
Haus Riess, Wien, Südtirolerplatz 2. Zerstört. Lit.: *409, 410.*
1900-1902 Villa Baron Schwegel, Rečica Veldes (Bled). Lit.: *410.*
1901/02 Sparkasse, Bielitz (Mitarbeiter Arch. J. Jager).
Villa Baron Schwegel, Volosca (Abbazia). Lit.: *23; 410.*
Villa Belar, Veldes (Bled). Lit.: *23; 410; 418.*
Haus Krišper, Laibach, Miklošičeva 24. Lit.: *408; 410.*
1901-1903 „Techniker-Denkmäler", Wien, Karlsplatz; Wettbewerb (1. Preis). Lit.: *410.*
1902 Promotion zum „Doktor der Technischen Wissenschaften" an der Technischen Hochschule Wien.
1902 Haus Petrocockino, Wien XIII.
Kanal Wien-Triest; Wettbewerb.
1902/03 Wohnhaus, Wien IV, Schaumburgergasse. Lit.: *Architekt*, IX (1903), S. 32.
1902-1905 „Narodni Dom" (Hotel Regina), Triest, Via Fabio Filzi 14. Lit.: *Architekt*, XIV (1908), S. 160, T. 25; *408; 410; 424.*
1902-1908 Denkmal für Prešeren, Laibach, Prešernov Trg; Wettbewerb (1. Preis; Bildhauer Ivan Zajec). Lit.: *Architekt*, XIV (1908), S. 186; *410.*
1902-1914 Schloß Konopischt,Beneschau. Lit.: *410.*
1902-1919 Privatberater des Thronfolgers Franz Ferdinand für Fragen der Architektur und Kunstgeschichte.
1903 Kaiser Franz Josef-Denkmal, Laibach; Wettbewerb.
Brunnenentwurf. Lit.: *Architekt*, X (1904), S. 15; *409.*
Villa „Max", Kobdil, St. Daniel, Karst.
1903/04 Haus „der Liberten", Wien VIII. Zerstört. Lit.: *6; 409.*
Restaurierung des Hauses Alleegasse 18, Wien.
Internationale Ausstellung für Spiritusverwertung und Gärungsgewerbe, Wien, Prater. Lit.: *409.*
1903-1905 Gebäude des Finanzamtes, Görz, Corso Verdi. Lit.: *408; 410.*
Architektonische Ausstattung des Igelhauses, Wien I, Wildpretmarkt. Lit.: *408; 409; 410; 419.*
Wohnhaus, Wien IV, Starhemberggasse 47. Zerstört. Lit.: *Architekt*, X (1904), T. 108 u. XI (1905), T. 17; *6; 409; 410.*
1905/06 Haus Hribar, Laibach, Titova, Ecke Tavčarjeva. Lit.: *408; 410.*
Haus Stabile, Triest, Riva Grumula, Ecke Via Belpoggio. Lit.: *Architekt*, XIV (1908), S. 11; *408; 410; 424.*
1905-1908 Haus Bartoli, Triest, Piazza della Borsa 7. Lit.: *408; 410; 424.*
1905-1910 Urania, Wien I, Uraniastr. Lit.: *Architekt*, XVI (1910), S. 72, T. 64-65; *96; 408; 409; 410; 428.*
1906 Deutsch-Böhmische Industrie-Ausstellung, Reichenberg. Lit.: *409; 410.*
1906/07 Palais Kleinmayr & Bamberg, Laibach, Miklošičeva 16. Lit.: *408; 410.*
Mädchen-Lyceum „Mladika", Laibach, Prešernova 25. Lit.: *408; 410.*
1907 Villa Karma, Clarens, Montreux.
Restaurierung des Musikvereins-Gebäudes, Wien.
1907/08 Villa Santagata, Clarens, Montreux.
Umgestaltung des Grand Hotel Europa, Salzburg.
1907-1909 Pfarrhausbau bei St. Jacob, Laibach.
1908 Ausstellungspavillon „Jakopič", Laibach. Zerstört 1964. Lit.: *410.*
Rheinbrücke, Mannheim; Wettbewerb (1. Preis).
Kriegsministerium, Wien; Wettbewerb.

Umgestaltung des Unteren Belvedere, Wien.
1908-1913 Karl-Wurmb-Denkmal, Salzburg; Wettbewerb (1. Preis).
1909 Mozarthaus, Salzburg; Wettbewerb (2. Preis).
Grab Köchert, Wien.
1909/10 Villa Riehl, Windischgarsten. Lit.: *409*.
1910-1912 Konsulent der Fiat-Werke Austria.
Konservenfabrik Ringler, Bozen.
1910 Gewerbeverein, Wien.
Raumplan für den Triester Golf „Metropolitana del Mare".
1910/11 Villa Wechsler, Wien XIII. Lit.: *409*.
1910/1912 Studien für die urbanistische Ausstattung der Insel Brioni (Pola).
1911 Klub des Österr. Ing.- und Architekten-Vereins, Wien.
1911/12 Palais Reithoffer (Palmers), Wien VI, Lehárgasse 9-11. Lit.: *408; 409; 410*.
1912/13 Erneuerung der Kirche am Kahlenberg, Wien.
Sobieski-Kapelle, Kahlenberg.
1912-1914 Hotel „Neptun", Brioni.
1912-1918 Brauerei „Stiegelbräu", Salzburg.
1915-1917 Mitglied eines italienischen Flüchtlingskomitees in Wien (zusammen mit Alcide De Gasperi, späterem italienischem Ministerpräsidenten).
1917 Regulierung der Piazza dei Patriarchi, Aquileia.
Generalregulierungsplan Salcano (Görz).
1918 Wiederaufbau des Borgo del Castello, Görz.
Die Technische Hochschule Wien fordert den beim Wiederaufbau im Küstenland tätigen o.ö. Professor Dr. Maximilian Fabiani auf, seine Lehrtätigkeit wieder aufzunehmen.
1919-1921 Rekonstruktionsplan, Görz.
1923/24 Turnhalle der „Unione Ginnastica Goriziana", Görz.
1924 Wiederherstellung des Spitals „Fatebene fratelli", Görz.
1925 Generalregulierungsplan, Görz. Lit.: *410*.
1927-1930 Wohnhaus, Rom, Via Cavour.
1928 Erstes Projekt für die Heiligkreuz-Kirche, Görz. Lit.: *408; 410*.
Wiederherstellung des Hauses Gatti-Premuda, Lussinpiccolo.
1929-1935 Umgestaltung des Schlosses, St. Daniel, Karst. Lit.: *410*.
1930 Zweites Projekt für die Heiligkreuz-Kirche, Görz. Lit.: *408; 410*.
Grabmal Ussai, Görz.
1931 Drittes Projekt für die Heiligkreuz-Kirche, Görz. Lit.: *410*.
1934 Studie für die Verlegung der Eisenbahnstrecken und Bahnhöfe in Laibach. Lit.: *410*.
Endgültiges Projekt für die Heiligkreuz-Kirche, Görz. Lit.: *408, 410*.
Grabmal Bardi, Görz.
1936-1938 Pfarrkirche und Pfarrhaus, Lokavec, Heidenschaft.
1937-1939 Ursulinenkloster und Schule, Görz.
1938 Kino-Theater, St. Daniel (Karst); Projekt.
Denkmal am Monte Santo, Görz; Projekt.
Eröffnung des ersten Teils der Via Roma, Görz.
Vereins-Haus, St. Daniel (Karst); Projekt.
Denkmal der III. Armee, Görz; Projekt. Lit.: *410*.
1940 Neugestaltung der Piazza Vittoria, Görz; Projekt.
Grabmal Fabiani, Kobdil, Karst.
Umgestaltung des Schlosses Attems, Heidenschaft
1941 Projekt für die planmäßige Erfassung der Piazza Vittoria, Udine.
1942 Volksschule in Canale (Isonzotal); Projekt.
Gedenkstein der XIII. Isonzo-Schlacht, Görz.
1943-1945 Studien und Projekte der Vorrichtungen zur Abschwächung des Frontal-Widerstandes des Ortes St. Daniel, Karst.
1946 Regulierungsplan (Detailplan) Marburg (Maribor).
1949 Kino-Theater-Bibliothek, Savogna (Wippachtal); Projekt.
1952 Aus Anlaß der vor 50 Jahren erstmalig erfolgten Promotion von Doktoren der Technischen Wissenschaften wird Maximilian Fabiani das „Goldene Doktor-Diplom" überreicht.
1952 Ideen-Wettbewerb für einen Generalregulierungsplan, Venedig.
1953 Regulierungsplan, Stadtteil Monte di Pietà, Palermo; Wettbewerb (1. Preis).
1954 Territorialplan Triest-Koper. Lit.: *410*.
Denkmal des Hl. Franziskus, Görz.
Haus Brezigar, Görz.
Studien für einen neuen Generalregulierungsplan, Görz.
1955 Erweiterung des Palais Attems-Santa Croce, Görz; Wettbewerb (1. Preis)
1956 Projekt für einen Aufzug von der Piazza della Vittoria zum Schloß von Görz.
1959 „Villino Gatti", Venedig, San Trovaso.

Karl Adalbert Fischl (17.4.1871, Birkfeld –

1891-1894 Studium an der Wiener Kunstakademie bei Karl von Hasenauer. In den Archiven der Akademie findet sich jedoch kein Beweis dafür, daß Fischl – wie teilweise behauptet – von 1895-1900 Schüler von Otto Wagner war.
1898 Ausgestaltung des Raums der Heeresleitung in der Rotunde der Wiener Jubiläumsausstellung.
1901/02 Wohnhaus, Wien, Penzingerstr. 40. Lit.: *Architekt*, XI (1905), S. 27-28, T. 55-56; *11*.
1902 Villa, Piesting (N.-Österreich). Lit.: *Architekt*, XIII (1907), T. 70-71.
ca. 1902 Grab der Familie Albrecht, Zwittau. Lit.: *Architekt*, VIII (1902), S. 3.
1907 Atelier und Wohnhaus des Bildhauers Carl Wollek, Wien, Hackingerhof 2. Lit.: *Architekt*, XVI (1910), S. 56, T. 49.
1914 Herrenarbeitszimmer, ausgestellt im Museum für Kunst und Industrie Wien. Lit.: *Interieur*, XV (1914/15), S. 15.
1929 Volkswohnhäuser, Wien, Triesterstr. 75-77.

Franz Gessner (15.9.1879, Wallachisch-Klobouk (Mähren) – 3.5.1975, Wien)

1903-1906 Schüler von Otto Wagner an der k.k. Akademie der bildenden Künste in Wien.
1903/04 Studie für ein Mietshaus. Lit.: *345*.
1905 Wohnhaus; Projekt. Lit.: *72*.
1905-1912 Berufstätigkeit in Zusammenarbeit mit seinem Bruder Hubert (zum Werk siehe Hubert Gessner).
1906 Arbeiterheim; Diplomentwurf. Lit.: *351*.
1914-1916 Industrieanlagen, Wien-Ottakring, Odoakergasse, Sandleitengasse.
1927 Strandbad, Gmunden, Salzkammergutstraße.
1936 Miethaus, Wien, Operngasse 23-25.

Hubert Gessner (20.10.1871, Wallachisch-Klobouk (Mähren) - 29.1.1943, Wien)

1885-1889 Studium an der Höheren Staatsgewerbeschule in Brünn.
1895 Mietshaus, Wien VI, Gumpendorfer Straße; Projekt. Lit.: *351; 439*.
1896 Katholische Pfarrkirche; Projekt. Lit.: *Architekt*, II (1896), S. 50, T. 87; *351*.
Villa des Herrn J. Bratmann, Klobouk; Projekt. Lit.: *440*.
1898 Dekoration der Ringstraße anläßlich einer Zusammenkunft der Monarchen; Projekt. Lit.: *351*.
Arbeit im Atelier von Wagner.
1900 Sparkassengebäude, Czernowitz. Lit.: *441; 445*.
1901/02 Arbeiterheim, Wien, Schauplatz. Lit.: *72; 96; 443; 444*.
1903 Krankenkassengebäude, Brünn. Lit.: *442; 446*.
1905 Lagerhaus des österr. Konsumvereins, Wien X, Sonnwendgasse (mit Franz Gessner).
Hotel Schlesischer Hof, Troppau (mit F. Gessner). Lit.: *Architekt*, XI (1905), T. 48 u. XIII (1907), T. 48.
ca. 1905 Haus Skasik, Troppau (mit F. Gessner).
Bezirkskrankenkasse Floridsdorf, Wien XXI, Holzmeistergasse 9. Lit.: *72; 447*.
1906 Hotel Heinrichshof, Neutitschein (mit F. Gessner). Lit.: *Architekt*, XII (1906), T. 124, S. 48.
ca. 1906 E.N.Ö. Arbeiter-Konsum-Verein, Wien XII, Wolfganggasse (mit F.Gessner). Lit.: *H.W.*, II (1905/06), S. 104-105; *Architekt*, XVI (1910), T. 62.
1907 Geschäftshaus der Verlagsanstalt „Vorwärts", Wien V, Rechte Wienzeile 97 (mit F. Gessner). Lit.: *Architekt*, XVI (1910), T. 56; *72; 351*.
Eigenhaus, Wien XVIII, Sternwartestr. 70. Lit.: *Architekt*, XIV (1908), S. 102 u. XV (1909), T. 52; *23; 69; 72*.
Konsumhalle, Pöchlarn (mit F.Gessner). Lit.: *Architekt*, XIV

(1908), S. 52.
1908 Hammerbrotwerke, Schwechat bei Wien (mit F. Gessner).
ca. 1908 Industrieanlage; Entwurf (mit F. Gessner). Lit.: *Architekt*, XIV (1908), S. 101; *72.*
Klubgebäude; Entwurf (mit F. Gessner). Lit.: *Architekt*, XIV (1908), S. 103.
1908/09 Fabrikgebäude der Hammerbrotwerke, Wien, Staigergasse 19 (mit F. Gessner). Lit.: *Architekt*, XVI (1910), T. 45-46; *72; 351.*
ca. 1911 Portal S. Friedmann jr., Wien I, Weihburggasse 26 (mit F. Gessner). Zerstört. Lit.: *Architekt*, XVII (1911), S. 75.
1912 Unfallversicherungsanstalt, Wien VI, Linke Wienzeile 48-52.
1913-1917 Wohn- und Geschäftshaus des Obersteirischen Spar- und Konsumvereins, Bruck an der Mur, Roseggerstr. 24.
1919-1923 Metzleinstaler-Hof, Wien, Johannagasse, Margaretengürtel, Siebenbrunnengasse, Fendigasse. Lit.: *90.*
1920/21 Spatenbrotwerke, Linz, Semmelweisstr. 40.
1923/24 Lebensmittelwerke Union, Salzburg, Fanny-von-Lehnert-Str. 4.
1924/25 Lassallehof, Wien, Lassallestraße, Ybbsstraße, Radingerstraße, Vergartenstraße. Lit.: *90.*
Reumannhof, Wien, Margaretengürtel. Lit.: *69; 90.*
1925 Heizmannhof, Wien II, Radingerstr. 9.
1926/27 Karl-Seitz-Hof, Wien XXI, Jedleseer Straße. Lit.: *90.*
1928-1930 Hotel „International", Graz, Hans-Resel-Gasse 6.
Kammer der Arbeiter und Angestellten für Oberösterreich, Linz, Volksgartenstr. 40.
1929 Augartenbrücke, Wien.
1930 Wohnhaus, Wien XIV, Sieveringer Str. 13.
Wohnhaus, Wien XVIII, Pötzleinsdorfer Str. 123.
1934 Wohnhaus, Wien XVIII, Gersthofer Str. 147.

Ernst von Gotthilf (1.10.1865, Temesvár (Ungarn) -)

Studium a.d. Wiener Techn. Hochschule, am Züricher Polytechnikum unter Bluntschli, zuletzt an der Wiener Akademie unter Hasenauer.
Arbeit bei Fellner und Hellmer in Wien.
1896 Grabstätte der Familie Grab, Prag. Lit.: *925.*
ca. 1897 Wohnhaus, Wien IV, Alleegasse 20. Lit.: *Architekt*, III (1897), T. 76.
1898 Pavillon der Österreichischen Wohlfahrts-Ausstellung, Wien, Jubiläums-Ausstellung. Lit.: *99; 925.*
ca. 1899 Waisenhaus, Temesvár (Ungarn). Lit.: *Architekt*, V (1899), S. 44, T. 80.
ca. 1901 Wohnhaus, Wien, Lerchenfelder Str. 71. Lit.: *6.*
ca. 1903 Warenhaus, Wien; Wettbewerb. Lit.: *Architekt*, IX, (1903), T. 48.
1904 Haus des Gremiums der Wiener Kaufmannschaft, Wien I, Krugerstr. 3. Lit.: *Architekt*, X (1904), T. 88; *6; 11.*
ca. 1904 Wohnhaus, Wien III, Jacquingasse 11. Lit.: *Architekt*, X (1904), T. 100; *23.*
ca. 1906 Dominikanerbastei, Wien I. Lit.: *6.*
Apotheke zur Mutter Gottes, Wien X, Gudrunstraße. Lit.: *6.*
Wohn- und Geschäftshaus, Wien I, Graben 17. Lit.: *11.*
ca. 1907 Ausstellungshalle, Wien. Lit.: *Architekt*, XIII (1907), S. 50-51.
ca. 1908 Villa, Wien, Andergasse 38. Lit.: *11.*
Villa, Wien-Hietzing. Lit.: *Architekt*, XIV (1908), T. 22-24.
Villa, Wien, Andergasse 40. Lit.: 11.
ca. 1910 Landhaus B. v. Pollak, Wien-Dornbach. Lit.: *23.*
ca. 1913 Palais des Wiener Bankvereines (mit A. Neumann), Wien I. Lit.: *Architekt*, XIX (1913), T. 143.
Werke unbekannten Datums:
Zentralhotel, Baden bei Wien.
Rathaus, Goeding (Mähren).

Josef Hoffmann (15.12.1870, Pirnitz (Mähren) – 7.5.1956, Wien)

1892-1894 Schüler von Karl von Hasenauer an der Wiener Akademie der bildenden Künste.
1894/95 Schüler von Otto Wagner an der Wiener Akademie der bildenden Künste.
1895 Mitglied des „Siebener-Clubs".
„Forum orbis, insula pacis"; Wettbewerbsprojekt zur Bewerbung um das Romreisestipendium. Lit.: *337; 351; 663; 664; 667.*
Skizze zu einer Villa. Lit.: *640; 663; 667.*
1896 Neubau des böhmischen Volkstheaters in Pilsen; Wettbewerb (mit Franz Krásny). Lit.: *351; 663; 667; 669.*
Mitglied der Secession.
1897 Neubau eines Gebäudes der Gewerbebank, Prag; Wettbewerb (mit F. Krásny). Lit.: *663; 667; 670.*
Ausstellungspavillon der Stadt Wien zur Jubiläumsausstellung 1898, Prater, Wien. Lit.: *D.K.*, Bd. 2 (1898), S. 208; *663; 667.*
1898 Zwei Mietshäuser; Projekt. Wien I, Ecke Donnergasse und Kärntner Straße. Lit.: *D.K.*, Bd. 2 (1898), S. 207-208; *663; 666; 667; 718.*
1. Ausstellung der „Vereinigung bildender Künstler Österreichs" (Secession) in den Gartenbausälen, Wien, Parkring 12. Lit.: *V.S.*, I, (1898, H. 5-6), S. 7; *D.K.*, Bd. 2 (1898), S. 261. *663; 667.*
2. Ausstellung der „Vereinigung bildender Künstler Österreichs" (Secession) (Ausstellung im neuen Secessionsgebäude). Lit.: *D.K.*, Bd. 4 (1899), S. 36; *14; 663; 667; 674.*
Möbelstücke für das Atelier des Malers Kolo Moser. Lit.: *667.*
Gestaltung des „Viribus unitis"-Raums im Pavillon „Bildung" der Jubiläumsausstellung 1898 auf dem Rotundengelände im Prater, Wien. Lit.: *667.*
Studierzimmer; Entwurf. Lit.: *Interieur*, I (1900), T. 2; *663; 667.*
Studie zu einem einfachen Wohnzimmer. Lit.: *V.S.*, I (1898, H. 4), S. 29; *663; 667.*
1899 Verleihung des Titels eines Professors der Wiener Kunstgewerbeschule.
Raumgestaltung für die Versteigerung des Theodor-von-Hörmann-Nachlasses in der Secession. Lit.: *667.*
Vorraum und Zimmer des Sekretärs im Secessionsgebäude. Lit.: *K.u.K.*, II (1899), S. 393; *Interieur*, I (1900), S. 134-135; *11; 22; 662; 663; 664; 667; 673.*
3. Ausstellung der „Vereinigung bildender Künstler Österreichs" (Secession). Gesamtgestaltung der Ausstellung, einschließlich der Präsentation von Klingers „Christus im Olymp". Lit.: *V.S.*, II, (1899, H. 17), S. 25; *D.K.*, Bd. IV (1899), S. 36; *D.K.u.D.*, II (1899), S. 374; *14; 74; 663; 667.*
4. Ausstellung der „Vereinigung bildender Künstler Österreichs" (Secession). Ausgestaltung der Seitensäle und des Kunstgewerbezimmers. Lit.: *V.S.*, II (1899, H. 4), S. 28; *Interieur*, I (1900), S. 150; *3; 14; 663; 667.*
Gestaltung der Säle I, II, V, VIII auf der 5. Ausstellung der „Vereinigung bildender Künstler Österreichs" (Secession). Lit.: *V.S.*, III (1900, H. 1 u. 2), S. 4, 9, 15, 25 u. III (1900, H. 2), S. 23. *D.K.*, IV (1901), S. 110; *14; 663; 667.*
Gestaltung des „Ver Sacrum" - Zimmers auf der 5. Ausstellung der „Vereinigung bildender Künstler Österreichs" (Secession). Lit.: *Interieur*, I (1900), S. 136; *V.S.*, III (1900, H. 2), S. 4, 9, 15, 20, 23; *662; 663; 664; 667; 673; 674; 722.*
Einrichtung der eigenen Wohnung. Lit.: *Interieur*, I (1900), S. 139; *D.K.*, IV (1901), S. 113; *663; 667.*
Einrichtung Atelier Max Kurzweil, Wien IV, Schwindgasse 19. Lit.: *Interieur*, I (1900), S. 137; *V.S.*, III (1900, H. 5), S. 71; *D.K.*, IV (1901), S. 111; *14; 662; 663; 667.*
Kanzlei des Advokaten Dr. Walter Brix, Wien I, Walfischgasse 14. Lit.: *Interieur*, I (1900), S. 26, 27, 51, T. 3; *14; 663; 667.*
Portal und Einrichtung der Geschäftsniederlage „Apollo", Wien I, Am Hof 3. Zerstört. Lit.: *Architekt*, IV (1899), S. 44; *K.u.K.*, II (1899), S. 347-401, 403; *Interieur*, I (1900), S. 24, T. 5; *171; 657; 662; 663; 664; 667; 674.*
Adaptierung des Landhauses „Bergerhöhe" für Paul Wittgenstein, bei Hohenberg (N.Ö.). Lit.: *V.S.*, III (1900, H. 5), S. 80-81; *Interieur*, I (1900), S. 143, 144, 146; *D. K.*, VII (1901), S. 115; *171; 662; 663; 667; 715; 719.*
Grabmal Carl Hochstetter (1850-1899), Wien XIX, Grinzinger Friedhof. Lit.: *667; 678.*
1899-1900 Herrenzimmer in der Villa Gustav Pollak, Atzgersdorf bei Wien, Wiener Str. 117. Lit.: *Interieur*, I (1900), S. 140-142; *V.S.*,

III (1900, H. 5), S. 82; *55; 662; 663; 667.*
Arbeitszimmer für Ministerialsekretär Dr. Gustav Pollak. Lit.: *V.S.*, II (1899), S. 30 u. III (1900), S. 82; *Interieur*, I (1900), S. 142; *663; 667.*
Haus des Malers Fernand Khnoppf (beratende Mitwirkung bei der Innenausstattung), Brüssel, Avenue des Courses 41. Lit.: *14, 667.*
Gestaltung des Ausstellungspavillons mit Speisezimmer der Firma Anton Pospischil für die Pariser Weltausstellung 1900. Winterausstellung 1899/1900. Österreichisches Museum für Kunst und
1900 Industrie, Arkadenhof. Lit.: *Interieur*, I (1900), S. 33, T. 15; *667.*
Gestaltung des Ausstellungsraums der Wiener Kunstgewerbeschule, Pariser Weltausstellung 1900. Lit.: *D.K.u.D.*, VI (1900), S. 460; *Die Kunst*, II (1900), S. 470; *I D.*, XI (1900), S. 90-91; *Interieur*, I (1900), S. 123-125, T. 54; *K.u.K.*, III (1900), S. 112-122; *D. K.*, IV (1901), S. 9 ff.; *103; 171; 663; 667.*
Gestaltung der Ausstellungsräume der Secession im Grand Palais der Pariser Weltausstellung 1900. Lit.: *662; 663; 666; 667.*
Gestaltung eines Speisezimmers für die Pariser Weltausstellung 1900. Lit.: *Interieur*, I (1900), S. 129-132; *663; 674.*
Vorzimmer (Ausführung Bernhard Ludwig).
Architekturskizzen zu Alfred Lichtwarks Schrift „Palastfenster und Flügeltür": Halle und hohe Fensterbank. Lit.: *V.S.*, III (1900, H. 5), S. 72-73; *663; 667.*
Entwürfe für Raumgestaltungen und Einzelmöbel. Lit.: *Interieur*, I (1900), T. 32, 52, 53; *V.S.*, III (1900), S. 68-70, 79; *663; 667.*
Architektonische Skizze: ein mährisches Landhaus. Lit.: *V.S.*, III (1900, H. 5), S. 67; *662; 663; 664; 666; 667.*
Forstamt der Wittgensteinschen Forstverwaltung, Hohenberg (N.Ö.). Lit.: *Architekt*, VII (1901), S. 26, T. 47; *663; 664; 667.*
Wohnhaus für das Forstpersonal der Wittgensteinschen Forstverwaltung, für Karl Wittgenstein, Hohenberg (N.Ö.). Lit.: *667.*
8. Ausstellung der „Vereinigung bildender Künstler Österreichs" (Secession), Raumgestaltung des Mittelraums und der Säle IV, V, VII, VIII. Lit.: *V.S.*, III (1900), S. 375, 386; *K.u.K.*, III (1900), S. 467-469; *Interieur*, II (1901), S. 17 ff., 72, 154; *D.K.*, V (1901), S. 171 ff.; *I.D.*, XII (1901), S. 30 ff.; *14; 662; 663; 667; 674.*
Grabmal Philipp Knoll (1841-1900), Wien, Grinzinger Friedhof. Lit.: *667; 678.*
Grabdenkmal, Mauer bei Wien. Lit.: *Architekt*, IX (1903), T. 2; *H.W.* I (1904/05), S. 367; *667.*
1900/01 Wohnhaus Kolo Moser auf der Hohen Warte, Wien XIX, Steinfeldgasse 6. Lit.: *8; 11; 22; 171; 657; 663; 664; 666; 667; 675; 677; 679; 680; 681; 708.*
Wohnhaus Carl Moll auf der Hohen Warte, Wien XIX, Steinfeldgasse 8/Ecke Geweygasse. Lit.: *8; 22; 657; 662; 663; 664; 666; 667; 675; 677; 679; 680; 681.*
1900-1902 Wohnhaus Dr. Hugo Henneberg auf der Hohen Warte, Wien XIX, Wollergasse 8. Lit.: *Architekt*, VII (1901), T. 51; *8; 22; 78; 115; 171; 349; 657; 662; 663; 664; 666; 667; 677; 679; 680; 681.*
1901 Architekturskizze „Landruhe". Lit.: *V.S.*, IV (1901), S. 12; *79; 663; 667.*
12. Ausstellung der „Vereinigung bildender Künstler Österreichs" (Secession), Raumgestaltung. Lit.: *V.S.*, V (1902, H. 2), S. 29, 35, 36; *667.*
Entwürfe für einfache Möbel. Lit.: *641; 660; 663; 667.*
1901/02 Einrichtung Helene Hochstetter, Wien. (Ausführung: A. Pospischil). Lit.: *I.D.*, XIII (1902), S. 137-140; *667.*
Einrichtung Direktor Dr. Hugo Koller, Wien. (Ausführung: W. Müller). Lit.: *667; 675.*
Einrichtung Gustav Pollak, Wien VI, Brahmsplatz 2 (?) (Ausführung: Portois & Fix). Lit.: *I.D.*, XIII (1902), S. 133-134, 146-150; *667.*
Wohnhaus Dr. Friedrich Victor Spitzer auf der Hohen Warte, Wien XIX, Steinfeldgasse 4. Lit.: *Architekt*, VII (1901), T. 50; *8; 11; 22; 115; 171; 662; 663; 664; 666; 667; 677; 679; 680; 681; 708.*
1902 Ausstellung der „Vereinigung bildender Künstler Österreichs" (Secession), Klingers Beethoven. Lit.: *V.S.*, V (1902, H. 11), S. 166-170; *14; 81; 657; 662; 663; 664; 665; 667; 676.*
Gestaltung der Ausstellungsräume der Wiener Secession, Kunstausstellung in Düsseldorf. Lit.: *V.S.*, V (1902, H. 21), S. 302-303; *K.u.K.*, V (1902), S. 546; *I.D.*, XIII (1902), S. 235; *D.K.*, Bd. 11 (1902/03), S. 29-30, 32; *Interieur*, IV (1903), S. 82, 84; *Kunstgewerbeblatt*, XIV (1903), S. 62, 306-307; *663; 664; 667.*
Einrichtung Dr. Hans Salzer, Wien VI, Gumpendorfer Str. 8. Lit.: *Interieur*, IV (1903), S. 1-8; *92; 662; 667.*
Adaptierung und Einrichtung Max Biach, Wien IV, Mayerhofgassc 20. Lit.: *A. et D.*, XVI (1904), S. 69; *I.D.*, XVI (1905), S. 47 ff.; *92; 115; 666; 667.*
Einrichtung Fritz Wärndorfer, Wien XVIII, Weimarer Str. 59. Lit.: *22; 667; 675.*
1902 (?) Zwei Architekturskizzen: Entwürfe für eine kleine Kirche. Lit.: *667.*
Einrichtung Baronin Magda Mautner-Markhof, Wien III, Landstraßer Hauptstr. 138. Lit.: *I.D.*, XIII (1902), S. 135 u. XIV (1905), S. 180 ff.; *667.*
1902/03 Evangelische Kirche und Pfarrhaus, St. Aegid am Neuwald (N.Ö.). Lit.: *H.W.*, I (1904/05), S. 40; *72; 663; 667.*
1903 17. Ausstellung der „Vereinigung bildender Künstler Österreichs" (Secession), Österreichische Kunst. Lit.: *V.S.*, V (1902, H. 21), S. 305; *Interieur*, IV (1903), S. 81 ff.; *14; 663; 667.*
18. Ausstellung der Secession, Gustav Klimt. Lit.: *Studio*, XXXII (1904, Sept.), S. 352; *14; 663; 667.*
Gewerkschaftshotel der Poldihütte, Kladno, Přična Ul., heute ČSSR. Lit.: *662; 663; 667; 680.*
Landhaus und Bootshaus der Familie Knips, Seeboden, Wirlsdorf 39, Kärnten. Lit.: *667.*
Einrichtung Wohnung Frau S.K. (Sonja Knips), Wien VI, Gumpendorfer Str. 15. Lit.: *Interieur*, IV (1903), S. 50-53; *D.K.u.D.*, XXIV (1909), S. 216-217; *663; 667.*
Architektonische Studien für eine Villa (?) und einen monumentalen Pavillon. Lit.: *667.*
Gründung der Wiener Werkstätte mit Koloman Moser und Fritz Wärndorfer.
Einrichtung der Wiener Werkstätte, Wien VII, Neustiftgasse 32-34 (mit Kolo Moser). Lit.: *L'amour de l'art*, 1923, S. 644; *22; 115; 159; 663; 664; 665; 667.*
1904 Speisezimmereinrichtung Editha Mautner-Markhof, Wien III, Landstraßer Hauptstr. 138 (mit Kolo Moser). Lit.: *667; 675.*
Sanatorium Purkersdorf, Purkersdorf, (N.Ö.), Wiener Str. 74. Lit.: *D.K.u.D.*, XVIII (1906), S. 421-443; *Architekt*, XVIII (1912), S. 14; *Domus*, 1935, H. 93, S. 5; *22; 72; 81; 88.1; 115; 159; 171; 654; 655; 657; 662; 663; 664; 665; 666; 667; 687; 691; 708; 769.*
Entwurf für die Räume der Wiener Secession und der Wiener Kunstgewerbeschule, Weltausstellung St. Louis, Missouri, USA. Lit.: *D.K.u.D.*, Bd. 15 (1904/05), S. 211; *D.K.*, VIII (1905), S. 125-128; *A.u.M.K.*, XXI (1976, H. 148-149), S. 31; *663; 667.*
Sonderausstellung der Wiener Werkstätte, Hohenzollern-Kunstgewerbehaus Berlin (mit Kolo Moser). Lit.: *D.K.u.D.*, XV (1904/05), S. 202-206; *657; 663; 667.*
Raumgestaltung der keramischen Abteilung, Hohenzollern-Kunstgewerbehaus Berlin. Lit.: *D.K.u.D.*, XV (1904/05), S. 178-179; *667.*
Einrichtung Modesalon Schwestern Flöge, Wien VI, Mariahilfer Str. 1c (mit K. Moser). Lit.: *H.W.*, I (1904/05), S. 28; *D.K.u.D.*; Bd. 16 (1905), S. 522, 523; *92; 663; 664; 667.*
Einrichtung Salon Dir. P. (Direktor Pazzani ?). Lit.: *667.*
Jagdhaus (?) für Direktor Pazzani, Gröbming am Brandmoos, Steiermark. Lit.: *667.*
Landhaus Dr. Wilhelm Figdor, Zu- und Umbau, Baden bei Wien, Weilburgstr. 67. Lit.: *665; 667.*
ca. 1904 „Direktorswohnung", Sanatorium Purkersdorf; Entwurf. Lit.: *Architekt*, XVIII (1912), S. 9; *662; 663; 667.*
Grabmal Wittgenstein, Wien, Zentralfriedhof, Gruppe 32 b. Lit.: *22; 667.*
1904/05(?) Einrichtung Atelier Gustav Klimt. Lit.: *667.*
1905 Einrichtung Wohnung Stoneborough, Berlin (mit K. Moser). Lit.: *D.K.u.D.*, XVIII (1905/06), S. 149 ff.; *115; 667.*
Gestaltung der Ausstellung der Wiener Werkstätte, Galerie Miethke, Wien I, Graben 17 (mit K. Koser). Lit.: *H.W.*, II

(1905/06), S. 68; *Studio*, XXXVII (1906), S. 166-170; *D.K.u.D.*, XVIII (1906), S. 444; *14; 667.*

Grabmäler; Entwurfsskizzen. Lit.: *663; 667; 688.*

1905/06 Denkmäler; Entwurfsskizzen, einschließlich Johann-Strauß-Denkmal und Konzertpodium. Lit.: *D.K.u.D.*, Bd. 25 (1909/10), S. 390-391; *Architekt*, XVIII (1912), S. 9, 15; *663; 667; 688; 690.*

Wohnhaus Ing. Alexander Brauner auf der Hohen Warte, Wien XIX, Geweygasse 11. Zerstört. Lit.: *Architekt*, XIII (1907), T. 63; *D.K.u.D.*, Bd. 19 (1907), S. 42-53; *11; 22; 23; 72; 662; 663; 666; 667; 689; 704.*

Wohnhaus Beer-Hoffmann, Wien XVIII, Hasenauerstr. 59/Ecke Meridianplatz. Zerstört. Lit.: *D.K.u.D.*, Bd. 22 (1908), S. 76 u. Bd. 25 (1909/10), S. 388-389; *Architekt*, XV (1909), T. 33; *171; 663; 664; 666; 667; 704.*

Wohnhaus Margarethe Legler, Wien XIX, Armbrustergasse 22. Lit.: *667.*

1905-1911 Palais Stoclet, Brüssel, Avenue de Tervueren 281. Lit.: *22; 654; 655; 657; 662; 663; 664; 665; 666; 667; 696; 704; 705; 706; 707; 710; 713; 716.*

1906 Einrichtung Dr. Hermann Wittgenstein, Wien III, Salesianergasse 7. Lit.: *D.K.u.D.*, XVIII (1906), S. 454-460 u. XXV (1909/10), S. 403; *115; 663; 664; 665; 667.*

Jagdhaus für Karl Wittgenstein, Hochreit bei Hohenberg (N.Ö.). Lit.: *D.K.u.D.*, XIX (1906/07), S. 79, 443-445; *663; 667; 714; 769.*

Atelierzubau und Einrichtung Magda von Mautner-Markhof, Wien III, Landstraßer Hauptstr. 138. Lit.: *D.K.u.D.*, Bd. 19 (1906/07), S. 490; *Interieur*, XII (1911), S. 28; *22; 667.*

Grabmal Leopoldine Hoffmann, Pirnitz, Mähren, Lit.: *667.*

Portal und Einrichtung des Verkaufslokals der Bugholzfirma Jacob & Josef Kohn, Berlin, Leipziger Str. 40 (mit K. Moser). Lit.: *Berliner Achitekturwelt*, VIII (1906), S. 403-405; *667.*

Projekt für einen Ausbau zur Erweiterung der Kunstgewerbeschule, Wien I, Ecke Kopalplatz und Schallautzerstraße. Lit.: *Architekt*, XIV (1908), S. 121, *K.u.K.*, XXI (1918), S. 342-343; *663; 667.*

1906/07 Wohnhaus Helene Hochstetter auf der Hohen Warte, Wien XIX, Steinfeldgasse 7. Umgebaut. Lit.: *D.K.u.D.*, XIX (1906/07), S. 38-41 u. XXV (1909), S. 202-209; *Architekt*, XIV (1908), S. 122 u. XV (1909), T. 61; *Interieur*, XI (1910), S. 90; *23; 654; 655; 663; 664; 667; 704; 708; 722.*

Zweites Wohnhaus für Carl Moll auf der Hohen Warte, Wien XIX, Wollergasse 10. Lit.: *Architekt*, XVII (1911), S. 16, T. 12; *662; 663; 664; 665; 666; 667; 723.*

1907 Gestaltung des Ausstellungsraumes von Gustav Klimt und der Wiener Werkstätte, Internationale Kunstausstellung in der Kunsthalle Mannheim. Lit.: *D.K.u.D.*, Bd. 20 (1907), S. 328-333; *663; 667.*

Adaptierung und Einrichtung des Kabarettlokals „Die Fledermaus“, Wien I, Kärntner Str. 33/Ecke Johannesgasse 1. Lit.: *D.K.u.D.*, Bd. 23 (1908), S. 159; *22; 662; 663; 664; 665; 667.*

Geschäftslokal Verlag der k.k. Hof- und Staatsdruckerei, Wien I, Seilerstätte 24. Lit.: *Architekt*, XIV (1908), S. 21; *D.K.u.D.*, Bd. 24 (1909), S. 211-215; *Interieur*, XII (1911), T. 27; *22; 28; 654; 663; 666; 667.*

Portal und Einrichtung des Verkaufslokals der Wiener Werkstätte, Wien I, Graben 15. Lit.: *663; 667; 779.*

Wohnungseinrichtung Hamburger, Wien. Lit.: *722.*

1907-1911(?) Grabmal Stoclet, Brüssel, Friedhof von Watermael-Boisfort. Lit.: *663; 667.*

1908 Projekt für den Kaiserpavillon zum Jubiläumsfestzug 1908. Lit.: *Architekt*, XVII (1911), T. 17; *663; 666; 667.*

Internationale Baukunstausstellung Wien, Wien I, Gartenbausäle (mit Josef Hackhofer). Lit.: *H.W.*, IV (1908), S. 256; *667.*

Projekt eines Ausstellungsgebäudes für die Jubiläumsausstellung Österreichisches Kunstgewerbe, 1908. Lit.: *667.*

Kunstschau Wien: Architektonische Gesamtplanung, Empfangshalle und kleiner Hof. Lit.: *Architekt*, XIV (1908), S. 161; *Styl*, I (1908/09), S. 225, 228; *78; 81; 116; 117; 118; 121; 122; 662; 663; 664; 667.*

Kunstschau: Raum der Wiener Werkstätte. Lit.: *Styl*, I, (1908/09), S. 232; *667.*

Kunstschau: Kleines Landhaus mit Einrichtung für die Bugholzfirma Jacob & Josef Kohn. Lit.: *D.K.*, Bd. 11 (1908), S. 538 ff., *M.B.*, VII (1908), S. 368-375; *88; 116; 662; 663; 664; 665; 667.*

ca. 1908 Einrichtung Carl Otto Czeschka. Lit.: *667.*

Studie zu einer Halle. Lit.: *M.B.*, VII (1908), T. 55; *667.*

ca. 1909 Verkaufslokal der Wiener Werkstätte, Karlsbad, heute ČSSR. Lit.: *667.*

1909 Gestaltung des österreichischen Ausstellungsraums, 10. Internationale Kunstausstellung, München, Glaspalast. Lit.: *667.*

Neue Straßenfassade für das Kaffeehaus Kremser, Wien I, Kärntner Ring 8. Lit.: *667.*

Einrichtung Speisezimmer in der Wohnung Knips, Wien VI, Gumpendorfer Str. 15. Lit.: *D.K.u.D.*, XXIV (1909), S. 216; *Interieur*, XI (1910), T. 42; *667.*

Wohnungseinrichtung H. Böhler, Wien IV, Belvederegasse. Lit.: *667.*

1909 und später Umbau und Einrichtung Villa Prof. Pickler, Budapest II, Trombitas ut 19 (mit Karl Bräuer). Lit.: *D.K.u.D.*, Bd. 25 (1909/10), S. 396; *Interieur*, XII (1911), S. 25, 26, T. 25; *663; 667.*

1909/10 „Transportables Jagdhaus“ für Alexander Pazzani, Klosterneuburg-Weidling, Wolfsgraben 66/68 (N.Ö.). Lit.: *Interieur*, XI (1910), T. 46; *667.*

Wirtschaftsgebäude für Alexander Pazzani, Klosterneuburg-Weidling, Wolfsgraben 66/88 (N.Ö.). Lit.: *667.*

1909-1911 Wohnhaus Eduard Ast auf der Hohen Warte, Wien XIX, Steinfeldgasse 2/Wollergasse 12. Lit.: *Architekt*, XVII (1911), S. 46-47, 56, T. 48 u. XVIII (1912), S. 10-13, T. 9; *Interieur*, XIII (1912), S. 9-11, T. 9-10; *143; 171; 655; 657; 662; 663; 664; 666; 667; 692; 704; 708; 724.*

1910 Entwurf für ein Ausstellungsgebäude. Lit.: *667.*

Ausstellung in Buenos Aires, Argentinien. Lit.: *667.*

Adaptierung und Einrichtung Landhaus Heinrich Böhler, Baden bei Wien, Pelzgasse 11. Lit.: *Architekt*, XVII (1911), S. 12-13; *Interieur*, XII (1911), T. 28; *Wiener Bauindustrie Zeitung*, XXIV (1912), S. 230, T. 52; *Bouwkundig Weekblad*, 1912, S. 50; *D.K.u.D.*, XXXIII (1913/14), S. 310; *143; 667.*

Landhaus Heinrich Böhler, Gartenpavillon, Baden bei Wien. Lit.: *667.*

Projekt für ein Theater in Kapfenberg, Steiermark. Lit.: *Architekt*, XVII (1911), S. 6-7, T. 1, 2 u. XVIII (1912), T. 49; *351; 663; 664; 667.*

Gestaltung der Säle der Klimtgruppe im Kunstpavillon der ersten Internationalen Jagd-Austellung, Wien. Lit.:*667.*

Österreichischer Pavillon auf der Internationalen Kunstausstellung, Rom. Lit.: *Die Kunst*, XIII (1911, H. 2), S. 77-78; *28; 650; 654; 655; 657; 662; 663; 664; 667; 721; 725; 768.*

1910/11 Villa Dr. Otto Böhler, Kapfenberg, Mariazeller Str. 32. Lit.: *Architekt*, XVII (1911), S. 12 ff., T. 12; *662; 663; 667.*

1910/11(?) Grabmal Figdor. Lit.: *667.*

1911 Wirtschaftsgebäude der Villa Knips, Seeboden, Kärnten. Lit.: *667.*

Wohnungseinrichtung Hugo Marx, Hinterbrühl (N.Ö.). Lit.: *653; 667.*

Umgestaltung der Räume in Josef Hoffmanns Vaterhaus, Pirnitz (Mähren). Lit.: *Interieur*, XII, (1911), S. 30-32; *667.*

Projekt Villa am Semmering für Gustav Mahler. Lit.: *667.*

Grabmal Zuckerkandl, Wien, Döblinger Friedhof, Israelitische Abteilung, Gruppe I, Reihe 2, Grab 11. Lit.: *667.*

Gestaltung des Empfangsraums in der Ausstellung Österreichisches Kunstgewerbe 1911/12, Österreichisches Museum für Kunst und Industrie. Lit.: *Interieur*, XII (1911), T. 92, 93; *K.u.K.*, XIV (1911), S. 631 ff.; *D.K.u.D.*, XXIX (1911/12), S. 397-398; *D.K.*, XV (1912), S. 261 ff.; *137; 663; 667.*

Grabmal Gustav Mahler, Wien, Grinzinger Friedhof, Gruppe 7, Reihe 2. Lit.: *663; 667; 817.*

Wohnungseinrichtung Lisbeth Steckelberg, Wien. Lit.: *Interieur*, XIV (1913), T. 33-34; *D.K.u.D.*, Bd. 33 (1913/14), S. 307; *667.*

1911/12 Wohnungseinrichtung Mimi Marlow, Wien (Wandmalereien von Wimmer, Möbel von Hoffmann). Lit.: *Interieur*, XIV (1913), T. 1-4, *I.D.*, Bd. 27 (1916), S. 22; *667.*

1912 Projekt Fabrik und Wohnhaus für die Gebrüder Rosenbaum,

Wien. Lit.: *667.*

Gestaltung der österreichischen Abteilung für monumentale Kunst (Hanak-Saal) auf der großen Kunstausstellung, Dresden 1912. Lit.: *Architekt*, XVIII (1912), S. 68-69; *D.K.u.D.*, Bd. 30, (1912), S. 209-220; *663; 667.*

Gestaltung eines Speisezimmers auf der Frühjahrsausstellung Österreichisches Kunstgewerbe, Österreichisches Museum für Kunst und Industrie. Lit.: *D.K.*, XXVI (1912), S. 480; *Interieur*, XIII (1912), S. 57 ff., T. 57; *136; 138; 140; 667.*

Grabenkaffeehaus, Wien I, Graben 29 a. Lit.: *Interieur*, XIV (1913), T. 5, 35, 36; *91; 654; 657; 663; 667.*

Volkskeller im Hotel Pitter, Salzburg (Wandmalereien von Berthold Löffler). Lit.: *K.u.K.*, XVII (1914), S. 65 78; *663; 667.*

Projekt für einen österreichischen Pavillon auf der Biennale in Venedig. Lit.: *654; 667; 704.*

1912 (?) Entwurf für eine Villa (vielleicht für Josef Hoffmann selbst bestimmt). Lit.: *Architekt*, XVIII (1912), S. 16; *649; 663; 666; 667.*

1912 Projekt Wohnhaus Paul Poiret, Paris. Lit.: *667.*

Landhaus in Wien-Pötzleinsdorf; Entwurf. Lit.: *Architekt*, XVIII (1912), T. 10; *663; 667.*

Ökonomiegebäude und Schlafhaus für Landarbeiter; Entwurf. Lit.: *Architekt*, XVIII (1912), S. 9; *663; 667.*

Grabmal Helene Hochstetter, Wien, Grinzinger Friedhof, Gruppe 9, Reihe 5. Lit.: *667.*

Möbelstücke Wohnung Direktor Dr. Hugo Koller, Wien IV, Alleegasse 26 (?). Lit.: *D.K.u.D.*, Bd. 17 (1914, H. 8), S. 142-144; *I.D.*, Bd. 28 (1917), S. 242-243; *667.*

1912/13 Einrichtung Herrenzimmer Prof. Dr. Otto Zuckerkandl, Wien I, Reichsratsstr. 13. Lit.: *Interieur*, XIV (1913), T. 17; *D.K.u.D.*, Bd. 17 (1914, H. 8), S. 140-141; *663; 667.*

Villenkolonie Hertzka, Kaasgraben, Wien XIX, Kaasgrabengasse und Suttingergasse. Lit.: *Interieur*, XV (1914), T. 115-121; *143; 655; 657; 663; 664; 666; 667; 693; 708.*

Fassade der Druckerei „Graphische Industrie", Wien V, Stolberggasse. Lit.: *Interieur*, XIX (1913), T. 68; *654; 663; 666; 667.*

Villa Dr. Edmund Bernatzik, Wien XIX, Springsiedelgasse 28, Lit.: *Architekt*, XX (1914/15), T. 1-3; *143; 146; 171; 655; 662; 663; 666; 667.*

Grabmal Böhler, Kapfenberg, Steiermark. Lit.: *667.*

Portal - und Innenraumgestaltung (Adaptierungen) im Bürogebäude der „Poldihütte", Wien III, Invalidenstr. 7/Ditscheinergasse. Lit.: *I.D.*, XXIX (1918), S. 147; *28; 146; 663; 667; 722.*

1912-1914 Adaptierung und Einrichtung von Teilen des Landhauses Direktor Dr. Hugo Koller, Oberwaltersdorf (N.Ö.). Lit.: *667.*

1913 Krankenhaus der Bosnischen Elektrizitäts-AG, Jajce, Bosnien, Lit.: *667.*

Wohnungseinrichtung Regierungsrat Moritz Gallia, Wien IV, Wohllebengasse 4. Lit.: *Interieur*, XIV (1913), T. 37-42; *D.K.u.D.*, Bd. 37 (1915/16), S. 405-408, 600; *I.D.*, XXVII (1916), S. 23, 343; *663; 667.*

Gestaltung zweier Räume auf der Ausstellung der österreichischen Tapeten-, Linkrusta- und Linoleumindustrie, Österreichisches Museum für Kunst und Industrie. Lit.: *Interieur*, XIV (1913), T. 113; *D.K.u.D.*; Bd. 33 (1913/14), S. 157; *I.D.*, XXIV (1913), S. 553; *663; 667.*

Grabmal Henny Hamburger, Wien, Grinzinger Friedhof, Gruppe 9, Reihe 3. Lit.: *667.*

Grabmal Förster, Wien, Döblinger Friedhof (?).

1913/14 Fabrikgebäude für die Firma Günther Wagner, Wien X, Ecke Laxenburger Straße und Troststraße. Lit.: *667.*

Landhaus Primavesi, Winkelsdorf, heute ČSSR. Lit.: *Architekt*, XX (1914/15), T. 80; *Interieur*, XV (1914/15), T. 65-66; *I.D.*, XXVII (1916), S. 49, 179-181; *28; 143; 146; 653; 657; 663; 667; 698; 702; 706; 722.*

1913/14 (?) Wohnungseinrichtung Ferdinand Hodler, Genf, Quai du Montblanc 29. Lit.: *Interieur*, XV (1914), S. 91; *D.K.u.D.*, Bd. 37 (1915/16), S. 408-409 u. Bd. 39 (1916/17), S. 208 ff.; *I.D.*, XXVII (1916), S. 225-226 u. XXVIII (1917), S. 334; *28; 663; 667.*

1913/14 Umbau Bankhaus Primavesi, Olmütz, Niederring 6, Mähren. Lit.: *667.*

Österreich-Haus auf der Deutschen Werkbundausstellung, Köln 1914. Lit.: *Interieur*, XV (1914), T. 53, 58; *W.M.f.B.*, I (1914/15), S. 169-173; *28; 146; 653; 654; 655; 657; 662; 663; 664; 666; 667; 694; 695; 697; 704; 708; 724.*

Gestaltung des Ausstellungsraums der Bugholzfirma Jacob & Josef Kohn, Werkbundausstellung Köln, Haupthalle. Lit.: *667.*

Adaptierung des Hauses und Einrichtung von zwei hölzernen Gartenhäuschen für Josefine Skywa. Wien XIII, Trauttmansdorffgasse 56. Lit.: *663; 664; 667.*

1913-1915 Villa für Josefine Skywa (Robert Primavesi), Wien XIII, Gloriettegasse 18. Lit.: *Architekt*, XX (1914/15), T. 4, 5; *Interieur*, XV (1914/15), T. 50; *D.K.u.D.*, Bd. 37 (1915/16), S. 228 ff.; *I.D.*, XXVII (1916), S. 48; *Domus*, 1935, H. 93, S. 6.; *28; 143; 146; 159; 171; 653; 654; 655; 657; 662; 663; 664; 666; 667; 701; 704; 708; 722; 724.*

1914 Gestaltung einer Halle und eines Damensalons in der Ausstellung Österreichisches Kunstgewerbe 1913/14, Österreichisches Museum für Kunst und Industrie (Ausführung: Ludwig Schmidt). Lit.: *I.D.*, XXV (1914), S. 103 ff. u. XXVII (1918), S. 223; *Interieur*, XV (1914/15), T. 7, 11, 12, 49; *663; 667.*

Gestaltung der Räume im Österreich-Haus der Internationalen Ausstellung für Buchgewerbe und Graphik (BUGRA), Leipzig. Lit.: *Architekt*, XX (1914/15), T. 49; *654; 657; 662; 663; 664; 667.*

1915 Soldatengräber und Kriegsdenkmale; Musterentwürfe. Lit.: *663; 667; 669; 700.*

1915/16 Einrichtung Anton und Sonja Knips, Wien VII, Gumpendorfer Str. 15. Lit.: *I.D.*, XXVII (1916), S. 233 u. XXVIII (1917), S. 394; *Architekt*, XXI (1916-1918), T. 14-15; *D.K.u.D.*, XLI (1917/18), S. 120 ff.; *667.*

1916 Dr. Alexander Wacker - Gesellschaft für elektrochemische Industrie, Werk Burghausen am Inn, Bayern. Lit.: *667.*

Einrichtung Berta Zuckerkandl, Wien I, Oppolzergasse 6. Lit.: *667.*

Modeabteilung der Wiener Werkstätte, Wien I, Kärntner Str. 41 (mit Eduard Wimmer). Lit.: *I.D.*, XXVII (1916), S. 340 ff.; *667.*

Einrichtung Verkaufsraum der Wiener Werkstätte, Marienbad, heute ČSSR. Lit.: *667.*

1916/17 Einrichtung Paul Wittgenstein sen., Wien VIII, Friedrich-Schmidt-Platz 6 (Ausführung: Wiener Werkstätte). Lit.: *667.*

Ateliereinrichtung Heinrich Böhler, Wien I, Palais Schwarzenberg. Lit.: *667.*

Büroeinrichtung Ing. Rudolf Weinberger, Wien IV, Schwindgasse 10 (?).

1916-1918 Projekt für den Wiederaufbau von Ortelsburg, Ostpreußen. Lit.: *653; 654; 663; 667; 704.*

1917 Projektskizze für ein Weltfriedenshaus. Lit.: *664; 667.*

1917/18 Geschäftseinrichtung Wiener Werkstätte, Abteilung für Stoffe, Spitzen und Beleuchtungskörper, Wien I, Kärntner Str. 32/Führichgasse. Lit.: *D.K.u.D.*, Bd. 43 (1918/19), S. 373 ff.; *654; 662; 663; 667; 777.*

Einrichtung Erwin Böhler, Wien I, Parkring.

Gestaltung der Ausstellung österreichischer Kunst in Kopenhagen und Stockholm. Lit.: *667.*

vor 1918 (undatiert) Kleines Industrie- oder Werkstättengebäude für die Lackfabrik Marx (?). Lit.: *667.*

1918 Palais Pazzani, Wien III; Projekt. Lit.: *667.*

Wohnungseinrichtung Dr. Berstel, Wiener Neustadt (N.Ö.), Promenade 4.

Wohnungseinrichtung Primavesi, Wien I, Tegetthoffstr. 4. Lit.: *667.*

1919 Verwalterhaus für Generaldirektor Alexander Pazzani, Pichl bei Schladming, Steiermark; Projekt. Lit.: *667.*

Grabmal Knips, Friedhof Wien-Hietzing, Gruppe 32, B-Gruft. Lit.: *667.*

1919/20 Zubau und Adaptierung zum Pichlmayrgut für Generaldirektor Alexander Pazzani, Pichl bei Schladming, Steiermark. Lit.: *667.*

Adaptierung und Aufstockung des Kurhauses, Bad Großullersdorf, ČSSR. Lit.: *667.*

1919-1922 Haus Sigmund Berl, Freudenthal, Hussova Ulice, ČSSR. Lit.: *M.B.*, XXIV (1925), S. 289 ff.; *653; 654; 657; 662; 667; 706.*

1920/21 Wohnhaus Fritz-Grohmann, Würbenthal, Pochmühl, ČSSR. Lit.:

653; 667; 706.

1921 Hotelneubau in Agram, Jugoslawien; Projekt. Lit.: *667.*

1922 Auditorium; Projekt. Lit.: *657; 662; 663.*

1922/23 Wohnhaus Ing. Karl Dunckel, Budapest I, Ürge ut 3 (heute: II, Tapolcsány ut 3). Lit.: *667.*

1922-1924 Geschäftseinrichtung und Portal Kunsthandlung Gustav Nebehay, Wien I, Kärntner Ring 7. Lit.: *667.*

1923 Ruheraum für eine Dame, Ausstellung Österreichisches Kunsthandwerk, Österreichisches Museum für Kunst und Industrie. Lit.: *D.K.u.D.*, Bd. 54 (1924), S. 32, 34-35, 38; *A. et D.*, XLVII (1925), S. 128; *M.B.*, XXIV (1925), S. 258; *662; 663; 664; 667.*
Projekt Villa Dr. Hans Heller, Wien XVIII, Reichgasse. Lit.: *D.K.u.D.*, Bd. 53 (1923/24), S. 36-37.

1923/24 Wohnhaus Dr. Kuno Grohmann; Projekt, Würbenthal, ČSSR. Lit.: *667.*
Landhaus Eduard Ast, Auen bei Velden am Wörthersee, Kärnten. Lit.: *Ö.B.u.W.*, IV (1927/28), S. 149; *I.D.*, XXXVIII (1927), S. 55-56; *Ö.K.*, II (1931, H. 1); *Domus*, 1935, H. 93, S. 7; *653; 654; 655; 657; 662; 663; 664; 667.*

1923-1925 Wohnhausanlage der Gemeinde Wien „Klosehof", Wien XIX, Philippovichgasse 1 (140 Wohnungen). Lit.: *M.B.*, XXV (1926), S. 240 ff.; *W.M.f.B.*, XI, (1927), S. 258; *Bouwbedrijf*, X (1933), S. 109-114; *90; 654; 655; 657; 662; 663; 664; 665; 666; 667; 708.*

1923-1925 (?) Projekt Pavillon für eine russische Ausstellung in Wien. Lit.: *663; 666; 667.*

1924 Projekt Wohnsiedlung „Neustraßäcker" für eine Siedlungsgenossenschaft der Gemeinde Wien; Wien-Stadlau, zwischen Erzherzog-Karl-Straße und Langobardenstraße. Lit.: *667.*
Fassadenumgestaltung der Österreichischen Central Boden Credit Bank; Projekt, Wien I, Kohlmarkt 8-10/Ecke Wallnerstraße. Lit.: *Ö.B.u.W.*, I (1924), S. 20; *M.B.*, XXIV (1925), S. 289; *663; 666; 667.*

1924/25 Städtische Wohnhausanlage „Winarskyhof", Wien XX, Stromstr. 36-38 (76 Wohnungen). Lit.: *90; 651; 657; 662; 663; 664; 666; 667.*
Wohnhaus Sonja Knips, Wien XIX, Nußwaldgasse 22. Lit.: *D.K.u.D.*, Bd. 53 (1923/24), S. 38-39; *M.B.*, XXV (1926), S. 353 ff.; *Studio*, Bd. 97 (1929), S. 383 ff.; *44; 654; 655; 657; 662; 663; 664; 666; 667; 708; 724.*
Österreichischer Pavillon auf der Exposition Internationale des Arts Décoratifs et Industriels Modernes, Paris. Lit.: *M.B.*, XXIV (1925), S. 249 ff.; *D.K.u.D.*, LVII (1925/26), S. 69-77; *Domus*, 1935, H. 93, S. 7-8; *648; 652; 653; 654; 655; 657; 662; 663; 664; 665; 666; 667; 708.*
Gestaltung der österreichischen Möbelabteilung auf der Internationalen Kunstgewerbeausstellung, Paris, Galerie des Invalides (architektonischer Mitarbeiter: Oswald Haerdtl). Lit.: *667.*

1927 Gestaltung der österreichischen Abteilung der Ausstellung Europäisches Kunstgewerbe 1927, Leipzig, Grassi-Museum (örtliche Bauleitung und dekorative Wandmalerei: Christa Ehrlich), Lit.: *654; 667.*
Wohnungseinrichtung Generaldir. Dipl.-Ing. Ernst Bauer, Wien I, Biberstr. 11. Lit.: *D.K.u.D.*, Bd. 61 (1927/28), S. 444-460; *663; 667.*
Projekt Musikfesthaus oder Welttonhalle für den Welt-Musik- und -Sanges-Bund von Gustav Mäurer, Wien II, Augarten. Lit.: *667.*

1927-1936 Ausgestaltung von Waggons für die Österreichischen Bundesbahnen (mit O. Haerdtl). Lit.: *662; 663; 664; 667.*

1928 Synagoge; Wettbewerb, Sillein, ČSSR. Lit.: *667.*
Hotel, Wien; Projekt, und Kurhaus Salzburg; Wettbewerb. Lit.: *D.K.u.D.*, Bd. 65 (1929/30), S. 412; *Ö.B.u.W.*, V (1928/29), S. 193-196; *654; 655; 663; 664; 667.*
Ausstellungsraum „Teeraum", Ausstellung „Die Neuzeitliche Wohnung" im Österreichischen Museum für Kunst und Industrie. Lit.: *662; 663; 664; 667.*
Ausstellungsgestaltung im Rahmen der Abteilung „Das Österreichische Kunstgewerbe einst und jetzt" auf der Internationalen Presse-Ausstellung PRESSA, Köln. Lit.: *M.B.*, XXVII (1928), S. 465; *654; 667.*
Portal und Geschäftseinrichtung Konfiserie Altmann & Kühne, Wien I, Kärntner Str. 36/Ecke Maysedergasse (mit O. Haerdtl). Lit.: *663; 667.*
Stahlhaus für die Firma Vogel & Noot, Wartberg, Steiermark, und Wien (mit O. Haerdtl). Lit.: *M.B.*, XXVIII (1929), S. 77/78. *Domus*, 1935, H. 93, S. 8; *654; 662; 663; 664; 667.*

1928/29 Kunst- und Ausstellungshalle; Projekt, Wien IV, Karlsplatz. Lit.: *654; 655; 662; 663; 664; 665; 667.*
Umbau Grabenkaffeehaus, Wien I, Graben 29 a (mit O. Haerdtl). Lit.: *662; 663; 667.*
Bürogebäude der Industria Sarmej S.A., Klausenburg, Str. 6 Martie 25, Rumänien (mit O. Haerdtl). Lit.: *654; 655; 662; 663; 664; 667.*
Wohnhaus Isidor Diamant, Klausenburg, Str. 1. Crean 4-6, Rumänien. Lit.: *667.*
Geschäftseinrichtung Hutsalon „Tosca", Wien IV, Margaretenstr. 9 (mit O. Haerdtl). Lit.: *663; 667.*

1928-1932 Wohnhausanlage der Gemeinde Wien, Wien X, Laxenburger Str. 94 (332 Wohnungen). Lit.: *90; 657; 663; 664; 665; 666; 667.*

1929 Ausstellungshalle der Wiener Werkstätte; Projekt. Lit.: *664; 667.*
Einrichtung Villa Dr. Lengyel, Preßburg, Podtatransky Ul. 3, ČSSR. Lit.: *663; 667.*
Grammophongeschäft Doblinger (Herzmansky), Wien I, Dorotheergasse 10 (mit O. Haerdtl). Lit.: *654; 655; 663; 664; 667.*
Geschäftseinrichtung Filiale der Wiener Werkstätte, Berlin W 9, Friedrich-Ebert-Str. 2-3 (mit O. Haerdtl). Lit.: *654; 663; 664; 667.*
Ausstellungsraum Muzikzimmer, Ausstellung Wiener Raumkünstler im Österreichischen Museum für Kunst und Industrie (Ausführung: Anton Pospischil). Lit.: *667.*

1929/30 Denkmal für Otto Wagner, Wien I, Heldenplatz (heutiger Ausstellungsort: Makartgasse, neben dem Akademiegebäude). Lit.: *663; 664; 665; 667.*
Ausstellung Österreichischer Werkbund 1930, Österreichisches Museum für Kunst und Industrie, Wien. Lit.: *663; 664; 665; 666; 667.*

1930 Mietvillen, Wien XIX; Projekte (mit O. Haerdtl). Lit.: *654; 662; 663; 664; 667.*

1930-1932 Vier Reihenhäuser der Werkbundsiedlung, Wien XIII, Lainz, Veitingergasse 79-85. Lit.: *657; 662; 663; 664; 666; 667.*

1931 Projekt Tonfilmtheater, Wien VII (mit O. Haerdtl).
Siedlung und Wohnhaus für Dr. Kuno Grohmann; Projekt, Würbenthal, ČSSR (mit O. Haerdtl). Lit.: *667.*

1932 Das wachsende Haus, Ausstellungsbau auf dem Rotundengelände der Wiener Frühjahrsmesse (mit O. Haerdtl). Lit.: *663; 667.*
Portal und Geschäftseinrichtung Konfiserie Altmann & Kühne, Wien I, Graben 30 (mit O. Haerdtl). Lit.: *663; 667.*
Landhaus Wertheim; Projekt Morgenthau Wiener, New City, N.Y., USA. Lit.: *663; 664; 667.*
Umbau des Restaurants „Hartmann", Wien I, Ringstraße. Lit.: *663; 664.*

1934 Österreichischer Pavillon für die Weltausstellung Brüssel 1935; Wettbewerbsprojekt. Lit.: *663; 667.*
Österreichischer Pavillon für die Biennale in Venedig (Mitarbeiter bei der Ausführung: Robert Kramreiter). Lit.: *657; 662; 663; 664; 665; 667.*
Geschäftsportal „Viktorin", Wien I, Burgring 2 (mit O. Haerdtl). Lit.: *663; 667.*

1934/35 Geschäftseinrichtung und Portal Opernparfümerie Vadasz, Wien I, Kärntner Str. 53 (mit O. Haerdtl). Lit.: *663; 667.*

1936 Palast der Großen Nationalversammlung der Türkei, Ankara; Wettbewerbsprojekt. Lit.: *667.*
Ruhmeshalle und Gruft für österreichische Musiker, Wien, Volksgarten, Theseustempel; Projekt. Lit.: *667.*
Österreichischer Pavillon, Weltausstellung Paris 1937; Entwurf. Lit.: *667.*

1938 (?) Gästehaus der Stadt Wien, Wien I, Stadtpark; Projekt. Lit.: *667.*

1938-1940 (?) Hanak-Museum, Wien II, Augarten; Projekt. Lit.: *657; 662; 663; 667.*

1940 Umbau der ehemaligen Deutschen Gesandtschaft in ein „Haus der Wehrmacht", Wien III, Metternichgasse 3. Lit.: *657; 661; 662; 663; 667.*

1949/50 Wohnhausanlage der Gemeinde Wien, Wien V, Blechturmgasse 23-27 (81 Wohnungen). Lit.: *663; 667.*

1951/52 Wohnhausanlage der Gemeinde Wien, Wien XIX, Silbergasse 2-4 (70 Wohnungen). Lit.: *663; 667.*
1953/54 Wohnhausanlage der Gemeinde Wien, Wien XIX, Heiligenstädter Str. 129 (46 Wohnungen). Lit.: *663; 667.*
1954/55 Rathaus Addis Abeba; Projekt. Lit.: *667.*

Adolf Otto Holub (13.9.1882, Wien -)

1901-1905 Schüler von Josef Hoffmann an der Wiener Kunstgewerbeschule.
1905 Landhaus, Steyr; Projekt. Lit.: *H.W.,* I (1904/05), S. 205.
Trinkhalle in einem Park; Projekt. Lit.: *H.W., II* (1905/06), S. 290-291.
ca. 1905 Gedeckter Kinderspielplatz im Freien; Projekt. Lit.: *H.W.,* II (1905/06), S. 290.
Marktuhr, Wien, Naschmarkt; Projekt. Lit.: *H.W.,* II (1905/06), S. 291; *663.*
Parkbank; Entwurf. Lit.: *H.W.,* II (1905/06), S. 280.
Brunnen an einer Gartenmauer; Entwurf. Lit.: *H.W.,* II (1905/06), S. 281.
1906 Regulierungsprojekt des Theaterplatzes, Berndorf. Lit.: *737.*
ca. 1906 Berghaus in Naumburg a.S.; Wettbewerb. Lit.: *738.*
1908 Installierung der Landes-Gewerbe-Ausstellung, Steyr (O.Ö.). Lit.: *739.*
Frühstückszimmer, Wien, Kunstschau-Ausstellung.
1909 Stadtregulierungs- und Bebauungsplan für Amstetten (N.Ö.).
1911 Hauptaltar für die Heiliggeistkirche, Wien XVI, Herbststraße.
Ausstellungsraum auf der Winterausstellung des Kunstgewerbemuseums Wien. Lit.: *137.*
1912 Speisezimmer, vorgestellt auf der Frühjahrsausstellung des Kunstgewerbemuseums Wien. Lit.: *136, 138.*
1914 Innenräume der Ausstellung „Unsere Jugend", Essen a.d. Ruhr.
1917 Innenräume der Kriegsausstellung, Wien.
1922 Innenräume der „Deutschen Gewerbeschau München 1922".

Emil Hoppe (2.4.1876, Wien - 14.8.1957, Salzburg)

1898-1901 Schüler von Otto Wagner an der k.k. Akademie der bildenden Künste in Wien.
1899 Zinshaus; Entwurf. Lit.: *341.*
1900 Studie zu einem Gartenrestaurant. Lit.: *342.*
Künstlerheim; Entwurf. Lit.: *342.*
1900-1905 Mozartbrunnen, Wien IV, Mozartplatz (mit O. Schönthal). Lit.: *459.*
ca. 1901 Palast für ausländische Monarchen in Schönbrunn, Fasangarten; Projekt. Lit.: *96.*
1901 Arbeiterheim, Wien-Favoriten; Wettbewerb (mit Paul Hoppe). Lit.: *454.*
Architekturskizzen. Lit.: *Architekt,* VII (1901), S. 51.
1902 Studie, Taormina, 11. Januar 1902. Lit.: *344.*
Studie, Rom, Februar 1902. Lit.: *344.*
Skizze, 16. Februar 1902. Lit.: *344.*
Studie, Rom, 26. Februar 1902. Lit.: *344.*
Studie, Rom, 1. März 1902. Lit.: *344.*
Studie, Rom, 10. März 1902. Lit. : *344.*
Studie, Rom, 22. März 1902. Lit.: *344; 349.*
Studie, Rom, März 1902. Lit.: *344*, S. 40.
Skizze, Rom, März 1902. Lit.: *344*, S. 11.
Skizze, Venedig, 20. April 1902. Lit.: *344.*
Studie, Venedig, 24. April 1902. Lit.: *344.*
Studie, Luzern, 5. Mai 1902. Lit.: *344.*
Skizze, Luzern, 7. Mai 1902. Lit.: *344.*
Skizze, Rom, 8. September 1902. Lit.: *344.*
Italienisches Landhaus (10.2.1902); Entwurf. Lit.: *344; 349; 351.*
Architekturskizzen aus Italien. Lit.: *Architekt,* X (1904), S. 5-6, 8; 344, S. 22, 27, 31, 56, 62, 76.
Städt. Amtsgebäude XX. Bezirk, Wien; Wettbewerb (mit Hans Mayr).
1902-1910 Arbeit im Atelier Otto Wagners.
1902/03 Architekturskizzen. Lit.: *Architekt,* X (1904), S. 7-8; *344,* S. 41; *351,* S. 104.
ca. 1903 Wohnhaus für einen Architekten;Projekt. Lit.: *Architekt,* IX (1903), T. 102.
1904 Grabmal Nedial Rionfiee; Entwurf. Lit.: *Architekt* XI (1905), S. 5; *351.*
Studie zu einer Klosterkirche. Lit.: *Architekt* XI (1905), T. 51; *96.*
Israelitischer Tempel, Triest; Wettbewerb (mit O. Schönthal). Lit.: *Architekt,* XI (1905), S. 6-7, T. 13-14.
Villa; Entwurf. Lit.: *Architekt,* XI (1905), T. 52-53; *349.*
ca. 1904 Landhaus in der Nähe von Wien; Projekt. Lit.: *Architekt,* X (1904), T. 47.
Architekturskizzen. Lit.: *Architekt,* XI (1905), S. 4, 38.
1904/05 Architekturskizzen. Lit.: *Architekt,* XI (1905), S. 96.
1905 Architekturskizze. Lit.: *Architekt,* XIII (1907), S. 31.
Studie. Lit.: *Architekt,* XIII (1907), T. 55.
1907 Architekturskizze. Lit.: *Architekt,* XIII (1907), S. 61.
Architekturstudie. Lit.: *Architekt,* XIII (1907), S. 61.
Grabmal Karlik, Wien XXIII, Mauer. Lit.: *Architekt,* XIV (1908), S. 109; *Architekt,* XV (1909), S. 62; *459.*
Wohnhaus in Mödling bei Wien; Entwurf. Lit.: *Architekt,* XIII (1907), T. 93; *96.*
Halle, Entwurf. Lit.: *Architekt,* XIV (1908), T. 2; *23.*
Wohnhaus, Wien XVII, Ottakringer Str. 82. Lit.: *Architekt,* XIII (1907), T. 53.
Wohnhaus in der Nähe von Wien; Entwurf(?). Lit.: *Architekt,* XIII (1907), T. 54.
ca. 1907 Architekturskizze (Kirche). Lit.: *Architekt,* XIII (1907), S. 30.
Wohnhaus, Wien V, Kleine Neugasse 9. Lit.: *6.*
Grabstätte der Familie Ludwig (Bildhauer Franz Zelezny). Lit.: *455.*
Architekturskizze. Lit.: *Architekt,* XIII (1907), S. 31.
ca. 1908 Wohnhaus, Wien I, Riemergasse 6 (mit Paul Hoppe). Lit.: *Architekt,* (1908), S. 24-25.
1908 Halle; Projekt. Lit.: *Interieur,* X (1909), T. 12.
Studie. Lit.: *Architekt,* XV (1909), S. 33.
Hof in der Kunstschau, Wien, Kunstschau-Ausstellung. Lit.: *Architekt,* XIV (1908), T. 32; *H.W.,* IV (1908), S. 221; 116; 124.
Landhaus; Projekt. Lit.: *Architekt,* XV (1909). T. 3.
1909 Frauenarbeitsschule, Wien, Wiedner Gürtel 68 (mit Paul Hoppe)
ca. 1910 Entwurf eines Eingangs. Lit.: *M.B.,* X (1911), T. 59.
Einfamilienhaus; Projekt. Lit.: *Architekt,* XVI (1910), T. 35.
1910 Landhaus; Wettbewerb. Lit.: *Architekt,* XVI (1910), S. 81, T. 83.
1910-1918 Schließt sich mit Marcel Kammerer und Otto Schönthal zusammen.
Werke des Ateliers Hoppe-Kammerer-Schönthal:
1910 Palais B.B. Fischer, Wien IV, Frankenberggasse 3. Lit.: *Architekt,* XVIII (1912), T. 7.
Zinshaus, Wien XVII. Lit.: *Architekt,* XVI (1910), T. 44 u. XVII (1911), T. 43-45.
1910-1912 Tribüne des Wiener Trabrennvereins. Lit.: 72; *456; 459.*
1911 Raum der „Gesellschaft Österr. Architekten", Rom, Internationale Kunstausstellung. Lit.: *Architekt,* XVII (1911), T. 42.
Stationsgebäude der niederösterreichischen Landesbahnen (Gr. Inzersdorf, Pyrawarth, Winterbach, Gösing, u.a.). Lit.: *Architekt,* XVII (1911), S. 65-68.
Geschäftsportal L. Köllner, Wien. Lit.: *Architekt,* XVII (1911), T. 85; *Architekt,* XVIII (1912), S. 94.
Geschäftsportal Firma Bakalowits & Söhne, Wien I, Spiegelgasse. Lit.: *Architekt,* XVII (1911), T. 66.
Wohn-und Geschäftshaus, Meran; Projekt (?). Lit.: *Architekt,* XVII (1911), T. 51.
ca. 1911 Wohnhaus, Wien XVII. Lit.: *Architekt,* XVII (1911), S. 92, 93, T. 94.
1911/12 Wohn-und Geschäftshaus, Wien, Wiedner Hauptstr. 126. Lit.: *Architekt,* XVII (1911), T. 77 u. XX (1914/15), T. 28-30.
ca. 1912 Geschäftsportal Anton Böck, Wien. Lit.: *Architekt,* XVIII (1912), S. 96.
1912 Zwei Wohn-und Geschäftshäuser, Wien I, Dorotheergasse 5-7. Lit.: *Architekt,* XVIII (1912), T. 93 u. XX (1914/15), T. 19-27.
Kurpalastbau, Abbazia; Wettbewerb (mit O. Prutscher). Lit.:

Architekt, XVIII (1912), T. 96; *458.*
Kanzel für den Dom zu Trient; Entwurf. Lit.: *Architekt*, XVIII (1912), T. 95; 135.
Gebäude der Unfall-Versicherungs-Anstalt der österr. Eisenbahnen, Wien; Projekt. Lit.: *Architekt,* XVIII (1912),
ca. 1912 S. 95, T. 94.
Wohnhaus, Wien XVIII, Plenergasse 24. Lit.: *Architekt*, XVIII
1913 (1912), S. 80, T. 73.
1914 Landhaus, Spalato. Lit.: *Architekt,* XX (1914/15), T. 17-18.
Centralbank der deutschen Sparkassen, Wien I, Am Hof 3-4.
ca. 1914 Lit.: *459.*
Hotel für Abbazia; Projekt. Lit.: *Architekt,* XX (1914/15), T. 31-32.
1918 Reiner-Simons-Theaterprojekt. Lit.: *458.*
Kammerer verläßt das Atelier, das von Hoppe und Schönthal weiter geführt wird.
1921 Werke des Ateliers Hoppe-Schönthal:
1922 Regulierung der Terazija, Belgrad; Projekt. Lit.: *459.*
Generalregulierungsplan für Belgrad; Wettbewerb. Lit.: *459.*
1923 Sportplatzanlage, Prag-Letnà. Lit.: *459.*
Wohnhäuser, Dürnstein an der Donau. Lit.: *459.*
Hotel, Novi Sad; Projekt. Lit.: *459.*
Trabrennplatz-Anlage, Marienbad. Lit.: *459.*
1924 Wiener Stadion im Schönbrunner; Projekt. Lit.: *459.*
Wohnhausanlage der Gemeinde Wien, Wien XVI, Nietzsche-Platz. Lit.: *459.*
Arbeiterkammer, Klagenfurt. Lit.: *459.*
1925 Friedensbrücke, Wien; Wettbewerb. Lit.: *459.*
1926 Friedensbrücke, Wien. Lit.: *459.*
1927 Portalbau, Wien I, Rotenturmstraße; Entwurf. Lit.: *459.*
Türkenzitthof, Wien XVII, Hernalser Hauptstr. 190-192.
1928 Hafenbrücke, Wien; Projekt. Lit.: *459.*
Verbauungsstudie für Wien. Lit.: *459.*
Wiener Stadionanlage im Prater; Wettbewerb. Lit.: *459.*
Österr. Haus auf der Pressa in Köln; Projekt. Lit.: *459.*
Autogarage, Klagenfurt; Projekt. Lit.: *459.*
Einfamilientypenhaus; Entwurf. Lit.: *459.*
Portal Tabaktrafik, Wien I, Am Hof 4. Lit.: *459.*
Haus der Wiener Kunstgesellschaft; Projekt. Lit.: *459.*
Studie zu einem Brunnen. Lit.: *459.*
Justizpalast, Wien; Wettbewerb. Lit.: *459.*
Kurhotel im Doblhoffpark, Baden bei Wien; Projekt. Lit.: *459.*
Wohnhaus Zwilling, Mödling bei Wien. Lit.: *459.*
1928/29 Autogarage des Südbahnhotels auf dem Semmering. Lit.: *459.*
1929 Zürcherhof, Wien, Laxenburger Str. 49-51.
Donaukraftwerk, Ybbs-Persenburg; Projekt (?). Lit.: *459.*
Messestand in der Rotunde, Produktivgesellschaft der Wiener Fleischselcher. Lit.: *459.*
Verbauungsstudie für eine Wohnhausanlage der Gemeinde
1930 Wien. Lit.: *459.*
Rennbahnanlage des Wiener Trabrennvereins, Wien, Prater. Lit.: *459.*
Wohnhausanlage der Gemeinde Wien XI, Rinnböckstraße. Lit.: *459.*

Marcel Kammerer (4.11.1878, Wien - 25.12.1969, Quebec/Kanada)

1899-1902 Schüler von Otto Wagner an der Wiener k.k. Akademie der bildenden Künste.
1898 Sparkasse, Laa a.d. Thaya; Wettbewerb (mit O. Schönthal): *Architekt*, IV (1898), S. 21, T. 43.
1899 Villa für einen Maler; Entwurf. Lit.: *Architekt,* VII (1901), T. 9, 10; *96.*
Zinshaus; Entwurf. Lit.: *341.*
Architektonische Studie. Lit.: *341,* S. 6.
Studie zu einem Jagdzelt.: Lit.: *341.*
ca. 1901 Studie zu einem Saison-Wohnhaus, Lovrana. Lit.: *Architekt,* VII (1901), T. 62; *350.*
1901 Provisorischer Bahnhof für eine Monarchenzusammenkunft anläßlich großer Manöver; Entwurf. Lit.: *350; 351.*
1902 Studien. Lit.: *344,* S. 57, 64, 75, 79.
Skizze, Rom, März 1902. Lit.: *344,* S. 9.
Skizze, Rom, 1902. Lit.: *344,* S.17; *350.*
Skizze, Rom, Februar 1902. Lit.: *344,* S. 17.
Gartenvilla in Rom; Studie. Lit.: *Architekt,* XI (1905), T. 40.
Dekoration einer Halle, Studie. Lit.: *Architekt,* X (1904), T. 18.
ca. 1902 Architekturskizzen. Lit.: *Architekt,* XIII (1907), S. 1, 3, 16.
Architekturskizze (Capri). Lit.: *Architekt,* XIII (1907), S. 1; *351.*
1902-1904 Villa Ingenieur Assan, Bukarest. Lit.: *474.*
ca. 1904 Studie zu einem Terrassen-Friedhof für Salò am Gardasee. Lit.: *Architekt,* XI (1905), T. 11.
1904-1908 Hotel Wiesler, Graz, Gries Kai. Lit.: *Architekt,* XI (1905), T. 75 u. XV (1909), S. 54-56, T. 43-45; *96.*
ca. 1905 Kuranlage in Teplitz-Schönau; Wettbewerb (I. Preis). Lit.: *470.*
ca. 1906 Architekturskizze (Altar). Lit.: *Architekt,* XIII (1907), S. 1.
Ein-und Zweifamilien-Häuser; Studien. Lit.: *471.*
1907 Neubau des Kurhauses, Meran; Wettbewerb. Lit.: *Architekt,* XIII (1907), T. 32-33a.
ca. 1908 Lehrerbildungsanstalt, Oberhollabrunn; Wettbewerb. Lit.: *472.*
Kloster-Klausur; Skizze. Lit.: *Architekt,* XIV (1908), S. 119; *H.W.*, IV (1908), S. 303.
1908 Gestaltung eines Raums der Kunstschau-Ausstellung in Wien. Lit.: *124.*
Theater, Focşani (Rumänien). Lit.: *Architekt,* XV (1909), T. 25-26; *351.*
1910 Landhaus; Wettbewerb. Lit.: *Architekt,* XVI (1910), T. 66.
ca. 1910 Stadttheater in Brüx; Konkurrenzprojekt. Lit.: *Architekt,* XVI (1910), S. 15-16. T. 11.
Möbel für ein Wohnzimmer. Lit.: *D.K.*, Bd. 19 (1910/11), S. 224.
1910-1918 Gründung eines Ateliers mit O. Schönthal und E. Hoppe. (Werke s. Hoppe).

František Krásny (6.7.1865, Pilsen - 14.6.1947, Marienbad)

1892-1894 Schüler von K. von Hasenauer an der Wiener k.k. Akademie der bildenden Künste.
1894/95 Schüler von Otto Wagner an der Wiener k.k. Akademie der bildenden Künste.
1895 Rathaus, Stuttgart; Wettbewerb. Lit.: *N.C.,* I (1895), S. 114, T. 85.
1896 Knaben- und Mädchen-Volks- und- Bürgerschule, Hěrman-Mestec (Böhmen); Wettbewerb (mit O. Böhm). Lit.: *507.*
Sparkasse, Rakonitz (Böhmen); Wettbewerb. Lit.: *506.*
Neubau des Böhmischen Volkstheaters, Pilsen; Wettbewerb (mit J. Hoffmann). Lit.: *663; 667; 669.*
1897 Gewerbebank (Živnostenska Banka), Prag; Wettbewerb (mit J. Hoffmann). Lit.: *663; 667; 670.*
Administrationsgebäude für eine Brauerei; Projekt (mit J. Hoffmann). Lit.: *N.C.*, III (1897), T. 45.
Brauberechtigtes Haus, Pilsen. Lit.: *Architekt,* VII (1901), S. 18.
1898 Bau der k.k. privilegierten Mährisch-Schlesischen Wechselseitigen Versicherungsanstalt, Brünn; Wettwerb. Lit.: *Architekt,* V (1899), T. 10.
Sparkasse, Laa a.d. Thaya; Wettbewerb. Lit.: *Architekt,* IV (1898), S. 21-22.
Haus des Herrn E. Simandl, Pilsen. Lit.: *508.*
ca. 1899 Wirtschaftsanlage H.Tichy jr., Pilsen. Lit.: *509.*
Geschäftshaus, Pilsen. Lit.: *Architekt,* V (1899), T. 23.
ca. 1900 Wohn-und Geschäftshaus des Herrn V. Filipovský, Pilsen. Lit.: *510.*
ca. 1901 Villa Prof. O. König, Wien XIII. Lit.: *Architekt,* VII (1901), S. 41, 43, T. 75; *11;105.*
Fassade zu einem Wohnhaus, Prag; Projekt. Lit.: *Architekt,* VII (1901), T. 41.
ca. 1902 Wohnhaus; Projekt. Lit.: *Architekt,* VIII (1902), T. 57.
ca. 1905 Handels- und Gewerbekammer, Pilsen; Wettbewerb. Lit.: *Architekt,* XI (1905), T. 37.
ca. 1906 Villa Pavlas, Wien XIII, Stadlergasse 25. Lit.: *511.*
1907 Wohnhaus, Wien XIII, Beckgasse 36-38. Lit.: *512.*
ca. 1907 Villa, Wien XIII. Lit.: *Architekt,* XIII (1907), S. III.

ca. 1910 Einfamilienhaus, Wien XIII, Stadlergasse 17. Lit.: *Architekt,* XVI (1910), S. 75; *Studio,* Bd. 55 (1912, H. 229), S. 218.
Einfamilienhaus, Wien XIII, Stadlergasse 27. Lit.: *Architekt,* XVI (1910), T. 89.
Einfamilienhaus, Wien XIII, Stadlergasse. Zerstört. Lit.: *Architekt,* XVI (1910), T. 78; *Studio,* Bd. 55 (1912, H. 229), S. 218.
Laibacher Kreditbank, Laibach. Lit.: *Architekt,* XVI (1910), T. 16.
ca. 1912 Gekoppelte Einfamilienhäuser, Wien XIII, Hummelgasse 22-24. Lit.: *Architekt,* XVIII (1912), S. 81.
Einfamilienhaus, Wien XIII, Titlgasse 18. Umgebaut. Lit.: *Architekt,* XVIII (1912), S. 84.
Wagen-Karosserie- und Automobilfabrik AG, vorm A. Weiser & Sohn, Wien, Projekt. Lit.: *Architekt,* XVIII (1912), S. 28.
ca. 1914 Landhaus in Böhmen; Projekt. Lit.: *Studio,* Bd. 62 (1914, H. 256), S. 122.
1914 Gekoppelte Landhäuser; Projekt. Lit.: *Architekt,* XX (1914/15), S. 26.
1920 Übersiedlung nach Prag, wo er als Chefarchitekt der nationalistischen Bewegung „Sokol" ungefähr 150 Turnhallen entwirft.
1926 Holztribünen für ein Stadion, Prag.
1928 Sitz des Ingenieur- und Architekten-Vereins, Prag.

Franz von Krauss (14.6.1865, Döbling (Wien) -)

Studium an der Technischen Hochschule in Wien.
1888/89 Besuch der Meisterschule für Architektur der Wiener Akademie der bildenden Künste als Schüler von Friedrich von Schmidt.
Abschluß der beruflichen Ausbildung im Atelier Fellner & Helmer.
1894 Gründung eines Ateliers mit Josef Tölk.
Grabdenkmal in Schönlinde; Entwurf. Lit.: *Architekt,* I (1895), S. 6, T. 6.
1895 Café- und Restaurationslokal, Millstatt am See. Lit.: *Architekt,* I (1895), S. 46, 47, T. 75.
Fassadenentwurf für die k.k. Landwehrkadettenschule, Wien III, Boerhaavegasse. Lit.: *Architekt,* I (1895), S. 23, T. 26.
Studentenkonvikt, Stockerau. Lit.: *Architekt,* I (1895), S. 52, T. 82.
ca. 1895 Studie für ein Palais. Lit.: *Architekt,* IV (1898), T. 57.
1896 Böhmisches Volkstheater, Pilsen; Wettbewerb. Lit.: *Architekt,* II (1896), S. 54, T. 93-95.
Mietshaus, Wien III, Sechskrügelgasse 1.
Zinshaüser, Wien (mit J. Tölk). Lit.: *Architekt,* II (1896), S. 39, T. 68, 69.
1897 Jubiläums-Gymnasium, Baden (N.Ö.) (mit J. Tölk). Lit.: *932.*
Hauptrestaurant auf der Jubiläums-Ausstellung 1898 zu Wien; Wettbewerb (II. Preis; mit J. Tölk). Lit.: *930.*
Pavillon der Stadt Wien, Jubiläums-Ausstellung 1898 zu Wien; Wettbewerb (mit J. Tölk). Lit.: *931.*
Renovierung des Ballsaals des Hotels Stadt Wien, Baden.
1898 Neubau des Bürgerspitalfondshauses, Wien I, Kärntner Straße; Wettbewerb (I. Preis; mit J. Tölk). Lit.: *929.*
Kaiser-Jubiläums-Stadttheater, Wien (mit A. Graf). Lit.: *Architekt,* IV (1898), S. 41, T. 80.
Mietshaus, Wien I, Neuer Markt 3. Zerstört(?).
Volksoper, Wien. Lit.: *Architekt,* XI (1905), S. 44, T. 96.
ca. 1899 Portale des J. Zacherlschen Geschäfthauses, Wien I, Bauernmarkt. Zerstört. Lit.: *Architekt,* V (1899), S. 27.
Grabmal Gustav Freih. Lehne v. Lehnsheim. Lit.: *Architekt,* V (1899), S. 28.
1899 Portale Restaurant A. Diglas zur Mehlgrube, Wien I, Neuer Markt 3. Lit.: *Architekt,* V (1899), S. 51.
Stadttheater, Baden (N.Ö.); Wettbewerb (III. Preis; mit J. Tölk). Lit.: *933.*
Franzensbrücke über den Donaukanal (architektonische Ausgestaltung), Wien. Lit.: *Architekt,* V (1899), S. 50 u. VI (1900), S. 16, 17.
Baulichkeit auf dem Zentralfriedhof, Wien; Wettbewerb (mit J. Tölk). Lit.: *Architekt,* VII (1901), S. 9-12, 12.
Adaptierung des Wohnhauses C. Killmann, Raspenau (mit J. Tölk). Lit.: *Architekt,* VII (1901), T. 58.
1899-1900 Villa W.F. Jäger, Raspenau. Lit.: *Interieur,* I (1900), T. 26-27; *Architekt,* VII (1901), T. 2.
ca. 1900 Stadttheater, Meran (mit J. Tölk). Lit.: *Architekt,* VI (1900), S. 37, T. 71-72.
Cafe „Lebmann", Wien. Lit.: *Interieur,* I (1900), S. 8, 9, 40; *A.M.,* VI (1900) S. 2, T. 2.
1900 Palais Zacherl, Wien; Wettbewerb (mit J. Tölk). Lit.: *539.*
Mietshaus, Wien I, Salzgries 25.
ca. 1901 Studie für den Umbau der Häuser, Wien I (mit J. Tölk), Lit.: *Architekt,* VII (1901), T. 71.
Wohnhaus, Weikersdorf bei Baden (mit J. Tölk). Lit.: *Architekt,* VII (1901), T. 29.
Sparkassengebäude, Friedek; Wettbewerb (mit. J. Tölk). Lit.: *Architekt,* VII (1901), S. 34, 35, T. 60.
Projekt für den Umbau des Hauses, Wien I, Bauernmarkt 7 (mit J. Tölk). Lit.: *Architekt,* VII (1901), T. 79.
Ein „deutsches Haus", Cilli (mit J. Tölk). Lit.: *Architekt,* VII (1901), T. 74.
1901-1903 Badeheilanstalt der Stadt Baden (N.Ö.).
1902 Villa Erwin Weiss, Freiwaldau (mit J. Tölk). Lit.: *Interieur,* III (1902), S. 76-78; *Architekt,* IX (1903), T. 26 u. XI (1905), T. 41-44; *23; 938.*
Villa Wichterle, Proßnitz (mit J. Tölk). Lit.: *Architekt,* IX (1903), T. 18.
Raum für die Kunstausstellung der Wiener Genossenschaft der Bildenden Künstler, Düsseldorf. Lit.: *Interieur,* III (1902), S. 80.
Kaiser-Franz-Joseph-Stadtmuseum, Wien; Wettbewerb (mit J. Tölk). Lit.: *108.*
Sanatorium für Tuberkulöse; Projekt. Lit.: *936.*
ca. 1903 Brücke über den „Tiefen Graben", Wien. Lit.: *Architekt,* IX (1903), S. 33.
1903 Postsparkasse, Wien; Wettbewerb (mit J. Tölk). Lit.: *Architekt,* IX (1903), T. 80.
Villa Dr. Frank, Grinzing. Lit.: *Architekt,* XIV (1908), S. 159.
Fischverkaufshalle „Nordsee", Wien, Naschmarkt (mit J. Tölk). Lit.: *Architekt,* XIV (1908), S. 165; *937.*
Mietshaus, Wien I, Naglergasse 4 - Bognergasse 3. Lit.: *Architekt,* XI (1905), T. 97; *6.*
Totalisatorgebäude am Trabrennplatz, Baden (mit J. Tölk). Lit.: *Architekt,* X (1904), S. 15, T. 39.
ca. 1905 Grabdenkmal-Entwürfe. Lit.: *Architekt,* XI (1905), S. 41.
1905 Warenhaus A. Gerngross, Wien VII; Entwurf (mit J. Tölk). Lit.: *Architekt,* XI (1905), S. 43, T. 96.
Katholische Kirche, Preßbaum; Projekt.
Theater, Gablonz; Wettbewerb (mit J.Tölk). Lit.: *Architekt,* XI (1905), S. 42, 43, T. 91, 94.
Pavillon „Säuglingsschutz", Wien IX, Zimmermannsplatz (mit J. Tölk). Lit.: *Architekt,* XIV (1908), S. 142; *938.*
Amtshaus der Wiener Bezirkskrankenkasse; Entwurf (mit J. Tölk). Lit.: *Architekt,* XI (1905), S. 44, T. 96.
Mietshaus, Wien III, Landstraßer Hauptstraße (mit J.Tölk). Lit.: *6.*
1905/06 Wiener Burgtheater (mit J. Tölk). Lit.: *Architekt,* XI (1905), S. 42, 43, T. 92 u. XII (1906), T. 65-68.
1906 Villa J. Hemsley-Johnson bei Sterzing, Tirol (mit J.Tölk). Lit.: *23, 940.*
1906/07 Villa Primavesi, Olmütz (mit J. Tölk). Lit.: *Interieur,* IX (1908), T. 51, 53-56; *Architekt,* XIV (1908), S. 105-107; *23; 942.*
1906-1908 Wohnhausfassaden, Pola (mit J. Tölk). Lit.:*942.*
ca. 1907 Wohnhaus, Wien I, Concordiaplatz 5 (mit J. Tölk). Lit.: *6.*
Grabdenkmal, Wien. Lit.: *Architekt,* XIII (1907), S. 17.
Grabdenkmal, Baden. Lit.: *Architekt,* XIII (1907), S. 4.
1907 Fabrikgebäude A. Pospischil, Wien (mit J. Tölk). Lit.: *942.*
Wohnhaus, Wien (mit J. Tölk). Lit.: *Architekt,* XIII (1907), T. 84-85.
Mietshaus, Wien IV, Theresianumgasse 5. Lit.: *942.*
1907/08 Kurhaus am Semmering, Vollendung der Physikalisch-Diätetischen Höhenkuranstalt (mit J. Tölk). Lit.: *Interieur,* X (1909),

S. 36, T. 14, 61-64, 67-71; *941; 942.*
1908 Anzengruber-Theater, Wien; Projekt (mit J. Tölk). Lit.: *942.*
Grabmal Familie Faber, Wien, Grinzinger Friedhof (mit J. Tölk). Lit.: *942.*
Kurpalast, Abbazia; Projekt (mit J. Tölk). Lit.: *942.*
Stadttheater, Mährisch-Ostrau (mit J. Tölk). Lit.: *939.*
1908/09 Hotel Riviera, Parenzo; Projekt (mit J. Tölk). Lit.: *942.*
Mietshaus Moritz-Retzer-Hof, Wien VI, Mariahilfer Str. 38-40 (mit J. Tölk). Lit.: *942.*
1907/08 Kurhaus am Semmering, Vollendung der Physikalisch-Diätetischen Höhenkuranstalt (mit J. Tölk). Lit.: *Interieur,* X (1909), S. 36, T. 14, 61-64, 67-71; *941; 942.*
1908 Anzengruber-Theater, Wien; Projekt (mit J. Tölk). Lit.: *942.*
Grabmal Familie Faber, Wien, Grinzinger Friedhof (mit J. Tölk). Lit.: *942.*
Kurpalast, Abbazia; Projekt (mit J. Tölk). Lit.: *942.*
Stadttheater, Mährisch-Ostrau (mit J. Tölk). Lit.: *939.*
1908/09 Hotel Riviera, Parenzo; Projekt (mit J. Tölk). Lit.: *942.*
Mietshaus Moritz-Retzer-Hof, Wien VI, Mariahilfer Str. 38-40 (mit J.Tölk). Lit.: *942.*
ca. 1909 Bootshütte Faber, Attersee (mit J. Tölk).
1909 Herrenzimmer und Schlafzimmer, Ausstellung Österr. Kunstgewerbe, Wien, Österr. Museum. Lit.: *132.*
Konzerthaus, Pola; Projekt (mit J.Tölk). Lit.: *942.*
1909/10 Dürwaringbrücke in Gersthof, architektonische Ausgestaltung, Wien (mit J. Tölk). Lit.: *Architekt,* XVI (1910), T. 34; *942.*
1909-1911 Nervenheilanstalt am Rosenhügel, Wien XIII (mit J. Tölk). Lit.: *942.*
1909 Wohnhaus A. Pospischil, Wien V, Margaretengürtel (mit J. Tölk). Lit.: *942.*
Grabmal Baurat Fr. v. Neumann, Wien, Zentralfriedhof (mit J. Tölk). Lit.: *942.*
Jagdausstellung, Wien (mit J. Tölk). Lit.: *942.*
Residenzbühne, Wien I, Fleischmarkt (mit J. Tölk). Lit.: *942.*
Kurpalast, Abbazia; Wettbewerb (mit J. Tölk). Lit.: *942.*
Villa Dr. Hahn, Baden, Mozartstraße (mit J.Tölk). Lit.: *942.*
1910/11 Mietshaus, Wien VIII, Alser Str. 25 (mit J. Tölk). Lit.: *942.*
1910-1914 Nervenheilanstalt in Döbling (mit J. Tölk). Lit.: *942.*
1911 Im Oktober Ernennung zum Professor für Perspektive und Stillehre an der Akademie der bildenden Künste in Wien.
Österr.-Ungarn-Bank, Wien; Wettbewerb (mit J. Tölk). Lit.: *942.*
Bankgebäude der Niederösterr. Escompte Gesellschaft, Wien, Am Hof; Wettbewerb (mit J. Tölk). Lit.: *942.*
ca. 1912 Entwurf für ein Wetterhäuschen. Lit.: *Architekt,* XVIII (1912), S. 83.
1912 Landhaus Weiss, Hinterbrühl (mit J. Tölk). Lit.: *942.*
1912/13 Pension Sonnhof, Semmering (mit J. Tölk). Lit.: *942.*
Villa Exzellenz von Hawerda, Prein auf der Rax (mit J. Tölk). Lit.: *942.*
1913 Landtagsgebäude, Czernowitz; Projekt (mit J. Tölk). Lit.: *942.*
Mietshaus Gallia, Wien IV, Wohllebengasse 4 (mit J. Tölk). Lit.: *942.*
ca. 1914 Wohnhaus, Pola; Entwurf. Lit.: *Architekt,* XX (1914/15), S. 94.
1914 Villa Dir. Overhoff, Döbling.
1914/15 Priesterbildungsanstalt „Frintaneum", Wien I, Habsburgerstr. 7 (mit J. Tölk). Lit.: *942.*
1914-1916 Neugestaltung der Inneneinrichtung des Palastz des Erzherzogs Friedrich; Entwurf.
1920 Entwurf des Reitklubs, Barcelona.
Umbau der Technischen Hochschule, Wien (mit M. Theuer).
1921 Grab der Familie Hüchel, Neutitschein.
1922 Technische Hochschule, Temesvár; Entwurf.
1923 Trabrennbahn und Ställe, Baden.
Rathaus, Montevideo; Wettbewerb (mit Theiss u. Jaksch).
1924 Sigmund-Freud Hof, Wien. Lit.: *90.*
1926 Villa Friedmann, Wien.

Oskar Laske (1.1.1874, Czernowitz (Bukowina) - 30.11.1951, Wien)

Sohn des Architekten Oskar Laske und Bruder der Malerin Elisabeth Laske-Kesselbauer.

1892-1898 Schüler von Karl König an der Wiener Technischen Hochschule.
1899-1901 Schüler von Otto Wagner an der Wiener k.k. Akademie der bildenden Künste.
ca. 1901 Landhaus, Rothneusidel; Projekt. Lit.: *Architekt,* VII (1901), T. 14.
1901/02 Mietshaus mit Engel-Apotheke, Wien I, Bognergasse 9, Naglergasse 10. Lit.: *11; 72; 96; 171; 513.*
ca. 1903 Wohnhaus, Wien VII, Neustiftgasse 67-69. Lit.: *11; 17.*
1904 Geschäfts- und Zinshaus, Wien-Meidling, Arndtstraße. Lit.: *72; 515.*
ca. 1904 Wohnhaus für Mietparteien, Wien, Teybergasse 8. Lit.: *514.*
ca. 1907 Villa, Wien Prater. Lit.: *Architekt,* XIII (1907), T. 25; *Interieur,* VIII (1907), T. 42 u. XIII (1912), T. 82.
1907 Mitglied des Hagenbundes. Von diesem Zeitpunkt an widmet er sich hauptsächlich der Malerei und Graphik.
1908 Eingangshalle zur Frühjahrsausstellung des Hagenbundes. Lit.: *Studio,* Bd. 44 (1908, H. 184), S. 154.
1908/09 Ausgestaltung der Winterausstellung des Hagenbundes. Lit.: *Studio,* Bd. 46 (1909, H. 191), S. 67-68; *Interieur* X (1909), S. 8.
1909 Ausgestaltung einiger Räume auf der Frühjahrsausstellung des Hagenbundes. Lit.: *Studio,* Bd. 47 (1909, H. 196), S. 145.
1910 Ausgestaltung der Frühjahrsausstellung des Hagenbundes. Lit.: *Studio,* Bd. 50 (1910, H. 207), S. 71-72.
ca. 1912 Villa. Lit.: *Architekt,* XIX (1913), T. 7.

Ernst Lichtblau (24.6.1883, Wien - 8.1.1963, Wien)

1902-1905 Schüler von Otto Wagner an der Wiener k.k. Akademie der bildenden Künste.
1902/03 Studie für ein Mietshaus. Lit.: *345.*
Seitenansicht des Monarchenzeltes. Lit.: *345.*
1903/04 Zinshaus in Baumgarten; Entwurf. Lit.: *345.*
Kaffeehaus-Interieur; Entwurf (mit Theo Deininger). Lit.: *345; 349.*
1904 Gebäude einer Forst- und Domänen-Direktion; Projekt. Lit.: *345; 351.*
1905/06 Haus für Bosnien; Entwurf. Lit.: *Architekt,* XII (1907), T. 21; *349.*
ca. 1906 Bosnische Studie. Lit.: *Architekt,* XIII (1907), S. 5-7 u. XIV (1908), S. 81; *351.*
1908 Villa, Wien-Ober St. Veit; Projekt. Lit.: *96; 517.*
1910 Kirche in der Provinz; Entwurf. Lit.: *Architekt,* XVIII (1912), T. 24.
1912 Synagoge, Wien XIII; Wettbewerb. Lit.: *Architekt,* XVIII (1912), T. 38.
Parkhaus im Garten der Frühjahrsausstellung österr. Kunstgewerbe, Wien. Lit.: *Architekt,* XVIII (1912), S. 60; *136; 138; 141.*
1913 Wohnhaus, Wien XIII, Linzackergasse 9.
1914 Wohnhaus, Wien XIII, Wattmanngasse 29. Lit.: *69.*
1923 Sitz der Firma Lichtblau, Wien, Hermanngasse 17.
1926 Julius-Ofner-Hof, Wien, Margaretengürtel.
ca. 1929 Schaufensteranlage; Projekt.
1929 Speiserhof, Wien, Franklinstr. 20 (mit Bauer, Glaser, Scheffel).
1930 Fremdenverkehrs-Pavillon; Musikalien- und Grammophon-Laden, Wien, Werkbundausstellung. Lit.: *663.*
1939 Emigration in die Vereinigten Staten, wo er 12 Jahre an der Rhode Island School of Design unterrichtet.

Adolf Loos (10.12.1870, Brünn - 23.8.1933, Kalksburg bei Wien)

1887/88 Studien an der k.k. Staats-Gewerbeschule in Reichenberg (Böhmen).
1890-1893 Studien an der Technischen Hochschule in Dresden.
1893-1896 Aufenthalt in den Vereinigten Staaten.
1897 Schneidersalon Ebenstein, Wien I, Kohlmarkt 5. Lit.: *821; 824.*
1898 Theater für 4000 Personen; Projekt. Lit.: *Architekt,* IV (1898), S. 41; *798; 807; 809; 821; 824.*
Kaiserjubiläums-Gedächtniskirche St. Elisabeth, Wien; Projekt. Lit.: *798; 806; 809; 818; 821; 824; 854; 873; 878.*
1898-1903 Herrenmodesalon Goldman & Salatsch, Wien I, Graben 20. Lit.: *798; 809; 821; 824; 826.*

1899	Café Museum, Wien I, Ecke Operngasse und Friedrichstraße. Lit.: *K.u.K.*, II (1899), S. 196 ff.; *91; 798; 806; 809; 812; 821; 824; 923.*
ca. 1900	Wohnhaus Brünn (heute ČSSR), Tivoli Jiraskova 26. Lit.: *824.*
1900	Wiener Frauen-Club, Wien I, Alter Trattnerhof. Lit.: *809; 824.*
	Zionistische Siedlung, Wien XIV, Hütteldorf-Hacking; Projekt. Lit.: *824.*
1901	k.k. Priv. Allgemeine Verkehrsbank, Wien; Projekt. Lit.: *824; 827.*
1903	Wechselstube Leopold Langer, Wien I, Kärntner Ring 1. Lit.: *22; 821; 824.*
	Wohnung Adolf Loos, Wien I, Giselastr. (heute Bösendorferstr.) 3. Lit.: *22; 798; 806; 809; 821; 824.*
1903-1906	Villa Karma, Clarens bei Montreux (Schweiz). Lit.: *798; 806; 809; 821.*
1904	Schmuckfederngeschäft Sigmund Steiner, Wien VII, Mariahilfer Str. 56. Lit.: *824.*
	k.k. Priv. Allgemeine Verkehrsbank, Filiale Neubau, Wien VII, Mariahilfer Str. 122. Lit.: *22; 824.*
	Wohn- und Geschäftshaus der k.k. Priv. Allgemeinen Verkehrsbank; Wien VII, Mariahilfer Str. 122; Projekt. Lit.: *824.*
1904-1906	Villa Chance, Clarens bei Montreux (Schweiz). Lit.: *824.*
ca. 1905	Theater der Viertausend, Wien; Projekt. Lit.: *798; 824.*
	Villa Wilhelm Beer, Clarens bei Montreux (Schweiz); Projekt. Lit.: *824.*
ca. 1905/06	Berghaus; Projekt. Lit.: *824.*
1906	Büro Arthur Friedmann, Wien I, Schottenring 31. Lit.: *824.*
ca. 1906	Hotel Friedrichstraße, Wien I, Friedrichstraße; Projekt. Lit.: *798; 809; 824.*
1906/07	Schmuckfederngeschäft Sigmund Steiner II, Wien I, Kärntner Str. 33. Lit.: *798; 806; 809; 817; 821; 824; 827.*
	Wohnung Arthur und Leonie Friedmann, Wien I, Bellariastr. 4. Lit.: *809; 821; 824; 878.*
1907	Wohnung Paul Khuner, Wien IV, Möllwaldplatz 4. Lit.: *798; 809; 824; 878.*
	Wohnung Rudolf Krauss, Wien I, Nibelungengasse 13. Lit.: *798; 809; 821; 824; 827; 878.*
1907/08	Wohnung Wilhelm und Martha Hirsch, Pilsen (heute ČSSR), Plachygasse 6. Lit.: *809; 824; 878.*
	Kriegsministerium, Wien I, Stubenring; Wettbewerb. Lit.: *Architekt*, XIX (1913), T. 144; *798; 809; 821; 824.*
1907-1913	Wohnung Arnold und Julius Bellak, Wien I, Kohlmessergasse 8. Lit.: *798; 809; 821; 824; 878.*
1908	Kärntner Bar, Wien I, Kärntner Durchgang. Lit.: *K.u.K.*, XII (1909), S. 214 ff.; *797; 798; 806; 809; 812; 817; 821; 828; 829; 895; 924.*
ca. 1908	Grabmal; Projekt. Lit.: *809; 824.*
1909-1911	Michaelerhaus, Wien I, Michaelerplatz 3. Lit.: *166; 798; 806; 809; 812; 818; 821; 830; 831; 833; 835; 836; 837; 838; 848; 859; 872; 879; 884; 891.*
	Haus Leopold Goldman, Wien XIX; Hardtgasse 27-29. Lit.: *821; 824*
ca. 1909	Karlsplatzverbauung, Wien; Projekt. Lit.: *807; 809; 821; 824.*
	Stadthalle, Wien; Projekt. Lit.: 809; *824.*
	Wohnhausanlage mit Reiterstandbild, Wien (?); Projekt. Lit.: *824.*
1909	Technisches Museum, Wien; Wettbewerb. Lit.: *809; 810; 821; 824; 878.*
1910	Haus Hugo und Lilly Steiner, Wien XIII, St. Veit-Gasse 10. Lit.: *Architekt*, XVI (1910), T. 92; *798; 806; 809; 812; 817; 821; 824; 924.*
	Warenhaus der Firma S. Stein, Alexandria (Ägypten); Projekt. Lit.: *Architekt*, XIX (1913), T. 145; *806; 809; 821; 824; 924.*
ca. 1910-1912	Doppelhallenvilla; Projekt. Lit.: *824.*
1910-1913	Schneidersalon Kniže, Wien I, Graben 13. Lit.: *Architekt*, XVIII (1912), S. 79; *798; 809; 812; 821; 824; 880.*
1911	Wohnung Leopold Goldman, Wien XIX, Hardtgasse 27-29. Lit.: *798; 809; 824; 878.*
1911/12	Haus Dr. Otto und Auguste Stoessl, Wien XIII, Matrasgasse 20. Lit.: *821; 824.*
	Schwarzwaldschule I, Semmering; Projekt. Lit.: *798; 809; 824.*
1912	Haus Helene Horner, Wien XIII, Nothartgasse 7. Lit.: *798; 809; 812; 817; 821; 824.*
	Buchhandlung Manz, Wien I, Kohlmarkt 16. Lit.*821; 824; 878.*
	Wohnung Dr. Valentin Rosenfeld, Wien XIII, Wattmanngasse II. Lit.: *798; 809; 824; 878.*
	Stadregulierungsplan, Wien, Innere Stadt; Projekt. Lit.: *821; 824.*
	Theater für 4000 Personen, Wien; Projekt. Lit.: *798; 809; 824.*
1912/13	Haus Dr. Gustav und Helene Scheu, Wien XIII, Larochegasse 3. Lit.: *798; 806; 809; 812; 821, 824.*
ca. 1912-1914	Schwarzwaldschule II, Wien; Projekt. Lit.: *824.*
	Schwarzwaldschule III, Wien, Johannesgasse 3; Projekt. Lit.: *809; 824.*
1913	Café Capua, Wien I, Johannesgasse 3. Lit.: *91; 798; 809; 821; 824.*
	Anglo-Österreichische Bank I, Wien VI, Mariahilfer Str. 13. Lit.: *824.*
	Wohnung Emil Löwenbach, Wien I, Reischachstr. 3/Schallautzerstr. 4. Lit.: *798; 809; 821; 824.*
	Wohnung Prof. Dr. Josef Halban - Selma Kurz, Wien I, Löwelstr. 8. Lit.: *824.*
	Winterporthotel, Semmering; Projekt. Lit.: *798; 809; 824.*
1913/14	Schwarzwaldschule IV, Wien I, Herrengasse 6-8; Projekt. Lit.: *809; 824; 878.*
1914	Anglo-Österreichische Bank II, Wien VII, Mariahilfer Str. 70. Lit.: *821; 824; 878; 887; 913.*
1915/16	Haus Willibald Duschnitz, Wien XIX, Weimarer Str. 67. Lit.: *798; 809; 814; 821; 824.*
1916	Haus Anna und Erich Mandl, Wien XIX, Blaasstr. 8. Lit.: *798; 803; 809; 821; 824; 878.*
	Rohrbacher Zuckerraffinerie, Rohrbach bei Brünn, heute ČSSR, Lit.: *806; 809; 821; 824.*
1917	Restaurant „Akazienhof", Wien IX, Thurngasse 4. Lit.: *824.*
	Verbauung der Gartenbaugründe; Wien I, Parkring; Projekt. Lit.: *798; 806; 809; 821; 824; 878; 879.*
ca. 1917/18	Stadtmuseum, Wien I, Rathausplatz; Projekt. Lit.: *824.*
ca. 1918	Villa des Direktors der Rohrbacher Zuckerfabrik, Rohrbach bei Brünn, heute ČSSR. Lit.: *798; 809; 812; 821; 824.*
1918	Juweliergeschäft Hugo & Alfred Spitz, Wien I, Kärntner Str. 39. Lit.: *809; 821; 824; 878.*
1918/19	Villa Hilda und Karl Strasser, Wien XIII, Kupelwiesergasse 28. Lit.: *798; 809; 812; 821; 824; 878.*
ca. 1919	Bank Freyung, Wien I, Ecke Freyung- und Strauchgasse; Projekt. Lit.: *809; 824.*
1919	Grabmal Peter Altenberg, Wien XI, Zentralfriedhof. Lit.: *809; 821; 824.*
1921	Bebauungsplan der Gartenstadt „Friedenstadt", im Gebiet des Lainzer Tiergartens (heute Wien XIII). Lit.: *809; 824.*
	Siedlungshäuser Lainz, Wien XIII, Hermesstr. 1-77, 85-99. Lit. *814; 821; 824.*
	Siedlungshäuser der Kriegerheimsiedlung Hirschstetten, Wien XXII. Lit.: *821; 824.*
	Theater der Viertausend, Wien XV, Märzpark; Wiederaufnahme des Projekts von 1912. Lit.: *824.*
	Hotel Esplanade, Agram (Jugoslawien), Mihanoviceva ulica 1; Projekt. Lit.: *824.*
	Siedlungshäuser, Wien; Projekt. Lit.: *798; 809; 824.*
	Palais Samuel Bronner, Wien III, Baublock Grimmelshausengasse/Bayerngasse/Kellergasse; Projekt. Lit.: *809; 824.*
	Mausoleum Max Dvořák; Projekt. Lit.: *798; 809; 821; 824; 924.*
ca. 1921	Verbauungsplan Laaer Berg. Wien X; Projekt. Lit.: *824.*
1921-1924	Heuberg-Siedlung, Wien XVII, Röntgengasse 138, Plachygasse 1, 3, 5, 7, 9, 11, 13. Lit.: *798; 809; 821; 824.*
1922	Villa Karoline und Fritz Reitler, Wien XIII, Elßlergasse 9. Lit.: *824.*
	Villa Josef und Marie Rufer, Wien XIII, Schließmanngasse 11. Lit.: *798; 809; 817; 821; 824; 924.*
	The Chicago Tribune Column; Wettbewerbsprojekt. Lit.: *798; 806; 812; 821; 824; 879.*
	Mercur Bank, Wien VIII, Friedrich-Schmidt-Platz 6. Lit.: *824.*

1922/23 Siedlungshäuser Laaer Berg, Wien X, Kronawettergasse. Lit.: *824.*
Arbeiterbank, Wien II, Praterstr. 8. Lit.: *824.*
1923 Herrenmodesalon P.C. Leschka & Co, Wien I, Spiegelgasse 13. Lit.: *798; 809; 824; 878.*
Herrenmodesalon Erich Mandl, Wien I, Stephansplatz/ Rotenturmstr. 2, 4. Lit.: *798; 809; 824; 878.*
Kleinwohnungshaus für die Gemeinde Wien, Wien X; Projekt. Lit.: *798; 809; 824.*
Winarskyhof, Wien XX; Projekt. Lit.: *824.*
Rathaus in Mexico; Projekt. Lit.: *821; 824.*
Grand Hôtel Babylon, Nizza (Frankreich); Projekt. Lit.: *798; 806; 809; 821; 824.*
Villa Alexander Moissi, Venedig-Lido (Italien); Projekt. Lit. : *809; 821; 824; 924.*
1924 Landhaus Carla Spanner, bei Gumpoldskirchen (N.Ö.). Lit.: *798; 809; 821; 824; 853.*
Herrenmodesalon Kniže, Berlin, NW 7, Neue Wilhelmstr. 9-11. Lit.: *824.*
Stallungen für den Prinzen Sanguszko, Südfrankreich (?); Projekt. Lit.: *806; 809; 824.*
ca. 1924 Haus mit drei Dachterrassen; Projekt. Lit.: *824.*
Hotel, Paris VII, Avenue des Champs-Elysées; Projekt. Lit.: *798; 809; 824.*
1925 Haus Tristan Tzara, Paris XVIII, Avenue Junot 15. Lit.: *798; 809; 812; 821; 824; 924.*
Schloß Victor Ritter von Bauer, Brünn (ČSSR), Schreibwaldstr. 39-41. Lit.: *824.*
Bürohaus, Paris II, Boulevard des Italiens/Rue Louis-le-Grand; Projekt. Lit.: *798; 809; 821; 824.*
Ausstellungspalais, Tientsin (China); Projekt. Lit.: *798; 809; 824.*
1927 Haus Josephine Baker, Paris; Projekt. Lit.: *658; 798; 803; 809; 821; 824; 924.*
1927/28 Villa Hans und Anny Moller, Wien XVIII, Starkfriedgasse 19. Lit.: *798; 809; 812; 821; 824; 879; 924.*
Herrenmodesalon Kniže, Paris VIII, Avenue des Champs-Elysées. Lit.: *658; 798; 809; 821; 824.*
1928/29 Wohnhaus Hans und Johanna Brummel, Pilsen (ČSSR), Husgasse (heute Leninstr.) 52. Lit.: *798; 809; 812; 817; 821; 824; 924.*
1928-1930 Villa Dr. Ing. František und Milada Müller, Prag (ČSSR), Stresovicka 842. Lit.: *798; 809; 812; 817; 821; 824; 924.*
1929/30 Landhaus Paul Khuner, Kreuzberg bei Payerbach (N.Ö.) Lit.: *798; 806; 809; 812; 824; 877.*
Geschäftsportale Matzner, Wien I, Kohlmessergasse 8. Lit.: *798; 809; 824.*
Gärtnerhaus Khuner, Kreuzberg bei Payerbach (N.Ö.). Lit.: *798; 806; 821; 824.*
1930-1932 Einfamilien-Doppelhaus, Wien XIII, Werkbundsiedlung, Woinovichgasse 13, 15, 17, 19. Lit.: *809; 821; 824.*
1931 Haus Mitzi Schnabl, Wien XXII, Flachsweg 27. Lit.: *809; 824.*
Einfamilien-Doppelhaus, Wien XIII, Werkbundsiedlung; Alternativprojekt. Lit.: *824.*
1931/32 Villa Dr. Jur. Winternitz, Prag-Smichov (ČSSR). Lit.: *812; 815; 821; 824.*

Emanuel Josef Margold (4.5.1889, Wien - 2.5.1962, Preßburg)

1907 Vorhalle und Speisesaal eines Hotels; Projekt. Lit.: *M.B.,* VII (1908), T. 4; *56.*
Landhaus von Fräulein R. Rothansl, Kierling-Klosterneuburg; Projekt. Lit.: *Architekt,* XIV (1908), S. 148; *Interieur,* X (1909), T. 15; *663.*
1908 Einfriedung des städtischen Volksgartens, Wels; Projekt. Lit.: *Architekt,* XIV (1908), S. 159.
Ideenskizze für ein Kriegerdenkmal. Lit.: *171; 740.*
Schlafzimmer; Projekt. Lit.: *Interieur,* X (1909), T. 28.
Zimmerecke; Projekt. Lit.: *Interieur,* X (1909), T. 28.
ca. 1908 Ausstellungshalle; Projekt. Lit.: *Architekt,*XIV (1908), S. 146; *663.*
Kolumbarium, Wien, Zentralfriedhof; Projekt. Lit.: *Architekt,* XIV (1908), S. 146; *663.*
1909 Gruftanlage, Wien, Zentralfriedhof. Lit.: *663; 740.*
Herrenzimmer, ausgestellt auf der Kunstgewerbe-Ausstellung, Wien, Österr. Museum. Lit.: *132.*
Vorhalle für eine Treppenanlage eines Hotels; Projekt. Lit.:
1910 *171, 740.*
Direktionszimmer, ausgestellt im Museum für Kunst und
ca. 1913 Industrie, Wien. Lit.: *131; 133.*
Brunnenanlage vor der russischen Kirche, Darmstadt; Projekt. Lit.: *Architekt,* XIX (1913), T. 77.
Ausmalung des Restaurants im Bahnhof, Darmstadt. Lit.:
1913 *Architekt,* XIX (1913), T. 78.
Ausstellungsräume, Internat. Modenschau-Ausstellung, Frankfurt a.M. Lit.: *Architekt,* XIX (1913), T. 154 156.
Restaurant der Ausstellung 1914 der Darmstädter Künstler-
ca. 1920 kolonie. Lit.: *Architekt,* XIX (1913), T. 77.
Ladeneinrichtung Keksfabrik H. Bahlsen, Berlin. Lit.:
1920 *D.K.*, Bd. 29 (1920/21), S. 210.
Haus der Kunst; Projekt. Lit.: *Architekt,* XXIV (1921/22), S. 33
Haus der Zukunft; Projekt. Lit.: *Architekt,* XXIV (1920/21),
ca. 1920 S. 34.
Stadtbild der Zukunft; Projekt. Lit.: *Architekt,* XXIV (1920/21)
ca. 1921 S. 35.
Bürohaus, Frankfurt a.M.; Projekt. Lit.: *Architekt* XXIV
1925 (1920/21), S. 36.
1929 Volksbad, Marburg; Projekt.
Evangelisches Volkshaus, Frankfurt a.M.

Hans Mayr (5.11.1877, Wien -)

1899-1902 Schüler von Otto Wagner an der Wiener k.k. Akademie der bildenden Künste.
1900 Restaurant im Prater, Wien; Projekt. Lit.: *351.*
Maler-Atelier; Projekt. Lit.: *Architekt,* VIII (1902), T. 59.
Familienwohnhaus, Wien-Hietzing; Projekt. Lit.: *Architekt*, VI (1900), T. 51.
1901 Villa Corra, Brühl. Lit.: *Architekt*, VIII (1901), S. 10, T. 18.
Badeanstalt der Stadt Baden; Wettbewerb (mit W. Deininger). Lit.: *Architekt,* VII (1901), S. 20, T. 26-27.
Arbeiterheim, Wien-Favoriten; Wettbewerb (III. Preis). Lit.: *522.*
ca. 1902 Neues Schmetterhaus, Troppau; Wettbewerb. Lit.: *523.*
Wohn- und Geschäftshaus, Krems; Projekt. Lit.: *Architekt,* VIII (1902) T. 1.
1902 Studie zu der Domkirche mit Kaisergruft. Lit.: *344; 349; 351.*
ca. 1903 Wohn- und Geschäftshaus, Wien XIV, Hadikgasse 58. Lit.: *11.*
Kirche auf dem Lande. Lit.: *Architekt,* IX (1903), S. 29.
Sommersitz in einem südlichen Park; Entwurf. Lit.: *Architekt,* IX (1903), T. 68.
Villa; Entwurf (?). Lit.:*Architekt,* IX (1903), T. 69.
1904 Sparkasse, Jägerndorf; Wettbewerb. Lit.: *Architekt,* XI (1905), T. 25.
1906 Handelsakademie, Wien; Wettbewerb. Lit.: *524.*
Wohnhaus, Wien Ober-St. Veit. Lit.: *Architekt,* XIII (1907), T. 89.
ca. 1908 Kamp-Hu Teesalon, Wien I, Seilergasse (mit Th. Mayer). Zerstört. Lit.: *Architekt,* XV (1909), T. 19.
ca. 1909 Familienwohnhaus Rittmeister S., Wien XIII, Kupelwiesergasse 34. Lit.: *23.*
1909 Wohn- und Geschäftshaus für die Bielitzer Sparkasse, Wien, Kaiser-Franz-Josef-Straße. Lit.: *Architekt* XIX (1913), T. 51-52.
Wohnhäuser, Wien XIII, Leopold Müller-Gasse 3-5. Lit.: *Architekt,* XIX (1913), T. 49-50.
Friedhofsanlage, Bielitz; Wettbewerb (I. Preis). Lit.: *Architekt,* XV (1909), S. 70-71.
1910 Evangelischer Friedhof, Bielitz. Lit.: *525.*
Wohnhaus, Wien XIII, Münichreiterstraße. Lit.: *Architekt,* XIX (1913), T. 50-53.
1911 Künstlerhaus, Klagenfurt; Wettbewerb (I. Preis). Lit.: *Architekt,* XIX (1913), T. 61.
1912 Handelsschule Allina, Wien I, Ballgasse 2, Rauhensteingasse 5. Lit.: *Architekt,* XIX (1913), T. 62-63.
Haus des österr. Bühnenvereines, Wien I, Dorotheergasse 6-8. Lit.: *Architekt,* XIX (1913), T. 64.

ca. 1913 Einfamilienhaus, Wien XIII, Münichreiterstraße. Lit.: *Architekt,* XIX (1913), T. 53.

Robert Oerley (24.8.1876, Wien - 15.11.1945, Wien)

1898 Grabmal Löblich auf dem Friedhof in Weidling bei Klosterneuburg. Lit.: *943.*
ca. 1900 Lanner-Strauß-Denkmal; Wettbewerb (I. Preis; mit Bildhauer F. Seifert). Lit.: *Architekt,* VII (1901), S. 13.
1902 Mitglied des Hagenbundes.
1904 Zinshaus, Wien IX, Lazarettgasse 13. Lit.: *946.*
1904/05 Familienwohnhaus, Wien XIX, Weimarer Str. 98. Lit.: *Architekt,* XII (1906), S. 16, T. 39; *69; 171.*
1905/06 Einfamilienwohnhaus, Wien XIX, Lannerstr. 14. Lit.: *Architekt,* XII (1906), S. 26, T. 73; *23; 72; 947; 952.*
ca. 1906 Kościuszko-Denkmal, Washington; Wettbewerb (I. Preis; mit Bildhauer R. v. Levandowski). Lit.: *948.*
1906 Wohnhaus, Wien XIX, Vegagasse 17-19. Lit.: *Architekt,* XIII (1907), T. 100.
1907 Wohnhaus Paulick, Wien XVIII, Türkenschanzstr. 23. Lit.: *Architekt* XVI (1910), S. 39, T. 37.
1907/08 Sanatorium Dr. Luithlen, Wien VIII, Auerspergstr. 9. Lit.: *72; 949; 952.*
1907-1939 Mitglied der Secession.
1908 Ausgestaltung eines Raumes auf der Secessionsausstellung. Lit.: *Studio,* Bd. 44 (1908, H. 184), S. 154.
1909 Wohnzimmer, ausgestellt im Museum für Kunst und Industrie Wien. Lit.: *128; 132.*
Ausgestaltung der Frühjahrsausstellung der Secession. Lit.: *Studio,* Bd. 47 (1909, H. 197), S. 236.
1910 Landhaus; Wettbewerb. Lit.: *Architekt,* XVII (1911), T. 29.
Wohnhaus Rechnitzer, Kitzbühel, Franz-Reisch-Str. 20. Lit.: *Architekt,* XVIII (1912), S. 52, T. 54; *Interieur,* XIII (1912), S. 51, 60-61, 65-67.
1911 Theater-Varieté „Kleine Bühne", Wien. Lit.: *Architekt,* XVIII (1912), S. 50-51, 53, T. 53; *Interieur,* XII (1912), S. 71; *72.*
ca. 1911 Villa, Wien XIX. Lit.: *Architekt,* XVII (1911), T. 19.
ca. 1912 Villa S., Wien XVIII. Lit.: *Architekt,* XVIII (1912), S. 53, T. 55.
1912 Kaiser Franz Joseph-Stadtmuseum, Wien; Wettbewerb. Lit.: *Architekt,* XIX (1913), T. 125-127.
Gartenhalle, ausgestellt auf der Frühjahrsausstellung des Kunstgewerbemuseums Wien. Lit.: *136; 138; 140.*
Einfamilienwohnhaus nach dem patentierten System „Katona" der öst. AG für Spezialbauten, Wien. Lit.: *Architekt,* XVIII (1912), T. 61; *136; 138.*
Kaffeehaus nach dem patentierten System „Katona" der öst. AG für Spezialbauten, Wien, Garten der Frühjahrsausstellung Öst. Kunstgewerbe. Lit.: *136; 138.*
ca. 1912 Haus Schmutzer, Wien XVIII, Sternwartestr. Lit.: *Interieur,* XIII (1912), S. 68.
Haus H. Scheidl, Wien. Lit.: *Interieur,* XIII (1912), S. 69, 72, T. 65, 70.
Wohnung Godowsky, Wien. Lit.: *Interieur,* XIII (1912), S. 70.
ca. 1913 Adaptierung eines Einfamilienwohnhauses, Wien XIII. Lit.: *Architekt,* XIX (1913), T. 130.
1913 Villa, Wien XIII, Hietzinger Hauptstr. 40-Auhofstr. 15. Lit.: *950; 952.*
ca. 1914 Landhaus, Neubruck. Lit.: *950.*
Landhaus, Kalksburg. Lit.: *950; 952.*
1914 Wohnhaus, Wien I, Plankengasse 4, Spiegelgasse 17.
1917 Optische Werke Carl Zeiss, Wien , Abbegasse 1. Lit.: *952.*
1921 Kartenverkaufsstelle in der Rotunde; Internationale Wiener Messe (mit C. Poppovits).
1923-1925 Hanuschhof, Wien III, Lechnerstraße, Dietrichgasse, Ludwig Koeßler-Platz. Lit.: *90.*
1924 Wohn- und Geschäftshaus der R. Bosch AG Stuttgart, Wien IX, Brigittenauer Lände. Zerstört.
Haus Tugendhat, Wien XIX, Peter Jordan - Str. 46.
Villa Stross, Wien XVIII, Spitzergasse 2, Geyergasse 17.
1927-1930 George Washington-Hof, Wien, Untere Meidlinger Str. 1-12. Lit.: *90.*

Friedrich Ohmann (21.12.1858, Lemberg - 6.4.1927, Wien)
1877-1882 Schüler von Heinrich von Ferstel und Karl König an der Wiener Technischen Hochschule. Schüler von Friedrich von Schmidt an der k.k. Akademie der bildenden Künste in Wien.
1884 Konkurrenzentwurf „Charitas", Krakau (mit J. Pokutinski). Lit.: *Architekt,* II (1896), S. 37; *955.*
1885 Börse, Amsterdam; Wettbewerb (II. Preis, mit J. Groll).
1886-1889 Assistent bei König an der Technischen Hochschule in Wien.
1889-1899 Professor an der Kunstgewerbeschule in Prag.
1890 Eiserne Brücke, Prag; Entwurf (mit F. Melan). Lit.: *955, 967.*
1891 Kaiserpavillon für die Ausstellung in Prag (Bildhauer C. Klouček). Lit.: *955; 968.*
1892 Börse in Prag; Wettbewerb (I. Preis; mit R. Krieghammer). Lit.: A.R., 1895, T. 7; *955; 975.*
Pfarrkirche (Umbau), Zlonic. Lit.: *N.C.,* I (1895), S. 115, T. 91-92; *Architekt,* VI (1900), S. 45, T. 85, 86; *955.*
1895 Dreifaltigkeitssäule (Restaurierung), Teplitz. Lit.: *955; 970.*
Saalanlage des fürstlich Claryschen Gartenhauses, Teplitz. Lit.: *Architekt* IV (1898), S. 45; *955; 963.*
1895-1898 Nordböhmisches Kunstgewerbe-Museum, Reichenberg; Wettbewerb (I. Preis; mit H. Griesebach). Lit.: *955; 960; 962.*
1896 „Die Burg" auf dem Schloßberg, Teplitz. Lit.: *955.*
Assicurazioni generali, Prag. Lit.: *N.C.,* I (1895), S. 26, T. 13-14; *955; 965.*
Neubau des „Deutschen Kasinos", Prag; Wettbewerb. Lit.: *955; 960; 961.*
Regulierung der Trinitatskirche und Umgebung, Prag; Entwurf. Lit.: *955; 971.*
1897 Haus des Herrn Storoh, Prag, Altstädter Ring (mit R. Krieghammer). Lit.: *Architekt,* IV (1898), S. 2, T. 2; *955.*
Café „Corso", Prag. Lit.: *955; 966.*
1897/98 Wohnhaus „Zum Adler", Prag (mit O. Bělsky). Lit.: *955; 964.*
ca. 1897 Fassadendetail eines Wohnhauses, Prag. Lit.: *Architekt,* IV (1898), S. 2.
1898 Restaurierung der Pfarrkirche, Prestitz (Přestic). Lit.: *955; 976.*
Grabmal Krieghammer, Wien, Zentralfriedhof. Lit.: *Architekt,* X (1904), T. 80.
Ausstellung der Kunstgewerbeschule Prag, Paris, Weltausstellung. Lit.: *Architekt,* VII (1901), T. 7.
St. Laurentikirche, Selmitz. Lit.: *955; 969.*
1898-1900 Marxerbrücke, Wien, Marxergasse (mit J. Hackhofer). Lit.: *Architekt,* VI (1900), S. 43, T. 84.
1898-1901 Centralhôtel, Prag. Lit.: *955; 971; 981.*
1899 Ausgestaltung des Karlsplatzes, Wien; Wettbewerb. Lit.: *130; 977.*
Sparkasse, Troppau; Wettbewerb (I. Preis). Lit.: *955; 973.*
1899-1900 Kaiserin Elisabeth-Denkmal, Wien; Entwurf. Lit.: *955; 974.*
1899-1907 Leiter des Hofburghauses in Wien.
Stadtmuseum, Magdeburg. Lit.: *954; 955; 978.*
1900 Stubenthorbrücke, Wien (mit J. Hackhofer). Lit.: *Architekt,* VI (1900), T. 84.
Wenzel-Denkmal, Prag; Entwurf (?). Lit.: *Architekt,* XIII (1907), T. 65; *955.*
ca. 1900 Wärterhäuschen auf der Schönbrunnerbrücke, Wien; Entwurf. Lit.: *Architekt,* VI (1900), S. 45.
1900/01 Radetzkybrücke, Wien, Radetzkystraße-Uraniastraße (mit J. Hackhofer). Lit.: *Architekt,* VI (1900), S. 44, T. 83 u. XIV (1908), S. 156; *955.*
Hietzinger Kaiser Franz Josefs-Brücke (heute Kennedy-Brücke), Wien XIII, Hadikgasse - Hietzinger Hauptstraße (mit J. Hackhofer). Lit.: *Architekt,* VI (1900), S. 44, T. 82 u. X (1904), S. 41-43; *955.*
Zollamtsbrücke, Wien, Vordere Zollamtstraße-Schallautzerstraße (mit J. Hackhofer). Lit.: *Architekt,* VI (1900), S. 43, T. 83; *955.*
1900-1906 Wienflußregulierung, Wien, Johannesgasse, Stadtpark. Lit.: *Architekt,* VI (1900), T. 82; *H.W.,* IV (1908), S. 28; *96; 955; 979; 985.*
1901 Kapelle des Ursulinenklosters, Kuttenberg. Lit.: *955.*
1901/02 Wohnhaus August Schopp, Wien-Hietzing, Gloriette-

gasse 21 (mit J. Hackhofer). Lit.: *Architekt,* VIII (1902), S. 39, 40, T. 73-74a; *11; 23; 955.*
1901-1904 Museum Carnuntinum, Bad Deutsch-Altenburg (mit A. Kirstein). Lit.: *955; 983.*
ca. 1902 Vorstudie für die Ausstellung der Strasserschen Gruppe „Max Anton" auf dem Gartenplatz der k.k. Hofmuseen in Wien. Lit.: *Architekt,* VIII (1902), S. 8; *955.*
1903 Milchtrinkhalle im Wiener Stadtpark, Wien (mit J. Hackhofer). Lit.: *955; 984.*
Wienflußaufsichtsgebäude, Hadersdorf - Weidlingau bei Wien. Lit.: *11; 955.*
1903/04 Ausgestaltung des Karlsplatzes, Wien; Wettbewerb. Lit.: *130; 955.*
1904 Ernennung zum Leiter der Meisterschule für Architektur an der Wiener Akademie.
1905 Ferdinandsbrücke, Wien; Wettbewerb (mit J. Hackhofer). Lit.: *Architekt,* XVII (1911), T. 68.
1905/06 Glashaus, Wien I, Burggarten. Lit.: *955.*
Museum, Spalato. Lit.: *955; 987.*
1906 Denkmal für Johann Strauß, Wien; Wettbewerb. Lit.: *Architekt,* XIII (1907), T. 64; *955.*
1907 Schulhaus, Garsten (O.Ö.). Lit.: *Architekt,* XIII (1907), S. 57.
Kaiserin Elisabeth-Denkmal, Wien, Volksgarten (mit Bildhauer Hans Bitterlich). Lit.: *986.*
Regulierung des Makart-Platzes, Salzburg; Entwurf (?). Lit.: *955; 956.*
Studie für die Ausgestaltung des Mirabellschlosses, Salzburg. Lit.: *957.*
1907/08 Kirche des Jesuitenkollegiums, Krakau (zwei Projekte). Lit.: *Architekt,* XV (1909), S. 28-31; *955.*
1908 Ausgestaltung des Karlsplatzes, Wien; Entwurf. Lit.: *130.*
ca. 1909 Studie zu einer Begräbniskirche für Serbien. Lit.: *Architekt,* XV (1909), T. 1, 2.
1909-1911 Haus „Drei Mohren", Karlsbad. Lit.: *955.*
1909-1912 Landhaus Kranz, Raach bei Gloggnitz. Lit.: *955.*
1910 Malerschule Prof. Delug, Wien XIX, Himmelstr. 30. Lit.: *955.*
1910/11 Schiller-Denkmal , Karlsbad.
Schloßbrunnenkolonnaden, Karlsbad.
1910-1912 Umbau Kaufhaus Zwieback, Kärntner Straße. Lit.: *955.*
1911 Haus Dr. Kramař, Prag, Hradschin.
1911-1913 Palais Kranz, Wien IX, Liechtensteinstr. 53. Lit.: *955.*
Kurhaus, Meran. Lit.: *955.*
1913 Haus Zipser, Grado.
1914 Villa, Wien, Starkfriedgasse 15. Zerstört.
1914-1916 Haus Regenstreif mit Garage, Glashaus, Pförtnerhaus und Parkhausgestaltung, Pötzleinsdorf.

Joseph M. Olbrich (22.12.1867, Troppau - 8.8.1908, Düsseldorf)

1882-86 Besuch der Staatsgewerbeschule in Wien. Seine Lehrer sind u.a. Julius Deininger und Camillo Sitte.
1886 Abschlußexamen an der Staatsgewerbeschule in Wien mit dem Prädikat „vorzüglich".
1886-1890 Als Architekt und Bauleiter für den Baunternehmer August Bartel in Troppau tätig.
1890 Geschäftshaus mit Restaurant und Café im Auftrag des Dr. G. Dimitrijewič, Belgrad; Projekt. Lit.: *594; 634.*
1890-1893 Architekturstudium bei Karl von Hasenauer an der Akademie der bildenden Künste in Wien.
Sakralbau; Projekt. Lit.: *594.*
1891 Frühe Akademiearbeiten: Entwurf für den Landsitz eines Souveräns. Lit.: *594; 634.*
Entwurf für ein „Grabmonument für einen hervorragenden Architekten" (ausgezeichnet mit der Füger-Medaille).
Landesmuseum für Kunst und Gewerbe, Troppau; Wettbewerb (2. Preis). Lit.: *599.*
1892 Ruhmeshalle; Projekt. Lit.: *594; 599; 634.*
1893 Theater; Entwurf. Lit.:*61; 594; 598; 599; 625; 634; 635.*
1893-1898 Arbeit im Atelier Otto Wagners.
1894 Mitglied der Genossenschaft der bildenden Künstler Wiens.
1895 Nordböhmisches Gewerbemuseum, Reichenberg; Wettbewerb. Lit.: *599; 604.*
1896 Villenkolonie „Cobenzl-Krapfenwald", Wien; Projekt.
Landtagsgebäude, Laibach; Projekt. Lit.: *605.*
Franzensbrücke, Wien; Wettbewerb (mit E. Gaertner u. E. Swoboda). Lit.: *594; 606; 634.*
1897 Pavillon der Stadt Wien für die Jubiläums-Ausstellung 1898; Wettbewerb. Lit.: *N.C.*, III (1897), S. 78; *Illustriertes Wiener Extrablatt*, 29.10.1897; *Wiener Abendpost*,29.10. 1897; *Ostdeutsche Rundschau*, 10.11.1897; *Z.d.Ö.I.-u.A.-V.*, XLIX (1897, H. 46), S. 617-620; *Architekt*, IV (1898), T. 8; *14; 634.*
Künstlerhaus, Krakau; Projekt.
Architektonische Studie. Lit.: *V.S.*, I (1898, Juli), S. 18.
ca. 1897 Studie zu einer Säulenpergola. Lit.:*V.S.*, I (1898, Januar), S. 2.
Rekonstructionen für A. Streit: Das Theater. Lit.: *594.*
1897/98 Secessionshaus, Wien, Friedrichstr. 12. Lit.: *Architekt*, IV (1898), S. 1, T. 1; *Fremden-Blatt*, 29.4.1898, S. 13-14 u. 11.11.1898, S. 13-14; *K.u.K.*, I (1898),S. 227-228, 405-407; *Der Kunstwart*, XII (1898/99), S. 29, 253; *Wiener Allgemeine Zeitung*, 11.11.1898; *Illustriertes Wiener Extrablatt*, 12.11.1898; *Neues Wiener Journal*, 12.11.1898; *Wiener Abendpost*, 14.11.1898; *Deutsches Volksblatt*, 19.11.1898; *Die Kunst für Alle*, XIV (1898/99), S. 103-104; *V.S.*, IV (1901), S. 227-228; *D.K.u.D.*, Bd. 3 (1898/99), S. 196-216; *Deutsche Bauhütte*, III (1899), S. 188; *Z.d.Ö.I.-u.A.-V.*, LI (1899), S. 326; *The Artist*, 1901, S.40; *Interieur*, II (1901), S. 163; *3; 4; 7; 14; 44; 50; 53; 55; 58; 60; 61; 63; 69; 70; 72; 74; 77; 78; 79; 81; 96; 97; 101; 115; 164; 166; 171; 575; 583; 586; 587; 588; 592; 597; 598; 599; 607; 612; 618; 620; 632; 633; 634; 635; 636; 637; 663.*
Ausstattung des Gebäudes der Gartenbaugesellschaft für die
1898 erste Secessionsausstellung, Lit.: *Architekt*, IV (1898), T. 49; *V.S.*, I (1898, H. 5-6), S. 6; *Der Kunstwart*, XI (1898), S. 195-196; *D.K.u.D.*, Bd. 3 (1898/99), S. 204; *Wiener Allgemeine Zeitung*, 6.6.1908; *3; 14; 594; 634.*
Clubhaus des Radfahrvereins der Staats- und Hofbeamten, Wien. Zerstört. Lit.: *Architekt*, V (1899), S. 12, T. 14; *V.S.*, II (1899, H. 1), S. 27; *594; 598; 634.*
Zentralraum, Zweite Secessionsausstellung, Wien. Lit.: *663.*
Grabmal der Familie von Klarwill, Wien, Doblinger Friedhof. Lit.: *D.K.u.D.*, Bd. 3 (1898/99), S. 212-213; *K.u.K.*; II (1899), S. 402-403; *D.K.*, Bd. 7 (1901), S. 106-107; *14; 64; 575; 584; 592; 598; 609; 634.*
Café Niedermeyer, Troppau; Projekt. Lit.: *44; 66; 70; 171; 575; 592; 598; 634.*
Kaiser Franz-Josef-Jubiläumskirche, Projekt. Lit.: *594.*
ca. 1898 Haus an der Landstraße; Projekt. Lit.: *V.S.*, (1898, Juli), S. 10-11.
Monumentale Mauern; Skizze. Lit.: *V.S.*, (1898, Juli), S. 5; *594.*
Staatsgefängnis; Projekt. Lit.: *575; 594; 598; 599; 610.*
Ideenskizzen zu Grabmälern. Lit.: *575; 594.*
1898/99 Villa Friedmann, Hinterbrühl, Hauptstr. 27. Lit.: *Fremdenblatt*, 5.11.1899, *V.S.*, II (1899, H. 1), S. 8-9; *K.u.K.*, II (1889), S. 430-444; *D.K.u.D.*, Bd. 3 (1898/99), S. 213, 256; *D.K.*, Bd. 5 (1900), S. 228-229, 231 u. Bd. 7 (1901), S. 107; *3; 61; 171; 575; 588; 592; 597; 598; 599; 615; 634; 635.*
1899 Ludwig von Hessen und bei Rhein beruft ihn als Mitglied der Künstlerkolonie Mathildenhöhe nach Darmstadt.
Einrichtung Alfred Stifft, Wien, Hohe Warte 48. Lit.: *D.K.u.D.*, Bd. 3 (1900), S. 256; *Z.d.Ö.I.-u.A.-V.*, LII (1902), S. 740, T. 31; *171; 575; 597; 598; 634.*
Wohnhaus Hermann Stöhr, St. Pölten, Kremsergasse 41. Lit.: *V.S.*, II (1899, H. 1), *Architekt*, VI (1900), S. 45, T. 87; *592; 598.*
Zentralraum, 4. Secessionsausstellung, Wien. Lit.: *598; 663.*
Gästezimmer Villa Metternich, Königswart. Lit.: *575; 594.*
Einrichtung Konsul Ladislaus von Dirsztay, Wien, Rennweg 25. Lit.: *575; 592; 594.*
Einrichtung David Berl, Sühnehaus, Wien, Schottenring 7. Lit.: *Interieur*, II (1901), S. 162, 165; *Neudeutsche Bauzeitung*, VIII (1912), S. 424; *171; 575; 592; 594; 597; 598; 634.*
Einrichtung Konsul Dr. Friedrich von Spitzer, Wien, Schleifmühlgasse 4. Lit.: D.K.u.D., Bd. 3 (1900), S. 256; *Z.d.Ö.I.-u.A.-V.*, LII (1900), S. 256; *Interieur*, II (1901), S. 97-98, 100-112; *22; 171; 575; 592; 594; 634.*

Im September Übersiedlung nach Darmstadt.
Ausstattung Galerie Weidenbusch, Frankfurt a.M.; Projekt. Lit.: *594.*
Einrichtung Gustav Römheld, Darmstadt, Alexandraweg 14. Lit.: *D.K.u.D.*, Bd. 5 (1899/1900), S. 372; *575; 594; 598; 621.*
Wasserbassin, Darmstadt, Mathildenhöhe; Projekt. Lit.: *575; 594.*
Theateratelier für die Künstlerkolonie, Darmstadt; Projekt. Lit.: *A.M.*, VI (1900), T. 1; *D.B.* XLIX (1912), S. 512; *558; 592; 594; 597; 635.*
Erste Skizzen zu Wohnhäusern für die Künstlerkolonie, Darmstadt. Lit.: *575; 584; 594; 599.*

1899/1900 Wohnhaus Hermann Bahr, Wien Ober-St. Veit, Winzerstr. 22. Umgebaut. Lit.: *Deutsche Bauhütte*, V (1901), S.125-126; *V.S.*, IV (1901), S. 237; *Wiener Abendpost*, 10.8.1908; *14; 171; 586; 587; 592; 594; 597; 598; 615; 617; 618; 634; 635.*
Interieur, Winterausstellung des Österr. Museums für Kunst und Industrie, Wien.
„Wiener Interieur" und Empfangsraum, Paris, Weltausstellung. Lit.: *D.K.u.D.*, Bd. 5 (1899/1900), S. 372 u. Bd. 6 (1900), S. 466-467 u. Bd. 7 (1900/01), S. 1-8; *Interieur*, I (1900), S. 132, 165; *D.K.*, Bd. 6 (1900), S. 394-398 u. Bd. 7 (1901), S. 106-107; *I.D.*, XI (1900), S. 148-149; *The Artist*, XXIX (1900), S. 11-12, 15-16; *K.u.K.*, III (1900), S. 345; *Studio*, XXI (1901), S. 118, 120, 122; *Neudeutsche Bauzeitung*, III (1907), S. 128; *Die Werkkunst*, 3 (1907/08), S. 353; *55; 171; 575; 588; 592; 598; 599; 634.*
Darmstadt Bebauungsplan für die Künstlerkolonie-Ausstellung 1901. Lit.: *Darmstädter Tagblatt*, 24.3.1900, S. 1755; *D.K.u.D.*, Bd. 5 (1899-1900), S. 366; *Schweizerische Bauzeitung*, XXXVIII (1901), S. 78; *Kunst in Hessen und am Mittelrhein*, VII (1907), S. 8., Abb. 2-3; *576; 577; 579; 586; 592; 597; 599.*
Entwurf einer Halle. Lit.: *594.*

1899-1901 Ernst-Ludwig-Haus, Darmstadt, Alexandraweg. Lit.: *44; 50; 575; 576; 579; 586; 588; 590; 592; 594; 596; 597; 598; 599; 635.*

1900 Familiengrab Schlesinger, Wien, Zentralfriedhof. Lit.: *Architekt*, VII (1901), S. 3; *594.*
Familiengrab Glückert, Darmstadt, Alter Friedhof. Lit.: *588; 592; 598.*
Häusergruppe für Wilhelm Ganss, Darmstadt, Alexandraweg 3-7. Zerstört. Lit.: *575; 588; 592; 594; 597; 598; 599.*
Haus für Eduard von Pander, Darmstadt; Projekt. Lit.: *583; 594.*
Erste Skizze für einen Aussichtsturm auf der Mathildenhöhe, Darmstadt. Lit.: *591; 592; 594; 598; 599.*
Haus Deiters, Darmstadt, Mathildenhöheweg 31. Lit.: *576; 579; 592; 594; 598; 599.*
Haus Habich, Darmstadt, Mathildenhöhe, Alexandraweg 27. Lit.: *5; 58; 64; 65; 576; 579; 586; 588; 590; 592; 594; 596; 597; 598; 599; 635.*

1900/01 Haus Olbrich, Darmstadt, Mathildenhöhe, Alexandraweg 28. Lit.: *5; 44; 57; 58; 60; 65; 575; 576; 578; 579; 583; 587; 588; 592; 594; 596; 597; 598; 599; 635.*
Haus Christiansen, Darmstadt, Mathildenhöhe, Alexandraweg 24. Lit.: *575; 576; 579; 586; 592; 594; 596; 597; 598; 599.*
Haus Keller, Darmstadt, Mathildenhöhe, Alexandraweg 31. Lit.: *24; 575; 576; 579; 588; 592; 594; 597; 598.*
Großes Glückerthaus, Darmstadt, Mathildenhöhe, Alexandraweg 23. Lit.: *24; 575; 576; 579; 587; 588; 592; 594; 596; 597; 598; 599.*
Kleines Glückerthaus, Darmstadt, Mathildenhöhe, Alexandraweg 25. Lit.: *576; 579; 588; 590; 592; 594; 596; 597; 598; 599.*
Temporäre Bauten für die Künstlerkolonie-Ausstellung 1901: Portal des Haupteingangs; Ausstellungsgebäude für Flächenkunst, Blumenhaus, Verkaufskiosk, Hauptrestaurant, Orchesterpavillon, Spielhaus. Lit.: *5; 576; 577; 579; 588; 592; 594; 596; 597; 598; 599; 619; 635.*
Arbeiterhäuser, Darmstadt; Projekt. Lit.: *579; 594.*
Häusergruppe Eduard Harres, Darmstadt; Projekt. Lit.: *575; 586; 592; 597; 598.*

1901/02 Haus Albert Hochstasser, Kronberg im Taunus, Schönberger Feld 9. Lit.: *579; 586; 587; 592; 594; 598; 599; 635.*
Doppelhaus Stade, Darmstadt, Prinz-Christians-Weg 19. Lit.: *579; 586; 594; 597; 598; 599.*

1902 Haus Karl Kuntze, Berlin-Steglitz, Halskestr. 3. Lit.: *579; 592; 594; 598; 599.*
Innenräume für die Internationale Ausstellung Turin. Lit.: *579; 586; 587; 594; 599.*
Spielhaus für Prinzessin Elisabeth von Hessen, Schloß Wolfsgarten. Lit.: *57; 115; 579; 586; 587; 592; 594; 598; 599; 635.*
Ausstellungssaal für die Deutsche Steinindustrie AG, Köln; Projekt. Lit.: *594.*
Hotel Königswart, Königswart; Projekt. Lit.: *579; 586; 587; 588; 592; 594; 598; 635.*
Ausstellungsgestaltung für Carl Mand, Düsseldorf, Industrie-, Handwerks- und Kunstausstellung. Lit.: *594.*
Umbau Haus Kraemer, Darmstadt, Wilhelminenstraße; Projekt; Lit.: *594.*
Rosenhöhe, Darmstadt; Projekt. Lit.: *579; 586; 594.*
Einfamilienhäuser, Darmstadt; Projekt. Lit.: 579; 594; 597; 598;635.

1902/03 Musikzimmer, Darmstadt, Neues Palais. Lit.: *575; 579; 586; 587, 592; 594; 599.*

1903 Haus für Prof. Friedrich Sarre, Neubabelsberg; Projekt. Lit.: *598.*
Bahnhof, Basel; Projekt. Lit.: *579; 586; 587; 592; 598; 599; 635.*
Innenräume für Carlo Stratta, Turin; Projekt. Lit.: *579; 594; 598*
Gästezimmer, Hotel Clauss-Fiest, Traben-Trarbach. Lit.: *594.*

1903/04 Dreihäusergruppe, Darmstadt, Mathildenhöhe, Stiftstr. 12, Prinz-Christians-Weg 2-4. Lit.: *50; 65; 115; 579; 583; 586; 587; 588; 592; 594; 597; 598; 599; 635.*
„Sommersitz eines Kunstfreundes" auf der Internationalen Ausstellung in St. Louis 1904. Lit.: *115; 575; 579; 583; 586; 588; 592; 594; 635.*

1904 Temporäre Bauten für die zweite Ausstellung der Darmstädter Künstlerkolonie. Lit.: *579; 580; 592; 594; 596; 598; 599.*
Quellenhof und Innnenräume, Weltausstellung St. Louis. Lit.: *588; 598; 599.*
Fassade für das Haus Edmund Olbrich, Troppau, Ratiborer Str. 17. Lit.: *Architekt*, XIII (1907), T. 67; *579; 586; 592; 598; 599.*
Springbrunnen am Platanenhain, Darmstadt, Mathildenhöhe. Lit.: *588; 592.*
Kunst-Ausstellungsgebäude, Köln; Projekt. Lit.: *579; 583; 586; 588; 592; 594; 599.*
Secessionsgebäude, Berlin; Projekt. Lit.: *592; 594.*

1904/05 Doppelhaus für August Ohl, Hanau; Projekt. Lit.: *579; 594; 599.*
Eleonoren-Hotel, Darmstadt; Projekt. Lit.: *592; 594; 599.*

1905 „Frauenrosenhof", Köln, Flora-Park. Lit.: *50; 58; 579; 582; 583; 586; 587; 588; 592; 594; 598; 599; 634; 635.*
Stallgebäude für Julius Glückert, Darmstadt, Prinz- Christians-Weg 17. Lit.: *579; 592; 594; 598; 599.*
Farben-Garten, Darmstadt, Gartenbau-Ausstellung. Lit.: *581; 592; 594; 599.*
Haus für Eduard Schwarzmann, Straßburg; Projekt. Lit.: *579; 586; 592; 594.*
Hallenbad, Darmstadt; Projekt. Lit.: *579; 583; 587; 592; 594; 599.*
Fabrikgebäude für doe Deutschen Linkrustawerke Gerhard AG, Neu-Isenburg; Projekt. Lit.: *594.*
Gartenhaus für Ludwig Habich, Darmstadt.

1905/06 Ausstellungsgebäude und Hochzeitsturm, Darmstadt, Mathildenhöhe. Lit.: *44; 48; 50; 54; 60; 579; 583; 586; 587; 588; 590; 591; 592; 597; 598; 599; 635.*

1906 Innenräume, Mailand, Internationale Ausstellung. Lit.: *594.*
Haus Dr. Erwin Silber, Bad Soden bei Salmünster, Marbornerstr. 9. Lit.: *579; 583; 587; 592; 598.*
Innenraumgestaltung für J.M. Pécheral, Cannes. Lit.: *594.*
Brunnen-Kolonnade, Karlsbad; Wettbewerb. Lit.: *583; 586; 587; 592; 594.*
Wassertürme, Hamburg; Wettbewerb. Lit.: *579; 583; 586; 594; 598; 599; 635.*
Großherzogliche Wohnräume, Gießen, Altes Schloß. Lit.: *579; 592; 594; 598; 599.*

Innenausstattung/Zubehör für Opel-Automobile.
1906/07 Gartenstadt am Hohlen Weg, Darmstadt; Projekt. Lit.: *579; 581; 594; 598; 599.*
1906-1908 Warenhaus Tietz, Düsseldorf, Königsallee. Lit.: *585; 591; 598; 599.*
1907 Innenräume, Kölner Ausstellung. Lit.: *588.*
Salon und Galerie, Mannheimer Jubiläums-Ausstellung. Lit.: *579; 587; 592; 594; 598.*
Umgestaltung des Luisenplatzes, Darmstadt. Lit.: *579; 583; 586; 587; 588; 592; 594; 598; 599.*
Innenausstattung des Dampfers „Kronprinzessin Cäcilie". Lit.: *583; 587; 594.*
Salon, Ausstellung Franz Holzamer, Berlin.
Haus Hugo Kruska, Köln-Lindenthal, Pfarriusstr. 4. Lit.: *592; 598; 599.*
Umgestaltung des Pariser Platzes, Berlin; Projekt. Lit.: *594.*
Café Hofgarten, Darmstadt; Projekt. Lit.: *594.*
Hauptbahnhof, Darmstadt; Projekt. Lit.: *64; 579; 583; 587; 588; 592; 594; 598; 599.*
1907 08 Oberhessisches Haus, Darmstadt, Olbrich-Weg 15. Lit.: *579; 583; 586; 587; 588; 591; 592; 594; 598; 599.*
Haus Max Clarenbach, Wittlaer bei Düsseldorf, Duisburger Str. 13. Lit.: *579; 594; 598; 599.*
1908 Arbeiterhaus Opel, Darmstadt, Hessische Landesausstellung. Lit.: *579; 583; 586; 587; 591; 592; 594; 597; 598; 599.*
Zimmer des Landgerichtspräsidenten, Mainz, Justizgebäude. Lit.: *579; 594.*
Umbau des Großen Glückerthauses, Darmstadt, Alexandraweg 23. Lit.: *594; 598; 599.*
Haus Hugo Kruska II, Köln-Lindenthal, Pfarriusstr. 6. Lit.: *592; 598; 599.*
Haus Josef Feinhals, Köln-Marienburg, Lindenallee 5. Lit.: *588; 592; 597; 598; 599; 638.*
Haus Walter Banzhaf, Köln-Marienburg, Am Südpark 15. Lit.: 592; 598.
Laden für Theodor Althoff, Gladbeck, Hochstr. 23.
Laden für Theodor Althoff, Recklinghausen; Projekt. Lit.: *592.*

Josef (Jože) Plečnik (23.1.1871, Laibach - 7.1.1957, Laibach)

1894-1898 Schüler von Otto Wagner an der k.k. Akademie der bildenden Künste in Wien.
1896 Mietshaus für die Magdalenenzeile; Projekt. Lit.: *Architekt,* II (1896), T. 85; *351; 540.*
1897 Kapelle für die Wiener Stadtbahn; Schulwettbewerb für die Füger-Medaille (mit G. Rossmann). Lit.: *Aufbau,* 1964, H. 4-5; *339; 351; 540.*
Rathaus, Idria; Wettbewerb. Lit.: *Architekt,* III (1897), S. 38-39, T. 75; *540.*
Gutenberg-Denkmal, Wien; Wettbewerb (mit O. Schimkowitz). Lit.: *Architekt,* IV (1898), S. 9; *Neues Wiener Tagblatt,* 25.1.1898; *D.K.u.K.,* III (1900), H. 6, S. 282; *Die Zeit,* 22.12.1900; *Die Kunst für Alle,* XVI (1901), S. 222; *98; 532; 534; 539; 540; 542; 543.*
Grabmalstudie. Lit.: *Architekt,* VIII (1902), T. 68a.
ca. 1897 Villenstudie. Lit.: *540; 541.*
1898 Kirchenstudie. Lit.: *Architekt,* IV (1898), S. 35; *540; 541.*
Villenstudie. Lit.: *340; 349; 351; 539; 540.*
Abteilung des Niederösterreichischen Kunstgewerbevereins, Wien, Jubiläumsausstellung. Lit.: *V.S.,* I (1898, H. 10), S. 4, 21; *Architekt,* V (1899), S. 2; *14; 340; 539; 540; 792.*
Skizze für ein Mausoleum. Lit.: *340; 539.*
Zwei Studien für Grab- oder Denkmäler. Lit.: *340.*
Öffentliches Gebäude, Studie. Lit.: *340; 540.*
Kursalon, Ostende; Diplomarbeit. Lit.: *340; 349; 539; 540.*
1899 Kržič-Institut, Laibach; Projekt. Lit.: *534; 540.*
Viktor-Emanuel-Denkmal; Studie. Lit.: *349; 534; 539; 540; 541.*
Studie zu einer modernen Kirche. Lit.: *540.*
Gärtnerei Johann Wider, Laibach, Cesta na Rožnik 19; Projekt. Lit.: *534; 540.*
Architektonische Studie. Lit.: *Architekt,* VI (1900), S. 32.
Einfriedung bei der Kirche St. Peter, Laibach. Lit.: *540.*
Kirchen; Studien. Lit.: *540.*
1899-1900 Arbeit im Atelier Wagners, wo er an der Projektierung der Stadtbahn mitwirkt.
Grabmal für die Mutter; Skizze. Lit.: *532; 539; 540; 543.*
1900 Palais Zacherl, Wien, Bauernmarkt 7; Wettbewerb. Lit.: *Architekt,* VII (1901), S. 48, T. 84; *539; 540; 541.*
Architekturphantasie. Lit.: *540.*
Grabmal; Studie. Lit.: *Architekt,* VI (1900), S. 31.
Zwei Pylonen; Studie. Lit.: *540.*
Dekoration des Saales für den Architektenball, Wien. Lit.: *Wiener Bauindustrie-Zeitung,* XVII (1900), S. 129, 130; *540.*
Innendekoration eines Hotels. Lit.: *532; 540.*
1900/01 Langers Mehrfamilienhaus, Wien XIII, Beckgasse 30. Lit.: *Architekt,* VII (1901), T. 67 u. IX (1903), S. 14; *105; 532; 538; 539; 540; 541; 543; 552.*
1901 Mitglied der Secession.
Idee für die Gestaltung des Mestni Trg, Laibach. Lit.: *536; 540.*
Villa Loos, Melk a.d. Donau, Abt-Karl-Str. 16. Lit.: *Architekt,* VIII (1902), S. 28, T. 50-51 u. IX (1903), T. 20; *Volné Smery,* VII (1903), S. 117-118; *539; 540; 541.*
Friedhofseingang; Studie. Lit.: *Architekt,* XII (1907), S. 63; *532; 540.*
Schroll-Denkmal, Ölberg-Braunau, heute ČSSR. Lit.: *540.*
„Seevilla", Seewalchen (?) am Attersee; Projekt. Lit.: *Architekt,* IX (1903), T. 21; *540.*
„Stadtkrone"; Studie. Lit.: *532; 534; 539; 540; 543.*
Slowenisches Haus, Triest, Via Fabio Filzi; Projekt. Lit.: *408; 540.*
Dekoration des Sofiensaales beim Architektenball, Wien. Lit.: *Architekt,* VII (1901), S. 15; *Wiener Bauindustrie-Zeitung,* XVIII (1901), S. 186-187; *539; 540.*
Gestaltung der eigenen Wohnung, Wien XVIII, Verl. Lazaristengasse. Lit.: *540.*
Einrichtung der Wohnung des Baron Liebig, Wildon bei Graz. Lit.: *540.*
Saal für die X. Ausstellung der Secession. Lit.: *V.S.,* IV (1901, H. 9), S. 156; *Studio,* Bd. 25 (1902), S. 267 ff.; *539; 540.*
Architekturskizze. Lit.: *Architekt,* IX (1903), S. 13.
ca. 1901 Fassadenstudie. Lit.: *Architekt,* VI (1900), S. 11; *540.*
1901/02 Adaptierung des Weidmannhauses, Wien XIII, Hietzinger Hauptstr. 6 (mit J. Czastka). Lit.: *D.K.u.D.,* 1902, S. 463 ff.; *Architekt,* IX (1903), T. 1, 1a, 2, 2a, 68a; *Volné Směry,* VII (1903), S. 118, 129; *532; 539; 540; 543.*
Votivkapelle, St. Martin unter Groß-Kahlenberg bei Laibach. Lit.: *Architekt,* VIII (1902), T. 70 u. IX (1903), T. 12; *532; 540.*
Wettbewerb der Leo-Gesellschaft für Dorfkirche, Reliquiar, Altar und Heiliges Grab. Lit.: *Architekt,* XIII (1907), S. 42; *540.*
1901-1903 Mietshaus, Wien V, Rechte Wienzeile 68, Steggasse 1. Lit.: *Architekt,* VIII (1902), T. 69; *532; 538; 539; 540; 541; 543; 552.*
1902 Villa; Studie. Lit.: *Architekt,* IX (1903), S. 13.
Interieur für die XV. Ausstellung der Secession, Wien. Lit.: *V.S.,* V (1902), H. 22, S. 325 u. H. 23, S. 336; *Interieur,* IV (1903),S. 26, 27; *Architekt,* IX (1903), S. 13; *Volné Směry,* IX (1905, H. 7); *520; 533; 539; 540.*
Studien für die Dekoration einer Kirche. Lit.: *Architekt,* IX (1903),T.70;*540.*
Wandbrunnen für die XV. Ausstellung der Secession, Wien. . Lit.: *Architekt,* IX (1903), S. 13.
Villenstudie, 20.3.1902. Lit.: *540.*
1903 Wohnung von Dr. E. Knauer, Graz, Körbelgasse 16. Lit.: *540.*
ca. 1903 Grabstein der Familie Stegmann. Lit.: *Architekt,* XIII (1907), S. 42.
Skizze einer Kirchenfassade. Lit.: *Volné Směry,* IX (1905, H. 7), S. 213; *Architekt,* XIII (1907), S. 19; *532; 540.*
Wegesäule; Entwurf. Lit.: *Architekt,* IX (1903), T. 19.
1903-1905 Palais Zacherl, Wien I, Bauernmarkt 7, Wildpretmarkt 4. Lit.: *Die Architektur des XX. Jahrhunderts,* 1906, H. 4, S. 51, T. 81; *21; 69; 72; 77; 78; 81; 155; 533; 534; 536; 537; 538; 539; 540; 541; 544; 545; 547; 551; 552.*
1904 Votivkirche für den Slowenischen Karst. Lit.: *Architekt,* XIII (1907), S. 18; *349; 532; 539; 540; 541.*

Salon für die Weltausstellung, St. Louis. Lit.: *D.K.u.D.*, Bd. 10 (1904/05, H. 15), S. 209 ff.; *Studio*, (1905, H. 35), S. 251; *532; 539; 540.*

ca. 1904 Mausoleum (?), Studie. Lit.: *Volné Směry*, IX (1905, H. 7); *Architekt*, XIII (1907), S. 18; *532; 540.*

1904/05 Gestaltung der Weidmann-Wohnung, Wien I, Babenbergerstr. 7. Lit.: *532; 533; 540.*

1904-1915 Adaptierung der Zacherl-Villa, Wien XIX, Nußwaldgasse 9. Lit.: *Architekt*, XIV (1908), S. 104; *532; 533; 539; 540.*

1905 Gestaltung der XXIII. Ausstellung der Secession, Wien. Lit.: *Emporium*, Bd. 23 (1911), S. 83 ff.; *Domus*, 1933, H. 72, S. 643 ff.; *14; 22; 539; 540.*

Gestaltung der XXIV. Ausstellung der Secession, Wien. Lit.: *Studio*, (1906, H. 37), S. 176; *533; 540.*

Kapelle im See (?). Lit.: *Architekt*, XIII (1907), S. 62; *63; 532; 539; 540.*

Gestaltung der Wohnung von Dr. H. Pecham, Wien VIII, Ecke Spitalgasse-Alser Straße. Lit.: *532; 539; 540.*

Skizze einer Kirche. Lit.: *Architekt*, XIII (1907), S. 62; *532; 539; 540.*

Adaptierung eines Apothekerhauses; Projekt. Lit.: *Architekt*, XIII (1907), T. 19; *539; 540.*

1906 Herz-Jesu-Altar, Wien VIII, Breitenfelder Pfarrkirche. Lit.: *Architekt*, XIII (1907), S. 43; *540.*

Johann-Strauß-Denkmal, Wien, Stadtpark; Wettbewerb (mit O. Schimkowitz). Lit.: *540.*

Plan für eine Kirche in Wien. Lit.: *Styl*, I (1909), S. 130-131; *532; 536; 539; 540.*

Hühnerställe, Wien XIX, Nußwaldgasse 9. Lit.: *Architekt*, XIV (1908), S. 187; *532; 539; 540.*

Gestaltung der XXVII. Ausstellung der Secession, Wien. Lit.: *532; 540.*

ca. 1906 Marienkapelle; Skizze. Lit.: *Architekt*, XIII (1907), S. 19; *532; 539.*

1906-1909 Karl-Borromäus-Brunnen, Wien III (mit J. Engelhart, Bildhauer). Lit.: *Architekt*, XV (1909), S. 46-47, T. 36; 37; *78; 532; 538; 539; 540; 546.*

1906-1911 Adaptierung des Armenhauses „Sibirija“, Marof bei Idrija. Lit.: *540.*

1907 Säule der Hl. Kyrillos und Methodios; Skizze. Lit.: *Styl*, I (1909), S. 134; *532; 540.*

Kapelle Muttergottes; Studie. Lit.: *Styl*, I (1909), S. 132; *532; 539; 540.*

Zwei Grüfte der Familie Zacherl, Wien XIX, Döblinger Friedhof; Skizzen. Lit.: *Styl*, I (1909), S. 135; *540.*

Mausoleum der Barone Klimburg, Wien XIX, Döblinger Friedhof. Lit.: *Styl*, I (1909), S. 130; 133; *532; 540.*

ca. 1907 Kirche; Studie. Lit.: *Architekt*, XIII (1907), S. 18; *539.*

Denkmalsskizze (?). Lit.: *Architekt*, XIII (1907), S. 63; *532; 540.*

1907/08 Heim der Katholischen Organisation „Kinderschutzstationen“, Wien XVIII, Lacknergasse 98. Lit.: *540.*

1908 Adaptierung eines Schlosses, Schaffhausen (?). *Lit.: 540.*

ca. 1908 Fronleichnamsaltar, Wien. Lit.: *Architekt*, XIV (1908), S. 172.

1908/09 Grassberger Villa, Wien XVII, Braungasse 41. Lit.: *Styl*, 1922, H. 4, S. 68; *72; 539; 540.*

Erweiterung der Wallfahrtskirche, Trsat bei Rijeka; Projekt. Lit.: *Styl*, II (1910), S. 122-124; *Architekt*, XVIII (1912), T. 27; *532; 539; 540.*

1908-1913 Pfarrkirche zum Heiliggeist, Wien XVI, Herbststr. 82. Lit.: *Styl*, II (1910), S. 125-127; *46; 69; 78; 81; 96; 532; 533; 538; 539; 540; 541; 552.*

1909/10 Gestaltung der XXXIV. Ausstellung der Secession. Lit.: *Studio*, Bd. 48 (1909, H. 202), S. 326; *540.*

1910 Fassade der Lager- und Büroräume der Fabrik Stollwerck, Wien XII, Gaudenzdorfer Gürtel 43-45; Projekt. Lit.: *532; 539; 540*

1911/12 Grabstein, Křivoklát, heute ČSSR. Lit.: *540.*

1911-1920 Professor an der Kunstgewerbeschule Prag.

1912-1914 Zacherl-Kapelle in der Karmeliterkirche, Wien XIX, Silbergasse. Lit.: *532; 538; 539; 540.*

1913 Žižka-Denkmal, Prag; Wettbewerb. Lit.: *533; 539; 540; 547.*

1915 Kapelle der Hl. Theresia in der Karmeliterkirche, Wien XIX, Silbergasse. Lit.: *540.*

1920-1930 Villa des Staatspräsidenten, Lány, ČSSR.

1920-1928 St. Michaelskirche in Barje bei Laibach. Lit.: *541.*

1923-1927 Kirche, Bogojina. Lit.: *541.*

1926/27 Kirche des Hl. Franziskus in Laibach-Šiška. Lit.: *539.*

Inneneinrichtung der Handels- und Gewerbekammer, Laibach.

1927 Villa Stadion, Laibach.

Ausgestaltung des St. Jakobsplatzes u. der Zoisstraße, Laibach.

1928 Gebäude der Darlehenskasse in Cilli.

1928-1930 Gebäude der Gegenseitigen Versicherungsgesellschaft, Laibach.

1928-1932 Herz-Jesu-Kirche in Prag-Weinberge. Lit.: *539; 541.*

1929 Studie für den Regulierungsplan von Laibach.

1929/30 Ausgestaltung des Kongreßplatzes und der Vegastraße, Laibach.

1930 Studie für das Tivoli in Laibach. Lit.: *541.*

1931/32 Dreibrückenbrücke, Schusterbrücke, Trnovobrücke, Kodelijevobrücke, Laibach.

Mägdeheim in Laibach-Šiška.

1931-1933 Villa Prelovšek, Renovierung, Laibach.

1932 u. 1957 St. Antoniuskirche, Belgrad. Lit.: *539; 541.*

1933/34 Haus Peglezen, Laibach. Lit.: *541.*

1938 Kathedrale Aedes Sancti Josephi Patriarchae, Sarajevo; Projekt. Lit.: *539.*

Ausführungsplan für das Grab des jugoslawischen Senatspräsidenten. *Lit.: 539.*

Kirche Unsere Liebe Frau von Lourdes, Agram; Entwurf. Lit.: *539.*

1938-1941 Nationale Universitätsbibliothek, Laibach. Lit.: *539; 541.*

1939-1940 St. Michaelskirche in Barje bei Laibach. Lit.: *541.*

1939-1942 Blumen- und Fleischmarkt, Laibach. Lit.: *539.*

1939-1952 Theater Prešeren in Kranj. Lit.: *541.*

1942 Žale-Friedhof, Laibach. Lit.: *539; 541.*

1944 Studie für die Kirche der Hl. Familie in Moste. Lit.: *541.*

Häuser unter einem gemeinsamen Dach, Laibach. Lit.: *541.*

1946 Studie für die Friedhofskirche von Hinje. Lit.: *541.*

1946-1953 Renovierung und Ausstattung der Kirche von Stranje. Lit.: *541.*

1948 Restaurierungsentwurf der Kirche von Tuhinj (Slowenien). Lit.: *539.*

1952/53 Restaurierung des Klosters des Deutschritterordens, Laibach. Lit.: *539.*

1955 „Odeon“, Laibach. Lit.: *541.*

1956 Sommerresidenz des Staatspräsidenten, Brioni. Lit.: *539.*

Hans Prutscher (6.12.1873, Wien - 25.1.1959, Wien)
Bruder der Architekten Otto Prutscher.

1899 Studie zur „Dogmenkirche“. Lit.: *994.*

Fassadenstudie. Lit.: *994.*

ca. 1902 Wohnhaus, Wien XVIII, Köhlergasse; Projekt. Lit.: *Architekt*, VIII (1902), T. 60.

Landhaus, Mürzsteg; Entwurf. Lit.: *Architekt*, VIII (1902), T. 60.

1903 Villa Caton, Tulln; Entwurf. Lit.: *Architekt*, IX (1903), T. 56.

Café-Terrasse am Wiener Donaukanal; Entwurf. Lit.:*Architekt*, IX, (1903), S. 19.

ca. 1903 Mietshaus, Wien VI, Gumpendorfer Straße. Lit.: *Architekt*, X, (1904), T. 20.

Schlafzimmer. Lit.: *Interieur*, IV (1903), S. 39-40.

1904 Badezimmer; Projekt. Lit.: *Architekt*, XI (1905).

Kamin für ein Jagdschloß. Lit.: *Architekt*, XII (1906), S. 35; *992; 994.*

ca. 1904 Geschäftslokale Zitterbart, Wien VI. Lit.: *991; 994.*

1905 Vestibül eines Wohnhauses, Wien I, Franz Josefs-Kai (mit H. Stierlin). Lit.: *Architekt*, XI (1905), S. 8.

ca. 1905 k.k. Trainkaserne, Wien (mit R.Tropsch). Lit.: *6; 1011.*

1906 Atelier Heinrich Grünbaum, Wien. Lit.: *Interieur*, VIII (1907), T. 57-58, 67, 88-89.

1908 Wohnhaus Kreycy, Wien XIII, Münichreiterstr. 19. Lit.: *M.B.*, VIII (1909), S. 239-240; *23; 994.*

Portal, Wien I, Stubenring. Lit.: *Architekt*, XIV (1908), S. 18.

1909 Möbelentwürfe für die Firma J. & J. Kohn.

Grabmal Stidl, Hoheneich. Lit.: *994.*

Grabmal Familie Prutscher, Wien. Lit.: *Architekt*, XVI (1910), T. 90.

Innenausstattung einer Fleischerei und eines Umkleideraums für einen Modesalon auf der Ausstellung Österr. Kunstgewerbe im Österr. Museum für Kunst und Industrie. Lit.: *132.*
Vestibül der Jagdausstellung, Wien. Lit.: *994.*
„Brunnenhaus"; Entwurf. Lit.: *Architekt,* XV (1909), S. 96.
Wechselstube der Industrie- und Handelsbank, Wien. Lit.: *Interieur,* XII (1911), T. 35; *994.*

1910 Freilegung der Kolonnaden im Schloßhof Datschitz (Mähren). Lit.: *994.*
Portalbau Buchhandlung Wilh. Frick, Wien I, Graben 27. Lit.: *D.K.,* Bd.19 (1910/11), S. 221; *Interieur,* XII (1911), S. 70-72, T. 94; *131; 994.*

ca. 1910 Kapelle (Bildhauer Carl Wollek). Lit.: *Architekt,* XVI (1910), S. 59.

1911 Möbelentwürfe für die Firma Ludwig Schmitt.
Wohn- und Geschäftshaus der Buchdruckerei C. Fromme, Wien V, Nikolsdorfer Gasse 7. Lit.: *Architekt,* XVIII (1912), T. 5; *994.*
Kirchenstudie. Lit.: *994.*

ca. 1911 Herrenmodegeschäft Berecz & Lobl, Wien I. Lit.: *Interieur,* XII (1911), S. 65-66, 68, T. 69.
Hutgeschäft Heinrich, Wien I. Lit.: *Interieur,* XII (1911), T. 67.
Delikatessenhandlung Mathias Stalzer, Wien. Lit.: *Interieur,* XII (1911), T. 68.
Schirmgeschäft Carl Hägendorfer, Wien I. Lit.: *Interieur,* XII (1911), T. 70.
Damensalon im Warenhaus Gustav Pollak & Bruder, Wien I. Lit.: *Interieur,* XII (1911), S. 67, T. 71.

1911/12 Wohn- und Geschäftshaus „Elsa Hof", Wien VII, Neubaugasse 25. Lit.: *Architekt,* XVIII (1912), S. 78-79, T. 74; *993; 994.*

1912 Bekleidungshaus Grünbaum, Karlsbad. Lit.: *994.*

1913 Wohn- und Theatergebäude, Wien VII, Lerchenfelderstr. 35. Lit.: *Architekt,* XIX (1913), T. 176-177, 185; *994.*
Neubau Schloßhof Heroldeck; Millstatt. Lit.: *994.*
Wohnhaus, Wien IV, Danhausergasse 10. Lit.: *Architekt,* XIX (1913), S. 85-87, T. 184-185; *994.*

1913/14 Wohnhaus, Wien I, Friedrichstr. 4. Lit.: *Architekt,* XIX (1913), T. 69; *994.*

1913-1919 Domcafé, Wien I. Lit.: *Interieur,* XIV (1913), S. 66-69; *994.*

1915 Hölzerne Notkirche, Wien X, Windtenstraße. Lit.: *994.*

1926 Kirchenneubau, Wien VII, Kaiserstr. 25. Lit.:*994.*

1927 Klostergrabmal, Wien, Zentralfriedhof. Lit.: *994.*
Geschäft M. Österreicher, Wien I. Lit.: *994.*

1928 Kirchenbau zu „Ehren unserer lieben Frau vom Berge Karmel", Wien X; Entwurf (?). Lit.: *994.*
Kassensaal der städtischen Elektrizitätswerke, Wien. Lit.: *994.*
Antoniuskapelle, Wien VIII, Alser Straße. Lit.: *994.*

1929-1931 Kirche, Bodensdorf am Ossiacher See.

1930 Karmelitenkirche Wien, Stefan Fadinger Platz 2.

Otto Prutscher (7.4.1880, Wien - 15.2.1949, Wien).
Bruder des Architekten Hans Prutscher.

Schüler von Hoffmann an der Wiener Kunstgewerbeschule.

ca. 1899 Parktor; Entwurf. Lit.: *N.C.,* V (1899), T. 68.
Wandbrunnen; Entwurf. Lit.: *N.C.,* V (1899 Nr. 10).

ca. 1900 Einrichtung eines Sitzungszimmers; Wettbewerbsentwurf. Lit.: *Interieur,* I (1900), S. 10-11.
Studien für Möbel. Lit.: *Interieur,* I (1900), S. 4, 12, T. 33, 35-39.
Büroeinrichtung (mit H. Vollmer). Lit.: *Interieur,* I (1900), T. 34.
Studienraum des Herrn Dr. R. v. Kenner. Lit.: *Interieur,* I (1900), S. 44.
Einrichtung des Ateliers des Malers F. Pamberger. Lit.: *Interieur,* I (1900), S. 154-155.
Entwurf einer Einrichtung (mit H. Vollmer). Lit.: *Interieur,* I (1900), T. 34-35.

1901 Damensalon, ausgestellt auf der Winterausstellung des Österr. Museums (mit Erwin Puchinger). Lit.: *Interieur,* II (1901), S. 94-96.

ca. 1901 Speisezimmer. Lit.: *Interieur,* II (1901), S. 166-169.
Verkaufsraum für eine Molkerei. Lit.: *Interieur,* II (1901), T. 39.

1902 Silbermedaille auf der 1. Internationalen Ausstellung für moderne gestaltende Kunst in Turin.

ca. 1902 Einrichtung einer Wohnung in der Siebensterngasse, Wien. Lit.: *Interieur,* III (1902), S. 138-139.

ca. 1903 Mobiliar. Lit.: *Interieur,* IV (1903), S. 17-25, 217, 234-239.
Speisezimmer, ausgestellt auf einer Ausstellung in Aussig. Lit.: *Interieur,* IV (1903), S. 210.
Gartensalon. Lit.: *Interieur,* IV (1903), S. 233-242.

ca. 1904 Wohnhaus in Wien-Breitensee. Lit.: *Architekt,* XI (1905), T. 6.
Studie für einen Brunnen. Lit.: *Architekt,* X (1904), T. 34.

1905 Gestaltung und Ausstellung von Mobiliar auf der Ausstellung moderner Möbel in den Räumen der Wiener Gartenbaugesellschaft. Lit.: *Studio,* Bd. 37 (1906, Nr. 155), S. 33-41.

ca. 1905 Studien für Grabdenkmäler. Lit.: *Architekt,* XI (1905), n. pag.

1907 Gestaltung einiger Ausstellungsräume auf der Jubiläumsausstellung in Mannheim. Lit.: *M.B.,* VI (1907), S. 245-246.

ca. 1907 Villa; Entwurf. Lit.: *Architekt,* XIII (1907), T. 43-44.
Landhaus; Entwurf. Lit.: *Architekt,* XIII (1907), T. 37.

1908 Zimmer für einen Kunstliebhaber auf der Wiener Kunstschau.
Grabkreuze, ausgestellt auf der Wiener Kunstschau.

ca. 1908 Speisezimmer. Lit.: *Architekt,* XIV (1908), S. 32-33.
Doppelgrab in Granit. Lit.: *Architekt,* XIV (1908), S. 166.

1909 Ernennung zum Professor an der Wiener Kunstgewerbeschule.
Ausgestaltung einiger Ausstellungsräume der Dresdner Photographieausstellung. Lit.: *M.B.,* VIII (1909), S. 354-363; *Architekt,* XV (1909), S. 63-64, T. 50; *Interieur,* X (1909), T. 51-52; *Neudeutsche Bauzeitung,* V (1909), S. 501-509; *96.*
Erfrischungsraum, ausgestellt auf der Winterausstellung des Museums für Kunst und Industrie, Wien. Lit.: *Interieur,* XI (1910), S. 9; *128; 132.*

1910 Pavillon des N.Ö.Landes-Gewerbeförderungs-Dienstes auf der 1. Internationalen Jagdausstellung in Wien. Lit.: *Interieur,* XII (1911), T. 66; *Wiener Bauindustrie-Zeitung,* XXVIII (1911), S. 3-4.
Damensalon, ausgestellt auf der Winterausstellung des Museums für Kunst und Industrie in Wien. Lit.: *M.B.,* X (1911), S. 197; *131; 133.*

1911 Weißer Salon, Wien. Lit.: *M.B.,* X (1911), S. 194-195; *751.*

ca. 1911 Räume des Cafés Heinrich-Hof, Opernring 3, Wien. Lit.: *Interieur,* XII (1911), T. 10-12; *M.B.,* X (1911), S. 196-199.
Einrichtung einer Apotheke. Lit.: *Interieur,* XII (1911), T. 65.
Einrichtung des Hauses Grünbaum. Lit.: *M.B.,* X (1911), T. 31-32.

1912 Boudoir, ausgestellt auf der Frühjahrsausstellung des Museums für Kunst und Industrie. Lit.: *Interieur,* XIII (1912), T. 58; *136; 138; 140.*

ca. 1912 Villa (Landhaus) R. Bienenfeld, Baden. Lit.: *752, 753.*
Villa Rothberger (Landhaus), Baden. Lit.: *752; 753.*

1913 Österr. Pavillon auf der Internationalen Bauausstellung in Leipzig. Lit.: *Interieur,* XIV (1913), S. 112.

1914 Raum des Museums für Kunst und Industrie im österr. Pavillon auf der Werkbundausstellung in Köln.

ca. 1915 Villa, Jägerndorf. Lit.: *754; 756.*

ca. 1918 Verkaufsraum des Wäscheladens Anton Böck, Wien. Lit.: *28.*

1921 Stand des Wiener Kunstgewerbe-Vereins auf der Internationalen Wiener Messe.

ca. 1922 Haus Novak, Wien. Lit.: *755.*

ca. 1923 Villa Knopf, Wien.

1925 Heinhof, Wien V, Stöbergasse 4-20.

1927/28 Lorenshof, Wien XII, Längenfeldgasse 14-18.

1928 Hermann-Fischer-Hof, Wien II, Ybbsstr. 15-21.

1932 Haus Haslinger, Wiener Str. 33, Mariazell.

1933 Café Palace, Wien.

Otto Schönthal (10.8.1878, Wien - 31.12.1961, Wien)

1898-1901 Schüler von Otto Wagner an der Akademie der bildenden Künste.

1898 Sparkasse, Laa a. d. Thaya; Wettbewerb. Lit.: *564*
Sparkasse, Elbogen; Wettbewerb. Lit.: *565.*

1899 Zinshaus; Entwurf. Lit.: *341.*
Venustempel; Studie. Lit.: *341.*
Ausgestaltung des Wiener Zentralfriedhofs; Wettbewerb. Lit.: *A.M.,* VI (1900), S. 30-32, T. 62-64.

ca. 1900 Ein kleines Landhaus; Entwurf. Lit.: *Architekt,* VI (1900), S. 27-28.
Architektonische Skizzen. Lit.: *Architekt,* VI, (1900), S. 15, T. 30.
1900 Architektonische Studien. Lit.: *342,* S. 25, 31, 32.
Künstlervilla; Entwurf. Lit.: *341; 350; 351.*
Palais Zacherl, Wien; Wettbewerb. Lit.: *540; 541.*
1900-1905 Mozartbrunnen, Wien IV, Mozartplatz (mit E. Hoppe). Lit.: *Architekt,* XI (1905), S. 38, T. 87.
1901 Villa Dr. E.A. Bauer, Eggenburg; Entwurf (?). Lit.: *Architekt,* VII (1901), S. 36, T. 57.
Kirche für den Wiener Zentralfriedhof; Entwurf. Lit.: *350; 351.*
Wohnhaus des Herrn Dr. Vojeczik in Hütteldorf, Wien XIV, Linzerstr. 375. Lit.:*Architekt,* VII (1901), S. 32, T. 54-55 u. VIII (1902), S. 16, T. 89, 89a, 90, 90a; *69; 72; 96.*
1902 Städt. Amtsgebäude XX. Bezirk, Wien; Wettbewerb. Lit.: *96; 566.*
Studien. Lit.: *344,* S. 73, 80-81.
Vorzimmer. Lit.: *Interieur,* III (1902), S. 173-175.
Skizze. Lit.: *344,* S. 9.
Villa; Entwurf. Lit.: *344; 350.*
1903 Skizze zu einem Landhaus. Lit.: *Architekt,* IX (1903), T. 56; *350.*
ca. 1903 Renovierung einer Villa in Wien. Lit.:*Architekt,* IX (1903), T. 101; *350.*
1904 Israelitischer Tempel, Triest; Wettbewerb (mit E. Hoppe). Lit.: *Architekt,* XI (1905), S. 6-7, T. 13-14.
ca. 1904 Villa in der Umgebung von Wien; Entwurf. Lit.: *Architekt,* X (1904), T. 36.
Villa für Wien-Dornbach; Entwurf. Lit.: *Architekt,* X (1904), T. 56.
ca. 1905 Geschäfts- und Wohnhaus, Wien; Projekt. Lit.: *Architekt,* XI (1905), T. 86; *72.*
Villa; Entwurf. Lit.: *Architekt,* XI (1905), T. 19.
ca. 1906 Fassaden für das Postgebäude, Teschen; Wettbewerb. Lit.: *Architekt,* XII (1906), T. 84.
Wohnhaus, Krems; Studie. Lit.: *Architekt,* XII (1906), T. 44.
Gebäude für den Westfälischen Bankverein; Wettbewerb. Lit.: *Architekt,* XII (1906), T. 121.
Villa; Entwurf. Lit.: *Architekt,* XII (1906), T. 52.
ca. 1907 Wohnhaus, Mödling bei Wien; Entwurf. Lit.: *Architekt,* XIII (1907), T. 40.
Wohnhaus, Baden; Entwurf. Lit.: *Architekt,* XIII (1907), T. 49.
Konkurrenz für ein Kaufhaus, St. Petersburg (II. Preis). Lit.: *567.*
Villa, Baden, Welzerstraße. Lit.: *Architekt,* XIII (1907), T. 1, 2.
Ausstellungshalle, Wien, Liebenberggasse; Wettbewerb. Lit.: *568.*
1908 Ausstellungs-Café in der Kunstschau, Wien. Lit.: *Architekt,* XIV (1908), n. pag.; *96.*
Großer Hof in der Kunstschau, Wien. Lit.: *Architekt,* XIV (1908), T. 35.
1910 Privat-Hotel, Buenos Aires; Projekt (mit F. Perez-Sucre). Lit.: *Architekt,* XVI (1910), T. 33; *72.*
Wandbrunnen; Studie. Lit.: *Interieur,* XI (1910), T. 38.
1910-1918 Gründung eines Ateliers mit M. Kammerer und E. Hoppe. 1918 scheidet Kammerer aus dem Atelier aus, das von Schönthal und Hoppe weitergeführt wird. Werke s. E. Hoppe.
1923-1925 Vorsitzender der Wiener Künstlergenossenschaft.
1930 Vorsitzender der Zentralvereinigung der Architekten Österreichs.

Rudolf Tropsch (8.3.1870, Pest-)

1897 Hauptrestaurant im Park der Wiener Jubiläums-Ausstellung 1898; Projekt (mit V. Postelberg). Lit.: *999.*
1898 Hauprestaurant der Wiener Jubiläums-Ausstellung (mit V. Postelberg). Lit.: *99, 1004.*
Skizze für ein kleines Theater. Lit.: *Architekt,* V (1899), S. 10, T.11.
1899 Entwurf für ein Wohnhaus. Lit.: *1003.*
Wohn- und Geschäfshaus; Projekt. Lit.: *1002.*
ca. 1899 Café-Restaurant im Kurort Königswart; Entwurf. Lit.: *1000.*
Villa; Entwurf. Lit.: *1001.*
ca. 1900 Aussichtsturm; Projekt. Lit.: *A.M.* VI (1900), S. 13.
Villa in Hadersdorf; Projekt. Lit.: *1007.*
Herrenzimmer für Dr. K. Lit.: *Interieur,* I (1900), T. 6.
Geschäftshaus Faber, Mailand. Lit.: *96; 1005; 1006.*
1901 Schmetterhaus, Troppau; Wettbewerb. Lit.: *Architekt,* VIII (1902), S. 47, T. 93.
Empfangssaal mit zwei anstoßenden Nebenräumen für einen Aristokraten; Projekt. Lit.: *Architekt,* IX (1903), T. 92.
Wohnung eines Arztes. Lit.: *Interieur,* II (1901), S. 137-143.
Villa Baron Haas. Lit.:*Interieur,* II (1901), T. 53-56.
Kaiser Franz Josef-Stadtmuseum, Wien; Wettbewerb. Lit.: *1009.*
Bibliotheksraum; Projekt. Lit.: 1008.
Sommerpavillon; Phantasie. Lit.: *Architekt,* X (1904), T. 40.
1901/02 Eingang zum Zaubergarten Harun ar Raschids; Phantasie. Lit.: *Architekt,* XI (1905), T. 89; *96.*
1902 Mitglied des Hagenbundes.
Amtsgebäude im XX. Wiener Bezirk; Wettbewerb. Lit.: *1010.*
Gruftkapelle; Projekt. Lit.: *Architekt,* VIII (1902), T. 77.
ca. 1902 Ländliche Pfarrkirche; Projekt. Lit.: *Architekt,* IX (1903), T. 6.
ca. 1903 Schlafzimmer. Lit.: *Interieur,* IV (1903), T. 38.
ca. 1904 k.k. Trainkaserne, Wien-Meidling (mit H. Prutscher). Lit.: *6; 1011.*
1914 Vom 1. April bis 23. Oktober Assistent von Friedrich Ohmann an der k.k. Akademie der bildenden Künste in Wien.

Josef Urban (25.5.1872, Wien - 10.7.1933, New York)

1890-1893 Schüler von Karl von Hasenauer an der Wiener Akademie der bildenden Künste.
1896 Skizze zu einem Groß-Modegeschäft „Hertzka". Lit.: *Architekt,* IV (1898), S. 11, T. 23.
1897 Eingangsportale zwischen dem Künstler- und Musikvereinsgebäude, Wien, Jubiläums-Ausstellung 1898; Wettbewerb. Lit.: *1012.*
1898 Bauten der bosnischen Landesregierung, Wien, Kaiser-Jubiläumsausstellung.
Haus des Herrn Stibitz, Wien, Bognergasse; Projekt. Lit.: *Architekt,* V (1899), T. 67-68.
1899 Umbau der k.k. Landwirtschaftlichen Gesellschaft; Wettbewerb. Lit.: *Architekt,* V (1899), T. 56; *Interieur,* I (1900), T. 15, 24.
Schloß Esterházy, St. Abraham bei Diószeg (Ungarn). Lit.: *Interieur,* I (1900), S. 47, 52-53, T. 1, 47 u. II (1901), S. 73; *1013.*
1900 Mietshaus, Wien, Buchfeldgasse 6. Lit.: *6.*
1901/02 Ausstellungshaus des Künstlerbundes Hagen, Wien, Zedlitzgasse; Projekte. Lit.: *96; 109; 1014.*
Beamten-Kurhaus vom „Goldenen Kreuz", Baden. Lit.: *Interieur,* II (1901), S. 90, 158-159; *Architekt,* VIII (1902), T. 42.
1902 Mitglied des Hagenbundes.
Ausstellungshaus des Künstlerbundes Hagen, Wien I, Zedlitzgasse 6. Zerstört. Lit.: *72; 1015.*
Kaiserin Elisabeth-Kapelle im Park des Kurhauses vom „Goldenen Kreuz", Baden. Lit.: *Architekt,* VIII (1902), T. 41.
Villa Goltz, Wien XIX, Hohe Warte. Lit.: *Architekt,* VIII (1902), T. 43; *72; 1015.*
Wohnung Ranzoni, Wien. Lit.: *1015.*
Wohnung Dr. Wähner, Schlafzimmer, Speisezimmer u. Salon. Lit.: *Interieur,* III (1902), S. 114-121.
Gestaltung des Ausstellungsraums des Hagenbundes auf der Secessionsausstellung in Düsseldorf. Lit.: *D.K.,* Bd. 11 (1902/03), S. 31; *107.*
1902/03 Gestaltung der Winterausstellung des Hagenbundes. Lit.: *Studio,* Bd. 28 (1903, H. 121), S. 212-213.
1906 Gestaltung der C. Meunier-Ausstellung im Sitz des Hagenbundes. Lit.: *Studio,* Bd. 39 (1907, H. 166), S. 360-361.
1906-1908 Präsident des Hagenbundes.
1908 Festplatz des Kaiser-Jubiläums-Festzuges, Wien. Lit.: *Kaiser-Jubiläums-Festlichkeiten Wien 1908. Der Huldigungs-Festzug,* Wien 1908.
Gestaltung der Frühjahrsausstellung des Hagenbundes. Lit.: *Studio,* Bd. 44 (1908, H. 184). S. 154.
1909 Gestaltung der Frühjahrsausstellung des Hagenbundes. Lit.: *Studio,* Bd. 47 (1909, H. 196), S. 145-147.

1911 Übersiedlung in die Vereinigten Staaten.
1911-1917 Ausstattungschef der Boston Opera.
1918-1933 Ausstattungschef der Metropolitan Opera, New York.
1922 Einrichtung der Zweigstelle der Wiener Werkstätte in New York.
Lit.: *Cicerone,* XIV (1922), S. 673.
ca. 1931 Schule für Sozialforschung, New York. Lit.: *Stavba*, X (1931/32),
S. 8-11.

Otto Wagner (13.7.1841, Penzing bei Wien - 11.4.1918, Wien).

1857-1859 Studium am Wiener Polytechnischen Institut.
1860/61 Studium a.d. Königl. Bauakademie in Berlin.
1860 Jagdhaus; Projekt.
1861 Praxis als Maurerlehrling bei Philipp Brandl.
1861/62 Studium bei Siccardsburg und van der Nüll an der Akademie
der bildenden Künste in Wien.
1862 Eintritt in das Atelier Heinrich v. Försters.
Berliner Dom; Wettbewerb.
1863 Kursalon im Stadtpark; Wettbewerb.
1864/65 Mietshäuser, Wien, Harmoniegasse 1-9, 2-10.
Theater, Wien, Wasagasse. Lit.: *289.*
1865 Café de l'Opéra, Wien, Einrichtung.
1865/66 Mietshaus, Wien, Wasagasse 33.
Mietshaus, Wien, Wasagasse 21.
1866 Land-und Forstwirtschaftliche Ausstellung Wien.
1867 Villa Epstein, Baden (bei Wien), Karlsgasse 2.
Schloß Mocsonyi, Kápolna.
1868-1871 Baumeister von Th. v. Hansens Palais Epstein.
1869 Mietshaus, Wien, Bellariastr. 4.
1871 Synagoge, Budapest, Rombach-Utca 11. Lit: *172, 218, 220, 222.*
1873 Boulevard nach Schönbrunn; Projekt.
Wienflußableitung; Projekt.
Gürtelstraße, Wien; Projekt.
Stadtbahnsystem mit „Radial- und Peripheriebahnen"; Projekt.
Pavillon der kaiserlich russischen Kriegsmarine und andere
Arbeiten auf der Wiener Weltausstellung.
1873/74 Grabenhof, Wien I, Graben 14-15, Spiegelgasse 2 (mit
O. Thieneman). Lit.: *218.*
1874 Justizpalast, Wien; Wettbewerb. Lit.: *88.1.*
1875 Mietshaus, Wien, Wiedner Hauptstr. 65.
Mietshäuser, Wien, Bauernmarkt 6, Brandstätte 4, Kramergasse 1.
Landtagsgebäude, Lemberg; Wettbewerb.
1876 Rathaus, Hamburg; Wettbewerb.
Privatmuseum; Projekt. Lit.: *172.*
Wohnhaus für Herrn K., Wien; Projekt.
1877 Mietshaus, Wien, Schottenring 23. Lit.: *210; 220; 222; 299.*
1878 Dianabad, Wien; Umbau.
Kirche, Soborsin; Projekt. Lit.: *172; 222.*
1879 Verleihung des Bürgerrechts der Stadt Wien.
Festdekoration für den Makart-Festzug, Wien, Burgtor. Lit.:
172; 218.
Mietshaus der „Assicurazioni Generali", Wien, Freisingergasse;
Wettbewerb.
1879-1883 Mietshaus, Wien, Stadiongasse 6-8. Lit.: *172; 210; 218; 220; 222;
299.*
1880/81 Mietshaus, Wien, Stadiongasse 10, Rathausstr. 3. Lit.: *210; 212;
220; 222; 299.*
Idealentwurf „Artibus" für einen Museumsbezirk. Lit.: *172; 210;
218; 220; 222.*
Austria- und Vindobona-Monument am Praterstern, Wien;
Projekt.
Amtsgebäude des Giro- und Kassenvereins, Wien; Wettbewerb.
Lit.: *172; 218; 220; 222.*
1881 Festdekoration zum Empfang der Prinzessin Stephanie von
Belgien. Lit.: *172; 210; 218.*
Goethedenkmal; Projekt.
1882/83 Reichtagsgebäude, Berlin; Wettbewerb. Lit.: *172; 218; 220; 222.*
Parlament, Budapest; Wettbewerb. Lit.: *172; 210; 218; 220; 222.*
1882-1884 Länderbank, Wien, Hohenstaufengasse 3. Lit.: *6; 172; 210; 217;
218; 220; 222.*
1883 Grabenhof, Wien, Habsburgergasse; Zubau.
1884 Mietshaus, Wien, Lobkowitzplatz 1. Lit.: *220; 222; 299.*

Börse, Amsterdam; Wettbewerb. Lit.: *172; 218; 220; 222.*
1885/86 Bodenkreditanstalt, Wien; Wettbewerb. Lit.: *172.*
1886 Villa Hahn, Baden (bei Wien), Weilburgstr. 81.
Erste Villa Wagner, Wien XIV, Hüttelbergstr. 26. Lit.: *171; 172;
210; 212; 217; 218; 219; 220; 222; 235; 299.*
Russische Botschaft, Wien; Projekt. Lit.: *222.*
1888 Frucht- und Mehlbörse, Wien, Taborstraße,; Wettbewerb.
Mietshaus, Wien I, Universitätsstr. 12. Lit.: *217; 218; 220;*
1890 *222; 299.*
1890/91 Pfarrkirche, Esseg; Projekt. Lit.: *172; 222.*
Palais Wagner, Wien III, Rennweg 3. Lit.: *172; 210; 218; 220;
222; 299.*
Mietshaus, Wien III, Rennweg 1.
1891 Mietshaus, Wien, Auenbruggergasse 2.
1892/93 Berliner Dom; Projekt. Lit.: *172; 210; 218; 220; 222.*
Regulierung des Stubenviertels, Wien; Wettbewerb.
1893 Generalregulierungsplan von Wien; Projekt.
Handelsministerium, Wien; Projekt.
ca. 1894 Kaserne für ein Infanterieregiment, Wien; Projekt.
Grabmal Wagner, Wien. Lit.: *210.*
1894 Monumentalgebäude, Innsbruck; Projekt.
Ernennung zum ordentlichen Professor und Leiter einer Spezial-
schule für Architektur an der Akademie der bildenden Künste
in Wien.
Verleihung des Titels Oberbaurat.
Ernennung zum künstlerischen Beirat der Kommission für die
Wiener Verkehrsanlagen und der Donau-Regulierungs-
1894-1898 kommission.
Wehr- und Schleusenanlage Nußdorf, Wien XIX, am Nußdorfer
Platz. Lit.: *Architekt,* I (1895), S. 55-56, T. 96; *H.W.*, IV (1908),
S. 26; *172; 207; 210; 211; 212; 217; 218; 219; 220; 222; 233; 301.*
Stadtbahn, Wien, Vorortlinie, Gürtellinie, Obere Wientallinie.
Lit.: *Architekt,* IV (1898), S. 27, T. 52 u. VI (1900), S. 1 u. VII
(1901), S. 47, T. 85-88; *172; 204; 210; 218; 219; 220; 222; 227;*
1894-1899 *229; 233; 300; 311; 315; 318; 325; 331.*
1895 Stadtbahn, Wien, Wientallinie. Lit.: *172; 218; 220; 222; 229.*
Ernennung zum Mitglied der ständigen Kunstkommision und
des Kunstrates im Ministerium für Cultus und Unterricht.
Warenhaus „Neumann", Wien I, Kärtner Str. 19. Zerstört.
Lit.: *Architekt,* II (1896), S. 54, T. 92; *217; 218; 220.*
Ankerhaus, Wien I, Graben 14-15. Lit.: *217; 218; 220; 222; 226;
299.*
Johannes-Kapelle, Wien, Währinger Gürtel, bei Nr. 88. Lit.:
218; 222; 299.
1896 Reiterdenkmal für Kaiser Franz Joseph; Projekt. Lit.: *217.*
Ferdinandsbrücke, Wien; Projekt.
1896-1898 Museum der Gypsabgüsse, Wien; Projekt. Lit.: *172; 222.*
Hofpavillon bei Schloß Schönbrunn, Wiener Stadtbahn,
Wientallinie. Lit.: *Architekt,* V (1899), S. 41, 43, T. 74; *H.W.*,
IV (1908), S. 26; *88.1; 172; 210; 212; 218; 220; 222; 230; 300.*
Maßgebende Mitarbeit an der Huldigungsadresse der Akademie
1897 der bildenden Künste an den Kaiser.
Nationaldenkmal im Wienerwald; Projekt. Lit.: *217; 218.*
Pavillon für die Wiener Jubiläumsausstellung 1898; Projekt.
Lit.: *217.*
Vertreter der Akademie beim Internationalen Architekten-
1898 kongreß in Brüssel.
Beteiligung an der Wiener Jubiläumsausstellung (insbes.
Schlafzimmer, Badezimmer).
Ernennung zum Mitglied des Kuratoriums des Österr. Museums
für Kunst und Industrie.
Akademie der bildenden Künste, Wien, Projekt. Lit.: *88.1;
100; 172; 217; 218; 220; 222; 228.*
Pfarrkirche, Wien, Währinger Friedhof; Projekt. Lit.: *172; 210;
217; 218; 220; 222.*
Kapuzinerkirche und -kloster mit Kaisergruft, Wien, Hofburg;
Projekt. Lit.: *88.1; 172; 217; 218; 220; 222.*
1898/99 Studie zum Ausbau der k.k. Hofburg, Wien. Lit.: *217.*
Mietshaus, Wien IV, Linke Wienzeile 38. Lit.: *Architekt*, V
(1899), S. 42, T. 85 u. VI (1900), S. 2, 25, 34, T. 20, 41, 58;
171; 172; 210; 212; 217; 218; 220; 222; 301.

Mietshaus, Wien IV, Linke Wienzeile 40. Lit.: *Interieur*, I (1900) S. 97; *6; 171; 172; 210; 217; 218; 219; 220; 222; 301.*

Mietshaus, Wien IV, Köstlergasse 3. Lit.: *Architekt*, VI (1900), S. 6-7, 46, T. 11; *218; 222.*

Zwei Haltestellen, Wiener Stadtbahn, Karlsplatz. Lit.: *Architekt*, VI (1900), T. 3; *Interieur*, I (1900) S. 7; *88.1; 172; 210; 218; 220; 222; 301; 310; 320; 328.*

1898-1900 Linie der Stadtbahn in den II. Bezirk. Lit.: *218.*

1898-1901 Donaukanallinie der Wiener Stadtbahn.

1898-1904 Kaianlagen am Donaukanal, Wien. Lit.: *172; 218;*

1899 Juror beim Wettbewerb um die Bauten am Wiener Zentralfriedhof.

1899-1905 Mitglied der Wiener Secession

1900 Juror bei der Weltausstellung in Paris.

Österr. Abteilung der Gruppe VI. Ingenieurwesen und Ausstellung der Hofgartendirektion, Pariser Weltausstellung. Lit.: *Architekt*, VI (1900), T. 88; *218; 222; 234.*

Moderne Galerie, Wien; Projekt. Lit.: *88.1; 172; 217; 218; 220; 222.*

Kaiser Franz Joseph-Stadtmuseum, Wien, Karlsplatz; Agitationsprojekt. Lit.: *217.*

ca. 1900 Gebäude der vereinigten k.k. Garden (Erweiterung des Palais Trautson), Wien; Projekt.

1901 Kaiser Franz Joseph-Stadtmuseum, Wien, Karlsplatz, allgemeiner Wettbew. Lit.: *Architekt*, VIII (1902), S. 2, 4, T. 5-6; *88.1; 105; 172; 217; 218; 220.*

1902 Depeschenbüro der „Zeit", Wien. Zerstört. Lit.: *217; 218; 220; 222; 239; 242.*

Kaiser Franz Joseph-Stadtmuseum, Wien, Karlsplatz; engerer Wettbewerb. Lit.: *Architekt*, IX (1903), S. 29; *177; 200; 217; 218; 240.*

Kathedrale, Patras; Wettbewerb. Lit.: *218.*

1902/03 Kleintheater; Projekt. Lit.: *217; 218; 220.*

Kaiser Franz Joseph-Stadtmuseum, Wien, Karlsplatz; Modellwettbewerb. Lit.: *177.*

1902-1907 Kirche am Steinhof, Wien XIV, Baumgartner Höhe 1. Lit.: *H.W.*, IV (1908), S. 28; *Architekt*, XIII (1907), S. 44; *22; 88.1; 89; 171; 172; 202; 209; 210; 212; 213; 217; 218; 219; 220; 222; 224; 247; 255; 256; 257; 269; 302; 317; 330; 332.*

1903 Kaiser Franz Joseph-Stadtmuseum, Wien, Karlsplatz; Projekt. Lit.: *172; 177; 210; 217: 218; 222.*

Regulierung des Karlsplatzes, Wien; Projekt.

Monumentalbrunnen, Wien, Karlsplatz; Projekt. Lit.: *218.*

Maßgebliche Beteiligung an der Gründung der Gesellschaft österr. Architekten.

Ausstellungsgebäude beim Kunstgewerbemuseum, Wien; Projekt.

1903-1906 Postsparkassenamt, Wien I, Georg-Coch-Platz 2. Lit.: *Architekt*, IX (1903), S. 34, T. 77-79 u. XIII (1907), S. 55, 63, T. 17-18, 27; *H.W.*, IV (1908), S. 27; *22: 88.1; 171; 172; 178; 203; 210; 212; 218; 219; 220; 221; 222; 243; 303; 330.*

1904 Bürgermeistersessel zum 60. Geburtstag K. Luegers.

Warenhaus, Wien, Karlsplatz; Projekt. Lit.: *210.*

Vindobonabrücke, Wien; Wettbewerb. Lit.: *179; 218.*

1904-1907 Mitarbeit an der Zeitschrift „Hohe Warte".

1904-1908 Staustufe Kaiserbad, Wien II, Obere Donaustraße, bei Nr. 26. Lit.: *Architekt*, XV (1909), T. 4-5; *205; 217; 218; 219; 220; 222; 304.*

1905 Austritt aus der Secession mit der Klimtgruppe.

Interimskirche; Projekt. Lit.: *217; 218; 222.*

Friedenspalast, Den Haag; Wettbewerb. Lit.: *172; 210; 217; 218; 220; 222; 248; 250; 253.*

Kaiser Franz Joseph-Stadtmuseum, Wien, Karlsplatz (ähnl. 1903); Projekt. Lit.: *210.*

Monumentalbrunnen, Wien, Karlsplatz; Projekt. Lit.: *88.1; 172; 210; 218; 222.*

Ferdinandsbrücke, Wien; Wettbewerb (zwei Projekte). Lit.: *172; 210; 217; 218; 220; 222.*

1906 Friedenspalast, Den Haag; Wettbewerb.

Palast der Wiener Gesellschaft (zwei Projekte). Lit.: *181; 210; 218; 220; 222.*

Kolonnaden, Karlsbad; Wettbewerb (III. Preis). Lit.: *Architekt*, XIII (1907), T. 9-10; *180; 210.*

Teilnahme am Internationalen Architektenkongreß in London.

1907 Kaiser Franz Joseph-Stadtmuseum, Wien, Karlsplatz; Projekt. Lit.: *22; 119; 210.*

Zedlitzhalle als Kunsthalle, Wien; Wettbewerb. Lit.: *Architekt*, XIII (1907), T. 108; *172; 217.*

1907/08 House of Glory; Projekt. Lit.: *172; 218; 220; 222.*

Kriegsministerium, Wien; Wettbewerb. Lit.: *22; 172; 210; 212; 217; 218; 220; 222; 254.*

1908 Handelsministerium, Wien; Projekt. Lit.: *172.*

Präsident des Internationalen Architektenkongresses in Wien.

1908-1913 Lupusheilstätte, Wien XVI, Montlearstr. 37. Lit.: *Architekt*, XIX (1913), T. 128; *171; 186; 210; 212; 217; 218; 219; 220; 222; 258; 278; 304.*

1909 Kaiser Franz Joseph-Stadtmuseum, Wien, Karlsplatz; Projekt. Lit.: *88.1; 130; 172; 210; 212; 218; 220; 222.*

Denkmal „Die Kultur", Wien; Projekt. Lit.: *172; 218; 222.*

Regulierung des Karlsplatzes (Naschmarkt Einmündung), Wien, Projekt. Lit.: *222.*

Technisches Museum für Industrie und Gewerbe, Wien, Mariahilfer Straße; Wettbewerb. Lit.: *184; 210; 217; 222; 259.*

1909/10 Fassadentreppe des Kaiser Franz Joseph-Stadtmuseums, Wien, Karlsplatz. Lit.: *139.*

Mietshaus, Wien VII, Neustiftgasse 40. Lit.: *Architekt*, XVI (1910), T. 63; *88.1; 172; 210; 212; 217; 218: 220; 222.*

1910 Akademie der bildenden Künste auf der Schmelz; Projekt. Lit.: *172; 210; 217; 218; 220; 222; 271.*

Akademie der bildenden Künste auf der Schmelz mit Kaiser Franz Joseph-Stadtmuseum; Projekt. Lit.: *172; 210; 218; 222.*

Universitätsbibliothek, Wien; Projekt. Lit.: *172; 210; 217; 218; 220; 222.*

Hotel „Wien", Wien, Ringstraße; Projekt. Lit.: *172; 187; 210; 218; 220; 222.*

Knaben- und Mädchenschule, Klosterneuburg; Projekt.

Einladung zum internationalen Kongreß für städtische Kunst in New York.

Entsendung in das Exekutivkomitee der Zentralestelle zur Förderung der Wiener Mode als Vertreter der Akademie.

1910/11 Prorektor der Akademie der bildenden Künste.

Hotel, Wien, Karlsplatz; Projekt. Lit.: *172; 218; 220; 222.*

XXII. Wiener Gemeindebezirk; Projekt. Lit.: 28; 88.1; 188; 210; 217; 218; 220; 222.

1910-1912 Postsparkassenamt, Wien I, Georg-Coch-Platz 2, Zweite Baustufe. Lit.: *208.*

1912 Mietshaus, Wien VII, Döblergasse 4. Lit.: *210; 218; 222.*

Kaiser Franz Joseph-Stadtmuseum auf der Schmelz - Opus IV; Wettbewerb. Lit.: *88.1; 172; 210; 212; 217; 218; 220; 222.*

Bundeshaus des Bundes österr. Künstler, Wien, Karlsplatz; Projekt. Lit.: *218.*

1911/12 Ehrenjahr an der Akademie.

1912 Vizepräsident der Permanenzkommission des Kongresses für bildende Kunst in Paris.

Verleihung des Hofratstitels.

Versetzung in den dauernden Ruhestand.

1912/13 Zweite Villa Wagner, Wien XIV, Hüttelbergstr. 28. Lit.: *88.1; 143; 171; 172; 210; 217; 218; 219; 220; 222; 305.*

1913 Haus der Kunst des 20. Jahrhunderts; Projekt. Lit.: *313.*

Zedlitzhalle als gewerbliche Ausstellungshalle, Wien; Projekt. Lit.: *172; 210; 218; 220; 222.*

1913-1915 Honorarprofessor; Fortsetzung des Unterrichts für die noch vor seiner Pensionierung eingeschriebenen Schüler.

1914 Universitätsbibliothek, Wien; Projekt. Lit.: *217; 218; 220; 222.*

Heilstätte Palmschloß bei Brixen; Projekt. Lit.: *172; 217; 218; 222.*

Bestellung zum Preisrichter im Wettbewerb um das Parlament in Canberra.

1914/15 Spitalsbarackenanlagen; Projekt. Lit.: *217; 218; 220.*

Carl Witzmann (26.9.1883, Wien - 30.8.1952, Wien)

1901-1904 Schüler von Josef Hoffmann an der Wiener Kunstgewerbeschule.

1902 Einrichtung Villa Bergmann, Preßbaum. Lit.: *Interieur*, III (1902),

S. 129-137.

1903 Klausurarbeit (II. Preis). Lit.: *Architekt,* IX (1903), T. 8; *96.*

ca. 1903 Empfangszimmer für eine Ausstellung in Klagenfurt. Lit.: *Interieur,* IV (1903), S. 220.
Einrichtung Frau Guttmann. Lit.: *Interieur,* IV (1903), S. 100, 103-104.

1905 Speisezimmer für Karl Vogel, Wien V. Lit.: *Interieur,* VI (1905), T. 23-24.

1907 Wohnung Igler, Wien I. Lit.: *764.*

1908 Wohnung Dir. Franz Rauch, Wien XIII. Lit.: *760; 764.*
Chefarchitekt der Kaiser-Jubiläms-Möbel-Ausstellung, Wien, Gartenbau. Lit.: *Interieur,* X (1909), S. 1-2, T. 1-3; *663; 757; 764.*
Musikzimmer, Empfangsraum, Wien, Kunstschau-Ausstellung. Lit.: *118; 764.*

1909 Haus Müller, Brünn. Lit.: *759; 764.*
Zwei Speisezimmer in schwarz gebeizter Eiche, Wien, Museum für Kunst und Industrie, Ausstellung. Lit.: *128; 132.*

1910 Eigene Wohnung, Wien. Lit.: *764.*

ca. 1911 Villa, Wien XIII. Lit.: *Architekt,* XVII (1911), T. 75.
Wohnhaus, Wien XIII, Elßlergasse 11. Lit.: *Architekt,* XVII (1911), T. 74.

1911/12 Gestaltung der Winter-Ausstellung, Wien, Museum für Kunst und Industrie. Lit.: *28; 137; 663; 764.*

1912 Gestaltung der Frühlingsausstellung, Wien, Museum für Kunst und Industrie. Lit.: *D.K.,* Bd. 20 (1911/12), S.477; *138; 764.*
Empfangsraum für die Frühjahrsausstellung, Wien Museum für Kunst und Industrie. Lit.: *138; 140.*
Café Kremser, Wien.
Wohnung Haas, Wien XIII. Lit.: *764.*
Wohnung Kittl, Wien XIII. Lit.: *764.*

ca. 1912 Villa, Wien XIII, Münichreiterstr. 32. Lit.: *Architekt,* XVIII (1912), T. 84.
Modell eines Einfamilienhauses. Lit.: *Architekt,* XVIII (1912), S. 62.
Modelle für Zweifamilienhäuser. Lit.: *Architekt,* XVIII (1912), S. 74.

1912/13 Wohnhaus Kosmak, Wien XIII, Elßlergasse 8. Lit.: *Architekt,* XIX (1913), T. 100-101; 663; *764.*

1913 Haus Römminger, Wien XIII. Lit.: *764.*
Kolonie „Heimstätte", Klosterneuburg bei Wien. Lit.: *Architekt;* XX (1914/15), T. 113-118; *764.*
Haus Ungar, Wien XIII, Beckgasse 32. Lit.: *663.*

ca. 1913 Einfamilienwohnhaus, Wien XIII. Lit.: *Architekt,* XIX (1913), T. 103.
Villa, Wien XIII, Eitelbergergasse 18. Lit.: *Architekt,* XIX (1913), T. 102; *663.*
Wohnhaus, Wien XIII. Lit.: *Architekt,* XIX (1913), T. 101.

1913/14 Wohnung Kottowitz, Wien XIII. Lit.: *764.*
Ausstellung des Österr. Kunstgewerbes im Österr. Museum für Kunst und Industrie, Wien. Lit.: *Interieur,* XV (1914/15), T. 1-4; *764.*

1914 Hauptraum des Österr. Pavillons auf der Werkbund-Ausstellung, Köln. Lit.: *Interieur,* XV (1914/15), T. 51; *663.*

ca. 1914 Wohnhaus, Wien XIII, Entwurf. Lit.: *Architekt,* XX (1914), T. 112.
Modelle für Einfamilienhäuser. Lit.: *Architekt,* XX (1914/15), T. 110.
Wohnhaus, Wien, Unter-St Veit; Entwurf. Lit.: *Architekt,* XX (1914/15), T. 3.
Einfamilienwohnhaus, Lainz; Entwurf. Lit.: *Architekt,* XX (1914/15), T. 109.

1916/17 Kriegsausstellung, Wien, Prater. Lit.: *761; 762; 763; 764.*

1920 Hietzing-Stöckl-Bar, Wien. Lit.: *764.*
Wohnhaus Klein, Wien XIII. Lit.: *764.*

1921 Wohnung Soffer, Wien XII. Lit.: *764.*

1922 Mitglied des Künstlerhauses.
Wohnhaus Blum, Wien XIII. Lit.: *764*

1923/24 Theater in der Josefstadt, Wien. Lit.: *764.*

1925 Raum der Österr. Kunsthandwerkerschulen, Paris, Exposition Internationale des Arts Décoratifs et Industriels Modernes. Lit.: *764.*
Wohnhaus Fränkel, Wien XIII. Lit.: *764.*

1926 Weihnachtsausstellung, Wien, Künstlerhaus. Lit.: *764.*

1927 Café Carlton, Wien. Lit.: *764.*
Gemeindebau, Wien XV, Oeverseestraße. Lit.: *764.*
Ausstellung des Österr. Kunstgewerbes, Essen. Lit.: *764.*
Wohnhaus Gerson, Wien. Lit.: *764.*

1928 Café Hietzingerhof, Wien. Lit.: *764.*
Café Casa Piccola. Wien. Lit.: *663; 764.*
Parkkino, Wien-Hietzing. Lit.: *764.*

1929 Café Esplanade, Bad Ischl, Leopold-Hasner-Allee 2. Lit.: *764.*
Apollo-Theater-Kino, Wien. Lit.: *764.*

ca. 1929 Kino Meran, Badgastein, Meranplatz.

1930 Café Schindler, Innsbruck. Lit.: *764.*
Repräsentationsräume des Wiener Rathauses. Lit.: *764.*
Gemeindebau, Wien XII, Ruttenstockgasse. Lit.: *764.*

1931 Scala-Theater-Kino, Wien. Lit.: *764.*
Wochenendhaus Direktor H., Klosterneuburg. Lit.: *764.*
Wohnhaus Direktor H., Wien VI. Lit.: *764.*

1932 Café Kaisergarten, Wien. Lit.: *663.*
Café Fenstergucker, Wien. Lit.: *Ö. K.,* III (1932, H. 8), S. 20-21; *764.*
Café Fetzer, Wien. Lit.: *663; 764.*
Café Bastei, Wien. Lit.: *764.*
Revuebühne Moulin Rouge, Wien. Lit.: *663; 764.*
Wohnung Direktor G., Wien XIII. Lit.: *764.*

1933 Wiener Modeausstellung, Wien, Hofburg. Lit.: *764.*
Ausstellung „250 Jahre Wiener Kaffeehaus", Wien, Herbstmesse. Lit.: *663; 764.*

1934 Ausstellung „Glas, Keramik und Blume im Raum", Wien, Frühjahrsmesse. Lit.: *764.*
Café Heinrichhof.
Abteilung „Industrie und Handwerk" auf der Österr. Ausstellung, London, Dorland Hall. Lit.: *764.*

1935 Hotel Sacher, Wien.

1936 Umbau-und Neugestaltung des Theaters, Eindhoven (Holland).
Café Gröpl, Wien-Hietzing.

1937 Kunstgewerbe-Abteilung im Österr. Haus der Pariser Weltausstellung.
„Non-stop-Kino", Wien; Entwurf.
Café Vindobana, Wien.

1938 Pavillon „Ostmark" auf der Budapester Internationalen Messe.
Abteilung „Industrie", „Kunstgewerbe", „Mode" und „Fremdenverkehr" der „Ostmarkschau", Berlin, Funkturm.
„Ohne-Pause-Kino". Wien, Entwurf.

1941 Einrichtung des Regierungsgebäudes, Nutz (mit O. Niedermoser).
Neubau des Deutschen Theaters, Nutz (mit O. Niedermoser).

BIBLIOGRAPHIE

I. Publikationen und Ausstellungskataloge

1. Eisenberg, L.: *Das geistige Wien* , Wien 1893.
2. Ramberg, G.: *Die moderne Kunstbewegung , Zweck und Ziele der Secession*, Wien 1898.
3. Bahr, H.: *Secession*, Wien 1900.
4. Licht, H.: *Architektur der Gegenwart V*, Berlin 1900.
5. Muther, R.: *Studien und Kritiken II*, Wien 1901.
6. Lutzow, C. u. L. Tischler: *Wiener Neubauten im Style der Secession*, I.-VI. Bd., Wien 1902-1908.
7. Hevesi, C.: *Österreichische Kunst im 19. Jahrhundert. II, 1848 bis 1900*, Leipzig 1903, Wien[2]1904.
8. Lux, J.A.: *Das moderne Landhaus*, Wien o.J. (1903).
9. *Künstlerische Grabdenkmale. Moderne Architektur und Plastik von Friedhöfen und Kirchen in Österreich-Ungarn*, Wien o.J. (1903).
10. *Neubauten in Wien, Prag und Budapest*, Wien 1904.
11. *Neue Architektur - eine Auswahl der beachtenswertesten Neubauten moderner Richtung aus Deutschland und Österreich*, I.-V. Bd., Leipzig-Wien o.J. (1904-1908).
12. Lux, J.A.: *Die moderne Wohnung und ihre Ausstattung*, Wien 1905.
13. *Wien am Anfang des 20. Jahrhunderts. Ein Führer in technischer und künstlerischer Richtung. Hg. Öst. Ingenieur- und Architektenverein*, Wien 1905/06, 2 Bde.
14. Hevesi, L.: *Acht Jahre Secession (März 1897 - Juni 1905). Kritik, Polemik, Chronik*, Wien 1906.
15. Verity, F.T. u. E.T. Hall :*Flats, urban houses and cottage-homes*, London o. J. (1906).
16. Gurlitt, C.: *Deutsche Kunst des 19. Jahrhunderts*, Berlin 1907.
17. *Neubauten in Österreich. Façaden - Details - Haustore - Vestibule etc. Wien, o.J. (1907).*
18. *Strzygowski, J.: Die bildende Kunst der Gegenwart, Leipzig 1907.*
19. *Guglia, E.: Wien. Ein Führer durch Stadt und Umgebung*, Wien 1908.
20. Warlich, H.: *Wohnung und Hausrat. Beispiele neuzeitlicher Wohnräume und ihre Ausstattung*, München 1908.
21. Zuckerkandl, B.: *Zeitkunst, Wien 1901-1907*, Wien 1908.
22. Hevesi, L.: *Altkunst-Neukunst, Wien 1894-1908*, Wien 1909.
23. Karplus, A.: *Neue Landhäuser und Villen in Österreich*, Wien o.J. (1910).
24. Hartmann, K.O.: *Die Baukunst in ihrer Entwicklung von der Urzeit bis zur Gegenwart*, III, Leipzig 1911.
25. Fassbender, E.: *Grundzüge der modernen Städtebaukunde*, Leipzig-Wien 1912.
26. Schrameier, W.: *Das Zeugnis-Buch für Bodenreform*, Frankfurt 1915.
27. *Soldatengräber und Kriegsdenkmale. Hg. von der k.k. Gewerbeförderung*, Wien 1915.
28. Eisler, M.: *Osterreichische Werkkultur*, Wien 1916.
29. *Die k.k. Akademie der bildenden Kunst in Wien 1892-1917*, Wien 1917.
30. Tietze, H.: *Wien*, Leipzig 1918.
31. Behrendt, W.C.: *Der Kampf um den Stil im Kunstgewerbe und in der Architektur*, Stuttgart 1920.
32. Koch, A.: *Handbuch neuzeitlicher Wohnungskultur: Speisezimmer und Küchen*, Darmstadt 1920.
33. Karpfen, F.: *Österreichische Kunst (Gegenwartskunst III)*, Wien-Leipzig 1923.
34. Koch, A.: *Das neue Kunsthandwerk in Deutschland und Österreich*, Darmstadt 1923.
35. Stephan, E.: *Neu-Österreich*, Wien 1923.
36. *Wiener Kunstgewerbeverein Jubiläumsausstellung 1884-1924*, Ausstellungskatalog, Wien 1924.
37. Ponten, J.: *Architektur, die nicht gebaut wurde*, Wien 1925.
38. Behne, A.: *Der moderne Zweckbau*, München 1926.
39. Clute, E.: *The treatment of interiors*, New York 1926.
40. Kralik, E.: *Geschichte der Stadt Wien und ihrer Kultur*, Wien 1926.
41. Leixner, O.: *Wien. Ein Führer durch die Donaustadt*, Wien 1926.
42. *Wien und die Wiener*, Ausstellungskatalog, Wien 1927.
43. Klapheck, R.: *Neue Baukunst in den Rheinlanden - Beilage zur Zeitschrift des Rheinischen Vereins für Denkmalpflege und Heimatschutz*, o.J. (1927).
44. Platz, G.A.: *Die Baukunst der neuesten Zeit*, Berlin 1927.
45. Haberlandt, M.: *Österreich. Sein Land und Volk und seine Kultur*, Weimar 1929.
46. Missong, A.: *Heiliges Wien. Ein Führer durch Wiens Kirchen und Kapellen*, Wien 1933.
47. Schmalenbach, F.: *Jugendstil*, Würzburg 1935.
48. Schumacher, F.: *Strömungen in deutscher Baukunst seit 1800*, Leipzig 1935.
49. Rochowanski, L.W. (Hg.): *Ein Führer durch das österreichische Kunstgewerbe*, Wien 1939.
50. Ahlers-Hestermann, F.: *Stilwende - Aufbruch der Jugend um 1900*, Berlin 1941.
51. Schmalenbach, F.: „Jugendstil und neue Sachlichkeit" in *Kunsthistorische Studien*, Basel 1941.
52. Ginhart, K.: *Die bildende Kunst in Österreich vom Ausgang des 18. Jahrhunderts bis zur Gegenwart*, Wien 1943.
53. Scheffler K.: *Die fetten und die mageren Jahre*, Leipzig 1946.
54. Zevi, B.: *Storia dell'architettura moderna*, Turin 1953.
55. Tschudi Madsen, S.: *Sources of Art nouveau*, Oslo 1956.
56. Hitchcock, H.R.: *Architecture Nineteenth and Twentieth Centuries*, Harmondsworth 1958.
57. Rathke, E.: *Jugendstil*, Mannheim 1958.
58. Sperlich, H.G. (Hg.): *Architektur im Jugendstil*, Heidelberg-München 1959.
59. Schorske, C.E.: *Fin-de-siècle Vienna. Politics and culture*, New York 1961.
60. Schmutzler, R.: *Art Nouveau - Jugendstil*, Stuttgart 1962.
61. Breicha, O. u. G. Fritsch: *Finale und Auftakt, Wien 1892 bis 1914*, Salzburg 1964.
62. Feuchtmüller, R. u. W. Mrazek: *Kunst in Österreich 1860-1918*, Wien 1964.
63. *Wien um 1900, Katalog; Ausstellung veranstaltet vom Kulturamt der Stadt Wien. 5. Juni bis 30. August 1964*, Wien 1964.
64. *Secession - Europäsche Kunst um die Jahrhundertwende*, München 1964.
65. Bott, G.: *Jugendstil*, Darmstadt, 1965.
66. Hermand, J.: *Jugendstil, ein Forschungsbericht*, Stuttgart 1965.
67. Rheims, M.: *Kunst um 1900*, Wien - München 1965.
68. Waissenberger, R.: *Wien und Kunst in unserem Jahrhundert*, Wien 1965.
69. Uhl, O.: *Moderne Architektur in Wien von Otto Wagner bis Heute*, Wien - München 1966.
70. Hamann, R. u. Y. Hermand: *Stilkunst um 1900*, Berlin 1967.
71. Kultermann, U.: *Architektur der Gegenwart (Kunst der Welt, II, 25)*, Baden-Baden 1967.
72. Holzbauer, W., F. Kurrent, J. Spalt: *L'architettura a Vienna intorno al 1900*, Ausstellungskatalog. Galleria Nazionale d'Arte Moderna Roma, Rom 1971.
73. Mrazek, W.(Hg.): *Ausstellung Wiener Möbel des Jugendstil, Neuerwerbungen und Leihgaben*, Wien 1971.
74. Weissenberger, R.: *Die wiener Secession*, Wien 1971; London[2]1977.
75. Mrazek, W.: *Kunst aus Österreich-Jugendstil/Arts Treasures in Austria-Modern Style/L'art en Autriche-Art nouveau*, Wien o.J. (1972).
76. Janik, A. und S. Toulmin: *Wittgenstein's Vienna*, London 1973.
77. Wagner-Rieger, R.: „Vom Klassizismus bis zur Secession", in *Geschichte der Stadt Wien. Geschichte der bildenden Kunst in Wien. Geschichte der Architektur in Wien*, Bd. VII, 3, Wien 1973.
78. Powell, N.: *The Sacred Spring. The arts in Vienna 1898-1918*, London 1974.
79. Nebehay, C.M. (Hg.): *Ver Sacrum 1898-1903*, Wien 1975.
80. Mackay, J.: *Kunst und Kunsthandwerk der Jahrhundertwende*, München 1975.
81. Vergo, P.: *Art in Vienna 1898-1918. Klimt, Kokoschka, Schiele and their Contemporaries*, London 1975.
82. Feuerstein, G.: *Vienna Present and Past*, Wien 1976.
83. Fanelli, G. u. R.: *Il tessuto moderno*, Florenz 1977.
84. Koch, H.: *Wiener Biedermeier*, Ramerding 1977.
85. Oberhuber, O. u. E. Patka: *Frühes Industriedesign Wien 1900-1908, Wagner - Kolo Moser - Loos - Hoffmann - Olbrich - Ofner*, Wien 1977.
86. Weiger, H., C. Brandstätter u. W. J. Schweiger: *Das wiener Kaffeehaus*, Wien - München - Zürich 1978.
87. *Vienna Moderne 1898-1918*, Ausstellungskatalog, Houston (Texas) 1979.
88. Hummel J. u. S. Asenbaum: *Gebogenes Holz. Konstruktive Entwürfe.*

Wien 1840-1910. Michael Thonet, Adolf Loos, Otto Wagner, Kolo Moser, Josef Hoffmann, Gustav Siegel, Josef Urban, Fritz Nagel, Marcel Kammerer, Anton Lorenz, Wien 1979.

88.1. Mang, K. u. E.: *Viennese Architecture 1860-1930 in Drawings*, New York 1979.

89. Cacciari, M.: *Dallo Steinhof. Prospettive viennesi del primo Novocento*, Mailand 1980.

90. Tafuri, M.: *Vienna Rossa. La politica residenziale nella Vienna socialista 1919-1933*, Mailand 1980.

91. Witzmann, R. u. H. Bisanz (Hg.): *Das wiener Kaffeehaus. Von den Anfängen bis zur Zwischenkriegszeit*, Ausstellungskatalog, Wien 1981.

92. Asenbaum, P. u. S. u. Ch. Witt-Dörring (Hg.): *Moderne Vergangenheit 1800-1900*, Ausstellungskatalog, Künstlerhaus, Wien 1981.

93. Hofmann, W. (Hg.): *Experiment Weltuntergang: Wien um 1900*, Ausstellungskatalog, Kunsthalle, Hamburg 1981.

94. Bizan-Prakken, M.: *Das Quadrat in der Flächenkunst der Wiener Secession*, Wien 1982.

95. *Wien um 1900*, Ausstellungskatalog, Stuckvilla, München 1982.

96. *Le Arti a Vienna dalla Secessione alla caduta dell'Impero asburgico*, Ausstellungskatalog, Palazzo Grassi, Venedig 1984.

97. Waissenberger, R. (Hg.): *Wien 1870-1930. Traum und Wirklichkeit*, Salzburg 1984.

98. A(bels), L.: „Wien - Neben dem...", *Dekorative Kunst*, Bd. 2 (1898), S. 77-79.

99. „Die Wiener Jubiläums-Ausstellung", *Dekorative Kunst*, Bd. 2 (1898), S. 235-236.

100. Schölermann, W.: „Modern fine and applied Art in Vienna", *The Studio*, Bd. 16 (1899, Februar), S.30-38.

101. Hevesi, L.: „Die Wiener Secession und ihr ‚Ver Sacrum'", *Kunstgewerbeblatt*, X (1899), S. 141-153.

102. Minkus, F.: „K.k. Österreichisches Museum für Kunst und Industrie in Wien - Die dritte Winterausstellung und die Konkurrenz aus dem Hoftiteltaxfond", *Kunstgewerbeblatt*, XI (1900), S.123-130.

103. Mourey, G.: „Round the Exhibition - IV. Austrian Decorative Art", *The Studio*, Bd. 21 (1900, H. 92), S. 112-123.

104. „Die VIII. Ausstellung der Wiener Secession", *Dekorative Kunst*, Bd. 7 (1901), S. 171-183.

105. Abels, L.: „Ein Wiener Kunst-Jahr", *Deutsche Kunst und Dekoration*, IX (1902), S. 463-472.

106. Abels, L.: „Vom Wiener Kunstgewerbe 1901-1902", *Kunstgewerbeblatt*, XIII (1902), S. 205-214.

107. Commichau, F.: „Une foule d'Expositions", *Innen Dekoration*, I (1902), S. 230-329.

108. Feldegg, F.von: „Der engere Wettbewerb um den Bau des Kaiser Franz Josef-Stadtmuseums in Wien", *Der Architekt*, VIII (1902), T. 65a, 66, 66a.

109. Folnesics, J.: „Raumausgestaltung bei Kunstausstellungen: der Wiener Hagenbund", *Dekorative Kunst*, Bd. 10 (1902), S. 270-272.

110. Hoffmann, A.: „Die deutsche Baukunst um die Wende des Jahrhunderts",

111. Feldegg, F. von: „Monumentalität und moderne Baukunst", *Der Architekt*, IX (1903), S. 27-29.

112. W.: „Het moderne Landhuis in Oostenrijk", *De Bouwwereld*, III (1904, H. 3), S. 257-261.

113. Levetus, A.S.: „The Craft Schools of Austria", *The Studio*, Bd. 35 (1905), S. 201-219.

114. Lux, J.A.: „Zum modernen Kirchenbau", *Der Architekt*, XI (1905), S. 5.

115. Haberfeld, H., L. Hevesi, A.S. Levetus: „The Art revival in Austria", *The Studio Year Book*, 1906.

116. Kuzmany, K.M.: „Kunstschau Wien 1908", *Dekorative Kunst*, Bd. XVI (1907/08), S. 513-544; Nachdr. *Die Kunst*, XVIII (1907/08), S. 513-544.

117. Hevesi, L.: „Kunstschau 1908", *Kunst und Kunsthandwerk*, XI (1908), S. 395-396.

118. Hevesi, L.: „Kunstschau Wien 1908", *Zeitschrift für bildenden Kunst*, XIX (1908), S. 245-254.

119. „Der Karlsplatz und das neue Stadt-Museum in Wien", *Hohe Warte*, IV (1908), S. 2-3.

120. Hungethüm, H.: „Das Typenelend im Eisenbahnhochbau", *Der Architekt*, XIV (1908), S. 141-142, 144.

121. Kammerer, M.: „Die Architektur der‚Kunstschau'", *Moderne Bauformen*, VII, (1908), S. 361-362.

122. Lux, J.A.: „Kunstschau. Die Ausstellung der Klimtgruppe", *Hohe Warte*, IV (1908), S. 180-182, S. 215-221.

123. Lux, J.A.: *„Das neue Kriegsministerium in Wien. Eine unkünstlerische Jury", Hohe Warte*, IV (1908), S. 178-180.

124. L(evetus), A.S.: „Vienna - The‚Kunstschau' Exhibition...", *The Studio*, Bd. 44 (1908, H. 186), S. 308-314.

125. Schestag, A.: „Wien. Kaiser-Jubiläums-Möbelausstellung 1908", *Kunst und Kunsthandwerk*, XI (1908), S. 496-497.

126. Schmidkunz, H.: „Tradition und Secession", *Der Architekt*, XIV (1908), S. 43-47.

127. Schmidkunz, H.: „Wiener Baufragen", *Der Städtebau*, VI (1909, H. 4), S. 46-51.

128. Kuzmany, K.M.: „Eine Ausstellung österreichischer Kunstgewerbe", *Dekorative Kunst*, Bd. 18 (1909/10), S. 261-279.

129. Roessler, A.: „Ausstellung österr. Kunstgewerbe 1909-1910 im k.k. Museum für Kunst und Industrie in Wien", *Deutsche Kunst und Dekoration*, Bd. 25 (1909/10), S. 355-356.

130. Castelliz, A.: „Die Vollendung des Karlsplatzes in Wien", *Der Architekt*, XVI (1910), S. 51-56.

131. Fischel, H.: „Die Ausstellung Österr. Kunstgewerbe im k.k. Österr. Museum für Kunst und Industrie", *Kunst und Kunsthandwerk*, XIII (1910), S. 663-702.

132. Hevesi, L.: „Ausstellung Österr. Kunstgewerbe im Österr. Museum", *Kunst und Kunsthandwerk*, XIII (1910), S. 1-52.

133. Kuzmany, K.M.: „Von einer Ausstellung Österr. Kunstgewerbe in Wien", *Dekorative Kunst*, Bd. 19 (1910/11), S. 217-220.

134. Fischel, H.: „Die Ausstellung Österr. Kunstgewerbe im k.k. Österr. Museum", *Kunst und Kunsthandwerk*, XIV (1911), S. 617-673.

135. Dreger, M.: „Ausstellung für kirchliche Kunst in Wien 1912", *Kunst und Kunsthandwerk*, XV (1912), S. 611-640.

136. Fischel, H.: „Die Frühjahrsausstellung Österr. Kunstgewerbe und der k.k. Kunstgewerbeschule im Österr. Museum", *Kunst und Kunsthandwerk*, XV (1912), S. 329-365.

137. Levetus, A.S.: „Arts and Crafts at the Austrian Museum for Art and Industry, Vienna", *The Studio*, Bd. 55 (1912, H. 227), S. 28-38.

138. Levetus, A.S.: „A viennese Exhibition of Arts and Crafts", *The Studio*, Bd. 57 (1912, H. 237), S. 217-226.

139. R.-r, A.: „Ausstellung Österr. Kunstgewerbe 1911-1912 im Museum für Kunst und Industrie in Wien", *Deutsche Kunst und Dekoration*, Bd. 31 (1912/13), S. 397-398.

140. Planer, F.: „Raumkunst auf der Wiener Frühjahrsausstellung des Österr. Museums für Kunst und Industrie", *Deutsche Kunst und Dekoration*, Bd. 31 (1912/13), S. 175-185.

141. Westheim, P.: "Das Pathos der Gärten", *Deutsche Kunst und Dekoration*, Bd. 31 (1913), S. 195-200.

142. „Wettbewerbsbestimmungen und Bauprogramm für den Bau des Kaiser Franz Josef-Stadtmuseums", *Der Architekt*, XIX (1913), S. 55.

143. Eisler, M.: „Wiener Stadtvillen und Landhäuser", *Wasmuths Monatshefte für Baukunst*, II (1915/16), S. 491-524.

144. Fischel, H.: „Modeausstellung in Österreich", *Kunst und Kunsthandwerk*, XIX (1916), S. 69-93.

145. Giannoni, K.: „Kriegergrab und Kriegerdenkmal. Die Ausstellung im Österr. Museum", *Kunst und Kunsthandwerk*, XX (1917), S. 61-76.

146. Eisler, M.: „L'Architecture, la décoration intérieure et l'Ameublement", *L'Amour de l'Art*, IV (1923, H. 8), S. 633-644.

147. Pica, A.: „Architettura ultima e penultima in Austria", *Emporium*, LXXXI (1935), S. 11 ff.

148. Schmidt, J.: „Wiener Kirchen des 19. Jahrhunderts", *Kirchenkunst*, VII (1935), S. 35 ff.

149. Ankwicz von Kleehoven, H.: „Österreich und die Architektur des 20. Jahrhunderts", *Austria-International*, I (1950), S. 44-47.

150. „Worte und Bauten der Pioniere", *Werk*, XXXIX (1952), S. 392 ff.

151. Wick-Wagner, L.: „Der Freiheit eines Gasse", *Baukunst und Werkform*, XII (1959), S. 467 ff.

152. Ankwicz von Kleehoven, H.: „Die Anfänge der Wiener Secession", *Alte und moderne Kunst*, V (1960, Nr. 6-7), S. 6-10.

153. Achleitner, F.: „Der österreichische Beitrag zur modernen Architektur", *Christliche Kunstblätter*, 1963, H. 4.

154. „Wien 1900 bis 1918. Architektur und Kunstgewerbe", *DU*, XXIII (1963, April), S. 2.

155. Achleitner, F.: „Die Wiener Architektur um 1900", *Der Aufbau*, XIX (1964, H. 4-5), S. 144-152.

156. Gesche, K.: „Wiener Secession", *L'Oeil*, (1965, H. 126), S. 12-15.

157. Kurrent, F. u. J. Spalt: „Der österreichische Beitrag zum modernen Theaterbau", *Bauforum*, (1968, H. 5-6), S. 31-41.

158. Kurrent, F. u. J. Spalt: „L'évolution historique de l'architecture en Autriche depuis le début du siècle jusqu'aux années 50", *Architecture d'aujourd'hui*, XL (1970, H. 151), S. 2-9.

159. Kossatz H.: „The Vienna Secession and its Early Relations with Great Britain", *The Studio*, Bd. 181 (1971, H. 929), S. 9-19

160. Zetti, W.: „I secessionisti a Roma", in *Artisti austriaci a Roma dal barocco alla secessione*, Österreichisches Kulturinstitut Ausstellungskatalog, Museo di Roma, Palazzo Braschi, (März-April 1972).

161. Pozzetto, M.: „La secessione e l'Europa centro orientale. Sviluppi e conseguenze", *Architettura e società nella mitteleuropa. Atti e documentazione sul convegno. Gorizia 27-30 novembre 1971*, Gorizia 1973, S. 75-83.

162. Sekler, E.F.: „Mackintosh and Vienna", in Richards, J.M. u. N. Pevsner (Hg.): *The Anti-Rationalists*, Wisbech, Cambs. 1973, S. 136-142.

163. Sedlak, J.: „Vídenská Secesse v Brno", *Umení*, XXII (1974), S. 68-78.

164. Messina, M.G.: „Dall'architettura all'arte applicata nella Secessione viennese", *Annuario istituto di Storia dell'Arte*, 1974-1976, S. 201-245.

165. Kossatz, H.-H.: „Der Austritt der Klimt-Gruppe. Eine Pressenachschau", *Alte und moderne Kunst*, XX (1975, H. 141), S. 23-26.

166. Nigro Covre, J.: „Vienna 1898-1910 tra rinnovamento ed eredità culturale", *La città. Immagini documenti*, 1976, H. 3.
167. Wagner-Rieger, R.: „Semper und „Die Wiener Architektur", in A.M. Vogt, C. Keble, M. Fröhlich (Hg.): *Gottfried Semper und die Mitte des 19. Jahrhunderts*, Basel 1976.
168. Wilkens, P.: „Dokumente der Architektur des 20. Jahrhunderts", *Der Architekt*, 1977, H. 7-8.
169. Wagner-Rieger, R.: „Der Stilpluralismus um 1900", *Alte und moderne Kunst*, 1978, H. 160-161.
170. Adlmann, J.E.: „Pomp and Commonsense: Wagner's architecture as transition", *Art in America*, LXVII (1979, H. 3), S. 109-115.
171. Godoli, E.: „Austria. To the Limits of a language: Wagner, Olbrich, Hoffmann", in F. Russel (Hg.): *Art Nouveau Architecture*, London 1979, S. 231-263.

II Publikationen von und über Otto Wagner

Publikationen von Otto Wagner

172. *Einige Skizzen, Projekte und ausgeführte Bauwerke,* Bd. 1, Wien 1890; Bd. 2, Wien 1897; Bd. 3, Wien 1906; Bd. 4, Wien 1922.
173. *Erläuterungs-Bericht zum Entwurfe für den General-Regulierungs-Plan über das gesamte Gemeindegebiet von Wien mit dem Kennworte „Artis sola domina necessitas",* Wien 1893; Wien[2]1894.
174. *Moderne Architektur. Seinen Schülern ein Führer auf diesem Kunstgebiete,* Wien 1895; Wien[2]1899; Wien[3]1902.
175. „Die Kunst im Gewerbe", *Ver Sacrum,* III (1900, Nr. 2), S. 21-32.
176. „Erhaltung, nicht Renovierung von St. Stephan in Wien", *Zeit,* 1902, H. 381.
177. *Der Karlsplatz und das Kaiser Franz Joseph-Stadtmuseum. Ein Beitrag zur Lösung dieser Fragen,* Wien 1903.
178. *Erläuterungsbericht zur Wettbewerb-Studie für ein k.k. Postsparkassenamt, Wien 1903.*
179. *Erläuterungsbericht zum Projekte einer Donaukanalbrücke im Zuge der Rothenthurmstraße-Lilienbrunngasse (Vindobonabrücke),* Wien 1904.
180. *Entwurf zur Verbindung der Mühlbrunn-Marktbrunn- und Schloßbrunn-Kolonnade in Karlsbad, Kennwort: Fontes Unitae. Erläuterungsbericht zum Entwurf,* Wien 1906.
181. *Palast der Wiener Gesellschaft am Parkring. Eine Studie,* Wien 1906.
182. „Der VIII. Internationale Architektur-Kongress in Wien 1908", *Hohe Warte,* IV (1908), S. 177.
183. „Ausführung wichtiger Regierungs- und städtischer Bauten durch besoldete Beamte", in AA.VV., *Transactions of the VIIth International Congress of Architects (London 1906),* London 1908, S. 109-111.
184. *Erläuterungsbericht zur Ideenkonkurrenz für den Bau des Technischen Museums für Industrie und Gewerbe,* Wien 1909.
185. *Zur Kunstförderung. Ein Mahnwort,* Wien 1909.
186. „Projekt für die Stiftung ‚Heilstätte und Heim für Lupuskranke'", *Der Architekt,* XV (1909), (S. 13, T 9-10.)
187. „Gründung eines Hotels (Ringstraße)", *Jahrbuch der Gesellschaft österr. Architekten 1909/10,* Wien 1910, S. 10-18.
188. *Die Großstadt. Eine Studie über diese,* Wien 1911.
189. „Laienurteile in der Kunst", *Neue Freie Presse,* 11.2.1911.
190. „Moderní Stavba Divadel", *Styl,* III (1911), S. 29-30.
191. „Über Baukunst", *Bildende Künstler,* 1911, H. 7, S. 300.
192. „Die Qualität des Baukünstlers", *Der Architekt,* XVIII (1912), S. 1-6.
193. *Die Qualität des Baukünstlers,* Wien-Leipzig 1912.
194. „Leitwort", *Das Ehrenjahr Otto Wagners an der k.k. Akademie der bildenden Künste in Wien,* Wien 1912.
195. „Velkomesto", *Styl,* IV (1913), S. 177-214.
196. *Die Baukunst unserer Zeit. Dem Baukunstjünger ein Führer auf diesem Kunstgebiete,* Wien 1914 (4. Ausgabe von *Moderne Architektur).*
197. „Wettbewerb für ein Kriegerdenkmal", *Neue Freie Presse,* 7.4.1917.
198. „Wien nach dem Kriege", *Neue Freie Presse,* 7.4.1917.
199. „Über Architektenkammern", *Neue Freie Presse,* 8.6.1917.

Publikationen über Otto Wagner

200. Schachner, F.: *Schachner oder Wagner. Zur Abwehr. Zum Wettbewerbe um den Bau des Kaiser Franz Josef-Stadt-Museums,* Wien 1902.
201. *Der Karlsplatz und das Kaiser Franz Josef-Stadt-Museum. Beschlüsse des Museumsbauausschusses über die Lösung dieser Frage auf Grund der vom Subcomité dieses Ausschusses gestellten Anträge,* Wien 1907.
202. *Erläuterung zur Bauvollendung der Kirche der Nied.-Österreich. Landes-Heil- und -Pflege-Anstalten „Am Steinhof",* Wien 1907.
203. *Das k.k. österreichische Postsparkassenamt in Wien,* Wien 1908.
204. *Die Wiener Stadtbahn seit ihrem Bestand 1898-1908,* Wien 1909.
205. *Bau der „Staustufe Kaiserbad" im Wiener Donaukanale,* Wien 1910.
206. *Der Museumsbau auf dem Karlsplatze. Flugschrift des Vereines zum Schutze und zur Erhaltung der Kunstdenkmäler Wiens und Niederösterreichs,* Wien-Leipzig 1910.
207. *Die Wehr- und Schleusenanlage im Wiener Donaukanal bei Nußdorf,* Wien 1911.
208. *Das k.k. österreichische Postsparkassenamt in Wien,* Wien 1913.
209. *Die Kirche der Nied.-Österreich. Landes-Heil- und -Pflege-Anstalten „Am Steinhof",* Wien 1913.
210. Lux, J.A.: *Otto Wagner. Eine Monographie,* München 1914.
211. *Die Tiefbau-Arbeiten bei der Herstellung der Wehr- und Schleusen Anlage in Nußdorf bei Wien,* Wien 1920.
212. Tietze, H.: *Otto Wagner,* Wien-Berlin-München-Leipzig 1922.
213. *Die Wiener Landes-Heil- und -Pflegeanstalten für Geistes- und Nervenkranke „Am Steinhof" und in Ybbs an der Donau,* Wien 1934.
214. Ostwald, H.: *Otto Wagner. Ein Beitrag zum Verständnis seines baukünstlerischen Schaffens,* Diss. E.T.H. Zürich, Baden 1948.
215. Pirchan, E.: *Otto Wagner, der große Baukünstler,* Wien 1956.
216. Graf, O.A.: *Otto Wagner,* phil. Diss., Wien 1963.
217. Graf, O.A. (Hg.): *Otto Wagner. Das Werk des Wiener Architekten,* Ausstellungskatalog, Hess. Landesmuseum, Darmstadt 1963/64.
218. Geretsegger, H. u M. Peintner: *Otto Wagner 1841-1918. Unbegrenzte Großstadt. Beginn der modernen Architektur,* Salzburg 1964.
219. Pagliara, N.: *Appunti su Otto Wagner,* Neapel 1968.
220. Giusti Baculo, A.: *Otto Wagner dall'architettura di stile allo stile utile,* Neapel 1968.
221. *Otto Wagners Postsparkasse,* Wien 1975.
222. Bernabei, G. (Hg.): *Otto Wagner,* Bologna 1983.
223. Asenbaum, P., P. Haiko, H. Lachmayer, R. Zettl: *Otto Wagner - Möbel und Innenräume,* Salzburg 1984.
224. Koller-Glück, E.: *Otto Wagners Kirche am Steinhof,* Wien 1984.
225. Peichl, G. (Hg.): *Otto Wagner 1841-1918,* Ausstellungskatalog, Akademie der bildenden Künste, Wien 1984.
226. Sch. M.: „Das Haus der Lebens- und Rentenversicherungsgesellschaft ‚Der Anker', Wien I, Spiegelgasse 2", *Der Architekt,* II (1896), S. 32, T. 52.
227. „Architektonische Details der Wiener Stadtbahn", *Der Architekt,* IV (1898), S. 27.
228. Dreger, M.: „Otto Wagner's Kunstakademie", *Zeit,* 1898, H. 216.
229. Koestler, H.: „Die Wiener Stadtbahn", *Geschichte der Eisenbahnen der Österr.-ungarischen Monarchie,* Wien 1898, Bd. 1, 2. Teil, S. 429-466.
230. „Der Hofpavillon der wiener Stadtbahn", *Ver Sacrum,* II (1899, H. 7), S. 2-13.
231. Dreger, M.: „Die neue Bauschule", *Ver Sacrum,* II (1899, H. 8), S. 17-24.
232. Hevesi, L.: „Eine moderne Kirche", *Kunst und Kunsthandwerk,* II (1899), S. 450-452.
233. „Die Bauten der Wr. Stadtbahn und der Donauregulierung", *Der Architekt,* VI (1900), S. 1.
234. „Die K. und K. Hofgartendirection auf der Pariser Ausstellung", *Ver Sacrum,* III (1900, H. 12), S. 189-195.
235. „Ein Wohnhaus am Wienerwalde von O. Wagner", *Ver Sacrum,* III (1900, H. 19), S. 290-292.
236. „Ein Absteigquartier", *Ver Sacrum,* III (1900, H. 19), S. 293-298.
237. „Otto Wagner", *Österreichs Illustrierte Zeitung,* X (1900/01, H. 41).
238. „Zur Reform der künstlerischen Wettbewerbe", *Der Architekt,* VII (1901), S. 33.
239. „Das Aluminium-Portal des Depeschensaales", *Der Architekt,* VIII (1902), S. 47.
240. Sitte, C.: „Vorkonkurrenz zu dem Baue des Kaiser Franz Josef-Stadtmuseums der Stadt Wien", *Allgemeine Bauzeitung,* 1902, S. 61-66.
241. Deutsch-German, A.: „Oberbaurath Wagner", *Wiener Porträts,* Wien 1903, S. 27-32.
242. „Aus dem Depeschensaal der ‚Zeit'", *Wiener Bauindustrie-Zeitung,* XX (1903, H. 18), S. 137-139.
243. „Wettbewerb für ein neues Postsparkassengebäude in Wien", *Wiener Bauindustrie Zeitung,* XX (1903, H. 19), S. 152 ff.
244. „Ausstellung der Modelle für das Museum der Stadt Wien", *Wiener Bauindustrie Zeitung,* XX (1903, H. 34), S. 274.
245. Leixner, O. von: „Architekt Otto Wagner", *Der Baumeister,* I (1903, H. 5), S. 49-54.
246. „Die Wehranlage im Donaukanal", *Wiener Bauindustrie Zeitung,* XXI (1904, H. 53), S. 441.
247. Hevesi, L.: „Otto Wagners moderne Kirche", *Zeitschrift für bildende Kunst,* XVI (1905), S. 236 ff.
248. L(ux), J.A.: „Holländische Reiseskizzen. I. Der Friedenspalast in den Haag", *Hohe Warte,* II (1905/06), S. 307-308.
249. Lux, J.A.: „Wien und die künstlerischen Gemeindeaufgaben. Der Karlsplatz", *Hohe Warte,* II (1905/06), S. 4-6.
250. „Der Internationale Wettbewerb zur Erlangung von Entwürfen für den Friedenspalast im Haag", *Deutsche Bauzeitung,* XL (1906, Nr. 44, 49, 52, 58), S. 309, 344, 360, 396-398.
251. P.G.: „L'oeuvre du professeur Wagner", *L'Architecte,* 15.12.1906, S. 89-93, T. LXVII-LXX.
252. „Wettbewerb für ein Ausstellungsgebäude in Wien", *Wiener Bauindustrie-Zeitung,* XXIV (1907, H. 27), S. 235 ff.
253. „Protest eines Komittees von Architekten gegen die Entscheidung des Preisgerichtes für den Friedenspalast im Haag", *Wiener Bauindustrie-Zeitung,* XXIV (1907, H. 20), S. 168 ff.

254. „Wettbewerb um den Neubau des Kriegministeriums in Wien“, *Wiener Bauindustrie-Zeitung,* XXV (1907, H. 11, 12), S. 97, S. 109 ff.
255. Kuzmany, K.M.: „Ein Kirchenbau Otto Wagners“, *Dekorative Kunst,* XI (1907), S. 106-114.
256. Schönthal, O.: „Die Kirche Otto Wagners“, *Der Architekt,*, XIV (1908), S. 1-5.
257. Janák, P.: „Otto Wagner“, *Styl,* I (1908/09), S. 41-49.
258. „Projekt für die Stiftung ‚Heilstätte und Heim für Lupuskranke‘“, XV (1909), S. 13.
259. „Ideenkonkurrenz für das Technische Museum für Industrie und Gewerbe“, *Wiener Bauindustrie-Zeitung,* XXVI (1909, H. 28), S. 239.
260. Deininger, J.: „Stenograph. Prot. d. Künstlerversammlung i.d. Angelegenheit d. städt. Museumsprojektes von O. Wagner am Karlsplatz (4.1.1910), *Jahrbuch der Gesellschaft österr. Architekten 1909/10;* Wien 1910, S. 43-55; abgedr. in *Bildende Künstler,* 1911, H. 7, S. 310-322.
261. Hoffmann, J.: „Stenograph. Prot. d. Künstlerversammlung i.d. Angelegenheit d. städt. Museumsprojektes von O. Wagner am Karlsplatz (4.1.1910), *Jahrbuch der Gesellschaft österr. Architekten 1909/10,* Wien 1910, S. 55-16; abgedr. in *Bildende Künstler,* 1911, H. 7, S. 332-342.
262. Kammerer, M.: „Stenograph. Prot. d. Künstlerversammlung i.d. Angelegenheit d. städt. Museumsprojektes von O. Wagner am Karlsplatz (4.1.1910)“, *Jahrbuch der Gesellschaft österr. Architekten 1909/10,* Wien 1910, S. 28-43, abgedr. in *Bildende Künstler,* 1911, H. 7, S. 322-330.
263. Oerley, R.: „Stenograph. Prot. d. Künstlerversammlung i.d. Angelegenheit d. städt. Museumsprojektes von O. Wagner am Karlsplatz (4.1.1910)“, *Jahrbuch der Gesellschaft österr. Architekten 1909/10,* Wien 1910, S. 20-28; abgedr. in *Bildende Künstler,* 1911, H. 7, S. 304-310.
264. Planiscig, L.; „Problemi d'architettura moderna: Otto Wagner“, *Emporium,* XXXII (1910, H. 188), S. 102 ff.
265. Bahr, H.: „Otto Wagner“, *Berliner Tagblatt,* 6.7.1911.
266. Fischel, H.: „Otto Wagner“, *Bildende Künstler,* 1911, H. 7, S. 299-302.
267. Homlin, A.D.F.: „Otto Wagner on the development of the great City“, *Architectural Record,* Bd. 31 (1911), S. 485-509.
268. Roessler, A.: „Oberbaurat Prof. Otto Wagner“, *Der Architekt,* XVII (1911), S. 57-58, 60; abgedr. in *Bildende Künstler,* 1911, H. 7, S. 350-352.
269. Schönthal, O.: „Die Kirche Otto Wagners“, *Bildende Künstler,* 1911, H. 7, S. 342-344.
270. Schönthal, O.: „Otto Wagners 70. Geburtstag“, *Illustrierte Zeitung,* 20.7.1911.
271. „Studie für den Neubau der k.k. Akademie der bildenden Künste in Wien“, *Der Bautechniker,* 1911, S. 231.
272. „Zum siebzigsten Geburtstag von Otto Wagner“, *Deutsche Bauzeitung,* XLV (1911, H. 55), S. 474 ff.
273. „Wettbewerbsbestimmungen und Bauprogramm für den Bau des Kaiser Franz Josef Stadt-Museums“, *Der Architekt,* XIX (1913), S. 53-59.
274. „Entwürfe für das Kaiser Franz Joseph-Stadtmuseum in Wien“, *Österreichs Illustrierte Zeitung,* XXII (1913), S. 32.
275. Lux, J.A.: „Otto Wagner und die Wiener“, *Persönlichkeit,* I (1914), S. 81-96.
276. Behne, A.: „Otto Wagner“, *Deutsche Kunst und Dekoration,* Bd. XXXV (1914/15), S. 382-390.
277. Eisler, M.: „Die Baukunst unserer Zeit“, *Der Architekt,* XX (1914/15), S. 69-71.
278. Setz, M.: „Heilstätte für Lupuskranke in Wien“, *Zeitschrift für Krankenanstalten,* XI (1915), S. 550.
279. B(ehrendt): „Otto Wagner †“, *Kunst und Künstler,* XVI (1917/18), S. 357.
280. Bauer, L.: „Otto Wagner †“, *Neue Freie Presse,* 12.4.1918.
281. Deininger, J.: „Otto Wagner †“, *Zentralblatt der Bauverwaltung,* XXXVIII (1918), S. 175.
282. Fischel, H.: „Otto Wagner“, *Kunst und Kunsthandwerk,* XXI (1918), S.265 ff.
283. Lux, J.A.: „In memoriam Otto Wagner, Wien“, *Deutsche Kunst und Dekoration,* Bd. XLII (1918), S. 198.
284. Roessler, A.: „Oberbaurat Prof. Otto Wagner“, *Donauland,* II (1918, Mai), S. 354.
285. Schmitt, F.J.: „Otto Wagner in der Baugeschichte“ *Historisch-Politische Blätter für das katholische Deutschland,* CLXII (1918), S. 263-268.
286. Tietze, H.: „Otto Wagner †“, *Kunstchronik. Neue Folge,* XXIX (1918), S. 305-308.
287. „Otto Wagner“, *Der Cicerone,* X (1918), S. 141.
288. „Otto Wagner, 1841-1918“, *De Bouwwereld,* 1918, H. 16, S. 131-132.
289. „Ein Theaterbau Otto Wagners“, *Neue Freie Presse,* 13.4.1918.
290. Bauer, L.: „Otto Wagner“, *Der Architekt,* XXII (1919), S. 9-23.
291. Frey, D.: „Otto Wagner. Historische Betrachtungen und Gegenwartsgedanken“, *Der Architekt,* XXII (1919), S. 1-9.
292. Leixner, O. von: „Otto Wagner. Versuch einer künstlerischen Würdigung“, *Zeitschrift des Österreichischen Ingenieur- u. Architekten-Vereins,* LXXI (1919), S. 2-5.
293. Oerley, R.: „Otto Wagners Persönlichkeit“, *Der Architekt,* XXII (1919), S. 23-26.
294. Frey, D.: „Otto Wagner“, *Neue Österreichische Biographie,* Wien 1923, Bd. I, S. 178-187.
295. „Otto Wagner zum 10. Todestage“, *Die Bau- und Werkkunst,* IV (1927/28) S. 23 ff.
296. Lux, J.A.: „Otto Wagner und die neue Sachlichkeit zum 10jährigen Gedächtnis Otto Wagners“, *Deutsche Kunst und Dekoration,* Bd. LXII (April-September 1928), S. 203-204.
297. Shand, M.: „Van de Velde to Wagner“, *The Architectural Revue,* 1934, S.131-134.
298. Ankwicz von Kleehoven, H.: „Otto Wagner“, *Große Östereicher,* Wien 1947, S. 35-44.
299. Girardi, V.: „Commento a Otto Wagner. I: Dall'academia alla scuola moderna“, *L'Architettura. Cronache e storia,* IV (1958, H. 32), S. 118-123.
300. Girardi, V.: „Commento a Otto Wagner. II: La Metropolitana di Vienna (1894-1897)“ *L'Architettura. Cronache e storia,* IV (1958, H. 33) S. 192-197.
301. Girardi, V.: „Commento a Otto Wagner. III: Alla svolta della Secessione“, *L'Architettura. Cronache e storia,*, IV (1958, H. 34), S. 264-269.
302. Girardi, V.: „Commento a Otto Wagner. IV: La Chiesa a Steinhof, Vienna (1906)“, *L'Architettura. Cronache e storia,* IV (1958, H. 35), S. 332-337.
303. Girardi, V.: „Commento a Otto Wagner. V: La Banca Postale a Vienna (1906)“, *L'Architettura. Cronache e storia,* IV (1958, H. 36), S. 408-413.
304. Girardi, V.: „Commento a Otto Wagner. VI: Una dignità creativa senza tramonto“, *L'Architettura. Cronache e storia,* IV (1958, H. 37), S. 482-483.
305. Girardi, V.: „Commento a Otto Wagner. VII: La conclusione meditata di un linguaggio“, *L'Architettura. Cronache e storia,* IV (1958, H. 38), S. 550-555.
306. „Profile. Otto Wagner“, *Der Aufbau,* XIII (1958, H. 4), S. 145-148.
307. Neutra, R.: „Meine Erinnerung an Otto Wagner“, *Baukunst und Werkform,* XII (1959, H. 9), S. 476.
308. Wick-Wagner, L.: „Der Freiheit eine Gasse: Versuch eines Porträts von Otto Wagner“, *Baukunst und Werkform,* XII (1959), S. 476-484.
309. Rainer, R.: „Otto Wagner“, *Der Aufbau,* XV (1960, H. 2), S. 82-84.
310. Achleitner, F.: „Bausünden. Haltestellen Karlsplatz“, *Abendzeitung,* 28.2.1961.
311. Achleitner, F.: „Bausünden. Stadtbahn-Renovierung“, *Abendzeitung,* 25.4.1961.
312. Achleitner, F.: „Bausünden. Eine Stadt stellt sich vor“, *Abendzeitung,* 23.5.1961.
313. Graf, O.A.: „Ein Haus der Kunst MCM-MM von Otto Wagner“, *Mitteilungen der Österreichischen Galerie,* VI (1962, H. 50), S. 33.
314. Achleitner, F.: „Otto Wagners Wiederkehr“, *Wort und Wahrheit,* XVIII (1963, H. 8-9), S. 565-567.
315. Czech, H.: „Die Stadtbahn wird unterschätzt“, *Die Furche,* 1963, H. 20.
316. Geretsegger, H. u M. Peintner: „Otto Wagner und die Architektur der Gegenwart“, *Der Bau,* XVIII (1963, H. 5), S. 236 ff.
317. Birkner, O.: „Die Kirche am Steinhof in Wien von O. Wagner “, *Werk,* LII (1965, H. 4) S. 77 ff.
318. Birkner, O.: „Die Wiener Stadtbahn von O. Wagner“,*Werk,* LII (1965, H. 10), S. 224 ff.
319. Kurrent, F.: „Otto Wagner 1841-1918. Zum 50. Todestage von Otto Wagner“, *Bauform,* 1968, H. 3-4, S. 46 ff.
320. „Die Haltestelle Karlsplatz in Wien“, *Werk,* LIV (1969), S. 443.
321. Czech, H.: „Otto Wagners Verkehrsbauwerk“,*Protokolle,* 1971, H. 1, S. 182-191.
322. Czech, H.: „Die Sprache Otto Wagners“, *Protokolle,* 1974, H. 1, S. 200 ff.
323. Feuerstein, G.: „Offener Brief an die Gesellschaft für Architektur: Otto Wagner und die Gegenwart“, *Transparent,* 1975, H. 4.
324. Haiko, P.: „Zum Frühwerk Otto Wagners“, *Wiener Geschichtsblätter,* 1975, H. 4.
325. Czech, H.: „Otto Wagner's Vienna Metropolitan Railway“, *Architecture and Urbanism,* (Tokio), 1976, H. 67, S. 19-20.
326. Czech, H.: „The Work and Direction of Otto Wagner“, *Architecture and Urbanism,* (Tokio), 1977, H. 70.
327. Haiko, P.: „Monumentalität als Problem der Öffentlichkeit in der Architektur. Die Kategorie Monumentalbau bei Otto Wagner“, *Kunstchronik,* XXX (1977, H. 3), S. 134 ff.
328. Friedl, R.: „Wiedererrichtung des Otto Wagner-Pavillons Karlsplatz“, *Der Aufbau,* XXXIII (1978, H. 1-3), S. 27-29.
329. Haiko, P. u. M. Reissberger: „Andrea Palladio und Otto Wagner“, in *Andrea Palladio,* Ausstellungskatalog, Frankfurt a. M. 1978.
330. Hollein, H.: „Otto Wagner's Post Office Savings Bank, Vienna, Austria, 1904-1906. Church of St. Leopold, Am Steinhof, Vienna, Austria, 1905-1907“, *Global Architecture,* 1978, H. 47.
331. Kassal-Mikula, R.: „Die Wiener Stadtbahn“, in *Faltbrosch. d. Hist. Museums der Stadt Wien zum Otto Wagner-Pavillon am Karlsplatz,* Wien 1978.
332. Tarufi, M.: „Am Steinhof. Centralità e ‚superficie‘ nell'opera di O. Wagner, *Lotus,* IV (1980, H. 29), S. 72-91.
333. Venier, A.: „Monumento metropolitano. e programma di O. Wagner per la Vienna del dopoguerra “, *Lotus,* IV (1980, H. 29), S. 72-91.

334. Czech, H.: „Wissen ist jedenfalls kein Schaden“, *Falter,* 1983, H. 9, S. 8 ff.
335. Haiko, P.: „Die neue Stadt. Otto Wagner's Utopien werden Realität“, in K. Sotriffer (Hg.): *Das größere Österreich. Geistiges Leben von 1880 bis zur Gegenwart,* Wien 1983, S. 177.
336. Kräftner, J.: „Wiener Brücken“, *Architekturwettbewerbe,* VII (1983, H. 29-30), S. 9.

III Publikationen über die Wagnerschule

337. F.(abiani), M.: "Aus der Wagnerschule“, *Der Architekt,* I (1895), S. 53-56.
338. F.(abiani), M.: „Aus der Wagnerschule an der Akademie d. bild. Künste. Wien“, *Der Architekt,* II (1896), S. 45-50.
339. K.(otěra), J.: „Aus der Wagnerschule MDCCCXVII“, *Der Architekt,* III (1897), Sonderbeilage.
340. „Aus der Wagnerschule MDCCCIIC“, *Der Architekt,* IV (1898), Sonderbeilage.
341. Abels, L.: „Aus der Wagnerschule MDCCCIC“, *Der Architekt,* V (1899), Sonderbeilage.
342. Roller, P. (Hg.): *Aus der Wagnerschule MCM,* Wien 1900
343. Roller, P. (Hg.): *Wagnerschule 01,* Wien o.J.
344. *Wagnerschule 1902,* Geleitwort von J.A. Lux, Wien 1903.
345. Kerndle, K.M. (Hg.): *Wagnerschule 1902/03 und 1903/04. Projekte, Studien und Skizzen aus der Spezialschule für Architektur des Oberbaurat Otto Wagner, Professor an der k.k. Akademie der bildenden Künste in Wien,* Leipzig 1905.
346. „Zehn Jahre Wiener Wagner-Schule“, *Deutsche Bauzeitung,* XXXIX (1905, H. 71), S. 430-432.
347. Lichtblau, E. (Hg.): *Wagnerschule. Arbeiten aus den Jahren 1905/06 und 1906/07. Nebst einem Anhang,* Leipzig 1910.
348. Schönthal, O. (Hg.): *Das Ehrenjahr Otto Wagners an der k.k. Akademie der bildenden Künste in Wien. Arbeiten seiner Schüler, Projekte, Studien u. Skizzen,* Wien o.J. (1912).
349. Graf, O.A.: *Die vergessene Wagnerschule,* Wien 1969.
350 Graf, O.A.: „Wagner and the Vienna School“, in Pevsner, N.u. J.M. Richards (Hg.): *The Anti-Rationalists,* Wisbech, Cambr. 1973.
351. Pozzetto, M.: *La Scuola di Wagner 1894-1912. Idee-premi-concorsi,* Triest 1979; deutsche Übersetzung, Wien 1980.
352. Tentori, F., M. Pozzetto, C.L. Ragghianti: „Fatti e opinioni: La Scuola di Wagner, 1894-1912. Idee-Premi-Concorsi“, *Casabella,* XLIII (1979, H. 453), S. 50-54.

IV Schüler und Mitarbeiter von Otto Wagner (Publikationen)

Hermann Aichinger
353. Heinrich Schmid-Hermann Aichinger, Wien o.J. (1931).
Mauriz Balzarek
354. „Projekt für ein Gymnasium in Mährisch-Ostrau“, *Der Architekt,* VI (1900), S.17, T.31.
355. „Concurrenzproject für die Staatsrealschule in Teplitz-Schönau“, *Der Architekt,* VIII (1902), S. 48, T. 91.
356. Balzarek, M.: „Das Eternitdach“, *Der Architekt,* XX (1914/15), S. 10-11.
357. Uebell, H.: *Mauriz Balzarek,* München-Wien 1931.
358. Wacha, G. (Hg.): *Architekt Mauriz Balzarek 1872-1945. Jugendstil und Sachlichkeit in Linz,* Linz 1972.
Oscar Barta
359. „Projekt eines Schutzhauses auf dem Großglockner“, *Der Architekt,* XIII (1907), S. 1-5, T. 22.
Emil Baschant
360. "Concurrenz um das König Albert-Museum in Chemnitz“, *Der Architekt,* VI (1900), S. 12-13, T. 23.
Leopold Bauer
361. „Der Quellentempel für Giesshübel“, *Der Architekt,* III (1897), S. 35-36, T. 71.
362. „Konkurrenz um das Völkerschlacht-Denkmal in Leipzig“, *Der Architekt,* III (1897), S. 7-8, T. 9.
363. Bauer, L.: „Die alte und die neue Richtung in der Baukunst“, *Der Architekt* IV (1898), S. 32.
364. Bauer, L.: *Verschiedene Skizzen, Entwürfe und Studien. Ein Beitrag zum Verständnis unserer modernen Bestrebungen in der Baukunst,* Wien 1899.
365. Bauer, L.: "Ideenskizze für ein Vergnügungs-Etablissement mit Wiener Specialitäten, Weltausstellung in Paris“, *Der Architekt,* V (1899), S. 49-52; T. 90.
366. „Glossen zur Concurrenz um die Kaiser Franz-Josephs-Jubiläums-Kirche in Wien“, *Der Architekt,* VI (1899), S. 25, 48, T. 43-44.
367. B.(auer), L.: „Entwurf zum Neubau des Jägerndorfer Rathauses“, *Der Architekt,* VI (1900),S. 30, T. 49.
368. Bauer, L.: "Moderne Schrift“, *Der Architekt,* VI (1900), S. 44.
369. Bauer, L.: *Haus eines Kunst-Freundes,* Enleitung von F. Commichau, Darmstadt 1902.
370. Lux, J.A.: „Neue Entwürfe des Architekten Leopold Bauer“, *Der Architekt,* IX (1903), T. 115-118.
371. L(ux), J.A.: „Wohnhaus in Brünn. Erbaut von Arch. Leopold Bauer“, *Das Interieur,* IV (1903), S. 185-200.
372. Lux, J.A.: „Eine moderne Zinshausfassade“, *Der Architekt,* X (1904), S. 10, T. 28.
373. Kuzmany, K.M.: "Leopold Bauer, seine Absichten und seine Werke“, *Dekorative Kunst,* Bd. 13 (1904/05), S. 89-112; abgedr. in *Die Kunst,* XII (1904/05), S. 89-112.
374. „Städtestudium vom Standpunkt der heimatlichen Kultur. I: Jägerndorf“, *Hohe Warte,* I (1904/05), S. 36-38.
375. „Architekt Leopold Bauer, Konkurrenzprojekt für die Handels- und Gewerbekammer in Wien“, *Der Architekt,* XI (1905), S. 17-19.
376. (Bauer, L.): „Projekt für das neue Postamt in Innsbruck“ , *Der Architekt,* XII (1906), T. 7-9.
377. Fellner, V. u. F. von Feldegg: „Leopold Bauer“, *Der Architekt,* XII (1906), S. 9-12.
378. Servaes, F.: „Leopold Bauer“, *Moderne Bauformen,* VI 1907), S. 1-35.
379. Althof, P.: „Leopold Bauer-Wien“, *Dekorative Kunst,* Bd. 16 (1907/08), S. 343-354.
380. Kuzmany, K.M.: „Blumenhalter nach Entwürfen von Leopold Bauer“, *Dekorative Kunst,* Bd. 16 (1907/08), S. 33-35.
381. Braun, E.W.: „Einige Gedanken über Leopold Bauer“, *Moderne Bauformen,,* IX (1910), S. 68-100.
382. Fellner, V. u F. von Feldegg: *Leopold Bauer, der Künstler und sein Werk,* Wien o.J. (1918).
383. Bauer, L.: *Gesund Arbeiten und freundlich Wohnen. Probleme unserer Zeit,* Wien 1919.
384. Frey, D.: „Leopold Bauer“, *Der Architekt,* XXII (1919), S. 85-106.
385. *Leopold Bauer, seine Anschauung in Wort und Werk,* Leipzig o.J. (1931).
386. *Leopold Bauer zum 60. Geburtstag. Widmungen seiner Freunde,* Brünn 1932.
Karl Johann Benirschke
387. Leisching, J.: „Karl und Max Benirschke“, *Mitteilungen des Mährischen Gewerbemuseums* (Brünn), XXIII (1905), S. 33-38.
Istvan Benkò-Medgyaszay
388. „Parkthor“, *Der Architekt,* VII (1901), S. 13, 15-16, T. 17.
389. „Studie zu einem Quellen-Tempel“, *Der Architekt,* VIII (1902), S. 36, T. 71.
390. Kathy, I.: *Medgyaszay István,* Budapest 1979.
Alfred Castellitz
391. Castellitz, A.: *Einfache Bauwerke,* Wien 1912.
Alfred Chalusch
392. „Projekt ‚Heroon'“, *Der Architekt,* XIV (1908), S. 150-151.
Josip Costaperaria
393. Ivanšek, F.: „Architekt Josip Costaperaria 1876-1951“, *Architekt,* I 1951), S. 42-43.
Wunibald Deininger
394. „Die neue Handelsakademie in Wien VIII“, *Der Architekt,* XIV (1908), S .128-129, T. 14-18.
Camillo Discher
395. „Wohnhaus für eine deutsche Familie. Für einen Rechtsgelehrten auf einem Grunde in Purkersdorf“, *Der Architekt,* XI (1905), S. 4, T. 12.
396. „Fürstliches Lustschloß“, *Der Architekt,* XIV (1908), S. 138-139.
Leopold Eber
397. „Hotel in Aussig a. d. Elbe“, *Der Architekt,* VI (1900), S. 34, T. 61.
Max Fabiani
Publikationen von Fabiani
398. „Zur Geschichte des Stuccos“, *Der Architekt,* II (1896), S. 51.
399. „Die Montagnola di Bologna“, *Der Architekt,* III (1897), S. 45.
400. „Pavillon der Stadterweiterungs-, Donauregulierungs-, und Verkehrs-Commission in Wien“, *Der Architekt,* S. 36, T. 61.
401. „Die neue und die alte Richtung in der Baukunst, eine Parallele mit besonderer Rücksicht auf die Wiener Kunstverhältnisse“, *Der Architekt,* IV (1898), S. 29-32.
402. „Glockenturm S. Marco in Rom“, *Der Architekt,* IV (1898), S. 29, T. 14.
403. *Regulierung der Landes-Hauptstadt Laibach,* Wien 1898.
404. „Über locale Architektur-Tradition in Toscana“, *Wiener Bauindustrie Zeitung,* CVI (1898/99), S. 183-185.
405. *Regulierung der Stadt Bielitz. Erläuterungsbericht zum General-Regulierungs-Plane der Stadt Bielitz,* Wien 1899.
Publikationen über Fabiani
406. Cevc, A., u. K. Rožman: *Arhitekt Maks Fabiani 1865-1962,* Ausstellungskatalog, Laibach 1966.
407. Pozzetto, M.: *Opere di Max Fabiani architetto-Guida della Mostra,* Facoltà di Architektura, Turin 1966.
408. Pozzetto, M.: *Max Fabiani architetto,* Ausstellungskatalog, Gorizia 1966.
409. Podrecca, B.: *Max Fabiani 1865-1962. Bauten und Projekte in Wien,* Ausstellungskatalog, Wien 1982.
410. Pozzetto, M.: *Max Fabiani. Ein Architekt der Monarchie,* Wien 1983.
411. „Curhaus für k.k. Staatsbeamte in Abbazia“, *Der Architekt,* IV (1898), S. 17-18, T. 34.

412. „Villa in Speising“, *Der Architekt,* V (1899), S. 10.
413. Abels, L.: „Project für die bauliche Ausgestaltung des Wiener Zentral-Friedhofes“, *Der Architekt,* VI (1900), S. 49-50, T. 94-96.
414. „Skizze für einen monumentalen Platz vor dem neuen Justizgebäude in Laibach“, *Der Architekt,* VI (1900), S. 29, T. 55.
415. Hevesi, L.: „Portois & Fix“, *Kunst und Kunsthandwerk,* IV (1901), S. 321-322.
416. Hevesi, L.: „Artaria-Tiepolo“, *Kunst und Kunsthandwerk,* V (1902), S. 273-274.
417. Abels, L.: „Zwei Wiener Geschäftshäuser“, *Der Architekt,* VIII (1902), T. 67-67a.
418. (Lux, J.A.): „Eine Villa von Professor Fabiani“, *Der Architekt,* IX (1903), S. 42, T. 103.
419. „Das Haus ‚Zum roten Igel‘“, *Der Architekt,* XIV (1908), S. 22-23.
420. Holey, K.: „Grundlagen für die Ausgestaltung des Karlsplatzes“, *Mitteilungen der k.k. Zentral-Kommission für Denkmalpflege,* XV (1916/17), S. 194-195.
421. Monai, F.: „Omaggio a Max Fabiani“, *Selearte,* V (1956), H. 25, S. 45-47.
422. Monai, F.: „Massimiliano Fabiani“, *Studi Goriziani,* XXVII (1960), S. 5-10.
423. Mušič, M.: „Max Fabiani“, in *Arhitektura in cās,* Maribor 1963, S. 308-313.
424. Hillebrandt, M.: „Tre edifici a Trieste sono dovuti a Max Fabiani“, *Il Piccolo,* Triest, 8.5.1966.
425. Tentori, F.: „Mostra dell'opera di Max Fabiani Architetto “, *L'Architetto-Organo del Consiglio Nazionale degli Architetti,* 1966, H. 6, S. 23-24.
426. Zevi, B.: „Carriera di un architetto-Un rivoluzionario che morì in orbace“, *L'Espresso,* 26.6.1966.
427. Pica, A.: „Max Fabiani architetto“, *Domus,* 1966, H. 443, S. 34.
428. Feuerstein, G.: „Der Schöpfer der Urania“, *Neues Österreich* (Wien), 25.1.1967.
429. Juteršek, M.: „Max Fabiani“, *Život Umjetnosti,* 1967, H. 3/4, S. 129-131.
430. Mušič, M.: „Max Fabiani“, in *Veliki Arhitekti III*, Maribor 1968, S. 124-138.
431. Pozzetto, M.: „Marginalia su Max Fabiani“, *Studi Goriziani,* XLIV (1976), S. 89-92.
432. Kurent, T. u. J. Marinko: „Proporzioni spaziali nelle architetture di Max Fabiani“, *Studi Goriziani,* XLIV (1976), S. 93-95.
433. Damiani, L.: „Max Fabiani“, in *Arte del Novecento in Friuli-Il Liberty e gli Anni Venti,* Udine 1978, S. 150-164.
434. Nicoletti, M.: „Max Fabiani e le periferie dell'Impero“, in *L'architettura Liberty in Italia,* Bari 1978, S. 258-279, 282-283.

Oscar Felgel

435. Felgel O.: „Studienheim für österreichisch-ungarische Reisestipendisten in Rom“, *Der Architekt,* VII (1901), S. 49-50, T. 96.
436. „Wallfahrtskappelle (Mausoleum)“, *Der Architekt,* VIII (1902), S. 16, T. 25.

Max Fellerer

437. *Max Fellerer. Ausstellung der Österreichischen Gesellschaft für Architektur,* Wien 1967.

Rudolf Frass

438. *Rudolf Frass, Wilhelm Frass,* Wien 1923.

Hubert Gessner

439. „Projekt für ein Mietshaus im VI. Bezirk“, *Der Architekt,* I (1895), S. 55, T. 91-92.
440. „Villa des Herrn J. Bratmann in Klobouk“, *Der Architekt,* III (1897), S. 4, T. 7.
441. Lux, J.A.: „H. Gessner et l'école de Wagner“, *Innen Dekoration,* I, (1902), S. 296-297, 304-308.
442. „Hubert Gessners Krankenkassengebäude in Brünn“, *Der Architekt,* IX (1903), S. 49-50, T. 122.
443. Lux, J.A.: „Das Arbeiterheim“, *Der Architekt,* IX (1903), T. 14-16.
444. Lux, J. A.: „The ‚Arbeiterheim‘ or Workmen's Home, Vienna “, *The Studio,* Bd. 30 (November 1903), S. 150-153.
445. L.-X.: „Das Sparkassengebäude in Czernowitz“, *Der Architekt,* IX (1903), T. 71-75.
446. „Architekt Hubert Gessners Krankenkassengebäude in Brünn“, *Der Architekt,* X (1904), T. 113-116.
447. „Die Bezirkskrankenkasse in Floridsdorf“, *Der Architekt,* XI (1905), S. 15-16, T. 29-30.
448. „Ein Arbeiter-Konsum-Vereins-Haus“, *Hohe Warte,* II (1905/06), S. 104-105.
449. *Hubert Gessner. Bauten und Entwürfe,* Wien 1932.

Karl Grünanger

450. „Entwurf für ein Museum der Gipsabgüsse in Wien“, *Der Architekt,* II (1896), S. 46, 49, T. 84.

Alfons Hetmanek und Franz Kaym

451. Kaym, F.: „Projekt: Schul- und Festhaus für Tänzerinnen auf der Insel Lacroma“, *Der Architekt,* XIX (1913), S. 69-70, T. 149-153.
452. Hetmanek, A., F. Kaym: *Wohnstätten für Menschen heute und morgen.* Wien-Leipzig 1919.
453. *Franz Kaym und Alois Hetmanek, Architekten - Z.V., Abbildungen ausgeführter Bauten,* Geleitwort von A. Roessler, Wien 1931.

Emil Hoppe

454. „Concurrenzentwurf für das Arbeiterheim in Wien-Favoriten“, *Der Architekt,* VII (1901), S. 27-28, T. 42.
455. „Die Grabstätte der Familie Ludwig“, *Der Architekt,* XIII (1907), S. 25-30, T. 52.

Publikationen über Werke in Zusammenarbeit mit Marcel Kammerer und Otto Schönthal

456. „Einige Bemerkungen zum Tribünenbau“, *Der Architekt,* XVIII (1912), S. 91-95, T. 89-92.
457. Roessler, A.: „Drei wiener Baukünstler“, *Der Architekt,* XVIII (1912), S. 89-91.
458. Roessler, A.: „Drei wiener Baukünstler“, *Donauland,* I (1917, H. 3), S. 290-294.
459. *Emil Hoppe - Otto Schönthal, Projekte und ausgeführte Arbeiten,* Wien 1931.

Josef Hora

„Erläuterung zum Projekte für ein ‚Theresianum‘ in Wien XIII, Lainz“, *Der Architekt,* XIV (1908), S. 151-152.

Sepp Hubatsch

461. Schach, R.L.: „Ein Ensemble des Jugendstil - Die Reihenhaussiedlung von Sepp Hubatsch in Brunn am Gebirge, Niederösterreich“, *Alte und Moderne Kunst,* 1971, H. 118, S. 25-30.

Bohumil Hübschmann

462. *Vystava žitvotniho dila B. Hübschmanna,* Ausstellungskatalog, Prag 1958.

Adolf Ritter von Inffeld

463. „Die Concurrenz um die Gewerbebank (Živnostenka banka) in Prag“, *Der Architekt,* III (1897), S. 40-41, T. 45.
464. „Projekt eines Wohn- und Geschäftshauses vom Stadtbaumeister Alois Schumacher“, *Der Architekt,* V (1899), S. 4, T. 7.
465. „Concurrenz-Projekt für das ‚Arbeiterheim‘ Favoriten“, *Der Architekt,* VII (1901), S. 35, T. 61.
466. „Eine Studie über die Neugestaltung des Jakominiplatzes in Graz“, *Der Architekt,* XIX (1913), S. 85-88, T. 191.

Pavel Janàk

467. Benesova, M.: *Pavel Janàk,* Prag 1959.

Max Joly

468. „Pfarrkirche“, *Der Architekt,* IX (1903), S. 17, T. 31.
469. „Wohnhaus in St. Pölten“, *Der Architekt,* X (1904), S. 8, T. 15.
469. „Wohnhaus in St. Pölten“, *Der Architekt,* X (1904), S. 8, T. 15.

Marcel Kammerer

470. „Projekt zur Kuranlage in Teplitz-Schönau (Konkurrenz, I. Preis)“, *Der Architekt,* XI (1905), S. 45-46, T. 101-105.
471. „Ein- und Zweifamilien-Häuser“, *Hohe Warte,* III (1906/07), S. 49.
472. „Erläuterungsbericht zu dem Projekte für den Neubau der Lehrerbildungsanstalt in Oberhollabrunn“, *Der Architekt,* XIV (1908), S. 87-90.
473. Kammerer, M.: „Über die Art der Darstellung unserer Entwürfe“, *Der Architekt,* XIV (1908), S. 41-42.
474. Kammerer, M.: „Haus Assan in Bukarest“, *Der Architekt,* XV (1909), S. 38-40, T. 29.

Stefan Karasimeonoff

475. „Entwurf eines modernen Hotels“, *Der Architekt,* IV (1898), S. 52, T. 91.

Karl von Kéler

476. „Bau eines Wohn- und Geschäftshauses in Mödling“, *Der Architekt,* VII (1901), S. 14-15, T. 19.
477. „Entwurfsskizze für ein Miet- und Geschäftshaus“, *Der Architekt,* VII (1902), S. 12, T. 22-23.

Karl Maria Kerndle

478. „Kaufhaus in Reichenberg“, *Der Architekt,* VII (1901), S. 30-31.

Friedrich Kick

479. Kick, F.: *Die Baukunst in Sizilien,* Wien 1906, 2 Bände.
480. Kick, F.: *Altgrazer Architekturdetails,* Wien 1906, 2 Bände.
481. „Konkurrenz um den Bau einer Knaben- u. Mädchenbürgerschule in Turn bei Teplitz“, *Der Architekt,* XII (1906), S. 29, T. 82.
482. Kick, F.: *Altprager Architekturdetails,* Wien 1906-1909, 2 Bände.
483. „Der Wettbewerb um den Bau des Theaters in Aussig a.d. Elbe“, *Der Architekt,* XIII (1907), S. 38-40, T. 66.
484. „Wettbewerb für eine neue Straßenbrücke über den Noorstrom in Stockholm“, *Der Architekt,* XIV (1908), S. 176.
485. Kick, F.: „Beamtenhaus Stiahlau im Anschlusse an das Exzellenz Graf Waldsteinsche Eisenwerk“, *Der Architekt,* XVII (1911), S. 77-80, T. 78.
486. Kick, F.: „Baubeschreibung für das Mausoleum der Familie Ritter von Gintl in Niedergrund a. Elbe“, *Der Architekt,* XVII (1911), S. 87-88, T. 86.
487. „Kurze Beschreibung des Konkurrenzprojektes für das neue Palais des Assekuranzvereines der Zuckerindustrie“, *Der Architekt,* XVII (1911), S. 62-63, 69.
488. „Villa G.“, *Der Architekt,* XVII (1911), S. 96, H. 93.
489. „Das Neue Rathaus in Bilin“, *Der Architekt,* XVIII (1912), S. 72, T. 65.
490. Kick, F.: „Baubeschreibung des für Klösterle Geplanten Hotel-Pension- und Badgebäudes“, *Der Architekt,* XIX (1913), S. 5-6, T. 28.

Jan Kotěra

491. „Projekte für ein Mietshaus im VI. Bezirk", *Der Architekt,* I (1895), S. 55, T. 91-92.
492. „Das Schloss Roth-Hrádek in Böhmen", *Der Architekt,* I (1895), S. 33, 35, T. 53.
493. „Concurrenz um den Fügerpreis: Fürstliches Schwimmbad", *Der Architekt,* II (1896), S. 47, T. 83.
494. „Studie für eine Pfarrkirche", *Der Architekt,* II (1896), S. 47, 50, T. 86.
495. „Façade eines bemalten Eckhauses für Pilsen", *Der Architekt,* V (1899), S. 16, T. 19.
496. „Grabgewölbe", *Der Architekt,* IV (1898), T. 88.
497. „Façade eines Hauses am Wenzelsplatz in Prag", *Der Architekt,* VI (1900), S. 2, T. 4.
498. Kotěra, J.: „O novém umění", *Volné Směry,* IV (1900), S. 189-196.
499. Kotěra, J. : *Meine und meiner Schüler Arbeiten 1898-1901,* Wien o.J. (1902).
500. Matějček, A. „Jan Kotěra", *Der Architekt,* XXI (1916-1918), S. 109-122.
501. Janák, P.: „K jubileu Jana Kotěry", *Styl,* II (1921/22), S. 87-95.
502. Mádl, K.B.: *Jan Kotěra,* Prag 1922.
503. Novótny, O.: *Jan Kotěra a jeho doba,* Prag 1958.

Victor Kovačić

504. Shoen, E.: *Viktor Kovačić,* Agram 1927.

Franz Krásny

505. „Entwurf zu einem Künstlerheim", *Der Architekt,* I (1895), S. 55, T. 89.
506. „Entwurf zum Sparcassengebäude in Rakonitz (Rakovník) in Böhmen", *Der Architekt,* II (1896), S. 52, 54.
507. „Knaben- und Mädchen-Volks- und -Bürgerschule in Heřman-Městec in Böhmen", *Der Architekt,* II (1896), S. 11, T. 20.
508. „Wohn- und Geschäftshaus des Herrn Emanuel Simandl, Selchermeisters in Pilsen", *Der Architekt,* IV (1898), S. 27.
509. „Entwurf zur Wirtschaftsanlage des Herrn Tichý jun. in Pilsen", *Der Architekt,* V (1899), S. 14, 16.
510. „Wohn- und Geschäfthaus des Herrn Professor Vojtěch Filipovsky in Pilsen", *Der Architekt,* VI (1900), S. 4.
511 „Villa ‚Pavlas' Wien XIII, Hietzing", *Der Architekt,* XII (1906), S. 30.
512. „Mein Wohnhaus, Wien XIII, Hietzing", *Der Architekt,* XII (1906), S. 32, T. 83.

Oscar Laske

513. „Miethaus Bognergasse Nr. 9, Naglergasse Nr. 10 in Wien", *Der Architekt,* IX (1903), S. 37-38, T. 89-90.
514. „Wohnhaus für Mietpartein in Wien-Hietzing, Teybergasse", *Der Architekt,* XI (1905), S. 20, T. 35.
515. „Geschäfts- und Zinshaus Peter Kandler in Wien-Meidling, Arndtstraße", *Der Architekt,* XI (1905), S. 20, T. 35.

Hans Laurentschitsch

516. „Wohn- und Geschäftshaus für Herrn S. in Laibach", *Der Architekt,* XII (1906), S. 4, T. 10.

Ernst Lichtblau

517 „Villa für Wien, Ober St.-Veit", *Der Architekt,* XIV (1908), T. 10-11.

Alois Ludwig

518. „Hotelanlage für die Magdalenen-Zeile", *Der Architekt,* II (1896), S. 45, 48, 50.
519. „Landhaus am Schreibwalde bei Brünn", *Der Architekt,* V (1899), S. 9, 11, T. 9.

Friedrich Mahler und Albrecht Michler

520. „Bericht zum angekauften Projekte für eine Wiener Kommunale Sparkasse im Bezirke Währing", *Der Architekt,* XI (1905), T. 99-100-101.

Franz Matouschek

521. Matouschek, F.: „Projekt für einen israelitischen Tempel in Triest", *Der Architekt,* XV (1909), S. 48, T. 38-39.

Hans Mayr

522. „Zum Project ‚Arbeiterheim in Favoriten'", *Der Architekt,* VII (1901), S. 24, T. 34.
523. „Zum Concurrenz-Project ‚Das Neue Schmetterhaus' in Troppau", *Der Architekt,* VIII (1902), nicht pag., T. 29.
524. „Erläuterungsbericht zu dem Projekt für den Neubau der Handelsakademie und der Handelsschule des Wiener Kaufmännischen Vereines", *Der Architekt,* XII (1906), T. 111.
525. R-r., A.: „ Architekt Hans Mayr", *Der Architekt,* XIX (1913), S. 21-23.

Rudolf Melichar

526. „Villa für einen Landsitz bei Karlsbad, Böhmen", *Der Architekt,* XIII (1907), S. 32, T. 50-51.

Ludwig Müller

527. „Projecte für ein Miethaus im VI. Bezirk",*Der Architekt,* I (1895), S. 54-55.
528. „Haus in Wien IV, Karlsplatz",*Der Architekt,* XI (1905), S. 52, T. 118.

Emil Pirchan

529. „Konkurrenz um die Siechenhausanlage in Maffersdorf", *Der Architekt,* XI (1905), S. 51, T. 115-116.
530. „Einige Bemerkungen zu dem Entwurfe für ein Landhaus", *Der Architekt,* XIV (1908), S. 52-54.
531. „Krematorium und Urnenfriedhof", *Der Architekt,* XIV (1908), S. 90-91.

Josef (Jože) Plečnik

532. Strajnić, K.: *Josio Plečnik,* Agram 1920.
533. Stelè, F. u. A. Trstenjak: *Architectura perennis,* Laibach 1941.
534. Stelè, F.: *Arhitekt Jože Plečnik v Italiji, 1898-1899,* Laibach 1967.
535. Podrecca, B. (Hg.): *Josef Plečnik, Wien-Prag-Laibach,* Ausstellungskatalog, Wien 1967.
536 Grabrijan, D. : *Jože Plečnik in njegova šola,* Maribor 1968.
537. Mušič, M.: *Jože Plečnik, Veliki Arhitekti* III, Maribor 1968.
538. Gostiša, L.: *Arhitekt Jože Plečnik,* Ausstellungskatalog, Laibach 1968.
539. Pozzetto, M.: *Jože Plečnik e la Scuola di Otto Wagner,* Turin 1968.
540. Prelovšek, D.: *Josef Plečnik. Wiener Arbeiten von 1896 bis 1914,* Wien 1979.
541. Ravnikar, E., M. Mušič, B. Podrecca, A. Vodopivec, D. Prelovšek, D. Blaganje, J. Kobe, J. Kožclj, A. Kolenc, S. Ostan, M. Vozlič: *Jože Plečnik. Il ritorno del mito,* Venedig 1983.
542. „Gutenberg-Denkmal" , *Ver Sacrum,* I (1898), S. 2-3.
543. Kotěra J.: „Jože Plečnik", *Volné Směry,* VI (1902), S. 91-106.
544. „Wiener Fassaden. Die Unterscheidung von gut und schlecht. Falsche und echte Architektur", *Hohe Warte,* I (1904/05), S. 292-293.
545. (Feldegg, F. von): „Wohn- und Geschäftshaus Zacherl in Wien", *Der Architekt,* XII (1906), S. 1-4.
546. „Der Karl-Borromäus-Brunnen", *Kunst und Kunsthandwerk,* XII (1909), S. 388-389.
547. „J. Plečnik, Prace z let 1901-1922", *Styl,* III (VIII), 1922, H. 3, S. 53-76.
548. Mušič, M.: „Josip Plečnik 23.1.1872-7.1.1957", *Arhitektura-urbanizem,* I (1960), S. 20.*ff.*
549. Mušič, M.: „Plečnik in Kotěra", *Naši razgledi,* 1961, S. 371 ff.
550. Stelè, F.: „Frank Lloyd Wright in Jože Plečnik", *Likovna revija,* 1963,S. 23 ff.
551. Podrecca, B.: „Josef Plečnik", *Domus,* 1967, H. 453, S. 1.
552. Podrecca, B.: „Jože Plečnik", *Casabella,* XLVI (1982, H. 476-477), S. 96-103.

Franz Polzer

553. Polzer, F.: „Die Cottageanlage St. Josef bei Graz", *Der Architekt,* XIII (1907), S. 25-26.

František Roith

554. „Projekt für eine Regulierung und Verbauung der Hetzinsel in Prag", *Der Architekt,* XV (1909), S. 60-61.

Paul Roller

555. „Familienwohnhaus in Mauer", *Der Architekt,* VII (1901), S. 41, 43-44, T. 76-78.

Gustav Rossmann

556. „Grabstätte für Meran", *Der Architekt,* VI (1900), S. 41, T. 80.

Anton Schania

557. „Project für eine Pfarrkirche auf dem Platze des alten Währinger Friedhofes", *Der Architekt,* II (1896), S. 48, T. 87.
558. „Concurrenz um das Sparcassegebäude zu Laa a.d. Thaya", *Der Architekt,* IV (1898), S. 19.

Rudolf Schindler

559. Gebhard, D.: *Schindler,* London 1971.

Hans Schlechta

560. „Entwurf eines Miethauses", *Der Architekt,* VII (1901), S. 20, T. 32.

Julius Oskar Schober

561. „Projekt für das ‚Uhlenhaus' der Herren Fr. V. in Hagenbrunn", *Der Architekt,* XIII (1907), T. 72-75.
562. „Sommerhaus-Wettbewerb", *Der Architekt,* XIII (1907), S. 60, T. 103-106.
563. „Entwurf für ein Badehaus mit Garten für Licht-, Luft-, Sand- und Sonnenbäder", *Der Architekt,* XIV (1908), S. 34.

Otto Schönthal

564. „Concurrenz um das Sparcassegebäude der Stadt Laa a.d. Thaya", *Der Architekt,* IV (1898), S. 21, T. 43.
565. „Concurrenzentwurf für die Sparcasse in Elbogen", *Der Architekt,* IV (1898), S. 43, T. 76.
566. „Der Wettbewerb um das Amtsgebäude im XX. Wiener Bezirk", *Der Architekt,* IX (1903), T. 11, 13.
567. „Konkurrenz für ein Kaufhaus in St. Petersburg", *Der Architekt,* XIII (1907), T. 77-78.
568. „Konkurrenz für eine Ausstellungshalle in Wien", *Der Architekt,* XIII (1907), S. 49-52.

Roderich Swoboda

569. „Eine Villa des Herrn v. K. in Salzburg", *Der Architekt,* V (1899), S. 9-10, T. 13.

Heinrich Tomek und Eduard Wanecek

570. „Studie für eine Marienkirche", *Der Architekt,* IX (1903), T. 33, S. 17.

Theodor Träxler

571. „Projekt für ein modernes Hotel", *Der Architekt,* XIV (1908), S. 137.
572. „Wettbewerb um die goldene Fügermedaille", *Der Architekt,* XIV (1908), S. 137.

Rudolf Weiss

573. Weiss, R.: „Legende zum ‚Lustschloss Sirmione'", *Der Architekt,* XX (1914/15), S. 17, T. 45-47.

Karl Wolschner

574. „Gemeindeamts- und Sparkassegebäude in Jablunkau", *Der Architekt,* X (1904), T. 46.

V. Publikationen von und über Joseph (Josef) Maria Olbrich

575. Hevesi, L. (Hg.): *Ideen von Josef Maria Olbrich*, Wien 1899, Leipzig ²1904.
576. Koch, A. (Hg.): *Die Ausstellung der Darmstädter Künstlerkolonie*, Darmstadt 1901 (Neudruck, Darmstadt 1979).
577. Olbrich, J.-M. (Hg.): *Hauptkatalog: Die Ausstellung der Künstlerkolonie Darmstadt 1901*, München 1901.
578. Olbrich, J.M. (Hg.): *Das Haus Olbrich*, Darmstadt 1901.
579. Olbrich, J.M.: *Architektur von Professor Joseph Maria Olbrich*, Berlin 1901-1914, 5. Band.
580. *Katalog der Künstlerkolonie-Ausstellung Darmstadt 1904*, Darmstadt 1904.
581. Olbrich, J.M.: *Neue Gärten von Olbrich*, Berlin 1905.
582. Wasmuth, E. (Hg.): *Joseph M. Olbrich. Der Frauen-Rosenhof Köln 1906*, Berlin 1907.
583. *Olbrich-Gedächtnis-Ausstellung*, Darmstadt, Ernst-Ludwig-Haus 1908.
584. *Joseph Maria Olbrich*, Düsseldorf, Kunstgewerbemuseum 1908.
585. Creutz, M.: *Das Warenhaus Tietz in Düsseldorf*, Berlin 1909.
586. *Joseph Maria Olbrich und Franz Skarbina*, Berlin, Königl. Akademie der Künste 1910.
587. Lux, J.A.: *Joseph Maria Olbrich*, Berlin 1919.
588. Veronesi, G.: *Joseph M. Olbrich*, Mailand 1948.
589. *Joseph M. Olbrich 1867-1908. Ausstellungskatalog; Institut für neue technische Form*, Darmstadt 1958.
590. Roeter, J. u. H.G. Sperlich: *Die Darmstädter Mathildenhöhe - Ein Dokument des Jugendstils*, Darmstadt 1958.
591. Sperlich, H.G.: *Versuch über Joseph Maria Olbrich*, Darmstadt 1965.
592. *Joseph M. Olbrich 1867-1908. Das Werk des Architekten,* Darmstadt, Hess. Landesmuseum 1967.
593. *Joseph Maria Olbrich 1867-1908. Entwürfe, Zeichnungen, Aquarelle*, Wien, Galerie Christian M. Nebehay 1970.
594. Schreyl, K.H.: *Joseph Maria Olbrich. Die Zeichnungen in der Kunstbibliothek Berlin. Kritischer Katalog,* Berlin 1972.
595. Clark, R.J.: *Joseph Maria Olbrich and Vienna*, Princeton, phil. Diss. 1974.
596. „Die Künstler der Mathildenhöhe" in *Ein Dokument deutscher Kunst 1901-1976*, Bd. 4, Darmstadt 1976.
597. Messina, M.G.: *Darmstadt 1901/1908. Olbrich e la colonia degli artisti,* Rom, 1978.
598. Latham, I: *Joseph Maria Olbrich*, London 1980; deutsche Übersetzung, Stuttgart 1981.
599. *Joseph M. Olbrich 1867-1908*, Ausstellungskatalog, Darmstadt 1983.
600. „Der Dom zu Padua", *Der Architekt*, I (1985), S. 39, T. 64.
601. „Grabmal des Cardinals Librettus d'Albrettis in St. Maria in Aracoeli in Rom", *Der Architekt*, I (1895), S. 14, T. 16.
602. „Hauptportal im Inneren der Kirche SS. Apostoli in Rom", *Der Architekt*, I (1895), S. 55, T. 95.
603. „Hof im Palazzo Massini in Rom", *Der Architekt*, I (1895), S. 32, T. 48.
604. F.(eldegg), F. von: „Die Concurrenz um das Nordböhmische Gewerbe-Museum in Reichenberg", *Der Architekt*, II (1896), S. 13-14, T. 25, 27.
605. „Concurrenzprojekt für ein Landtagsgebäude in Laibach", *Der Architekt*, III (1897), S. 24, T. 43.
606. „Project für den Umbau der Franzensbrücke in Wien", *Der Architekt,* III (1897), S. 14-16, T. 25.
607. „D. Haus d. Secession", *Ver Sacrum*, II (1899, H. 1), S. 6-7.
608. Feldegg, F. von: „J.M. Olbrich", *Der Architekt*, V (1899), S. 37-38.
609. „Grabmal für die Familie v. Klarwil auf dem Dornbacher Friedhofe", *Der Architekt*, V (1899), S. 6.
610. „Idee zu dem Eingang für ein Staatsgefängnis", *Der Architekt*, V (1899), S. 7.
611. „Interieur aus der Villa des Hern Max Friedmann, Hinterbrühl", *Der Architekt*, V (1899), S. 6-8.
612. Olbrich, J.: „Das Haus der Secession", *Der Architekt*, V (1899), S. 5.
613. „Ein Buch von Olbrich", *Architektonische Monatshefte*, VI (1900), S. 1-2.
614. F.(eldegg), F. von: „Ideen von Olbrich", *Der Architekt*, VI (1900), S. 7.
615. „Olbrich's Ideen", *Dekorative Kunst*, Bd. 5 (1900), S. 228-231.
616. R.: „Les idées de J. Olbrich", *L'Art Décoratif*, 1900, H. 18, S. 240-243.
617. „Villa ‚Bahr' in Ober-St. Veit", *Der Architekt*, VI (1900), S. 49, T. 91-92.
618. Abels, L.: „Joseph Olbrich", *Das Interieur*, II (1901), S. 161.
619. Abels, L.: „Zur Darmstädter Ausstellung", *Der Architekt*, VII (1901), S. 49-50.
620. „Zeichnungen aus der Mappe die dem Architekten J.M. Olbrich von seinen Freunden zur Erinnerung an den Bau des Secessionsgebäudes überreicht wurde", *Ver Sacrum*, IV (1901, H. 3), S. 49-56.
621. „Ideen von Olbrich", *Der Architekt*, X (1904), S. 39-40.
622. Olbrich, J.M: „Der Farbengarten", *Hohe Warte*, II (1905/06), S. 184-188.
623. Hevesi, L.: „Josef M. Olbrich", *Kunst und Kunsthandwerk*, XI (1908), S. 491-492.
624. Lux, J.A: „Joseph M. Olbrich", *Hohe Warte*, IV (1908), S. 257.
625. Wagner, O.: „Joseph M. Olbrich", *Hohe Warte*, IV (1908), S. 257-258.
626. Pudor, H.: „J.M. Olbrich", *Kunstgewerbeblatt*, XIX (1908/09), S. 234-236.
627. Wr., H: „Joseph M. Olbrich", *Dekorative Kunst*, Bd. XVII (1908/09), S. 55-56.
628. Feldegg, F. von: „Josef Maria Olbrich, sein Leben und sein Werk", *Zeitschrift des österreichischen Ingenieur- und Architekten-Vereins*, LXI, 4.6.1909, S. 367.
629. Lux, J.A.: „Zu Joseph M. Olbrichs Gedächtnis. Eine Charakteristik des Menschen und des Künstlers", *Kunstgewerbeblatt*, XX (1909), S. 101-113.
630. Wirth, Z.: „Životní Dílo J.M. Olbricha", *Styl*, II (1909/10), S. 93-120.
631. Lux, J.A.: „Joseph M. Olbrich in Briefen", *Österreichische Rundschau*, XXVII (1913), S. 383-397.
632. Piacentini, M.: „Edilizia moderna: l'opera di Joseph Olbrich", *Emporium*, XXXVIII (1913, H. 227), S. 350-369.
633. Kitt, F.: „Die Restaurierung des Gebäudes der ‚Sezession'", *Der Aufbau*, XIX (1964), S. 165-171.
634. Clark, R.J.: „Olbrich and Vienna", *Kunst in Hessen und am Mittelrhein*, VII (1967), S. 27-51.
635. Clark, R.H.: „J.M. Olbrich, 1867-1908", *Architectural Design*, XXXVII (1967, H. 37), S. 565-572.
636. Hautmann, P. u. K.: „The House of the Vienna Secession Movement", *The Studio,* Bd. 181 (1971, H. 932), S. 168-169.
637. Pevsner, N.: „Secession", *Architectural Review*, 1971, S. 73-74.
638. Tafuri, M.: „Ordine e disordine", *Casabella*, XLI (1977, H. 421), S. 36-40.

VI. Publikationen von und über Josef Hoffmann

Publikationen von Josef Hoffmann

639. „Architektonisches von der Insel Capri. Ein Beitrag für malerische Architekturempfindungen", *Der Architekt*, III (1897), S. 13.
640. „Architektonisches aus der österreichischen Riviera", *Der Architekt*, I (1895) S. 37-38; abgedr. in *Alte und moderne Kunst*, XV (1970), S. 28.
641. „Einfache Möbel", *Das Interieur*, II (1901), S. 193-208.
642. „Das Arbeitsprogramm der Wiener Werkstätte", *Hohe Warte*, I (1904/05), S. 268.
643. „Over de toekomst van woonen", *Wendingen*, III (1920), S. 21-26.
644. „Le mouvement moderne en Autriche. 1) La culture viennoise", *L'Amour de l'Art,* IV (Nr. 8, August 1923), S. 631-632.
645. „Die Wiener Werkstätte", *Frankfurter Zeitung*, 1.6.1926.
646. „25 Jahre Wiener Werkstätte: unser Weg zum Menschentum", *Deutsche Kunst und Dekoration*, Bd. LXII (April - Sept. 1928), S. 197-202.
647. „Architettura contemporanea", *Architettura*, XII (1933), S. 277.
648. „Rebirth of Design in Craftsmanship", *The Studio*, Bd. 105 (1933), S. 240-245.
649. „Selbstbiographie", *Ver Sacrum*, Neue Folge 1972, S. 105-123.

Publikationen über Josef Hoffmann Bücher und Ausstellungskataloge.

650. *Internationale Kunstausstellung, Rom 1911. Österreichischer Pavillon nach Plänen von Architekt Professor Josef Hoffmann*, Wien o.J. (1911).
651. *Die Wohnhausanlage der Gemeinde Wien im 20. Bezirk: Winarskyhof*, Wien o.J. (1925)
652. *L'Autriche à Paris 1925*, Wien 1925.
653. Kleiner, L.: *Josef Hoffmann*, Berlin 1927.
654. Weiser, A.: *Josef Hoffmann*, Genf 1930.
655. *Joseph Hoffmann zum sechzigsten Geburtstage. 15. Dezember 1930, Sondernummer des „Almanach der Dame",* Wien 1930.
656. Rochowanski, L.W.: *J. Hoffmann: eine Studie geschrieben zu seinem 80. Geburtstag*, Wien 1950;
657. Veronesi, G.: *Josef Hoffmann*, Mailand 1956.
658. Roth, A.: *Begegnung mit Pionieren, Le Corbusier, Piet Mondrian, Adolf Loos, Josef Hoffmann, Auguste Perret, Henry van de Velde*, Basel-Stuttgart 1973.
659. *Josef Hoffmann 1870-1956. Architect and Designer*, Katalog zur Ausstellung Fischer Fine Art (18.11.1977-13.1.1978), London 1977.
660. *Hoffmann. I mobili semplici di Vienna*, Ausstellungskatalog, Emporio Floreale, Hg. M. Fagiolo, Rom o.J. (1977).
661. *Josef Hoffmann*, Ausstellungskatalog, Galerie Ambiente, Wien 1978.
662. Baroni, D. u. A. d'AURIA.: *Josef Hoffmann e la Wiener Werkstätte*, Mailand 1981.
663. Fanelli G. u. E. Godoli: *La Vienna di Hoffmann architetto della qualità,* Bari 1981.
664. Gresleri, G. (Hg.): *Josef Hoffmann*, Bologna 1981.
665. *Josef Hoffmann Architect and Designer 1870-1956*, Ausstellungskatalog, Galerie Metropol, Wien-New York 1981.
666. Borsi, F. u. A. Perizzi: *Josef Hoffmann tempo e geometria*, Rom 1982.
667. Sekler, E.F.: *Josef Hoffmann. Das architektonische Werk,* Salzburg-Wien 1982.
668. „Architektur-Skizzen", *Der Architekt*, II (1896), S. 44, T. 78.
669. „Concurrenzproject für den Neubau des böhmischen Volkstheaters in Pilsen", *Der Architekt*, III (1897), S. 9-10, T. 17-18.
670. „Die Concurrenz um die Gewerbebank (Zivnostenska Banka) in Prag", *Der Architekt*, III (1897), S. 21-22, T. 42.
671. L(oos), A.: „Ein wiener Architekt", *Dekorative Kunst*, Bd. 2 (1898); abgedruckt in *Alte und Moderne Kunst*, XV (1970, Nr. 113), S. 27.

672. „Neue Architektur. (Miethaus in der Kärntner Str., Wien I)“, *Deutsche Bauhütte,* II (1898), S. 326-327.
673. „Josef Hoffmann, Ausstellung in der Secession - einfache Möbel“, *Dekorative Kunst,* Bd. (1899), S. 5-6, Abb. 37-38.
674. Lux, J.A.: „Klinger's Beethoven und die moderne Raum-Kunst“, *Deutsche Kunst und Dekoration,* X (April-September 1902), S. 475-482, Abb. 483-489.
675. Lux, J.A.: „L'art décoratif du Prof. Josef Hoffmann - Vienn“, *Innen Dekoration,*I (1902), S. 129-152.
676. Lux, J.A.: "Klinger's Beethoven und die moderne Raum-Kunst“, *Deutsche Kunst und Dekoration,* X (April-September 1902), S. 475-482, Abb. 483-489.
677. „Die Villenkolonie auf der Hohen Warte“, *Der Architekt,* IX (1903), T. 85-88.
678. „Grabmäler von Prof. Josef Hoffmann“, *Der Architekt,* IX (1903), S. 42.
679. Lux, J.A.: „Villenkolonie Hohe Warte. Erbaut von Prof. Josef Hoffmann“, *Das Interieur,* IV (1903), S. 121-144, 153-184.
680. Zuckerkandl, B.: „Josef Hoffmann“, *Dekorative Kunst“,* Bd. 12 (1903/04), S. 1-15, Abb. 16-31.
681. Levetus, A.S.: „Professor Hoffmann's Artist Colony“, *The Studio,* Bd. 32 (Juli 1904), S. 125-132, Abb. 124.
682. Verneuil, M.P.: „Quelques intérieurs à Vienne par Josef Hoffmann“, *Art et Décoration“,* VIII (1904, H. 8), S. 61-70.
683. „Eine einfache bürgerliche Wohnung“, *Hohe Warte,* I (1904/05), S. 5-6.
684. „Einige Beispiele von Grabmälern“, *Hohe Warte,* I (1904/05), S. 367.
685. Landkirche, *Hohe Warte,* I (1904/05), S. 40-41.
686. Lux, J.A.: „Josef Hoffmann, Koloman Moser“,*Deutsche Kunst und Dekoration,* Bd. XV (Okt. 1904-März 1905), S. 1-14.
687. „Sanatorium“, *Hohe Warte,* I (1904/05), S. 406-407.
688. „Grabmäler. Entwürfe von Prof. Josef Hoffmann“, *Hohe Warte,* II (1905/06), S. 6-7.
689. L(ux), J.A.: „Das Wohnhaus“, *Hohe Warte,* II (1905/ 06), S. 133-146
690. L(ux), J.A.:„Denkmalideen“, *Hohe Warte,* II (1905/ 06), S. 287-289.
691. „Sanatorium Purkersdorf“, *Deutsche Kunst und Dekoration,* XVIII (1906), S. 424-433.
692. Levetus, A.S.: „Die Villa Ast in Wien von Professor Hoffmann, Wien“, *Moderne Bauformen,* XII (1913, H. 1), S. 2-24.
693. „Eine Villenkolonie von Prof. Josef Hoffmann“, *Der Architekt,* XIX (1913), S. 1, T. 8-12.
694. Behrendt, W.C.: „Die deutsche Werkbundausstellung in Köln, *Kunst und Künstler,* XII (1913/14), S. 615-626.
695. Eisler, M.: „Das österreichische Haus auf der Deutschen Werkbund-Ausstellung in Köln“, *Dekorative Kunst,* Bd. 22 (1913/14), S. 465-483.
696. Levetus, A.S.: „A Brussel's mansion designed by Prof. Josef Hoffmann“, *The Studio,* Bd. 61 (April 1914, H. 252), S. 189-196.
697. „Das österreichische Haus in Köln 1914“, *Der Architekt,* XX (1914/15), S. 17-18, T. 41, 81-82.
698. Eisler, M.: „Josef Hoffmann“, *Dekorative Kunst,* Bd. 23 (1914/15), S. 233-241.
699. H.F.: „Soldatengräber und Kriegsdenkmäler“, *Der Architekt,* XX (1914/15), T. 91-94.
700. „Soldatengräber und Kriegsdenkmäler“, *Kunst und Kunsthandwerk,* XVIII (1915) S. 279-296.
701. Eisler, M.: “Ein städtisches Gartenwohnhaus von Josef Hoffmann“, *Dekorative Kunst,* Bd. 24 (1915/16), S. 1-15.
702. Eisler, M.: „Josef Hoffmann 1870-1920“, *Wendingen,* III (1920, H. 8-9), S. 4-20.
703. Fischel, H.: „Josef Hoffmann“, *Kunst und Kunsthandwerk,* XXIII (1920), S. 275-276.
704. Frey, D.: „Josef Hoffmann. Zu seinem 50. Geburtstag“, *Der Architekt,* XXIII (1920), S. 65-72, Abb. S. 73-77.
705. Leisching, E., G. Vetter, A. Roller, O. Strnad, A. Hanak u. Larisch: „Over Josef Hoffmann“, *Wendigen,* III (1920, H. 8-9), S. 27-28.
706. Behrens, P.: „The work of Josef Hoffmann“, *Architecture, The Journal of the Society of Architects* (London), Bd. 2 (1923), S. 589-599.
707. Persico, E. : „Trenta anni dopo il palazzo Stoclet“, *Casabella,* 1935, H. 91, S. 4-9.
708. Girardi, V.: „J. Hoffmann maestro dimenticato“, *L'architettura. Cronache e storia,* II (1956, H. 12), S. 432-441.
709. Ankwicz-Kleehoven, H.: „J. Hoffmann (1870-1956)“, in *Große Österreicher. Neue Österreichische Biographie ab 1815,* Bd. 10, Zürich-Leipzig-Wien 1957, S. 171-179.
710. Ankwicz-Kleehoven, H.: „J. Hoffmann: Das Palais Stoclet in Brüssel“, *Alte und moderne Kunst,* VI (1961, H. 42), S. 7-11.
711. Dimitriou, S.: „Josef Hoffmann“, *Christliche Kunstblätter,* 1966, H. 4, S. 85-89.
712. Birkner, O.: „J. Hoffmann, 1938-1945: aus einem totgeschwiegenen Lebensabschnitt Hoffmanns“, *Das Werk,* LIV (1967, H. 10), S. 671-673.
713. Sekler, E.F.: „The Stoclet House by J. Hoffmann“, in *Essays in the history of architecture presented to R. Wittkower,* London 1967.
714. Windisch-Graetz, F.: *Das Jagdhaus Hochreit, zur Stilanalyse des Raumes von J. Hoffmann, Alte und moderne Kunst,* XII (1967, H. 92), S. 28-32.
715. Mang, K. u. E.: „Das Haus auf der Bergerhöhe - Eine frühe Arbeit von Josef Hoffmann“, *Alte und moderne Kunst,* XV (1970, H. 113), S. 29-31.
716. Sekler, E.F.: „Das Palais Stoclet in Brüssel“, *Alte und moderne Kunst,* XV (1970, H. 113), S. 32-43.
717. Marilaun, K.: „Josef Hoffmann, die Wiener Werkstätte und Adolf Loos“, *Alte und Moderne Kunst,* XV (1970, H. 113), S. 44-45.
718. Kossatz, H.H.: „J. Hoffmann, Adolf Loos und die Wiener Kunst der Jahrhundertwende“, *Alte und moderne Kunst,* XV (1970, H. 113), S. 2-3.
719. Sekler, E.F.: „Art Nouveau Bergerhöhe“, *Architectural Review,* Bd. 149 (1971), S. 75-76.
720. Sekler, E.F.: „Gli schizzi del viaggio in Italia di J. Hoffmann e J. Olbrich“ in *Artisti austriaci a Roma del Barocco alla secessione,* Österr. Kulturinstitut, Rom, Ausstellungskatalog, Museo di Roma, Palazzo Braschi, März - April 1972.
721. Sekler, E.F.: „J. Hoffmann e il suo padiglione austriaco all' Esposizione Internaionale di Belle Arti in Roma, 1911“, in *Artisti austriaci a Roma del barocco alla secessione,* a.a.O.
722. Gunther, S.: „Der Wiener Architekt J. Hoffmann“, *Die Kunst und das schöne Heim,* , LXXXVI (Februar 1974, H. 2), S. 101-104.
723. Mrazek, W. u. E. Boltenstern: „J. Hoffmann Haus für Carl Moll renoviert“, *Alte und moderne Kunst,* XIX (1974, H. 132), S. 24-26.
724. Cellini, F.: „Decorazione: la villa Ast di J. Hoffmann“, *Controspazio,* IX (1977, H. 1), S. 48-51.
725. Marchetti, M.: „Il padiglione austriaco“, in G. Piantoni (Hg.), *Roma 1911,* Ausstellungskatalog, Galleria Nazionale d'Arte Moderna, Rom 1980.

VII. Kunstgewerbeschule und Hoffmannschule

726. „Die Hoffmannschule an der k.k. Kunstgewerbeschule in Wien“, *Das Interieur,* II (1901), S. 1-16.
727. Servaes, P.: „Die Wiener Kunstgewerbeschule“, *Kunst und Künstler,* I (1902/03), S. 431-440.
728. Levetus, A.S.: „The Imperial Arts and Craft Schools, Vienna“, *The Studio,* Bd. 39 (1907, H. 166), S. 323-334.
729. Meyer, R.: „Die k.k. Kunstgewerbeschule in Wien auf der Ausstellung in London im August 1908“, *Kunst und Kunsthandwerk,* XII (1909), S. 99-111.
730. „Die Dessinausstellung der Kunstgewerbeschule“, *Kunst und Kunsthandwerk,* XIII (1910), S. 158-162.
731. „Ausstellung der Fachklasse für Architektur des Professors J. Hoffmann an der Kunstgewerbeschule“, *Kunst und Kunsthandwerk,* XV (1912), S. 64-66.
732. Roller, A.: „Fünfzig Jahre Wiener Kunstgewerbeschule“, *Kunst und Kunsthandwerk,* XXI (1918), S. 336-349.
733. Roller, A.: „L'Ecole des Arts Appliqués“, *L'Amour de l'Art,* IV (1923, H. 8), S. 653-656.
734. *Kunstgewerbeschule Wien - 60. Bestandsjahr,* Wien 1929.

Max Benirschke

735. Leisching, P.: „Karl und Max Benirschke“, *Mitteilungen des Mährischen Gewerbemuseums* (Brünn), XXIII (1905), S. 33-38.
736. „Gartenarchitektur. Vier Entwürfe von Arch. Max Benirschke, Düsseldorf“, *Hohe Warte,* II (1905/06), S. 12-13.

Adolf O. Holub

737. „Regulierungsprojekt des Theaterplatzes in Berndorf in Verbindung mit dem Bau eines Gesellschaftshauses“, *Hohe Warte,* II (1905/06), S. 120-123.
738. „Berghaus in Naumburg a.S.“ *Hohe Warte,* III (1906/07), S. 218-219.
739. Planer, F.: „Architekt Adolf O. Holub-Wien“, *Deutsche Kunst und Dekoration,* Bd. 30 (1912), S. 68-76.

Emanuel Joseph Margold

740. Glass, M.: „Emanuel Joseph Margold-Wien“, *Deutsche Kunst und Dekoration,* Bd. 26 (1910), S. 45-51.
741. Corwegh, R.: „Öffentliche Kunstpflege. Darmstädter Kunstleben“, *Kunstchronik und Kunstmarkt,* LV (1919/20), S. 429-430.

Hans Ofner

742. „Erste Kunstausstellung Arch. Hans Ofner“, St.Pölten, *Hohe Warte,* II (1905/06), S. 24-25.
743. Lux, J.A: „Architekt Hans Ofner-Wien“, *Innen Dekoration,* XVII (1906), S. 93-95.
744. Kuzmany, K.M.: „Hans Ofner-Wien“, *Dekorative Kunst,* Bd. 15 (1906/07), S. 273-275.
745. Levetus, A.S.: „Vienna. Hans Ofner...“, *The Studio,* Bd. 42 (1908, H. 178), S. 329-331
746. R.(oessler), A.: „Neue Arbeiten Hans Ofner“, *Deutsche Kunst und Dekoration,* Bd. 27 (1911), S. 193-206.
747. O.M.R.: „Architekt Hans Ofner“, *Das Interieur,* XII (1915), S. 63-64.

Otto Prutscher

748 „Otto Prutscher und Erwin Puchinger“, *Das Interieur,* IV (1903). S. 22.
749. Levetus, A.S.: „Otto Prutscher: a Young Viennese Designer of Interiors“, *The Studio,* Bd. 37 (1906, H. 155), S. 33-41.
750. Lux, J.A.: „Architekt Otto Prutscher-Wien“, *Innen Dekoration,* XVII (1906), S. 93-95.

751. Roessler, A.: „Otto Prutschers Weißer Salon", *Deutsche Kunst und Dekoration*, Bd. 28 (1911), S. 409-412.
752. Saxl, F.: „Zwei Landhäuser von Otto Prutscher", *Der Architekt*, XIX (1913), S. 61-62, T. 137-139; *Das Interieur*, XIV (1913), S. 33-35.
753. Eisler, M.: „Otto Prutscher", *Dekorative Kunst*, Bd. 24 (1915/16), S. 166-172.
754. Eisler, M.: „Otto Prutscher Villa in Jägerndorf", *Dekorative Kunst*, Bd. 25 (1916/17), S. 182-190.
755. Eisler, M.: „Eine neue Wohnung von Otto Prutscher", *Dekorative Kunst*, Bd. 31 (1922/23), S. 69-84.
756. Eisler, M.: *Otto Prutscher*, Leipzig-Wien 1925.

Carl (Karl) Witzmann

757. Witzmann, K.: „Zur Kaiserjubiläums-Mobelausstellung-Wien 1908", *Das Interieur*, X (1909), S. 1-2.
758. Levetus, A.S.: „Architekt Karl Witzmann-Wien", *Deutsche Kunst und Dekoration*, Bd. 25 (1909/10), S. 57-68.
759. Strobl, K.H.: „Eine moderne Wohnung in Brünn", *Deutsche Kunst und Dekoration*, Bd. 27 (1910/11), S. 55-67.
760. Levetus, A.S.: „Architekt Karl Witzmann", *Moderne Bauformen*, X (1911), S. 576-588.
761. „Die Wiener Kriegsausstellung. Erbaut von Architekt Karl Witzmann" *Der Architekt*, XXI (1916-1918), S. 123-128.
762. „Die Wiener Kriegsausstellung", *Bildende Künste*, I (1906-1918), S. 123-128.
763. „Neubauten in der Kriegsausstellung, Wien 1916-17", *Osterreichische Wochenschrift für den öffentlichen Baudienst*, XXIV (1918), S. 288-303.
764. Kotas, R.: *Carl Witzmann*, Wien 1934.

Fritz Zeymer

765. „Schlafzimmer. Entwurf und Ausführung F. Zeymer, Wien", *Hohe Warte*, II (1905/06), S. 4-5.
766. „Ein einfaches bürgerliches Zimmer", *Hohe Warte*, III (1906/07), S. 23.

Joseph Zotti

767. „Architekt Joseph Zotti", *Das Interieur*, XI (1910), S. 69.

VIII. Wiener Werkstätte

768. *Almanach der Wiener Werkstätte*, Wien-Leipzig o.J. (1911).
769. Levetus, A.S.: „The ‚Wiener Werkstätte'", *The Studio*, Bd. 52 (1911, H. 217), S. 187-196.
770. Eisler, M.: „Von der Wiener Werkstätte", *Dekorative Kunst*, Bd. 24 (1915/16), S. 337-346.
771. Eisler, M.: „Ornament und Form zu den Arbeiten der Wiener Werkstätte", *Dekorative Kunst*, Bd. 26 (1917/18), S. 358-360.
772. Eisler, M.: „Wiener Werkstätte", *Dekorative Kunst*, Bd. 29 (1920/21), S. 239-247.
773. Vetter, A.: „20 Jahre ‚Wiener Werkstätte'", *Deutsche Kunst und Dekoration*, LIII (1923), S. 87-116.
774. „Die Wiener Werkstätte", *Dekorative Kunst*, Bd. 34 (1925/26), S. 220-224.
775. Eisler, M.: „Die Wiener Werkstätte", *Der Morgen*, XVII (1926, H. 20), S. 7.
776. „Jubiläumsfeier der ‚Wiener Werkstätte'", *Deutsche Kunst und Dekoration*, Bd. 62 (April-September 1928), S. 334-340.
777. *Modernes Kunstgewerbe und sein Weg. Jubiläumsbuch der Wiener Werkstätte 1903-1928*, Wien, 1929.
778. Weiser, A.: „Wiener Werkstätte", *Die Bau- und Werkkunst*, VI (1929/30), S. 188-190.
779. Ankwicz von Kleehoven, H.: „Die Wiener Werkstätte", *Alte und moderne Kunst*, XII (1967, H. 92), S. 20-27.
780. Mrazek, W. (Hg.): *Die Wiener Werkstätte, modernes Kunsthandwerk von 1903-1932*, Ausstellungskatalog, Wien 1967.
781. Schweiger, W.J.: *Wiener Werkstätte. Kunst und Handwerk 1903-1932*, Wien 1982.

IX. Publikationen von und über Adolf Loos

Publikationen von Adolf Loos

782. „Ein Wiener Architekt", *Dekorative Kunst*, II (1898, H.11), S.227
783. „Die alte und die neue Richtung in der Baukunst", *Der Architekt*, IV (1898), S. 31-32; abgedruckt in *Alte und neue Kunst*, II (1953, H. 3)
784. „Unseren jungen Architekten", *Ver Sacrum*, I (1898, H. 7), S. 19 ff.
785. „Die Ausstellungsstadt, Der neue Stil", *Neue Freie Presse*, 8.5.1898.
786. „Myrbach Ausstellung", *Die Waage*, 1898, H. 14.
787. „Englische Kunst auf der Schulbank", *Wiener Rundschau*, III, 1899, H. 6.
788. *Das Andere. Ein Blatt zur Einführung abendländischer Kultur in Österreich*, I (1903, H. 1 und H. 2).
789. „Vom Gehen, Stehen, Sitzen, Liegen, Schlafen, Essen und Trinken", *Wiener Extrablatt*, 25.3.1911.
790. *Ins Leere gesprochen 1897-1900*, Paris-Zürich 1921; Innsbruck ^{2}1932.
791. *Trotzdem 1900-1930*, Innsbruck 1931
792. *Sämtliche Schriften*, , hrsg. von F. Glück, Wien-München 1962.
793. „Über Josef Hoffmann", *Alte und moderne Kunst*, 1970, H. 113.

Publikationen über Adolf Loos

794. Marilaun, K.:*Adolf Loos*, Wien 1922.
795. Marilaun, K. *Adolf Loos*, Brünn 1929.
796. *Adolf Loos zum 60. Geburtstag am 10.12.1930. Festschrift*, Beiträge von P. Altenberg, H. Bahr-Mildenburg, A. Berg, M. Brod, R. Dehmel, M. Eisler, L. Ficker, J. Frank, G. Glück, K. Hauer, J. Itten, J. Klinger, O. Kokoschka, K. Kraus, E. Lasker-Schüler, M. Lichnowsky, R. Lothar, J.S. Machar, M. Maeterlinck, B. Markalous, A. Matějček, K. Michaelis, J.J.P. Oud, G.A. Platz, A. Polgar, E. Pound, M. Ray, R. Schaukal, R. Scherman, R. Scheu, H. Scheu-Riesz, A. Schönberg, R. Serkin, H. Simon, O. Stoessl, B. Taut, M. Thun-Hohenstein, G. Trakl, T. Tzara, A. Webern, S. Zweig, Wien 1930.
797. Glück, F.: *Adolphe Loos*, Paris 1931.
798. Kulka, H.: *Adolf Loos. Das Werk des Architekten*, Wien 1931.
799. *Das Werk des Architekten Adolf Loos*, Ausstellungskatalog. Ausstellung organisiert von „Das neue Frankfurt", Frankfurt a. M. 1931.
800. *Adolf Loos, Walter Gropius*, Ausstellungskatalog, Gewerbemuseum, Basel 1931.
801. *Adolf Loos. Bauten und Bildnisse, 1870-1933*, Wien 1933.
802. *Exhibition of the Work of Adolf Loos at the Architectural Association*, Ausstellungskatalog, London 1934.
803. Loos, C.: *Adolf Loos Privat*, Wien 1936.
804. Loos, L.: *Das Buch ohne Titel. Erlebte Geschichten*, Wien 1947.
805. *Adolf Loos*, Ausstellsungskatalog, Tel Aviv 1947.
806. Münz, L.: *Adolf Loos*, Mailand 1956.
807. *Adolf Loos 1870-1933*, Ausstellungskatalog, Galerie Würthle, Wien 1961.
808. Hoffmann, W.: *Adolf Loos*, Ausstellungskatalog, Galerie des Beaux Arts-Centre Culturel Autrichien, Paris 1962.
809. Münz, L. u. G. Künstler :*Der Architekt Adolf Loos*, Wien-München 1964; englische Übersetzung London 1966 und New York-Washington 1966.
810. *Adolf Loos, Ausstellungskatalog Nr.13*, Museum des 20. Jahrhunderts, Wien 1964.
811. *Adolf Loos 1870-1933. Ausstellungskatalog der Graphischen sammlung der Eidgenössischen Technischen Hochschule*, Zürich 1965.
812. Kubinszky, M.: *Adolf Loos*, Budapest 1967.
813. *Loos Adolf Wystawa*, Ausstellungskatalog, Stowarzyszeni architektow polskich, Warschau 1967.
814. Altmann-Loos, E.: *Adolf Loos. Der Mensch*, Wien-München 1968.
815. Kubinsy, M.: *Adolf Loos*, Berlin 1970.
816. Schmeller, A.: *Adolf Loos für junge Leute*, Ausstellungskatalog, Museum des 20. Jahrhunderts, Wien 1970.
817. Amendolagine, F. u. M. Cacciari: *Oikos da Loos a Wittgenstein*, Rom 1975.
818. Czech, H. u. W. Mistelbauer: *Das Looshaus*, Wien 1977.
819. Müller, M.: *Die Verdrängung des Ornaments. Zum Verhältnis von Architektur und Lebenspraxis*, Frankfurt a.M. 1977.
820. Cacciari, M.: *Adolf Loos e il suo angelo*, Mailand 1981.
821. Gravagnuolo, B.: *Adolf Loos. Teoria e opere*, Mailand 1981; engl. Übersetzung, New York 1981.
822. Heinisch, T.J.: *Destruktionen zur Säule. Zu einem Projekt von Adolf Loos*, Berlin 1981.
823. Kurrent, F. (Hg.): *Adolf Loos. Katalog zur Ausstellung Stuckvilla München*, München 1982.
824. Rukschcio, B. u. R. Schachel: *Adolf Loos: Leben und Werk*, Salzburg-Wien 1982.
825. „Adolf Loos", *Dekorative Kunst*, Bd.4 (1899), S.173-174.
826. Abels, L.: „Ein Wiener Herrenmodesalon", *Das Interieur*, II (1901), S. 145.
827. Hevesi, L.: „Adolf Loos", *Fremden-Blatt*, 22.11. 1907.
828. Altenberg, P.: „Eine neue ‚Bar' in Wien", *Wiener Allgemeine Zeitung*, 22.2.1909.
829. Hevesi, L.: „Eine American Bar ", *Kunst und Kunsthandwerk*, XII (1909), S. 214-215.
830. Kraus, K.: „Das Haus auf dem Michaeler-Platz", *Die Fackel*, 31.12.1910.
831. Kronstein: „Die Mistkiste am Michaelerplatz", *Die Neue Wiener Zeitung*, 7.12.1910.
832. Lasker-Schüler, E.: „Adolf Loos", *Der Sturm*, I, 1910, H. 12.
833. Marilaunk, K.: „ Das Haus auf dem Michaelerplatz", *Reichspost*, 15.12.1910.
834. Schaukal, R.: „Ein Haus und seine Zeit", *Der Merker. Österreichische Zeitschrift für Musik und Theater*, II, 1910, H.5.
835. Engelmann, P.: „Das Haus auf dem Michaelerplatz", *Die Fackel*, 28.2.1911.
836. Schaukal, R.: „Nochmals das Haus gegenüber dem Michaelerhof", *Reichspost*, 1.1.1911.
837. Stoessl, O.: „Das Haus auf dem Michaelerplatz", *Die Fackel*, 28.2.1911.
838. Walden, H.: „Stellungnahme zum Michaelerhaus", *Der Sturm*, II, 1911, H. 70.
839. Kraus, K.: „Adolf Loos und ich..." *Die Fackel*, 15.12.1913.
840. Kraus, K.: „Die Schönheit im Dienste des Kaufmannes", *Die Fackel*, 10.12.1915.
841. Kraus, K.: „Für A. Loos", *Die Fackel*, 5.5.1916.
842. Ottmann, F.: „Adolf Loos", *Der Architekt*, 1919, H. 11.
843. Hoffmann, J.: „Meine Gegner und ich", *Die Stunde*, 10.1.1926.
844. Westheim, P.: „Loos", *Die Form*, V, 1930, S. 21-22.
845. „Hommage à Adolf Loos", *Vient de Paraître*, XI, 1931, H. 162.

846. Kulka, H.: „Adolf Loos", *Cahiers d'art*, 1931, H. 6, S. 172.
847. Tietze, H.: „Die wiener Architekten sind sechzig Jahre alt", *Kunst und Künstler, XIX (1931), S. 215-216.*
848. *Münz, L.: „Die Gefährdung des Loos-Hauses auf dem Michaelerplatz", Wiener Zeitung*, 10.1.1936.
849. Bournoud, P.: "Une construction de Adolphe Loos en Suisse", *La demeure Formes et Couleurs*, 1944, Nr. 4.
850. Kokoschka, O.: „Portrait", *Art Quaterly*, VIII, 1945, H. 4, S. 309.
851. Banham, R.: „Ornament and crime. The Decisive Contribution of Adolf Loos", *The Architectural Review*, CXXI, 1957, H. 721, S. 85-88.
852. Dimitriou, S.: „Adolf Loos", *Der Aufbau*, XIII, 1958, H. 10.
853. Glück, F.: „Adolf Loos 1870-1930", *Der Aufbau*, XIII, 1958, H. 10.
854. Münz, L.: „Über die Grundlagen des Baustils von Adolf Loos", *Der Aufbau*, XIII, 1958, H. 10.
855. Rossi, A.: „Adolf Loos 1870-1933", *Casabella Continuità*, 1959, H. 233.
856. Rogers, E.N.: „Attualità di Loos", *Casabella Continuità*, 1959, H. 233.
857. Neutra, R.: „Ricordo di Loos", *Casabella Continuità*, 1959, H. 233.
858. Wöhrle, E.: „Rettung einer Kostbarkeit" (‚Loos-Bar'), *Der Bau*, 1960, H. 2.
859. Czech, E. u. W. Mistelbauer: „Das Looshaus", *Der Aufbau*, XIX, 1964, H. 4-5.
860. Dimitriou, S.: „Der Architekt Adolf Loos", *Der Aufbau*, XIX, 1964, H. 11-12.
861. Pahl, J.: „Alle Architekten sind Verbrecher", *Deutsche Bauzeitung*, LXIX (1964), S.947-949.
862. Feuerstein, G.: „Adolf Loos. Volumen und Säule", *Bauwelt*, 1965, H. 44.
863. Girardi, V.: „Adolf Loos, pioniere protestante", *L'architettura. Cronache e Storia*, XI (1965, H. 115, 116, 117, 118, 119, 120, 121, 122), S. 56-64, 126-134, 200-204, 270-274, 340-344, 410-414, 480-484, 548-554.
864. Schmidt, H.: „Adolf Loos", in *Beiträge zur Architektur, 1924-1964*, Berlin 1965, S. 62-63.
865. Birkner, O.: „Die Welt um Adolf Loos", *Werk*, 1966, H. 2.
866. Czech, H.: „Adolf Loos und Funktionalismus", *Die Furche*, 1966, H. 25.
867. Künstler, G.: „Der ‚Traditionalist' Adolf Loos", *Österreichische Zeitschrift für Kunst und Denkmalpflege*, XXII, 1968, H. 2.
868. Gubler, J. u. G. Barley: „Loos' Villa Karma", *The Architectural Review*, Bd. 145 (1969, H. 865), S. 215-216.
869. Schachel, R.L.: „Ist Ornament Verbrechen ?", *Bauforum*, III, 1969, H. 14.
870. Achleitner, F.: „Adolf Loos: Ärgernis und Hemmschuh", *Bauforum*, 1970, H. 21.
871. Behalová, V.: „Die Villa Karma von Adolf Loos", *Alte und moderne Kunst*, XV (1970, H. 113), S. 11-19.
872. Czech, H. u. W. Mistelbauer: „Das Looshaus", *Bau*, XXV, 1970, H. 1.
873. Dimitriou, S.: „Adolf Loos. Gedanken zum Ursprung von Lehre und Werk", *Bauforum*, 1970, H. 21.
874. Herzmansky, H.: „Ein Skizzenblatt des Loos-Archivs", *Bau*, XXV, 1970, H. 1.
875. Kokoschka, O.: „Mein Leben - Erinnerungen an Adolf Loos", *Alte und moderne Kunst*, XV (1970, H. 113), S. 4-5.
876. Kossatz, H.-H: „Josef Hoffmann, Adolf Loos und die Wiener Kunst der Jahrhundertwende", *Alte und moderne Kunst*, XV (1970, H. 113).
877. Kulka, H.: „Bekenntnis zu Adolf Loos", *Alte und moderne Kunst*, XV (1970, H. 113), S. 24-26.
878. Kurrent, F. u. J. Spalt: „Unbekanntes von Adolf Loos", *Bauforum*, 1970, H. 21.
879. Schachel, R.L.: „Adolf Loos, Amerika und die Antike", *Alte und moderne Kunst*, XV (1970, H. 113), S. 6-10.
88.0 Worbs, D.: „Kniže - Beschreibung und Analyse eines Herrenmodegeschäftes von A. Loos", *Bauform*, 1970, H. 21.
881. Marilaun, K.: „Josef Hoffmann, die Wiener Werkstätte und Adolf Loos", *Alte und moderne Kunst*, XV (1970, H. 113).
882. Messina, M.G.: „L'opera teorica di Adolf Loos", *Annali della Scuola Normale Superiore di Pisa*, 1973.
883. Rykwert, J.: „Adolf Loos: The new Vision", *Studio International*, Bd. 186, 1973, H. 957.
884. Schock-Werner, B.: "Das Loos-Haus am Michaelerplatz und andere Großprojekte von Adolf Loos"", *Seminarreferat am Kunsthistorischen Institut der Universität*,Wien 1974.
885. Krapfenbauer, R.: „Architektur und Bauweisen bei Adolf Loos und Otto Wagner", *Architekt*, 1975, H. 3.
886. Rykwert, J.: „Ornament is no crime", *Studio International*, CXC (1975, September-Oktober), S. 91-97.
887. Czech, H.: „Zentralsparkasse der Gemeinde Wien, Zweigstelle Mariahilf", *Aufbau*, 1976, H. 4-5.
888. Worbs, D: „Unbekannte Bauten und Projekte von A. Loos in der ČSSR, *Alte und moderne Kunst*, XXI (1976, H. 144), S. 16-25.
889. Gravagnnolo, B: „A. Loos: Il Linguaggio e la differenza", *Controspazio*, XI (1977, H. 3), S. 44-50.
890. Czech, H.: „The Loos-Idea", *Architecture and Urbanism*, 1978, H. 91.
891. Czech, H. u. W. Mistelbauer: „The Loos House", *Architecture and Urbanism*, 1978, H. 87.
892. Cacciari, M.: „Interno e esperienza (Note su Loos, Roth e Wittgenstein)", *Nuova Corrente*, 1979, H. 79-80.
893. Sibour, E.: „Adolf Loos: un ‚Sebastiano nel sogno'?", *Nuova Corrente*, 1979, H. 79-80.
894. Altmann-Loos, E.: „Zensuriertes", *Um-Bau*, I, 1980, H. 2.
895. Czech, H.: „Kärntner-American-Loos-Bar. Studi per un restauro" *Lotus*, IV, 1980, H. 29, S. 103-107.
896. Guttenbrunner, M.: „Kraus, Loos, Wittgenstein und Altenberg", *Um-Bau*, I, 1980, H. 2.
897. Rukschcio, B.: „Adolf Loos analizzato. Un esame dell'archivio Loos della collezione grafica dell'Albertina", *Lotus*, IV (1980, H. 29), S. 94-101.
898. Amanshauser, H.: „Geschäfte mit dem Loos-Nachlaß", *Um-Bau*, II, 1981, H. 5.
899. Arkin, D.E.: „Adolf Loos", *Bauwelt*, LXXII (1981, H. 42), S. 1906-1907.
900. Augenfeld, F.: „Erinnerungen an Adolf Loos", *Bauwelt*, LXXII (1981, H. 42), S. 1907.
901. De Finetti, G.: „Adolf Loos", *Bauwelt*, LXXII (1981, H. 42), S. 1894-1895.
902. Hlawatsch, R.: „Erinnerungen an Adolf Loos und an die Loos-Schule", *Bauwelt*, LXXII, (1981, H. 12), S. 1893.
903. Kramer, F. u. L.: „Hommage à Loos - Begegnungen mit ihm", *Bauwelt*, LXXII (1981, H. 42),S. 1877-1881.
904. Monticchio, M.: „Vienna dopo Vienna", *Comunità*, XXXV (1981, H. 183), S. 334-436.
905. Cacciari, M.: „Loos e l'angelo dell'effimero", *L'Architettura. Cronache e storia*, 1981, H. 310-311, S. 533.
906. Melchiorre, A.: „Schönberg tra Loos e Kandinsky", *Casabella*, XLV (1981, H. 473), S. 28-33.
907. Schönberg, A.: „Aufsatz über Adolf Loos", *Bauwelt*, LXXII (1981, H. 42), S. 1897.
908. Schutte-Lihotzky, M.: „Gedanken über Adolf Loos", *Bauwelt*, LXXII (1981, H. 42), S. 1872-1876.
909. Unger, Y.K.: „Meine Lehre bei Adolf Loos", *Bauwelt*, LXXII (1981, H. 42), S. 1882-1892.
910. Worbs, D.: „La scuola di Loos", in AA.VV., *Giuseppe de Finetti. Progetti 1920-1951,* Mailand 1981.
911. Worbs, D.: „Zwei Siedlungen von Adolf Loos", *Bauwelt*, LXXII (1981, H. 42), S. 1898-1902.
912 Worbs, D.: „Adolf Loos in Brünn und Prag", *Archithese*, XI (1981, H. 1), S. 53-58.
913. „Zweigstelle Mariahilferstraße 70. Architekt Adolf Loos", *Archithese*, XI (1981, H. 2), S. 16-17.
914. Gravagnolo, B.: „Villa Karma...", *Domus*, 1982, H. 625, S. 46-49.
915. Negri, A.: „Ornamento come crimine sociale ed offesa estetica", *Rivista d'Estetica*, XXII (1982, H. 12), S. 74-82.
916. Wiseman, C.: „Real Importance of Adolf Loos", *Architectural Record*, CLXX (Sept. 1982), S. 126-131.
917. Gregotti, V.: „Loos e Gropius", *Casabella*, XLVII (Okt. 1983), S. 12-13.
918. Lubbock, J.: „Adolf Loos and the English Dandy", *The Architectural Review*, CLXXIV (Aug. 1983), S. 43-49.
919. Melis, P.: „Viennese Vitruvius", *Domus*, 1983, H. 643, S. 8-17.
920. Simonet, C.: „L'Ornement crime ou jouissance", *Dessin/Chantier*, 1983, H. 2, S. 83-101.
921. Wauer, R.: „Adolf Loos - ein Moderner jenseits der ‚Modernen'", *Architektur der DDR*, XXXII (Okt. 1983), S. 623-625.
922. Verhoeven, P.: „Adolf Loos", *Gazette des Beaux-Arts*, CI (Januar 1983), S. 1-24.
923. Czech, H.: „Adolf Loos - Widersprüche und Aktualität", *Notiziario ordine degli architetti della provincia di Bolzano/Mitteilungsblatt. Architektenkammer der Provinz Bozen*, IV (1984, H. 3), S. 5-22.
924. Trevisiol, R.: „Gli ultimi giorni dell'antichità", *Notiziario ordine degli architetti della provincia di Bolzano/Mitteilungsblatt. Architektenkammer der Provinz Bozen*, IV (1984, H. 3), S. 5 22.

X. Sonstige zu Beginn des 20. Jahrhunderts in Wien tätige Architekten

Ernst von Gotthilf

925. „Grabmal der Familie Grab in Prag", *Der Architekt*, II (1896), S. 54, T. 90.
926. „Pavillon der österreichischen Wohlfahrts-Ausstellung", *Der Architekt*, IV (1898), S. 22, T. 44.

Max Hegele

927. „Ausgestaltung des Wiener Centralfriedhofes von Architekt M. Hegele", *Architektonische Monatshefte*, VI (1900), S. 22-23, 25, 28.
928. „Die Leichenhallen auf dem Wiener Zentralfriedhofe", *Der Architekt*, XIII (1907), S. 56, T. 90-91.

Franz von Krauss

929. „Concurrenzproject für den Neubau des Bürgerspitalfondshauses. Kärntnerstrasse Nr. 26", *Der Architekt*, IV (1898), S. 19, T. 38.

930. "Concurrenzproject für das Hauptrestaurant auf der Jubiläums-Ausstellung in Wien 1898", *Der Architekt*, IV (1898), S. 15-16, T. 26.
931. „Concurrenzproject für den Pavillon der Stadt Wien auf der Jubiläums-Ausstellung im Jahre 1898", *Der Architekt*, IV (1898), S. 6-7, T. 10.
932. „Die Concurrenz um das Jubiläums-Gymnasium in Baden", *Der Architekt*, IV (1898), S. 22, T. 42.
933. „Stadttheater für Baden", *Der Architekt* V (1899), S. 20, T. 28-29.
934. „Interieurs von Franz Freih. v. Krauss, Architekt", *Das Interieur*, III (1902), S. 145-160.
935. „Bade- und Heilanstalt der Stadt Baden", *Der Architekt*, IX (1903), S. 3, T. 4a.
936. „Bemerkungen und Erläuterungen zu einem Projekte einer Heilanstalt für Tuberkulöse", *Der Architekt*, IX (1903), S. 5-10.
937. „Verkaufshalle der deutschen Dampffischerei-Gesellschaft ‚Nordsee' am Naschmarkt in Wien", *Der Architekt*, IX (1903), S. 3, T. 1a.
938. L.(evetus), A.S.: „The Architectural and Decorative Work of Baron Krauss", *The Studio*, Bd. 40 (H. 170, Mai 1907), S. 296-303.
939. „Erläuterung zu den Skizzen für das Stadttheater in Mährisch-Ostrau", *Der Architekt*, XIV (1908), S. 73-74, 76.
940. „Villa J. Hemsley-Johnson bei Sterzing", *Der Architekt*, XIV (1908), S. 35-36.
941. Krauss, F. v.: „Kuranstalt Semmering" *Der Architekt*, XV (1909), S. 14, T. 13, 57-59.
942. *F. von Krauss und J. Tölk, Architekten Z.V. Ausgeführte Bauten und Entwürfe, 1906-1916*, Wien o.J. (1917).

Robert Oerley

943. „Grabmal", *Der Architekt*, V (1899), S. 44, T. 77.
944. Oerley, R.: „Moderne Möbel", *Das Interieur*, I (1900), S. 17.
945. Oerley, R.: „Möbel, wie ein modernes entsteht", *Das Interieur*, I (1900), S. 177.
946. „Ein Zinshaus", *Der Architekt*, X (1904), S. 24, T. 59-60.
947. „Cottage", *Hohe Warte*, II (1905/06), S. 23.
948. „Das Kosciuszko-Denkmal für Washington", *Der Architekt*, XIII (1907), S. 32.
949. „Sanatorium Dr. Luithlen, Wien VIII, Auerspergstraße", *Der Architekt*, XIV (1908), S. 188, T. 42-44.
950. Oerley, R.:„Prämierung von Wohnhausfassaden", *Der Architekt*, XV (1909), S. 11.
951. Eisler, M.: „Robert Oerley", *Dekorative Kunst*, Bd. 24 (1915/16), S. 317-328.
952. Ottmann, F.: „Robert Oerley", *Österreichs Bau- und Werkkunst*, I (1924), S. 265-276.

Friedrich Ohmann

953. „Das Palais Valtera in Prag", *Der Architekt*, II (1896), S. 1, T. 3-4.
954. „Museum für Kunst und Gewerbe in Magdeburg", *Der Architekt*, VII (1901), S. 37-39, T.65.
955. *Entwürfe und ausgeführte Bauten*, Hg. F. v. Feldegg, Wien 1906-1914, 2 Bände.
956. „Regulierung des Makart-Platzes, Salzburg", *Der Architekt*, XIV (1908), T. 36.
957. „Salzburg und Mirabell", *Der Architekt*, XV (1909), S. 2-8.
958. *Architektur und Kunstgewerbe des Barock, des Rokoko und Empires aus Österreich-Ungarn*, Wien o.J.
959. „Das Concurrenz- und das Ausführungsproject des Kunstgewerbe-Museums in Reichenberg", *Der Architekt*, II (1896), S. 37-38, T. 73-74.
960. „Concurrenz um den Neubau des ‚Deutschen Casinos' in Prag", *Der Architekt*, II (1896), S. 38-39.
961. „Die Concurrenz um den Neubau des ‚Deutschen Casinos' in Prag", *Der Architekt*, II (1896), S. 43-44, T. 79-80.
962. „Bau des nordböhmischen Gewerbemuseums in Reichenberg", *Der Architekt*, III (1897), S. 17-18, T. 33-34.
963. „Fürstl. Clary'scher Gartensaal in Teplitz", *Der Architekt*, III (1897), S. 20, T. 36.
964. „Wohnhaus in Prag ‚Zum Adler'", *Der Architekt*, III (1897), S. 47, T. 95.
965. „Assicurazioni Generali in Prag", *Der Architekt*, IV (1898), S. 40, T. 71, 74.
966. „Café ‚Corso'", *Der Architekt*, IV (1898), S. 38-39, 42, T. 68-70.
967. „Concurrenzproject für eine eiserne Brücke in Prag", *Der Architekt*, IV (1898), S. 46, T. 82.
968. „Der Kaiserpavillon in der Ausstellung zu Prag 189", *Der Architekt*, IV (1898), S. 44, T. 75.
969. „Die Kirche zu Selmitz", *Der Architekt*, IV (1898), S. 45-46, T. 81.
970. „Die Teplitzer Dreifaltigkeitssäule", *Der Architekt*, IV (1898), S. 38.
971. „Die Trinitätskirche zu Prag", *Der Architekt*, IV (1898), S. 38-9.
972. „Ein Projekt für Prag", *Der Architekt*, IV (1898), S. 44, T. 73.
973. „Concurrenzentwurf für das neue Sparcassegebäude in Troppau", *Der Architekt*, V (1899), S. 15-16, T. 18.
974. „Entwurf für ein Kaiserin Elisabeth-Denkmal in Wien", *Der Architekt*, V (1899), S. 4, T. 4.
975. „Project für die Productenbörse in Prag", *Der Architekt*, V(1899), S. 38-39, T. 70.
976. „Restaurierung der Pfarrkirche in Prestic", *Der Architekt*, V (1899), S. 19, T. 26.
877. „Zum Regulierungsprojecte der Umgebung der Karlskirche", *Der Architekt*, V (1899), S. 29-31, T. 50-51.
978. „Der Bau des Magdeburger Stadtmuseums", *Der Architekt*, VI (1900), S. 42, T. 73.
979. „Die architektonische Ausgestaltung der Wienfluss-Regulierung", *Der Architekt*, VI (1900), S. 43-45, T. 81-84.
980. Madl, K.B.: „F. Ohmann v Praze", *Volné Směry*, IV (1900), S. 181-186.
981. Dryák, B.A.: "Hotel Central v Praze", *Volné Směry*, VI (1902), S. 163-175.
982. „Hotel Central in Prag", *Der Architekt*, VIII (1902), S. 42, T. 83, 83a, 84.
983. „Museum Carnunti in Deutsch-Altenburg", *Der Architekt*, VIII (1902), S. 6-7, T. II.
984. „Die Milchtrinkhalle im Wiener Stadtpark", *Der Architekt*, IX (1903), T. 106-110.
985. F(eldegg), F. von: „Die Ausgestaltung des Wiener Stadtparkes", *Der Architekt*, XIII (1907), S. 21-24, T. 42.
986. Hevesi, L.: „Das Kaiserin Elisabeth-Denkmal", *Kunst und Kunsthandwerk*, X (1907), S. 396-398.
987. „Das neue Museum für Spalato", *Der Architekt*, XIV (1908), S. 55-57, T. 11.
988. *Arbeiten aus der Ohmann-Schule 1907-1909*, Wien o.J. (1900).

Cesar Poppovits

989. R.-r, A.: „Das Restaurant ‚Zur großen Tabakspfeife'", *Deutsche Kunst und Dekoration*, Bd. 30 (April-September 1912), S. 245-259.
990. *Cesar Poppovits. Aus seinem Schaffen in 2 Jahrzehnten*, Wien 1931.

Hans Prutscher

991. „Geschäftlokale Zitterbart", *Der Architekt*, X (1904), S. 36, T. 89.
992. Schestag, A.: „Arbeiten von Hans Prutscher und Hubert von Zwickle", *Kunst und Kunsthandwerk*, IX (1906), S. 439-440.
993. Levetus, A.S.: „Architekt Hans Prutscher", *Moderne Bauformen*, XI (1912), S. 570-572.
994. Prutscher, H.: *Auslese meiner Arbeiten 1898-1928*, Wien o.J. (1928).
995. Hajors, G.: „Hans Prutscher und einige Probleme der Wiener Architektur vor dem ersten Weltkrieg", *Mitteilungen der Gesellschaft für Vergleichende Kunstforschung in Wien*, 1978, Nr. 1.

Rudolf Tropsch

996. „Fenster in der Kurrentgasse in Wien I", *Der Architekt*, I (1895), S. 47.
997. Tropsch, R.: „Wohnhaus am Herrenplatz in St. Pölten", *Der Architekt*, II (1896), S. 11, T. 19.
998. Tropsch, R.: „Das Jesuitenstift in St. Pölten", *Der Architekt*, II (1896), S. 31, T. 55.
999. „Das Hauptrestaurant der Jubiläums-Ausstellung 1898", *Der Architekt*, IV (1898), S. 8, T. 9.
1000. „Ideen für ein Café-Restaurant im Curort Königswart", *Der Architekt*, V (1899), S. 24, T. 39.
1001. „Villa", *Der Architekt*, V (1899), S. 40, T. 71.
1002. „Wohngebäude", *Der Architekt*, V (1899), S. 30-31, T. 54.
1003. „Wohn- und Geschäftshaus in Wien", *Der Architekt*, V (1899), S. 35, T. 63.
1004. „Zum Hauptrestaurant der Jubiläums-Ausstellung 1898", *Der Architekt*, V (1899), S. 9, T. 11.
1005. „Aus dem Geschäftshaus Faber in Mailand", *Der Architekt*, VI (1900), S. 8.
1006. „Geschäftshaus Faber in Mailand", *Der Architekt*, VI (1900), S. 14, 19, T. 16-17.
1007. „Villa Gustav R. v. Freiberg in Hadersdorf", *Der Architekt*, VI (1900), S. 49, T. 89.
1008. „Entwurf eines Bibliotheksraumes", *Der Architekt*, VIII (1902), S. 3, T. 2.
1009. „Ideen-Skizze zur Vorconcurrenz für das Museum der Stadt Wien", *Der Architekt*, VIII (1902), S. 11-12.
1010. „Der Wettbewerb um das Amtsgebäude im XX. Wiener Bezirk", *Der Architekt*, IX (1903), T. 11-12.
1011. „Der Bau der k.k. Trainkaserne in Meidling bei Wien", *Der Architekt*, XI (1905), S. 40, T. 81-84.

Josef Urban

1012. „Eingangsportale zwischen dem Künstler- und Musikvereinshaus in Wien während der Jubiläums-Ausstellung 1898", *Der Architekt*, IV (1898), S. 7-8, T. 11-12.
1013. „Schloß Esterházy in St. Abraham bei Dioszegh (Ungarn)", *Der Architekt*, VI (1900), S. 3, 35, T. 7.
1014. „Das Ausstellungshaus des Künstlerbundes ‚Hagens'", *Der Architekt*, VIII (1902), S. 13, 15.
1015. Abels, L.: „Josef Urban", *Das Interieur*, III (1902), S. 81-96.
1016. Vetter, H.A.: „Josef Urban", *Profil*, II (1934), S. 16-18.

PERSONENREGISTER

Die in den Anmerkungen, in den Zeittafeln und in der Bibliographie aufgeführten Personen wurden nicht berücksichtigt

DRUCK
GRAFOS S.A.
Arte sobre papel
BARCELONA